EZRA POUND

RADIO-REDEN DES ZWEITEN WELTKRIEGS

EZRA POUND
(1885-1972)

Ezra Pound war eine Schlüsselfigur der modernistischen Lyrikbewegung. Er war bekannt für seinen innovativen Stil, setzte sich für andere Schriftsteller wie T.S. Eliot ein und schrieb die epischen *Cantos*. Seine Unterstützung für den Faschismus und seine Kriegssendungen führten jedoch zu Kontroversen. Trotzdem ist sein Einfluss auf die Literatur des 20. Jahrhunderts unbestreitbar.

Radioansprachen des Zweiten Weltkriegs

Radio speeches of World War II
Erstmals veröffentlicht 1978 von Greenwood Press, Inc.

Übersetzung und Veröffentlichung von
Omnia Veritas Limited

www.omnia-veritas.com

© Omnia Veritas Ltd - 2025

Alle Rechte vorbehalten. Kein Teil dieser Veröffentlichung darf ohne vorherige Genehmigung des Herausgebers in irgendeiner Form vervielfältigt werden. Das Gesetz zum Schutz des geistigen Eigentums verbietet Kopien oder Vervielfältigungen zur gemeinsamen Nutzung. Jede vollständige oder teilweise Darstellung oder Vervielfältigung ohne die Zustimmung des Herausgebers, des Autors oder ihrer Rechtsnachfolger ist rechtswidrig und stellt eine Verletzung dar, die nach den Artikeln des Gesetzes über geistiges Eigentum geahndet wird.

EINLEITUNG 13

TEIL I 19

    110 FCC-RECORDED SCRIPTS #1 (2. OKTOBER 1941) U.S.(A43) LAST DITCH OF DEMOCRACY 19

    #NR. 2 (26. OKTOBER 1941) U.S.(A47) BÜCHER UND MUSIK 23

    #NR. 3 (4. NOVEMBER 1941) U.S.(A51) DIE GOLDENE HOCHZEIT 28

    #NR. 4 (6. NOVEMBER 1941) U.S.(56) DIESER KRIEG FÜR DIE JUGEND - FÜR EINE GENERATION 34

    #NR. 5 (7. DEZEMBER 1941) U.S. & U.K.(A66) THOSE PARENTHES 39

    #NR. 6 (29. JANUAR 1942) U.S.(A1) ÜBER DEN WIEDERAUFBAU 43

    #NR. 7 (3. FEBRUAR 1942) U.S.(A2) 30 JAHRE ODER EINHUNDERT 49

    #NR. 8 (10. FEBRUAR 1942) U.S.(A69) DIE BÜHNE IN AMERIKA 53

    #NR. 9 (12. FEBRUAR 1942) U.S.(A71) CANTO 46 56

    #10, FCC TRANSCRIPT (17. FEBRUAR 1942) U.S.(A72) SALE AND MANUFACTURE OF WAR 61

    #11 (19. FEBRUAR 1942) U.S.(A77) POWER DER PRÄSIDENT HAT DIE MACHT. 64

    #NR. 12 (26. FEBRUAR 1942) U.S.(B17) AMERIKA WAS INTENTIONEN 68

    #NR. 13 (2. MÄRZ 1942) U.S.(B18) NAPOLEON, ETC. 73

    #NR. 14 (6. MÄRZ 1942) U.S.(B19) WHY PICK ON THE JEW? 78

    #NR. 15 (8. MÄRZ 1942) U.K. (B15) GOLD: ENGLAND 82

    #NR. 16 (15. MÄRZ 1942) U.K.(B16) ENGLAND 87

    #NR. 17 (19. MÄRZ 1942) U.K. (B21) UND DIE ZEITLAGE 92

    #NR. 18 (22. MÄRZ 1942) GROßBRITANNIEN (B20) ABER WIE? 96

    #NR. 19 (23. MÄRZ 1942) U.S. & U.K. (B22) ABER WIE? ZWEITER EINTRAG 100

    #NR. 20 (26. MÄRZ 1942) U.S.(B23) MCARTHUR 105

    #NR. 21 (30. MÄRZ 1942) U.S. & U.K.(B24) DAS PATTERN 109

    #NR. 22 (6. APRIL 1942) U.S.(B27) DESTRUCTION 113

    #NR. 23 (9. APRIL 1942) U.S.(B28) UNENTSCHEIDUNG 117

#Nr. 24 (12. April 1942) U.K.(B26) COMIC RELIEF 121

#Nr. 25 (13. April 1942) U.S.(B20) QUESTION OF MOTIVE 125

#Nr. 26 (16. April 1942) U.S.(B33) AUFKLÄRUNG... 129

#Nr. 27 (19. April 1942) U.K.(B29) AN DIE SOZIALVERTRETER 133

#Nr. 28 (20. April 1942) U.S.(B34) ABERRATION 138

#Nr. 29 (23. April 1942) U.S.(B35) MacLEISH... 142

#Nr. 30 (26. April 1942)U.K.(B31) BLAST 145

#Nr. 31 (27. April 1942) U.S.(B36) OPPORTUNITY RECOGNIZED 149

#Nr. 32 (30. April 1942) U.S.(B37) NICHT-JEUDE 153

#Nr. 33 (4. Mai 1942) U.S.(B38) UNIVERSALITÄT 157

#Nr. 34 (9. Mai 1942) U.S.(B39) DIE DAUER.. 161

#Nr. 35 (10. Mai 1942) U.K.(B40) THE PRECARIOUS 164

#Nr. 36 (11. Mai 1942) U.S.(B41) A FRENCH ACCENT 168

#Nr. 37 (14. Mai 1942) U.S.(B42) ZU SPÄT SEIN (ESSERE IN RITARDO) 172

#Nr. 38 (17. Mai 1942) U.K.(B45) FREE SPEECH IN ALBION (ALIAS ENGLAND) 176

#Nr. 39 (18. Mai 1942) U.S.(B43) MIT PHANTOMEN 180

#Nr. 40 (21. Mai 1942) U.S.(B49) E. E. CUMMINGS UNTERSUCHT 185

#Nr. 41 (24. Mai 1942) U.K.(B47) BRAIN TRUST 190

#Nr. 42 (28. Mai 1942) U.S. & U.K. (B50) AS A BEGINNING.. 196

#Nr. 43 (31. Mai 1942) U.S. & U.K.(B48) BRAIN TRUST: ZWEITER SPASM 201

#Nr. 44 (4. Juni 1942) U.S.(B55) AS ZU PATHOLOGIE UND PSYCHOSEN........................... 206

#Nr. 45 (8. Juni 1942) U.S.(B56) DIE SCHLÜSSEL DES HIMMELS 210

#Nr. 46 (14. Juni 1942) U.K.(B32) DAS BRITISCHE IMPERIUM.. 215

#Nr. 47 (15. Juni 1942) U.S.(B58) VIOLENCE... 221

#Nr. 48 (19. Juni 1942) U.S.(B59) THE FALLEN GENTLEMAN (IL SIGNOR DECADUTO) 226

#Nr. 49 (25. Juni 1942) U.S.(B62) DIESE ZEITspanne 231

#Nr. 50 (28. Juni 1942) U.K.(B64) THE GIFTIE 236

#Nr. 51 (2. Juli 1942) U.S.(B65) DISBURSEMENT OF WISDOM 241

#Nr. 52 (6. Juli 1942) U.S.(B66) KONTINUITÄT 246

#Nr. 53 (10. Juli 1942) U.S.(B67) WIE KOMMT'S 251

#Nr. 54 (12. Juli 1942) U.K. (B72) FREEDUMB FORUM 255

#Nr. 55 (13. Juli 1942) U.S.(B68) DARKNESS 260

#Nr. 56 (17. Juli 1942) U.S.(B69) PERFEKTE PHRASTIERUNG 265

#Nr. 57 (19. Juli 1942) U. K. (B73) 16. JULI, EIN GEBURTSTAG 269

#Nr. 58 (20. Juli 1942) U. K.(B71) SUPERSTITION 272

#Nr. 59 (26. Juli 1942) U. K.(B76) AXIS PROPAGANDA 277

#Nr. 60 (18. Februar 1943) U.S.(C8) MORE HOMELY 281

#Nr. 61 (19. Februar 1943) U.S.(C9) THAT ILLUSION 285

#Nr. 62 (21. Februar 1943) U.K.(C5) SERVITI 290

#Nr. 63 (23. Februar 1943) U.S.(C10) KOMPLEXITÄT 294

#Nr. 64 (7. März 1943) U.K.(C13) TOWARD VERACITY 298

#Nr. 65 (9. März 1943) U.S.(C17) POTS TO FRACTURE 303

#Nr. 66 (14. März 1943) U.K.(C15) ANGLOPHILIA 307

#Nr. 67 (16. März 1943) U.S.(C20) ZU ERKLÄREN 311

#Nr. 68 (19. März 1943) U.S.(C21) MEHR NAMEN 316

#Nr. 69 (21. März 1943) U.K.(C16) POGROM 320

#70 (25. März 1943) U.S.(C22) ZUR ZUSAMMENFASSUNG 324

#Nr. 71 (26. März 1943) U.S.(C23) FINANZIELLE DEFEAT: U.S. 327

#Nr. 72 (30. März 1943) U.S.(C24) USUROCRACY 330

#Nr. 73 (4. April 1943) U.K. (C30) LYRIC TENORS 334

#74 (6. April 1943) U.S.(C27) Fetish 338

#Nr. 75 (13. April 1943) U.S.(C29) Valentine 341

#Nr. 76 (17. April 1943) U.S.(C31) J.G. Blaine 344

#Nr. 77 (April 1843) U.K.(C35) Canute 347

#Nr. 78 (20. April 1943) U.S.(C35) Zion 350

#Nr. 79 (24. April 1943) U.S.(C34) Bewusstsein 354

#Nr. 80 (27. April 1943) U.S.(C37) Im Rückzug 357

#Nr. 81 (2. Mai 1943) U.K.(C36) Über die Natur der Vertrauung 360

#Nr. 82 (4. Mai 1943) U.S.(C40) Romanz 364

#Nr. 83 (8. Mai 1943) U.S.(C42) Philosemite 368

#Nr. 84 (9. Mai 1943) U.K.(C39) Lord Bleeder 371

#Nr. 85 (11. Mai 1943) U.S.(D1) Sumner Welles 374

#Nr. 86 (15. Mai 1943) U.S.(D2) Economic Aggression 377

#Nr. 87 (16. Mai 1943) U.K. (C41) Verwaltung 380

#Nr. 88 (18. Mai 1943) U.S.(D3) Wirtschaftsopression 383

#Nr. 89 (22. Mai 1943) U.S.(D4) In the Woodshed 386

#Nr. 90 (23. Mai 1943) U.K.(D6) Soberly 389

#Nr. 91, FCC Transcript (24. Mai 1943) U.S.[?] [Titel unbekannt] 392

#Nr. 92 (25. Mai 1943) U.S.(D5) And Back of the Woodshed 395

#Nr. 93 (29. Mai 1943) U.S.(C46) Überraschung 398

#Nr. 94 (1. Juni 1943) U.S.(C47) Big Jew 401

#Nr. 95 (5. Juni 1943) U.S.(C48) Debt 405

#Nr. 96, FCC Transcript (12. Juni 1943) U.S.(C55) [Therapy] 408

#Nr. 97 (13. Juni 1943) U.K.(C44) Zum Gedächtnis 412

#Nr. 98, FCC Transcript (15. Juni 1943) U.S.(C58) [Obsequies] 415

#99 (19. Juni 1943) U.S.(C43) WAR AIMS 418

#Nr. 100, FCC Transcript (20. Juni 1943) U.K.(C45) [ÜBER GEHIRNE ODER MEDULLA] 421

#101 (22. Juni 1943) U.S.(C64) STALIN 424

#Nr. 102 (26. Juni 1943) U.S.(C65) MATERIALISMUS 427

#Nr. 103 (29. Juni 1943) U.S. (C67) KOMMUNISTISCHE MILLIONÄRE 430

#Nr. 104 (3. Juli 1943) U.S. (C68) FARBEN 433

#Nr. 105, FCC Transcript (4. Juli 1943) U.K.(C57) [TITEL UNBEKANNT] 436

#Nr. 106 (6. Juli 1943) U.S.(C69) CREDIT: LEGALITY 439

#Nr. 107 (17. Juli 1943) U.S.(C71) AUDACIA/AUDACITY 442

#Nr. 108 (20. Juli 1943) U.S.(C77) EINWAND (PROTESTA) 445

#Nr. 109 (24. Juli 1943) U.S.(C79) ZIVILISIERUNG 448

#110 (25. Juli 1943) U. K. (C74) VERLOREN ODER GESTOHLEN (PERDUTO O RUBATO) 451

TEIL II **454**

#Nr. 111 (Anfang 1941) HOMESTEADS 454

#112 U.S. (1941) MÄRZANKÜNFTE 458

#113 (1941) U.S.(68) AMERIKA WURDE VERSPROCHEN 462

#114 (1941) U.S.(50) ARISTOTELES UND ADAMS 466

#115 (1942) U.S.(27) ZU KONSOLIDIEREN 469

#Nr. 116 (1941) U.K.(20) ZU ALBION 473

#Nr. 117 (1941) U.K.(65) ZWEI BILDER 476

#Nr. 118 (1941) U.S.[?] QUISLING 480

#119 (1943) U.S.(14) PHILOLOGIE 485

#120 (1941) U.S.(142) KIRCHENGEFAHR 489

BEREITS VERÖFFENTLICHT **493**

EINLEITUNG

Der Titel dieses Buches ist die Unterschrift, die Ezra Pound fast immer am Anfang und manchmal am Ende jeder Sendung von Radio Rom im Zweiten Weltkrieg verwendete. Pound selbst hatte vorgeschlagen, "300 Radio Speeches" zu veröffentlichen, die auch die Texte seiner "Money Pamphlets", auf Italienisch veröffentlichte Zeitungsartikel und seine Übersetzungen aus dem Chinesischen enthalten sollten: Ta Hio (*The Great Digest*) und Chung Yung (*The Unwobbling Pivot*).

Gegen Ende 1940 begann Pound, für das Radio zu schreiben. Die ersten Manuskripte, die angenommen wurden, wurden auf Englisch von regelmäßigen Sprechern von Radio Rom gelesen. Im Januar 1941 konnte er seine eigenen Reden aufzeichnen, die im Durchschnitt zweimal pro Woche gesendet wurden. Er schrieb die Texte in seinem Haus in Rapallo und gelegentlich in Rom, wohin er reiste, um 10 bis 20 Reden auf Schallplatten aufzunehmen. Er wollte, dass die Discs in einer bestimmten Reihenfolge gesendet werden, aber die Diskrepanzen zwischen seinem Nummerierungssystem und den Daten, an denen die Federal Communications Commission (FCC) die Reden aufzeichnete, zeigen, dass sich die italienischen Beamten nicht immer an seinen Plan hielten, obwohl die Abweichungen im Allgemeinen nicht groß waren. Er sammelte Nachrichten und Informationen aus italienischen Zeitungen und allen ausländischen Zeitungen, die er beschaffen konnte, aus italienischen Rundfunksendungen und allen ausländischen Sendern (insbesondere der BBC), die er in seinem eigenen Radio hören konnte, aus Gesprächen mit Freunden, Beamten und Reisenden, aus Briefen von Freunden in Amerika und anderen Ländern und aus seiner eigenen Bibliothek, die auch ältere Zeitschriften enthielt. Er beneidet die BBC um ihr Angebot an Nachrichten und Reportagen, da er selbst "keine einzige Schallplatte" besitzt (25. Juli 1943).

Nach dem Sturz der faschistischen Regierung im Juli 1943 verließ Pound Rom und lieferte schließlich Drehbücher und Ideen an Mussolinis Republik Saló. Es gibt keine Anhaltspunkte dafür, dass dieses Material jemals in Pounds Namen von Radio Mailand nach Amerika gesendet wurde, solange der Sender unter der Kontrolle des Regimes stand.

Die vorliegende Sammlung besteht aus Originalmanuskripten, die Pound für seine Lesungen im Radio Rom vorbereitet hat, und ist in zwei Teile unterteilt:

Teil 1 enthält alle verfügbaren Manuskripte (105) für die von der FCC aufgezeichneten Sendungen: 2. Oktober 1941 bis 7. Dezember 1941; 29. Januar 1942 bis 26. Juli 1942; 18. Februar 1943 bis 25. Juli 1943.

Dies sind die Reden, die von Pounds Kritikern zitiert wurden, und sie umfassen auch diejenigen, die von den amerikanischen Behörden ausgewählt wurden, um ihn des Verrats zu bezichtigen. Die Überwachungseinheit der FCC, der Foreign Broadcast Intelligence Service, zeichnete alle Sendungen von Radio Rom auf, darunter auch die Reden Pounds. Diese FCC-Transkripte weisen ungeheuerliche Fehler und Auslassungen auf, weil die Aufnahmegeräte damals sehr grob waren, weil die atmosphärischen Bedingungen die Überwachung beeinträchtigten und weil die Transkriptionisten, wie ich annehme, Pounds Anspielungen manchmal nicht erkannten. Die bisher verfügbaren FCC-Versionen von Pounds Reden vermitteln daher manchmal einen falschen Eindruck. Poundianer und andere haben festgestellt, dass der französische Romancier Céline als "Stalin" transkribiert wurde. Auch andere Fehler sind zu beobachten, die in vielen Fällen wahrscheinlich auf die Unwägbarkeiten der Kurzwelle zurückzuführen sind. Eine Illustration: Pounds Satz "Sogar Lenin sah, dass der einfachste Weg, das kapitalistische System zu entblößen, der ist, seine Währung zu entblößen" (13. April 1943) wurde zu "Doch selbst sieben sahen, dass der einfachste Weg, sich vom kapitalistischen System zu trennen, der ist, sich von seiner Währung zu trennen." Bis heute war es jedoch nicht möglich, fünf von Pounds Originalmanuskripten ausfindig zu machen; daher wurden in diesen Fällen die FCC-Fassungen, so unvollkommen sie auch sein mögen, in diesem Band ersetzt. In einigen wenigen Fällen wurden Lücken in den Manuskripten selbst durch Abschnitte aus den FCC-Transkripten gefüllt; diese Ersetzungen sind deutlich gekennzeichnet.

Teil 2 enthält 10 Reden, die vor der Einrichtung der FCC-Überwachungseinheit geschrieben wurden, von denen einige von Pound und einige von anderen gelesen wurden, sowie Reden, die entweder nicht verwendet oder nicht überwacht wurden. Sie wurden von Mary de Rachewiltz ausgewählt, weil sie ihrer Meinung nach einen angemessenen Querschnitt durch Pounds zentrale Ideen und Themen darstellen.

Die anonymen und pseudonymen Manuskripte, die Pound ebenfalls verfasste, sind in diesem Buch nicht enthalten, da sie lediglich Ideen wiederholen, die bereits in anderen Reden zum Ausdruck kamen.

Die meisten Reden in Teil 1 waren für ein Publikum in den Vereinigten Staaten, einige für ein Publikum im Vereinigten Königreich und einige für beide bestimmt. Es ist bekannt, dass Pound in den Vereinigten Staaten von anderen Personen als den Beobachtern der FCC gehört wurde, und schließlich begann das Justizministerium im April 1942 eine Untersuchung durch das FBI. Es lässt sich nicht abschätzen, wie viele Personen ihm regelmäßig zuhörten oder wie groß sein Publikum jemals war. Sicher ist, dass seine Sendungen nie große Popularität erlangten. Er selbst äußerte in den Sendungen gelegentlich joviale Skepsis über die Größe seines Publikums: "Ich habe mich gefragt, ob irgendjemand zuhört, was ich im Radio Rom sage" (19. Februar 1943).

Nach dem 29. Januar 1942 wurde Pound mit einer von ihm verfassten Erklärung vorgestellt: Radio Rom hat in Übereinstimmung mit der faschistischen Politik der intellektuellen Freiheit und der freien Meinungsäußerung durch diejenigen, die dazu qualifiziert sind, Dr. Ezra Pound angeboten, zweimal wöchentlich das Mikrofon zu benutzen. Es versteht sich von selbst, dass er nicht aufgefordert wird, irgendetwas zu sagen, was gegen sein Gewissen verstößt oder mit seinen Pflichten als Bürger der Vereinigten Staaten von Amerika vereinbar ist.

Pound hat sich selbst immer als Amerikaner bezeichnet.

Mit den bereits erwähnten Ausnahmen stammen die Texte der Reden daher aus Pounds Originalmanuskripten, die er mit der Schreibmaschine abtippte und dann oft in seiner nicht immer verständlichen Handschrift veränderte. Das Lektorat wurde auf ein Minimum beschränkt. Elementare Rechtschreibfehler wurden korrigiert. Interpunktion und Absatzgestaltung wurden im Interesse der Verständlichkeit geändert. Da die Schriften gelesen und gehört werden sollten, wurden Abkürzungen und Initialen von Personen buchstabiert. Pounds Vorliebe, ganze Wörter durch Großschreibung hervorzuheben, wurde beibehalten. Klammern wurden hinzugefügt, wenn meine Kollegen und ich uns nach dem Studium des Manuskripts und der Untersuchung des FCC-Transkripts auf mögliche Hinweise nicht sicher waren. Die fünf PCC-Skripte wurden nicht bearbeitet oder geändert. Wörter, die nicht entziffert werden können oder in den Manuskripten oder den FCC-Skripten fehlen, sind durch einen 2-em-Bindestrich gekennzeichnet.

Die folgenden Informationen werden zu Beginn jeder Rede gegeben:

1. Auf der linken Seite

a. Teil 1 eine fortlaufende Nummerierung auf der Grundlage der von der FCC aufgezeichneten Daten Teil 2 die Reihenfolge ist zwangsläufig willkürlich, da die Reden nach ihrem Inhalt ausgewählt wurden und kein zuverlässiges Datierungs- oder Nummerierungssystem gefunden wurde.

b. In Klammern Teil 1 das FCC-Datum Teil 2 das geschätzte Jahr, in dem das Skript geschrieben wurde.

2. Auf der rechten Seite

a. Falls vorhanden, die von Pound und/oder der FCC angegebene Zielgruppe.

b. Teil 1: Pounds eigenes Nummerierungssystem in Klammern, er benutzte drei verschiedene Nummerierungssysteme, die hier durch den Buchstaben A, B oder C vor seiner Nummer unterschieden werden. Teil 2: Die Nummer, die im Originalmanuskript erscheint, wird angegeben, ohne dass diese Nummer mit Pounds verschiedenen Nummerierungssystemen in Verbindung gebracht wird.

3. Auf der linken Seite, zweite Zeile

Der Titel der Rede, wie er von Pound gegeben wurde.

Das Buch hat vier Anhänge, die sowohl quantitativ als auch qualitativ versuchen, einen Einblick in Pound und seine Kritiker zu geben. Ich hätte gerne zusätzliche Informationen geliefert, aber zu viele Fakten waren unklar, um ein zuverlässiges Urteil abzugeben. Weder die italienischen Archive noch die Durchsicht der Nachlässe in der Beinecke Library der Yale University haben Aufschluss darüber gegeben, warum Pound zwischen dem 26. Juli 1942 und dem 18. Februar 1943 seine Sendungen einstellte.

Das Glossar und das Namensregister am Ende des Buches sind so vollständig, wie meine Mitarbeiter und ich es machen konnten, aber wir waren nicht in der Lage, jeden Namen zu identifizieren, auf den Pound Bezug nahm. Zugegebenermaßen konnten wir oft nur unsere besten Vermutungen anstellen.

Dieser Band versucht also, die Reden so anzubieten, wie Pound sie geschrieben hat. Zum ersten Mal sind alle seine überwachten Reden und einige seiner anderen Manuskripte auf praktische Weise zusammengeführt. Poundianer und Historiker sind nicht länger auf die FCC-Transkripte, raubkopierte Ausgaben der Reden oder unvollständige Zitate angewiesen, um zu erfahren, was Pound über Radio Rom gesagt hat.

Die Wiedergabe von Pounds zugegebenermaßen umstrittenen Reden über 30 Jahre später bedarf einer Rechtfertigung. Warum diesen Band veröffentlichen? Warum habe ich mich bereit erklärt, als Herausgeber zu fungieren? Pound hat diese Schriften geschrieben; sie sind Teil seines Vermächtnisses. Er ist so wichtig für die amerikanische und britische Literatur des zwanzigsten Jahrhunderts, dass alles, was er geschrieben hat, nicht ignoriert werden kann. Die Reden sind vor allem aus historischer Sicht wertvoll: Sie zeigen, was ein Mann, der während des Zweiten Weltkriegs von einem feindlichen Radiosender aus sendete, glaubte, dass seine Landsleute hören sollten. Aufgrund seiner Reden wurde Pound verhaftet und des Hochverrats angeklagt; er verbrachte daraufhin 13 Jahre im St. Elizabeth's Hospital (einer staatlichen Einrichtung für kriminelle Geisteskranke in Washington, D.C.). Jeder, der Pound verstehen oder über ihn und seine Zeit schreiben will, kann diese Reden nicht übersehen. Obwohl Pounds Ruf für immer auf seinen Gedichten und anderen Schriften beruhen wird ( ) und nicht auf diesen Skripten, sind die Sendungen Teil seiner Aufzeichnungen. Eigentlich sollten die Reden für Poundianer nicht nur deshalb von Interesse sein, weil sie laut Mary de Rachewiltz seine früheren Schriften widerspiegeln, sondern auch, weil sie seine spätere Poesie beeinflusst haben.

Zur zweiten Frage: Warum habe ich persönlich diese Herausgeberrolle übernommen? Zugegeben, ich bin kein Poundianer in irgendeinem Sinne, und ich habe nur sehr wenig von seinen Gedichten gelesen und verstanden. Ich nenne drei Gründe. Erstens hat mich Mary de Rachewiltz ursprünglich gebeten, mit ihr bei der Vorbereitung einer endgültigen Ausgabe zusammenzuarbeiten, weil sie dachte, dass mein Wissen über Propaganda und den Zweiten Weltkrieg hilfreich sein würde. Während dieses Krieges war ich aktiv an der psychologischen Kriegsführung gegen Italien, Deutschland und Japan beteiligt. Ich erinnere mich, dass ich unter vage einige der FCC-Abschriften von Pounds Reden gesehen und sie als irrelevant für meine eigene Arbeit abgetan habe.

Zweitens war ich daran interessiert zu sehen, ob die Technik der Inhaltsanalyse - die mir während des Zweiten Weltkriegs und später bei der Analyse von Goebbels Tagebüchern nützlich war - für das Verständnis dieser riesigen Wortsammlung hilfreich sein würde. Die Analyse der 110 Reden, die der Leser in den Anhängen nachlesen kann, ist auf einem bescheidenen Niveau angesiedelt und versucht lediglich, eine einfache Frage zu beantworten: In wie vielen der Sendungen hat Pound einen oder mehrere Bezüge zu bestimmten Themen, Personen und Ländern hergestellt? Abschließend muss ich sagen, dass sich meine eigenen Einstellungen und Gefühle nach der Beschäftigung mit diesen Reden kein bisschen verändert haben, aber es war interessant zu verstehen, was Pound damit erreichen wollte. Sein Angriff auf die Profite, die einige Männer aus Kriegen ziehen, erinnerte mich an meine Erfahrungen im Sommer 1934, als ich für den Senatsausschuss tätig war, der damals "Die Händler des Todes" untersuchte.

Mein eigenes Gewissen ist auf einer weltlichen Ebene beruhigt. Die Entschädigung meiner Forschungsassistenten hat die Mittel, die mir persönlich in meiner Rolle als einer der Pound Literary Trustees zugewiesen wurden, erschöpft, ja sogar überschritten. Mein Anteil an den Tantiemen aus diesem Buch wird nicht an mich gehen. Ich bin den Trustees of Pound's Estate dankbar, dass sie Mary de Rachewiltz und mir Zugang zu den Originalmanuskripten gewährt haben. Andere, die treu mit uns zusammengearbeitet haben, sind James A. Fishback, der die Inhaltsanalyse der 110 Sendungen durchgeführt hat; Ellen S. Schell, die fleißig am Index und am Glossar gearbeitet hat; Maryrose Coiner, die die Daten aus der Inhaltsanalyse für den Computer aufbereitet und uns Ausdrucke zur Verfügung gestellt hat, die die Grundlage für die Tabellen bilden; Jane C. Olejarczyk, die es heldenhaft geschafft hat, getippte Kopien der Manuskripte anzufertigen; und Marjorie A. Sa'Adah, die immer dann mit angepackt hat, wenn zusätzliche Hilfe benötigt wurde, was oft der Fall war. Ein besonders herzlicher Dank gilt Olga Rudge, die Pounds Manuskripte ursprünglich aufbewahrt und mir ein feines Gespür für Pounds Philosophie und Herangehensweise vermittelt hat.

Dieser Band hätte ohne die Hilfe und Beharrlichkeit von Mary de Rachewiltz nicht erstellt werden können. Es ist jedoch Pounds Buch, und mit ihrer Hilfe habe ich sein Erscheinen lediglich erleichtert.

Teil I

110 FCC-aufgezeichnete Skripte
#1 (2. Oktober 1941) U.S.(A43)
LETZTER GRABEN DER DEMOKRATIE

Es ist wirklich ein Graben. Die Demokratie wurde in Frankreich geleckt. Die Frösche wurden GEGEN den Willen des Volkes in den Krieg geworfen. Die Demokratie wurde in England bis zum Zerreißen geleckt, wo sie nie einen Blick hineinwerfen konnte - WIE auch immer. Aber selbst die Pseudo-Demokratie bricht zusammen, wenn ein Volk gegen seinen Willen in den Krieg geworfen wird, und die Briten haben Winston nie zum Premierminister gewählt. WANN hatten sie denn überhaupt eine Wahl?

Denken Sie daran, dass es die Regierung in England ist, die entscheidet, WANN eine Wahl stattfindet. Stellen Sie sich vor, wo wir wären, wenn Herr Roosevelt Wahlen einfach aufschieben könnte, bis er bereit ist, sie abzuhalten.

Nun, die Demokratie ist in ihrem letzten Loch, und wenn sie in Amerika nicht gerettet wird. wird sie NIEMAND in ihrer parlamentarischen Form retten können.

Was die VEREINIGUNG mit England betrifft - die Übernahme einer Menge uneinbringlicher Schulden und neuer Verbindlichkeiten - war einer der Sprecher in diesem Radio freundlich genug, das heißt, er zeigte genug Respekt für die amerikanische Intelligenz (ja, auch heute noch zeigt er Respekt für die amerikanische Intelligenz), indem er sagte, dass nur die Briten diese Föderation unterstützen.

Bei näherer Betrachtung scheinen die Briten selbst nicht so zahlreich an der Fusionsbewegung beteiligt zu sein.

Horeb Elisha [Hore-Belisha], nun, IST er Engländer? Und Victor Sassoon, ALLE für die Fusion.

Zwanzig Prozent des Kapitals müssen von den Engländern bezahlt werden.

Zwanzig Prozent BEZAHLTes Kapital, das von den Vereinigten Staaten von Amerika zu zahlen ist. Der Rest von 60 % UNBEZAHLT verbleibt in den Händen der Promotoren, wahrscheinlich als VORZUGSAKTEN, wobei der Vorstand bereit ist, seinen Freunden zu JEDER Zeit Sonderprämien zu gewähren.

Nun, ist Vic Sassoon, dieser jüdische Pseudo-Parasit, der Kopf der Shanghaier Gauner, Opium, Bordelle in der Wahrscheinlichkeit und so weiter, Nachtleben von Shanghai? Ist er IHRE Vorstellung von David Copperfield und Mr. Pickwick?

Und Mr. Streit? Und natürlich stecken MILLIONEN dahinter. Jeder der 86 jüdischen Millionäre kann einen Verlag gründen und jeder der 4.000 angeheuerten Soldaten in der britischen Botschaft kann jeden Mist drucken, den er will.

Ich weiß nicht, woher der schroffe amerikanische EINZELNE die MITTEL zur Bekämpfung dieser Leute nehmen soll.

ABER auf der anderen Seite kann man Kanada annektieren, ohne Verbindlichkeiten einzugehen. Man kann Neufundland und Jamaika und den ganzen Rest annektieren, ohne entweder England oder Sir Victor zu bezahlen.

Warum diese sechzigprozentige Kürzung für Förderer, die NICHTS für Sie tun werden? Ja, ich weiß, es gibt die ganze Sulgrave Manor-Assoziation, den ganzen Glanz der Cousinschaft; aber es WAR Cousinschaft mit John Bull, in den alten Tagen, nicht mit BULLesha oder Bullstein.

Und es juckt Bulistein offenbar in den Fingern, das B wegzulassen und durch die Fusion einfach ULLstein zu bleiben.

Die MILITÄRE Situation? Zur UNION führen? Die Zahl der Truppen, die durch EINE Eisenbahnlinie von ArcAngel aus - von Wladiwostock oder über Teheran - unterstützt, verpflegt und versorgt werden können, ist wesentlich geringer als die ZWEI Millionen, mit denen die Russen aufgebrochen sind.

Der slawische Fatalismus, der diese Truppen dazu veranlasste, in großer Zahl zu sterben, scheint in diesem Krieg dem Empfinden der von Herrn Churchill und Herrn Belisha ins Feld geführten Kampftruppe völlig fremd zu sein.

Ich kann mir nicht vorstellen, dass selbst Winston ein Echelon-System erfindet. Ich meine, Tommy Atkins würde Tommy Atkins im SYSTEM nicht in den Rücken schießen. Er würde etwas spüren, nachdem er es einmal getan hat.

Zweifellos wird Belisha eines Tages vorschlagen, dass die Aussies die Sepoys erschießen könnten, da die Pathans gerne auf alles schießen und besonders gerne auf Australier schießen würden, wenn sie dazu eingeladen würden. Und zweifellos könnte man irgendwo unter den tausend fremden

Ethnien, die vom anglo-jüdischen Imperium unterdrückt wurden, auch einen superslawischen Fatalismus finden. Aber vielleicht nimmt er keine sehr aktive militärische Form an. Er könnte sich angesichts des Gemetzels einfach mit einem Handwebstuhl hinsetzen.

Aber in JEDEM Fall ist es eine Frage der QUANTITÄT. Und WELCHE Unterstützung erhalten die Vereinigten Staaten von Anglo-Judäa? WEN haben die Briten bei dieser blutigen Serie von Betrügereien unterstützt?

Sie haben JEDEN Grund, ihre Kräfte NICHT für die Durchsetzung des amerikanischen Handels mit dem Orient zu verschwenden. Sie haben jeden Grund, Amerika die Windeln ihres Babys zu stopfen zu lassen.

Abgesehen natürlich von dem Gefühl, dass die Vereinigten Staaten sich ein Beispiel an ihnen nehmen und sich dieses oder jenes schnappen könnten, so wie sie sich französische Besitztümer geschnappt und die restlichen französischen Kämpfer erschossen haben.

In Persien wird es zu einer Frage der QUANTITÄT. Walla walla, usw. Zwölf Millionen Russen haben Von Rundstedt und Baron Keitel NICHT aufgehalten. Sie haben nicht EINE deutsche Armee aufgehalten.

Sie haben die deutschen Streitkräfte auch nicht auf eine Zahl reduziert, die auch nur annähernd der Zahl von Truppen entspricht, die England mit SECHS Eisenbahnen über den Kaukasus aufrechterhalten könnte.

DAS ist also nicht gerade der Punkt, an dem die Strategen erwarten, dass SIE England helfen werden, Kriege zu gewinnen. Was auch immer Growler, Mr. McGrump, auf der B.B.C. liary [lie-ary] sagt.

Nun, als ich ein Kind war, Admiral DEWEY ... das klingt wie Napoleon in Moskau? Ja, das klingt für MICH wie die Geschichte über das "Fünfte Element MUD, sagte Napoleon".

Es gibt Millionen von Chinesen. Viele von ihnen leben mit sehr knappen Rationen im Landesinneren und interessieren sich für Chiang Kai-Chek ebenso sehr wie für die White Socks und die Phillies. Wenn es überhaupt noch Phillies gibt. Man könnte diese Schlitzaugen mehr für eine Hot-Dog-Meisterschaft auf der Northside begeistern als für Chiangs FOREIGN-Party in China.

VIELE Chinesen sind NICHT für Chiang-Chek. Ein großer Teil Chinas ist NICHT FÜR diese Bande von ausländischen Investoren.

Dann könnten Sie natürlich die Interessen von de Gaulle retten. Und zwar könnten Sie für die glorreiche Sache der Bank der Pariser Union sterben, GEGEN General Pétain, den Sieger von Verdun.

Glauben Sie, das französische Volk würde es Ihnen danken? Hören Sie sich das französische Radio an, das NICHT von London bezahlt wird, und FRAGEN Sie mich.

Ja, das Vichy-Radio ist verdreht, es versucht, an Frankreich festzuhalten und die Achsenmächte zu überlisten und an Frankreich festzuhalten und jeden Zentimeter französischen Bodens zu halten oder zu bekommen und sich an jeden französischen Sou zu hängen, den es im Auge behalten oder festhalten kann. ABER es funktioniert NICHT für die *Familie* de Gaulle.

UND sie weiß, dass Winston wollte, dass Paris dem Erdboden gleichgemacht wird, so wie Rotterdam, und wie Leningrad, das entweder zerstört wird oder zerstört wurde.

Und Pierre Laval war so ziemlich das Einzige, was Winston davon abhielt, dieses so sehr gewünschte Ergebnis zu erreichen. Denn "wir als Geldverleiher" könnten eingreifen und Geld für den Wiederaufbau leihen.

Ein schönes Ziel. Aber wird Ihnen ein geborener Franzose dafür danken, dass Sie diesen Ehrgeiz in diesem Moment ausüben, wird Ihnen ein Franzose dafür danken, dass Sie diese Art von Ehrgeiz ausüben? Der französische Bauer will sein Feld für sich selbst. Er hat ein gesundes MISSTRAUEN gegenüber allen Hypotheken.

Was die DATEN betrifft, auf die die amerikanische Regierung ihr "Urteil" stützt (ich glaube, sie nennen es immer noch Urteil). In der New Yorker Herald Tribune vom 17. August wird berichtet, dass Roosevelt mit Churchill völlig übereinstimmt und sagt, Russland könne den ganzen Winter über kämpfen.

Möglicherweise meinte er damit, dass Sibirien während dieser Zeit außerhalb des deutschen Schutzes bleiben könnte. Er ging sogar so weit zu sagen, dass die "Ereignisse auf Kreta" sein Treffen mit Englands Staatsfeind Nummer 3 verzögert hätten. Das war etwas, aber nicht genug, um den Ukraine-Feldzug zu gewinnen.

Er hätte Ihnen auch sagen können, dass die Ereignisse in Russland mein Erscheinen der Japan Times verzögert haben. Das Exemplar für den 19. Juni ist gerade gekommen. Ich nehme an, sie lag im Kieff, um durchzukommen. Ein Schreiberling hat damals so getan, als ob Franklin euch in den Krieg ziehen würde. Aber es sah für mich nicht so aus, als ob er es für einen Akt des Idealismus hielt. Er hat es nicht mit der Rettung der Demokratie verwechselt.

Schauen Sie sich in der Zwischenzeit Belishas angelsächsisches Gesicht an, wie es in P.M. und anderen Organen ähnlicher Natur abgebildet ist.

Der amerikanische Zweig der Sulgrave Manor Association wird gebeten, sich dem anzuschließen.

#Nr. 2 (26. Oktober 1941) U.S.(A47)
BÜCHER UND MUSIK

Mr. Churchill, SELBST Mr. Churchill hat nicht die Frechheit gehabt, dem amerikanischen Volk zu sagen, WARUM er will, dass sie sterben, um was zu retten.

Er kämpft für den Goldstandard und die MONOPOLIE. Nämlich die Macht, die gesamte Menschheit auszuhungern und sie durch die Nase bezahlen zu lassen, bevor sie die Früchte ihrer eigenen Arbeit essen kann.

Seine Bande, ob Jude, Nichtjude oder Mischling, ist nicht zum Regieren geeignet. Und die Engländer MÜSSEN das einzige Volk sein, das Arsch genug und brutal genug ist, um für ihn zu kämpfen.

Was nun meine persönlichen Gewohnheiten betrifft, so wissen die wenigen von euch, die wissen, dass es mich gibt, dass ich den größten Teil meiner Zeit dem Ausrauben von Kulchur gewidmet habe, dass ich ein paar Bücher geschrieben habe und meine Freizeit damit verbracht habe, zu versuchen, musikalische Komposition zu lernen, oder Tennis zu spielen und im Golf von Tigullio herumzuschwimmen, wobei ich, soweit ich weiß, niemandem zur Last falle.

Und morgens schreibe ich Briefe an die intelligentesten meiner Zeitgenossen und lese deren Briefe, und Mr. Churchill und dieser Rohling Rosefield und ihre jude-Postspione und -Hindernisse, kikarian und/oder andere ärgern mich, indem sie meinen normalen geistigen Verkehr mit meinen Kollegen abschneiden. Aber ich werde NICHT verhungern, ich werde nicht geistig verhungern. Die Kultur des Abendlandes kam aus Europa und vieles davon ist noch hier in Europa, und damit meine ich auch nicht die Archäologie.

Vor ein paar Wochen sagte Monotti: "Haben Sie jemals Moscardino von Pea gelesen?" Also habe ich es gelesen, und zum ersten Mal im Leben Ihres Gesprächspartners war er versucht, einen Roman zu übersetzen, und er tat es. Vor zehn Jahren hatte ich Enrico Pea an der Strandpromenade vorbeigehen sehen, und Gino [Saviotti] sagte: Das ist ein Romancier. Nachdem ich POLLON IDEN gesehen und kennengelernt hatte, einige Hunderte oder wahrscheinlich Tausende, interessierte mich nicht, dass er ein Schriftsteller war. Aber das Buch muss gut sein, sonst wäre ich NACH der Übersetzung nicht noch mehr davon überzeugt als vorher. Natürlich war meine Handlung unpraktisch, soweit es Sie betrifft. Ich habe nicht die leiseste Ahnung, wie ich das Manuskript nach Amerika bringen oder es veröffentlichen soll. Pea hat nie einen Cent mit dem Original verdient. Joyce und Eliot auch nicht, als ich anfing zu versuchen, jemanden zum Druck zu bewegen.

Wie ist es denn? Nun, wenn Tom Hardy viel später geboren worden wäre und in den Hügeln hinter Lunigiana gelebt hätte, was hier unten an der Küste liegt, und wenn Hardy nicht das geschrieben hätte, was der alte Fordie diese "Art von Kleinstadt-Zeitungsjournalismus" nannte, und wenn viele andere Dinge, einschließlich des Temperaments, anders gewesen wären und so weiter ... das wäre vielleicht so etwas wie Peas Schrift gewesen - was, ich wiederhole, eine gute Schrift ist - und damals, 1921, als Moscardino gedruckt wurde. Moscardino ist der Name des Jungen, der von seinem Großvater erzählt, ein Spitzname, wie Buck.

Sobald die Schranken gefallen sind, werde ich ein Exemplar zur Aufklärung der amerikanischen Öffentlichkeit verschicken.

In der Zwischenzeit kann jeder, der italienisch schreiben lernen will, das erste Kapitel von Forastiero lesen oder die paar Seiten über den Kerl, der 20 Jahre im Gefängnis war. Das ist nur die Ankündigung, dass Italien einen Schriftsteller hat, und es ist schon eine Weile her, dass ich jemandem gesagt habe, dass irgendein Land der Welt einen Schriftsteller hat. Wie Konfuzius, der herumgeklopft und alle möglichen Jobs gemacht hat. Er schreibt wie ein Mann, der ein gutes Stück Mahagonimöbel herstellen könnte.

Ich schickte einen Eilantrag von der Musikwoche in Siena, aber ich schätze, es war zu spät, nicht genug Zeit für eine Neuübertragung, aber ich wollte, dass die sauberen und anständigen Amerikaner das Vivaldi-Oratorium Juditha Triumphans hören, das den alten Händel wie ein kaltes pochiertes Ei aussehen lässt, das jemand auf den Bürgersteig fallen ließ.

Natürlich ist es nicht DIESES Oratorium, sondern ein zweiteiliges musikalisches Spektakel zur Feier der Rückeroberung von Korfu von den Türken im Jahr 1715; und es kam genau zur rechten Zeit und eignete sich hervorragend als Trauerkranz zum zweihundertsten Geburtstag des rothaarigen Vivaldi.

Ich habe ihn einmal von oben in der Mitte und einmal in einer Kiste, die über dem Orchester hängt, einmal für das Ganze und einmal für die Details.

Und ich denke, es ist o.k., Bruder. Man müsste es abwechselnd mit Johnnie Bach, sagen wir dem Mathias, siebenmal hören, zumindest ich, bevor ich glauben würde, dass ich bereit wäre zu sagen, WIE gut es ist.

Es gab einige gute Vivaldi-Aufnahmen für Orchester über Radio Rom, aber ich weiß nicht, ob sie in Amerika zu kurz gekommen sind. Es gab einige gute Vivaldi-Aufführungen vor zwei Jahren, als die Chigi-Organisation den Sinn hatte, das gesamte Sieneser Fest Vivaldi zu widmen, aber die Juditha ist noch besser als das. Besser als die Olympiade, wie sie damals präsentiert wurde. Ich finde sogar, dass sie als Ganzes besser aufgebaut ist, und man muss sich nicht über herumlaufende Schlitzaugen ärgern, die sich auf der Bühne aufführen. Nun, manche Leute mögen ihre Musik mit dieser Ablenkung. Wenn du aufhörst zu schießen und aufhörst, den Profit für die Iren zu schmälern, indem du ihre Waffen an die verdammten Engländer weitergibst, die von ihren Krankenschwestern versohlt und ins Bett gebracht werden sollten, kannst du vielleicht rüberkommen und ES HÖREN.

Das wäre ein gesünderer Zeitvertreib, als die Steuern zu verdoppeln und vom amerikanischen Fiskus ausgeraubt zu werden. Gott, mein Gott, ihr Leute seid DUMM!!!

Was nun die Kritik an der Juditha betrifft, so behaupte ich, dass Vivaldi mehr über den Einsatz der menschlichen Stimme wusste, als Johnnie Bach je entdeckt hat. Das mag wie Ketzerei klingen. Waaal, das entscheiden Sie, nachdem Sie beide gehört haben. Und ich behaupte, dass Tony Vivaldi Händel den Rang abläuft. Daran habe ich nicht den geringsten Zweifel. Ein sehr schönes Stück für Viola d'amore, und natürlich gefällt es mir, weil ich einen Knick hatte, bevor ich wusste, dass Vivaldi es gemacht hat. Ich habe eine hohe Meinung von Rossini und Mozart. D.h., Verwendung der Mandoline in einem ernsthaften Orchester . Das hat jeder, der nicht total verrückt ist. Aber Mozart hat, als er nach Italien kam, das Publikum NICHT verrückt gemacht. Und ein Teil des Grundes war, wie ich vermute, dass die Italiener damals die Nase voll von Tony Vivaldi gehabt hatten. Das ist reine Spekulation. Aber es gibt Dinge, die man Bach entgegensetzen kann. Und zwar Dinge, die Bach aufgegriffen und neu arrangiert hat, ohne sie, wie ich meine, zu verbessern.

Ich hatte die Gelegenheit, beide zusammen vor zwei Jahren in Siena zu hören, in einem guten Orchesterkonzert, eines bis zu Casella, so wie das Programm aufgebaut war. Ein Mann namens Guarnieri dirigiert, seit drei Jahren in Siena, bei diesem Sommerfest. Und ich würde bei Gott lieber Guarnieri Vivaldi dirigieren hören als Toscanini, der Beethoven in Salzburg dirigiert. Ein Gedanke, der mir bei der Juditha-Aufführung kam.

Ich versuche Ihnen zu sagen, dass Italien weitermacht. *La rivoluzione continua.* Das ist die Art von Dingen, die Italiener weiterhin tun, trotz dieses dreckigen, ausgeraubten Bluters und Verräters seiner Verbündeten, Winston Babyface Churchill.

Und seine Gangster. Diese Mistkerle haben noch nie etwas für die Zivilisation getan. Sie haben ihr Land verrottet, und man sollte ihnen nicht erlauben, andere zu verrotten. Sie haben den Prozess der Korruption nicht in Gang gesetzt, aber sie haben es getan, jeder von ihnen, den ganzen Tag und jeden Tag, und das 24 Stunden lang.

Di Marzio leitet eine Zeitung. Vicari gibt eine Monatszeitschrift heraus, die dem "Erzählen" gewidmet ist, nichts anderes als dem Erzählen oder der sorgfältigen Erörterung des Erzählens, und wie man es tun sollte. Drüben in Barcelona wird eine Reihe gedruckt, *Poesia en la Mano*, zweisprachige Ausgaben von Villon bis Mallarme und Rilke, und, wie man mir sagte, auch Ihr heutiger Kolloquitor, wenn sie jemanden finden, der mich übersetzt.

EUROPA ist ein organischer Körper, sein Leben geht weiter, sein Leben hat Komponenten, und fast alles, was euer Leben bis heute lebenswert gemacht hat, hat seinen URSPRUNG hier in Europa.

Ja, wir HATTEN etwas koloniale Architektur und 30 Seiten Whitman (Walt Whitman, nicht Whitemann) und dann Whistler, und Henry James verließ das Land. In der Tat war es kein Zuckerschlecken für Autoren und Maler. Obwohl meine Generation dachte, dass wir irgendetwas pflanzen und versuchen sollten, eine neue Ernte von irgendetwas zu bekommen. Die Idee des zurückkehrenden Eingeborenen war vorherrschend, außer vielleicht bei Thomas S.

Eliot, der von Anfang an sah, dass ihr nicht bischöflich genug wart, um seinem bischöflichen Temperament zu entsprechen, und er sah auf meine heidnischen und evangelischen Tendenzen etwas herab. Ehrlich gesagt dachte ich, es wäre eine gute Sache, zurückzukommen und eine Art College oder Universität zu gründen, um der Jugend etwas beizubringen. Nicht nur das gottverdammte Sägemehl und die Substitute für Lernen und Literatur, die man ihnen vorsetzt. Aber ca. hält den ganzen Lauf der Zivilisation auf. Wenn ihr euch mit Knochenköpfen zusammentun wollt, werdet ihr euch mit Knochenköpfen zusammentun.

Und ihr werdet weiterhin Dirigenten anstelle von Komponisten und europäischen Autoren haben, die zurückgetreten sind.

Aber kommt mir nicht mit dieser anglikanischen Einstellung, mit der alten Geschichte, dem Sturm im Kanal, den die Engländer den Ärmelkanal nennen - die Meerenge zwischen Calais und Dover - und der schmutzigen alten Times, die mit der Schlagzeile "Kontinent isoliert" herauskommt.

Niemand hier legt Blumen auf das Grab von Kolumbus, nicht in diesem Jahr. Aber kommen Sie nicht auf die Idee, dass Europa nicht mehr da ist oder dass keine Bücher mehr geschrieben werden. Ich meine, es wird GESCHRIEBEN, und wir haben keine Maler, Schriftsteller oder Musiker.

Ich bedauere die persönliche Korrespondenz einer kleinen Anzahl von Schriftstellern, die sich meist nicht gegenseitig schreiben. Und ich würde gerne sehen, was Hillaire Hiler malt, und ich würde gerne die letzten Verse von Kumrad Cumminkz bekommen. Oder mir Kitasonos japanische Zeitschrift besorgen. Aber ich werde nicht schwach und blass oder verfalle in eine ausgeprägte und zarte Melancholie für das Aussterben allen menschlichen Verkehrs.

#Nr. 3 (4. November 1941) U.S.(A51)
DIE GOLDENE HOCHZEIT

Der Anblick älterer Ehepaare, die in gegenseitiger Hingabe verweilen, lässt einen manchmal an ihre frühen Lieben denken. Im vorliegenden Fall war es der Anblick von Mr. Churchills Regierung, die mit der von Stalin verheiratet war, und Mr.

Roosevelts in verletzendem Wort vermischt; kurz gesagt, dieses dreieckige Darby und Joan der drei hebräisierten Regierungen führt dazu, dass man auf die vergessenen Begebenheiten ihres Werbens zurückblickt.

Vor allem die Liebesfeste zwischen unseren amerikanischen Roten und Moskau in vite schöner Betrachtung.

Unsere Idealisten liebten Moskau, während Mr. Churchill noch den schüchternen Schwan spielte. In Wirklichkeit sah er Stalin finster an, und aus dem Unverständnis über seine ewige Liebe zu den Moskauern heraus war er nicht nur mürrisch, sondern beleidigend. So ist das mit der wahren Liebe. Niemals, niemals, NIEMALS würde er kommen und die russische Joan unter der Sichel und dem Mistelzweig küssen.

Unsere eigenen amerikanischen Gewerkschaftler waren entgegenkommender. Sie LIEBTEN die Knospe des russischen Versprechens.

Ref. Worker's Library Nr. 3 mit dem trüben und lavendelfarbenen Datum: 9. September 1927.

Jay Lovestone (möglicherweise Liebstein) schreibt auf der ersten Seite der Liebeserklärung die leuchtenden Worte "DIE Einführung des 7-Stunden-Tages in Russland". Nun, das ist weit genug weg und lange genug vor den Stakheleviten, und Mr. Lovestone ist sehr hart mit der American Federation of Labor. "Reaktionäre Gewerkschaftsbürokraten" nennt er sie.

Und an jenem denkwürdigen Tag und in jenem Jahr besuchten unsere blauäugigen Arbeiter (Gewerkschafter und Idealisten), technische Berater, wie sie im Katalog stehen, Brophy, R.W. [?] Dunn, C.H. Douglas, Rex Tugwell, Stuart Chase, eine Menge kräftiger Kerle, die im täglichen Leben entweder den Hammer oder die Sichel benutzt hatten, den Kumrad. Und abgesehen von der allgemeinen und der spezifischen Art der Antworten hat sich der Kumrad gar nicht so schlecht geschlagen. Die Fragen waren etwas nebulöser und unspezifischer als die Antworten. Wie konnte der elegante Mörder in seinen Antworten so nahe an das Wesentliche herankommen?

Immerhin war Marx ziemlich gut in Geschichte und Diagnose. Niemand auf der Seite der Achse bestreitet, dass Marx mehrere echte Fehler im Wuchersystem entdeckt hat.

Alles, was wir wollen, ist ein Weg, sie zu HEILEN. Und die Folterkammern in den meisten Ländern, in denen Stalins Macht reichte, und in einigen Botschaften, in denen es ihm nicht gelungen war, die Kontrolle über den gesamten Polizeiapparat zu erlangen, deuten eher darauf hin, dass das Boishie-System nie die UNIVERSAL-Zustimmung seiner Opfer fand.

Wie auch immer, wenn Sie das nächste Mal mit Rabbi Lehman oder Scholem Mosestha und den anderen internationalen Bankern zu Abend essen, schieben Sie ein paar Seiten der Antworten des Kumrads zwischen den Kaviar und den Fasan und sehen Sie, ob es das Abendessen nicht belebt.

Sicherlich befürwortet Stalin, dass Marx und Engels WIRTSCHAFTLICHE, politische, kulturelle und organisatorische Maßnahmen ergreifen wollen. Und da er sie in dieser Reihenfolge angeordnet hat, erwartest du, dass ich darauf hereinfalle?

ECONOMIC first. Natürlich haben die Bolschis das nicht getan. Jede Partei, die an die Macht kommt, setzt wahrscheinlich die organisatorischen Maßnahmen an die erste Stelle, und die Wirtschaft gehört leider zu dem fast unzugänglichen Teil der Kultur. Kaum jemand scheint in der Lage zu sein, einfache wirtschaftliche Zusammenhänge zu begreifen, ohne, wie Senator Bankhead bemerkte, etwa drei Jahrhunderte Verspätung.

Drei Jahrhunderte, um die Menschen dazu zu bringen, irgendetwas zu verstehen, das mit Geld zu tun hat. Der Corpus vilis britischer Reformhoffnungen zeigt, dass kaum eine Wirtschaftsreform in die Praxis umgesetzt werden kann, wenn nicht zuvor organisatorische und politische Maßnahmen von geradezu weltbewegender Natur ergriffen werden. Die merkwürdige Formulierung vom "Wiederaufbau der kapitalistischen Gesellschaft" muss dem Übersetzer gehören. Ich möchte das nicht Joseph anlasten, aber vielleicht war das ein Teil seines Durcheinanders. Mir geht es weniger um Joes Lücken als um einige klare positive Aussagen. Joe sagte, er sei sich bewusst, dass "eine Reihe von kapitalistischen Regierungen von großen Banken kontrolliert werden", ungeachtet der Existenz "demokratischer" Parlamente.

Nicht schlecht für einen georgischen Attentäter. Und möglicherweise der amerikanischen Öffentlichkeit und den Professoren einige Jahrzehnte voraus. Keine einzige Macht, in der das Kabinett gegen den Willen der großen Finanzmagnaten gebildet werden kann. Ich frage mich: haben sie Joe deshalb auf den Arm genommen?

"Es genügt, finanziellen Druck auszuüben, um Kabinettsminister wie betäubt von ihren Posten fallen zu lassen."

Joey sprach von europäischen Kabinetten, nicht von der so ganz anders gearteten amerikanischen DEMOKRATIE (wie sie es nennen) usw., wo die Schmarotzer selten oder nie reinkommen, es sei denn, es besteht die absolute Sicherheit, dass kein finanzieller Druck ausgeübt wird. Joe SAGTE, dass die Kontrolle der Regierung durch Geldsäcke in der UdSSR unvorstellbar und absolut ausgeschlossen ist. Wie anders als das häusliche Leben unserer eigenen DEMOKRATIE (wie sie es nennen) usw. und wie anders als alles, was irgendein britischer Politiker je erlebt hat, und wie anders als jeder Zustand, den Churchills Gruppe wünschen würde.

Der "enge Kreis", so Joe, besteht aus Einzelpersonen, die auf die eine oder andere Weise mit den großen Banken verbunden sind, und deshalb bemühen sie sich, die Rolle, die sie dabei spielen, vor dem Volk zu verbergen.

Was für ein PERFEKTER Verbündeter für Churchill, Morgenthau, Lehman und die derzeitigen anglo-jüdischen Regime!

Nun, der mit leuchtenden Augen ausgestattete Mr. Tugwell und der vorsichtige Mr. Chase sowie Jim Maurer und Brophy haben das alles mit links und rechts geschluckt. Ein Sieben-Stunden-Tag und der Rest davon. Es war ein mitreißendes Ereignis. Die einzige Sache ist, dass die Ideale der Idealisten so viel schneller in Gang gekommen und so viel weiter gegangen sind. Die Achsen-Seite der gegenwärtigen harten Gefühle.

Hier sind die GEWERKSCHAFTEN mit ihrer syndikalen Organisation und ihrem anerkannten Rechtsstatus, mit dem sie vorschlagen, formulieren und durchsetzen, was sie in Italien wollen, wirklich von so viel MEHR Interesse für jedes Mitglied IRGENDEINER Gewerkschaft oder für jeden Gewerkschaftsführer, dem das Wohlergehen der Geführten am Herzen liegt, dass man nur hoffen kann, dass der amerikanische Gewerkschafter eines Tages Por lesen wird oder zumindest etwas über die italienischen Organisationsmaßnahmen lesen wird.

Das Stalin-Interview ist eine zähe Lektüre, sehr schwer zu fassen. Das war wahrscheinlich das Geheimnis seines Erfolges - viele Menschen, die Russland kennen, waren verwundert über die Kluft zwischen der effektiven Propaganda und dem örtlichen Versagen bei der Lösung menschlicher Probleme. Ich glaube, das menschliche Material, an dem sie arbeiten mussten, erklärt einen Teil des letzteren. Ich meine, warum sie KEIN Paradies geschaffen haben, sondern vor allem einen Ausbeutungsbetrieb -

Maschinen vor Menschen - Menschen als Material. Aber die andere Seite, die teuflische Effizienz ihrer Propaganda, ist eine Untersuchung wert.

Und es scheint eine Variante der alten politischen Masche zu sein, sich an allgemeine Aussagen zu halten, die jeder Zuhörer so interpretiert, dass sie das bedeuten, was ER meinen würde, WENN er es sagen würde.

Und nun zum Kontrast, zur engen Harmonie, lassen Sie uns einen Blick auf eine kürzliche Emission von Joes treuem Gefährten, Idealistenkollegen und eingeschworenen Verbündeten, Herrn N.M. Butler, werfen. Am 3. Juni 1941, dem aktuellen Jahr, hielt er eine Rede bei der Eröffnungsfeier der Columbia University, als Ole Nick ein weiteres Waterloo erwartete, und wie es bei seiner Art üblich ist, schrieb er es nicht in der ersten Person Singular. Nick wollte, dass die Amerikaner für die britischen Ausbeuter kämpfen; also sagte er "THE WORLD" usw. In diesem Fall DIE WELT (gemeint sind Nick und seine Zahlmeister). Die Welt, so sez, erwartet ein weiteres Waterloo. Und auf der fünften Seite stellt sich heraus, dass er eine Niederlage Hitlers meinte!!! Das könnte man "Metonomie" nennen oder einen Teil für das "Ganze" halten, und auch nicht das bessere Ganze.

Nun ist die WELT, wie jeder Universitätspräsident wissen sollte, bevor die Treuhänder ihm sein fettes Jahresgehalt zahlen, kugelförmig und besteht aus MEHR als einem Kontinent, und ist nicht ganz und gar von der großen Wucherzentrale entrückt.

Doch lassen wir Nick Butler für sich selbst sprechen, wie er es in seinem ganzen öligen Leben noch nie versäumt hat.

Das Palaver des alten Gauners enthält auf mehreren Seiten Aussagen, an denen kein rechtschaffen denkender Mensch Anstoß nehmen würde. Die große Schrift, die nicht durch Absätze unterteilte Seite, neigt dazu, den Leser oder Zuhörer in Sicherheit zu wiegen.

Herr Butler missbilligt sogar (natürlich in milder Form) das "kontrollierende Gewinnstreben", alias unseren alten Feind, das Profitmotiv. Natürlich verschweigt er die spezifischen MITTEL des Gewinns, die von seinen Besitzern ausgeübt werden. Dann macht er Lord Holy Fox ein delikates Kompliment, ohne sich festzulegen, denn nichts könnte dezenter sein.

Der ERSTE Lord Halifax sagte vor dreihundert Jahren, dass es viele Dinge gibt, die man mit Reichtum nicht kaufen kann, auch ohne die Hilfe seiner charmanten und furchterregenden Lady. Deshalb sollten die amerikanischen Jungs für den jetzigen Lord Holy Fox bluten. Nun, Ole Nick geht nicht so weit zurück, er bleibt im 17. Jahrhundert stehen, bevor Robert Cecil die britischen OPIUM-Interessen in Shanghai so energisch verteidigte.

Der Sieg für ein moralisches Ideal reicht laut Nicholas nicht aus, weil das "Gewinnstreben einen so großen Teil der Menschheit beherrscht". Das ist wahr, aber es hat das moralische Ideal nicht auf ABSOLUTE Ohnmacht reduziert. Das ist es, was Butler beunruhigte; aber er war noch nicht auf dem Boden der Tatsachen angelangt. Er sagte, es habe eine Zeit gegeben, als Mark Hanna die Vereinigten Staaten von Amerika regierte, als das moralische Ideal allem Anschein nach auf dem Vormarsch war.

Wenn er damit meint, dass einige Reiche an Boden gewonnen haben, hätte er das natürlich auch sagen können, aber er hat es nicht getan. Ole Nicholas setzt den Aufstieg des Triumphs, ob real oder scheinbar, des IDEALS, von der McKinley- zur Wealsohn-Administration.

Hinweis auf HOpe und Fortschritt.

1910 sprach sich der amerikanische Kongress einstimmig für das moralische Prinzip aus (solange keine Fragen zu den Privilegien der WuCherzentrale gestellt wurden). Nic beklagt, dass das moralische Ideal in allen Bereichen der internationalen Beziehungen verschwunden ist.

Das zeigt den Zustand der TIEFEN Ignoranz in der WELT; im Gegensatz zu Nicholas Butlers Kreis oder Topf.

Und wenn man sich die Daten ansieht, muss er diesen Text in derselben Woche geschrieben haben, in der ein Chinese, der nicht der Partei von Wang Ching Wei, sondern der Partei von Chiang Kai-shek angehörte und Chiang GLAUBTE, sagte, dass Hitlers Gerechtigkeit bei der Zerstörung der internationalen Angelegenheiten so groß sei, dass die Chinesen der ANTI-JAP- und Anti-Wang-Partei Hitlers Arbitrage akzeptieren könnten.

Mr. Butler scheint dann in Inkohärenz zu verfallen. Er spricht von einem ZUSAGEN als etwas, das eingehalten werden muss; zu welchem Preis, England, Churchill und Roosevelt? Er wendet sich dagegen, dass die Ersparnisse von Generationen weggefegt werden; er fragt, was aus dem Einfluss und der Führung der großen Religionen geworden ist: der christlichen, der moslemischen, der hebräischen und der buddhistischen, und was aus Platon, Aristoteles, dem heiligen Augustinus, dem heiligen Thomas von Aquin, wobei er den heiligen Ambrosius und den heiligen Antonius von Florenz auslässt und den Kapitänen des Geistes, den Spaniern, den Italienern, den Franzosen, den Engländern und den Deutschen gnädig die Hand reicht. Und natürlich Abraham Lincoln, ohne den alten Abe in der Währungsfrage zu zitieren. Und dann barbarische Brutalität, ohne Estland, Finnland oder Orte zu erwähnen, die von den - - Zerstörung von Kirchen und Museen. Was ist mit Löwen und der Cyrenaika? Und all dieses "Wie dunkel der Himmel auch sein mag" usw. endet mit einer historischen Parallele; die WELT wartet auf ein neues Vaterloo; denn Napolean BonypartY zog in Russland ein, und wenn Hitler nicht in Europa besiegt wird, wird er in Asien oder Afrika kommen. Nun, das ist ein schlechter Ausrutscher, denn Knox und Stimson, etc. wollen Afrika vergewaltigen. Aber auf jeden Fall bekommt man ein Bild von Nicholas, und METONOMIE oder eine Rolle für das HOLE zu übernehmen. A figger of Rhetorik sez Sam Johnson, whereby one word is put for another.

Wenn Butler, der alte Trottel, will, dass ich ihm reinen Wein einschenke, kann er die enorme Macht, die ihm seine Position verleiht, nutzen, um die Columbia University dazu zu bringen, eine Reihe von Bänden herauszugeben, die den GIST der Überzeugungen und des Wissens von John Adams, Jefferson, Jackson, Van Buren und Lincoln enthalten. NICHT jeden Satz und jeden Absatz auslassend, den ich und Männer wie ich für das Verständnis der amerikanischen Geschichte für wesentlich halten.

#4 (6. November 1941) U.S.(56)
DIESER KRIEG GEGEN DIE JUGEND - GEGEN EINE GENERATION

Eine Sendung der unbeliebten amerikanischen Zeitschriften hat mich erreicht. Ich meine damit keine doktrinären Zeitschriften, sondern Zeitschriften, in denen gelegentlich ein ernsthafter Artikel erscheint. So habe ich erfahren, dass Professor I.A. Richards, einer der wenigen angesehenen englischen Hochstapler in Amerika, Vorlesungen hält; ja, natürlich, Vorlesungen.

Und offenbar geht das normale Bemühen, die Dinge am Laufen zu halten, weiter. Wallace Stevens, J.G. Fletcher, der alte Doc Williams und kumrad kumminkz wissen ein bisschen mehr über das Schreiben als die jüngeren Männer, die sich noch nicht ganz entschieden haben, ob sie wirklich arbeiten und lernen wollen, wie das geht.

Und ein Mann mit einem schottischen Vornamen hat ein Mädchen geheiratet, das der Nomenklatur nach schottisch, walisisch und britisch zu sein scheint. Und Ted Spencer hat seinen tanzenden Mann in den Druck gebracht, wo er sein sollte, und die Einwände dagegen sind so dumm, wie man es erwarten würde, und vielleicht kommen die Jungen, wie Mr. Calder Joseph; und Langston Hughes hat ein Buch im Druck; wahrscheinlich ist es schon erschienen, was eine gute Sache ist, und Dr. Gogarty oder goGARTY, der Außenwelt besser bekannt als Buck Mulligan, ist nach New Jersey gekommen und schreibt weiter Gedichte und wird beschuldigt, an einem Roman zu arbeiten. [Er hat eine ziemlich schöne Ode für die Wiederbelebung der Tailltean Games, der irischen Olympiade, geschrieben. Ich weiß nicht recht, warum es erst jetzt veröffentlicht wird, da die Tailtean Olympics vor fast 20 Jahren wieder eingeführt wurden.

Nun, das ist eine menschliche Note und eine Abwechslung zum Lärm der amerikanischen Zeitungen. Wir brauchen mehr Kommunikation zwischen den fünf Kontinenten.

Und einige der jüngeren Professoren scheinen nicht GANZ von der Propaganda hinters Licht geführt worden zu sein.

Sie haben genug von georgischen Dichtern und so weiter.

Und das bringt mich zu der Frage des ALTERS. Können Sie oder können Sie nicht sehen, dass dieser Krieg ein Krieg gegen die JUGEND ist? Dass es in England eine ganze Generation oder zwei Generationen gibt, die bereit sind, sich bei der Erwähnung von Churchill, Beaverbrook, Garvin und Baldwin zu erbrechen, und diese Senilitäten wollen Rache für den Mangel an Respekt.

Damals, im anderen Krieg, sagte W.B. Yeats über die alten Politiker: Krieg, natürlich wollen sie Krieg, sie wollen alle jungen Mädchen für sich.

Und auf die eine oder andere Weise - Machtgier, Lust, Eifersucht auf die nächste Generation - gaben sie vor, sich um die Welt zu sorgen, wie sie zur Zeit ihrer Enkel sein wird. Sie beeilen sich, weil sie befürchten, dass sie die jetzige jüngere Generation nicht auslöschen können, bevor die IDEEN meiner Generation in Kraft treten. Es ist NICHT *notwendig*, die Erde von senilen Blutsaugern und Betrügern regieren zu lassen. Die Jugend Europas hat diese kardinale Tatsache entdeckt.

Daher der senile Aufschrei Europa-Delenda. Europa, so die Financial News of London, muss ausgelöscht werden, oder bestimmte Monopole werden verschwinden. Die Menschen werden in der Lage sein, das Getreide ihrer eigenen Felder zu essen, WENN Europa nicht in die Luft gesprengt wird.

HABEN Sie die DETAILS der britischen Erpressung Chiles gelesen, der Männer in Chile, die mit der Außenwelt Handel treiben wollen? Details von Roosensteins "Freiheit der Meere", NAVICERT, das war es, was sie an Italien versuchten, und Italien kam auf die deutsche Seite.

Wenn Chile das nicht tut, bedeutet das lediglich, dass jeder Mann in Chile, der mit schwarzer Post dazu gebracht wird, diese Papiere zu unterschreiben, einen stillen Hass gegen alles Englische und gegen jede Nation, die sich an einer solchen Politik beteiligt, aufstaut.

STARVE'em out. Werden SIE die Aushungerer von den Erzeugern, den Züchtern, den Machern trennen?

Schauen Sie sich Hank Wallace an, guter Kerl, nettes Auftreten, der einen Gartenweg nach dem anderen hinunterführt. Das perfekte Hampton Court Labyrinth, Lord Halifax. Erst wird von Ihnen verlangt, die Produktion zu reduzieren, unterzupflügen, dann, nach ein paar Jahren, wird Ihnen mit Rationierung gedroht.

RATIONIERUNG!

In den Vereinigten Staaten von Amerika, dem Land des Überflusses, dem Land, das nach der Loeb-Karte ohne den geringsten Zweifel das Land des Überflusses ist. Jede vierköpfige Familie hätte damals einen Lebensstandard haben KÖNNEN, der dem entsprach, was damals 4000 Dollar im Jahr kostete. Die notwendige Währungsreform brauchte natürlich ehrliches nationales Geld, um sie zu erreichen.

Die Vereinigten Staaten von Amerika brauchten eine innere Reform, keinen Krieg in Afrika oder in Asien. Keinen Krieg für die Minenbesitzer GEGEN die Bauern von Rhodesien, keinen Krieg für das Opium von Shanghai und Singapur. Aus der INNERHALBEN Reform hätte eine Zusammenarbeit mit den anderen vier Kontinenten entstehen können. UND die Freiheit der Meere, die es Chile und Argentinien erlaubt, mit Frankreich, Spanien, Schweden und der Schweiz Handel zu treiben, und die es dem alten Hoover erlaubt, Lebensmittel nach Belgien zu transportieren.

Werfen Sie einen Blick auf das ALTER der Hauptkriegszuhälter. Roosevelt sagt jetzt, er habe den Krieg 1937 kommen sehen. Im Jahr 1937 gab es KEINE Notwendigkeit für einen Krieg. Roosevelt tat alles, was er konnte, um ihn unvermeidlich zu machen. Es gibt keine Aufzeichnungen über eine einzige Handlung von Roosevelt, die ernsthaft darauf abzielte, den Krieg abzuwenden. Die Ignoranz Europas, die Regierung, die von Hinterwäldlern geführt wird, und die ganze Außenwelt glauben, dass Roosevelt Befehle von der schlimmsten Bande in Europa entgegennahm.

Ich behaupte nicht, dass er das tat, ich behaupte nur, dass er nie die geringste Neigung zeigte, sich über die Fakten zu informieren und sich für eine JUST-Lösung einzusetzen. Das ist eine ziemlich konservative Aussage. Er war noch NIE neutral. Aber kommen wir zu diesem einen Punkt: ALTER Wie alt sind diese Typen, die versuchen, Amerika in den Konflikt zu stürzen? Was ist ihr Beruf? Was ist ihr staatsbürgerlicher Werdegang? Was ist oder war jemals ihr Wunsch, dass SIE die Fakten erfahren?

Hat sich jemals einer von ihnen für den GERECHTEN PREIS eingesetzt? Das ist die Grundlage jeder Wirtschaft.

Selbst die alte Laissez-faire- oder Whig-Ökonomie glaubte anfangs, dass der freie Wettbewerb zu einem gerechten Preis führt.

Die Hetze dagegen funktionierte teilweise, indem man die FREIHEIT dieses Wettbewerbs vortäuschte.

Wenn man einen zehnjährigen Krieg beginnt? Ja, WENN man einen zehnjährigen Krieg beginnt. Keines dieser alten Schweine wird am Ende des Krieges noch da sein. Es wird nicht ihre Welt sein, es könnte euer Untergang sein.

Was den RUIN betrifft. Was ist mit Petrograd? Die Zerstörung hat keinen militärischen Zweck.

Laval hat Paris gerettet. Churchill hätte sie Paris platt machen lassen, um drei Tage Zeit zu gewinnen, die sich in keiner Weise auf das Ergebnis des deutschen Feldzugs in Frankreich ausgewirkt hätten. Woran liegt das? Verbrechertum?

Unbesonnenheit? Oder das, was Napoleon mangelnde Vorstellungskraft genannt hätte, d.h. die Unfähigkeit, sich vor dem geistigen Auge ein Bild davon zu machen, was die TOTALE Zerstörung von Paris bedeuten würde.

Diejenigen unter Ihnen, die Paris wiedersehen wollen, verdanken dies Pierre Laval, den die Briten ermorden lassen wollten.

Diejenigen unter Ihnen, die Paris entweder zum ersten Mal oder erneut sehen, werden es nicht Mr. Churchill zu verdanken haben.

Hätte dieser kriminelle Affe seinen Willen durchgesetzt, hätte es KEIN PARIS gegeben.

Ja, wir waren einmal jung oder jünger, und viele von uns fielen auf die russische Rote Revolution herein. Denn die marxistische Diagnose war so gut wie richtig. Das Heilmittel hat NICHT funktioniert. UND die Revolution wurde verraten.

Eine andere Revolution, eine junge, ist NICHT verraten worden. Sie bewegt sich, sie bewegt sich auf das zu, was die anständigen Roten wollten.

Viele von ihnen sahen nicht weiter, wollten nicht mehr als das Ende bestimmter Missstände. Die Narren haben die Kontrolle übernommen.

Jetzt seid IHR KEINE Kommunisten. Die Vereinigten Staaten von Amerika und Frankreich und jede andere Nation östlich der Wolga WOLLEN das Eigenheim. Der französische Bauer will sein eigenes Stück Land, ohne die tote Hand über ihm, ohne Hypothek. Der arbeitende Mensch will NICHT regieren; er will eine gute Regierung.

Ihr Amerikaner und Engländer wollt, dass die Regierung gut ist, ohne dass ihr euch auch nur im Geringsten anstrengen müsst. Ihr schaut euch nicht einmal an, was eure Regierungen tun. Es braucht schon einen gewaltigen Kraftakt, um auch nur die geringste Aufmerksamkeit auf die wesentlichen Fakten einer Regierungspolitik zu lenken. Die meisten Menschen wollen bestimmte Dinge in ihrem eigenen Leben, größtenteils in oder innerhalb der Sphäre ihres eigenen Handels oder Geschäfts. Nur sehr wenige analysieren diesen Wunsch oder setzen ihre Gedanken in der Umsetzung dessen, was sie wollen, mit einem praktischen Regierungssystem um.

Unser System war für den offenen und unbesiedelten Kontinent usw. in Ordnung. Die Grenze, der Individualismus in einem Zustand, in dem der Mensch, der nicht auf seinen eigenen Füßen im Wald stehen und in der Ebene leben konnte, womöglich auf dem Rücken eines Pferdes, einfach ausstarb.

Erste intellektuelle Reaktion auf das bloße Herannahen der Industrialisierung Thoreau versuchte zu erkennen, wie wenig er sich um andere Menschen zu kümmern brauchte Amateurbewegung.

ZUSAMMENLEBEN mit anderen Menschen. POLIS, eine Stadt, Politik, die richtige Art und Weise, wie die Menschen in einer Stadt zusammenleben. Griechische Städte sind sehr klein; Aristoteles macht sich Gedanken über ein System für 5000 Bürger usw.

Fünf Millionen, 130 Millionen, ein bisschen mehr Arbeit; bessere Regelungen nötig.

Großer Schwindel, Geldproblem, die austauschbaren gemessenen Titel auf Güter.

WIE unsere Verfassung, die mehr als ein Jahrhundert lang, nämlich 130 Jahre lang, mit Abstand die BESTE der Welt war. Ich hatte geglaubt, wir könnten all die soziale Gerechtigkeit, die wir brauchen, durch ein paar vernünftige Geldreformen erreichen, wie sie Adams und Lincoln für ehrlich UND VERFASSUNGSVOLL gehalten hätten. Die Geschäftemacher würden eher einen zehnjährigen Krieg anzetteln und fünf oder zehn Millionen junge Männer umbringen, als auch nur die Diskussion über eine Geldreform auf den Titelseiten der amerikanischen Zeitungen aufblühen zu lassen Was ist die Ursache? Schmutz verursacht es; Gier, Lust, Geiz, kleinliche Rachsucht und senile Angeberei verursachen es

Europa mit seinen weniger modernen Regierungssystemen als das unsere, Deutschland und Italien mit den Überbleibseln früherer Jahrhunderte, vor allem Deutschland, erlebten Revolutionen, arbeiteten ein neues System aus, das für EUROPA geeignet ist. Es ist NICHT unsere amerikanische Angelegenheit. Wir könnten mit Ehre für die Freiheit der Meere eintreten. Sowohl für EUROPA als auch für ein paar jüdisch kontrollierte Reedereien. Wir könnten mit Ehre für einen NATÜRLICHEN Handel eintreten, d.h. einen Handel, bei dem jede Nation das, was sie hat, was sie im Überfluss oder im Überfluss hat, mit dem austauscht, was andere Nationen entbehren können oder wollen.

Wir könnten für diese Art von Handel eintreten, anstatt zu versuchen, ihn zu erdrosseln Warum tun wir es nicht?

Warum sollten alle Männer unter vierzig Jahren für schreiende Ungerechtigkeit, Monopole und den schmutzigen Versuch, 30 Nationen zu erdrosseln und auszuhungern, sterben oder verstümmelt werden müssen?

Für wen?

Es ist NICHT einmal für das englische Volk, für das ein zehnjähriger Krieg den Hungertod bedeutet.

#5 (7. Dezember 1941) U.S. & U.K.(A66)
DIESE KLAMMERN

Europa ruft an, Pound spricht. Ezry Pound am Apparat. Und ich denke, ich spreche vielleicht immer noch ein bisschen mehr zu England als zu den Vereinigten Staaten von Amerika, aber ihr könnt es genauso gut hören. Man sagt, der Kopf eines Engländers sei aus Holz und der Kopf eines Amerikaners aus Wassermelone. Es ist leichter, etwas in den amerikanischen Kopf zu bekommen, aber fast unmöglich, es dort zehn Minuten lang zu behalten.

Natürlich weiß ich nicht, was GUTES ich tue, ich meine, was IMME DIATE gut ist. Aber das ist etwas, was ihr Leute auf beiden Seiten des elenden Ozeans früher oder später lernen müsst, Krieg oder nicht Krieg.

Nun, was ich über den Zustand des MIND in England im Jahre 1919 zu sagen hatte, sagte ich in meinen Cantos (14 und 15).

Einige eurer Theosophen und Phantasten hätten es den geistigen Zustand Englands genannt. Ich begnüge mich damit, Geisteszustand zu sagen.

Ich kann nicht sagen, dass meine Bemerkungen beherzigt wurden. Ich dachte, ich hätte sie einfach genug formuliert. Die Worte waren kurz und einfach genug. In der Tat haben sich einige Leute darüber beschwert, dass einige von ihnen nicht mehr als 4 oder 5 Buchstaben enthielten (einige weniger).

Ich behaupte, dass KEIN Katholik jemals von dem, was ich in diesen Cantos gesagt habe, verwirrt war oder sein wird. Ich habe jedoch nie um Mitleid gebeten, wenn ich missverstanden wurde. Ich versuche weiterhin, meine Bedeutung klar zu machen und noch klarer. Und auf lange Sicht wissen die Menschen, die mir zuhören (nur sehr wenige, aber Mitglieder dieser kleinen und ausgewählten Minderheit), mehr als diejenigen, die auf Mr. H.G. Dickerchen Wells und die liberalen Handlanger hören.

Worauf ich hinaus will, ist, dass ein Freund neulich zu mir sagte, er sei froh, dass ich die Politik habe, die ich habe, aber dass ER nicht verstehe, wie ich als Nordamerikaner, als US-Amerikaner, sie haben könne.

Nun, das sieht für mich einfach aus. Die Dinge sehen für mich OFT einfach aus. Nach dem konfuzianischen System ist das Muster oft einfach, wenn man richtig anfängt und dann weitermacht, an der Wurzel beginnt und sich nach oben bewegt, während man in ein Durcheinander gerät, wenn man vom Zweig abwärts konstruiert.

Meine Politik scheint mir EINFACH zu sein. Meine Vorstellung von einem Staat ODER einem Imperium gleicht eher einem Heckenschwein oder einem Stachelschwein, klobig und gut verteidigt. Ich halte nichts von der Vorstellung, dass mein Land ein Krake ist, dessen Tentakel schwach sind und der an Magengeschwüren und chronischer Gastritis leidet.

Ich wünschte, Bruder Hoover hätte seine Fakten über den stinkenden und verrotteten Vertrag von Versailles offengelegt, als er noch im Weißen Haus war. Aber ich bin froh, dass er das jetzt getan hat. Allerdings könnte er auch seine EIGENEN Fehler eingestehen und schon jetzt dazu beitragen, den Wohlstand der Vereinigten Staaten von Amerika zu beschleunigen.

Jedenfalls habe ich prinzipiell nichts dagegen, dass die USA Kanada und den gesamten nordamerikanischen Kontinent übernehmen.

Die Fäulnis des Britischen Empires kommt von innen, und wenn die gesamte syphilitische Organisation, angeführt von Montagu Skinner Norman, Kanada oder Alberta den Krieg erklärt, sehe ich keinen Grund, warum Kanada den Juden in London nicht den Krieg erklären sollte. Ob sie nun geborene Juden sind oder aus Vorliebe zum Judentum übergegangen sind.

Ich bin bereit, dagegen zu kämpfen, dass ehemalige europäische Juden einen weiteren Frieden schließen, der schlimmer ist als Versailles, mit zwei Dutzend neuen Danzigs. Nämlich, dass die Vereinigten Staaten mit Kriegsbasen in Aberdeen, Singapur, Dakar, Südafrika und im Indischen Ozean zurückbleiben! Alle ziehen den Schwanz ihres Mantels ein und machen einen weiteren Krieg für Dupont, Vickers, Mond, Melchett, Beit, Ellermann in zehn oder fünfzehn Jahren nach dem jetzigen Krieg mathematisch sicher. Und zu diesem Zweck arbeiten Roosevelt, Morgenthau, Lehman Tag und Nacht, ganz zu schweigen von den Warburgs. Und was die Warburgs betrifft, so wünschte ich, Herb Hoover würde MEHR über den Gestank von Versailles sagen.

Gott weiß, dass ich Woodie Wilson verabscheut habe, und ich möchte nicht, dass der Menschheit noch mehr Böses angetan wird, als es Woodrow Codface getan hat. Und je eher ganz Amerika und ganz England aufwachen und erkennen, was die Warburgs und Roosevelt vorhaben, desto besser für die nächste und diese Generation.

Und als Amerikaner möchte ich NICHT sehen, wie mein Land die Bevölkerung Islands vernichtet, so wie die Briten die Maoris vernichtet haben. Und was die Australier betrifft, so haben sie eine nippo-chinesische Invasion verdient.

Ihre Großväter waren Verbrecher, und ihr Beitrag zur Zivilisation ist nicht so groß, dass er auch nur eine jüdische Medaille verdient hätte. Warum zum Teufel die Chinesen und Lappen sich nicht zusammentun und den Dreck aus Australien vertreiben und dort ein bisschen Zivilisation aufbauen, ist für mich Teil des Mysteriums des Orients.

Und auf jeden Fall möchte ich NICHT, dass meine Landsleute im Alter von 20 bis 40 Jahren abgeschlachtet werden, um die Sassoon und andere britische jüdische Schläger in Singapur und Shanghai am Leben zu erhalten. Das ist nicht meine Vorstellung von amerikanischem Patriotismus. Wir nähern uns dem hundertsten Jahrestag des Opiumkriegs, der den Jungs in Lancashire oder Sussex nie etwas Gutes gebracht hat, und der weder in Dorset noch in Gloucester für Wohlstand gesorgt hat.

Hardy's England, aye, aye Sir, wo ist es? Hat Rothschild es gerettet? Nein, hat er nicht. Haben die Goldsmids es gerettet? Nein, hat er nicht. Bemüht sich Churchill, es zu retten? Er tut es NICHT. Ich wiederhole, die Fäulnis und der Gestank Englands und die Gefahr für sein Reich sind im Innern, und das schon seit der Zeit Cobbetts.

Und KEINE noch so große Anzahl von Rabbinern und Bankangestellten in der Wall Street und in Washington kann auch nur das Geringste für England tun, außer es in Ruhe zu lassen. Und es ist verdammt schade, dass sie nicht schon früher damit angefangen haben. Das ist eine Schande für England.

Und ein Frieden mit amerikanischen Kriegsstützpunkten auf dem ganzen Planeten wäre genauso wenig ein echter Frieden wie Versailles es war. Und was alle sichtbaren Zeichen angeht, ist Roosevelt MEHR in den Händen der Juden als Wilson 1919. Ich bin dagegen, dass er sich in JEDE Nachkriegsangelegenheit einmischt. Dieser Einwand ist akademisch.

Und ich denke, es wäre gut für ALLE Menschen, von China bis Kapstadt, so bald wie möglich zu sehen, was Franklin vorhat. Er soll seine Pfoten auf dem nordamerikanischen Kontinent lassen. Selbst wenn das bedeutet, dass der Waffenverkauf für alle seine Kumpels und für alle Goldsucher DIMINIERT wird.

Vor acht Jahren sagte er noch "nichts zu fürchten außer der Angst". Nun, was ist aus DIESEM Roosevelt geworden?

Was hat er drei Jahre lang getan, außer zu versuchen, auf dieser Grundlage eine Hysterie zu schüren? Er hat sein Gesicht in einer Zeitung namens Life abgebildet, acht oder zehn Fotos. Jim Farley wäre im Weißen Haus weniger lästig gewesen als der Snob Delano, der Farley NICHT aus moralischen oder ethischen Gründen ablehnte, sondern aus reinem Snobismus; er wollte nicht, dass ein einfacher Handlanger sein Nachfolger wird.

Und was die amerikanischen Arbeiter betrifft. Wann wird die amerikanische Arbeiterschaft anfangen, sich mit der Währungsfrage zu befassen?

"Frage" sollte natürlich kein INTERROGATIVES Element enthalten. Selbst ein Fuhrunternehmer MUSS in der Lage sein zu lernen, warum zinszahlende Schulden KEINE so gute Geldbasis sind wie produktive Arbeit.

Aber werden sie das? Werden die amerikanischen Lastenträger und Fachingenieure (einschließlich Mr. Hoover) sich jemals mit der Währungsfrage befassen? (Ich nenne es Problem, nicht Frage.) Und wird der amerikanische Großunternehmer oder Finanzier, mit Ausnahme von Baruch, jemals damit beginnen, die Lösung SEINES Problems zu studieren, das eine Unternehmenslösung ist, im Sinne des Wortes, das jetzt in Europa gebräuchlich ist?

Ein CORPORATE-Problem, das NICHT bedeutet, den Arbeiter auszuhungern oder ihn durch Streikbrecher-Mobs zu zerschlagen.

Gott weiß, dass ich nicht sehe, wie Amerika ohne jahrelanges Training Faschismus haben kann. Für sieht es so aus, als ob das Währungsproblem der Ort wäre, an dem man mit der Rettung Amerikas beginnen sollte. Wie ich schon seit einiger Zeit sage: Nennen Sie es zehn oder zwanzig Jahre. Im Moment sieht es so aus, als ob John Lewis genauso lange brauchen würde, um seine Truppen mit meinen Büchern zu füttern, wie die Harvard-Fakultät braucht, um die Erlaubnis von Mr. William G. Morse zu bekommen, sie in Harvard (Wirtschaftsabteilung) zu verwenden.

Beide Seiten werden sich darauf einigen müssen.

#6 (29. Januar 1942) U.S.(A1)
ON RESUMING

Am Arbour Day, dem Pearl Arbour Day, zog ich mich um 12 Uhr mittags aus der Hauptstadt des alten Römischen Reiches nach Rapallo zurück, um bei den Alten Weisheit zu suchen.

Ich wollte etwas herausfinden. Ich hatte ein perfektes Alibi, wenn ich auf Nummer sicher gehen wollte. Ich war und bin offiziell mit einer neuen Übersetzung des Ta S'eu von Konfuzius beschäftigt. Ich habe in Rapallo den Text von Konfuzius und von Mencius, den Text der schönsten Anthologie der Welt, nämlich derjenigen, die Konfuzius aus früheren Autoren zusammengestellt hat, und ich habe in Reichweite den Text eines Buches, das auf der Titelseite den Titel Li Ki trägt (von dem mir der Leiter der chinesischen Abteilung in unserer Kongressbibliothek sagt, dass die richtig gesinnten Chi-Sinologen jetzt denken, dass es Lee Gee ausgesprochen wird). Und ich habe sechs Bände des verstorbenen Dr. Morrison's Dictionary, nicht das aktuellste Wörterbuch der chinesischen Ideogramme, aber dennoch gut genug.

Das heißt, ich habe WORK thaaar für einige Jahre, wenn ich nicht sterbe, bevor ich die Mitte erreicht habe.

Die Oden sind für mich sehr schwierig. Sie sind von äußerster Schönheit. Tausende von Dichtern haben sich diese Oden angesehen und sind verzweifelt. Es gibt Stellen, an denen ein einfaches Ideogramm (d.h. ein chinesisches Bildwort) so verwendet wird, dass es ewig ist, soweit unser menschlicher Sinn für Ewigkeit reichen kann. Es gibt eine Ode an den Sonnenaufgang, bei der ich verzweifle, dass sie jemals übersetzt wird.

Dem gegenüber stand die SITUATION. Das heißt, die Vereinigten Staaten befanden sich seit Monaten ILLEGAL im Krieg, und zwar durch die meines Erachtens kriminellen Handlungen eines Präsidenten, dessen geistige Verfassung, soweit ich sehen konnte, NICHT all das war, was man sich von einem Mann in einer so verantwortungsvollen Position oder einem Amt wünschen konnte oder sollte.

Soweit mir die Beweise vorlagen, hatte er seine Versprechen gegenüber den Wählern gebrochen; er hatte meiner Meinung nach seinen Amtseid gebrochen. Er hatte meiner Meinung nach den Treueeid auf die Verfassung der Vereinigten Staaten verletzt, den auch der gewöhnliche amerikanische Bürger jedes Mal ablegen muss, wenn er einen neuen Pass erhält.

Es war offensichtlich nur eine Frage von Stunden, die zwischen diesem Tag und dieser Stunde und dem Zeitpunkt lagen, an dem sich die Vereinigten Staaten von Amerika rechtmäßig im Krieg mit der Achse befinden würden.

Ich verbrachte einen Monat damit, mir darüber klar zu werden, vielleicht kam ich auch schon früher zu dem Schluss. Auf jeden Fall hatte ich einen Monat Zeit, mir über einige Dinge klar zu werden. Ich hatte Konfuzius und Mencius, die beide mit ähnlichen Problemen zu kämpfen gehabt hatten. Beide hatten Reiche untergehen sehen. Beide hatten tiefer in die Ursachen menschlicher Verwirrung hineingeschaut, als es den meisten Menschen überhaupt in den Sinn kommt.

Dann lag mein alter Vater mit einer gebrochenen Hüfte im Bett; Gott weiß, wer sie flicken wird, oder ob sie überhaupt heilen wird. Also las ich ihm ein paar Seiten Aristoteles in der Loeb Classical Library, englische Fassung, um ihn abzulenken. Auch um meine eigene Arbeit in Gang zu halten.

Denn seit einiger Zeit habe ich das Bedürfnis, die Terminologie der chinesischen und der griechischen Philosophie zu vergleichen und sie auch mit der Terminologie der mittelalterlichen katholischen Theologie zu vergleichen.

Nein. Für einen Mann, der von all seinen NORMALEN Kontakten mit der außereuropäischen Welt abgeschnitten war, kann ich nicht sagen, dass ich destituiert war - geistig - es gab genug, womit ich mich hätte beschäftigen können, wenn ich mich hätte "verpflichten" wollen. Wenn ich mich in ein Funkloch begeben wollte, hatte ich ein schönes, großes Funkloch. Ungefähr so gut wie eine Stiftungsprofessur an einer unserer ominösen oder verschleierten, sagen wir mal verschleierten Universitäten oder sogar in Oxford oder Cambridge. Da unten gibt es viele, die sich hübsch machen und 5000 oder zehntausend Dollar im Jahr dafür bekommen, dass sie nichts verraten. Ich vermute, es war Mencius, der meinte, dass "der wahre Weise keine Ruhe sucht".

Das ist kein klaustrisches Motto. Ich fing an herauszufinden, dass ein VOLLSTÄNDIGER Abbruch der Kommunikation zwischen der Ruhe und den fühlenden Menschen nicht erwünscht ist.

Ich habe schon früher darauf hingewiesen, dass England während und DURCH die napoleonischen Kriege vom Strom des europäischen Denkens abgeschnitten wurde, und dass es nie wieder Anschluss gefunden hat, nicht während des ganzen verdammten bösen und 19. Sie hinken immer hinterher. Vielleicht ist sie auch nur zurückgeblieben. Ich habe auf den Unterschied der Aktualität zwischen Voltaire und Herrn Samuel Johnson hingewiesen.

Auf jeden Fall ist es NICHTS GUT.

Die Vereinigten Staaten sind Fehlinformiert worden. Die Vereinigten Staaten wurden auf den Gartenpfad geführt und könnten unter den Gänseblümchen landen. Alles durch das Ausschließen von Nachrichten.

Es gibt kein Ende der Unterdrückung von Nachrichten, die die Söhne des Blutes, die diesen Krieg begonnen haben und diesen Krieg wollten, und die herumgepfuscht haben, um einen Krieg zu beginnen, und die herumgepfuscht haben, um den Krieg am Laufen zu halten und zu verbreiten. Es gibt KEIN Ende der Verdrängung und der Perversionen von Nachrichten, die diese Blutsauger nicht im Schilde führen, und die sie nicht durchgesetzt haben und immer noch nicht durchsetzen wollen. Was auch immer geschieht, es wird den Vereinigten Staaten NICHT gut tun von allen Nachrichten und allen NACHRICHTEN des zeitgenössischen Denkens so abgeschnitten zu sein, wie die verdammten Narren und die völlig dekadenten Briten sich selbst davon abgeschnitten haben.

So wie man von der British Blurb Corporation jeden Montag- und Dienstagabend und jeden Mittwoch-, Donnerstag-, Freitag-, Samstag- und Sonntagabend, an dem man sich entscheidet, ihrem phänomenalen Quatsch zuzuhören, hören kann.

Das ist es, wo sie hin müssen. Und dafür, dass sie dort sind, ist weder ich noch irgendein anderer Mann, dem ich die Hand gebe, in irgendeiner Weise verantwortlich zu machen. Jeder englische Freund, den ich auf der Welt habe, hat sein Bestes getan, um England davor zu bewahren, sich zu einem solch donnernden und abgrundtiefen Esel zu machen.

Was meine amerikanischen Freunde betrifft, so ist Senator Borah tot, nicht dass ich ihn viel gekannt hätte, außer durch Briefe; aber ich kann immer noch seine Hand auf meiner Schulter spüren, wie kurz bevor er im Senatsgebäude in einen Aufzug stieg, und ich kann ihn immer noch sagen hören:

"Nun, ich bin sicher, ich weiß nicht, was ein Mann wie Sie hier zu tun finden würde."

Das war ein paar Tage früher, vielleicht das erste Mal, dass ich ihn traf. Weder er noch William J. Bryan erlebten, wie Senator Wallace der Welt erklärte, dass es keinen Frieden geben würde, solange die Nationen der Welt nicht vor dem GOLD-Standard einknickten und sich vor ihm verneigten. Sie beugten sich wie betrunkene und elende Narren und sagten: "Lasst Gold die Menschheit regieren, lasst den gesamten menschlichen Warenaustausch in den Flaschenhals fallen und bittet ein paar blutrünstige Juden um Erlaubnis, denen das Gold gehört. Verneigen Sie sich und sagen Sie, dass das Monopol Gott über alle Menschen ist; und das von einem Mann, von dem es heißt, dass er sich für die Landwirte und das

Wohlergehen der Landwirte interessiert oder interessiert HAT. Dies nach all den Lügen des Londoner Goldrings, dies nach 20 Jahren der Ausflüchte, dies in der Tat nach 20 Jahren des Versuchs, dem englischen Volk zu verheimlichen, dass es aufgefordert wurde, hinauszugehen und für Gold zu sterben, für das Monopol der Eigentümer und Makler; Eigentümer von Goldminen, Makler und Eigentümer von Gold.

Damals im Dezember hätte ich ein solches Geständnis von einem so hohen Amtsträger nicht erwartet.

Ja, ich wusste, darum ging es in diesem Krieg: Gold, Wucher und Monopol. Das hatte ich auch gesagt, als ich das letzte Mal in Amerika war. Ich hatte damals gesagt: WENN uns ein Krieg aufgezwungen wird. Jetzt hat man uns also aus Guam und Wake vertrieben, und ich nehme an, auch aus den Philippinen, und ein 30-jähriger Krieg ist im Gange? Ist das so? Ist ein 30-jähriger Krieg das, was der amerikanische Bürger glaubt, dass er den Vereinigten Staaten von Amerika am meisten nützen wird?

Oder ist jemand falsch informiert worden? und wenn ja, wer hat ihn falsch informiert? Nach den Berichten der amerikanischen Presse, die dem Durchschnittseuropäer jetzt zur Verfügung stehen, hat sich jemand, der für die amerikanischen Geschicke verantwortlich ist, in irgendeiner Weise verrechnet.

Eine "Untersuchung" ist im Gange, zumindest wird das hier gedruckt. Ich bin der festen Überzeugung, dass ich einen Krieg mit Japan hätte vermeiden können, wenn jemand auf die unwahrscheinliche Idee gekommen wäre, mich mit irgendwelchen offiziellen Befugnissen dorthin zu schicken.

Die Japaner haben eine Vergangenheit. Wenn ich jetzt mit ihnen spreche, erinnern sie mich natürlich gerne daran, dass sie auch eine Gegenwart haben.

Über die Zukunft haben sie in unseren Gesprächen nicht gesprochen.

Der letzte amerikanische Journalist, den ich gesehen habe, und das war am Abend vor dem Arbour Day, sagte mir, die Japaner würden niemals usw. usw.

Eine Nation entwickelt sich im Laufe der Geschichte. Für mich besteht Japan zum Teil aus dem, was ich aus einer Art halbem Kofferraum voller Papiere des verstorbenen Ernest Fenollosa gelernt habe. Jeder, der die Theaterstücke mit dem Titel Kumasaka und Kagekiyo gelesen hat, hätte den Unsinn, der in der Time und in der amerikanischen Presse abgedruckt wurde, und den stinkenden Schwachsinn, den ich vor ein paar Tagen in der British Broadcasting Company gehört habe, VERMEIDET.

Es gibt bestimmte Abgründe der Unwissenheit, die für einen Menschen oder eine Nation tödlich sein können. Wenn diese mit Bosheit und Niedertracht gepaart sind, scheint es fast sinnlos, sie zu erwähnen.

Irgendwo um den 8. Januar herum erzählte ein BBC-Kommentator seinem mutmaßlichen Music-Hall-Publikum, dass die Japsen Schakale seien und dass sie sich erst vor kurzem, ich glaube, er sagte, innerhalb der Lebenszeit lebender Menschen, aus der Barbarei erhoben hätten. Ich weiß nicht, welchem patriotischen Zweck Sie, er oder die britischen Behörden (wenn das das richtige Wort ist) mit einer derartigen stinkenden Ignoranz dienen.

Ein Blick auf japanische Schwertkämpfer, ein Blick auf Jimmy Whistlers Bemerkungen über Hokusai, oder, wie ich vor einer Minute angedeutet habe, eine Vertrautheit mit dem Awoi no Uye, Kumasaka, Nishikigi oder Funa-Benkei. Dies sind klassische japanische Theaterstücke, die jeden Menschen mit mehr Verstand als ein Erbsenhuhn vom Grad der japanischen Zivilisation überzeugen würden; ganz zu schweigen von dem, was sie bewahrten, als China, wie Fenollosa uns sagt, unfähig war, sein eigenes kulturelles Erbe zu bewahren.

China hat zum Beispiel Konfuzius aus den Schulen verschwinden lassen.

Und man braucht nicht zu schnüffeln, der Bostoner Kulturbund braucht nicht zu schnüffeln und zu sagen, die British Broadcasting Company, die Bloody Boobs Corporation, ist drüben im vulgären London, so etwas könnte in Boston nicht passieren.

Fast ebenso schwachsinnig war das Wochenmagazin Time im November 1941.

Jemand hatte sich offenbar vertan, wie Lord Tennyson über den Angriff auf Balaclava schrieb. Und er hat, wie wir meinen, noch viel schlimmer gebluﬀt. Waaal nun, wer sich vertan hat. Eine Kommission wurde ernannt - möglicherweise, um zu waschen, wer es vermasselt hat. Ich weiß nicht, ob es die Pflicht des Bürgers ist, die Schuldigen reinzuwaschen.

Ich denke, die Vereinigten Staaten und sogar ihre britischen Verbündeten täten gut daran, sich mehr mit der kontinentalen Meinung zu befassen.

Ich glaube nicht, dass irgendjemand die Schuldigen an der Allianz mit Russland reinwaschen wird.

Ich denke, es gibt einige Verbrechen, die durch nichts reinzuwaschen sind.

Ich denke nicht, dass ein Bündnis mit Stalins Russland ein Glücksfall ist. Ich glaube nicht, dass das Verbrechen, Russland überhaupt dazu einzuladen, ganz Osteuropa abzuschlachten und zu töten, ein NOTWENDIGER Teil des Programms ist; des Verteidigungsprogramms, des Angriffsprogramms. Ich glaube nicht, dass dieser Horror NÖTIG war.

Ich glaube nicht, dass es die Aufgabe des Oberbefehlshabers der amerikanischen Armee ist, den Bürgern die Politik zu diktieren; NICHT bis zu dem Punkt, dass man das bolschewistische Russland einlädt, die gesamte östliche Hälfte Europas zu töten!

Ich glaube nicht, dass dies ein glücklicher Schachzug ist. SELBST wenn Eden hofft, Russland zu überlisten, worauf nichts hindeutet, dass er das hofft.

An dem Tag, als Hitler in Russland einmarschierte, hatte England die Chance, sich zurückzuziehen. Es hatte die Chance zu sagen: "Lasst die Vergangenheit ruhen. Wenn Sie den moskowitischen Horror stoppen können, werden wir die Vergangenheit ruhen lassen. Wir werden versuchen, zumindest die HÄLFTE Ihrer Argumente zu verstehen.

Stattdessen kommt Hank Wallace heraus - kein Frieden, bis die Welt den Goldstandard akzeptiert.

Quem Deus vult perdere.

Es sieht so aus, als gäbe es in einigen Kreisen eine Geistesschwäche. Wen Gott vernichten will, den schickt er zuerst in das Käferhaus.

#7 (3. Februar 1942) U.S.(A2)
30 JAHRE ODER HUNDERT

Die Aussicht auf einen 30-jährigen Krieg ist selbst für ein flatterhaftes, halsstarriges und unverantwortliches Volk wie die Vereinigten Staaten von Amerika kein Grund zur Freude und Heiterkeit.

Man steckt drin, und weiß Gott, wer einen wieder herausholt. Der verstorbene Lord Rothermere, dessen Kultur kein Ruhmesblatt war, wie man sagen könnte, entschied schließlich, dass die englische Öffentlichkeit gänzlich unbelehrbar sei. Ich weiß nicht, ob ihr irgendetwas aus der Geschichte lernen könnt, ich weiß nicht, ob ihr überhaupt noch in dem Geisteszustand seid, in dem ihr irgendetwas aus der Geschichte oder aus irgendeiner anderen Quelle lernen wollt.

Ein Weg, sich selbst herauszuholen, könnte entdeckt werden, er könnte eher entdeckt werden, wenn Sie zuerst die leise Ahnung einer Neugier hätten, wie Sie sich selbst hineingebracht haben.

Ob man aus den Katastrophen in England etwas lernen kann, weiß ich nicht. Aber ich würde es ungefähr als ein Axiom festlegen, dass Reiche nicht von außen zerschlagen werden, bis sie in der Mitte verrottet sind.

Die Gesetze der richtigen Regierung sind seit den Tagen von Yao und Shun, den alten chinesischen Kaisern, bekannt, und von der Zeit von Shun bis zu König Wen waren es 1000 Jahre, und von Wen bis zu Konfuzius 500.

Und man sagt, wenn man die Politik von Shun und Wan miteinander vergleicht, sind sie wie die zwei Hälften eines Siegels, oder man könnte sie mit einem Zollstock vergleichen.

Und seit fast 4000 Jahren, so glaube ich, hat sich niemand mehr den Tatsachen dieser Politik entzogen. Und seit der Zeit des Konfuzius wurde jede Dynastie in China, die 300 Jahre überdauert hat, auf dem Gesetz des Konfuzius gegründet, ein Mann oder eine Gruppe, scheinen' das Pferd Sinn der Regierung, wie von Konfuzius gelernt, ich meine, er lernte es, wenn man sich die Geschichte ansieht, spricht von Shun und Wan und nach ihm, wann immer ein großer Mann es gelernt hat, hat er eine Art kaiserliche Ordnung gegründet oder aufrechterhalten.

Und aus diesem Grund bin ich von den bombastischen Lügen eines Herrn Winston Churchill oder dem Schmutz eines Herrn Anthony Eden ausgesprochen unbeeindruckt.

Und wenn die Vereinigten Staaten ein ausländisches Bündnis eingehen wollten, wäre es mir lieber gewesen, wenn es mit einer anderen Art von Regierung als Eden und Churchill zustande gekommen wäre. Es gibt Schlimmeres als einen Schlag auf den Kiefer.

Wenn man einen Schlag auf den Kiefer bekommt, kann man vielleicht wieder aufstehen und kämpfen, aber eine lange Zeit mit Syphilis schwächt die Verfassung.

Nein, die Vereinigten Staaten haben, politisch und wirtschaftlich gesehen, seit 80 Jahren eine wirtschaftspolitische Syphilis. Und zwar seit 1863. Und England leidet seit 240 Jahren an wirtschaftlicher Syphilis, und jetzt mausert es sich und fällt, Hongkong, Singapur, Kanada und Australien. Es scheint, als ob es tertiär ist.

Nun, wie Lord Rothermere sagte: Sie sind unbelehrbar. Ich weiß nicht, wie viel sie noch fallen lassen wollen, bevor sie für den Physikunterricht bereit sind. Ich habe in diesem Radio schon einmal gesagt, dass um 1695 oder 94 die Bank of England gegründet wurde, und 1750 wurde in der Kolonie Pennsylvania das Geld und das System des Papierverleihs an die Bauern eingestellt. Und 1776 wurden die natürlichen Folgen dieser schmutzigen Londoner Politik des Aushungerns und Betrügens, wie man sagt, immer deutlicher. Und ein oder zwei Jahre später sagte Johnnie Adams zum britischen Kommandanten: Sie hielten eine Unterredung, sez John Adams. "Es ist mir egal, in welcher Eigenschaft ich empfangen werde, empfangen Sie mich in jeder Eigenschaft, die Sie wünschen, außer der eines britischen Untertanen." Die erste große Auswirkung des Londoner Betrugs und des Geldmonopols war also der Verlust der amerikanischen Kolonien. Die Chinesen haben eine Methode zur Zählung von Zyklen von 80 Jahren. Ich weiß nicht, ob sie viel taugt, aber manchmal scheint sie zu funktionieren. Achtzig Jahre, von der Bank bis zur Amerikanischen Revolution. Etwa 80 Jahre von der Gründung der amerikanischen Regierung bis zum großen Verrat von 1863. Denken Sie darüber nach. Und von 63 bis heute hat UNSER Aufstieg als Staat drei oder vier große, aber POSITIVE Erschütterungen erlebt, wie Jeffersons Aufstand gegen Hamiltons Schmutzigkeit, den Jackson-Van Buren-Krieg zur Befreiung des amerikanischen Schatzamtes. Lincolns Ausspruch "gab diesem Volk den größten Segen, den es je hatte, sein eigenes Papier, um seine eigenen Schulden zu bezahlen." Und dann die Ermordung von Lincoln.

Und dann weitere 80 Jahre: bis zum ENDE und dem absoluten Zusammenbruch des amerikanischen Regierungssystems.

Können wir es wiederbeleben?

Hat das Land den Mut für diesen Aufstieg? Gibt es, während ich dies sage, die leiseste Regung eines Wunsches INNERHALB der Vereinigten Staaten für eine gesunde neue Struktur? Oder sind wir die gadaren Schweine, die von kollektiver Hysterie ergriffen sind? Gibt es zehn Männer in Amerika, die bereit sind, die Ereignisse der letzten Jahre in Amerika und in England in aller Ruhe Revue passieren zu lassen? Gibt es die leiseste Regung amerikanischer Neugierde, wie eine vernünftige Regierung aufgebaut werden könnte? Oder gibt es unter überhaupt einen Kern oder eine Gruppe, die bereit ist, zurückzugehen und zu lernen, wie wir von Anfang an aufgebaut wurden?

Adams, Jefferson und Van Buren zu lesen und zu verdauen. Ihr könnt nicht mit mir darüber reden, weil keiner von euch ein Radio erreichen kann. Ihr könnt so etwas nicht in euren Zeitungen drucken, denn die Zeitungen sind NICHT dazu da, die Menschen zu informieren. Ihr müsst miteinander reden, ihr müsst euch gegenseitig Briefe schreiben.

Die Texte und Leitfäden, die ihr habt, das heißt, ihr habt sie gewissermaßen in großen, unhandlichen Bänden ausgebreitet. Unsere Verlage drucken keine handlichen Kompendien. Ihre Professoren analysieren nicht, das heißt, nicht sehr viel. Ich weiß nicht, was aus Claude Bowers geworden ist. Er hat ein bisschen herumgegraben. Sie haben ein halbes Dutzend Historiker, aber bei weitem nicht alle sind in der Lage, die Fakten herauszuarbeiten und zu zeigen, wie sie zusammenhängen.

Ich weiß nicht, wie Sie glauben, einen Krieg mit einem Geldsystem unterstützen zu können, das, wie schon Jefferson feststellte, "der Öffentlichkeit zwei Dollar für jeden von der Regierung ausgegebenen Dollar in Rechnung stellt", und zwar ganz automatisch und unabhängig von jeglicher Bestechung und Betrügerei.

Dreißig Jahre Krieg, 30 Jahre Paradies für die Auftragnehmer der Armee sind vielleicht nicht das, wofür Sie gestimmt haben. In der Tat ist Herr Franklin D. Roosevelt in dieser Hinsicht offensichtlich das, was man hier neulich nannte: der Junge, der bei seiner Aufgabe auf die Nase fiel. Und wenn Sie an die BILLIONEN denken, die durch die Morgenthau-Finanzpolitik in den letzten neun Jahren der Friedenszeit gestohlen wurden, wenn Sie überhaupt daran denken. Gott weiß es.

Gott weiß, was es während des Krieges sein wird, oder am Ende, sagen wir, in dreißig Jahren? Nun, Sie sind jetzt IN, und niemand in Europa kann Sie jetzt herausholen. Inspiriert (sagen wir) durch das Prinzip der Selbstbestimmung der Völker, der unterdrückten Völker? Veranschaulicht durch die Entschlossenheit, Herrn Aguinaldo aus seiner Heimat Manila fernzuhalten, haben Sie unser nationales Kulturerbe weggeworfen.

Relativ gesehen war dieses Erbe die Entschlossenheit unserer Vorfahren, auf dem nordamerikanischen Kontinent eine Regierung zu errichten und aufrechtzuerhalten, die besser war als jede andere.

Die Entschlossenheit, uns selbst INNERHALB zu regieren, besser als jede andere Nation auf der Erde. Die Idee von Washington, Jefferson und Monroe, sich aus fremden Machenschaften herauszuhalten.

Nun, Sie haben diese Idee oder dieses Ideal auf den Misthaufen geworfen. Und Sie haben das hochmütigste Volk der Welt beleidigt. Mit unsäglicher Vulgarität haben Sie das feinfühligste Volk der Welt beleidigt, indem Sie ihm mit dem Hungertod drohten, mit der Einkreisung und sagten, es sei zu niedrig, um zu kämpfen.

Ihr befindet euch im Krieg, solange es dem Tenno gefällt. Nichts in der westlichen Welt, nichts in unserem ganzen Abendland kann euch helfen, dem zu entgehen. Nichts kann Ihnen helfen, sich dem zu entziehen.

Ich könnte noch eine Weile so weitermachen, aber vielleicht habe ich für einen Abend genug gesagt.

#Nr. 8 (10. Februar 1942) U.S.(A69)
DIE BÜHNE IN AMERIKA

Nun, vielleicht werde ich mich nicht ganz an meinen Titel halten, aber um damit zu beginnen: Als ich vor einiger Zeit in New York war, habe ich Katharine Cornell in einem Stück gesehen, das ein bisschen weich war, und die kleine Predigt, die sie von der Bühne aus hielt und die nicht ganz zum Stück gehörte, klang DANN ein bisschen sentimental. Ich zweifle nicht daran, dass in der gegenwärtigen Diskussion auf beiden Seiten eine vage Sprache verwendet wird. Wir können nicht alle Stilisten sein.

Ich hinterfrage die METHODE der Kriegsangst, die Methode, mit der die Menschen in Hysterie versetzt werden.

Und ein Teil davon ist es, einen Falschen anzugreifen, an das weiche Herz zu appellieren und dann durch ein falsches Dilemma dem Zuhörer ein Stück schieren Blödsinn anzubieten, d.h. ihm eine Alternative anzubieten und einen Hattrick zu machen, um ihn glauben zu lassen, es sei die EINZIGE Alternative; falsches Dilemma nennt man das im Logikunterricht.

Mit dem Gestank Russlands glaubt also NIEMAND mit etwas Verstand in Europa oder Nord- oder Südamerika an die Abschaffung des Eigentums an allen Dingen. Osteuropa und Nordamerika glauben an die Heimstatt, von A bis Z, und das amerikanische Volk glaubt an die Heimstatt, vom Grundstein bis zum Dachbaum.

Die Mitglieder der schwimmenden Bevölkerung, auf die die oberste Kruste reduziert wurde, sind gläubig, sie haben keinen Glauben, sie wollen dieses, jenes oder jenes, Flitter und Rampenlicht. Die Jungen, ich bin nicht der erste, der das bemerkt, die Jungen WOLLEN dies, das oder das andere, oft wollen sie in zwei Wochen etwas anderes. Die Stärkeren WOLLEN es. Wenn sie fünfzig sind, versuchen einige von ihnen herauszufinden, was es mit der ganzen Aufregung auf sich hat.

Weiß Gott, j'ai roulée ma bosse. Ich wollte ein großstädtisches Leben, usw. Aber man kann nicht einen ganzen Staat oder eine Nation nach den Vorlieben einiger weniger Schriftsteller und Künstler regieren. Wenn sie reif sind, wie im Fall von William Shakespeare, bekommen sie von der Heimstatt zu hören.

Das GANZE Beste der Zivilisation, ob chinesisch oder westlich, basiert auf dem Gehöft. Sie basiert nicht auf nomadischen Stämmen und Zerstörungen.

Da 98% aller anständigen Menschen angewidert waren von den Ergebnissen der Wucherokratie, der Dezivilisierung durch die Geldverleiher, dem RUIN des guten Lebens durch die Geldverleiher im Abendland und überall sonst, wo sie ihre schmutzigen Finger im Spiel hatten, fielen viele von uns auf JEDE Alternative herein, indem sie sich auf den Teil stürzten, den wir nicht genau ansahen und niemals aufhörten zu fragen: Glauben wir Marx und Lenin? Daher ein Teil des roten und rosa Beano. Wenn die Haare anfangen, ihre jugendliche Färbung zu verlieren, fangen einige Männer an, an ein SYSTEM zu denken, ein funktionierendes System, eine Basis und GRUNDLAGE für das menschliche Zusammenleben. Und die Antwort ist dieselbe: ein Haus, das GUT genug ist, damit die einfachen Leute von einer Generation zur vierten und fünften Generation darin leben können. Und Erleichterung bekommt man klassischerweise in den Wanderjahren. Lauf herum und sieh dir die Welt an [die Juden und Frank Roosevelt und Hill Billy Hull und Welles tun ihr Möglichstes, um dagegen anzukämpfen. Sie wollen keine Zeugen, keine freien und unabhängigen Zeugen, die erzählen, was anderswo vor sich geht. Früher waren es die Fettsäcke mit Privilegien; oder mittelmäßige Schriftsteller und Architekten und Künstler, die keine Kritik WOLLTEN. [FCC-Abschrift: Jede anständige Idee war es, herumzugehen, das Beste zu sehen und dann nach Hause zu kommen und es besser zu machen. Das ist die Art und Weise, wie das gute Leben aufgebaut ist. Die so genannte stickige Luft in den Provinzen usw. war auf Angst zurückzuführen, auf die Scheu vor Vergleichen. Wenn aber jeder Amerikaner morgen früh aufstehen und sich fragen würde, was er wirklich will, würde die Roosevelt-Hysterie ein Ende finden. Das heißt, sie würde sich nicht wie eine Plage über die amerikanische Nation ausbreiten]. Wenn der Bürger, nachdem er sich das gefragt hat, zu den alten Menschenrechten übergehen und sagen würde, wie viel ich davon bekommen kann, ohne meinen Nachbarn zu beschmutzen, würde sich das gute Leben sehr schnell nähern, schneller als es normalerweise der Fall ist; wenn wir uns auf die menschliche Bilanz verlassen können.

Ja, ich weiß, wogegen sich die anständigen Engländer wehren und wogegen sie sogar zu kämpfen bereit waren. Und wenn sie einen klaren Verstand hätten, wäre das prima. Sie wollen ihr kulturelles Erbe, sie meinen, die Engländer hätten einst gute Manieren gehabt.

Ich habe mich mit einer Freundin unterhalten, die mit einem Namen geboren wurde, der jedem Mann, der sich für englischsprachige Poesie interessiert, zum Opfer fällt: Rossetti. Und sie sagte: "Die schlechtesten Manieren kommen von Leuten, die versuchen, zu Leuten, die sie für minderwertig halten, gemein zu sein. Eine Frage der Klasse. Und die Nazis haben dieses Gefühl ausgelöscht und die schlechten Manieren in Deutschland ausgelöscht."

Das neue Europa macht JETZT das, was die amerikanische Demokratie im reinen Sinne des Wortes zu tun begann, als sie eine Unabhängigkeitserklärung abgab, aber es versäumte, alle verwendeten Wörter zu definieren, oder Kompromisse bei der Formulierung einging, Jeffersons ursprüngliche Sätze über die Abschaffung der Sklaverei strich und es um einer Abstimmung willen unterließ, zu spezifizieren, dass "gleich" vor den Gerichten gleich bedeutet, dass kein Mensch ein Privileg gegenüber einem anderen hat, dass er von bestimmten Strafen befreit wird, weil er der Sohn seines Vaters ist oder eine Universität besucht hat.

Vor zehn Jahren habe ich meinen seltenen und wertvollen Lesern gesagt, dass es in Italien eine ANTI-Snob-Bewegung gibt. Natürlich hat niemand diesem Satz Beachtung geschenkt, also wiederhole ich ihn.

Manches lernt man 30 Jahre zu spät, manches 20 und zehn Jahre. Und bei anderen schluckt man einen Blödsinn wie Mr. Donovan, Colonel Donovan, oder man wird einfach mit Presselügen abgespeist, die zwei Tage oder zehn Tage später widerlegt werden. Ich habe eine Schwäche für Zeitungsschreiber, seit ein Kerl namens Monsier 1915 oder so in London auftauchte, und später, als es keine neuen Buchautoren mehr gab, wandte ich mich an meine Zeitungskollegen, die natürlich alle auf den Außenseiter herabblickten, aber einige von ihnen waren freundlich und tolerant und betrachteten mich als einen Amateur, der ihre Gehaltskasse nicht bedrohte. Und schließlich bemerkte ich die Wellen der Leichtgläubigkeit, die über sie hinweggingen. Sie wissen, dass das meiste, was sie drucken können, nur Quatsch ist. Aber sie glauben gewisse ungedruckte Gerüchte. Klar, wir wollten in Dakar einmarschieren. Nun, ich leugne es nicht. Manchmal sind ihre Tipps richtig. Aber wir brauchen auf jeden Fall ein besseres Kommunikationssystem. Wir brauchen eine größere Ehrlichkeit?

Natürlich, und ich meine nicht nur, was Diebstahl und Bestechung angeht. Ich meine im Kopf des Einzelnen. Einen größeren Widerstand gegen diese Wellen von Hoakum. Wollen Sie die Zerstörung der Menschen in Island? Ist Finnland für irgendjemanden eine Bedrohung, außer für ein paar jüdische Besitzer von Nickelminen? Vertreten die Beits und Sassoons und ihre Abgeordneten die beste englische Tradition?

Wenn die Vereinigten Staaten stehlen und veruntreuen sollen, wäre es dann nicht klüger, sich an die französischen, englischen und holländischen Dependenzen in der amerikanischen Hemisphäre zu halten? Und wäre es nicht ehrlicher, diese durch Kauf zu erwerben, auch wenn dies weniger unmittelbare Gewinne für die Fleischkonserven- und Rüstungskonzerne bedeuten würde?

#9 (12. Februar 1942) U.S.(A71)
CANTO 46

Ich lese euch jetzt einen anderen Canto aus verschiedenen Gründen vor. Er enthält Dinge oder deutet zumindest Dinge an, die ihr früher oder später wissen müsst. Berle oder nicht Berle, Krieg oder nicht Krieg.

Und wie ich schon beim letzten Mal sagte, füttere ich Sie zuerst mit den Fußnoten, für den Fall, dass es irgendein Wort gibt, das vielleicht nicht leicht zu verstehen ist. Der Decennio, die Decennio-Ausstellung, war die Ausstellung in Rom zum Ende der ersten zehn Jahre des faschistischen Regimes. Mussolinis faschistisches Regime. Sie richteten das Büro des alten Popolo d'Italia ein, das dem New Age Office in London sehr ähnlich war. Nur dass sich in Orages Büro ein paar Zeichnungen von Max Beerbohm befanden, die nie veröffentlicht worden sind.

John Marmaduke ist ein Pseudonym, die übrigen Namen im Canto sind echt. Die MacMillan-Kommission wurde nach dem Zweiten Weltkrieg eingesetzt, um die Sünden des britischen Finanzsystems zu untersuchen.

Antoninus Pius, ein römischer Kaiser; lex Rhodi, das Gesetz von Rhodos, nun, das sage ich im Canto. Die lateinische Phrase: Aurum est commune sepulchrum, Gold ist die gemeinsame Grabstätte. Parallelen: Troja das gemeinsame Grab, ich glaube, es ist ein Teil einer Zeile von Propertius. Aber es spielt keine Rolle, von wem es zitiert wird. Und das Griechische: helandros, kai heleptolis kai helarxe [usary destroyer of] men and cities and governments. HELARXE mehr oder weniger verdreht aus einer Zeile von Aischylos; über Helena von Troja Zerstörerin von Menschen und Städten. Geryon, Geryone; allegorisches Ungeheuer in Dantes Hölle, Symbol des Betrugs und aller Schmutzigkeit. *Hic Geryon est*, ist eine lateinische Bezeichnung, die zusammen mit dem anderen Satz *Hic hyperu sura* bedeutet: Das ist besonders starker Wucher. Superwucher. Nun gut, ich fahre jetzt mit Canto 46 fort.

XLVI

Und wenn Sie sagen, dass diese Geschichte eine Lektion lehrt ...
eine Lektion, oder dass Reverend Eliot
eine natürlichere Sprache gefunden hat ... ihr, die ihr glaubt
ihr werdet
schnell durch die Hölle zu kommen ...
An jenem Tag war eine Wolke über Zoagli

Und drei Tage lang Schneewolken über dem Meer
Wie eine Bergkette aufgetürmt.
Schnee fiel. Oder Regen fiel starr, eine Wand aus Linien
So dass man sehen konnte, wo die Luft aufhörte
und wo der Regen daneben fiel
oder der Schnee daneben fiel. siebzehn
Jahre an diesem Fall, neunzehn Jahre, neunzig Jahre
an diesem Fall
Und der unscharfe Kerl sez (Beine, denen keine Hosen je passen)'IF
das so ist, kann jede Regierung, die etwas taugt
Dividende zahlen?'
Der Major überlegte kurz und sagte: "Ja, ja ...
Sie meinen, anstatt Steuern zu erheben?''
Anstatt Steuern einzutreiben.' Dieses Büro?
Hast du den Decennio gesehen?
?
Decennio exposition, rekonstruiertes Büro von Il Popolo, Waal, unseres
war auch so, ohne die Mills-Bombe und die Teekanne, dicklippiger Kerl
am Schreibtisch,
Ein halbes grünes Auge und ein braunes, neunzehn
Neunzehn Jahre an diesem Fall, CRIME
Zwei Zenturien, 5 Millionen Tote
bis 1919, und davor
Schulden des Südens an New York, das heißt an die
Banken der Stadt, zweihundert Millionen,
Krieg, ich glaube nicht (oder haben Sie es auf Ihre Weise ...)
über die Sklaverei?
Fünf Millionen werden umgebracht... ein paar Zeichnungen von Max,
eine von Balfour und einem Kamel, und'
und eine, die aus anderen Gründen
nie veröffentlicht wurde, der alte Johnny Bull mit einem Taschentuch.
Es ist nie veröffentlicht worden.
'Er hat keine Meinung.'
Sez Orage über G.B.S. sez Orage über Mr. Xtertn.
Sez Orage über Mr. Wells, 'er wird keine Meinung haben'.
Das Problem ist, dass du es ernst meinst, du wirst nie ein Journalist sein.
19 Jahre an diesem Fall, Vorstadtgarten,
'Griechen!' sez John Marmaduke 'ein paar Kunstgriffe!
Was sonst? konnten nie eine NATION gründen!'
Wollte mich nicht bekehren, wollte mich nicht bekehren HABEN,
Er sagte: "Ich weiß, ich habe dich nicht *gefragt*, dein Vater hat dich hergeschickt
"um ausgebildet zu werden. Ich weiß, was ich fühlen würde.

"Schickt meinen Sohn nach England und lasst ihn als Christ zurückkommen!
"Was würde. ich fühlen?"'Vorstadtgarten
Sagte Abdul Baha: "Ich sagte: 'Lasst uns über Religion sprechen.'
"Kameltreiber sagte: „Ich muss mein Kamel melken.
"Als er sein Kamel gemolken hatte, sagte ich: 'Lasst uns über Religion sprechen.'
Und der Kameltreiber sagte: ‚Es ist Zeit, Milch zu trinken.
Möchtest du etwas davon trinken?' Aus Höflichkeit versuchte ich, mich ihm anzuschließen.
Haben Sie jemals Milch von einem Kamel getrunken?
Ich war nicht in der Lage, Kamelmilch zu trinken. Ich habe es *nie* gekonnt.
Er trank also die ganze Milch aus, und ich sagte: "Lass uns über Religion sprechen.
'Ich habe meine Milch getrunken. Ich muss tanzen', sagte der Kutscher.
Wir haben nicht über Religion gesprochen." So Abdul Baha
Dritter Stellvertreter des Ersten Abdul oder Whatever Baha, des Weisen, des Einigers, des Religionsstifters,
in einem Garten in Uberton, Gubberton, oder vielleicht war es ein anderer verdammter Vorort, auf jeden Fall ein Vorort, inmitten von flatternden Teetassen, sagte Herr Marmaduke:
"Sie werden uns nie verstehen. Sie lügen. Ich meine persönlich
"Sie sind verlogen, aber wenn der Stamm zusammenkommt
"wird das Stammeswort beibehalten, daher das ständige Missverständnis.
"Engländer geht dorthin, lebt ehrlich, Wort ist verlässlich,
"zehn Jahre, sie glauben ihm, dann unterschreibt er Bedingungen für seine Regierung.
"und natürlich wird der Vertrag gebrochen, Mohammedaner,
"Nomaden, werden nie verstehen, wie wir das machen."
17 Jahre an diesem Fall, und wir sind nicht die Ersten!
Sagte Paterson:
"Er erhält Zinsen auf alle Gelder.
die sie, die Bank, aus dem Nichts erschafft
Halbprivater Anreiz Said
Mr. Rothschild, weiß der Teufel welcher Rothschild
1861,'64 oder dort irgendwann, "sehr wenige Leute
"werden dies verstehen. Diejenigen, die es tun, werden damit beschäftigt sein
"Gewinne zu erzielen. Die allgemeine Öffentlichkeit wird wahrscheinlich nicht
"sehen, dass es gegen ihre Interessen ist."
Siebzehn Jahre Arbeit an dem Fall; hier
Meine Herren, das ist/sind die Geständnisse.

"Können wir das vor Gericht bringen?
Werden die Geschworenen aufgrund dieser Beweise verurteilt?
1694 anno domini, weiter durch die Zeitalter des Wuchers
On, right on, into hair-cloth, right on into rotten building, Right on into
London houses, ground rents, foetid brick work, Will any jury
convict'um? Die Stiftung der Regius-Professoren Wurde gegründet, um
Lügen zu verbreiten und Whiggery zu lehren, wird irgendjemand
JURY convict'um?
Die Macmillan-Kommission vor etwa zweihundertvierzig Jahren
SPÄTER
mit großen Schwierigkeiten zu Paterson's zurückkehrte
Die Bank macht es *ex nihil*
Verweigert von fünftausend Professoren, wird irgendein
Jury convict'um? Dieser Fall, und mit ihm
der erste Teil, kommt zum Abschluss,
der ersten Phase dieses Werkes, Herr Marx, Karl, hat diesen Schluss nicht
vorausgesehen, Sie haben einen guten Teil der
die Beweise, ohne zu wissen, dass es Beweise sind, ist monumentum
Schauen Sie sich um, schauen Sie, wenn Sie können, in St. Peter
Sehen Sie sich die Slums von Manchester an, sehen Sie sich
brasilianischen Kaffee oder chilenische Nitrate an. Dieser Fall ist der
erste Fall
Si requires monumentum?
Dieser Fall ist nicht der letzte Fall oder der ganze Fall, wir bitten um eine
REVISION, wir bitten um Aufklärung in einem Fall
gleichzeitig, aber dieser Fall ist der erste Fall:
Die Bank schafft es ex nihil. Schafft es, um einen Bedarf zu decken,
Hic est hyper-usura. Mr. Jefferson hat es erfüllt:
Kein Mensch hat das natürliche Recht, den Beruf des Kreditgebers
auszuüben.
den Beruf des Kreditgebers auszuüben, außer dem, der es hat, zu leihen.
Replevin, estopple, what wangle which wangle, VanBuren met it.
Davor wurde Tee in den Hafen gekippt, davor war vieles noch in den
Schulbüchern, dort platziert
NICHT als Beweismittel. Es wurde dort platziert, um müßige Geister
abzulenken,
Mord, Hunger und Blutvergießen, vierundsiebzig rote Revolutionen Zehn
Reiche fielen auf diesem fetten Fleck.
"Ich regiere die Erde" sagte Antoninus "aber das Gesetz regiert das Meer
und meinte damit, so nehmen wir an, die lex Rhodi, das Seerecht
der Seeanwälte.
usura und Seeversicherung
aus dem kein größerer Staat als Athen entstanden ist.

Da er Steuern für den Bau des Petersdoms verlangte, dachte Luther, dass er nicht zivilrechtlich belangt werden könne,
1527. Danach verdickte sich die Kunst. Danach ging das Design zum Teufel, danach der Barock, danach die Steinmetzkunst.
Hic nefas" (Erzähler) "commune sepulchrum".
19 Jahre für diesen Fall/ersten Fall. Ich habe einen Teil des Beweismaterials niedergeschrieben. Teil/commune sepulchrum
Aurum est commune sepulchrum. Usura, commune sepulchrum.
helandros kai heleptolis kai helarxe.
Hic Geryon est. Hic hyperusura.
FÜNF Millionen Jugendliche ohne Arbeit
VIER Millionen erwachsene Analphabeten
15 Millionen "Berufsunfähige", d.h. mit geringen Chancen auf einen Arbeitsplatz NEUN Millionen Menschen, die jährlich bei vermeidbaren Arbeitsunfällen verletzt werden
Einhunderttausend Gewaltverbrechen. Die Vereinigten Staaten von Amerika
3. Jahr der Herrschaft von F. Roosevelt, unterzeichnet von seinem Onkel F. Delano.
Ein Fall für die Staatsanwaltschaft. Das ist ein Fall, ein kleiner Fall in der Serie/Vereinigte Staaten von Amerika, a.d. 1935
England ein schlimmerer Fall, Frankreich unter einem Regenten-Fuß.
Mr. Cummings will Farleys Job" - Schlagzeile in der aktuellen Zeitung.

E.P. spricht. Das ist das Ende von Canto 46.

#10, FCC Transcript (17. Februar 1942) U.S.(A72)
VERKAUF UND HERSTELLUNG VON KRIEGSMATERIAL

Diese Herausforderung ist eine Chance zu -über den Verkauf und die Herstellung von Krieg. Dieser Krieg ist Teil eines Profits. Die gegenwärtige Phase dieses Profits begann am Ende des 17. Um 1750 machte eine korrupte und habgierige Regierung in England, die für britische Monopole arbeitete, der Kolonie Pennsylvania den Geldhahn zu, Papiergeld, Geld, das gegen Land, Arbeit und die fleißige und vernünftige Natur der Kolonisten Pennsylvanias ausgegeben wurde.

Ich habe zwischen 70 und 100 Vorträge im Radio gehalten, und wenn ich noch 100 oder 200 Mal zum Mikrofon zurückkehren würde, könnte ich jeden Vortrag mit dieser Aussage beginnen. Solange Sie diesen Krieg nicht als ein Ereignis in einer Reihe sehen, können Sie ihn nicht verstehen oder beurteilen oder sich als Richter über Recht und Unrecht der gegenwärtigen Handlung in der Geschichte qualifizieren.

Werden Männer meiner Generation in Amerika innehalten und darüber nachdenken, was nicht gedruckt ist? Werden die Amerikaner zwischen 50 und 60 Jahren ehrlich auf ihre eigene Lektüre zurückblicken, auf das, was sie in den letzten 50 Jahren gelesen haben? Man beachte die vage Unzufriedenheit, das Gefühl der Verblüffung, vor allem bei dem Mann, der nach Arbeitsstunden liest.

Nehmen wir nun die aktuellen Ausgaben von angeblich seriösen Zeitschriften, Zeitschriften, die sicherlich in einem verdrehten Sinne maßgebend, maßgebend und einflussreich sind. Ich glaube, eine von ihnen hat Willkie nominiert, und diese Tatsache bedarf wohl keines Kommentars mehr. Ich bin in diesen Gesprächen beschuldigt worden, aber wenn jemand ernsthaft auf eine meiner Aussagen geantwortet hat, dann war er nicht in der Lage, dies in irgendeiner Form zu tun, die mich erreicht.

Nun, ich bitte meine gleichaltrigen Landsleute, zur Kenntnis zu nehmen, dass der sehr hohe Prozentsatz der in amerikanischen Magazinen abgedruckten Artikel einen Joker enthält, das ist eine stille Behauptung, eine grundsätzlich falsche Annahme. Ich meine nicht, dass sie alle die gleiche falsche Annahme enthalten. Ich weise k darauf hin, dass es in den

Vereinigten Staaten kein öffentliches Medium für eine ernsthafte Diskussion gibt.

Jede [eine?] dieser Publikationen hat Themen, die zu erwähnen oder ohne Verfälschung zu erwähnen, ihre Politik verbietet. Und ich bitte die Männer meiner Generation, die Auswirkungen, die kumulative Wirkung dieses Zustands zu bedenken, der nicht erst seit September 1941 besteht, sondern schon, seit wir denken können.

Die fortschreitende Verfälschung Amerikas dauert nun schon mindestens 80 Jahre an, und wir haben die Hälfte davon miterlebt. Ich meine, dass wir als bewusste Führer 40 Jahre lang mit böswilliger und halbbewusster Betäubung zu kämpfen hatten, und es ist an der Zeit, die kumulative Wirkung dieses Gewinns zu erkennen.

Baruch, Berle, Best... - um nur drei Namen zu nennen, die in der amerikanischen Öffentlichkeit bekannt sind, eine Äußerung und zwei Artikel mit Schlagzeilen liegen mir vor. Alle diese Männer schreiben und sprechen mit der Autorität einer Art offizieller Positionen, dominierend in nationalen Angelegenheiten und mit solchen Ansichten, dass kein Mann unter 40 Jahren möglicherweise ihre Spinnweben entwirren kann.

In normalen Zeiten würden sich qualifizierte Leser nicht darum bemühen. Sie würden es dabei bewenden lassen. Sie wären mit konstruktiver Arbeit beschäftigt. Die Alten sind gleichgültig, die Erfahrenen sind gleichgültig, und ein vorsichtiger Sohn eines New Yorker Redakteurs, der jetzt 70 Jahre alt ist, ich meine der Sohn im 70. Er zuckte mit den Schultern, oder tat es, als ich ihn letzten Herbst sah, wer ist er, um das menschliche Gemetzel zu verhindern? Die Torheit der ganzen Menschheit ist nichts, aber die menschliche Dummheit gibt uns eine Vorstellung vom Unendlichen. Und in gewisser Weise, wie er sagte, kann man nichts dagegen tun.

Nun, noch ist Zeit, etwas darüber zu lernen, noch ist Zeit, gegen einen Frieden zu kämpfen, der kein Frieden sein kann, noch ist Zeit, gegen die weit verbreiteten Bemühungen zu kämpfen, das Ende des Gemetzels zu verhindern, welche Bemühungen unternommen werden. Ich meine, man versucht jetzt, das Ende des Krieges zu verhindern. Man hat bereits einen Frieden wie den letzten geplant, eine bloße Klammer, eine bloße Verlangsamung der Munitionsverkäufe, ein bloßes Ungleichgewicht, das die Welt zwischen dem Ende dieses Krieges und dem Beginn des nächsten in Atem halten wird.

Man kann nicht in Ohio sitzen und über den Balkan urteilen. Man kann China nicht von Omaha aus beurteilen. Sie könnten lesen, und vielleicht wird irgendein Amerikaner eines Tages ein Gelübde ablegen, einmal im Monat eine alte Zeitung oder Zeitschrift zu lesen, auf jeden Fall eine drei oder sechs Monate alte, und einmal im Jahr eine noch ältere. Das könnte Ihnen eine Perspektive geben.

Wenn Sie nicht mindestens so viel über die letzten 20 Jahre italienischer Geschichte wissen, wie in einem alten Band über "Italienische Sozial- und Wirtschaftspolitik" enthalten ist, werden Sie nicht in der Lage sein zu erkennen, wie viel von den alten Programmen kürzlich von Barney Baruch übernommen wurde. Auch werden Sie nicht sehen können, dass der Preis des Vertrauens war- -Artikel im Oktober Fortune, A.A. Berle, Assistant Secretary of State.

Nun, als ich in Washington war, sagte mir ein Mitglied des Kabinetts, dass Barney, soweit er ihn kenne, ein patriotischer Gentleman sei.

Baruch hat sich jetzt für einen angemessenen Preis ausgesprochen, einen Preis, der jedem, der an einem Endprodukt mitarbeitet, eine gerechte Entschädigung garantiert.

Ich bin bereit, Baruch für einen Patrioten zu halten, wenn er sich ernsthaft für die Abschaffung der Staatsschulden einsetzt. Er ist weit in -das lebt in der neuen Wirtschaft.

Nun, Berles Artikel ist in der zweiten Hälfte sehr schön. Es - -.

#Nr. 11 (19. Februar 1942) U.S.(A77)
POWER
Der Präsident hat die Macht.

Der Präsident hat KEINE RECHTSMÄCHTIGE Befugnis, hinterhältige und geheime Abkommen mit ausländischen Mächten zu schließen. Er hat keine rechtliche Befugnis, mit dem verstorbenen Johnnie Buchan eine Politik auszuhecken und den Namen der Nation auf dem Dokument zu unterschreiben.

Die Verträge der Vereinigten Staaten sind erst dann gültig, wenn sie vom Senat ratifiziert wurden, und nicht vorher. Der Präsident hat keine rechtliche Befugnis, mit ausländischen Regierungen Kondominien zu schließen, um skandalöse Inseln vor der chinesischen Küste oder in der Nähe ferner orientalischer oder sonstiger verdammter Häfen zu begehen.

Der Präsident hat genauso wenig das Recht, diese Schandtaten zu begehen, wie Sie meinen Namen auf einem Scheck unterschreiben dürfen oder ich Ihren.

Es gibt keine Dunkelheit außer Unwissenheit.

Ein labiles, d.h. schlüpfriges und schwaches Gedächtnis für vergangene Ereignisse ist kein Vorteil für eine Nation oder einen Staatsmann.

Wenn wir auf einen unappetitlichen Teil unserer amerikanischen Vergangenheit zurückblicken, finden wir ihn pikanter als die Gegenwart. Ob Roosevelt noch genug geistige Ausdauer hat, um etwas von seinem bösen Vorläufer und Vorreiter Woodrow the codface zu lernen? Ich weiß es nicht. Aber Männer mit einer geistigen Kapazität, die über die eines Warzenschweins hinausgeht, sollten in der Lage sein, bis in die Jahre 1914 und 1919 zurückzublicken. Woodrow widerstand dem Drängen, uns in diesen Krieg zu ziehen. Als er in den Krieg eintrat, entsprach er dem Willen des Volkes, einem Willen, den er nicht gefälscht oder ausgeheckt hatte. Die Alliierten haben diesen Krieg gewonnen und dann Italien betrogen. Das war ein Irrtum. Der Betrug an Italien war ein Fehler, und Lloyd George sollte das inzwischen wissen. Der Betrug an Italien war ein Irrtum.

Als Wilson weiterhin den Namen der Vereinigten Staaten für ein schurkisches Abkommen unterzeichnete oder zu unterzeichnen versuchte, brachte er NICHT den Willen der Nation zum Ausdruck. Er hatte sich bereits aus den ordnungsgemäßen Funktionen seines Amtes herausgewunden und -geschlängelt. Er hatte sich bereits gewunden und geschlängelt, wohl wissend, dass er sich dem Willen des Volkes widersetzte.

Macht hat eine Grenze oder eine Umlaufbahn. Es gibt eine Grenze oder eine Umlaufbahn für die praktischen Auswirkungen der Illegalität. Der Fehler des alten Codface, Sorefoot, war sein eigener. Aber er wurde unterstützt. In der Tat wurde er von seinen Komplizen gebuttert, gestreichelt, geimpft und auf den Gartenweg geführt. Sie waren gewarnt, und selbst wenn sie nicht gewarnt worden wären, war es ihre Pflicht, sich über Woodrows wahre Fähigkeiten zu informieren. Die Position der Warburgs und Lloyd Georges in Versailles war die von Gaunern, die einen gefälschten Scheck in der Hoffnung annehmen, ihn an jemand anderen weiterzugeben.

Der Dreck und das Fett der Versailler Schurken, Juden, Unterjuden und Genfliesen gleichermaßen, bestand darin, dass sie Wilson ausgeheckt und ihn ihren verrohten und verblödeten Völkern als die Vereinigten Staaten von Amerika verkauft hatten, um dann ihrem Volk seinen gefälschten Scheck anzubieten.

Die Liga stank von Anfang an. Sie stank nach der Bank von Basel, den Warburgs, den Regenten der Banque de France und dem Geschwür von England. Nicht alle Handlungen Roosevelts sind anrüchig. So wie es keine Musikkritik gibt, solange man nicht die relativen Vorzüge verschiedener Werke desselben Komponisten beurteilen kann, so gibt es keine politische oder ethische Kritik, solange man nicht die verschiedenen politischen Handlungen desselben politischen Verbrechers, Gangsters oder Staatsmannes messen und beurteilen kann.

Wenn der Präsident im Rahmen seiner Befugnisse handelt, hat er KEINE Notwendigkeit, den Gesetzen Gewalt anzutun. Seine Befugnisse sind Exekutivbefugnisse, d.h. er ist rechtlich dazu da, den Willen der Nation und die von den Vertretern des Volkes erlassenen Gesetze in Kraft zu setzen. Wenn er gegen seine gesetzlichen Befugnisse verstößt und sie überschreitet, handelt er GEGEN die Zerstörung ALLER legalen Regierungen der Vereinigten Staaten von Amerika, aller Regierungen nach Gesetz und Recht.

Ich meine mit JEDEM Gesetz, er bewegt sich auf eine totale Illegalität zu. Das ist böse, das ist auf lange Sicht extrem gefährlich, das ist kurzsichtig, das ist kurzsichtig. In der Tat ist der Mann ein Arsch. Kein guter Amerikaner hat etwas dagegen, dass die USA die Ruhe in der Karibik sichern.

Es besteht keine Notwendigkeit, das Mandat des Volkes zu verletzen, indem man dafür sorgt, dass es unmittelbar vor der Küste Floridas oder in

Reichweite von Georgia, Alabama und der Mündung des Mississippi keine U-Boot-Basen, Giftfabriken usw. gibt. Es gibt sogar Möglichkeiten für Amerika, fremdes Territorium zu besetzen, nachdem man zumindest versucht hat, es legal zu tun.

Man kann ein Kaufangebot machen, auch wenn man glaubt, es übernehmen zu müssen, und später Reparationen leisten. Ich glaube nicht, dass der Kongress Einwände gegen die Übernahme von ganz Guayana gehabt hätte, nicht nur gegen den verdammten holländischen Teil. Wenn die GESAMTE Politik eines Politikers indirekt war, wenn seine gesamte politische Strategie in der Indirektheit bestand, im Karambolage-Schuss (nicht im geraden Schuss), dann ist es unklug, irgendeine seiner Handlungen für bare Münze zu nehmen.

Wenn Roosevelts Ziel Niederländisch-Guayana gewesen wäre, hätte er die Aufmerksamkeit der Öffentlichkeit wahrscheinlich auf etwas anderes gelenkt.

Auf der Grundlage von Roosevelts öffentlichem Werdegang seit dem Ende seines zweiten Jahres im Weißen Haus kann man davon ausgehen, dass sein Ziel in diesem Fall NICHT Niederländisch-Guayana war.

Es ist zumindest legitim zu vermuten, dass sein Hauptziel darin bestand, noch mehr ILLEGALE Macht zu erlangen, um Narren wie Senator Pepper und den anderen Narren im Senat und im Kongress eins auszuwischen. Ähnlich wie der ballongesichtige Stümper Churchill lässt Roosevelt jedem Fehler die Forderung nach mehr persönlicher Macht folgen.

Wir sollten sehr vorsichtig sein, wenn wir seine Karibikpolitik beurteilen wollen. Sie könnte ein weiterer bloßer Griff sein. Sein Interesse an der internationalen Politik ist beträchtlich. Sein Hass und seine Abscheu vor legitimem Handeln, vor überlegtem Handeln, ist extrem. Seine Intoleranz gegenüber jeder echten Zusammenarbeit ist den Männern, die für die Regierung der Vereinigten Staaten von Amerika mitverantwortlich sind, entweder bekannt oder sollte ihnen bekannt sein. Ich wünsche mir Aufgeschlossenheit bei der Betrachtung der Karibikpolitik, die insofern in Ordnung ist, als sie auf Frieden und Sicherheit abzielt. Die Frage, inwieweit Brasilien mit unseren IDEEN des Friedens und der Sicherheit übereinstimmen sollte, ist eine Frage der Hemisphäre.

All dies ist eine Angelegenheit der amerikanischen Hemisphäre. Und wie ich eingangs sagte, werden wir keine Kritik an unserer *eigenen* Politik üben, keine Kritik, die diesen Namen verdient, solange wir nicht zwischen einer Tat unseres blasenden Nashorns und einer anderen beurteilen können. Die Politik für die westliche Hemisphäre ist eine Sache, die asiatischen Angelegenheiten sind eine andere.

Englands Verhalten in China war größtenteils eine Schande. Möge sich irgendein blutdürstiger Verräter des britischen Volkes in seiner schmutzigen Versammlung erheben und der Welt von seinen guten Taten im Orient erzählen. Von der Plünderung des kaiserlichen Palastes in Peking bis zum Jahrhundert der Niedertracht und des Opiums der Juden und Sassoons mit Robert Cecil als ihrem Fürsprecher. Das ist ihr Dreck, warum sollten wir ihn zu unserem machen? Auf jeden Fall sind geheime Vereinbarungen zwischen einem Wucherer, ob im oder außerhalb des Weißen Hauses, ILLEGAL. Und eine ausländische Regierung, die ihrem Volk diese geheimen Zusagen als Handlungen der Vereinigten Staaten von Amerika präsentiert, beteiligt sich (und hat sich natürlich beteiligt) an dem Schwindel. Wir sollten diesen Dreck seinem eigenen Volk überlassen, Mensch -. Wenn dieses Volk nicht die Manneskraft und den Verstand hat, seine Churchills, Baidwins, Buchans und anderes Ungeziefer auszuspucken, ist das seine eigene Angelegenheit, und sie werden vermutlich die Strafe für ihre eigene Schlaffheit und falsche Toleranz zahlen. Sie werden uns für IHRE Fehler beschimpfen, das ist richtig. Aber dass irgendein Unterjude im Weißen Haus amerikanische Jungs in den Tod schickt für ihre Jüdischen Söhne und Söhne und die privaten Interessen des Abschaums der englischen Erde und des noch niedrigeren Abschaums der Parsee- und Levantine-Importe, ist ein Frevel: und damit ist Schluss. Jungen aus Omaha nach Singapur zu schicken, um für britisches Monopol und Brutalität zu sterben, ist nicht die Tat eines amerikanischen Patrioten.

#Nr. 12 (26. Februar 1942) U.S.(B17)
AMERIKA WAR ABSICHT

Die Ehre der Vereinigten Staaten von Amerika besteht NICHT darin, ein Arsenal zu werden.

Die Männer, die in Valley Forge überwinterten, ertrugen diese Monate intensiver Kälte und des Hungers nicht in der Absicht oder in der Hoffnung, dass Pennsylvania, Massachusetts, Virginia, die Vereinigung der Kolonien eines Tages in der Lage sein würden, Kriege zwischen anderen Ländern zu schüren, um ihnen Munition zu verkaufen.

Ich will nicht, das Letzte, was ich will, ist, dass der Armee und der Marine von Onkel Sam irgendein Schaden zugefügt wird. Die Navy ist zum Teil schon weg, da kann ich nicht viel machen. Die Armee kommt ganz gut zurecht, wenn sie dort bleibt, wo sie hingehört, nämlich auf dem nordamerikanischen Kontinent.

Ich möchte auf keinen Fall, dass das junge Blut der Amerikaner in einem dummen Versuch vergossen wird, die gesamte europäische Zivilisation zu zerstören. Ich will nicht, dass es versenkt wird, und ich möchte, dass Herr C. Gessler weiterhin in Waikiki baden geht, wenn es nicht zu spät ist, das Thema zu erwähnen. Ich habe gehört, dass Aguinaldo ein ebenso gutes Recht auf die Insel Luzon hatte und hat wie George Washington auf Virginia. Ich bin kein Philippinen-Spezialist. Ich habe aus zuverlässiger Quelle, nämlich von mindestens einem Teilnehmer, gelesen, dass die britischen Truppen nach dem letzten Krieg von einigen Merkmalen der englischen Regierung die Nase voll hatten.

Dünkirchen ist eine Möglichkeit, die Truppen davon abzuhalten, ihre Gefühle zu zeigen. Ob die amerikanische Luft die Erinnerung zerstört, vermag ich nicht zu sagen. John Devey bewahrte sich seins bis ins hohe Alter; und ich erinnere mich an sein Zitat von Burke über die Strafgesetze, "eine ausgeklügelte Erfindung, die so gut geeignet ist, ein Volk auszudrücken, zu verarmen und zu erniedrigen und die menschliche Natur selbst zu entwürdigen, wie es der pervertierte Einfallsreichtum des Menschen je vermocht hat."

Nun, wie Prattling Nelson Ihnen sagt, haben Sie noch nichts gesehen. Und man hat vergessen, dass die 18 Jahre des irischen Parlaments (1782-1800) unmittelbar auf unsere amerikanische Revolution folgten, die der französischen (89) vorausging. Das heißt, wenn es nicht ein ranghoher

Anspruch ist, dass irgendein nicht-irischer Amerikaner das weiß, außer durch einen merkwürdigen Zufall.

Denn gibt es in der Tat viele Parallelen zu Nordamerika? Für die südamerikanischen Länder gibt es eine. Unsere südamerikanische Politik ist noch nicht so weit wie die Times. Ein Kelte wird in Irland bald so selten sein wie ein Indianer an den Ufern von Manhattan.

Vielleicht wäre es unklug, zu tief nach Analogien zu suchen. Palmerston, Lord John Russell und die Times, die ihre Äußerungen nur auf den Papst und den König von Neapel beziehen wollten, hatten sich für das Recht eines jeden Volkes ausgesprochen, seine Herrscher selbst zu wählen. [Mit dieser Anspielung will ich kurz sagen, dass sie vor der Atlantikkonferenz ein Wort dafür hatten.

Worauf will ich mit diesem ganzen was, was, was hinaus? Nun, die Moral hinter jedem Verweis auf John Devey ist, dass Oireland etwas bewahrt hat. Nennen wir es die Seele der irischen Nation. Es hat sie durch 700 Jahre Unterdrückung hindurch bewahrt, blutige Unterdrückung, keine Teeparty-Unterhaltung.

Und die Amerikaner, die U.S.-Amerikaner, haben 1776 eine gute Regierung gegründet. Sie konnten sie nicht ein Jahrhundert lang halten und haben nun vergessen, dass sie jemals existierte.

Es ist anzunehmen, dass ihr alle wie kopflose Hühner durch die Gegend rennt und kein Mensch den anderen versteht. Und der pathologische Geistesblitz im Weißen Haus, der jahrelang das Land ausgeraubt hat, indem er in die Staatskasse gegriffen hat, der jahrelang über Mussolini und Hitler geschäumt hat, kommt Mitte Januar mit einer Rede heraus, und JEDER einzelne Punkt darin, der auch nur eine Spur von Vernunft hat, ist von Mussolini oder Hitler IMITIERT.

Nach 20 Jahren judaistischer Propaganda, Lenin-Trotzki-Zeug, das die amerikanische Geschichte aus den Schulen verdrängt, und wildem Minderwertigkeitshass gegen Europa, kommt der alte Delano mit einer gemischten Tüte heraus, in der zwei Drittel des Programms faschistisch sind. Wobei natürlich die wesentlichen Teile fehlen.

Woran liegt das nun? Zwanzig Jahre zu spät, einfach 20 Jahre zu spät, wie amerikanisch üblich. Die gleiche alte amerikanische Zeitverzögerung, die die Welt wie immer vom Rücksitz aus anführt.

Inmitten all dieser Aufregung gibt es vieles, dessen ich mir sicher bin.

Dieser Krieg ist Teil eines Prozesses, der schon seit geraumer Zeit im Gange ist. Und Roosevelt hat nie mit der für ihn typischen Gewandtheit gelogen, als er sein krankes Blabla darüber ausstieß, dass er SIE (also Sie, das amerikanische Volk, und Ihre Kinder und Enkel) aus dem Krieg heraushalten wolle.

Ein anständiger Mann hätte sich damit begnügt, den Frieden in seiner eigenen Zeit zu bewahren und darauf zu vertrauen, dass seine Kinder dem Beispiel folgen. Durch sein fortgesetztes Geschwätz über Europa, für das sein geistiges und ethisches Niveau viel zu niedrig ist, hat er Sie in einen Krieg mit dem jüdischen Asien hineingezogen, und Sie, die meisten von Ihnen, sind seine Helfershelfer, Dennoch bin ich zumindest von einer Sache überzeugt. Der gegenwärtige Krieg darf NICHT zu einem 30- oder gar zehnjährigen Vergnügungspark für Knudson und die anderen Befürworter von Schnellschüssen und schwitzenden Kettentischen ausarten.

Arbeite sie in sechs Jahren auf, war das alte System der Sklavenhalter in Jamaika. Halten die jungen Männer, und nur junge Männer können es aushalten, SECHS Jahre in den Knudson-Bandmontagesystemen durch? Juden, die von Schiff in New York bezahlt werden, haben sich Russland unter den Nagel gerissen und das ganze Land in einen Sweatshop verwandelt. Nimm dich in Acht, Bruder, es KANN auch dir passieren.

Hier geht es nicht darum, den Krieg zu gewinnen oder nicht zu gewinnen. Kriege werden nicht allein durch Ausbeuterbetriebe gewonnen. Sie werden auch nicht NUR von Profiteuren gewonnen. Ich meine, dass die Profiteure PROFIT gewinnen, aber sie gewinnen KEINE Kriege. Sie beginnen Kriege, aber sie beginnen sie nicht, damit eine bestimmte Nation sie gewinnt.

Sie können ganz Südamerika ausrauben und am Ende ruiniert sein. Man kann seine Farmen durch die südamerikanische Konkurrenz INNERHALB eines Zollrings völlig ruinieren lassen. Das Dumping von billigeren Produkten wird nicht allein durch das Fehlen einer Zollmauer gestoppt.

Wenn es irgendwelche Neuengländer gibt, wenn es irgendwelche Amerikaner gibt, die seit drei Jahrhunderten oder zwei Jahrhunderten oder einem Jahrhundert Amerikaner sind, irgendwelche, deren Vorfahren die Nation aufgebaut haben, dann ist es Zeit für sie, sich zusammenzusetzen und nachzudenken. Es ist an der Zeit, dass sie den Bann des Knudson und Stimson-Breis brechen.

Die Armee-[Vorschriften] machen es unethisch zu behaupten, dass ein Flugzeug nicht an zwei Orten gleichzeitig sein kann. Das ist die Knox, Stimson, Roosevelt-Kohärenz. Möglicherweise werden neue Waffenhandbücher herausgegeben. Es scheint unwahrscheinlich, dass Stimson einer Armee Glück bringen wird. Militärische Ehre hat es gegeben. Stimson kennt KEINE derartige Komponente im Leben einer Armee. Ich glaube nicht, dass Henry eine sehr gute Wette ist.

Ich beziehe mich auf sein absolutes und GESAMTES Fehlen jeglichen Ehrgefühls, ganz zu schweigen von der feinen Ehre, die in der Vergangenheit in das Konzept des Soldaten und Offiziers eingeflossen ist. Drei Generationen von Pfarrern sind hinter diesem Fischgesicht her. Was Knox betrifft, so hoffen Ihre ärgsten Feinde, dass Sie ihn behalten werden. Ein Kind von vier Jahren [?]. Ich mache diese ziemlich groben Anspielungen aus einem bestimmten Grund. Das ist die schwache, schwankende Hoffnung, dass etwas Sie aufwecken wird. Dass irgendein Satz die hypnotische oder drogenbedingte Trance durchbrechen wird. Diese beiden Männer sind eindeutig NICHT vom Volk gewählt worden. Kein Mitglied der Demokratischen Partei würde besondere Drecksarbeit machen. Einige [von] diesen altersschwachen Schreiberlingen wurden als Instrument gewählt.

Das ist unter einem Gesichtspunkt, dem Gesichtspunkt der Tyrannei, in Ordnung. Der Überherrscher oder Autokrat muss bedient werden. Wenn seine eigene Partei ihm NICHT in bestimmte Schlamassel folgt, muss er außerhalb seiner eigenen Partei gehen.

Warum nicht einen Kranz auf das Grab des Wahlsystems legen?

"Hier liegt John Jones, er ist nicht tot, sondern schläft." Oder hier liegt die Demokratie.

Bei Gott, wenn ich tot wäre, ich glaube, ich würde es zugeben.

Die Frage ist, wenn sich zwei oder drei vernünftige Männer im Sumpf der Roosevelt'schen Verworrenheit irgendwo treffen und zusammenhalten und ihre geistigen Wahrnehmungen klären können, dann sollten oder könnten sie beginnen, sich zu fragen WO das Land herauskommt, "Herauskommen bei" ist, glaube ich, der gängige Ausdruck.

Sind Sie auf dem Weg zu einer billigen, zehn Cent teuren, Blumstein, Blumenstein, Zukor, geschmacklosen Nachahmung des Nationalsozialismus, oder sagen wir mal, des Faschismus? LEER von jeglichem vitalen Inhalt. Und wenn Sie ihn nachahmen wollen, werden Sie dann nachahmen oder wetteifern? Werden Sie versuchen, eine so GUTE Marke des korporativen Staates zu haben, wie sie jetzt in Europa angeboten wird? Wenn nicht, warum nicht?

Sie haben das am wenigsten erwünschte Mitglied der nordamerikanischen Bevölkerung an der Spitze des Staates.

Das Volk wurde belogen, betrogen und verarscht, und das kann man nicht einfach wegwischen. Die Frage ist: WAS kommt morgen früh? Wie geht es von HIER aus weiter?

Dreißig Jahre intensive Produktion von synthetischen Produkten, um 1947 die japanische Kolonie Australien anzugreifen? oder 1971? UND IN DER ZWISCHENZEIT, was ist mit eurer INTERNEN Regierung?

Irgendeine syndikalische Organisation? Oder nur russisches Durcheinander und Chaos, nur Sowjets, die von den Warburgs geführt werden?

Gibt es überhaupt ein amerikanisches Bewusstsein, das sich von Fortune und New Yorker Hysterie unterscheidet, mit dem fetten Wie-heißt-er-noch Woollcott, der in die Megaphone weint? Oder der kleinste gemeinsame Nenner Mr. Swing, der in die Luft jammert, dass die Amerikaner gedemütigt werden. There must, damn it, there must be traces of the American RACE left somewhere on the American continent. Die Ethnie, die die Regierung der Vereinigten Staaten ins Leben gerufen hat.

Haben sie jeden Sinn für Kohärenz verloren? Ist die amerikanische Klarheit tot?

#Nr. 13 (2. März 1942) U.S.(B18)
NAPOLEON, ETC.

Monsieur Bonaparte. Napoleon I., machte mehrere Fehler, aber es wird allgemein anerkannt, dass er militärische Fähigkeiten besaß. Einige seiner Entdeckungen liegen außerhalb des Rahmens meines Themas, aber es wird mir wohl erlaubt sein, Sie an einen seiner Sprüche zu erinnern, nämlich: Man kann keine Landkarte erobern.

Nicht nur die wichtigsten geographischen Merkmale unseres Planeten bleiben ziemlich unveränderlich, sondern auch die Beschaffenheit des Bodens und des Klimas kann selbst vom gierigsten Politiker oder vom ignorantesten Menschenhasser und Knudson/Stachalewisten nicht plötzlich verändert werden.

Das ZIEL in allen wichtigeren menschlichen Unternehmungen muss für irgendetwas zählen. Und man kann nicht nach San Francisco gelangen, indem man nach Boston fährt. Erlaubt? Oder NICHT gewährt.

Niemand hat die Entstehung der "Muddle-Thru-Theorie im alten England" untersucht. Soweit ich weiß, hat sich niemand auch nur im Geringsten für mein Zitat des jüdischen Staatsanwalts einer der größten und ältesten historischen Städte Amerikas interessiert.

"Alles, was mich interessiert, ist BUNK", sagte er zu mir. Er meinte damit, dass BUNK, die Fälschung, sein einziges Interesse sei. Zu sehen, was man überstülpen kann. Das ist eine Sache des verstorbenen P.T. Barnum, eines Musikhagelkünstlers, eines Zirkusbesitzers. Es ist die Aufgabe des Prestidigitators, zu täuschen. Dafür wird er ja auch bezahlt.

Es wird vielleicht noch 40 oder 80 Jahre dauern, bis sich jemand von Ihnen jemals wieder ruhig genug fühlt, um sich zu fragen, ob dies die wünschenswerte juristische Haltung ist, ob dies das Schönheitsideal, das *Nonplusultra*, das *summum desiderium* für einen Beamten ist, der regelmäßig an großen kommunalen Gerichten tätig ist. Es darf bezweifelt werden, ob es sechs Männer gibt, die jetzt diese Sendung hören und die in der Lage sind, sich dieser Frage zu stellen. Wenn ja, dann lasst sie sechs andere finden. Eines Tages werden Sie sich alle damit auseinandersetzen müssen, und zwar mit allen Konsequenzen, nicht nur mit einer davon.

Eines Tages werden sich die Überbleibsel des amerikanischen Volkes fragen, WELCHE Seite richtig war. Sie werden sich fragen, ob die Wahl klug war. Sie werden sich sogar fragen, welche Seite von WAS. Welche Seite für welchen GRUNDSATZ stand, nicht nur für welches Interesse.

Hank Wallace hat das INTERESSE aufgezeigt. Gold. Nichts anderes eint die drei Regierungen, England, Russland, Vereinigte Staaten von Amerika. DAS IST das Interesse - Gold, Wucher, Schulden, Monopole, Klasseninteressen und möglicherweise grobe Gleichgültigkeit und Menschenverachtung.

Wenn Sie nun irgendetwas über das moderne Europa und Asien wissen, dann wissen Sie, dass HITLER dafür steht, Menschen über Maschinen zu stellen. Wenn Sie das nicht wissen, wissen Sie NICHTS. Und darüber hinaus wissen Sie entweder oder nicht, dass Stalins Regime die Menschheit als NICHTS außer als Rohmaterial betrachtet. Liefern Sie so viele Wagenladungen menschliches MATERIAL an die Verbrauchsstelle.

Das ist das LOGISCHE Ergebnis des Materialismus, wenn man behauptet, dass die Menschen Dreck sind, dass die Menschheit NUR materiell ist, dann kommt man da raus. Und der alte georgische Zugräuber ist vollkommen logisch Wenn alle Dinge lediglich MATERIAL sind, ist der Mensch materiell und das System des ANTI-Menschen behandelt den Menschen als Materie.

Nun überschreitet Ihr Präsident seine Befugnisse, wenn er von Ihnen verlangt, dass Sie sich seiner Politik anschließen. Als Oberbefehlshaber der Armee kann er Ihnen befehlen, feindliche Truppen anzugreifen, aber selbst der Kongress hat diesem blutdürstigen Irren in seinen abscheulichsten und unterwürfigsten Momenten nicht die Kontrolle über Ihre MEINUNGEN zugestanden.

Solange es in den Vereinigten Staaten von Amerika irgendein Gesetz gibt, was kein Jude und kein Roosevelt gerne hätte, aber solange es dort bleibt, haben Beamte KEINE Befugnisse, es sei denn, sie werden ihnen per Gesetz übertragen. Wenn Ihnen also ein lügender Holländer sagt, dass Sie den Bolschewismus dem Faschismus vorziehen MÜSSEN, können Sie fragen: WARUM? Wer sagt das? UND wenn ihr mehr seid als Vieh? Wenn ihr euch selbst über Kühe und Schafe stellt, müsst ihr zur Verteidigung dieser Einstufung euch selbst fragen, ob der Mensch wichtiger ist als eine bloße Maschine.

Ob ihr beabsichtigt, Sklaven zu sein, lebenslange Sklaven, erbliche Sklaven der Maschinerie, und ob ihr vorhabt, eure Kinder und Enkelkinder in dauerhafte Sklaverei an Wucherer *und* an die Maschinerie zu verkaufen.

Ich meine, ihr müsst euch entscheiden. IHR könnt nicht von kaltem Eisen leben, ihr könnt nicht von Flugzeugersatzteilen leben, IHR könnt nicht gut leben ohne GESETZE, denen sogar die Beamten gehorchen.

Und egal, wie lange eure Antwort auf mich Jims Antwort ist: "Nein, Boss, niemand hier in Amerika ist daran interessiert, die Dinge so ernst zu nehmen wie du", es wird trotzdem und endlich eine Zeit kommen, in der zumindest einige von euch den Dingen ins Auge sehen oder sterben müssen; ihr werdet DENKEN oder sterben müssen. Eine schwere Entscheidung für die Gänseblümchenpflücker, aber eine echte Entscheidung.

Roosevelts Bande hat euch mit Russland verkuppelt. Keine sehr gute Wette. Die Russen greifen General Winter an. Könnte es nicht sein, dass Joe Blutsauger weiß, dass seine Armee in drei oder vier Monaten verhungern wird, wenn sie die Deutschen nicht vorher besiegen? Warum sollte ein Winterangriff eine STÄRKE auf Seiten der Russen bedeuten?

Es ist nicht meine Aufgabe, über die militärischen Bedingungen zu spekulieren, aber es könnte sein. Meine Aufgabe sehe ich darin, das zu retten, was von Amerika übrig ist, und irgendwo eine Art von Zivilisation aufrechtzuerhalten. Ich lehne es ab, die Zerstörer zu unterstützen. Ich lehne es ab, auf Bäume zu klettern, um Fische zu fangen, soweit mir das Licht zugestanden wird. Das ist ein alter Spruch, 24 hundert Jahre alt.

Mencius wies auf die Torheit hin, einen Krieg für etwas zu beginnen, das man nicht bekommen konnte; etwas, das der Krieg dem Monarchen, mit dem Mencius sprach, nicht bringen konnte. Also sagte er, klettere auf Bäume, um Fische zu fangen.

An dieser Stelle beziehe ich mich auf die MÖGLICHKEIT, dass selbst das Zerpflücken und Zerquetschen Südamerikas und Kanadas nicht einmal Südamerika und Kanada fangen kann. Natürlich werden Sie einige von ihnen erwischen. Bin ich phantasievoll?

Ziehen Sie zumindest die Möglichkeit in Betracht, dass diese bloße Ausweitung der US-Grenzen möglicherweise nicht der Weg ist, um das zu bekommen, wofür Sie kämpfen. Sie wird es nicht sein, es sei denn, Sie schenken dem, was INNERHALB Amerikas geschieht, etwas Aufmerksamkeit.

Das wird nicht der Fall sein, wenn Sie ALLE internen Strukturen verlieren. Wenn der Schlagbaum vom Kongress abhängt, ist die lokale Kontrolle verloren. Nun, das wurde schon vor langer Zeit gesagt. Die Zentralregierung muss im modernen Leben einige Befugnisse haben. Aber als menschliche Wesen sollten wir uns fragen, wie viele Befugnisse und welche Befugnisse?

Und IGNORANZ und das Füttern mit Lügen wird Ihnen nicht helfen, eine klare Entscheidung zu treffen. Du schreist Hurra für Litvinov. Glaubst du an die ABO LITION allen Privateigentums?

Ich würde sagen, Sie tun es nicht. Du hast dich der alten britischen Gewohnheit angeschlossen, den Wilden einzusetzen, um den zivilisierten Rivalen auszulöschen. Ihre Schule wurde mit einer Kapuze versehen. Man hat Ihnen eine LANGSAME übergestülpt. 80 Jahre lang hat man euch unmerklich, ein bisschen hier und ein bisschen da, eure Geschichte, euer Wissen über die Geschichte, sowohl die amerikanische als auch die Weltgeschichte, weggenommen. Das kann nicht sein, sagte Henry Adams zu Santayana. Oh, Sie wollen in Harvard lehren. Es kann nicht getan werden. Henry Adams sagte, er habe es versucht. Ja, ich kam zu spät, aber ich bin dem Zug immer noch ein Stück voraus. Beard, Bowers, D.R. Dewey (nicht Tommie) haben sich auf den Weg gemacht, aber nicht auf den wahren Grundstein. Steigt auf und PUSHt. Macht euch ans Graben und lernt das Gesicht der amerikanischen Geschichte kennen. ADAMS, John Adams, Jefferson, Van Buren, auch Brooks Adams. Es ist 40 Jahre zu spät für Brooks Adams, aber man kann es nicht früher tun. Und wenn Sie sich den zeitgenössischen Firlefanz ansehen, versuchen Sie wenigstens, die Dinge zu sortieren.

Glauben Sie an die Homestead oder an das Gemeinschaftseigentum? Wenn Sie an Homestead glauben, WARUM kämpfen Sie dann für die Abschaffung des gesamten Privateigentums?

Wenn Sie in einem Streit Partei ergreifen, versuchen Sie wenigstens herauszufinden, wer gegen WEN kämpft. Sind Sie für die Auslöschung Finnlands? Wenn nicht, warum kämpfen Sie dann gegen Finnland? Stehen Sie, diejenigen unter Ihnen, die über dem Gänsemarsch-Niveau stehen, für die Auslöschung der gesamten abendländischen Zivilisation? Wenn NICHT, warum schließen Sie sich dann der anglo-jüdischen Clique an, die erklärtermaßen und offen für die Auslöschung Europas eintritt und immer noch eintritt? Die westliche Zivilisation, all das, was ihr noch habt.

Unsere Vorfahren haben einen BESONDEREN Beitrag geleistet. Die Jesuiten in Paraguay haben einen deutlichen Beitrag geleistet, aber sie wurden ausgerottet, weil sie Dinge entdeckt haben. Wir wurden in den alten 1860er Jahren weitgehend ausgelöscht.

Einem Mann, der keine Weitsicht hat, wird in den Schwanz getreten. Ein Mann, der mit Lügen gefüttert wurde und dem es an Weitsicht mangelte, bekam einen Tritt in den Hintern.

Glauben Sie, dass dies ein EINZELNER Fall der Nachwirkungen mangelnder Voraussicht ist? Das "starve-the-enemy"-Thema wird schon seit langem auf euren Victrolas gesungen.

Gehen Sie zurück und untersuchen Sie es. Das in die Enge getriebene Wiesel wird kämpfen. Und Ihre MIS-Führer sind seit einigen Jahren unterwegs, um einige Dinge zu ärgern, die größer sind als Wiesel. War das ein Fehler? WERDEN Sie JETZT anfangen, ihre Vergehen zu bewerten, oder werden Sie alle zu 100% durchdrehen und so bleiben?

Glauben Sie an das Eigenheim oder an das Gemeinschaftseigentum? Wenn Sie NICHT an die Abschaffung ALLES Privateigentums und die Abschaffung ALLER Privatinitiative glauben, sollten Sie auf Ihren Nelson achten. Er hat bereits einen halben Nelson auf Sie angesetzt. Und wenn Sie es dem alten Hank Wallace recht machen wollen und von jetzt an bis in alle Ewigkeit alles Gold der Welt kaufen wollen, dann haben Sie einen anstrengenden Tag vor sich, mit 24 Stunden Arbeit. Und keine gesetzlich anerkannte Gewerkschaftsorganisation, die einen Grabstein aufstellt: Hier liegt der 8-Stunden-Tag.

#14 (6. März 1942) U.S.(B19)
WARUM AUF DEN JUDEN HERUMHACKEN?

Nun, warum auf dem Juden herumhacken? Ich habe den Begriff "jüdische Unverschämtheit" gehört, Gaudier-Brzeska hat ihn sogar benutzt. Aber ich glaube, es war ein Kerl namens Brooks, der im Januar aufgetaucht ist, und der Name ist nicht hebräisch, und ich glaube nicht, dass er überhaupt ein Krypto ist. Auf jeden Fall ein mordender Sender, der der Welt oder den italienischen Einwohnern in den Vereinigten Staaten erzählt, dass Amerika Italien liebt und nur einen Groll gegen das Regime hegt.

Waaal, als Franklin Delano kürzlich die Italiener für das verfluchte, was sie 1911 taten, bevor es das Wort Faschist gab, hat er sicherlich KEIN Alibi, überhaupt kein Alibi. Alles, was die Vereinigten Staaten taten, um ihre Liebe zu Italien zu zeigen, war, 20 Jahre lang zu lügen und zu versuchen, Italien in die Unterwerfung zu treiben: Zollmauer, Verweigerung italienischer Waren, Verweigerung von Emigranten. Was ist das für eine Art, Liebe zu zeigen?

Zweifellos will jemand, der 30 Jahre lang schwitzt, dass italienische Arbeiter in den Vereinigten Staaten arbeiten gehen - und zwar ÜBERZEITLICH. Nun, Charlie Marx hatte ein Wort dafür. Dieser Teil von Marx ist stichhaltig, und wenn die Vergangenheit vorbei ist, und WENN die Amerikaner die Italiener lieben, gibt es einen Weg, dies zu zeigen. Warum nicht ein wenig offene Kommunikation betreiben? Warum nicht die Charta der Arbeit drucken? Warum studieren wir nicht, inwieweit das italienische Gesetzbuch, das neue Gesetzbuch, das unter Mussolinis Regime veröffentlicht wurde, die alten Gesetze VERBESSERT? Wie viele von Ihnen haben schon von der Charta der Arbeit gehört? Wie viele von Ihnen haben schon einmal darüber nachgedacht, ob die Gewerkschaften einen Rechtsstatus haben sollten? Und über die VERANTWORTUNG, die mit einem solchen Status einhergeht? Wenn ihr euch dem Faschismus oder dem Nationalsozialismus zuwendet, warum tut ihr es nicht mit offenen AUGEN, warum lernt ihr nicht, was diese Regierungssysteme sind? Warum nicht fragen und lernen, inwieweit sie mit den amerikanischen Gewohnheiten vereinbar sind, [was] gut an ihnen ist und worin ihre Stärke besteht, ANSTATT nur zu lügen und zu fluchen und zu versuchen, sie zu töten in der Annahme (wenn man es so milde ausdrücken kann), dass sie etwas sind, was sie nicht sind?

Die Bedingungen in deutschen Fabriken? Wie kann man sie vergleichen? Ich habe in meiner Zeit einige schmutzige Lügen gesehen. Ich kann nicht jede einzelne Lüge unter die Lupe nehmen, aber ich habe etwas gesehen, ich habe etwas gehört, und dann habe ich die amerikanischen Berichte darüber gesehen.

Ich habe Diskrepanzen festgestellt. Ich habe die Aussage gehört, ich meine, ich habe sie gehört, als sie gesagt wurde.

Ich habe Mussolini sagen hören: "WIR brauchen Jahre des Friedens, um mit unseren inneren Angelegenheiten voranzukommen". Und ich habe gesehen, wie es am nächsten Tag als Kriegsrede berichtet wurde. Zwanzig Jahre dieser Art zeigen keine LIEBE zu Italien. Nicht von Seiten der Reporter oder der Eigentümer der Nachrichten. In der Tat zeigt Herr Brooks, wenn es denn Brooks war, eine neue Liebe, ein Etikett, das noch nicht abgenommen wurde.

Auch Mussolini sprach über den Kampf, genug Weizen anzubauen, um Italien zu ernähren, als die Art von Kampf, die er bevorzugt. Nun, das war die Anstrengung, die die Feindseligkeit der Amerikaner hervorgerufen hat, das reicht.

Werden Sie es aufgeben? Und wenn ja, wann dann? Und während Sie darüber nachdenken, gibt es noch etwas anderes, wovon Sie sich trennen wollen? Nämlich ein System, das fremden Nationen Geld leiht, um alle 19 Jahre einen Krieg zu führen.

Ich schlage vor, dass Sie sich mit diesem System befassen. Ihre britischen Alliierten hatten Angst, dass ein paar Gauner pleite gehen könnten.

Sie begannen einen Krieg, um einen Zustand aufrechtzuerhalten, der einfach nicht aufrechtzuerhalten war. Anstatt zuzugeben, dass sie ihn ändern müssten, begannen sie einen Krieg, in dem sie die Internationale sangen und mit Kreuz, Sichel und Hammer aufliefen. GLAUBEN Ihre Verbündeten an das Gemeineigentum? Sie tun es nicht. Glauben die Chinesen an Blindgänger, die nach Singapur geschickt werden, zu nicht sehr günstigen Bedingungen und mit nicht sehr eindeutigen Aussagen darüber, wer Provisionen (mehrere Provisionen) erhält? Ich bezweifle es.

Sehr schön zu hören, ich meine, es tröstet Sie vielleicht zu HÖREN, dass Sie 100 Millionen chinesische Soldaten haben, die bereit sind, für die Demokratie zu sterben. Ich meine, wenn ihr eine Demokratie seid. Aber ihr habt sie nicht. Warum sollte man sich auf etwas stützen, was es nicht gibt?

Es gibt viele Menschen hier in Europa, deren Ansichten zu vielen Themen nicht mit meinen übereinstimmen, aber wir haben, die meisten von uns, einige Punkte, in denen wir übereinstimmen. Nan King, Mandschu Kuo, beide auf der Karte des alten Asiens und auf der Karte des neuen Asiens.

Und ZWEI Punkte, die ich, vielleicht sogar drei Punkte, gerne in Ihre Bücher aufnehmen würde. Erstens, dass Amerika sich aus diesem Krieg hätte heraushalten können. Zweitens, dass, WENN Amerika neutral geblieben wäre, der Krieg jetzt vorbei wäre und Amerika vielleicht eine Hand in der Zusammensetzung der Unterschiede gehabt hätte; vielleicht nicht so viele "Hush Hush"-Abkommen zu kaufen; zu kaufen, so viel südamerikanisches Zeug zu absorbieren, das wir nicht brauchen und nicht gebrauchen können, den Markt wie üblich in die Enge treibend, aber vielleicht nicht bei Zeug, das andere Leute kaufen wollen. Man sagt, der Austausch sei eine Quelle des Reichtums.

Europa kämpft um etwas, das nicht nur materiell ist, aber trotzdem ist ein gesunder und natürlicher Austausch von Produkten zwischen denen, die sie haben, denen, die sie anbauen, und denen, wo sie nicht oder nicht so leicht wachsen, sicherlich ein Faktor in einem Plan für dauerhafte Leichtigkeit und Frieden. Wenn Sie natürlich von jetzt an bis zum Tag nach dem Jüngsten Tag 18 oder 20 Stunden am Tag arbeiten wollen, um alles Gold und Silber der Welt zu kaufen, um Onkel Henry A. Wallace zufrieden zu stellen, dann mag das eine Frage des Geschmacks (eines sehr seltsamen Geschmacks) Ihrerseits sein.

Vielleicht hat Henry sich geirrt (nicht zum ersten Mal), vielleicht hat er einen Drachen steigen lassen, um zu sehen, wie viel das amerikanische Volk schlucken würde. Es wird Brasilien nicht gut tun, wenn ganz Europa wieder Kaffee und Mokka trinkt. Und das ist noch nicht einmal die Hälfte der Geschichte.

Sich ins eigene Fleisch zu schneiden, ist ein altes Sprichwort.

Schwarze Listen sind nichts Neues in der Weltgeschichte. [FCC-Transkription: Bisher gab es Zeichen der Schwäche und des Abschwungs - -, nicht Zeichen der aufsteigenden Macht. Ich meine - - und nach dem Regime, das sie auferlegt hatte. Keine starken, selbstbewussten Mächte.

Und dann, die- -von einigen Ihrer Verbündeten. Warum haben Sie sich eigentlich mit diesen Banden zusammengetan? Zwei Banden.

Die jüdische Bande in London und die mörderische jüdische Bande in Moskau? Mögen Sie Herrn Litvinov? Ist das das Gesicht... unserer kolonialen Architektur? Mögen die Leute aus Delaware und Virginia und Connecticut und Massachusetts? Mögen die Leute, die in gestrichenen, sauberen weißen Häusern leben, mit ihrem kleinen Schild für den Lieferkasten, errichtet 1790, gebaut 1815, und billigen diese Leute wirklich Herrn Litvinov und seine Bande und alles, wofür er steht? Ist er die Implikation von etwas, das Mr. Jefferson am besten gefiel? Oder die von Boston und dass die ersten weißen Siedler von Massachusetts zu einer ausgestorbenen Ethnie gehören?

Nun, ich hoffe bei Gott, dass wir nicht durch eine Ethnie von Litvinovs ersetzt werden. Der Süden wurde - - im Bürgerkrieg verwüstet, oder - - für die Stadt New York, für die Bankiers in New York City und in London, (Schulden), die zu einem Gemetzel führen, ein Gemetzel, das zu Schulden führt, wie beabsichtigt, und eines Tages werden Sie vielleicht anfangen zu fragen, ich hoffe es, ich hoffe zu Gott, dass Sie eines Tages anfangen werden zu fragen].

#Nr. 15 (8. März 1942) U.K. (B15)
GOLD: ENGLAND

Der ENEMY ist das Leihkapital. Sie arbeiten Tag und Nacht und klauen euch die Taschen. Jeden Tag, den ganzen Tag und die ganze Nacht, um Ihnen in die Taschen zu greifen UND den russischen Arbeitern in die Taschen zu greifen. Sie nennen es internationales Kreditkapital. Es ist nicht international, es ist nicht hypernational. Es ist subnational. Ein Treibsand UNTER den Nationen, der alle Nationen zerstört, der alle Gesetze und Regierungen zerstört, der die Nationen zerstört, eine nach der anderen, das russische Reich und Österreich, vor 20 Jahren, Frankreich gestern, England heute.

Gold ist ein Feigling. Gold ist nicht das Rückgrat der Nationen. Es ist ihr Ruin. Ein Feigling, beim ersten Hauch von Gefahr fließt Gold WEG, Gold fließt AUS dem Land.

England lässt es nicht wachsen. Es sprießt kein Gold in England am nächsten Morgen, um zu ersetzen, was weg ist. Wucher zu nehmen, verdirbt das Herz. Ich weiß, du glaubst es nicht. Das geht schon seit einiger Zeit so. Art Golding schrieb vor einigen Jahren das Leben seines berühmten Vorfahren, oder vielleicht sollte ich nicht berühmt sagen, eines der besten Shakespeare-Dichter, Arthur Golding, Übersetzer von Ovids Metamorphosen, dem besten Gedichtband in unserer Sprache. Shakespeare hat davon gelernt.

Nun, sein Namensvetter und Nachfahre in der 84. Generation oder wie auch immer, weist darauf hin, dass der Earl of Oxford schon zur Zeit von Königin Elisabeth im Niedergang begriffen war. Er übergab seine Pacht an einen Rechtsverdreher und erhielt im Gegenzug für ein festes Einkommen. Zehntausend, oder was auch immer es war, pro Jahr, und dann hatte der Rechtsverdreher die Erlaubnis, aus den Bauern und Freibauern, aus den Männern, die das Land bearbeiteten, herauszuquetschen, was er konnte.

Der Niedergang des Feudalsystems. Ole F.M. Ford hat immer davon gesprochen. Freiheit ist nicht ein Recht, sondern eine Pflicht.

[Eigentum zu besitzen ist kein Recht, sondern eine Pflicht. Ich frage mich, wie lange es dauern wird, bis Sie das lernen werden. Fäulnis und Faulheit machen sich breit, der Adel ist zu faul, um als Herr und Eigentümer zu FUNKTIONIEREN und hat sich an die Rechtsverdreher verkauft.

Wie viele Menschen habe ich in meinen 12 Jahren in London getroffen (ich traf sozusagen die Blüte der schreibenden Klasse auf Ihrer Insel), wie viele Menschen habe ich getroffen, die ihre eigene Geschichte gelesen hatten, wie viele, die Anthony Trollope gelesen hatten? Man sagte zur Rechtfertigung von Professor Saintsbury, "er habe jedenfalls das Verdienst von Trollope anerkannt". Der Besitz von Eigentum ist kein Recht sondern eine Pflicht. Diese Aussage ist ziemlich nachdrücklich. Selbst Robespierre definierte den Besitz von Eigentum, indem er das Recht des Besitzers auf Eigentum einschränkte. Sie spielen also mit dem Bolschewismus, weil Sie glauben, Sie könnten sich aus einer Pflicht befreien? Ist es das? Oder ist das einfach nur feige von Ihnen? Dieses Pinkeln beim Nachmittagstee.

Menschen aus Osteuropa, die über NEXT in bolschewisierten Ländern waren, sehen das anders.

Menschen, die gegen den von Schiff in New York und Rothschild in London finanzierten Rotbolschewismus angetreten sind, sehen das anders.

Wenn Sie zu lange warten, werden Sie es vielleicht sehen. Bisher habe ich noch nie einen Engländer getroffen, der an die Abschaffung des Privateigentums glaubte.

Wie ich sehe, haben Sie die Gewohnheit des witan, des witenagemot und der Stadtversammlung verloren. Wenn ihr nicht wächst oder einen Führer findet, müsst ihr vielleicht auf einen gutherzigen Bayern oder Ungarn warten, der euch von den Juden in New York befreit.

Übertreibe ich?

Glauben Sie, dass es einen grundlegenden, wesentlichen Unterschied gibt zwischen einem Komitee von Juden in LONDON, das die Vereinigten Staaten von Amerika verrät, und einer Bande von Juden in New York, die England verkauft und Ihre Insel mit Hypotheken belastet? Glauben Sie, dass die Freiheit und das Roastbeef des alten Englands oder das Roastbeef des alten Argentiniens darin bestehen, Befehle von einer Bande von Juden in New York entgegenzunehmen? Kartoffeln und Punkt [?] für Sie, wenn Kartoffeln, und zeigen Sie, wo das Roastbeef war oder hätte sein können.

Ich weiß, dass es nicht gerade stilvoll war, die Geschichte der USA in England zu lesen. Lord Bryce und einige wenige Ausnahmen beschäftigten sich mit der amerikanischen Geschichte. Wie auch immer, 1863 wurden die Vereinigten Staaten flussaufwärts verkauft. Ikleheimer übergab sie an Rothschild. Man kann sie kein nationales Geld drucken lassen, alles amerikanische Geld muss durch die SCHULD kontrolliert werden. Und die Schulden werden von den Rothschilds und den mit ihnen verbundenen Episkopalisten kontrolliert.

Ich weiß, es war klug, Willie nach New York City zu schicken, um Ihre Interessen zu wahren und Informationen darüber zu erhalten, wie Washington die Geschäfte der Vereinigten Staaten führt. Eine nette kleine TUBE wurde eingerichtet. Und nun ist Ihre ganze Inselstärke in die Röhre gerutscht.

Ihre Bankiers profitieren vom Niedergang Englands. Der Hattrick? Ja, der Hattrick. Der Bankier geht auf ein Schiff, seine Firma ist woanders registriert. Er stürzt die Mächtigen. Ich hörte, sogar Morgan hat seinen Sitz verloren. Gold ist ein Feigling. Beim ersten Hauch von Gefahr fließt das Gold aus dem Land.

Nun hat Mr. Eden die Zusammenarbeit mit den europäischen Nationen abgelehnt, und zwar mit Nachdruck. Er wollte Neville nicht die Hand schütteln. Er hat das Haus angewidert verlassen.

Und Winston? Er ist über Japan gestolpert, direkt auf dich drauf. Von außen betrachtet, ich meine für jeden, der draußen sitzt und hineinschaut, könnte man meinen, dass dieser Sturz Japans direkt über einige Ihrer ausgewählten Marinestützpunkte zu einem ungünstigen Zeitpunkt erfolgt ist.

ABER Sie sind an Ihre parlamentarischen Führer gewöhnt. Keine Anzahl von Fehlern ihrerseits veranlasst Sie, sich zu fragen, ob Ihre Führer die Sorte von Männern sind, die Fehler MACHEN oder nicht. Sie erschaffen sie, man könnte fast sagen, aus dem Nichts.

Wachsen Sie Gold in England? Bauen die Froschfresser in Frankreich Gold an? Haben die nigerianischen Bauern nichts als Ärger damit, dass ihre Regierung von London aus geleitet wird, von Zuhältern, Spitzeln und Lakaien der jüdischen Goldminenbesitzer? Haben die Ex-Soldaten nach dem letzten Krieg, die nach Afrika gingen, usw., usw., usw. Ist Gold der ZEMENT des Imperiums? Nein, ist es nicht.

Ja, man kann sich bei den Arabern anbiedern. Ihr seid mit ein paar Millionären verbündet. Eure Verbündeten in Indien sind die Bunyah. Ihr tut in euren Kolonien nichts, was mit der KOLONISIERUNG, der wirklichen Kolonisierung, wie die Italiener sie verstehen, vergleichbar wäre.

Nun, ich will nicht sagen, dass ihr nichts tut, aber eure Hauptlinie ist: Ausquetschen, ausquetschen, die Eingeborenen ruinieren, sie ausbeuten.

Mit Ausnahmen, hier und da ein Mann, der wohl noch seine Arbeit macht, wie in den Romanen von Mr. Kipling. Juden überall auf dem Gipfel von Australien. Krieg gegen Ihr Herrschaftsgebiet.

Ihr seid des Namens Alberta überdrüssig. Ihr habt alles getan, außer Truppen in Alberta einzumarschieren, um es unter Kontrolle zu halten. Der kanadische Handel ist nun nach Süden ausgerichtet.

England wird ein jüdischer Wildpark mit Tearooms sein. AUSSER natürlich, Sie heben ein müdes und verspätetes Augenlid. SIE haben KEINE Goldminen in England. Und Hank Wallace, der amerikanische Vizepräsident, schreit

blutigen Mord, dass es KEINEN Frieden geben wird und geben soll, bis die ganze Welt ihr Geburtsrecht für das Gold verkauft, das jetzt in Fort Knox liegt.

Gold, das von euren jüdischen Kaufleuten zu einem manipulierten Preis gekauft wurde. Das hat die Hälfte des amerikanischen Volkes RUINIERT. Gold, das völlig nutzlos ist, außer für falsche Zähne und Brillengestelle. Nicht einmal mehr für Brillen in Mode, ersetzt durch Porzellan in der Zahnmedizin. Mr. Wallace sagt, man müsse so lange Blut und Tränen vergießen, bis sich die Menschheit vor dem Kalb verneigt. Wie haben Sie das geschafft?

Ich verliere manchmal den Faden. So oft, dass ich mich nicht darauf verlassen kann, dass es jemand merkt. Den Faden, wie sie es nennen, des Diskurses. Eine Nation, die zwei Mieten zahlt, kann nicht mit einer Nation konkurrieren, die nur eine zahlt. Wie viele Mieten und Abgaben zahlen Sie? Wie viele zahlten Sie, bevor dieser neue Krieg begonnen wurde? Wie viele von Ihnen treffen sich, um Dinge zu besprechen? Vor fast hundert Jahren, sagen wir vor 80 Jahren, gab es in England "Bewegungen", Amateurdiskussionen von Zünften, und der Rest davon war Toynbee Hall.

Vor fünfundzwanzig, 26, 27 Jahren begannen in London das Nachtleben oder nächtliche Tanzclubs. Es sah unterhaltsam aus, und niemand fragte sich, WARUM? Als Ole Frida die Kälberhöhle gründete, dachte niemand etwas Böses. Möglicherweise ein wenig Spionage, wahrscheinlich nicht einmal das. Eines Morgens wachte man auf und fand den Geist Englands, den unsterblichen Geist des englischen Maifeiertags, angekettet in einem Bordell. Nur ein weiterer Hattrick, untergraben, wegschneiden. Woher hat sie das Geld dafür?

In Frankreich war alles viel professioneller. Wunderbare Faser, England. Zweihundertfünfzig Jahre Wucher, wegschneiden. Hobhouse, Cobbett, Trollope, Männer, die aus den Kolonien zurückkamen, erzählten es Ihnen und wurden aufgefordert, den Mund zu halten. Montagu Webb, der versucht, Ihnen etwas zu sagen. Wenn sie nicht den Mund hielten, bekamen sie Jobs, manchmal recht gute Jobs, außerhalb von London. Sie wurden auf Kolonialposten befördert, oder wie Kipling einmal schrieb: "Jack Barret ging nach Quatta." Aber das war eine andere Geschichte, die einen persönlichen Grund hatte.

Werden Sie einen Führer wählen? Du bist noch keinem Führer gefolgt und wirst auch keinem folgen, der dir angeboten wurde?

Hast du einen selbstlosen Führer? Habt ihr die Kraft, den alten Brauch der Versammlung wieder aufleben zu lassen, oder sind in England inzwischen alle Stadtversammlungen verboten?

War der Krieg das, was Sie wollten? Wurde Ihnen 1939 gesagt, was Vizepräsident Wallace Ihnen jetzt endlich gesagt hat, nämlich KEIN Frieden ohne den Goldstandard"?

Haben Sie nach Winstons Besuch in Washington noch genug geistige Kohärenz, um sich daran zu erinnern, was in England geschah, als der dicke Junge den Goldstandard zurückbrachte"? Das muss JAHRE her sein, hat jemand 1925 gesagt"? Ich habe schlichtweg vergessen, wann das passiert ist. Amerika ist völlig rückständig, es greift eine tote britische Idee auf, etwa 20 Jahre nachdem England damit fertig ist.

KEIN Frieden ohne den Goldstandard. Warum hat man Ihnen das nicht gesagt, bevor Sie losgezogen sind, um Danzig polnisch zu halten und Finnland gegen die russische Bedrohung zu verteidigen"?

Kein Frieden ohne den Goldstandard. Ist das die Stimme von "Wir, das Volk von England, wir haben noch nicht gesprochen"?

Pound spricht aus Italien. *Parlando da Roma.* Pound am Apparat. Wird von mir erwartet, dass ich darauf warte, dass das englische Volk spricht"? Natürlich müssen Sie Ihre EIGENEN Führer finden, ich kann sie nicht für Sie auswählen.

#16 (15. März 1942) U.K.(B16)
ENGLAND

Der Feind ist Das Leihkapital. Euer Feind ist Das Leihkapital, internationales, wanderndes Leihkapital. Euer Feind ist nicht Deutschland, euer Feind ist das Leihkapital. Und es wäre besser für euch, mit Typhus und Ruhr und der Brightschen Krankheit infiziert zu sein, als mit dieser Blindheit, die euch daran hindert zu verstehen, WIE ihr vermint seid, wie ihr ruiniert seid.

Der große Jude ist so sehr mit diesem Leihkapital verstrickt, dass niemand in der Lage ist, dieses Omelett zu entwirren. Es wäre besser für Sie, sich nach Darbyshire zurückzuziehen und Neu-Jerusalem zu trotzen, besser für Sie, sich nach Gloucester zurückzuziehen und einen Ort zu finden, der England ist, als weiter für das Judentum zu kämpfen und den Prozess zu ignorieren.

Es ist ein Skandal, dass jeder saubere Junge vom Lande - ich nehme an, es gibt immer noch ein paar ENGLISCHE Jungs vom Lande - es ist ein Skandal, dass von jedem netten jungen Mann aus der Vorstadt erwartet wird, für Victor Sassoon zu sterben, es ist ein Skandal, dass von jedem betrunkenen Lakaien verlangt wird, für Sassoon zu sterben.

Was Ihr Imperium betrifft, so wurde es nicht nur durch saubere Kämpfe gewonnen. Aber wie auch immer Sie es bekommen haben, Sie haben es eine Zeit lang mehr oder weniger damit gerechtfertigt, dass Sie eine gute Regierung oder eine bessere Regierung exportiert haben, als die Eingeborenen ohne England gehabt hätten.

Ihr habt den Juden hereingelassen, und der Jude hat euer Reich verrottet, und ihr selbst habt den Juden überjocht. Eure Verbündeten in euren geschundenen Betrieben sind die Bunyah, ihr steht für NICHTS als Wucher.

Und über dem Metallwucher; ihr habt den Bankenwucher aufgebaut, 60% gegen 30 und 40%, und dadurch werdet ihr NICHT gerettet werden. Ihr habt die ganze Erde verdorben und euch selbst an euch verloren.

Und der große Jude hat JEDE Nation, in die er sich eingemischt hat, verfaulen lassen. Ein Mühlstein. Nun, es ist denkbar, dass ein außergewöhnlich guter Schwimmer mit einem um den Hals gebundenen Stein ins Meer geworfen wird. Er könnte ihn vielleicht losbinden. Wenn er ein Schotte wäre, würde er sich an sein Klappmesser erinnern, bevor er über Bord geworfen wird.

Sie scheinen sich an NICHTS zu erinnern. Es wäre besser, Sie hätten sich mit Typhus infiziert. Was die föderale Union oder die JEW/Nion betrifft. In Streits Vorschlag steht die Frage der Ethnie nicht zur Debatte. Es ist, wie vorgeschlagen, eine Union der Sklaven unter dem Judentum. Vorgeschlagen von Lügnern und Helfershelfern von Dieben.

Ihr habt euren verstorbenen Verbündeten Land gestohlen, und Land entgleitet eurer Kontrolle. Die EINZIGEN Eroberungen von Großbritannien und Rosenfeld sind Eroberungen VON ihren angeblichen Verbündeten.

Also gut, sagen wir, Franklin Delany raubt ganz Südamerika aus - zu welchem Zweck? Und ruiniert dabei die Vereinigten Staaten von Amerika. Was geht Sie das an? Es ist nicht Englands Rettung. Werden Sie sich jemals die Geschichte des Imperiums ansehen? Ihr seid NICHT einmal im merkantilen System, ihr seid in einem falschen merkantilen System, nicht einmal merkantil. Es wurde eine Zeit lang als merkantiles oder merkantilistisches System bezeichnet und so definiert, dass das Glück einer Nation in der Menge des GELDES besteht, das sie besitzt, und dass ihr Prozess darin besteht, anderen Nationen die größtmögliche Menge desselben (d.h. des Geldes) zu STEHLEN, zu schweißen, einzutüten.

Das definiert das USURY-System, das EINZIGE System, das die Angelsachsen in unserer Zeit gekannt oder benutzt haben. Und es wird euch nicht retten. Es wird auch nicht das judaisierte Russland retten. Auch nicht der Kahal, das jüdische Zentralkomitee der Ausbluter. WI-IAT ist ihr System? Unveränderliche, billige Waren, herausgeschwitzt aus billiger Arbeit, Miststaub auf die Welt geschleudert, die WELT als Sweatshop konzipiert, zum Teufel mit dem 8-Stunden-Tag, runter mit dem Überfluss. DUMPING verschwitzte Waren, gedumpt gegen jede Nation, die einen gerechten Preis für Arbeit zahlt. Das ist euer ALLY.

Und in eurer Vergangenheit eine Spur des Blutes und der Schande. Ihr habt Hessen gekauft, um euer eigenes Blut in Amerika zu töten. Ihr habt sie von einem stinkenden Feudalherrn gekauft, der in den Händen des ROTHSCHILDES war; das ist GESCHICHTE. Ihr habt die amerikanischen Wilden gegen eure eigene Sippe IN Amerika aufgehetzt. Aber jetzt haben Eden und Cripps den Moskowiter herbeigerufen, um ganz Osteuropa zu verbrennen und zu zerstören und Finnland zu töten, um der stinkenden Juden Nickelminen willen.

Eure Schande ist mit Judäa verbunden. Ihr könnt keine Wunde oder Schande in eurem Reich anrühren, aber ihr findet einen Mond, einen

Sassoon oder einen Goldsmid. Ihr habt keine Ethnie mehr in eurer Regierung. Gott weiß, ob es noch verstreut in England zu finden ist.

ES muss verstreut in England zu finden sein. Die weißen Überreste Englands, die weißen Überreste der Ethnien Englands müssen GEFUNDEN werden und Mittel finden, um zusammenzuhalten; andernfalls könntet ihr euch genauso gut auf eure Friedhöfe legen.

Seit Jahren werden billige Waren aus Russland bei euch eingepumpt. Eure Allianz mit Moskau wird dieser Wunde keine Linderung verschaffen. Eure Juden haben eure heimischen Manufakturen ruiniert. Darlehen aus der Stadt London, Darlehen an den Orient, Zinszahlungen für billige Baumwollwaren, Darlehen an die südamerikanischen Länder, Zinszahlungen für argentinisches Rindfleisch und Ruin der englischen . Die Gesetze einer dauerhaften Regierung sind seit den Tagen von König Wen bekannt. Wenn Reiche verrotten, verrotten sie aus bekannten Gründen.

Die *Times*, der *Telegraph* und der *Manchester Guardian* sind dazu da, diese Gründe zu verschleiern. Eure Presse ist eine Schande, und das schon seit unserer Zeit.

Die Gesetze einer dauerhaften Regierung sind seit den Tagen von König Wen bekannt, und als das Römische Reich unterging, ging es an denselben Torheiten zugrunde, die eure Juden, eure Rothschilds, Beits, Sieffs, Schiffe und Goldsmids in eure Adern gespritzt haben. Billiges Getreide aus Ägypten, der Ruin der italienischen Landwirtschaft, Wucher und noch mehr Wucher, DAS ist die Antwort.

Zwei Jahrhunderte lang, seit der brutale Cromwell sie nach England zurückgebracht hat, haben die Iren euch die Lebenskraft ausgesaugt. Eine milde Penetration, hundert Jahre lang haben sie eurem Adel in den Hintern getreten und jetzt wo ist euer Adel? Ihr hattet zumindest den Anschein von Kontrolle; ihr hattet, sagen wir, einen gewissen Einfluss auf die Lords von Judäa, solange sie eure Titel WOLLTEN, solange Levy Levinstein Lawson als Lord Burnham angesprochen werden WOLLTE. Du konntest die schlimmste Schärfe ihres Geizes, oder besser gesagt, du konntest ihn AUSschalten, die Ober- oder Huppar-Krallen, und ihn AUF den Peer richten. Und das taten Sie ohne Gnade.

Aber wenn dieselben Schmarotzer nach New York City übergesiedelt sind, wie willst du dann mit ihnen fertig werden? Mit denselben blutrünstigen Erpressern oder ihren Nachkommen. Die gleichen FINANZHÄUSER. Dieselben Rothschilds, die sich mit Sherman und Vandergould verschworen haben, um die amerikanische Nation zu TÖTEN, die die Vereinigten Staaten in den "Sechzigern" verraten haben. Hauptsitz in London, Agenten in den Vereinigten Staaten von Amerika.

Jetzt hat sich die Adresse geändert. Hauptbüro in der Wall Street und Cohen in London. Sie schicken Willie rüber, um uns auszuspionieren. Ihr schickt 5000 Zuhälter von Wucherern nach Washington und gebt ihnen besondere Pässe, Diplomatenpässe, um die Vereinigten Staaten in eure Pläne einzubinden, Kanonenfutter aus Idaho und Iowa zu holen, um euren Sklavenkeller auf Europa zu schweißen. Und dieses Mal werden Sie in die Aschekiste geworfen.

Ihr habt sogar euren Kipling vergessen. Pig Baldwin hat seinen Cousin vergessen; wenn sein obszöner und verräterischer Geist jemals die Bedeutung von Rudyards Geschichten begriffen hat. Ich möchte der Sau eine Passage ins Gedächtnis rufen:

"Die Amerikaner", schrieb Rudyard, "schlachteten sich bereitwillig gegenseitig ab, damit die Tschechoslowaken den Boston Common erben konnten." *Cras tibi*, morgen bist du dran. Verdammt noch mal, ihr habt die Blüte Englands im Burenkrieg abgeschlachtet. Dann, 1914, in den ersten drei Monaten, zogen die Besten von euch aus und wurden abgeschlachtet.

[Das hat man nur zu deutlich gesehen. Und eure schmutzigen Zeitungen, der Dreck in euren Zeitungen wurde subventioniert, um euch davon abzulenken.

Ein schmutziges Stück Fleisch namens Gollancz hat euren Buchhandel benutzt, um es zu verbergen. Sie haben fast KEINE Kommunikationsmittel.

Wenn ein Brooks Adams fünf Bände schreibt, die euch helfen würden, es zu sehen, erreichen sechs Exemplare England. Ihr habt die Gesundheit des Geistes VERLOREN. Gott weiß, wie die versprengte Handvoll Engländer, die noch in England ist, noch miteinander sprechen kann.

Ich sehe KEIN Heilmittel in eurem Parlament. Ich meine nicht als Parlament. Ich meine im Personal. Das ist Ihr Problem. Ihr wählt JETZT nicht einmal euer eigenes Parlament. Ob ihr mit einer Wahl etwas anderes als altes totes Fleisch bekommen könntet, weiß ich nicht. Während des letzten Krieges hatten ein paar Männer einen Schimmer von Instinkt. Auf welcher Formel auch immer, sie nannten es Pazifismus. War es das? Alle, die ich je getroffen habe, waren kampflustig. Was it an instinct to save the butt end of the RACE by not fighting? Ist es ein Fehler, die Deutschen mit Gewalt zu bekämpfen?

Is there a RACE left in England? Hat sie überhaupt noch den Willen zu überleben? Ihr könnt das Gemetzel nach Irland tragen. Wird euch das retten? Ich bezweifle es. Nichts kann euch retten, außer einer Säuberung. Nichts kann Euch retten, außer einer Bestätigung, dass Ihr Engländer seid.

Die Hure Belisha ist es nicht. Isaccs ist es nicht. Kein Sassoon ist ein Engländer, rassisch gesehen. Kein Rothschild ist Engländer, kein Strakosch ist Engländer, kein Roosevelt ist Engländer, kein Baruch, Morgenthau, Cohen, Lehman, Warburg, Kuhn, Khan, Baruch, Schiff, Sieff oder Solomon wurde jemals als Angelsachse geboren.

Und für diesen Dreck kämpfen Sie. Für diesen Dreck habt ihr euer Imperium ermordet, und für diesen Dreck wählt ihr eure Politiker.

Ihr habt eure Tradition verloren. Ihr habt nicht einmal gelernt, was Lord Byron euch gesagt hat. Ihr seid, wie sogar dieses schmutzige Blatt, die Times, sagt, ein wenig spät dran, um einen Anfang zu machen.

Im Jahr 1942 Anno Domini gibt es nur einen Anfang, den man machen kann. Und das ist ein Anfang, England zu sein. Die Weigerung, eine Provinz Israels oder ein Außenposten von Yankee-Judaea zu sein.

Quando tutti saremo forti.

#17 (19. März 1942) U.K. (B21)
UND DIE ZEITVERZÖGERUNG

Apropos Fanpost. Ich bekam neulich eine lustig aussehende Karte mit der Überschrift Kriegs Statlag XXI A. und einer Häftlingsnummer, die in die Tausende geht.

Lieber Mr. Pound. Wenn diese Karte Sie erreicht und Sie es einrichten können, wäre ich Ihnen sehr dankbar, wenn Sie mir ein oder zwei Ihrer neueren Werke über Wirtschaft schicken würden. Lesestoff aus England ist zur Zeit eher rar und nicht sehr erhellend.

Gezeichnet. So und so.

Nun, vielleicht ist das alles sehr schmeichelhaft. Aber der Punkt ist die ZEITVERZÖGERUNG. Wenn ein Mann erst in Kriegsgefangenschaft geraten muss, bevor er meine Werke über Wirtschaft liest - was nützt ihm das? Oder sagen wir, was nützt es ihm SOFORT. Natürlich kann er bereit sein, ein Heim für einen Helden zu schaffen; in einem England neuer Ordnung, wenn er aus dem Gefangenenlager herauskommt.

Aber wäre es nicht viel einfacher gewesen, wenn er und seine 12000 Mitstreiter im Gefangenenlager ein bisschen FRÜHER mit dem Lesen meiner Wirtschaftslehre begonnen hätten?

Ich frage vor allem meine amerikanischen Zuhörer, ob der START mit der neuen Ökonomie, die den Krieg VERHINDERT hätte und den jetzt so räudigen, wurmstichigen Trafalgar-Löwen weiter mit dem französischen Hahn und den verschiedenen Adlern Europas hätte liegen lassen; und den alten Killyloo-Vogel jeden Sommer am 4. Juli krächzen lassen, und keine Knochen gebrochen und viel weniger Ölschiffe versenkt, und mehr Autos auf den amerikanischen Straßen und mehr Gummi für Reifen. Und Überfluss, nicht mehr potenziell, sondern real. Wäre es nicht ein bisschen schöner gewesen?

Mr. Brown, bekannt als Buffalo Bill, sagt Ihnen, dass ich in der Propaganda bin. Waal, verdammt noch mal, ich habe die SELBE Propaganda betrieben, bevor Hitler Reichskanzler wurde.

Ich meine nicht, dass ich mich darin vergraben habe, nicht bis auf den Grund, ich habe ein angenehmes Leben geführt, und für Männer wie Hitler und Mussolini, wenn sie jemals von meiner Anwesenheit hier erfahren hätten, hätten sie mich für einen möglicherweise harmlosen Exzentriker gehalten. Wie dem auch sei, in meiner perlitischen und kultivierten Art habe ich versucht, hier und da ein wenig Aufklärungsarbeit zu leisten, einen Tropfen der Erleuchtung einzubringen.

Ich bin nicht sofort in die Hölle für Leder, Wirtschaft EXKLUSIV, gegangen. Ich musste herausfinden, wie die alte Show lief. Abwärts lief.

Ich sage, sie lief RUNIN' DOWN. Ich fing an, das in meiner Poesie zu sagen. "Dieses Land wird langsam böse."

Ich behandelte es mit der Intuition eines *jungen* Mannes und sagte etwas darüber, wie man den SINN einer Stadt bekommt, so wie der wilde Jäger den Sinn für den Wald hat. Irgendetwas lief da ab.

Es gibt ein Gedicht, nicht von mir, damals in *Blast*, über ein Schlammwasser. Das war gesunder Schlamm, im Vergleich dazu.

Als ich dann sah, dass er SCHLECHT war, begann ich mich zu fragen, wie man ihn reparieren könnte. Nachdem ich zehn Jahre lang Fragen gestellt hatte, Fragen an die Anwälte der Bank, an Max Pam oder an jeden anderen klugen Kopf, an den ich herankam. Nach zehn Jahren, sage ich, fing ich an, mich mit dem Thema zu befassen. Wucher, Gewinne, Monopolisierung des Geldes. Dann fing ich an, mich in die amerikanische und andere Geschichte zu vertiefen. Alles ist klar wie ein Keks. Aber die Mittel, um es euch Leuten zu sagen? Das war die Frage. Oh Hamlet. Oh Dorf-Hamlet. Die großen Zeitungen wollten KEINE offene Diskussion - sie musste geschmuggelt werden.

Dann gab es "Bildung", beginnend mit den obersten Regalen der Colleges. Ich werde aus einer Zeitung mit einem pferdespezifischen Titel zitieren, die in Wisconsin gedruckt wurde. Es handelt sich um eine kleine Zeitschrift, die in der Regel innerhalb von ein paar Jahren auflebt und wieder verschwindet. Im Frühjahr 1935 habe ich diesen jungen Redakteuren in ihrer Vierteljahreszeitschrift wie folgt geantwortet: Das Beste, was ich Ihnen antworten kann, ist, Programme anzubieten, die ein paar FAKTEN in Erinnerung rufen. Seit 30 Jahren versuche ich, das Studium der Literatur so zu reorganisieren, dass es für den Studenten von Nutzen ist, und seit 15 Jahren versuche ich, die Bildung im Allgemeinen zu demselben Zweck zu reorganisieren.

Das Beste, was ich Ihnen bis heute sagen kann, ist in meinem *ABC des Lesens* und in meinem *ABC der Wirtschaft* mit den darauf folgenden Bänden, *Social Credit, an Impact*; *Jefferson und/oder Mussolini* enthalten.

Warum werden sie nicht als IHR Lehrbuch verwendet? Für fortgeschrittene Studenten gibt es mein *Make it New*, das mit meinem *ABC of Reading* korreliert werden muss, wenn man klar sehen will, worauf es hinausläuft.

Wenn die amerikanischen Studenten erkennen, dass die Universitäten dazu da sind, die Studenten auf das Leben in einem bestimmten Land und zu einer bestimmten Zeit vorzubereiten, und darauf bestehen, herauszufinden, was ihnen helfen wird, an diesem Ort und in dieser Zeit zu LEBEN, können sie die vier Jahre bekommen, die ihnen zustehen. Niemand kann dies für die Schüler tun. Sie müssen es für sich selbst tun.

"Mark Hopkins auf der einen Seite des Baumstamms und der Student auf der anderen."

Als Abelard aus der Pariser Universität geworfen wurde, folgten ihm 5.000 Studenten aufs Land, wo es keine Studentenwohnheime und millionenschwere Turnhallen gab. Das ist die Art von Dingen, die eine "Wiederbelebung des Lernens" oder eine "intellektuelle Wiedergeburt" bedeuten.

Meine Generation wurde in Unkenntnis der wirtschaftlichen Zusammenhänge erzogen. Im Geschichtsunterricht wurden die wichtigsten Fakten ausgelassen. Jede Seite, die unsere Generation las, war von Wucher überschattet. Nicht nur die Presse war falsch, sondern jede aktuelle Idee war durch Generationen vorangegangener Perversion verzerrt worden.

Der SÄURE TEST für öffentliche Personen ist heute schlicht und einfach. Mißtraue jedem Mann, egal wie hoch er im Amt ist, der versucht, dich von den Fragen wegzubringen: WAS ist Geld?

Wer macht es?

Wie wird es ausgegeben?

Warum kann das GANZE Volk nicht kaufen, was das GANZE Volk produziert?

Fangen Sie sofort damit an, und werfen Sie jeden raus, der Ihnen keine klare Antwort gibt. Man kann Wisconsin nicht in Pekin heilen. Ich meine, fangen Sie dort an, wo Sie *sind*. Lassen Sie nicht zu, dass sich irgendjemand aus der lokalen Ehrlichkeit herauswindet, indem er international redet. Untersuchen Sie die Carnegie-Friedensstiftung. Wenn Sie herausfinden, warum sie es vermeiden, die *wirtschaftlichen* Ursachen von Kriegen zu untersuchen, werden Sie einen Teil dazu beitragen, einen weiteren zu verhindern.

Gedruckt in Wisconsin im Frühjahr 1935, LANGE bevor Hitler so einflussreich im Weltgeschehen war.

Man kann ein Schaukelpferd zum Wasser führen, aber man kann es nicht zwingen, es zu trinken.

Und das Problem des jungen Amerikas ist das, was das Problem des jungen Englands war. Und die Antworten waren bekannt; die Antworten hätten gesendet werden KÖNNEN, die Antworten hätten in Tageszeitungen gedruckt werden können, sie hätten in den Schulen gelehrt werden können, sie hätten als Grundlage für Maßnahmen dienen können. Ich meine politisches Handeln. Und WAS hat es verhindert?

Waaal, fragen Sie sich, was es verhindert hat? Fragen Sie sich, warum diese Dinge NICHT weithin gedruckt wurden? Warum wurde der wahre Gedanke der amerikanischen Gründer versteckt, in eine Ecke gestopft? Warum jeder Mann in England, der die Katastrophe voraussah, und der sah, WIE England sie hätte vermeiden können, WENN ... Warum diese Männer NICHT beherzigt wurden. Warum wurden sie aus dem Weg geräumt oder, sagen wir, oft durch Furcht zum Schweigen gebracht.

Nicht alle hatten Angst, einige waren klug. Wo sind sie? Einige von ihnen haben sich vorgedrängelt. Und wo sind sie jetzt? Wo sind die Hinterbänkler, die Männer, die zwar Bescheid wussten, aber keine Möglichkeit sahen, ihr Wissen in die Tat umzusetzen? Die Männer, die winzige Minderheiten zusammenstellten? Waaal, wo sind sie? Und wann werden die Menschen Weisheit lernen?

OZeus.

O Chan Ti, wie lang ist die Zeitspanne?

#18 (22. März 1942) U.K. (B20)
ABER WIE?

Als ich neulich abends mein Radio ausschaltete, schwebte das Wort REVOLUTION durch die Luft. Eine sehr englische Stimme, die das Wort RE VO LU TION benutzte.

Und ich dachte, jaaa, sehr schön, aber WIE'? Wie KÖNNEN sie revoluzionieren.

Ich dachte an das fahle, graue Licht in den Kensington Gardens, an die Möwen, die über dem runden Teich schwebten, und an das so ruhige Verhalten der hübsch gekleideten Frauen, die um 1910 den Broadwalk hinaufgingen. Wie KÖNNEN SIE revoltieren?

Ja, ich habe gehört, Bela Kun war drüben in England, er war eine Revolution, blutiger Mord und alles, was dazugehört.

Aber revoltiert Kensington auch?

Ich bin so alt, dass ich mich noch an das Ende des neunzehnten Jahrhunderts erinnern kann, also an das Jahrhundert vor diesem, das schon fast halb vorbei ist. Wie beeindruckt waren die amerikanischen Besucher von den Rinderfressern im Tower und den Teetassen in Windsor und Stratford-on-Avon, mit den in den Schornstein eingeglasten Wappen, und dem ruhigen Rasen im Park, und einer Zeit, als die Route du Roi noch nicht so verrottet war. Die Row, natürlich kannte ich die Reiter nicht, außer gelegentlich Mr. Cunninghame Graham, der eine gute Figur auf dem Pferderücken machte, und den alten Colonel Jackson, der mir vorschlug, in seinem Club zu speisen, weil er den Gesichtsausdruck seiner Zeitgenossen sehen wollte, wenn sie mit der vortikistischen Bewegung konfrontiert wurden. Nun, das alles ist wohl ziemlich lange her.

Die Frage ist, wie revoltieren die Leute? Die Rooshians tun es mit Feuer und Schwert und sehr unangenehmen Folterungen. Sehr unenglisch, so wie England in meiner Erinnerung früher war. Wie revoltiert man?

Kann man revoltieren ohne Kontakte, ohne Zusammenarbeit, ohne KOMMUNIKATION? Ich glaube nicht.

Yaas, da ist Cripps. Früher war er nicht so oft da. Meine einzige Erinnerung an Stafford ist, dass die alte Nelly Weaver aus zweiter Hand sagte: "A DREADFUL man!" Anscheinend hatte sie einen Cousin, der Manager oder

Redakteur oder geschäftsführender Redakteur einer Zeitung war, die Pig and Piffle hieß, ich meine, von ihren eigenen Mitarbeitern im Privaten.

Und sie verkaufte sich viel billiger, als sie kostete, ich meine, sie kostete, sagen wir, zehn Pence pro Exemplar im Druck, und wurde im Einzelhandel für sechs Pence verkauft, und machte zehn- oder zwanzigtausend Nettogewinn im Jahr.

Jedenfalls starb Nellys Cousin und hinterließ seine Söhne in Cripps' Obhut, wobei Cripps der Treuhänder oder Vormund war, so dass meine Erinnerung an Stafford darauf hinausläuft, dass Miss Nelly sagte: "A DREADFUL man! Der Himmel weiß, was er den Jungen beibringt!"

Waaal, wenn der Himmel es damals noch nicht wusste, wird er es vielleicht in den nächsten Wochen im Zuge der Feindseligkeiten herausfinden.

Ich meine interne Feindseligkeiten. Ich weiß nicht, dass England vom Ausland lernt. Ich weiß nicht, ob der Fall von Madras oder Kalkutta euch etwas lehren wird, denn Hongkong, Singapur und die indischen Inseln scheinen euch nichts gebracht zu haben. Aber vielleicht ein paar INTERNE Feindseligkeiten? Weiß der Himmel!

Damals zu Königin Elisabeths Zeiten, als sie ihre Ländereien an irgendeinen Wucherer verpachteten, um sich von ihren feudalen Pflichten zu befreien, Cobbett und Hobhouse - alle Arten von Eile in Richtung Reform; beschränkt auf ein paar spezielle Segmente.

Mein Gott, man kann sie als Segmente bezeichnen. Sie waren meist gutmütige Menschen, die von der Öffentlichkeit als KREISEL angesehen wurden.

Kann es überhaupt eine Zusammenarbeit geben, wenn man sich nicht trifft? Wie kann man sich in einer STADT treffen, wenn man nicht finanziert wird?

Ja, man kann oder KANN sich an einer Straßenecke treffen, oder im Mubble Arch, solange man nichts SERIÖSES getan hat.

Ole Kun, Cohen, Béla hat es ernst gemeint. Die Leute in Budapest fanden heraus, dass er es ernst meinte. Vielleicht ist Sir Stafford SERIÖS. Die Bolo-Agenten in England waren seriös, als ich das letzte Mal dort war, wurden die Spitzenleute in der Kommunistischen Partei alle von Moskau bezahlt, das, wie Sie wissen, manchmal von New York oder London bezahlt wird.

Das war Ihrem Nachrichtendienst bekannt, alle ihre Nummern waren aufgelistet, alle waren in der Wirtschaftsspionage tätig. Ich erzähle Ihnen nichts, was nicht auch einige Ihrer eigenen Machthaber wüssten.

Und jetzt hören wir von der SCORCHED EARTH Politik. Macht euch bereit für eine Invasion. Macht euch bereit, alles zu zerstören, was euch geblieben ist. Reißt eure Häuser nieder.

Waaal, WER wird denn in diesen Ruinen leben?

Eine Invasionsarmee, sollte sie jemals in London einmarschieren, würde sich vermutlich ihr eigenes Quartier aussuchen; und ein Mann, der sein eigenes Schlafzimmer niedergebrannt hat, würde in der Asche schlafen müssen.

Margey Daw, siehe Säge, und der Rest davon.

Glaubt ihr, dass die Leute, die euch sagen, ihr sollt eure Häuser niederbrennen und euch auf Bombenangriffe auf Nordirland vorbereiten, und die Flugblätter verteilen, dass sie das nur tun, um euch zu helfen? Glauben Sie, dass diese Leute Sie LIEBEN?

Haben Sie irgendwelche Daten über die Ukraine? Ich bewege mich auf diesen Vorschlag zu. Ich nehme an, dass einige von Ihnen Mr. Churchill NICHT haben wollten. Er war nicht die Katze im Sack. Er mag ein Baldwin-Ferkel gewesen sein, aber er war sicherlich nicht vor dem Käufer verborgen.

Nehmen Sie zum Beispiel Carolyn Bellairs: Carolyn Bellairs wollte Mr. Churchill NICHT. Ich weiß nicht, ob er, Bellairs, schon zu Domvile in den Knast gegangen ist. Wir erhalten KEINE detaillierten Nachrichten über Ihre Familienzwistigkeiten. Aber ich nehme an, dass es in der Marine und der Armee zumindest einen Kern von Männern gab, die genug Verstand hatten, um Churchill NICHT zu wollen.

Ich gehe davon aus, dass es eine winzige, träge Minderheit gab, die sich NICHT leichtfertig auf einen Krieg einließ, von dem man wusste, dass er solche Folgen haben würde, wie die ganze Welt sie jetzt sieht.

Revolution di PALAIS? Ist es das? Glaubt ihr, ihr könnt den Palast *in die Waagschale werfen*? Glauben Sie, Sie können eine nette kleine Revolution in den Farben von Mr. Watt's Hope Soap and Charity haben?

AH ja, aber das GELD. Ich überlege gerade, wie ihr eure eigene Kanalisation reinigen könntet.

Oh, aber du sagst, wir WOLLEN die Kanalisation nicht reinigen, wir wollen nur das Zimmer entstauben.

Ich kann euch verstehen. Aber ist das alles, was Sie tun können?

Ich war jahrelang für nette, vernünftige Reformen, aber Mr. Rothschild und Mr. Sieff und der Rest der britischen Mächte, Mond, Kataan, Sas soon und der Rest von ihnen waren nicht sehr scharf darauf, dass nette Reformen in ihren Zeitungen diskutiert wurden.

Sie setzten solche Typen wie Eden ein. Sie sperrten jeden aus, der etwas Vernünftiges sagte. Nette alte Herren, die sich an die Wahrheit herantrauten und über die Remonitisierung von Silber oder irgendeine SEHR milde Verletzung des Monopols der Goldbugs sprachen. Sie, die netten alten Mitglieder der respektablen Ritterschaft oder ältere Obersten, die sich an das Ende des anderen Krieges erinnerten, wurden nach Karatschi geschickt, um sie davon abzuhalten, den Verkehr zu behindern (den Verkehr mit Gold und mit Krediten zu hohen Zinsen) oder zu niedrigen Zinsen, manchmal nicht mehr als 30 oder 40 % auf das umgeschlagene echte Geld.

Könnt ihr euch treffen? Ihre Luft ist nicht frei. Offene Organisationen wurden "hineingestellt". Keine Möglichkeit, mit grünen Bannern herumzumarschieren und dem König Petitionen über Coventry zu überreichen.

Nichts als geheime Organisation. Schon mal was von den Fenians gehört?

Oder von einer Revolution im Palast? Nun, wie geht es weiter? Kunstrevolution? Man braucht schon drei oder vier Männer, um eine KUNSTbewegung zum Laufen zu bringen.

In der Politik geht es nicht ohne eine Art von GEMEINSAMKEIT, eine gemeinsame Vereinbarung.

Du glaubst NICHT an die totale Abschaffung des Eigentums - das heißt des Privateigentums an deinen Häusern und Tannenfeldern. Mein Gott, wer hat denn noch FELDER? Ich weiß es nicht. Sagen wir Ihr Haus und Ihren Vorstadtgarten. Was ist mit Gehöften? Die Luft gehört NICHT euch. Die Presse gehört NICHT euch. Man sagt, dass die Kommunikation mit privaten Autos immer seltener wird. In London trifft man sich nicht, kein Mensch kennt den anderen, zumindest nicht in ausreichendem Maße.

Wie können Sie Ihre Gehöfte gegen Cripps verteidigen? Gehöfte? Euer Schlafgemach, Eure Kochnische und Euer Telefon, alles gemietet. Gott steh euch bei. Ihr solltet lieber EINMAL anfangen.

Ezra Pound am Apparat.

Ja, irgendwann, während Sir Stafford in Indien groß rauskommt und sich mit dem Aga Kahn und dem Gaekwar von Baroda auf die TOTALE Abschaffung des Privateigentums einigt. Verzeihung, der Tovarish von Baroda.

#Nr. 19 (23. März 1942) U.S. & U.K.(B22)
ABER WIE? SECOND ITEM

Es war nicht der jetzige Redner, sondern ein Engländer, ich glaube, ein absolut loyaler Engländer, eine Art Royalist, nicht Mr. Eliot, aber auf jeden Fall ein Mann des Königs, und soweit ich mich erinnere, ein Mann, der keine faschistischen oder Nazi-Sympathien hatte, der am 11. Mai 1939 die Erklärung abgab, die ich Ihnen jetzt wiederholen werde. Merken Sie sich das Datum, den elften Mai 1939.

Es gibt KEIN Geheimnis über das Verschwinden von Herrn Litvinov von der politischen Bühne.

Der sowjetische Außenminister räumte sein Amt, weil er die von den Herren an der Wall Street und in Moskau geforderte "Ware" nicht liefern konnte. Neue Methoden zur Sicherstellung dieser "Güter" werden nun sicherlich erprobt werden.

Was sind diese "Güter"? Nichts anderes als Großbritannien, gefangen und in Ketten gelegt. Großbritannien, das seines Reiches beraubt wurde, vor allem Großbritannien, das durch den Zusammenbruch des Pfund Sterling und des "Tauschhandel" genannten Systems, das auf diesem Geld basiert, finanziell ruiniert ist.

Da, lieber Brite, Sie haben es. Ihre eigenen Helden haben es Ihnen gesagt. Und eure eigenen wahren Männer habt ihr NICHT gehört. Ihr habt euren eigenen wahren Sprechern nicht zugehört. Ihr habt euch hingelegt und seid in der Gosse gestorben, weil ihr eure EIGENEN Freunde, eure eigenen treuen Sprecher, nicht hören wolltet.

Wie ich Ihnen immer wieder sage, gehörten meine Freunde und/oder Bekannten in England nicht zu einer bestimmten Gruppe.

Es gab einige wenige Faschisten, aber die meisten von ihnen waren IDIOTISCH antifaschistisch. Die meisten von ihnen waren dumm in Bezug auf das italienische Regime. Ich biete Ihnen nicht die Ideen einer Sekte an, sondern ich versuche, Sie an ein paar Wahrheiten zu erinnern, die Sie nicht nur von mir, sondern von Dutzenden von Engländern hätten lernen KÖNNEN.

Es scheint, dass es eher HUNDERTE von Engländern waren, die in den letzten zweiundzwanzig Jahren versucht haben, es Ihnen zu sagen.

Und WARUM haben Sie nicht zugehört? Nun, wenn das einen Rückblick impliziert, dann kommen wir zur wahren britischen Frage: W'ere do we g'ae frm ERE? Ich frage Sie.

Ich frage euch noch mehr, WIE ihr von hier aus weitermacht. Ich kann nicht erkennen, dass irgendeine andere weiße Ethnie in Europa sehr besorgt über das Überleben der Angelsachsen sein wird, die zu dem gehören, was gewöhnlich als ein Zweig dieser Ethnie angesehen wird. Rassenmäßig sind die Engländer irgendwann nach 1600, 1632-38, bis 1700 nach Amerika gekommen.

Ich denke, Sie verlieren, wenn Sie dieses Problem nicht als rassisch betrachten.

Ja, ich weiß, ich habe das Problem von der wirtschaftlichen Seite her betrachtet. Ich bin nach amerikanischen Grundsätzen aufgewachsen und habe keine Vorurteile gegenüber Menschen aufgrund ihrer Ethnie, ihres Glaubens oder ihrer Hautfarbe.

Waaal, der Chemiker soll keine Vorurteile gegen eine bestimmte Chemikalie haben; im Labor stinken manche und manche nicht. Einige explodieren und andere nicht - das ist das Geschäft des Chemikers - des Chemikers im amerikanischen Sinne, nicht des Mannes in der Drogerie; sagen wir, der chemische Experimentator oder Chemieingenieur soll die verschiedenen chemischen Elemente mit einem fairen Auge und Verstand betrachten.

Ich rechne also nicht damit, meinen Weg mit Vorurteilen zu gehen. Ich habe versucht, die Dinge klar zu sehen.

Geburtenkontrolle, schlechte Volksgesundheit, neomalthusianische Predigten, Knappheitsökonomie, all das trägt zum Untergang Großbritanniens bei. Die Frage ist: Sind Sie nicht schon WEIT genug gesunken?

Könnt ihr nicht wenigstens in der Nähe der Spitze des Misthaufens aufhören, ohne dass der ganze Haufen über euch zusammenkippt?

Und WIE wollt ihr das machen? Das ist es, was ich frage: WIE wollt ihr es tun?

Ihr werdet es ganz sicher NICHT durch die Abschaffung allen ARYANISCHEN Eigentums und die Verpfändung von ganz England an ein halbes Hundert Juden in New York erreichen. Das wird euch NICHT zu einer neuen britischen Ordnung verhelfen.

KÖNNEN Sie verstehen, kann irgendjemand von Ihnen verstehen, dass einige von Ihnen sich zusammentun müssen und zumindest versuchen sollten, herauszufinden, was Sie GLAUBEN?

Glaubt ihr NICHT an die Abschaffung des Eigentums? Glaubt ihr NICHT, dass ihr vom Ausland aus von Kuhn, Loeb und Warburg regiert werden sollt, vom Abschaum der ehemaligen Ghettos Europas, die jetzt dem amerikanischen Volk im Nacken sitzen.

Haben Sie das Land im Griff? Sagen wir, auf das Land?

Ich sehe, dass es für zwei Männer immer schwieriger wird, sich außerhalb Londons zu treffen. Wer trifft sich INNERHALB Londons?

Ist man sich immer noch über ALLES uneinig? Entstehen sofort drei Parteien der sozialen Gläubiger, wo immer zwei soziale Gläubiger zusammenkommen?

Gibt es überhaupt ein gemeinsames Band, abgesehen von der Hysterie, die durch Ihre Juden-Papiere ausgelöst wird? Oder die gemeinsamen Interessen von Männern, die ihre "Sitze" mieten.

Ich meine Sitze im Unterhaus. Der Unterschied zwischen diesen Sitzen und einem Sitz an der New Yorker Börse besteht darin, dass die Männer in New York ihre Sitze KAUFEN, während die Mitglieder in Westminster sie mieten. Das New Yorker Börsensystem hat einen Vorteil; es ist vielleicht sogar demokratischer. Ich habe noch nie gehört, dass in diesem Zusammenhang von Demokratie die Rede war.

Aber ein Mann KAUFT seinen Sitz an der Börse, offen, und der Preis ist bekannt, ich glaube, in den meisten Fällen.

Ein Abgeordneter hingegen ist ein Mieter, er soll eine bestimmte Summe pro Jahr an DEFRAY zahlen.

Defray ist, glaube ich, das Wort, das verwendet wird, um die Parteikosten zu bestreiten. Zu den Mitteln der Partei beitragen.

Das ist Demokratie. Ist es das? Es war nie das amerikanische IDEAL einer repräsentativen Regierung.

Ich habe in die Luft gemurmelt, ab und zu ein paar leise Worte über mein eigenes spreizfüßiges Land. Echte Repräsentation, als der Ort mehr oder weniger landwirtschaftlich geprägt war. Die Methode der geografischen Aufteilung war in Ordnung, als viele Menschen mit dem Anbau von Feldfrüchten der einen oder anderen Art beschäftigt waren und die Küste mit Handel und Fischfang.

In den Vereinigten Staaten gibt es immer noch grobe Abschnitte, aber außer den Banken und den Warburgs hat niemand mehr ein Mitspracherecht. Die Leute, die das Volk füttern, werden immer von den Herrschenden abgewählt. Naive Kerle, populistisch, zur Karikatur neigend. Alles führt zu einer GEMEINSAMEN Organisation.

Die sich NICHT an die elenden NICHT-Produzenten richtet. Sie spricht die Ausbeuter nicht an, das ist der Haken. Die frühen Sozialisten waren dumm; sie haben sich nicht mit dem Problem des Geldes auseinandergesetzt.

Ich weiß nicht, inwieweit Sie jetzt WISSEN, was dieselben Männer Ihnen zwanzig Jahre lang erzählt haben, und was Ihre Presse Ihnen dieselben zwanzig Jahre lang vorenthalten hat.

Selbst wenn Sie JETZT anfangen, etwas zu sehen, wie wollen Sie aus Ihrem derzeitigen Trilemma herauskommen? Wenn EINIGE Engländer sehen könnten, wohin Englands Weg zurückführte, bevor dieser Krieg begann, sollten es jetzt mehr von ihnen sehen, wenn sie sehen, dass Singapur nicht mehr diesen Namen trägt.

Was die Sassoonery war, ist jetzt Shonanko. Wie kann man seine Häuser retten? Eine Revolution hinter den Kulissen des Palastes? Eine Gruppe von Offizieren der Armee? Oder eine Gildenbildung? Eine Bewegung, die aus den Minen oder dem Land aufsteigt?

Man kann keine Mineralien essen, und dann HELDEN? Die Reformer haben es sich alle so einfach gemacht. Die neue heile Welt sollte über die Teetassen geregelt werden. Warum habt ihr es nicht über die Teetassen geregelt? Hat sich irgendjemand genug für England interessiert, um mit den Teelöffeln zu rütteln oder zu riskieren, dass eine Untertasse zerbricht? UND jetzt reden eure Politiker über die Durchführung des Krieges. Begreift ihr nicht, dass die einzigen Männer, die genug Verstand haben, um einen Krieg zu führen, die Männer sind, die vorausgesehen haben, was der Krieg sein würde; die Männer, die versucht haben, euch AUS dem Krieg herauszuhalten, und die jetzt versuchen würden, euch aus dem Krieg herauszuleiten? Ihr habt ihn NICHT zu einem Krieg der Ehre gemacht. Ihr hättet einen hoffnungslosen Widerstand leisten können, eine verzweifelte Expedition nach Polen unternehmen und mit Ehre besiegt werden können. Natürlich wäre es im Grunde nicht richtig gewesen, denn die Garantie für Polen war gefälscht. Sie war nicht an oder FÜR

Polen. Aber auch so hätte man eine Geste machen können und mit Ehre besiegt werden können.

Können Sie nicht erkennen, dass die Empörung über die Bombardierung von Paris nur einer von mehreren Versuchen ist, einen wirklichen Frieden unmöglich zu machen und den Krieg nach diesem vorzubereiten? Unnötiger Hass - die Saat des Hasses für den morgigen Tag. Bedeutet es euch nichts, dass ihr in diesem Krieg euren Verbündeten mehr und schlimmere Wunden zugefügt habt als den Menschen, die ihr als eure Feinde bezeichnet habt? Können diese Dinge ewig so weitergehen, ohne dass irgendein Schimmer von Licht den britischen Geist erreicht, um die wahren Ursachen des Konflikts aufzuzeigen - die wahren Kräfte IM Konflikt? Wucher gegen das Bauerntum, Wucher gegen das Ackerland, Wucher gegen jeden Menschen, der körperlich oder mit seinem Geist arbeitet.

Ah, gegen die bewußtlose Ausbeutung, gegen das Monopol, gegen Bankgeschäfte und Betrügereien. Gegen JEDE Ethnie in Europa, die die Verantwortung dafür übernimmt, eine Nation zu sein und offen zu verwalten, als eine Regierung in den Augen des Volkes.

Gegen den kriechenden Schleim einer geheimen Herrschaft, einer geheimen und UNVERANTWORTLICHEN Herrschaft, die KEINE Verantwortung für das Wohlergehen von Ethnien und Nationen übernimmt, sondern sich wie ein Krebsgeschwür in Herz und Seele aller Nationen frisst. Sogar dort, wo sich ihr zentraler Stab zusammensetzt.

#Nr. 20 (26. März 1942) U.S.(B23) McARTHUR

Es ist ein Privileg, gegen die Herren zu kämpfen. Und die europäischen Radiosender scheinen mir ebenso bereit gewesen zu sein, General McArthur Respekt zu zollen, wie sie - und das zu Recht - absolute und äußerste Verachtung und Abscheu für die Kriegsgewinnler und die Bande von Molchen und Ungeziefer zeigen, die die Welt in den Krieg gestürzt haben, in der Hoffnung, ein Gold- und Geldverleihmonopol zu errichten und das gute Leben auf fünf Kontinenten auszulöschen. Sie haben dies aus ihrer geheimen und unverantwortlichen Machtgier heraus getan.

Und der Ort, an dem man diese Syphilisbazillen bekämpfen sollte, ist NICHT an den Grenzen, sondern im Zentrum der eigenen Nationen.

Diese mehr als Beulenpest geht über alle Grenzen hinweg, wie Dante schon erkannte. Sie verdirbt das Herz und die Seele der Nationen. Sie ist still, unaufhörlich in ihrer Wirkung. Und der ORT, um ihr zu widerstehen, ist für jeden Menschen ÖRTLICH - die Mittel, ihr zu widerstehen, sind ÖRTLICH.

Und aufgrund dieser Tatsache sind sie schwer in Einklang zu bringen. Der Veruntreuer, der hinter falschen Gesetzen arbeitet, kann schnell mobilisieren; der Bauer, der Arbeiter und der Landwirt können das nicht.

Der Veruntreuer stellt seine Zeitungen, Tageszeitungen und Wochenzeitungen auf. Der Fluch Gottes Willkie wurde von den Weeklies aufgeblasen. Die Plage macht nicht bei den Tageszeitungen halt. Sie gründet Verlagshäuser, sie zermalmt jede private Freiheit - wirtschaftlich, das heißt, immer weniger Männer oder Gruppen haben das GELD, eine Zeitung zu betreiben.

Jede Ritze ist verseucht. Jeder Universitätscampus hat einen Buchladen. Seht euch diese Buchläden an. Schauen Sie auf die LETZTEN Überreste einer annähernden Pressefreiheit, sogar auf die Schulpresse, die kleine Auflagen herausbringt.

Kommunizieren, kommunizieren und KOMMUNIZIEREN.

Vor Jahren wurde ein Komplott geschmiedet, um die klassische Gelehrsamkeit und den historischen Sinn auszulöschen. Es geschah auf leisen Pfoten, ohne Lärm zu machen, es war TÖDLICH.

Es funktionierte, während die Nationen schliefen. Eine Verachtung für die lateinischen Autoren. Die Idee, *Griechisch* sei nutzlos. Die Konzentration auf unverfängliche Autoren. Erotische Gedichte und NICHT der Zustand des Lebens, wie er sich in den athenischen Gerichten zeigte.

Der ästhetische Blickwinkel, mit dem meine ganze Generation aufgewachsen ist, alles sah harmlos aus, so harmlos.

Amerika wurde von der Kinderhandschuh-Generation getötet, sah einfach aus. Henry James beschreibt diese harmlosen Flops: am Strand von Newport, keiner von ihnen wollte etwas Böses, nach dem Bürgerkrieg war das amerikanische Volk müde. Ich würde sagen, sie waren müde.

Zu Recht. Sie brachten sich gegenseitig um, um Platz für das Ungeziefer zu schaffen.

Nach dem Tod von Cato gab es keine Republik mehr, sagt ein alter römischer Historiker. Vielleicht gab es nach Lincolns Tod auch keine Republik der Vereinigten Staaten mehr. Bowers, die TRAGISCHE ÄRA, lesen Sie es. Johnson konnte sich nicht gegen die Infektion wehren. Der Bürgerkrieg zog sich in die Länge. MIT ABSICHT. Halleck, warum war er General? Oder warum hatte er zumindest das Kommando? Waaal, das ist ein alter Skandal. Antietam kann man nicht mehr bekämpfen. Vor Gettysburg kann man nicht mehr zurückgehen, die Namen sind jetzt vergessen. Namen, mit denen wir, die Männer meiner Zeit, aufgewachsen sind, die man uns aber zu vergessen gelehrt hat. Oder besser gesagt, die GANZE Geschichte war auf das VERGESSEN ausgerichtet. Es war eine Aufmachung, eine Monotonie militärischer Begegnungen, untermalt mit Musik und Bannern, um die Nation von den Ursachen abzulenken - von den wirklichen Ursachen. Die Schulden der Südstaaten bei den Bankiers von New York City.

Mein alter Großonkel hatte ein Holzbein,
ging nach Gettysburg auf Streifzug.
Der alte Onkel hatte einen Punkt und trug einen,
und jedes Gewehr war ein goldenes Ei für die Bankiers in New York.
Für die Bankiers in New York, OHoooooo.

Kein Wunder, dass der alte Onkel Hiram Gedichte über P [J. Pierpont] Morgan schrieb, die ich als Kind von neun Jahren nicht verstand. Kein Wunder, dass der Gewinn von 15.000 Dollar für einen Haufen abgewrackter Gewehre den Männern, die für die Union Beine und Augen verloren hatten, ziemlich armselig vorkam.

Nach ihnen kamen die Kid Glovers. Zu kultiviert, um Politik zu machen. DAS war ein Fehler. Aber man kann ihnen nicht viel vorwerfen. Sie waren müde von fünf Jahren Krieg, von schlechtem Essen und Armeedecken. Auch die Schwachen gingen, Henry James, Henry Adams, John, John

Quincy, dann Charles Francis in London. Dieser Teil von Henry Adams "Bildung" ist immer noch BILDEND. Lesen Sie ihn. Charles Francis Adams arbeitet gegen Lord Russell, den kältesten Fisch, der je ins Parlament kam.

Dann kam er nach Hause, Charles Francis, und kämpfte nicht um die Präsidentschaft. Möglicherweise wäre es nutzlos gewesen, und dann versucht Brooks Adams, die wahren Gründe darzulegen.

Wo ist BOSTON? Verdammt, ist der Radiosender Jude and Kahal alles, was von Boston übrig ist?

Ist Neuengland eine Müllhalde? Der Krieg, den ihr führen solltet, ist NICHT fünftausend Meilen AUSSERHALB von Boston. Oder fünftausend Meilen außerhalb von New York, oder sogar außerhalb von San Francisco. Er ist INNERHALB.

Und wenn ihr euch von ihnen mit der Idee täuschen lasst, dass sie NACH dem Krieg fortschreiten werden und ein paar Millionen von euch unter den Gänseblümchen liegen, dann seid ihr schlimmere DUMMKÖPFE als die Hindus.

Dieser Krieg, der interne Krieg, kann genauso gut weitergehen, GLEICHZEITIG mit General McArthur, der in einem hoffnungslosen Kampf gegen Aguinaldos Nachfolger getötet wird, wie nach dem Ende des Krieges: wenn er jemals vorbei ist.

Zwanzig Jahre Frieden NACH Versailles haben NICHT zu einem Sieg des amerikanischen Volkes über die Rechtsverdreher geführt. WARUM sollten die zwanzig Jahre nach DIESEM Krieg günstiger sein, um eine ehrliche Regierung einzusetzen und die Morgenthau- und Warburg-Satrapie zu beseitigen: und einen Staat oder eine REPUBLIK Vereinigte Staaten von Amerika zu haben? Welches irdische Argument spricht dagegen, WÄHREND des gegenwärtigen Konflikts mit den Veruntreuern aufzuräumen und sie zu beseitigen? Wie kann man es TUN? Verdammt, ihr könnt damit anfangen, in eurem eigenen Kopf aufzuräumen. Sie können den Mist beseitigen, von dem Sie wissen, dass er Mist ist: wenn sie ihn schreiben.

Sie können dann den Mist ausräumen, den die Journalisten zusammen mit ihren Fake News GLAUBEN, zusammen mit dem, was die Anzeigenkunden die Eigentümer (die so genannten Eigentümer) die Redakteure VERÖFFENTLICHEN lassen. Es gibt eine zweite Schicht von Mist, den Zeitungsleute für wahr halten. ABER es basiert nicht auf echtem Wissen über IRGENDWAS.

Sie haben sich NICHT mit den Dokumenten befasst. Sie haben die wahre Geschichte nicht gelesen. Sie jagen einem Schmetterling nach dem anderen hinterher.

JETZT sind die Fakten NICHT gänzlich verborgen. Es gibt fünfzig Autoren, die Sie lesen könnten, darunter Brooks Adams. Sie könnten die Werke der Männer lesen, die für die Entstehung der Republik gekämpft haben, John Adams, Jefferson, Van Buren, die von der Punk-Propaganda versteckt oder im Schatten gehalten werden.

Sie könnten sich mit den Wucherbetrügereien befassen, die von Demosthenes beleuchtet wurden. Werden Sie sich der Tatsache bewusst, dass die allmähliche Eliminierung der Klassiker einen Zweck hatte, einen verdammt schmutzigen Zweck? Man reduzierte sich auf ein paar harmlose Autoren, z.B. Tibullus und Virgil, auf den Geschmack des Irrealen in der Poesie, und der Blick des Schülers wurde von der Realität abgelenkt.

Sehen Sie sich John Adams' Paideuma an. Schauen Sie sich an, was ein Mann in jenen Tagen, ohne eine Millionen-Dollar-Bibliothek, lernen konnte, während er auf amerikanischem Farmland lebte. Boston hatte etwa 15 Tausend Einwohner.

Nein, es ist die Angewohnheit, "nicht daran interessiert zu sein, die Dinge so ernst zu nehmen wie"--Das bezieht sich auf einen jungen amerikanischen College-Absolventen, der mir sagte, seine Freunde und Bekannten seien nicht daran interessiert, die Dinge so ernst zu nehmen wie ich.

Waal, es wäre nur ein bisschen besser für sie gewesen, und, wie Mr. Patchen in der Überschrift eines seiner Gedichte bemerkt: "Ich will euch nicht beunruhigen, aber die meisten von uns werden erschossen werden." Auch ein Kerl namens Caidwell, ich glaube, er war es, ging in den spanischen roten Krieg. Diese Burschen nahmen die Sache ernst.

Wofür kämpft ihr? Kämpfen Sie für die Aushungerung von Europa? Für die Ausbreitung des Hungers in Asien?

Kämpfen sie für eitle Prahlerei, die sich als falsch erweist? Kämpfen Sie für die Sassoonery? Kämpfst du für das nationale Erbe? Für das Erbe der Weisheit, das Erbe von Washington und Monroe, von John Adams und Lincoln?

Ich würde sagen, Sie *tun es nicht*.

Sie kämpfen GEGEN das, wofür all diese Männer standen. Und es braucht mehr Verstand als ich habe, um euch da wieder herauszuholen.

Ezra Pound, der aus Europa für das amerikanische Erbe spricht.

#Nr. 21 (30. März 1942) U.S. & U.K.(B24)
THE PATTERN

Wann werden die Amerikaner und Engländer das Muster zur Kenntnis nehmen, das Muster, nach dem Kriege gemacht werden, nicht nur ein Krieg, sondern Kriege im Plural?

Ob man nun zum Beginn DIESES Krieges im Jahre 1696 zurückgeht. 1696, als das Virus des Todes, das unsichtbare, stille Virus, tödlicher als Syphilis, in das englische Volk geschossen wurde. Die Bank von England, die Geld aus VAKUUM schöpft und dafür Zinssteuer erhebt.

Waaal, ihr könnt nicht alle Studenten der Geschichte sein. Schaut auf das, woran ihr euch erinnern könnt, wenn ihr über 40 seid.

Wie wurde der letzte Krieg begonnen? Mit einem Mord in Sarajewo. Erinnern Sie sich an die Attentate, die als Auslöser für Kriege dienten. Und an jene, die Kriege auslösen sollten, bei denen aber etwas in der Zündschnur schief ging.

Verbinde sie miteinander. Denkt daran, was dahinter stecken könnte. Ein Volk zu benutzen, ein Volk UNVORBEREITET in den Krieg zu schicken, heißt, das Volk zu vernichten.

Ideogramm des Messers und der Scherbe. Menschen UNVORBEREITET in den Krieg zu schicken. Das nennt man Zerstörung des Volkes. Sehen Sie irgendjemanden, der mit seinen geschwollenen Körpern immer noch das Sonnenlicht Gottes verdunkelt? Roosevelt und Churchill, zum Beispiel, die die Amerikaner und Engländer in den Krieg getrieben haben. Das ist die erste Phase. Menschen in Kriege zu stürzen, die sie nicht gewinnen können. 1938 wusste man in England, dass England verlieren würde.

Verdammt, mir wurde im November 1938 in London gesagt, dass England verlieren würde. Ein Militärexperte sagte zu mir (ein Kürschner): "WIR werden Indien verlieren, wir werden alle unsere östlichen Besitztümer verlieren."

Tja, warum hat man auf solche Männer nicht HÖREN können? Warum haben die Briten nicht auf SIE gehört, und nicht auf den Dreck am Hinterbein des Schweins, auf den sie gehört haben? Was ist die Ursache? Astor, Times, Manchester Guardian und der Rest von ihnen. Der wucherische Bruder von Chief Usurer an der Spitze des B.B.C., bevor dieser Stall so sehr gesäubert wurde, und ein ebenso verlogener Verräter am englischen Volk, der an seine Stelle gesetzt wurde, um von einem anderen S.P.O.B. und Mr. Churchills letztem Schlag gefolgt zu werden. Ja, und was ist die ZWEITE Phase oder das zweite Glied der Giftoffensive - London ODER Washington?

Schreie nach einer Verfolgung des Krieges (nicht der Bastarde, die ihn verursacht haben).

Bevin und Co. in der Pseudo-Opposition der HIRED Fake Labour schreien nach mehr Energie usw.

Den Hals der Nation gegen die Kreissäge drücken, und dann PUSH. Die Russen im letzten Krieg und in diesem Krieg.

Etwas schiebt sie. Jemand HAT BLUNDERED.

Verdammt noch mal, jeder Mann, der in McArthurs Armee stirbt, wird Frankfurts Freunden geopfert. Aber NICHT, um zu gewinnen. Um sich selbst zu zerstören, um jede Nation zu vernichten, eine nach der anderen. Nicht damit das russische Reich überlebt, nicht damit die Österreicher überleben, nicht damit England oder das britische Empire überleben, sondern um die Mächtigen zu stürzen.

Wirst du BEOBACHTEN, was diese Kräfte sind, die die Nationen von einer Katastrophe in die nächste stoßen? Frankreich wurde gegen die unschlagbaren Deutschen geschleudert, England wurde unvorbereitet gestoßen, und der Höhepunkt der Unvorbereitetheit, der Lehman-, Frankfurter-, Morgenthau-Erfolg, von SUC/Cess, Amerika in den Konflikt zu stürzen, und jetzt schreit es nach MEHR Katastrophen.

Ich habe NICHT auf der Seite von Lindbergh gestanden. Ich bin kein Pazifist der preisgekrönten Sorte. Es gibt Zeiten, in denen eine Nation kämpfen sollte, auch wenn sie keine Chance zu haben scheint, wie Finnland gegen Russland.

Wenn sie vom Aussterben bedroht ist. Solches war 1939 bei den Vereinigten Staaten NICHT der Fall, niemand hätte in den letzten hundert Jahren davon geträumt, die Vereinigten Staaten von Amerika mit dem Aussterben zu bedrohen.

Ein verdammter Narr oder ein halb hypnotisiertes Vakuum in unserem Weißen Haus drohte Japan mit dem Hungertod, schickte alberne Schulmädchen-Notizen an Mussolini und Hitler, drohte damit, die Welt auszuhungern, redete den Achsenmächten und Japan TOSH. Die Welt hat diese Propaganda gesehen und den Gestank gerochen.

Ich bin jedoch nicht auf Lindberghs Linie eingeschwenkt, die meiner Meinung nach falsch ist. Die nordische Ethnie schien völlig unwissend über die Natur von Englands Besitzern zu sein, drückte ihre Sympathie mit

England aus und unterschied NICHT zwischen den netten Engländern, die man trifft, und der Bande von Dieben und Mördern, die die Londoner Regierung kontrolliert.

Vorne weg für die Hintermänner, Beits, Goldsmid, Sassoon's, Sieffs und Rothschilds. Ich sagte, die Sache sei verrottet, sie war verrottet, und es war WISSEN, dass sie verrottet war, und es war bekannt, dass das MEISTE des Goldes der Welt in den Vereinigten Staaten, im Britischen Empire und in Russland liegt. Und wie mir in unserer nationalen Hauptstadt gesagt wurde, wird jeder Versuch, die Macht derjenigen zu schmälern, die es besitzen, auf ziemlich ernsthaften Widerstand stoßen.

Waaal, es war KEIN ehrlicher Widerstand, siehe den schmutzigen Donovan in Jugoslawien, siehe den Verrat von , einer nach dem anderen, durch die Nationen, die vom Gold VERMIN kontrolliert werden. William J. Bryan muss ungesund gewesen sein. Seine Familie ist so verkommen, dass sie Hank Wallace sagen lassen kann: "KEIN FRIEDEN ohne Wiederherstellung des Goldstandards", und Hank NICHT den Kopf in einen Milchpudding stecken und ihn wegen fortschreitendem Infantilismus behandeln.

WO sind die Männer der Söhne der Männer, die den Verstand hatten, vom GOLDKREUZ zu hören, sind sie alle tot?

Wie auch immer, die schmutzige Katze ist aus dem Sack. Wer in Dünkirchen starb, starb für Gold. Wer in Dakar erschossen wurde, starb für Gold.

UND die Bombardierung von PARIS? Wie ich Ihnen schon sagte, NICHT militärisch, sondern um die Beendigung der Kriege zu VERHINDERN, um die Franzosen so zu verbittern, dass es KEINEN Frieden zwischen Frankreich und England geben kann. Oh ja, man will mehr Nationen anlocken, hofft, Martinique und Madagaskar zu stehlen.

Aber um Himmels willen, schauen Sie sich die POLITIK an, schauen Sie sich das Muster an, wie wird es gemacht? Wer wird jetzt dafür bezahlt, dass er die energische Verfolgung des Krieges fordert?

Entschiedene Verfolgung von Frankfurter und dem Golliwog-Handschuh, der seine Finger bedeckt.

Frankfurter unten in der Kasperlbude, und dieser Fluch Gottes, Franklin D. Roosevelt, gestikulierend und schreiend da vorne, um die Kinder abzulenken, um die Jungs in die Schützengräben zu bringen. Und die Zeitungen, die gedungene Presse, heulte auf, dass die Interventionisten keinen Vorteil aus dem von Roosevelt angerichteten Schlamassel ziehen dürften, dass der Krieg gepusht werden müsse.

Der Ort, an dem das amerikanische Erbe zu verteidigen ist, liegt auf dem amerikanischen Kontinent. UND kein Mann, der Delano Roosevelt dabei geholfen hat, die Vereinigten Staaten in den Krieg zu führen, hat genug Verstand, um irgendetwas zu gewinnen.

Wäre Roosevelt nicht UNTER der biologischen Ebene, auf der das Konzept der Ehre in den Verstand eintritt, unter der biologischen Ebene, auf der Menschen die Existenz von so etwas wie Ehre ERKENNEN können, würde dieser Lügner auf die Stufen des amerikanischen Kapitols gehen und Harakiri begehen, um für das Übel zu büßen, das er dem amerikanischen Volk angetan hat.

Und ich sage es. Hier ist mein John Hancock.

Ezra Pound spricht aus Rom, er spricht als amerikanischer Bürger und hofft bei Gott, dass es noch einige Amerikaner gibt, die sich von den IMPORTATIONS unterscheiden.

#Nr. 22 (6. April 1942) U.S.(B27) DESTRUCTION

Ezra Pound spricht im Namen von ein wenig Vernunft und menschlicher Intelligenz. Die bloße Vernichtung einer riesigen Menge von Waren, Werkzeugen, Schiffen usw. löst KEIN Problem, außer dem vorübergehenden, künstlichen und von Menschen gemachten Problem der: GLUT auf dem Markt.

Sie löst NICHT das Marktproblem als Ganzes. Die bloße Abwesenheit von GLUT nützt weder dem Vermarkter, noch dem Hersteller, noch dem potenziellen Käufer, wenn die Abwesenheit von GLUT mit der Abwesenheit von allem anderen, oder sogar von fast allem anderen, einhergeht.

Sumner Welles und Co. haben, das gebe ich zu, einen Markt für Tankwagen eröffnet. Jeder, der Tanker herstellen kann, kann sie jetzt auch verkaufen. WENN er ein Betrüger ist, der Morgenthau-Dollars als Entschädigung erhält, unabhängig davon, was der Jude-Dollar kaufen wird. Die Fortsetzung der Zerstörung heilt NICHT die Folgen der Zerstörung.

Sie haben Chile, einem notorisch zahlungsunfähigen Land, weiteres "Geld" geliehen, wie Sie es nennen. *Die Bekenntnisse eines Anleiheverkäufers*, ein informatives Werk, geschrieben von einem Autor, der aus seinen eigenen Schwierigkeiten nur wenig gelernt hat, könnte nachgedruckt werden. Der Autor war ein ziemlicher Idiot, aber ein intelligenter Leser könnte aus seinen Enthüllungen Nutzen ziehen. Die Loeb Chart of Plenty, die Karte des Produktionspotenzials der Vereinigten Staaten, wurde hier gerade nachgedruckt. Sie zeigt die Möglichkeiten, die die Vereinigten Staaten einst HATTEN. Sie zeigt den Reichtum, der hätte sein können, wenn Lehman's verdammter Schwiegersohn nie geboren worden wäre, oder wenn das amerikanische Volk vernünftig genug gewesen wäre, ihn und seinesgleichen aus dem amerikanischen Schatzamt herauszuhalten, und wenn unsere Irrsinnskommissionen effektiver gewesen wären. JETZT ist das amerikanische Geldsystem verrückt. Es ist unehrlich. Es ist unethisch, es ist völlig idiotisch, und jeder Mensch, der etwas auf sich hält, weiß das.

Es gibt einfache Mittel, um es zu beheben. Wären sie angewandt worden, würden Sie sich jetzt nicht im Krieg befinden.

Wenn man sie jetzt anwendet, kann man nicht den ganzen Schaden beheben, den Kuhn, Cohen und Co. dem amerikanischen Volk bereits zugefügt haben, aber je LÄNGER man den Beginn hinauszögert, desto schlimmer wird das ganze Land von der finanziellen Syphilis verfaulen, deren Hauptverursacher Franklin Delano ist.

Und KEINE Kriegsversprechen sind jemals von Wucherer-Regierungen eingehalten worden, nicht seit Kain auf Abel geschossen hat. WENN die Währungsreformer in den Vereinigten Staaten von Amerika nicht JETZT aktiv werden, werden die Chancen, die ihnen am Ende des Krieges geboten werden, gleich NULL sein.

Wenn Sie nicht aus Englands Erfahrungen mit den Heimen für Helden und den Kriegsveteranen lernen können, die nach dem letzten Krieg versuchten, Streichhölzer in der Gosse zu verkaufen, dann helfe Ihnen Gott.

Ein System, in dem die Öffentlichkeit für jeden von der Regierung ausgegebenen Dollar um ZWEI Dollar gemolken und betrogen wird, ist nicht der Weg, um einen Krieg oder einen Frieden zu gewinnen.

Und das Wucher- (jetzt Warburg-) System ist so alt wie der goldene Ziegelstein-Wahn. Das Geldsystem, das von Monty Norman und Baruchs Kumpanen praktiziert wird, ist das System, mehr zu fordern, als da ist.

Die ANSPRÜCHE werden auf Papier gedruckt (früher wurden sie auf Metall gedruckt), sie werden auch teilweise auf Papier gedruckt, und diese Formulare werden mit Tinte ausgefüllt.

Mit zwanzig Dollar, die auf ein Goldstück gedruckt sind, kann man KEINE Eier auf einem Wüstenfloß kaufen, wo es keine Eier gibt. Es ist genauso wenig möglich, Wolfram aus dem Gras in Ihrem Garten zu gewinnen, wie eine Forderung von 20 Dollar, die auf eine Schatzanweisung gedruckt ist.

Der Wert des Geldes wird, wie Aristoteles feststellte, durch das bestimmt, was es KAUFEN wird.

Daher das Geschrei über INFLATION. Ich werde Inflation sagen. Baruch will KEINE Inflation, bis er sein Geld in etwas anderes gesteckt hat, oder bis er der Öffentlichkeit zwei Sprünge voraus ist, indem er eine sterbende Währung wie den britischen STERLING entlädt und in Pesos oder [etwas, das steigen kann, wenn irgendetwas in der westlichen Hemisphäre] als steigend oder vielversprechend angesehen werden kann.

Mehr als hundert Jahre Diebstahl und Betrug an den Südamerikanern sind NICHT [die] Grundlage für dauerhafte Freude. Morgenthaus Regierung kann Geld aus dem amerikanischen Volk herauspumpen und es für brasilianische Botschafter ausgeben, sie kann es an insolvente Länder verleihen, die weder die Absicht noch die Fähigkeit haben, es zurückzuzahlen.

Die Banken können einen Teil der Anleihen an Schuldner ENTLADEN, von denen die Vereinigten Staaten anscheinend einen Super-Loeb-Chart-Vorrat besitzen. Billige landwirtschaftliche Produkte können in Südamerika GEKAUFT und zum Ruin der nordamerikanischen Landwirte nach Nordamerika gekippt werden, solange die Schiffe das Zeug transportieren können. ABER man kann aus den Kadavern brasilianischer Botschafter kein Wolfram oder gar Erdöl gewinnen.

In der Tat scheinen Ihre wichtigsten Einkäufe in Südamerika Regierungen zu sein, und Sie haben selbst mehr Regierungen, als Sie brauchen können.

Sie sind an Moskau gebunden, und Sie haben noch nicht die geringste Vorstellung davon, was diese Verbindung bedeutet.

Ihr seid an England gebunden, in einer etwas weniger dringlichen Stunde. ABER der Knoten kann sich entweder als Schlupfknoten oder als Schlinge erweisen oder auch nicht. Wenn die Strangulation zu schmerzhaft wird, könnte Winstons Name PAUL REYNAUD lauten.

Sie sollten diese Möglichkeiten im Auge behalten. Ich weiß, dass Franklin ein AUGE auf Australien und Madagaskar und auf die afrikanische Goldküste, Belgisch-Kongo, Liberia und so weiter hat.

ABER der Dawg in der Fabel hatte auch ein Auge auf das Fleisch, das sich im Wasser spiegelt. Die wässrige Metapher ist vielleicht etwas unpassend.

Wenn ich jetzt von all den Taten und den möglichen Taten anfange, könnte dieses Gespräch deprimierend werden.

Allmächtiger, holt eure Bücher raus. Es heißt, niemand weiß mehr als sein Großvater. Wenn du nicht von Jackson, Adams (ich meine John Adams) und Van Buren etwas über Geld lernen kannst, weiß ich nicht, wann du anfangen wirst, lesen zu lernen. Natürlich haben nur sehr wenige Menschen überhaupt Geschichte gelesen, und es wird für Sie immer schwieriger werden, die richtigen Bücher zu bekommen. Henry Adams' *Life of Gallatin* kostete 35 Dollar, als ich das letzte Mal davon hörte, und war zu diesem Zeitpunkt praktisch vergriffen. Ich weiß also nicht einmal, was darin steht. Aber Sie MÜSSEN eines Tages entweder sterben oder die Natur des Geldes kennenlernen.

Ich habe dir von dem Kerl im Gefangenenlager erzählt, der an MICH geschrieben hat, um einige meiner Bücher über Wirtschaft zu bekommen.

Es schien mir ein bisschen spät zu sein. Aber egal, er lebt immer noch. Man KANN in einem Gefangenenlager über Geld lesen, aber man kann nicht in Davy Jones' Spind darüber lesen. Das kann man NICHT. Wann fängst du an?

ZINS auf Geld. Wann wird es zu einem Titel auf etwas, das es nicht gibt? Wann kann man die Früchte der Natur und der Arbeit teilen?

Man kann sie NACH der Ernte aufteilen. Weil England sich weigert, das ins Gesetz zu schreiben, verliert es jetzt Indien. Hongkong, Singapur, Rangun, morgen Bombay. Weil es die Steuern vor der Ernte eintreiben würde. Die Bauern hatten kein Geld. Selbst der TITEL kann nicht vor der Ernte bezahlt werden, also musste sich Hindoo GELD von den Bunyah, den Juden, leihen, um die Steuern zu bezahlen, und verschuldete sich immer mehr.

SCHULDEN. Schulden, oder die Last des weißen Mannes. Die Menschen in den Vereinigten Staaten mögen ziemlich weit unten auf der Skala stehen. Ich bezweifle, dass sie viel niedriger sind als andere, aber Ihre Regierung in Washington hofft immer noch, dass die Indianer des Südens hinreichend unwissend sind und bleiben werden, wie Bankschwindel betrieben wird, um eine Diebesbande für die nächsten zwanzig Jahre über Wasser zu halten.

Die letzte Hoffnung [der] nordamerikanischen Kriegspartei ist ein Sieg in Südamerika.

#Nr. 23 (9. April 1942) U.S.(B28)
INDECISION

Franklin Roosevelt hat sich neulich über "Unentschlossenheit" oder Leute, die Unentschlossenheit bevorzugen, beschwert. Ich vertraue darauf, dass an meiner Position nichts Unentschlossenes ist.

Ich denke, Roosevelt sollte eingesperrt werden, wenn ein Ärztekomitee ihn für seine Taten für verantwortlich hält, und ich denke, er sollte in einem hohen gemauerten Irrenhaus oder einer Irrenanstalt sein, wenn er es nicht ist.

Und ich gehöre nicht zu der romantischen Schule von Schriftstellern, die glauben, dass Verrückte interessant sind oder dass ihre Charaktere notwendigerweise bewundernswerter sind als die von einfachen, niederen Gaunern.

Ich vertraue darauf, dass diese Erklärung vollkommen ENTSCHEIDET ist und dass Lord Halifax nicht noch mehr Freifutter mit Finkelstein bekommt. Wer sich verschworen hat, die Vereinigten Staaten auf ein Niveau zu bringen, auf dem Finkelstein unter JEDEM Vorwand an den Behörden von Ellis Island oder anderen Häfen vorbeikommt, verdient die ILL des amerikanischen Volkes.

Und ich denke, Mr. Morgenthau ist außerhalb von Sing Sing, durch einen FEHLER, eine Unentschlossenheit oder einen Mangel an Voraussicht seitens unserer nationalen Gesetzgeber. Ich vertraue darauf, dass es an dieser Aussage KEINE Unentschlossenheit gibt.

Ich möchte klar und deutlich sein. Souveränität beinhaltet das Recht, Geld auszugeben, und die amerikanische Souveränität gehört per GESETZ dem Volk, und seine Vertreter im KONGRESS haben das Recht, Geld auszugeben und dessen Wert zu bestimmen. Und einhundertzwanzig MILLIONEN Trottel haben es bedauerlicherweise versäumt, auf die Einhaltung dieses "BESCHLOSSENEN Gesetzes" zu bestehen, und sind seit der Zeit, als Abe Lincoln abgesetzt wurde, VERBLÖDET worden. Seitdem sind die Menschen AUSSERHALB von Nebraska und Dakota bezeichnend nachlässig, wenn es darum geht, eine legale REGIERUNG unseres Landes zu fordern. Und es gibt keine bessere Zeit als die Gegenwart, um damit aufzuhören, solche Arschlöcher zu sein, wie es das amerikanische Volk in den letzten 80 Jahren oder 79 Jahren oder wie auch immer gewesen ist.

DAS ist der erste Punkt.

Der Punkt, an dem die Veruntreuung von Geldern der Nation durch hohe Beamte zum Hochverrat wird, kann wahrscheinlich nur von Juristen entschieden werden, und nicht von einer handverlesenen Gruppe von Richtern, die zur Unterstützung der Illegalität angeheuert wurden. ABER die Betrügereien der gegenwärtigen Regierung sollten sorgfältig ANALYSIERT werden, solange noch eine schwache Erinnerung daran vorhanden ist, was die Verfassung der Vereinigten Staaten einmal war.

Die amerikanische Nation wird niemals einen Krieg oder einen Frieden gewinnen oder irgendetwas anderes als die Unterstützung von ein paar BRIBED

südamerikanischen Botschaftern und gekauften Regierungen, solange die Frankfurter, Lehman, Morgenthau, Roosevelt-Vereinigung an der Spitze unserer Regierung steht, nicht einmal dann, wenn der Krieg noch VIERZIG Jahre andauert; man wird ihn nicht gewinnen, wenn diese Judettes die Nation leiten und das Finanzministerium sich wie ein einziges großes Laufgeschwür verhält. Und ich habe nicht die neuesten Artikel, ich habe nur einige alte Berichte, die von dem Stummen im Finanzministerium unterzeichnet wurden. Ich verwende den Begriff "stumm" in seiner technischen, höchst technischen Bedeutung.

Ich hoffe, ich habe mich klar und deutlich ausgedrückt. Ich habe mich dagegen ausgesprochen, dass die Vereinigten Staaten vom britischen Spionagedienst regiert werden. Ich bin dagegen, dass sie von geheimen Ausschüssen regiert werden, die KEINE Verantwortung für die Regierung und KEINE gesetzliche Verantwortung gegenüber dem Volk haben. Ich vertraue darauf, dass ich ENTSCHEIDET werde.

UND ich will NICHT, dass die Vereinigten Staaten Hawaii verlieren. Ich wünsche mir nicht, dass wir zu einem Volk von Betrügern und Dieben werden, die (de facto) Krieg gegen das südamerikanische Volk führen, um einen Haufen Kredithaie zu bezahlen, aber das ist vielleicht nicht die entscheidende Frage. Eine Regierung, die ab 1932 diesen Namen verdient hätte, hätte sich um die Verteidigung der Karibik gekümmert, anstatt Japan in den Krieg zu ziehen.

Das ist die Art von Dingen, die ich mit Mißfallen betrachte. Ich meine die Vernachlässigung dessen, was in der Nähe ist, zugunsten des Versuchs, eine weit entfernte Nation im Interesse eines Juden wie Sassoon oder eines anderen hakennasigen Exoten auszuhungern. Ich will einigen der so genannten Oldtimer nicht schmeicheln. Der Börsenmakler ist NICHT mein Ideal.

Er ist KEIN Sport. Ein Pokerspieler spielt mit seinem eigenen Geld; wenn er verliert, hat er verloren. Ein Mann, der ein Lotterielos kauft, geht sein

Risiko mit den anderen Käufern von Lotterielosen ein, keiner spielt mit dem Brot des Volkes.

Daher die alte Geringschätzung oder Verachtung für Börsenmakler, vor langer Zeit, als es noch ein gewisses ethisches Bewusstsein gab und man annahm, dass die Menschen sich die Folgen ihrer Handlungen ansehen, bevor sie denken, dass sie sowohl ehrlich als auch clever sind. Mit dieser Bemerkung werde ich mich bei den amerikanischen Reichen äußerst unbeliebt machen, wenn einer von ihnen von meiner Aussage erfährt. Es gibt verschiedene verschlungene und verdrehte Wege, um über den Nutzen von Leerverkäufen usw. zu argumentieren, aber keiner von ihnen, KEINER von ihnen würde vor einer Jury aus unparteiischen und unvoreingenommenen Männern, die intelligent genug sind, um die Frage zu verstehen, Bestand haben. KEINER von ihnen hat ethisches Gewicht. Vor einem Jahrhundert konnte sich ein Kongressabgeordneter dazu hinreißen lassen, eine Formulierung wie "ein sehr unverdautes System der Ethik" zu kreieren.

Das ist es, was die Börsenmakler meistens falsch gemacht haben.

Abgesehen von denen, die offen sagen, dass sie räuberische TIERE sind, die rauben und ausbeuten wollen. Nun, dieser räuberische Geist inspiriert Europa im Moment NICHT. Bestimmte primitive Typen kommen aus der Mode, man könnte fast an sozialen Fortschritt glauben, der Höhlenmensch, der Raubritter usw. sind nicht in der ersten Reihe. Sie werden in die Geschichte verbannt. Und jeder, der sich für die Theorie der historischen PHASE interessiert, könnte inzwischen eine Vermutung darüber anstellen, ob das alte Wall-Street-Ideal, die Witdys und Waisen mit Hilfe von Aktiengeschäften und manipulierten Märkten auszurauben usw., nicht langsam von der Bildfläche verschwindet.

EUROPA ist dabei. Europa ist eindeutig mit dem Spekulationsgeschäft vertraut. Es weiß, was es einem Land antut und wie es dem einfachen Volk schadet.

Daher natürlich der Krieg von Mr. Eden. Mr. Churchills Krieg, Mr. Roosevelts KRIEG und die Unterstützung oder Verfolgung [oder zumindest das Schwanzende] CHASE dieses Krieges durch sechshundert Mieter von Sitzbänken im britischen Westminster Parlament. Eine Reihe von Spielchen, die im Jahr XX der faschistischen Ära im Lexikon der europäischen Jugend auftauchen. ALLES zugunsten der Männer, die eine ehrliche Tagesarbeit verrichten wollen, sei es körperlich oder geistig, oder durch den Einsatz von Fähigkeiten, die sowohl die Arbeit der Hände als auch des Verstandes kombinieren, und dafür einen Lohn erhalten, der zumindest einen Mann, seine Frau und zwei Kinder ernähren kann. Ich sagte zwei Kinder als MINIMUM, denn wenn zwei Menschen sich nicht fortpflanzen, wird die Ethnie kleiner und man wird überfallen: wie die

Vereinigten Staaten von VERMIN überfallen wurden, unter denen die Rothschilds und Sassoon und Warburg tödlicher sind als Syphilis.

Die Gefahr für die Vereinigten Staaten als Regierungssystem geht NICHT von Japan aus, sondern vom Judentum, und ob diese Invasion absolut ERFOLGREICH war, da sie seit 1863 schrittweise erfolgte, sich aber beschleunigte, seit Taft aus dem Weißen Haus entfernt wurde.

Waaal, das bleibt abzuwarten. Aber wenn die Überreste der AMERIKANISCHEN Siedlerbevölkerung, wenn die Überreste der Ethnien, die dort angekommen sind und das Land geschaffen haben, nicht bald in Aktion treten, dann werden die Vereinigten Staaten von Amerika einen K.O. oder Knock Out verzeichnen. Und das wird so entscheidend sein, wie es sich eine Exekutive nur wünschen kann. Möglicherweise wird die LETZTE Chance für das amerikanische Regierungssystem im kommenden Herbst eintreten.

Ezra Pound versucht, es Ihnen zu sagen. Die Gefahr ist nicht, dass man überfallen wird, sondern dass man überfallen worden ist.

#Nr. 24 (12. April 1942) U.K.(B26)
COMIC RELIEF

Neulich stieß ich auf eine COMIC-Zeitung, natürlich in Englisch. Sie war zehn oder zwölf Tage alt, das heißt, das DATUM war 10 oder 12 Tage älter als der Tag, an dem ich sie las, und zwar über Lissabon. Aber in einem anderen Sinne war sie "alt"; es hätte die TIMES für März 1912 sein können, soweit das bloße Auge sie wahrnehmen konnte. Und ich stöhnte zuerst: "Wie LANG können die das noch sagen?" Dann stieß ich auf einen Artikel über Italien, "Stimmen aus dem faschistischen ITALIEN".

Ich weigerte mich, die Zeitung einem Freund zu geben, ich wollte die Sahne für mich selbst, gerade für diese Sendung, die sich bis April oder vielleicht MAI verzögern wird, weil ich Ihnen ernstere Mitteilungen zu machen habe. Aber irgendwann werde ich meine Notizen über den "Old Thunder er" vorlesen, den alten Donnerer, der immer noch vor sich hin donnert.

Wahrscheinlich werde ich diese Notizen eines Tages lesen, wenn eine Flaute herrscht, wenn Sie kein Hongkong, kein Singapur, kein Rangoon, kein Bombay und kein Calcutta verlieren. Das wird sein, nachdem ich das Museumsstück, die Belegkopie aus der Druckerei, repariert an seinen Besitzer zurückgeschickt habe, der ein Sammler solcher Dinge ist. Da es sich natürlich um denselben Gegenstand handelt, werde ich nichts Neues zu sagen haben. Ich meine nichts, was ich nicht schon vor 30 Jahren, im Jahre 1912, über die Giftigkeit und Gefährlichkeit dieser muffigen alten Zeitung für das Volk gesagt hätte.

Der jüdische Einfluss von Ellerrnan hat sie nicht geheilt. UND natürlich lenkt die Times, wie alle Prestigeträger, den Blick vom unmittelbaren, geographisch, räumlich, *raumlich*, sichtbaren Objekt ab.

Die Times berichtet NICHT über die Zustände in den Zechen [und] Töpfereien, über die Notstandsgebiete, bevor der Krieg losging, nichts über die Menschen, die zum Beispiel aus Coventry Petitionen einreichten. NEIN, die Times bringt uns nicht viel Neues aus England, außer, dass sie uns einen Gemütszustand zeigt.

Nein, nein, die Times erzählt uns von Italien. Das ist ein Versehen, denn natürlich wurde die Times gedruckt, um Ihnen von ITALIEN zu berichten, und Sie sind solche Trottel, dass Sie das glauben. Der Sonderkorrespondent, KEINE *raumliche* oder räumliche oder geographische Adresse angegeben, nicht seine Logennummer oder seine Kahal Cabala Angabe. Ich denke, dass er ein unterworfener Arier ist, nach dem, was er schreibt. Ich habe Engländer von seinem geistigen Kaliber getroffen.

Wall, er fängt an, und irgendwo im allerersten Satz sagt er: "Die Aufrechterhaltung der Kriegsstimmung in Italien wird ein zunehmend schwieriges Problem."

Oh, ist das so? sez der Aristokrat und rümpft amüsiert die Nase. Also lese ich die Leckerbissen weiter:

"Ein sündigeres Bild erschreckt die Herrscher Italiens. Es porträtiert (ich nehme an, in irgendeiner Sprache kann ein Bild porträtieren, aber ich habe noch kein BILD gesehen, das porträtiert; wenn das Wort porträtieren bedeutet, ein Porträt zu malen.

Aber lassen wir die Wortwahl des Times-Autors beiseite.) Sie porträtiert Großbritannien, das aus dem gegenwärtigen Kampf verarmt, aber immer noch gesund und stark hervorgeht. Er porträtiert Amerika, das seine mächtige Industrie umkrempelt ... und so weiter.

Waaal, nun wirklich. Wenn einige der letzten Opiumladungen der Sassoon vom heutigen Shonanko zum Printing House Square oder Holland Park West oder wohin auch immer transportiert wurden, könnte es ein BILD geben. Aber die einzige Reaktion darauf, dass Amerika eine Industrie hat, die ich gelesen habe, war eine über die Vermehrung von Bettwanzen; das wurde als unter der Würde des Römischen Rundfunks angesehen, könnte sich aber mit der Zeit als die einzig angemessene Antwort auf solchen Unsinn erweisen.

Was die ZUKÜNFTIGE Macht Großbritanniens angeht, nehmen Sie "420", *quattro cento venti*, den italienischen Groschenroman, und Sie werden herausfinden, was Italien fühlt und denkt; während der Unannehmlichkeiten von 1914 hat "420" mit seinen "BILDERN" von Franz Josef Tausenden wöchentlich Freude bereitet. Das ist es, was Italien jetzt über Roosevelt und England DENKT. Und was die Tatsache betrifft, dass man stark, aber verarmt ist, so gibt es immer noch zarte Herzen, die im Allgemeinen nicht mehr anglophil sind, aber Spuren von Freundschaft für persönliche Freunde IN England haben, und es ist bekannt, dass sie sich fragen, ob Leute, die 1000 Pfund Sterling pro Jahr hatten, nach diesem Krieg noch 100 haben werden, und diejenigen, die 100 hatten, ob sie noch 20 haben werden oder die Kaufkraft von 20 Pfund pro Jahr zu ihrem Kredit übrig haben werden.

Und Unterdrückung ist keine Stärke. Genauso wenig wie der Verlust der östlichen Besitztümer und die Ansicht der British Broadcasting Company, dass Malta ein (textlich) "LONELY OUTPOST of empire" ist, war zu meiner Zeit, in den Tagen meiner berauschenden Jugend, umbelicus.

Nach dem komischen Vorspiel des anonymen "Sonderkorrespondenten", von dem nicht einmal behauptet wird, dass er sich in Lissabon aufhält, sondern wahrscheinlich in Kensington West oder South West, nach dem komischen Vorspiel wird er ein bisschen schmutzig: die übliche gemeine Ader eines Mannes mit einem schwachen Fall. Dann spricht er über Apuleius und so weiter. Er mag die italienischen Sendungen nicht.

Warum wehrt er sich nicht gegen die auf Englisch übertragenen Sendungen aus Rom? Warum ist er ein so elender moralischer und intellektueller Feigling, dass er es nicht wagt, sich den Argumenten über Geld zu stellen, die von mir als unabhängigem Sprecher und von den regulären Sprechern der Belegschaft vorgebracht werden, wenn sie das Problem des Geldverdienens mit FÜNF Stiftschreibern anstelle von ehrlicher Arbeit ansprechen?

Warum halten sich ALLE britischen Zeitungen und ALLE Bunkosteers der British Broadcasting Company so behutsam aus allen Bereichen heraus, in denen es ideologischen KAMPF gibt? Schlimmere Funkholer [als] die Hure Behsha, WO sind die Demonstranten von Coventry? Wo sind die Grünhemden? Unterdrückt natürlich [Dieses] sichtbare Bild, das den Gedanken auf die Füße stellt, war verboten, bevor die Juden euch zum Kämpfen brachten In euren ganzen verrotteten, parasitären Reihen, in der ganzen Mietlingsgesellschaft der British Broadcasting Company traut sich NIEMAND und niemand will und niemand wäre da, wenn sie es wollten oder wagen würden, die wirklichen Themen ANZURÜHREN.

Das Goldmonopol, die Bestandteile der Goldbörse, die Art des Geldes, wie es ausgegeben wird, wie das Volk ausgeblutet wird, der Gesundheitszustand Ihrer INSEL. Um nun zur Sache zu kommen, um diesem Arsch in der Times zu antworten. Niemand hier erwartet von Ihnen, dass Sie irgendetwas in diesem Krieg tun, außer ihn zu VERLIEREN. Von Dünkirchen bis Dakar, mit höchstens ein paar Erfolgen über Ihre einstigen Verbündeten. Niemand erwartet von Ihnen, dass Sie irgendetwas mit oder in diesem Krieg tun, außer ihn zu VERLIEREN. Beides, an Deutschland *und* an Roosevelt.

Roosevelt porträtiert (wenn Sie das Wort mögen) JÜDISCHSEIN Niemand erwartet von Ihnen, dass Sie irgendetwas in oder mit diesem Krieg tun, außer ihn zu verlieren. Auch wenn diese Erwartung eine Illusion ist, so existiert sie doch, so dass der Herr in der Fliege Fisher's dub seinen nächsten Artikel schreiben sollte, dass ENGLAND erwartet, verarmt, aber stark als [der] steinerne Trafalgar Square-Brunnenlöwe von Britannien hervorzugehen, nicht als ein ausgestopftes Löwenfell, das als Bettvorleger benutzt wird.

Aber um Himmels willen, er soll aufhören zu sagen, das sei es, wonach ITALIEN aussehe. Italien hat einfach nicht diese Art von Marmelade. NIEMAND hier wundert sich auch nur ein bisschen darüber, dass Sie den Krieg schlecht führen, von Dünkirchen bis Dakar, von Hongkong bis Kalkutta. Man fragt sich nur, WARUM ihr gegen Europa kämpft, statt gegen Marx und P. Spencer und Karl Marx und Lyons und die hundert Feinde, die euch in die Enge getrieben haben, bevor der Krieg begann. Angeblich wegen DANZIG.

Vor mehr als einem Jahr sagte ein Mann des früheren gesellschaftlichen Alters, ein internationales Tennis-Ass, unverdächtig gegenüber politischen Leidenschaften, die Art, die über diese Dinge scherzt, dass seine Frau zu ihm sagte: "WARUM bekämpfen sie (gemeint sind die Engländer) überhaupt die Deutschen? Wissen sie nicht, dass das alles ist, was die Deutschen tun KÖNNEN? Why do they go to WAR?"

Nun, erstens war die Dame ungenau, wie jeder, der genug deutsche Philosophie gelesen hat, oder Johnnie Bachs Musik gehört hat, oder Albrecht Dürers Gemälde gesehen hat, oder die Arbeit des Frobenius Forschung's Institute kennt, WEISS. Die Deutschen haben eine ganze Reihe von Fähigkeiten.

Aber die Frage SUBSISTS? WARUM haben sich die Engländer an den Haaren herbeigezogen und in die Enge getrieben, um die östlichen Teile ihres Reiches zu verlieren und sich mit Rotrussland zu verbünden?

Lasst die TIMES auf diese Dinge eingehen - sagt es PAPA! WARUM hat die Times, die euch Hongkong und Singapur und Rangun verloren hat, die ECHTEN Nachrichten und das ECHTE Denken der letzten 50 Jahre (jaaa, nicht 20, sondern 50) Jahre aus ihren Spalten herausgehalten. Woran liegt das?

Nun, meine Zeit an diesem Mikrofon neigt sich für heute Abend dem Ende zu, und ich habe keine Muße, auf die anderen Spalten dieser Ausgabe des Old Thunderer einzugehen. Aber wenn Sie traurig und niedergeschlagen sind, holen Sie Ihre alten Ausgaben der Londoner Times Newspaper heraus, wenn sie nicht vom Hundefänger konfisziert wurden, um Kekse für Bergarbeiterkinder zu machen, und lullen Sie sich mit Tennysonschen Legenden ein, wie z.B. "Holländische Führung in Indien", die mit der von Luzon konkurriert, Widerstand, alles fröhlich und hell.

Ich hasse es, dieses verirrte Exemplar des "Old Thunderer" an seinen Besitzer zurückzugeben. Gott weiß, wann ich wieder eines zu Gesicht bekomme, und da ich den Kopf voller Dinge habe, die ich Ihnen mitteilen möchte, wird es lange dauern, bis ich mich wieder mit den paläozoischen Gewohnheiten Ihrer Inselkrebse befasse.

#Nr. 25 (13. April 1942) U.S.(B20)
FRAGE DES MOTIVS

Ich erwarte nicht, dass alle meine Zuhörer diese Reden perfekt und vollständig verstehen.

Ich sollte zufrieden sein, wenn ich auch nur einen kleinen Teil dessen, worauf ich hinaus will, und WARUM ich das tue, vermitteln kann. Seit über 30 Jahren verfolge ich einige der gleichen objektiven Ziele.

Ich dachte 1908 und davor, dass die Literatur einer Nation wichtig IST. Der Zustand der Literatur einer Nation ist wichtig. Worte, Kommunikationsmittel, Literatur, die komprimierteste Form der Kommunikation, Kommunikation der grundlegendsten und wesentlichsten Tatsachen, Ideen, die für die Führung eines guten Lebens notwendig sind, die in den besten Büchern niedergeschrieben sind.

Und es ist die Pflicht des Menschen, sobald er ein vollwertiger Mensch ist, diese Bücher zu bewahren, diese Tradition verfügbar zu halten.

Halten Sie sie griffbereit. Und die Öffentlichkeit: Amerikaner und Engländer, aber lassen Sie mich für den Moment bei den Vereinigten Staaten von Amerika bleiben. [Das amerikanische Publikum ist eher wie der Verrückte in Peas Roman *Moscardino*, der Kerl im Schlitzauge, der einfach nicht glauben wollte, dass auf der Rückseite einer Briefmarke genug Mikroben sein könnten, um einen Mann kaltzustellen. Er hielt es für ein Märchen der Ärzte und dachte sogar, die Ärzte hätten es von anderen Schlitzaugen in der Anstalt gehört.

Waal, die Amerikaner und die Engländer konnten einfach nicht glauben, dass es einen Unterschied macht, was ein Mensch oder eine Nation durch ihre Lektüre in ihren Kopf bringt.

Man hat mir daher unterstellt, dass ich übertreibe, wenn ich gegen solche Misthaufen parfümierter Eiterbeulen wie den Atlantic Monthly und Harper's und Scribner's wettere, wie sie im Jahr 1900 waren und im Wesentlichen nicht aufhörten zu sein, solange sie existierten. Der Gestank von abgestandenem Parfüm enthält die tödlichen Gase, die schließlich vergiften. Die Abscheu, die ich für einen Sedgewick empfinde, lässt sich nicht in Worte fassen, aber sie scheint zweifellos übertrieben. Später in London habe ich ein *Sottisier* gemacht und versucht, einigen Leuten klar zu machen, warum die in dieser Stadt zum Verkauf stehenden

Druckerzeugnisse die Einwohner letztendlich umbringen würden; siehe Dünkirchen.

Im XIX. stinkenden Jahrhundert gab es das, was man einen Fortschritt in der Wissenschaft nennt. Die Menschen lernten, dass Bazillen töten können.

Die Prophylaxe hielt Einzug in das allgemeine Bewusstsein, aber ein älteres Konzept wurde aus dem Bewusstsein der Bevölkerung verdrängt. Es war vielleicht einmal ein gutes Konzept gewesen, aber es war verfallen. Es war das, was man ein theologisches Konzept nennt oder genannt hat.

Das Zeitalter, das als das Zeitalter des Glaubens bezeichnet wurde, glaubte, dass eine falsche Vorstellung Böses bringen könnte.

Im Mittelalter wurde man ein wenig phantastisch, verlor das Hier und Jetzt aus den Augen und dachte, dass die falsche Idee einen Menschen in die Verdammnis, in die ewigen Flammen, ins Fegefeuer oder was auch immer bringen würde.

Dann geriet etwas durcheinander, und die Leute wurden fanatisch, und Ketzer wurden verbrannt und so weiter. Und M. Voltaire versuchte, das zu entwirren, arbeitete sein ganzes Leben lang gegen die Grausamkeiten des Fanatismus und wurde Atheist genannt, was er NICHT war. Ich vermute stark, dass fast keine Ketzer verbrannt wurden, zumindest nicht am Anfang, mit Ausnahme derer, die das Wuchergeschäft störten, deren Ideen als schädlich für das Wuchergeschäft angesehen wurden, was die Frage ausschließt. Aber soweit ich weiß, wurde in dieser Richtung noch keine Forschung betrieben. Ich spreche von Ketzern im eigentlichen Sinne, von Ideologie, nicht von Menschen, die in Hexenverfolgungen verwickelt waren.

Die Idee, dass eine FALSCHE Idee Menschen hier und jetzt schaden könnte, war vielleicht noch nicht ganz ausgereift.

Die britische Theorie war, dass die Redefreiheit ein Schlupfloch sei. Lass sie REDEN und sie werden nichts tun. Hyde Park Corner, usw.

Gus Flaubert und ich selbst und verschiedene andere, einschließlich, wenn man so weit zurückgehen muss, Mencius und Konfuzius, sahen etwas Schlimmeres als nur eine SCHLECHTE Idee, und das war die Korruption des gesamten und GESAMTEN Kommunikationsmittels aller Ideen, was auch immer. Die Korruption der Sprache, die Zerstörung jeglicher Präzision in der Terminologie, die den Menschen auf den Status eines Tieres zurückwirft, oder auf das, was Tiere sein SOLLEN, nämlich unfähig, miteinander zu kommunizieren.

Doch selbst Tiere, Wolfsrudel und wilde Hunde scheinen einander zu verstehen und zusammenzuarbeiten. Nun gut, ich habe einige Ideen zur Bekämpfung dieses universellen Trippers der Sprache und der Fäulnis

ALLER gedruckten Kommunikationsmittel, der Monatszeitschriften, der Tageszeitungen, der Wochenzeitschriften und des merkantilistischen Verlagssystems entwickelt und nach und nach umgesetzt.

All das hat das alte britische Unrechtsimperium verdammt gut weggesteckt und entsorgt. Jetzt ist es zu spät, es zu retten. Und überhaupt, ich spreche zu den Vereinigten Staaten von Amerika. Vor vierzig Jahren hat Brooks Adams eine recht gute Studie über England verfasst, in der er voraussah, dass es zerbrechen und zum Teil an die Vereinigten Staaten von Amerika und zum Teil an Deutschland gehen würde, wobei, wenn ich mich recht erinnere, auch Japan einen Blick darauf werfen würde. Nacherly lesen SEHR wenige Leute Mr. Adams. Ich weiß nur von EINEM Engländer, der ihn zitiert hat.

Und ich bin kein Freund des Rückblicks. Man hätte mir Brooks Adams geben sollen, als ich an der Universität von Pennsylvania einen Versuch in amerikanischer Geschichte machte - das ist 40 Jahre her. Das hätte mir vielleicht geholfen, ihn ein wenig bekannter zu machen. Eigentlich hätten ALLE Geschichtslehrer an amerikanischen Universitäten Brooks Adams DAMALS in die Finger bekommen sollen, 1897-1900, 1903 seine besten Bände.

Sein schwacher und schmächtiger junger Bruder Henry war nicht der Mann, der sein älterer Bruder Brooks war. Brooks sah, was in der Geschichte geschehen war, schien es ziemlich klar, sah voraus, was in SEINER Zeit geschehen würde, aber sah nicht darüber hinaus. Er wusste, dass es ein Zeitalter des Glaubens oder Zeitalter des Glaubens gegeben hatte, aber er sah das nächste nicht. Er lebte, man könnte sagen, in seiner eigenen Phase. Er sah den Niedergang Englands, d.h. des Empire, voraus und bemerkte die Symptome des englischen Niedergangs, für die die Engländer taub und blind blieben.

ABER er sah den italienischen Aufstieg nicht voraus, er sah den Phasenwechsel nicht voraus: vom Materiellen zum Gewollten.

Reagiert gegen John Quincy Adams' judizierte Form der Religion. Ich habe vergessen, wo er das erwähnt, vielleicht im Vorwort zu seinem Buch über Neuengland.

Jedenfalls versuchte er herauszufinden, wo John Quincy Adams, den er sehr bewunderte, auf die schiefe Bahn geraten war und nicht zu seinem Urgroßvater John Adams, dem Vater seines Landes und gewissermaßen Erfinder von General Washington, zurückkehrte.

Waaal, ich kann das nicht alles in einer Rede unterbringen. Aber wenn es noch einen Campus gibt, der noch nicht von den Heerscharen Belials und des Judentums heimgesucht wurde, der noch nicht vollständig unter dem Miststrom der Wall Street und Washingtons zerquetscht wurde, schlage ich vor, dass Sie anfangen, sich Notizen und Zahlen zu machen. Finden Sie heraus, was es mit dem Ruin der Sprache auf sich hat, mit der Fälschung aller Berichte in den gut bezahlten Magazinen, mit der Fälschung des Zeitungspapiers. Und ALSO der Angriff auf das historische Wissen. Das Aufkommen der TALMUDISCHEN Schulen, völlig UNBEKANNT von den hochklassigen Zeitschriften. Beachten Sie, als Amerika anfing, sich mit talmudischen Schulen zu füllen, die nicht aufgelistet waren und große Schilder hatten. Beachten Sie, wann amerikanische Geschichte aus der Mode kam. Als die Kinder in den unteren Klassenstufen von Lenin, Marx und Trotzki hörten und nicht so sehr von Lincoln und Washington. Beobachten Sie den allmählich aufkommenden Obskurantismus, die Vernachlässigung von John Adams, Van Buren und Johnson, *von Anfang an.*

Es sollte 700 STUDENTEN und 30 Professoren geben, die sich mit dieser Frage, mit diesen Fragen beschäftigen.

Eines Tages werden Sie WISSEN müssen, mehr wissen müssen, als Sie es jetzt tun.

Der Herr weiß, was zuerst auf euch zukommen wird.

#Nr. 26 (16. April 1942) U.S.(B33)
KLÄRUNG

Dass die Vereinigten Staaten Krieg gegen Italien UND gegen Europa führen, ist schlicht und einfach verdammter Unsinn, und jeder gebürtige Amerikaner amerikanischer Abstammung WEISS, dass es schlicht und einfach verdammter Unsinn ist.

Und für diesen Zustand der Dinge ist Franklin Roosevelt mehr als jeder andere Mann verantwortlich. Natürlich wurde er aufgeblasen und in die Ecke gedrängt oder in der Ecke gehalten, und dieser dreckige Jude Lippmann hat erklärt, dass Roosevelt von anderen BEWEGT wird und nicht *proprio motu* handelt.

All diese Dinge ändern nichts an der Tatsache, dass der KRIEG zwischen den Vereinigten Staaten und Europa Unsinn ist. Und seine Urheber sollten geohrfeigt werden.

Wie lange es dauern wird, bis das amerikanische Volk zumindest teilweise zur Besinnung kommt, weiß ich nicht, ich weiß es nicht.

Ich schlage erneut vor, dass Sie sich die Art und Weise ansehen, wie der KRIEG, dieser Krieg, angezettelt wurde. Und WIE er geführt wurde. ZUERST war das amerikanische Volk GESUND genug, um zu erkennen, dass der Krieg eine Fälschung war.

DANZIG, Polen und der ganze Rest wurde gekocht, und das amerikanische Volk WUSSTE, dass es gekocht wurde. Zweitens: Englands Offensiven gegen Neutrale und Alliierte waren wirksam. Drittens, die Offensiven der Vereinigten Staaten gegen England, Island und Venezuela, auf Kosten des Verlustes der Philippinen. Nun, verdammt seien die Philippinen.

Wir haben ihnen die Unabhängigkeit versprochen, und der Schmutz in unserem nationalen Gefüge hat uns daran gehindert, das Versprechen zu halten.

Unser Verhalten als Nation gegenüber verschiedenen Ländern, geschweige denn gegenüber südamerikanischen Republiken, ist NICHT unser Ruhmestitel. Und Aguinaldo hat ein ebenso gutes Recht auf die Philippinen wie jeder gottverdammte Jude in Roosevelts Familienkabinett. Ich hasse es, Hawaii gefährdet zu sehen. Wir haben die Sandwich-Inseln mehr oder weniger anständig bekommen, und sie hätten als Verteidigungsposition gehalten werden können.

Die Philippinen waren es nicht, sie waren eine offensive Position, und das Verhalten von Roosevelts Regierung war schlicht und ergreifend dumm, um nicht zu sagen böse, um nicht zu sagen gemein, um nicht zu sagen stinkend, es war all diese Dinge zusammen.

Wie auch immer, eine der LÜGEN dieses Krieges ist die LÜGE über die Anti-Achsen-Bündnisse. Russland ist NICHT der Verbündete Großbritanniens, sondern sein Feind, Amerika ist NICHT der Verbündete Großbritanniens, sondern sein Feind.

Chiang Jude Chek ist der Hauptkäufer von Goldziegeln, und woher hat Soong sein Geld bekommen? Frau Chiang Jude treibt sich ständig in semitischen Gefilden herum. Wenn Charlie Soong nicht von Judedom observiert wird, kommst du her und sagst es Papa. Ich kann diese Behauptung nicht beweisen, aber ich erwarte, dass sie widerlegt wird, und ich erwarte nicht, dass sie kommt.

Die Phrase, die Nase abzuschneiden, um das Gesicht nicht zu verletzen, mag hässlich und verleumderisch erscheinen. "War sie nicht eine dumme Schlampe, die ihr Bett verkaufte und im Dreck lag?" Ja, das war sie, Margery Daw oder Columbia, Salomons Juwel.

Sie haben sich die Nase bis zum Umfang von drei Sommerurlauben in Europa abgeschnitten. Sie haben sich die Nase an dem abgeschnitten, was Sie in diesen drei Jahren an kulturellen Kontakten und Annehmlichkeiten nicht hatten.

Was auch immer in den Vereinigten Staaten von Amerika geschieht, Sie wissen es besser als ich, und ich werde Ihnen nicht von Cincinnati erzählen. Ich habe britische Narren über Italien reden hören, das sie nicht besucht hatten. Ich habe Männer gesehen, die sich darüber aufgeregt haben, was in anderen Ländern geschieht, d.h. was in anderen Ländern geschehen SOLL. Und was sie in den noozwypers gelesen haben, und ich werde mich nicht an dieser Form von Narrheit beteiligen.

Sagen Sie mir, was in den Vereinigten Staaten von Amerika vor sich geht, und ich werde Ihnen sagen, was ich hier in Italien sehe. Das wird ein fairer Austausch sein und keine Juderei.

Ich bewundere NICHT, dass Sie gegen Finnland, Island und Venezuela Krieg führen, unter dem Vorwand, dass Sie Hitlers Stadtregierung nicht mögen.

Oder dass Sie andere Länder bestehlen, weil sie nicht in der Lage sind, sich selbst zu regieren, oder weil ihre Regierenden nicht in der Lage sind, sie zu bestehlen. Ich glaube, Sie tun das auch nicht.

ACHTzig Jahre Frieden für England wären für England nützlich gewesen. Dreißig Jahre Frieden für die Vereinigten Staaten von Amerika wären für SIE nützlich gewesen. Es hätte eine ganze Generation bedeutet.

Ich weiß nicht, wie lange der Pazifik seinen Status quo beibehalten hätte, aber ich bin mir ganz sicher, dass ich BESSER mit Japan hätte verhandeln können als irgendeiner von Mr. Roosevelts anspruchslosen Assistenten, von denen ich keinen kenne, der für die japanische Mission geeignet gewesen wäre.

England wurde betrogen, und das geschah NICHT ohne die Hilfe der Vereinigten Staaten. Nun, ich bewundere die Männer, die geholfen haben, nicht. Und ich denke, Sie auch nicht.

Was Sie tun können, um da herauszukommen, ist eine andere Geschichte. Haben Sie keine Leute zu Hause, die Ihnen das sagen können? Schließlich war meine Lebensaufgabe eine ganz besondere. Vielleicht war das mein Fehler, aber man kann nicht an zehn Orten gleichzeitig sein. Ich glaube, wie ein Fels in der Brandung, dass, wenn das amerikanische Volk 1938/39 und 40/41 befragt worden wäre, neunzig Prozent des amerikanischen Volkes damit zufrieden gewesen wären, dass die amerikanische Regierung an ihren besten Traditionen festhielt, sich aus internationalen Angelegenheiten heraushielt und das Prestige der Vereinigten Staaten BENUTZTE. (Wir HATTEN damals ein gewisses Prestige.) Und das amerikanische Volk hätte eine SANE, friedliche Lösung der Probleme in Europa gewollt. Und eine saubere Regierung in Washington hätte auf dieses Ziel hingearbeitet. Wann, bei Gott, werden wir eine saubere Regierung bekommen?

Es ist an der Zeit, dass das amerikanische Volk anfängt, sich darüber Gedanken zu machen.

Ob Frankie nun ein Schlitzauge oder ein Jude ist, ich glaube nicht, dass das amerikanische Volk ihn mag. Ich glaube nicht, dass sie ihn zurück im Weißen Haus haben wollen. Und die Wahlergebnisse beweisen das nicht. Sie beweisen vielleicht die DEFEKTE des amerikanischen Wahlsystems und die Macht von Bestechung und Korruption. Vielleicht aber auch nicht. Die einzige Ausrede der meisten Wähler war: "Man wählt nicht gegen den Weihnachtsmann." Schauen Sie, was der Weihnachtsmann Ihnen jetzt gebracht hat. Waaal ole Franklin Kris Kingle, Sant Nicalaus, hat keine lebenden Kinder aus dem Schweinefleischfass zurückbekommen. Wenn das eine zu gemischte Metapher ist, möchte ich Sie an das alte französische Chanson über den heiligen Nikolaus erinnern. Frankie sieht für mich eher so aus, als ob er die lebenden Jungen IN das Salzfass bringt, als dass er die kleinen Lieblinge aus dem Fass rettet.

Was die Engländer betrifft, so sind neun von zehn der Meinung, dass sie NICHT gegen die Deutschen kämpfen sollten. Und das erklärt auch, warum viele von ihnen nicht darauf erpicht zu sein scheinen, es zu tun. Sie wollen nicht, dass ihr Reich ruiniert wird. Sie wollen nicht, dass ihre Insel eingenommen wird.

Aber neun von zehn sind NICHT der Meinung, dass sie gegen die Deutschen kämpfen sollten. Das heißt, tief in ihrem Schädel, unter ihrer dicken Haut glauben sie NICHT, dass sie gegen die Deutschen kämpfen sollten. Sie glauben nicht an die bolschewistischen Methoden oder an die bolschewistische Propaganda. Nichts davon ist in England spontan, und viele Briten WISSEN, dass die Bolos ANGESTELLT sind.

Einige von ihnen, nicht die nettesten unter ihnen, denken, oh ja, sie MÜSSEN Italien bekämpfen, denn Italien ist klein auf der Landkarte, und auf die Kleinen sollte man sich stürzen. Das ist britische Tradition. Aber sie denken NICHT, dass sie gegen die Deutschen kämpfen sollten, und sie wollen NICHT, dass in Geographiebüchern Englands Reich auf wahrscheinliche Zahlen reduziert wird: aber sie denken NICHT, dass sie gegen die Deutschen kämpfen sollten.

Nun, denken Sie darüber nach.

#Nr. 27 (19. April 1942) U.K.(B29)
AN DIE SOZIALGLÄUBIGER

Letzten Sonntag stieß ich auf einige getippte Seiten mit der Unterschrift "W.A. Nyland," Secretary *pro tem*. Das scheint alles weit zurückzuliegen in verblasstem Lavendel. In Zeiten wie diesen hat man Zeit, eine ganze Menge Post durchzusehen, die man bei ihrem Eintreffen noch nicht gründlich durchsehen konnte.

Eine Zeit wie diese, in der der Postverkehr mit der westlichen Hemisphäre etwas eingeschränkt ist. Das Ergebnis, was mein Privatleben betrifft, ist, dass ich nicht in der Lage war, die private Korrespondenz per Brief mit der lebhaften amerikanischen Jugend, dem Adel und der Professorenschaft fortzusetzen, ich musste mich rühren und in die Luft gehen, nur die Linie [blieb] mir.

Nun frage ich die Sozialgläubigen, ob irgendjemand von ihnen, außer Major Douglas, in den alten Tagen - den düsteren und fernen 20er Jahren oder den fast ebenso düsteren 1830er und 35er Jahren - auch nur einen Gedanken an die Art von Lähmung verschwendet hat, die sich in die Social-Credit-Bewegung einzuschleichen schien, sobald sie in die Nähe von Aktionen kam.

Ich habe Ihnen von Senator Cutting's Hoffnung und seiner Enttäuschung erzählt. Aberhart mag, soweit ich weiß, immer noch in Calgarry regieren, wie Brian Duff in -still. Die jüdischen und rabbinischen Stationen betonen weder die Gegenwart noch die Vergangenheit der Provinz Alberta.

Vielleicht hat ihnen noch niemand gesagt, dass man NICHT einmal in der Woche eine Briefmarke auf den Briefmarkenschein kleben sollte, sondern dass man es wirklich tun sollte. Gott weiß, dass ich zu meiner Zeit versucht habe, eine ganze Reihe von Dummheiten von Leuten zu stoppen, denen die historische Perspektive fehlt oder die das Innenleben der wirtschaftlichen Mechanismen und die Beziehungen zwischen einem Ausdruck der monetären Ehrlichkeit und einem anderen nicht verstehen.

Mir geht es nicht um die Vorzüge bestimmter Rechnungen, mir geht es nicht um die injizierte Lähmung, die seit 1873, oder sagen wir seit 1863, alle Rechnungen, die eine wirtschaftliche Grundlage in der Ehrlichkeit haben, gestoppt hat, um zum Beginn der gegenwärtigen Phase des unendlichen Schwindels zurückzukehren. Ist diese Lähmung auf den Talmud zurückzuführen? Oder auf den spieir [?], von dem der Talmud die vollständigste (und schmutzigste) und gründlichste verbale Manifestation ist, die es gibt?

Es besteht kein Zweifel daran, dass C.H. Douglas vor einigen Jahren zu bemerken begann, dass bestimmte Elemente, nennen wir sie Elemente, in die Werke der Bewegung der Sozialgläubigen einzudringen schienen, und zwar genau zu dem Zeitpunkt, als sie im Begriff zu sein schien, Wirklichkeit zu werden. In den drei Jahren, die dem neuen Krieg von Mr. Churchill vorausgingen, suchte er in seinen Schriften vor allem nach der Quelle dieser Durchdringungen, dieser Lähmungsinjektionen. Er ließ sein a plus b weg oder ließ es im Hintergrund und machte es Henry Ford gleich, indem er die Hebräer als mögliche Infektionsquelle IDENTIFIZIERTE. Und die Auflagenhöhe seiner Veröffentlichungen wurde immer geringer.

Woran liegt das Ihrer Meinung nach? Und was glauben Sie, können Sie tun oder könnten Sie tun, um es zu VERMEIDEN, nicht notwendigerweise in Bezug auf das a-plus-b-Theorem, sondern im Falle JEDER Wirtschaftsreform oder grundlegenden Umstrukturierung, an die Sie glauben wollen?

Sie sagen: Änderung der Richtung des Willens. Na gut, sagen wir, Sie hätten eine wilde Fantasie. Angenommen, Sie hätten den Mut, sich einen Mann vorzustellen, den Sie wirklich gerne im Weißen Haus sehen würden: Ich meine, Sie würden WIRKLICH denken, dass er ins Weiße Haus gehört.

Was würden Sie tun? Würden Sie Ihren Gedanken Ihrem Nachbarn mitteilen? Was würde er tun?

Wie würde es sich auf die kommenden Wahlen 1942, 1944 auswirken? Hat irgendjemand außer dem jetzigen Redner in den letzten 20 Jahren einen solchen poetischen Höhenflug gehabt? Sie können mir nicht erzählen, dass Harding oder Coolidge oder irgendeiner von ihnen gewählt oder nominiert wurde, weil irgendjemand wirklich der Meinung war: Nun, das ist es, was wir im Weißen Haus brauchen.

Würde dieser Mann nicht die amerikanische Tradition bereichern?

Nun, wie wäre es damit? Was würde passieren, WENN jeder Amerikaner über 21 Jahren plötzlich für das stimmen würde, was er will? Ich meine, nicht nur für das, was er für das kleinere Übel hält, den weniger faulen Apfel? Stellen Sie sich vor, Sie gingen nach Washington und liefen den Weg zum Weißen Haus hinauf.

Was würden Sie gerne in einem Schaukelstuhl auf dem Rasen oder in einem Salon vorfinden, um Sie als amerikanischen Präsidenten zu begrüßen?

Welche Qualifikationen sollte derjenige haben, den Sie gerne im Weißen Haus vorfinden würden? Wer würde Ihnen das Gefühl geben, dass seine Anwesenheit die Freude am Leben erhöht, ja, ich sage, erhöht?

Ja, ich weiß, dass es eine Vision ist. Ich hatte sie nur einmal. Niemand hat mir jemals gesagt, dass ich falsch liege; in der Tat hat mir niemand gesagt, als ich vor drei Jahren in Amerika war, dass ich dumm sei, sie hielten es nur für unpraktisch. Sie glaubten nicht, dass er es schaffen würde. Oder vielleicht war das das Problem; vielleicht haben sie geglaubt, dass er es schaffen könnte.

Natürlich war die Nominierung manchmal für fast mittellose Menschen durchaus erreichbar. Mir wurden extrem niedrige Zahlen für den unteren Preis des Ante genannt, der natürlich vom Jahr und dem Zustand des politischen Marktes abhängt. Aber vielleicht gelten diese niedrigen Zahlen nur für die Blindgänger, von denen die Schlaumeier genau wissen, dass sie nicht gewählt werden.

So ist das wohl mit der Demokratie. Oder vielleicht ist das die Bescheidenheit der politischen Parteien.

Nun, oben in BREMEN scheint man beschlossen zu haben, dass ihr Leute euch nicht länger als drei Minuten auf eine Sache konzentrieren könnt. Früher habe ich ihren Spiegel gehört, jetzt höre ich ihr Magazin. Drei Minuten Gerede, dann eine Gigue-Melodie. Vielleicht würde Rom mich mit Musik ausstatten, wenn ich einen Heuler aufsetzen würde. Nicht jedes Thema BRAUCHT 12 und 2½ Minuten. Manchmal habe ich einfach Lust, eine Reihe von Fragen zu stellen; zum Beispiel: WARUM fallt ihr Amis auf den FOREIGN- oder Exoten-Quatsch rein? Ich meine, Juden aus ganz Europa kommen nach Amerika, und ihr denkt, sie seien Franzosen und Holländer. Und warum ist das so?

Und dann diese Ernennung von Botschaftern bei imaginären Regierungen ohne Land? Soll ich jedes Mal einen Botschafter ernennen lassen, wenn einer meiner italienischen Freunde mich fragen will, wie spät es ist oder ob Faulkner besser ist als Caldwell und WELCHER Caidwell oder ob Josh Bathos besser schreibt als Bromfield oder was aus dem raffinierten Beinahe-Schriftsteller Mr. Thornton Wilder geworden ist? Wagst du es, darauf hereinzufallen? Ich meine diese Erhebung vom Rang eines Ministers zum Dambastador, um mit der Regierung von Ruthenien zu verhandeln, in 29 Wardour Street, dritter Stock hinten, W.C. in London?

Ich würde gerne sehen, wie dieses Thema in Puck oder Judge behandelt wird, wenn diese Denkmäler der Aschenbecher-Ära noch florieren. Puck war Demokrat und Judge Republikaner, damals im Jahr 1892. Haben sie sich ihren alten Sinn für groben Humor bewahrt, der zwar grob, aber robust und gesund ist, oder sind sie alle verblödet? Ich meine Arno.

Wenn ich zurückblicke und mich an meine weit entfernte Kindheit an der Ecke 47. und Madison Avenue erinnere, wo sich jetzt ein so prächtiges Hotel befindet, denke ich an die Möbel der Familie meiner Großtante, die ein paar Blocks die Straße hinauf umgezogen ist. Ich frage mich, ob der alte Flügel immer noch für die Leute arbeitet, die das Haus übernommen haben, die Hypothek gekündigt haben, oder so, jedenfalls die alte Dame verkauft haben.

Und Mr. Fouquet und Pop Quackenbush, die ganze Generation, die sich an den Bürgerkrieg erinnert. Alle weg mit den Aschenfässern. Denken Sie an den schönen Ballsaal, wo mein Großonkel seine Bananen aufbewahrte und ich mit ihm Dame spielte; der schwarze Mann meiner alten Großtante, der alles, oder besser gesagt, alles, was Arbeit war, auswich, um auf der Apfeltonne Dame zu spielen, vor den Tagen des Windsor-Feuers, zwei Hotels, Windsor und Buckingham, Zierde der Fifth Avenue, damals, bevor ihr Kinder euch erinnert.

Und die kleine Martha. Sie hat Schnupftabak genommen. Das war lange vor dem großen Nachtleben von Harlem.

Damals, als Owen Wister vielleicht "Philosophie 4" schrieb - warum fällt mir das jetzt ein? Und warum schaute der dunkle Portier in der Grand Central Station 1939 auf die Initiale E. vor meinem Namen auf meinem Koffer und sagte: Woher weiß ich denn, dass das E. für Ezra steht? Eine Art fast unterdimensionierter Portier.

Meine Gedanken gehen zurück in die Zeit vor der Invasion. Ich meine, ich nehme an, das ist es, was in meiner Psychologie vor sich geht und mich zu der Frage führt: Haben Sie durch die Pause GEWONNEN? WHAT have you gained by the interval, from 4 to 8 million invaders, all part of a widely distributed RACE, that has a radio out by San Diego or somewhere, known as the universal world Jüdischsein station, or some similar title, and does a HIGHLY organized 7 to 7 to 7 [for] 6 or 8 million people of a decidedly OTHER race; in the midst of 100 million or so assorted descendents of people racially European, MEAN anything for the welfare or illfare of the UNorganized 100 million? Und wenn ja, inwiefern? Und Seeleute kümmern sich nicht? Den Walfängern ist es egal, den Landratten scheint es ziemlich gleichgültig zu sein.

Ernest Poole könnte ein Buch über dieses Thema schreiben. Ein anderer Kerl, dessen Namen ich vergessen habe, könnte ein Buch zu diesem Thema schreiben. Er schrieb einen Roman, der mir recht gut gefiel, über eine Familie aus Neuengland, die auf einer Farm, die wie ein weißer Elefant aussah, zugrunde ging. Ich erwähnte es und wurde prompt von einem hochkarätigen Freund (kein Professor) zurechtgewiesen, der mir versicherte, dass dieser Autor niemals ein solches Buch schreiben würde. Marquand, so heißt der Kerl, Marquand der Romancier.

Nun, ich bin nicht so hochnäsig. Ich finde, alle amerikanischen Romanautoren, die versuchen, ein Stück Geschichte zu schreiben, sollten Anerkennung dafür bekommen. Selbst wenn sie ein bisschen zu dick auftragen oder 40 Seiten in drei- oder vierhundert Seiten einfließen lassen, die einfach nicht zum Schreiben geeignet sind. Aber trotzdem bekommt man ein bisschen Van Buren oder ein bisschen von irgendeiner Epoche mit, von der das junge Amerika mehr wissen MUSS; 1830 oder 1930, aber zumindest der Versuch, einen Teil des Erbes und der Tradition des weißen Mannes aufzuzeigen. Es geht nicht darum, süß und hinterlistig zu sein, sondern darum, der nächsten Generation wenigstens einen Teil dessen zu vermitteln, was man wissen sollte.

Das ist der Grund, warum ich immer wieder darauf hinweise, dass es eine Schande für die Nation ist, Joe Gould nicht zu drucken. Ich meine, das ist ein Grund. Und Mr. McAlmon hat immer in Paris gedruckt. Zwei Gruppen von Männern, die versuchen, die amerikanische Geschichte zu schreiben, die eine in Form von verdienstvollen Romanen, die von den hohen Tieren snobistisch belächelt werden, die andere oder ein paar verstreute Fragmente, die unpraktisches Zeug machen, Mangel an nationaler Disziplin, Mangel an staatsbürgerlicher Verantwortung.

Die in BEIDEN Zweigen der Inkompetenz der Vereinigten Staaten arbeiten. Oh, kleine Dinge, hier und da, nur ein Strohhalm zeigt, wie der Wind weht. Und dann werden die Vereinigten Staaten aus dem Weg geräumt, wie die Frösche es taten. Nach mehr als 50 Jahren Warnung. Und die Frösche haben 15 Tausend Exemplare verkauft, eine ganze Reihe von Ausgaben (Flammarion-Ausgaben), von denen ein amerikanischer Autor nicht einmal 1500 verkaufen würde.

Vielleicht ist das ein Teil des nationalen Problems, ein Teil des großen amerikanischen Bauchgefühls, ein Teil der amerikanischen IMMATURITÄT, um es mit keinem härteren Namen zu nennen.

Und dann die Auslassungen, die Dinge, die Mr. Dewey, Professor Davis Rich Dewey in seiner Finanzgeschichte auslässt.

Nun, das ist alles für diesen Krampf.

Ezra Pound am Mikrofon.

Warum nicht ein echter Präsident?

#Nr. 28 (20. April 1942) U.S.(B34)
ABERRATION

Die Londoner Daily Mail hat sich vor ein paar Wochen dazu durchgerungen, eines jener verleumderischen Fotos abzudrucken, die an Bord der REX aufgenommen wurden, als ich das letzte Mal in den New Yorker Hafen einlief.

Nun, das hat nicht geschadet, es sei denn, es hat die Fähigkeiten amerikanischer Pressefotografen indirekt ein wenig in Misskredit gebracht. Die Daily Mail schien der Sunday Times nachzueifern. Die Mail begnügte sich mit der Feststellung, meine Bewunderung für den Faschismus sei notorisch.

Der "Special Correspondent" (Adresse nicht angegeben) der Sunday Times verwendete neben einer fehlerhaften Aussage über meine Ansichten über den amerikanischen Präsidenten eine einschränkende Erklärung, in der es hieß: "Unter Pounds vielen Exzentrizitäten und Verirrungen ist seine Bewunderung für das faschistische Regime in Italien schon lange berüchtigt." Beide Zeitungen versäumten es, ihren britischen Lesern mitzuteilen, dass ich ab und zu nach ENGLAND sende. Das ist auch nicht der Punkt.

Worum es mir geht, ist dieses Wort ABERRATION. Sie nennen es eine Abweichung, wenn ich das derzeitige italienische Regierungssystem bewundere oder was auch immer. Hat sich eine faschistische Regierung selbst ABERRIERT, oder hat sie ABERRIERT? Erstens, wenn sie sich geirrt hat, dann hat sie sich geirrt, indem sie eine Menge Sumpfland trockengelegt hat, das ANDERE italienische Regierungen seit der Zeit von Tiberius Cäsar im Visier hatten und es nicht geschafft haben, es trocken zu legen. Diese Sümpfe lagen seit mehr als zweitausend Jahren da und brachten Malaria hervor, und manchmal konnte ein kluger Junge etwas dagegen tun und ein Stück oder eine Ecke austrocknen. Aber das FASZIST-Regime hat sich eingemischt und eine ganze Menge davon trockengelegt und gesund kultiviert.

Zweitens, wenn ich einen Fehler mache, dann den, dass ich die Zunahme der Getreideerträge in Italien bewundere.

Drittens, viertens usw. geht es um die Verbesserung der Volksgesundheit, um die Vermehrung des Wohnraums für die NICHTReichen der Volksgemeinschaft, um die Wasserversorgung.

Sechstens, usw. ist da die Frage der elektrischen Energie. Damit sie ihre Substanz nicht verschwenden müssen, indem sie schmutzige alte Rauchkohle aus England kaufen. Versteinerte Frösche, Franzosen, biologisch fixiert, hatten jahrzehntelang über la hOOOOOOuille blanche gejammert. Nun, das faschistische REGIME hat die italienische Eisenbahn mit Elektrizität zum Laufen gebracht. Das heißt, man ließ Wasser über einige ausgewählte Turbinen fließen. All das ist berühmt-berüchtigt, wenn es nicht nur ein bisschen mehr wäre als ich!

Aber das ist nur materiell, und mein Respekt für das faschistische Regime, für den Faschismus, geht sogar noch ein bisschen weiter. Etwa zu der Zeit, als Tony Eden Italien vorschrieb, wo es auszusteigen hatte, und es hat NICHT geantwortet. Es kam der Tag, an dem Italien frech aufstand und zweiundfünfzig so genannten Nationen, darunter England, die Stirn bot.

Das erforderte etwas mehr als den bloßen Drang zur Luxuswirtschaft. Und die Idee, ein Flugzeug auf ein Schlachtschiff stürzen zu lassen, kam nicht von Anfang an in Japan. Ungefähr zu der Zeit, als Tonys England versuchte, das NEUE Italien zu tyrannisieren, gab es etwas hier auf dieser Halbinsel.

Irre ich mich, wenn ich es bewundere?

Ich glaube, ich weiß es nicht.

Und angesichts des gegenwärtigen Zustands Englands frage ich mich, ob die Sunday Times und ihre Gemeindemitglieder sich nicht wünschen, einige ihrer Chefs hätten sich auf ähnliche Weise verrannt. Der Irrweg eines Bündnisses mit Japan - hätte England nicht besser daran getan, ein Bündnis mit Japan einzugehen, anstatt sich aus Shonanko, Hongkong und Rangun herausdrängen zu lassen? Ein Bündnis mit Deutschland, statt mit einem gelähmten, jüdischen Frankreich?

Angenommen, das britische Außenministerium hätte ein paar Entgleisungen in meinem Sinne begangen, wäre England dann heute ein strahlenderes und glücklicheres Land? Anstatt so viele alte Marinestützpunkte und Stationen in Frank Roosensteins Tasche zu stecken? Ich behaupte nicht, dass Washington diese Schritte begrüßt hätte, aber ich eröffne eine Reihe von Untersuchungen über das Wort ABERRATION.

Vielleicht sollte ich auch eine Anfrage zum Thema Vertretung stellen. Ein Italiener sagte gestern zu mir: "Aber so viele Menschen in England haben KEINE Vertretung, Sie könnten eine Partei mit einer Million Menschen in England haben, und sie hätte vielleicht nicht einmal EIN Mitglied im Parlament?" Hier hat JEDER Mann, egal welchen Beruf er ausübt, die MÖGLICHKEIT, seinem *sindacato* beizutreten; er muss nicht, aber wenn er direkt vertreten werden will, ist das die Methode. Wenn er nicht beitritt, werden seine Interessen trotzdem wahrgenommen, denn ob er ein Zimmermann ist, oder ein Reisbauer, oder ein Feldarbeiter, oder ein Kerl, der Olivenbäume beschneidet, es gibt die UNION, den *sindacato*, der bis zur confederazione arbeitet. Es ist thaaar, die Interessen des Bauern oder des Zimmermanns oder des Zahnarztes oder was auch immer zu vertreten. All das mag berüchtigt sein, zumindest wissen es viele Leute hier, und es wurde nichts verheimlicht. Es gibt keine geheimen Verschwörungen hinter dem Vorhang. Kein Gewerkschaftsführer kann sich an die Arbeitgeber verkaufen oder Arbeitnehmer erpressen.

Ich z.B. würde zum Bund der Künstler und Berufstätigen, der Maler, Ärzte, Schriftsteller, Zahnärzte usw. gehören. WELCHE Vertretung im Kongress oder im Parlament haben die Berufsgruppen in den Vereinigten Staaten oder in England seit dem Beginn ihres Regierungssystems gehabt?

Eine Abweichung? Wenn das eine Abweichung ist, dann lass mich das sagen. Welche verdammte Chance hat der Streuner, das Individuum in der so genannten demokratischen Organisation alten Stils, im Vergleich zu dem, was er in einem korporativen System, einem EMBODIED-System, hat?

Jeder Bauer in Italien weiß, wohin er gehen und treten kann, wenn etwas nicht nach seinem Geschmack läuft. Und mein Gott, sie treten. Manchmal auf die dümmste Art und Weise. Wie ich schon in Rapallo sagte, als sie nicht wollten, dass Tuberkelkäfer aus ihrer Milch entfernt werden. Die Italiener sind die besten Kicker der Welt. Das fing schon im Quattrocento an. Der italienische Individualismus, die Entfaltung der Persönlichkeit, bis zur Übertreibung gesteigert, hat die Welt erleuchtet.

Nichts weniger als das faschistische System würde diese Leute zusammenhalten. Einige der Tritte sind ziellos, aber die Masse hält die Dinge für die Station in Bewegung. Wenn ich einen Tritt habe, weiß ich, wo ich ihn hinbringe. Ich bringe ihn zu meiner Confederazione. Wenn ich zu einer zahlreicheren Kategorie gehöre, bringe ich ihn zum örtlichen Landwirtschaftszentrum; wenn ich ein Stück Land habe, auf dem ich Saatgut anbauen kann, gehe ich zum örtlichen *Agrario* oder so ähnlich, der mir als Blumenladen an der Straße zum Bahnhof bekannt ist.

Wer wäre (und ist, wenn ich neugierig geworden bin) zur *cattedra ambulante* (was nicht ambulante Kathedrale bedeutet) gegangen, wenn nicht die reisenden oder mobilen Mittel der landwirtschaftlichen und gärtnerischen Bildung?

Ja, wir HABEN in den Vereinigten Staaten staatliche Gesetzgebungen, usw. Bringen sie irgendetwas?

Das amerikanische System war 80 Jahre lang GUT, dann wurde es im Zentrum verraten und entweiht, und die äußeren Teile wurden immer weniger effizient und noch weniger effizient.

Ich würde gerne sehen, dass ihnen wieder ein bisschen Blut oder Sauerstoff eingeflößt wird. Wie auch immer, was auch immer für ein Schlamassel ihr in Amerika habt, mit euren Farmen, die an die Milchkonzerne verpfändet sind, England ist in einem schlimmeren Schlamassel. Ich würde sagen, ein schlimmeres Chaos. Und ich schätze, dass sogar die Sunday Times bereit ist, sich zu wünschen, dass einige der vollgestopften britischen Hemden sich mehr nach meiner Art verirrt hätten. Oder zu erkennen, dass England glücklicher gewesen wäre, wenn es die ausgestopften Hemden ausgekotzt und ein paar Kerle eingesetzt hätte, die zu ähnlichen ABERRATIONEN fähig sind. Ähnlich, meine ich, wie man meine Abirrungen nennt.

#Nr. 29 (23. April 1942) U.S.(B35) MacLEISH

Amerikanische Nachrichten und Äußerungen prominenter Amerikaner erreichen mich oft mit beklagenswerter Verspätung, und oft muss ich den möglichen oder wahrscheinlichen Originaltext durch eine italienische Übersetzung ertasten.

Nichtsdestotrotz scheint der Tenor von Mr. MacLeishs Äußerungen Ende März ziemlich klar zu sein. Er hat den Auftrag eines Gangsters erhalten, das heißt, er wurde mit der Verteidigung einer Verbrecherbande betraut, und er tut sein Bestes.

Ich lehne das Verbrechen ab und habe es abgelehnt, unabhängig davon, wer mit den Männern, die es begangen haben, verwandt ist. Und ich akzeptiere die Bedingungen der Debatte, nämlich dass die Morgenthau-Lehman-Bande 99% ALLER Kommunikationsmittel in den USA kontrolliert und dass sie fast jede Opposition übertönen und auskaufen kann. Hinzu kommt, dass Roosevelt bezeichnenderweise auf Erpressung zurückgreift. Jeder, der die gigantischen Betrügereien des Morgenthau-Roosevelt-Finanzministeriums nicht akzeptiert, wird als Verräter an den USA hingestellt.

Die Antwort ist, dass jeder, der sich Roosevelts Verrat an der Republik unterwirft, seine Bürgerpflicht verletzt. Es besteht KEIN Zusammenhang zwischen der Unterwerfung unter Morgenthau-Roosevelt und dem Gewinnen dieses oder eines anderen Krieges. Es liegt KEIN Patriotismus darin, sich den anhaltenden und mehrfachen Betrügereien der Roosevelt-Regierung zu unterwerfen. Und der Versuch, die gegenwärtige Unterstützung dieser Betrügereien als Loyalität gegenüber der amerikanischen Union, der amerikanischen Verfassung und dem amerikanischen Erbe darzustellen, ist nur so viel Dreck oder Schwachsinn. Zweifellos werden die Taktiken der EVASION bis zum Äußersten eingesetzt werden. Erpressung wird bis zum Äußersten eingesetzt werden. Aber wenn sich das amerikanische Volk einer oder beiden dieser Keuchereien unterwirft, wird das amerikanische Volk MUGS sein.

Es gibt einige historische Fakten, die die Gegner der Morgenthau-Lehmans gut daran täten, auszugraben. Herr MacLeish hat sich nicht die Mühe gemacht, die wichtigsten Fakten der amerikanischen Geschichte in handlichen und verfügbaren Bänden zu drucken. Es gibt einige historische

Fakten, die die Gegner der Morgenthau-Schwindel gut beraten wären, zu extrahieren und zu nutzen. Natürlich ist es für Sie, wenn Sie meine Punkte, die Punkte meiner zweiwöchentlichen Vorträge, im Labyrinth der von Juden gedeckten amerikanischen Radiosendungen suchen, wie die Suche nach einer Nadel in einem ganzen Haufen von Heuhaufen. Und Ihre Presse ist NICHT sehr offen. Sollte jedoch ein einsamer Beobachter, *Aufklärer* oder Zuhörer in Back Bay oder auf dem Gipfel des Blue Ridge mich hören, schlage ich vor, dass er sich eine Notiz macht und den Anwalt Archibald fragt, ob es irgendetwas bringt, wenn das Volk für jeden von der Regierung ausgegebenen Dollar zwei Dollar zahlt. Ich frage, ob es dem Geist von 76 hilft, die unteren Ränge der Marine mit Straßenkehricht zu überschwemmen, ob Krieg durch merkantilistische Ethik gewonnen wird, und ob man von Männern wie Knox, Stimson und Morgenthau erwarten kann, dass sie das Herz der Jugend mit Kriegsbegeisterung und Opfergeist erfüllen. Ich fordere Archie auf, OFFEN zu sagen, warum man erwartet, dass die Aushändigung von vier Milliarden an überschüssigen Gewinnen aus dem Goldrausch, zwischen 1932 und 1940, an eine dreckige Bande von Juden und Hyper-Idioten an der Londoner Goldbörse, sechs Firmen, den Amerikanismus HELFEN wird, oder warum dies als ein Modell der Hingabe an den amerikanischen Geist angesehen werden sollte. Oder warum JEDER ehrliche Amerikaner für die Fortsetzung dieses Schwindels stimmen sollte, oder dafür, dass die Männer und Juden, die dafür verantwortlich waren, ihn über das Volk zu stülpen, im Amt bleiben.

Und das ist natürlich NICHT die ganze Geschichte des Roosevelt-, Lehman-, Baruch- und Morgenthau-Schwindels. Das Abtauchen in die Ressourcen des Landes.

Der Bruch mit unseren Traditionen, der durch Donovans Intrigen in Jugoslawien veranschaulicht wird, ist kein Schmuckstück von Cornelia. In der Tat ist das MacLeish- und Roosevelt-Gekrächze über Patriotismus nichts weiter als die äußere Vergoldung eines Ziegelsteins aus unedlem Metall. Roosevelt im Weißen Haus zu halten, ist nicht entscheidend, um den Krieg zu gewinnen. Die beiden Dinge können völlig unabhängig voneinander betrachtet werden. Hätten Sie den Verstand gehabt, Roosevelt und seine Juden oder die Juden und IHREN Mr. Roosevelt bei den letzten Wahlen zu beseitigen, würden Sie sich jetzt nicht im Krieg befinden. Das ist ein Punkt. ABER anzunehmen, dass ihr den Krieg gewinnen werdet, indem ihr euch weiterhin in jedem internen Konflikt zum Trottel macht, anzunehmen, dass ihr die USA im Ausland stärken werdet, indem ihr euch weiterhin intern ausbluten lasst und betrügt, ist einfach nur Unsinn oder Humbug.

Der erste Schritt zu einer hellen neuen Welt, soweit es die heranwachsende amerikanische Generation betrifft, besteht darin, gegen Roosevelt und all seine Werke vorzugehen, und der zweite ist, ihn und seine ganze verdammte Bande aus dem öffentlichen Leben in Amerika zu eliminieren. Die Alternative ist die Vernichtung der Jugend Amerikas und das ENDE von allem, wofür die USA jemals gestanden haben. Wenn ihr euch blenden lasst, wenn ihr euch überreden lasst, die Morgenthau-Baruch-Kontrolle der USA durch geheime Komitees oder das Warburg-Bank-Geschwafel mit SIEG zu identifizieren, seid ihr Trottel. Wenn Sie diese Dinge und die Gewinne aus den Armeeverträgen sogar mit der Landesverteidigung verwechseln, sind Sie schlicht und ergreifend Trottel. Ich bin sehr gespannt, ob Archibald einen der Punkte dieses Diskurses aufgreift. Wenn nicht, sollte ihm ein kluger Junge helfen. Jemand sollte hier und da einen Punkt aufgreifen, über eine schwache, einsame Wellenlänge, und ihn direkt im Haus, direkt in der Heimatstadt oder im Dorf anwenden. Man sagt, deine Arbeitgeber gehen nach Russland, um rote Punkte für das System der Ausbeuterbetriebe zu bekommen. Das bedeutet auch keine Freiheit im Heimatdorf. Schlamassel, Betrug und die Zerstörung des nationalen Wohlergehens INNERHALB der Nation sind weder ein Beweis für die Eignung, die Macht der Nation im Ausland auszuweiten, noch ein Hinweis auf die Wahrscheinlichkeit, dies zu tun. Wenn die von Roosevelts Fraktion aus dem Volk herausgeschlagenen Milliarden von Dollars bei einer Wahl eingesetzt werden, können sie natürlich noch eine weitere Wahl gewinnen. Aber das ist nicht gleichbedeutend mit einem Sieg im Krieg. Natürlich wird es auch nicht gleichbedeutend sein mit der Aufrechterhaltung oder vielmehr Wiederherstellung des amerikanischen Regierungssystems, was das Letzte ist, was Roosevelt oder der jüdische Mr. Wilson vor ihm je zu wollen schienen.

Wenn Stalins Russland die ideale Version des Paradieses von Trotzki und F. Delano ist, dann ist es das, worauf sie zusteuern. Archie unter ihnen. Aber wenn sich das amerikanische Volk noch einmal hinlegt und es hinnimmt, wird es lange dauern, bis auf den amerikanischen Bergen die Fülle blüht. Die helle neue Welt wird lange brauchen, um den Blue Ridge zu erreichen. Fragen Sie Archibald, warum er so vielen interessanten Themen ausweicht.

Wenn Roosevelts Bande im Amt bleibt, werden Sie nicht NUR den Krieg im Ausland auf beiden Ozeanen verlieren, sondern auch alles, was zu Hause von Wert ist. Fragen Sie Archie, warum er sein Prestige und seine Position nicht für die Sache der Aufklärung einsetzt.

#Nr. 30 (26. April 1942)U.K.(B31)
BLAST

Es ist fast dreißig Jahre her, dass Mr. Wyndham Lewis, der vortikistische Maler, mit der Veröffentlichung einer Kunstzeitschrift namens BLAST begann, wobei das Wort allgemein Explosion von Dynamit usw. bedeutet, aber in den geheimnisvollen Tiefen von Mr. Lewis' Geist mit Blastodermen und Lebensquellen verbunden ist. Und dieses Magazin oder Manifest war auf seine Weise ein Vorbote (ich bin mir bei dem Wort Vorbote nie ganz sicher), aber es scheint allgemein akzeptiert zu sein, dass es ein Zeichen für etwas ist, das kommen wird. Nun, der andere Krieg kam und verhinderte, dass es eine periodische oder jährliche Publikation wurde, 1915 kam eine zweite Nummer heraus und das war das Ende, Gaudier-Brzeska, der Bildhauer, war in der Zwischenzeit gefallen.

Und dieses Manifest war das Beste, was wir damals tun konnten, um das durchzusetzen, was heute in der Welt oder zumindest auf dem europäischen Kontinent als die Krise des Systems bekannt ist. Krise DES Systems, nicht IN dem System; nicht eine Krise neben dem System. Aber des SYSTEMS, Krise des Systems, DEL *sistema*, nicht nur *nel sistema*.

Nun werden Sie sagen, dass die Einzelheiten der Kunstbewegung, soweit sie nur die Malerei und die Bildhauerei betreffen, an sich nicht viel ausmachen. Aber der Punkt ist, dass diese Dinge NUR auftreten, Veränderungen wie diese in Kunst und Schreiben NUR auftreten, wenn sich etwas tiefer unten bewegt, etwas in Gang kommt, etwas im Inneren arbeitet, und die LEBENDIGEN Künstler, im Unterschied zu Ausbeutern und Toten, den Drang bekommen, etwas dagegen zu TUN, den Drang, etwas WILLKÜRLICH zu tun.

Wie auch immer, Blast erschien, und irgendwo darin oder in einer zeitgenössischen Explosion von Wyndham war die Aussage zu finden: "Materie, wenn nicht ein gewisses Maß an Intelligenz in ihr steckt, zerfällt und verrottet." Es wäre ein glücklicherer Tag für ganz England gewesen, wenn ganz England auf diesen Satz geschaut hätte. Er markiert das Ende einer Ära, markiert das Ende der marxistischen Ära (wenn es eine marxistische Ära gab), markiert das Ende der Usurokratie und des Merkantilismus des XIX. Jahrhunderts. Materie, in der nicht ein gewisses Maß an Intelligenz vorhanden ist, verfällt und ROTS.

Waal, Blast hat ein wenig Aufsehen erregt, vielleicht an der Oberfläche. Es drang in gesellschaftliche Kreise ein, usw., Neuseeland griff es an. Der stinkende alte Manchester Guardian brauchte sechs Monate, um herauszufinden, dass Blast satirisch war.

BLAST hätte RECONSTITUTIVE sein können, wenn der Körper Englands nicht schon zu weit heruntergekommen wäre, zu sehr in einen Zustand der Schlaffheit verfallen wäre, um auf die Medizin reagieren zu können.

Ein Exemplar von Blast drang bis in die höchsten Kreise der Familie Beerbohm Tree vor.

Ja, Blast war auf Publicity aus, es versteckte sich nicht wie ein Veilchen. Sie war dafür gemacht, gesehen zu werden; man sagte, sie sei zwei Fuß im Quadrat; was sie nicht war, aber sie war so groß, und ihre typografische Darstellung war so beeindruckend, wie Mr. Leveridge, der Drucker, dazu gebracht werden konnte, sie zu würdigen. Und die BÜHNE wurde damals, wie wohl auch heute noch in England, weit mehr geschätzt als die bloße Kunst oder der bloße Intellekt; dass also eine KUNST-Zeitung sozusagen in die oberen Bereiche von SIR Herberts Ambiente vordrang, war bereits ein Beweis für irgendetwas, ich will nicht sagen für Vitalität, aber zumindest für Sichtbarkeit. Denn Herb, SIR Herb, war nicht nur IM Rampenlicht, sondern VON ihm, er war, wie man sagen könnte, aus Rampenlicht gebaut, aus Rampenlicht konstruiert, aus Rampenlicht gemacht, als Stoff und Substanz.

Waaal, die Tree[s] und ihr Kreis tranken Tee auf dem Rasen; wie man es in den oberen Gefilden tat, mit den entsprechenden Utensilien, großen silbernen Teeschalen usw., und es kam ein Gewitter auf, mit Donner und Blitz, und die Familie stürzte natürlich ins Haus, und eine von Sir Herberts Nichten beschrieb mir die Szene, möglicherweise eine prophetische Szene, die sich ergab.

Blast war dort einsam auf dem Rasen zurückgelassen worden, und die Nichte und Sir Herbert blickten elegisch aus dem Wohnzimmerfenster auf die Szene aus Gras und nasser Feuchtigkeit. Ein Blitz erhellte den Rasen.

Dort, in der Einsamkeit, groß auf der aufflackernden magentafarbenen Decke, die schwarzen Buchstaben deutlich, stand das Wort BLAST geschrieben. Möglicherweise wagte sich jemand hinaus, um den Schatz zu bergen, der jetzt von Antiquariaten geschätzt wird, aber wahrscheinlich tat das niemand. Es war in vielerlei Hinsicht eine träge Ära, so wenig DID.

Im Nachhinein nehme ich an, dass mein Hang zur Aktion Auswirkungen hatte: Menschen, die vom Stillstand gelangweilt waren und beim Anblick JEDER Vitalität erleichtert waren, müssen eine Winzige Minderheit gewesen sein, und die große Mehrheit der kleinen Minderheit, mit der ich in Kontakt kam, war unruhig, beunruhigt, ja entsetzt: denn dieses Zeichen der Aktion war auch eine Art Vorbote.

Irgendetwas war im Gange, oder wenn nicht tatsächlich etwas im Gange war, dann könnte irgendwo etwas passieren.

Und TATSACHE.

Nicht nur ein Krieg, sondern ein weiterer, und das ENDE der materialistischen Ära. Das Ende dieser besonders schmutzigen *Anschauung*. Nicht nur die Veränderung einer IDEE, nicht die Veränderung EINER Idee oder eines Begriffs, sondern die Veränderung einer GANZEN Lebenseinstellung. Trägheit, Faulheit, Snobismus, Gier oder was auch immer verhinderten, dass die Engländer sahen, was die Veränderung sein sollte, oder was sie war, als sie sie traf. Auch Unwissenheit, auch der Teil des konstruierten Snobismus, der dazu beigetragen hatte, den historischen Sinn auszublenden. (Nicht aus Versehen, *das* war beabsichtigt.) Aber die Dichotomie, die Spaltung war eine uralte Spaltung. Als Mencius den König Huei von Liang aufsuchte, sagte der König: "Hast du etwas, das Profit bringen wird? Das Profitmotiv war bereits bekannt, zweitausendfünfhundert Jahre vor Blast; 2.400 Jahre bevor Marx Hegel halb verschluckte. Und Mencius sagte: Warum dieses Wort benutzen, was ich habe, ist mein Sinn für GLEICHHEIT. Wenn du das in deinem Königreich nicht verwenden kannst, guten Morgen, dann habe ich mich in der Adresse geirrt.

Nun, der Sinn für GLEICHHEIT, der Sinn für Gerechtigkeit, war das, was England verloren oder verlegt hatte. *Ben dell' intelletto* nannte es Dante, oder etwas, das nicht sehr weit davon entfernt war. Der gewöhnliche Engländer würde das auf "use of your wits" reduzieren, aber ich vermute, Dante meinte etwas, das der Bedeutung von Mencius näher kommt. Wie dem auch sei, BEIDE, der Gebrauch des Verstandes und der Sinn für Gerechtigkeit oder Billigkeit, waren in England bis 1914 aus der Mode gekommen. Und das ist kein Grund zur Heiterkeit. Wenn eine Nation ihren Sinn für Gerechtigkeit und Fairness an allen Ecken und Enden verliert und ihren Verstand nicht mehr gebrauchen kann, dann ist das das Ende einer Ära oder das Ende der Nation - oder BEIDES.

Wir haben gesehen, wie das Russische Reich zu Ende ging. Großherzöge, die das Land verkauften, und die Klasse, die damals an der Macht war, ermutigte sie nicht . Wir haben das Ende der Habsburger erlebt. Man sollte meinen, dass der alte W. Steed etwas aus seinem Studium der Geschäfte der Habsburger gelernt hätte und dass er es bei seiner Beobachtung Englands angewandt hätte, aber das hat er offensichtlich nicht.

Ich weiß nicht, wo ihr herauskommen werdet, aber ich weiß, dass ihr nicht eher herauskommen werdet, bis ihr den Nutzen von klarem Denken erkennt. Bis ihr aufhört, euch selbst zu betrügen, bis ihr die Leute loswerdet, die euch in euren schlimmsten Lastern bestärkt haben - Opium der einen oder anderen Art, wobei ihr die eine Sorte nach China werft und die andere Sorte für den Hausgebrauch verwendet. Landor, Trollope, Hobhouse, Major Douglas, sogar der alte William Yeats, viele eurer eigenen Weisen haben es euch gesagt.

Und das Ta hsüeh, das Große Lernen, das erste Buch der konfuzianischen Philosophie endet: Profite nützen einer Nation nichts. Profit bringt einer Nation keinen Nutzen. Der Sinn für Gleichheit, der Sinn für Gerechtigkeit ist das, wovon eine Nation Nutzen hat.

Die ganze Rulinklasse hat sich auf den Profit gestürzt; [FCC-Transkription: sich auf den Profit gestürzt; verachtet den Gebrauch des - -, verachtet das Gut des Intellekts; verfälscht alles.

Ich helfe Ihrem B.B.C., Ihrem Fürsprecher in Indien. Indien hat schon nachgegeben, das heißt,- -und falsche Versprechungen. Jetzt hat der B.B.C. Comics und Fälschung von allem. Das Einzige, was ich im Londoner Radio gehört habe, war das, was ein königlicher Kanadier, der all die Lügen geschluckt hat, die Sie ihm erzählt haben, geschluckt hat. Er träumt immer noch in den Jahren des Viktorianischen (Jubiläums). Profitieren tut eine Nation nicht.

Sinn für Gerechtigkeit ist das, wovon eine Nation profitieren kann.

Ezra Pound spricht- -oder vielleicht nur eine Ermahnung. Das ist - - der einzige Ausweg].

#Nr. 31 (27. April 1942) U.S.(B36)
GELEGENHEIT ERKANNT

Vor mehr als 150 Jahren hatten unsere Vorfahren, d.h. die Vorfahren einiger von uns, eine GEGENWART - und sie haben sie ergriffen. Sie hatten die Möglichkeit, eine Regierung zu gründen, ohne dass ihnen absolute Fesseln angelegt wurden. Sie bemühten sich bewußt und BEWUSST um eine bessere Regierungsform als die, die damals im alten, von Bestechung geprägten England existierte. Diese Tatsache war wichtig. Nach etwa 80 Jahren war die amerikanische Regierungsform erledigt, und es dauerte fast 80 Jahre, bis wir herausfanden, wie, wann und WARUM wir betrogen worden waren.

Mehrere Säulen der Schande, Denkmäler für die Verbrechen von Ikieheimer, Sherman und wahrscheinlich Stanton sollten vor dem Lincoln Memorial in Washington aufgestellt werden, um zu erklären, warum Lincoln erschossen wurde, warum Booth auf der einzigen Straße aus Washington herauskam, auf der es keine Polizeiwachen gab, nachdem er Abe Lincoln erschossen hatte, denn das war die EINE Straße, die er wahrscheinlich nehmen würde, und die kürzeste Verbindung ins Südland.

All das bedarf einer Erklärung, ebenso wie die Kapuzen der Gefangenen, die sie sicherlich davon abhielten, im Gerichtssaal zu erscheinen, als Doc Mudd und die anderen vor Gericht standen. Was für eine andere Erklärung wurde jemals gegeben oder kann erfunden werden, um diese Form der illegalen Folter zu erklären?

Waaal, das ist alles sehr mysteriös. Und es ist definitiv ein Zeichen für den Niedergang (um es milde auszudrücken) des Rechtsbewusstseins in Amerika. Unser Sinn für Fairness ging verloren, der amerikanische Anstand ging verloren.

Dann kam die Ära der Samthandschuhe. Dann kam die Verunglimpfung des Systems. "Niedergang des demokratischen DOGMA", schrieb Henry Adams und schob seine Worte hin und her. Der Niedergang, wie ich ihn sehe, lag nicht im DOGMA, sondern darin, dass man das Dogma völlig im Stich ließ. Sie waren gestrandet und schenkten dem Text der wesentlichen Aussagen des DOGMA, wie der Freiheit, anderen NICHT zu schaden, keinerlei Beachtung. Sie schenkten den wesentlichen Punkten der Verfassung keine Beachtung. Sie lassen es zu, dass die GANZE wirkliche Macht und Souveränität dem Volk und den LEGITIMEN Vertretern des

Volkes und den verantwortlichen Exekutivbeamten entrissen und dem VERMIN übergeben wird. Und nicht einmal amerikanische Läuse in allen Fällen.

"Wir können die Zirkulation von Greenbacks nicht erlauben", können die Zirkulation von NATIONAL-Geld nicht erlauben, sagten die Kahalisten, weil wir sie nicht kontrollieren können. UND die amerikanischen MUGS ließen es dabei bewenden, es dauerte siebzig Jahre bis sie es kapiert hatten. CALHOUN hatte es besser gewusst. Er hatte die Kredithaie aus dem Norden durchschaut. Waal, Calhoun war zu der Zeit schon tot. Nun, er wurde an der Wurzel getötet, dem EINZIGEN wirksamen Mittel, um das Amen-Dosen-System zu ruinieren, da es aus dem System extrahiert, geklaut, gestohlen, AUSGENOMMEN wurde. Das System wurde natürlich schwach und schlaff.

Und da die Ideen der Amerikanischen Revolution in Europa gewachsen waren, bevor wir sie in die Tat umsetzten, war der amerikanische Boden noch nicht bereit, viel originelles Denken hervorzubringen. Sogar Ole Walt Whitman bekam einen Schuss in den Arm, Hindu-Denkweisen, die er als Mittel gegen die aus England importierte Teetisch-Schreibweise einsetzte.

Nun, lassen Sie mich bei der Stabilität bleiben, lassen Sie mich bei der POLITISCHEN Ethik bleiben, und nicht in literarische SYMPTOME einer Krankheit abschweifen. Was auch immer die Ursachen, die Fruchtbarkeit, die Fruchtbarkeit der amerikanischen Natur sein mögen, es bleibt festzuhalten, dass abgesehen von einigen abtrünnigen Kolonien mit sogenannten FUNNY-Ideen, kleinen Gruppen von Leuten, die ein bisschen Land kauften und soziale Experimente versuchten, in New York, Utah und in Connecticut, es nicht viele Reorganisationsbemühungen in den Vereinigten Staaten von Amerika gab Die Repräsentation der UNTERSCHIEDLICHEN Arten von Menschen war BUST, nicht ihre Kruste war gebrochen, ihre Kruste war alles, was NICHT gebrochen war. Der aufsteigende Ballon wurde angestochen, er wurde in die Länge gezogen, und die Lebenskraft wurde aus ihm herausgelassen. Sogar die Anwälte, die als Klasse oder Berufsgruppe in den Anfängen des amerikanischen Systems viel zu sagen hatten, wurden in Butler- und Lakaienpositionen gedrängt. Die Gewerbetreibenden, die Handwerker, die Bauern, die Landarbeiter, die Grundbesitzer, die keine riesigen Ländereien besaßen, sie alle wurden immer WENIGER vertreten; ihre Interessen, ihre Macht zu leben, ihre Macht, den staatlichen Mechanismus als Mittel zum guten Leben zu nutzen, wurden aus ihrem Griff genommen. Schlimmer oder besser in Europa, wo einige stinkende alte Systeme, alte stinkende Traditionen, der Habsburger von England, der Habsburger und Romanows, immer mehr Hass innerhalb ihrer eigenen Grenzen schufen.

England hat das System der amerikanischen Bundesstaaten einfach nie eingeholt, war verkrusteter, war näher an der ROTTEN borough confederation, nicht NUR als Tatsache, sondern als DOGMA. Nichts in Europa vor 1920 kam in die Reichweite des amerikanischen Systems, wie es von 1798 bis 1860 oder '65 war.

So wie es vom Beginn des Revolutionskrieges 177b an war, bis Andy JOHNSON aus dem Weißen Haus vertrieben wurde. Wir Amerikaner, wir VEREINIGTEN STAATEN haben immer noch gesetzliche Rechte auf dem Papier, die Europa über hundert Jahre lang mit Neid betrachtete. Und WIR Amerikaner sind solche verdammten MUGS, dass wir nichts damit anfangen können.

Wir machen überhaupt keinen Gebrauch von den Rechten, die wir GESETZLICH besitzen. Wir lassen einen gemeinen Haufen von Schönlingen unsere unansehnlichen Präsidenten wählen, das heißt, aussuchen und auswählen.

Wir lassen sie das Codf-Ass einsetzen; wir lassen sie Franklin D. Roosenvelt beibehalten, und lassen ihn bewusst oder unbewusst laufen, damit er ihnen hilft, uns zu beschmutzen, oder damit er in der schmutzigen Rille gehalten wird, die das amerikanische Erbe ruiniert. Und das amerikanische Volk wird jedes Jahr dümmer und dümmer und zeigt immer weniger Lust, sich mit den Fakten zu befassen. Sie lassen sich NICHT davon warnen, was mit Ländern wie Frankreich und England passiert, die die Juden in den Sattel steigen lassen und sie in den Ruin treiben.

Daher meine Aufmerksamkeit für die NÄCHSTE soziale Konstruktion. Das zeitlich nächste Regierungssystem, das mit demselben Ziel wie das unsere errichtet wurde, nämlich ein besseres Regierungssystem zu schaffen, als es zuvor irgendwo auf der Erde im Abendland in Gang gesetzt worden war.

Man muss schon zu den großen außergewöhnlichen Herrschaften [von] Hong Vou oder irgendeinem Kaiser gehen, dessen Verwaltung jedem in den Vereinigten Staaten oder Europa weitgehend unbekannt ist, um irgendetwas in [der] menschlichen Aufzeichnung zu bekommen, das besser ist als in Deutschland und in Italien [um] das WIRKLICH zu machen, was in den Vereinigten Staaten von Adams und Jackson beabsichtigt worden war. [Nun, nach 130 Jahren, kommt eine weitere] Revolution und versucht, eine bessere ART von Regierung zu errichten, als es sie 1920 in Europa ODER Amerika gab, denn das ist der einzige Ort, den man in Beziehung setzen kann. Wenn ihr keine kopflosen Bugs oder eine andere affenartige Spezies wärt, würdet ihr zumindest die FAKTEN über faschistische und nationalsozialistische Organisationen wissen wollen. Sie würden wissen wollen, warum und WIE Italien und Deutschland aus der Asche auferstanden sind und zerschlagen wurden. Sie würden WISSEN wollen, welche Mittel eingesetzt werden, um den Willen des Volkes in Deutschland und in ITALIEN WIRKLICH zu machen.

Indem man die WÜNSCHE des Volkes an die erste Stelle setzt, indem man ZUERST bekommt, was das Volk will, und erst an zweiter Stelle, was es will. GEMEINSCHAFTSORGANISATION, koordiniert an der Spitze, da dies der einzige Ort ist, an dem man korrelieren KANN, Mängel anderer vorgeschlagener Systeme werden beseitigt, Unfähigkeiten von Wirtschaftssekten werden beseitigt, Unfähigkeiten werden durch KAPAZITÄTEN ersetzt. Das Wichtigste im Leben ist es, weiterzuleben, weiterzuleben, nicht zu sterben. Jeder Mensch ist IN dem System vertreten, verkörpert IN dem System mit jemandem, der für ihn und für das Zentrum verantwortlich ist.

Es gibt ein italienisches Motto - *spectamur agendo -, das besagt,* dass die Dinge nach ihren Handlungen, nach ihren Auswirkungen beurteilt werden. Deine erste wache oder bewusste Handlung wird sein, herauszufinden, WARUM Europa das tut.

Ich weiß nicht, WIE ich Ihnen helfen soll, wenn Sie nicht über die amerikanische Verfassung nachdenken wollen, wenn Sie nicht wollen, verdammt noch mal, versuchen Sie zu erkennen, warum sie NICHT funktioniert. Wer kann das leisten? Wenn Sie nicht wollen, dann unternehmen Sie Schritte, um sie wieder in einen funktionierenden Zustand zu versetzen, und sorgen Sie verdammt noch mal dafür, dass sie FUNKTIONIERT. Wenn Ihr Wille sich auf dieses ZIEL richtet, kann ich Ihnen vielleicht ein wenig Erleuchtung bieten.

Solange Sie aber fest entschlossen sind, sich hinzulegen und sich vom Präsidenten über den Tisch ziehen zu lassen, wird es schwierig sein, Sie aufrecht und senkrecht zu halten. Oder in der Tat etwas Besseres als einen Zustand von chordee zu produzieren.

#Nr. 32 (30. April 1942) U.S.(B37)
NICHT-JEW

Ich misstraue natürlich den Zeitungsnachrichten aus Amerika. Ich stöbere in der Masse der Lügen, weil ich weiß, dass die meisten Quellen völlig UNzuverlässig sind.

Nichtsdestotrotz scheint es eine Meinungsverschiedenheit zwischen einer ziemlich großen Anzahl von Amerikanern und einer ebenso großen Anzahl von Juden, jüdischen Spielkameraden und den Bettgenossen von Juden und Jüdinnen, von Eve Curie bis Lehman und Lippmann, zu geben oder zu geben.

Die Begriffe "interventionistisch" und "isolationistisch" scheinen die Fronten nicht klar zu definieren. Senator Johnson, ich nehme an, das ist Hiram von Kalifornien, wurde kriegslüstern, als Japan einmarschierte. Natürlich, wenn man bedenkt, welchen Staat er vertritt.

ABER Klarheit hat es nicht gegeben und wird es auch nicht geben, bis eine genaue Zählung der URSPRÜNGLICHEN Kriegsbefürworter durchgeführt wird und bis jeder Kriegsbefürworter-Jude namentlich aufgeführt ist. Ich denke, dass die NICHT-Kriegsjuden (zumindest diejenigen, die vor Beginn des Krieges Nicht-Kriegsjuden waren) sehr, sehr, sehr, sehr klein sein werden.

In der Tat, abgesehen von den Diebstählen und Extraktionen der Bande hinter dem Musikhagel des Finanzministeriums, wird es immer schwieriger, amerikanische Angelegenheiten AUSSER auf rassischer Basis zu diskutieren.

Ob Amerika jetzt oder in 20 Jahren aufwachen wird, hängt wohl von der Unternehmungslust der Yankees ab. Was auch immer Sie in Amerika lesen, wir lesen hier, dass die Amerikaner, die U.S.A., irritiert sind, weil sie sich UNVORBEREITET in einem Krieg wiederfinden. Enttäuscht vom britischen FLOP.

Irgendwann werden die Angelsachsen vielleicht aufwachen und begreifen, dass der jüdische Kahal und die geheimen Kräfte, die in dem unappetitlichen Kadaver von Franklin D. Roosevelt konzentriert oder gebündelt sind, KEINE arischen oder nicht-jüdischen Nationen in KRIEGE stürzen, damit diese Nationen Kriege gewinnen können. Die nicht-jüdischen Nationen werden in Kriege gestürzt, um sich selbst zu zerstören, um ihre Struktur zu zerschlagen, um ihre soziale Ordnung zu zerstören, um ihre Bevölkerungen zu vernichten. Und es gibt in der Geschichte keinen flammenderen und flagranteren Fall als unseren eigenen Amerikanischen Bürgerkrieg, von dem man sagt, er sei ein abendländischer Rekord in Bezug auf die Größe der eingesetzten Armeen und wird nur von den jüngeren Triumphen der Warburgs, den Kriegen von 1914 und dem jetzigen, übertroffen.

Nochmals: Was auch immer Ihre eigene Presse Ihnen mitteilen konnte, es ist eine Neuigkeit, oder sollte eine Neuigkeit sein, dass Europa an der Frage der Freimaurerei interessiert ist. Nichts wird für Amerika im Allgemeinen, aber insbesondere für die ehrlichen Männer, die zahlenmäßig den größten Teil der amerikanischen Freimaurerei ausmachen, ein größerer Schock sein als die Ansicht, die in Europa über diesen Orden vertreten wird.

Ein Amerikaner sagte vor einiger Zeit zu mir: "Ich bin Freimaurer, meine Frau ist katholisch, die Kinder gehen auf eine katholische Schule, und ein Mann müsste ziemlich KLEIN sein, um zuzulassen, dass sie (d.h. seine Freimaurerei) seine Politik beeinträchtigt." Das ist, glaube ich, die Einstellung von 95 % der amerikanischen Freimaurer.

Niemand in den Vereinigten Staaten wird sich mehr über das Gerede von den Verbindungen zwischen der Freimaurerei, ihrer zentralen Kontrolle, dem Judentum, Anglo-Israel und dem britischen Geheimdienst wundern [als die Angehörigen der amerikanischen Freimaurer]. Das ist alles NEU[S] für den ländlichen Amerikaner. Giraffe!! So ein Tier gibt es nicht.

Nun, diese Spaltungen, diese Ausschnitte aus einer NATION sind schädlich. Ich habe meinen auserwählten Lesern seit Jahren gesagt, dass England im XIX. Jahrhundert in allen Arten von intelligenten Aktivitäten, im Schreiben von Büchern usw. weit hinter Frankreich zurückfiel, weil es JAHRE lang vom europäischen Kontinent abgeschnitten war. Während der napoleonischen Schindluder wurde Deutschland ins Exil geschickt, oder man hat versucht, es nach Versailles zu verbannen. Ich selbst habe vergessen, was ich von der deutschen Sprache wusste, erst als ich mich aufregte und Leo Frobenius lesen wollte, habe ich mein deutsches Wörterbuch aus der Mottenkiste geholt. Und ich bin nicht der schlimmste Fall.

Nun, Isolierungen dieser Art sind SCHLECHT für eine Nation. George Santayana kann sein Manuskript wegen des Krieges nicht an Scribner's schicken. Das ist ein Punkt, nur ein Punkt. Du wirst es herausfinden, Bruder. Störung des Kommunikationsdienstes. Rothschild, der Gestank der Hölle, der das österreichische Postwesen und die Zensur zur Zeit Napoleons erfasst hat. Hundert Jahre später ist Österreich das dümmste und geistig am wenigsten wache Land in Europa, und FLOPS. Frankreich war wach, die Rothschilds stiegen in die Bank ein oder stanken Frankreich, ich glaube, 1843.

Innerhalb von hundert Jahren geht Frankreich seinen Piraten Reynaud hinunter und fällt in den Abgrund. Du wirst es herausfinden, Bruder, vor oder nach dem Bauchklatscher. England ist auf der Wippe. Der zentrale Stinker hat die Vereinigten Staaten 1863 verraten. Die Feindseligkeiten aufrechterhalten, die Rebellen bei der Stange halten, *divide et impera*.

Jetzt tut es derselbe Haufen von Juden in England. NICHT zum Wohle des amerikanischen Volkes. Sassoons, Paviane, Rothschilds usw. wandern in die Vereinigten Staaten ein und verseuchen das ganze Land, im Kielwasser von Zukor und den anderen schönen Blumen der semitischen Kultur.

Sehen Sie sich Litvinovs Gesicht an. Die SEELE leuchtet in Schönheit. Griechische Philosophie weggeworfen, Justinian, weggeworfen, der Sinn des GESETZES, der ganz Europa aufbaute, in den Müll gekotzt. Der Sinn des ENGLISCHEN RECHTS, der sich aus dem römischen Recht entwickelt hatte, wurde in den Müll gekotzt. Du wirst es herausfinden, Bruder, später oder bald, und ich würde es früher bevorzugen, damit ich einige Überlebende treffen kann.

Interessiert sich NUR für Bunk, sagt der durchsichtige Anwalt, seem' was du rüberbringen kannst. Unmoralische Geometrie, Freud, Bergson, die durch alle Ritzen hineinkriechen. EHRLICHKEIT des [Denkens] in allen und jeder Abteilung weggeklaut, unterminiert, trocken verrottet, nass verrottet. Und einfältige, elegische Dichter wie Archie werden zur Zierde vor die Tür gesetzt. Nein, Bruder, das amerikanische Volk wird anfangen müssen, Fragen zu stellen. WAS SIND DIE FREIMAURER? Woher bekommen sie ihr Geld? Und WER kontrolliert sie? Wer ist der große STILLE Lärm in ihrem Zentrum?

WAS ist der britische Geheimdienst? Ein Geheimdienst? Kämpfen sie gegen das britische Volk? Wie ist Willie Wiseman dorthin gekommen? Warum untersuchen die OPPOSITON-Zeitungen, die Zeitungen, die sagen, dass sie gegen Frankie Finklestein Roosevelt waren, warum untersuchen sie diese Dinge nicht?

Was ist der KAHA[L]? Warum untersuchen Sie nicht den Talmud? Der Talmud, von dem gesagt wird, er habe die Juden verdorben. Einige Juden verunglimpfen ihn. Was steht wirklich im Talmud über die Entstehung von Unordnung? Warum hat die Firma, der Verlag, der die Protokolle gedruckt hat, sein Geschäft aufgegeben?

Waaal, vielleicht haben sie das Geschäft aufgegeben, weil sie nicht genug Verstand hatten, um mich weiter zu drucken. Aber sehen Sie es sich an. Regen Sie sich nicht auf, bis Sie echte Beweise haben. Es gibt ein Gebäude außerhalb von Washington und so weiter, sehen Sie es sich an.

Fangen Sie kein Pogrom an. Das heißt, keine Ermordung von kleinen Juden im alten Stil. Dieses System ist überhaupt nicht gut. Natürlich, wenn jemand einen Geniestreich hätte und ein Pogrom an der Spitze auslösen könnte, dann könnte man etwas dafür sagen.

Aber im Großen und Ganzen sind legale Maßnahmen vorzuziehen. Die sechzig Juden, die diesen Krieg begonnen haben, könnten zur Weltprophylaxe nach St. Helena geschickt werden. Und ein paar Hyperjuden oder nichtjüdische Juden gleich mit. Ich werde zufrieden sein, wenn ich mit meinem Büffelnickel dazu beitrage, ein wenig gesunde WISSENSCHAFT zu wecken, eine kleine gesunde Untersuchung, was die Ursachen für das Unglück sind.

Goethe hatte etwas im Sinn, als er sein Stück "Faust" schrieb. Ich kann nicht ALLES erforschen, aber das ist, wie ich es sehe oder fühle, ein Feld für gründliche Forschung. Der Fehler der Philologie im XIX. Jahrhundert bestand darin, alles in Splitter aufzuspalten, einen Mann auf ein mikroskopisch kleines Gebiet zu konzentrieren, und vielleicht kann man ihn daran hindern, zu sehen, was es mit dem nächsten Gebiet zu tun hat, oder mit dem Nationaleinkommen oder mit der Gesundheit der Nation.

NÜTZLICH, ich bin eine Autorität für Arnaut Daniel, zum Beispiel, jeder Doktorand kann eine Autorität werden, auch eine sehr gute Übung, wenn er nicht verblödet und büffelt. Wenn er nicht die Fähigkeit verliert, das, was er weiß, in sich aufzunehmen, wenn er nicht sieht, dass es Zusammenhänge hat oder haben könnte - vielleicht etwas impliziert oder anderes.

Genauso wie der VERLUST, der absolute Verlust der Handwerkskunst, das VERLASSEN der Oberlichter, das Schnitzen des Holzes in den Oberlichtern über den Türen der Londoner Häuser, etwas oder etwas anderes BEDEUTET. Warum ist unsere koloniale Architektur, das, was man unsere koloniale Architektur nennt, den Bach runtergegangen? Die Holzschnitzerei, die koloniale Möbeltischlerei, ich meine die Möbeltischlerei, nicht die Hulls und Knoxs, ging den Bach runter, die amerikanische Silberschmiedetechnik, warum ging sie den Bach runter? Wann fallen solche Dinge mit anderen Phänomenen wie der Toleranz gegenüber Wucher zusammen? Es gibt ARBEIT für alle Arten von Menschen, solange der Musiker oder der Glasbläser seine IDEE tief genug in sie hinein trägt; der Bildermaler, wenn er seinen Geist tief genug in sie hinein trägt, wird feststellen, dass er nicht allein ist, nicht isoliert, einsam, etwas zu tun hat; eine Offenbarung, eine VITALE Beziehung mit dem Rest der Menschheit.

Genug für diesen Abend.

#Nr. 33 (4. Mai 1942) U.S.(B38)
UNIVERSALITÄT

Die bolschewistische Antimoral kommt aus dem Talmud, der die schmutzigste Lehre ist, die irgendeine Ethnie jemals kodifiziert hat. Der Talmud ist der einzige Begründer des bolschewistischen Systems.

Und wenn es in den Vereinigten Staaten von Amerika Christen gibt, dann täten sie gut daran, Renans Warnung zu beachten. Sie täten gut daran, den Unterschied zwischen dem griechischen und dem hebräischen Teil der Bibel zu bedenken.

Sie täten gut daran, einen objektiven Blick auf den Bericht über die hebräische Barbarei zu werfen und auf die Art der Revolte Christi, wie sie in den Evangelien beschrieben wird. Ich habe nicht vor, auf Fragen der Paläographie und Archäologie einzugehen. Theologen oder Religionsstudenten haben dies und jenes über die Entstehungsdaten, Quellen usw. des Alten Testaments gesagt.

Ich habe nicht vor, auf diese Fragen einzugehen, sie können professionellen Archäologen überlassen werden. Da ich in meiner Kindheit täglich in der Bibel gelesen habe, habe ich vielleicht einen objektiveren Blick auf sie als, sagen wir, Bischof Temple.

Ich schlage vor, die Aussagen in der King James Version zu betrachten und sie für bare Münze zu nehmen. Ich bitte Sie, darauf zu achten, was Sie in Ihren Bibeln lesen können. Beschränken wir uns vorerst auf die beiden Abschnitte, nämlich das Alte Testament und die Evangelien, und lassen wir die Fragen zum Heiligen Paulus beiseite.

Das Alte Testament ist eine Sammlung von heteroklitischen Werken, Chroniken, Psalmen, Prophezeiungen und Ekklesien. Und die Chroniken berichten über die Taten einer durch und durch abstoßenden Ethnie von Barbaren.

Die Propheten haben nicht aufgehört, das Verhalten der Mitgläubigen zu beanstanden. Ihr werdet vielleicht sagen, dass alle schmutzigen Barbaren zu jener Zeit viel von einem Vielerlei waren.

Aber es gab einen Kerl namens Perikles, es gab einen Kerl namens Aristoteles, es gab verschiedene Schriftsteller, wie Homer und Hesiod. Und sie bauten einen europäischen Kodex auf. In der Tat ist die europäische Zivilisation, und zwar so weit, wie sie auf die abgelegenen

Inseln vor der nordwestlichen Ecke Europas eingedrungen ist, so weit, wie sie auf dem nordamerikanischen Kontinent eingeschlossen wurde. Die Menschen brachten Flügel und kleine Gipsbüsten von Mozart und Haydn über den Mississippi und in die Kiefernwälder von Michigan.

Diese ZIVILISATION ist im Mittelmeerraum entstanden. Und diese Zivilisation hatte äußere und innere Feinde. Barbarenstämme schlugen gegen ihre Ränder, und Korrumpierer drangen in sie ein, so wie sie in den letzten hundert oder 160 Jahren in die Vereinigten Staaten von Amerika eingedrungen sind.

Nun gut, was sagt Ihnen Ihre Bibel über die SOZIALE Organisation? Sie sagt Ihnen, dass die Juden in die Gefangenschaft gingen, d.h. in einen Zustand, in dem sie KEINE ZIVILVERANTWORTUNG hatten, zum großen Teil einen Sklavenstatus. Was ihre eigene Organisation anbelangt, so bestand sie aus dem, was noch immer im Kahal-System überlebt. Es gab ein GESETZ, NICHT ein ethisches System. Dieses Gesetz bestand aus einer Reihe von Verboten, und es gab kaum eine Unterscheidung zwischen den Übertretungen; was es gab, bezog sich hauptsächlich auf den HAUPtzweck des Gesetzes, nämlich Bußgelder zu verhängen, die an eine Bande oder einen Stamm von angeblich religiösen Vorgesetzten zu zahlen waren, die anscheinend keinen besonderen ethischen Status hatten.

UNVERANTWORTLICHE Besteuerung, Besteuerung an und zum Nutzen einer Bande von Ausbeutern.

Genau wie die Bank of England oder das System von Morgenthau und Warburg in den Vereinigten Staaten. Die Besteuerung des Volkes mit ZWEI Dollar für jeden von der Regierung ausgegebenen Dollar.

Das ist das GRUNDLEGENDE; alle besonderen Betrügereien und Schwindeleien bei Armeeverträgen oder Verträgen in Friedenszeiten sind EXTRA, über und neben dem Hauptschwindel. Ich lasse alle Detailfragen außen vor, Fragen danach, was Moses in Ägypten gelernt hat, was die Juden in Babylon aufgeschnappt haben. Ich frage Sie, WARUM wurde CHRISTUS gekreuzigt? Er wurde gekreuzigt, weil er versucht hat, einen Betrug zu begehen. Es gab schon vor dem NULL-Jahr der christlichen Ära mystische Sekten in Palästina. Manche sagen, dass es sie schon seit 200 Jahren gab.

Es geht mir nicht um die religiöse und mystische Frage. Ich frage, WARUM der Sanhedrim und die Priester und Leviten so sehr auf die Kreuzigung fixiert waren. Pontius Pilatus konnte es nicht begreifen. Er war nicht daran interessiert, eine Revolte an seinen Händen zu haben. Also wusch er sie. ABER was hat die großen Männer in der Judery aufgewühlt?

Stellen Sie fest, dass in den christlichen Evangelien KEINE Bestimmung über die Besteuerung der Bürger zu finden ist. Es gibt KEINE Institution einer zentralen Regierungsbehörde, die befugt ist, das Volk für Verstöße gegen verständliche Bruchteile eines finnischen Gesetzbuches zu besteuern.

Das traf den alten Kajaphas genau da, wo er lebte. Genau dort, wo der kikifizierte Engländer immer noch lebt, nämlich genau in die Tasche. Was den Talmud betrifft, so ist das etwas viel Niedrigeres. Das ist der Kodex der Rache, der geheimen Mittel zur Rache. Er zielt speziell auf die Zerstörung aller nichtjüdischen Ordnung ab. Es ist ein schmutziges Buch, dessen Lektüre reifen und verantwortungsbewussten Studenten der Psychose und der Pathologie vorbehalten sein sollte.

Daraus sind die Bolschewiki entstanden. Daraus erwuchs die Entschlossenheit, Europa zu ruinieren, das Christentum zu zerschlagen und den Gottlosigkeitskult zu errichten. Und es ist entweder eine Ironie oder eine Tragödie, dass englische und amerikanische Christen in eine Kollaboration mit dem blutigen Russland verstrickt sind. Ich persönlich bin sehr skeptisch, was die Tiefe des englischen und amerikanischen Christentums angeht. Mein Großonkel Albert sagte, er bevorzuge die Episkopalkirche, weil sie sich weder in die Politik noch in die Religion eines Menschen einmische.

Ich nehme an, es SIND amerikanische Christen. Ich habe sie nie so christlich gefunden wie Deutsche und Italiener, die zufällig religiös sind. Es ist nicht meine Aufgabe, die Schafe von den Ziegen zu trennen. Ich sehe die Padri Emiliani in Rapallo, die tagein, tagaus hart arbeiten, um einen Haufen Waisenkinder aufzuziehen und sie zu guten Handwerkern zu machen.

Von meinem Schlafzimmerfenster aus sehe ich eine Kapelle, die auf einem vernünftigen Wirtschaftssystem aufgebaut ist. Die Bauern auf dieser Seite des Berges hatten nämlich den Stein unter den Füßen und wollten eine Kapelle, also holten sie den Stein aus dem Berg und bauten die Kapelle. Ich nehme an, sie glauben an etwas. Und es ist ziemlich sicher, dass das FASZISTEN-Regime diese Art von Aktivitäten gutheißt. Ich habe meine eigene Art von Religion, und niemand hier schlägt mir auf den Kopf, weil ich an sie glaube. Ich behaupte nicht, dass sie für alle Arten und Bedingungen von Menschen geeignet ist.

Sie passt zu mir und ich habe sie. Niemand, nicht einmal der Erzbischof, mit dem ich mich gelegentlich angeregt und vorwurfsvoll unterhalte, hat mich aufgefordert, mich auf den Misthaufen zu werfen. Er sagt gelegentlich, dass das Evangelium ein gutes Evangelium ist. Er ist älter als ich und nicht mehr ganz so explosiv.

Ich sehe und billige die Leute in Rapallo, die am Ostermorgen zum Meer hinunterkommen, nicht so viele wie früher. Ich sehe, wie die Bäuerinnen um die Osterzeit ihre Seidenraupenkokons in die Kirche bringen, um sie segnen zu lassen, und sie unter ihren Schürzen verstecken. All das zeugt von Respekt vor der Gottheit. Niemand besteuert sie dafür oder dafür, dass sie es nicht tun. Sie bringen ihr vorzeitig gekeimtes Gras hervor, indem sie den Samen auf nasses Flanell legen, und legen kleine Reihen vor die Altäre. All das ist sehr hübsch, es mag Teil einer Theorie sein oder auch nicht. Ich denke, es trägt zu den Annehmlichkeiten bei; jedenfalls ist es Teil des guten Lebens, Teil der Lebenskunst.

JEDER chinesische Gentleman, zumindest auf Wang Chin-Weis Seite der Linie, würde es respektieren, und japanische Samurai würden es respektieren.

Ich respektiere es auch. Ich betrachte es als Teil der Zivilisation, gegen die Sie eine Horde blutiger Barbaren haben, die von einem Haufen Stinktiere finanziert werden. Treffen Sie ein paar Mongoloid- oder Tar Tar Tar-Kommunisten. Treffen Sie ein paar von Baruchs Import, von Warburgs Import, treffen Sie die unteren Schichten, nicht nur die Willie Wiseman's, die mit Direktorenposten ausgestattet wurden. Lernen Sie ein paar dieser dreckigen Schweine kennen, die Bachs Musik zerstören wollen.

Bach? AUS.

Shakespeare? RAUS.

Zerstört alles, was der Zivilisation förderlich ist. Verdammte Zivilisation. Der Jude ist auf alle Macht aus. Der Jude und das unermessliche Böse, das sich in LONDON konzentriert, seit die britische Regierung die Indianer auf den Mord an den amerikanischen Grenzsiedlern angesetzt hat. Hat den Slawen, den Mongolen, den Tataren offen gegen Deutschland, UND POLEN, und DIE DÜRRE Finnland, und Rumänien geschleudert. Und SECURELY gegen alles, was in Amerika anständig ist. Gegen das gesamte amerikanische Erbe. Das ist mein Krieg, ganz klar, ich bin seit 20 Jahren dabei. Mein Großvater war schon vor mir dabei.

#34 (9. Mai 1942) U.S. (B39)
DIE DAUER

Beim letzten Mal habe ich gesagt, dass mein Großvater vor mir dabei war. Ich sagte, dass dies MEIN Krieg sei, und dass mein Großvater vor mir darin gewesen sei. Und wir waren und sind beide auf der gleichen Seite. Das letzte Mal, als ich den alten Mann sah, muss ich etwa 12 Jahre alt gewesen sein. Ich sehe ihn noch vor mir, wie er sich in unserer so genannten Bibliothek in Wyncote in einem großen Schaukelstuhl niederließ und auf ein lustiges Kohlengitter aus Patenteisen blickte, das unter dem Bild meiner Urgroßmutter stand. Die andere Seite der Familie, die sich für die bessere Seite hielt.

Ja, gesellschaftlich gesehen usw., obwohl ich das bezweifle. Der Ur-Ur-Enkel von Whaler studierte Griechisch, während die andere Seite aufs College ging. Waaal, so kam es, ich ins Ausland ging und sehr wenig von ihm wusste, bis mein Vater vorbeikam und zufällig ein paar alte Bücher mitbrachte. Und da waren Ausschnitte über alte politische Dinge, 1878 Grover Cleveland usw. Der Schwindel mit der Demonitisierung des Silbers.

Ich könnte eine ganze amerikanische Geschichte schreiben, indem ich mich auf unbekannte Leute in vier oder fünf Familien beziehe. Aber der KRIEG war immer derselbe Krieg. John Adams, Jefferson, Van Buren und Jackson, und schließlich Abe Lincoln, V.P. Johnson, mein Großvater. Alle kämpften gegen die kikifizierten Wucherer, alle versuchten, einen ehrlichen Tageslohn für einen Tag echter Arbeit DURCH das Volk zu bekommen. Sie alle wollten, dass das Geld der Regierung ehrlich verwaltet wird. Ich hatte Henry Adams Leben von Gallatin nicht, ob dieser Jude ehrlich oder einfach nur schlau war, überlasse ich denjenigen, die Henrys Leben von Albert Gallatin und andere Dokumente finden können. Hätte Jefferson zu John Adams gehalten, anstatt ihn zu erfinden, als sie beide auf der Ruhestandsliste standen, wären die Dinge anders gelaufen. Aber in der Geschichte zählen die Mächtigen nicht viel. Jefferson hat sich zumindest gegen Alex Hamilton durchgesetzt.

Zwei große Freundschaften, die die Grundlage der amerikanischen Geschichte bilden. John Adams und Jefferson, Van Buren und Andy Jackson. Du kannst dir die Zeit damit vertreiben, diese Geschichte zu lesen. Es wird die Jungs zu besseren Bürgern machen. Jeder junge Mann wird amerikanischer, wenn er sich zuerst mit der amerikanischen Geschichte befasst, bevor er exotische Perversionen schluckt.

Wie sind wir dahin gekommen, wo wir sind? WARUM hat Signor Zobi im Jahr 1850 die USA für die Bewunderung Europas hochgehalten? Er erzählte seinen Lesern von George Washington. Warum wandte sich Lartdor, der den meisten von Ihnen durch die griechische Kultur bekannt ist, von Perikles und Aspasia ab, um ein Gedicht an General Jackson zu schreiben? Das war Amerika. Es waren Versprechen. Ich würde sagen, es waren Versprechungen und noch verdammt viel mehr. Sieh dir das an, Archie, Amerika war nicht nur Versprechen. Amerika war Kolonialarchitektur, gutes Essen, sogar in meiner Jugend konnte der schwarze Koch einen braunen Eintopf kochen. Ich habe nie eine zweitklassige Küche gesehen, bis ich auf dem College in Restaurants gegessen habe. Und dann, verdammt noch mal, war ein Austerneintopf ein Austerneintopf. Ich meine, kulinarisch standen wir keinem Mann, nicht einmal einer Frau aus irgendeiner Nation nach.

Französische Köche waren reine Fantasie. Aber das Eis aus Rahm, ganzer Sahne und Pfirsichen, festen Pfirsichen, wurde von Sindar NICHT übertroffen, es war keine europäische Besonderheit.

Amerikanische Silberschmiede, amerikanische Kolonialmöbel, sogar die Schnitzereien auf amerikanischen Grabsteinen, wenn es keine nennenswerten Skulpturen gab. Jeffersons Haus, für das Haus eines reichen Mannes, oder eines Mannes, der wie ein reicher Mann lebte und bankrott ging. Monroes Haus, ich würde sagen, das Haus eines Mannes, der im Rahmen seiner Möglichkeiten lebte. Das Haus von Adams, die beiden Häuser, das Haus des armen Mannes und der Sohn des armen Mannes. Aus all diesen Häusern könnte man etwas lernen, etwas über POLITIK in dem hohen Sinn, den der alte Harry Stotle hochhielt, den er zur Bewunderung der Menschen hochhielt.

Etwas, das in gewisser Weise höher ist als die Ethik, die weitere Ausdehnung der Ethik, die aus einer soliden Ethik erwachsen muss. Dann ging etwas kaputt, 1867 ging es kaputt oder wurde kaputt gemacht. Und die Dokumente sind vorhanden. Hazard-Rundschreiben, Korrespondenz von Sherman, Ikleheimer und Rothschild. Wann werdet ihr endlich anfangen zu denken? Zehn Jahre später kam ein Gesetzesentwurf durch, der das Silber verdrängte. Und es gab nie wieder genug ehrliche Kräfte in unserem Kongress, um ein EHRLICHES Gesetz über Geld durchzubringen. Einige Flugblätter, einige Änderungsanträge versuchten zu retten, was zu retten war. Der Versuch, etwas von dem NICHT-INTEREST, das einen Teil der Schulden bezahlte, "als Währung IM KREIS" zu behalten. Calhoun hätte es verstanden, er hätte den Satz verstanden, dass der NICHT-INTEREST einen Teil der Schulden bezahlt.

Natürlich war es nicht nötig, dass es als SCHULD ausgegeben wird. Calhoun hätte verstanden, dass diese Formulierung zumindest einen Teil der Schulden betrifft, die NICHT verzinst werden. Der einfache Mann, jeder Mann in Amerika, wachend oder schlafend, wurde nicht besteuert. John Adams hätte es verstanden, Lincoln hätte es verstanden. UND WIE.

Piepsen Sie Mr. Sandburg an, ich sage, Carl, sagen Sie es Archie, fragen Sie Archie nach dem NICHT-INTERESSANTEN Teil der Schulden. Was hat der berühmte Kongressbibliothekar zu dem Wort NICHT-zinsbringend zu sagen? Und wenn nicht, warum nicht? Immerhin war Archie nicht an der Briefkastenfirma des Präsidenten beteiligt, die während der deutschen Inflation an die Börse gebracht wurde, um die Menschen in Europa zu entlasten. Archie ist ein ziemlicher Nachzügler am Tisch der Japsen. Ich hoffe, du isst kein Schuhbrot.

Aber ihr solltet eure Kinder lieber mit Typhus und Syphillis impfen, als die Sassoons, Rothschilds und Warburgs hereinzulassen.

Und dann ist da natürlich noch die Sache mit dem Silber. Silber war nie ganz OFFEN. Wollte die Gold-MONOPOLIE brechen, aber nicht durch echte Ehrlichkeit. Wollte verhindern, dass das Goldgeschäft exklusiv wird, aber durch ein anderes RACKET. Gute Männer hatten das Gefühl, dass sie Unterstützung brauchten, wie Sir Montagu Webb, der den Silberjungen den Rücken stärkte, aber nicht die ganze Geschichte erzählte. Ein schwerer Fall für das Gewissen. Ein Mann, der durch Silber in den Kongress kommt, hat Silber im Rücken. Er hat das RECHT, für SILBER so viel Rechte zu verlangen, wie die Goldläuse für ihr Gold haben. ABER: Er will, dass seine Rechte zu einer Gaunerei aufgebauscht werden. Schert sich einen Dreck um die Rechte der Schaf- und Weizenmänner. Waaal, das ist die Schwäche des Silbers gewesen. Keine Ware hat ein GEGENSEITIGES Recht auf eine andere Ware, und man kann diese METALEN nicht essen.

Rohstoff-Dollar, da hatte der alte Pop Warren recht. ABER wer soll den Dollar AUSGEBEN? Zurück zur alten Verfassung, der alten verratenen Verfassung. Was hat die verdammte Baltimore Sun oder die New York Sun über die Verfassung der USA zu sagen? Was hat Oberst McCormick über die US-Verfassung zu sagen? Schmeißt mich raus, oder seine schwachköpfigen, halbmastigen Redakteure schmeißen mich zu früh aus seiner Pariser Zeitung raus. Das ist völlig egal. Aber was hat er JETZT über die Verfassung der Vereinigten Staaten zu sagen? Vielleicht hat er 20 Jahre gewartet, vielleicht auch länger, das sind einfach 20 Jahre zu viel.

Ich glaube dir. Was haben die Silver Johnnies über das nationale Geld zu sagen? Nein, ich bin kein Sozialgläubiger. Ich bin an dieser Gasse vorbeigegangen. Ich bin ein Mann des nationalen Geldes.

Und es sollte mehr AMERIKANER MIT MIR geben.

#Nr. 35 (10. Mai 1942) U.K.(B40)
DIE PREKÄRE

Mr. Vernon Bartlett, den ich später am Abend definieren werde, wenn meine Zeit reicht und ich sie nicht für wichtigere Dinge verbraucht habe, Mr. Vernon Bartlett hat sein langes und nicht ganz zweideutiges Leben fast gekrönt, indem er einen intelligenten Satz schrieb.

Er sagt, dass Englands Position auf der Friedenskonferenz VORSORGLICH sein wird. Ich würde sagen, sie wird prekär sein. Da ich in meinem Hotelzimmer kein etymologisches Wörterbuch zur Hand habe, weiß ich nicht, ob "prekär" wirklich von einem lateinischen Wortpaar stammt, das den Zustand bezeichnet, in den eine Sache gerät, bevor sie verfault. Das englische Wort wird in der Regel für "in Gefahr", "unsicher" verwendet. Ich will es dabei belassen und mich nicht um ein Wort wie POST CARIUS streiten.

Prekär, im allgemeinen Sinne, würde ich sagen, es wird riskant sein. Genauso RISIKO wie das Deutschlands in Versailles war. Mit dem Unterschied, dass der nächste Frieden nicht von ein paar Juden geschlossen werden wird, einer auf jeder Seite des Tisches oder hinter den ausgestopften Hemden stehend, die sie vor der Öffentlichkeit vertreten.

Und das grundlegende Ziel des Friedens wird nicht das grundlegende Ziel von Versailles sein. Nämlich, den nächsten Krieg vorzubereiten.

Das war das Ziel von Versailles, mit seinen Dolchen und Kreuzlinien, seinen Skodas, seinen synthetischen Staaten. Seine Waffenfabriken, die mit jüdischem Geld betrieben wurden, die auf Krediten beruhten, auf Geld, das aus den arischen Völkern herausgeschwitzt wurde, herausgeschwitzt aus den Landarbeitern und Industriearbeitern. Sie sitzen in gefährlichen Positionen fest. Der nächste Frieden wird nicht auf internationalen Krediten beruhen. Versteh das mal. Und England wird mit Sicherheit nichts zu sagen haben, was auch immer es sein mag, wenn es um die Bedingungen geht. Ich denke, der einfältige Joe Stalin wird das auch nicht tun, denn er genießt NICHT das volle Vertrauen der Judery, die sein Herr ist.

WARUM seid ihr dort, wo ihr seid, und wo seid ihr? DU bist unter dem Dreck und Mist der Menschheit. Ihr seid unter Maisky und Litvinoff, und wenn die menschliche Erniedrigung noch etwas Tieferes zeigen kann, dann holt es euch.

Seht euch die Gesichter eurer Herren an! Wie sind Sie dorthin gekommen, und warum ist Bartlett in der Lage, dies zu sagen?

Bartlett ist einer der Geräusche, wie Sie sagen werden, kein schlechter Kerl, hat viele angenehme Absichten.

Kann er sie beeinflussen? Nein, das kann er nicht. Er ist ein Journalist, unter dem Rumpf des Wuchersystems. Unter dem Rumpf des Wuchersystems steigen bestimmte Zuhälter in die Prominenz auf. Ich habe es zuerst im Wirtschaftsbordell bemerkt.

Pigou, jedes Mal, wenn die Asquith-Regierung einen Schwindel aufdecken wollte, wurde von Pigou erwartet, dass er die WISSENSCHAFT der Ökonomie in Ordnung bringt, damit sie ihr passt. Ein paar Zahlen, ein paar statistische Tabellen. Er war nicht lebendig genug, also wurde ein Hochstapler namens Keynes erfunden.

Einer meiner englischen Totengräber, einer der Jungs, die dafür bezahlt wurden, Messingknöpfe auf deinen Sarg zu setzen. Lassen Sie mich bei drei Krankheiten des anglo-französisch-amerikanischen Systems bleiben. Die Syphilis, der Typhus und die Tuberkulose der Merkantilisten? Nein, nicht einmal das merkantilistische, das USURY-System mit allem Drum und Dran, nicht einmal das mittelalterliche oder das Metallgeld-Wucher-System, das jetzt sogar in Indien ausstirbt und den galoppierenden KARIES des anglo-englischen Bankensystems weicht, das die altmodischen Wucherer ausplündert und selbst die Parasiten verschlingt. Falsche Wirtschaftswissenschaftler sind eine Form des Journalistenbazillus. Sie werden vor die Tür gesetzt, um zu lügen, und steigen auf den Flügeln oder Zehenspitzen des Ehrgeizes auf, wobei es ihnen erlaubt ist (im System von Leine und Kette), vor die Tür zu gehen und zu schreien.

Von einer Presse zur anderen zitiert, NICHT weil sie jemals etwas Nützliches drucken oder die Wahrheit sagen oder sich ihr nähern. Sie sind entweder Männer, die NICHTS WISSEN, oder Männer, die nichts sagen, und die einen Wortschirm aufstellen, oder bestimmte Themen ausblenden; die KEINE Offenbarungen machen. Und deren Interesse, selbst wenn sie international zitiert werden, NICHT auf die INTRINSISCHE Bedeutung dessen zurückzuführen ist, was sie tatsächlich sagen. Ihr Geschwätz IST symptomatisch und wird als Symptom der Krankheiten untersucht und zitiert. Und was die Times sagt, deutet auf eines von zwei Dingen hin. Die Times sagt das, was ihre Kontrolleure gesagt haben wollen, was grundlegend ist. Entweder das, was die Kontrolleure glauben WOLLEN, oder das, was eine bestimmte Gruppe von Dummköpfen meint, zugeben zu müssen, um glaubwürdig zu bleiben.

Die armen Schweine, die sie schreiben, kommen nie in den Genuss dessen, was de Gourmont das einzige Vergnügen des Schriftstellers nannte. Die meisten von ihnen gelangen nicht einmal in eine geistige Welt, in der Gourmonts Konzept existiert oder in die sie eintreten können.

Remy de Gourmont schrieb mir in einem Brief: "Offen zu schreiben, was man denkt, das ist das Vergnügen des Schriftstellers." Diese Blindgänger oder prominenten Journalisten, manche berüchtigt, manche mit guten Absichten, sind von zweierlei Art. Die absoluten Einfaltspinsel, die glauben, was ihnen von ihren Herren gesagt wird, und die absoluten Schurken, die in der Regel zum Teil Einfaltspinsel sind.

Im Falle von Keynes können wir wohl davon ausgehen, dass er zum größten Teil ein Schurke und zum Teil ein Einfaltspinsel ist. Auf jeden Fall ist er jetzt an Ihrem Ruder oder in dessen Nähe. Heller Geist, etc. Die zweite Mikrobe der Krankheit ist der Schwiegersohn, der manchmal von der dritten Art von Schädlingen gemacht wird. Sagen wir so: M/G A/Q. Soll ich ihr einen Namen geben? Wahrscheinlich nicht einmal eine Hure. In den vergangenen Tagen protestierte William Watson, er kam sehr nahe daran, sie zu benennen. Watson protestierte gegen die Schandtaten des Burenkrieges, die heute vergessen sind. Als ich nach London kam, war er bereits eine Antiquität. Der alte Knabe wurde einmal aus den Mottenkugeln geholt und brüllte uns ein paar Sonette entgegen, unverständlich, worum ging es denn da? Die Dezimierung Englands war ein Teil davon. Drei Dezimierungen von England. Die Aristos, die Engländer englischer Abstammung, die im Burenkrieg getötet wurden.

B. Adams, der den Niedergang Englands zu dieser Zeit und seine baldige und wahrscheinlich weitere Schwächung feststellt. Die Dezimierung von 1914, die Art von Engländer, 100% von ENGLAND, die in den ersten drei Monaten abgemäht wurde. Töte sie oben, Pogrome beginnen unten und sind NIEMALS sehr effektiv.

Dritter Schuss bei Dünkirchen, mit ein paar Nüssen und Rosinen für Maisky. Die zweite Krankheit funktioniert nach der Methode der Königin Esther oder Salome. Söhne und Neffen rebellieren. Baldwins Sohn stellt sich gegen seinen Vater. Winstons Neffe bekommt Winstons Nummer und erweist sich zumindest als eine andere Art von Arsch. Männer derselben Ethnie rebellieren zu einem bestimmten Zeitpunkt. Es gibt Dreck, den sie nicht essen wollen. Irgendeinen Dreck wollen sie nicht essen, selbst wenn ihre eigenen Väter ihnen sagen, dass sie ihn essen sollen.

Deshalb werden Schwiegersöhne gebraucht. Und um sie zu bekommen, braucht man Frauen. Heiraten Sie ein wenig unter ihnen, wenn ein aufsteigender Mann am Horizont auftaucht, über dem Teetisch. Also gut, nimm die fragliche Schlampe, die wahrscheinlich nicht einmal eine Hure ist. Heiratet einen RISER und lässt ihn laufen, hilft ihm aber NICHT.

Absolute Unfähigkeit, zu kooperieren oder eine herrschende Klasse aufrechtzuerhalten, als eine von ihnen zu funktionieren. *Dévergondage de la guerre*, etc., darf nicht einmal mit den Juden ins Bett gehen, sondern spielt in ernsten Momenten herum. Nun gut, lassen wir die Damen aus.

Nun zu den Schwiegersöhnen. Dieser rosahaarige Rotzlöffel Alex Hamilton war das perfekte Beispiel. Studieren Sie seine Geschichte, Halbjude, rüstig, eine ganze Kiste voller Tricks und ein toller Mann bei den Damen.

Wie kommen diese Sunnyboys nun zu ihrem Erfolg? Sicherlich werden sie wegen ihrer Prinzipienlosigkeit, ihrer Nachgiebigkeit und ihres Ehrgeizes, oft auch wegen ihrer Leichtgläubigkeit, VERURTEILT. Aber immer, weil sie über einen gewissen biegsamen Mechanismus verfügen, wissen ihre Förderer, WIE sie funktionieren, wie sie zu arbeiten haben. Ab einem gewissen Punkt können sie losgelassen werden, als angepasste Zerstörer werden ihre eigenen Leidenschaften sie leiten und die Nation in den Ruin treiben.

Ja, ja, Mr. Bartlett, die Position Englands bei der Friedens, sagten Sie KONFERENZ? Die Position Englands in der Friedenszeit wird PREKARIös sein, wenn sie nicht schon verrottet ist. England hat sich für Geburtenkontrolle anstelle von Eugenik entschieden.

Das konnte man schon vor 30 Jahren sehen, und dann ging man dazu über, dumm-blütige graue Hunde und *Whippets* zu züchten, nicht einmal essbares Farmvieh, ANSTELLE des Versuchs, menschliche Vollblüter zu schaffen.

Das so genannte Beispiel der Rennbahn, die Pferdezucht, hätte der englischen Ethnie als Vorbild gedient, aber sie haben es nicht genutzt.

Empfängnisverhütung, Tötung des einheimischen Bestands, bevor er ausgebrütet wurde, anstatt eine Population zu ZÜCHTEN.

Schönen Abend noch.

#Nr. 36 (11. Mai 1942) U.S.(B41)
EIN FRANZÖSISCHER AKZENT

Eine der Aufgaben, die ich übernommen habe, lange bevor die Hälfte meiner Zuhörer aus der Milchdiät oder aus den Windeln heraus war, war die Aufklärung der aufstrebenden amerikanischen Literaturgeneration über die zeitgenössische (und frühere) Produktion französischer Hochklasseschriftstellerei. Schon in meiner Jugend war ich der Meinung, dass die Literatur einer Nation eine gewisse Bedeutung hat.

Ich hatte auch patriotische Beweggründe. Ich hatte auch Mitleid mit den gestrandeten Jugendlichen in Amerika. Ich klammere mich mit den Fingernägeln fest. Ich hatte nur einen halben Zeh Halt, aber ich kletterte wenigstens so weit, dass man sehen konnte, was sich am Horizont des Schriftstellers befand. Amerikanische Jungs, die schreiben wollen, haben mit 20 oder mehr Jahren als Handicap angefangen.

Die meisten von ihnen haben es immer noch, Gauss unten in Princeton zum Beispiel, der ein ziemlich ernstes Buch geschrieben hat, sorgfältig studiert, nachdenklich, aber 20 Jahre zu spät angefangen hat. Als ich 40 oder 45 Jahre alt wurde, dachte ich, ich könnte die Aufgabe an jemand Jüngeren übergeben.

Ich denke, dass Sam Putnam bereit war, es zu übernehmen, aber der weinerliche Sam traf auf einen unwahrscheinlichen Zeitpunkt, 1924-25, als die französische Schriftstellerei ins Stocken geriet.

Ich hatte bereits gesagt, dass es nach de Gourmonts Tod keinen Frosch gibt, dem ich zutrauen könnte, monatlich einen Brief über zeitgenössische französische Autoren zu schreiben: für die Little Review oder das DIAL. Die Franzosen waren biologisch fixiert und verloren den Sinn für VERANTWORTUNG, für intellektuelle Verantwortung, nur ein paar ältere Kerle wie A. Mockel und Valette hatten ihn noch. Ich meine, sie mussten nicht denken. Für sie war ein gutes Buch ein gutes Buch; und man musste nicht argumentieren, man musste nicht einmal denken, dass es die Pflicht gegenüber dem Staat war, ein ECHTES Buch zu kaufen und die Fälschungen auf dem Müll zu lassen. Und Valette war müde, so müde. Er bot mir die amerikanische Rubrik an, zu einer Zeit, als ich keine Zeit hatte, 40 amerikanische Blindgänger zu lesen und kleine Notizen dazu zu machen. Er druckte die erste Kritik von Ulysses (meine) im Mercure, die in Frankreich veröffentlicht wurde. Remy de Gourmont lebte in einer Welt, in der es undenkbar war, dass ein Mensch seine Gedanken änderte oder eine Zeile seiner Schrift aus Hintergedanken zurückzog.

Das war die verschwindende Welt, das war das alte Frankreich. Eine von Gourmonts Freundinnen, La Marquise de Pierre, hatte noch nie einen Amerikaner gesehen. Sie betrachtete mich als den Vertreter Benjamin Franklins. Die Vereinigten Staaten waren immer noch das Land, in das Lafayette gegangen war. Ich ging ihre Treppe hinauf und wurde empfangen, als wäre ich ein Flamingo oder eine andere seltene exotische Art. Das alte Frankreich ist nicht mehr unter uns.

Nach meinem Studium der echten Dichter, von Gautier an, kam ich, ich glaube 1919, nach Paris und fragte, was los sei. Und man erzählte mir viel, manches davon war Quatsch, aber niemand erwähnte Cocteau. Erst nach sechs Wochen sagte jemand, nachdem ich eine Menge von Hundekeksen abgelehnt hatte, als NICHT das, was ich suchte, oh, nun, da ist Cocteau. Genauso wie einige Jahre zuvor ein Harvard-Mann mein Hagelzimmer, wenn man es HALL nennen kann, betrat und mir von amerikanischer Literatur erzählte, und als ich mich weigerte, sie zu essen, fügte er hinzu, ach, na ja, es gibt ja Eliot. Ich dachte, dass die Isolierung von Jean Cocteau auf eine gewisse Boshaftigkeit seiner Kollegen hindeutet, aber ich habe ihr Stollenbuch nicht bemerkt.

Jean hatte seine ganz eigene Linie. Man konnte nicht erwarten, dass sie jedem gefällt, aber er war bei weitem der BESTE Dichter und der beste Prosaist, der damals in Paris lebte. Die einzige wirkliche Kritik an seinen Grenzen kam von Picabia, der seinerseits Grenzen hatte. Merkwürdigerweise (Details, die nichts mit meinem heutigen Thema zu tun haben) war zehn Jahre später der beste neue Schriftsteller in Paris René Crevel. *Les Pieds dans le Plat.* Haben Sie es gelesen? Als er starb, erwartete ich, dass seine Zeitgenossen einen Aufstand machen und ihn beklagen würden. Das taten sie NICHT.

Ich hatte gedacht, dass ich mich dann zurückziehen und meine eigenen Sachen machen könnte und die Trauerfeiern und die Kritik an der Jugend der neuen Generation überlassen könnte. Doch weit gefehlt. Nach langem Hin und Her und Warten musste ich einen Kranz auf Crevel niederlegen. Fast zeitgleich mit dem Ende von Possum's *Criterion*. Nun, was war die URSACHE dafür, was war die Ursache für diesen Zustand? Sag du es Papa.

Ich schwelge nicht, wie du vielleicht denkst, nur in Rückblicken. Ich erinnere mich an diese Dinge, weil ich schon wieder einen französischen Autor gelesen habe. Weit über andere französische Autoren hinaus. Sagen wir, Cocteau war 1919, und Crevel 1926, und der neue Mann schreibt erst seit einem Jahrzehnt. Ich habe gehört, er ist Arzt und hat in Pariser Vororten gearbeitet. Hat ein bisschen was von der Realität gesehen.

Schreibt ohne Fussel auf der Zunge. Prosaiker, der in die Poesie, in die Verse einbricht. Nächstes Mal, nächstes Mal, sei das letzte EINS. Gnrr, gnrr, gnrr, gnrra. Selbstmord der Nation.

Kein Flaum auf der Zunge des Schurken. Stimme Frankreichs, wie damals, als Frankreich jung war. Nur Sam Putnam, denke ich, wird heute in der Lage sein, einen Weg zu finden, um in der Sprache der Vereinigten Staaten zu sagen, was der Frosch ihnen gesagt hat.

Dieser Frosch hat ihnen schon '32 von dem bevorstehenden Krieg erzählt. Es ist nicht nur so, dass das FRANZÖSISCH von Rabelais wieder zum Leben erwacht ist. Es geht nicht nur darum, dass das gesprochene Französisch, das Französisch der Mechaniker, endlich auf die Seite gebracht wird. Es ist, dass es die Seite ergreift; es ist lebendig auf der Seite.

Die dreckige alte Sirene, die aus dem Schlamm der Seine aufsteigt, blasig, buckelig, unappetitlich, beginnt dem Autor zu sagen, wo er hinfahren soll, sie sagt es ihm, er sagt es ihr, es gibt keine verschwendete Höflichkeit. Es gibt nichts von der Schwere, die sich manchmal in Ulysses einschleicht. Nichts von der ziellosen Suche nach Übertreibung, die Finnigans Erwachen unwichtig macht. Joyce hat in Ulysses seinen Höhepunkt erreicht. Da war noch Überschwang. In Finnigan ist er auf der Jagd, er experimentiert mit einer Technik, einer bourgeoisen Ablenkung. Ich habe nicht die Geduld, mich da durchzuwühlen. Gott sei Dank bin ich nicht damit beschäftigt, den genauen Prozentsatz an echtem Metall in minderwertigen Erzen zu schätzen (kein Wortspiel beabsichtigt).

Frankreich HAT einen Autor, der 1938 schreiben konnte: FRANKREICH HAT KEINE ALLIESEN.

Dieser eine Satz reicht aus, um einen Autor zu etablieren.

Oh ja, die aufstrebenden amerikanischen Schriftsteller, die Schriftsteller der Jahre 1940 bis '50 werden immer noch einen französischen Autor lesen müssen. Ich meine einen ANDEREN französischen Autor, einen, der noch nicht in den Schulbüchern steht, einen, den keine Amy Lowell in einem Tütchen nach Hause bringen wird.

Frankreich stinkt, und der Gestank wird festgehalten. Er wird mit einer COPIA festgehalten: wozu wahrscheinlich kein Frosch seit Rabelais mehr fähig war. Aber die copia, der Wortvorrat, ist ein Accessoire. Es ist der klare Blick, der CÉLINE wichtig macht.

Jaaa, ich spreche von CÉLINE. Das letzte Buch, das unterdrückt wurde, wie ich höre, im Frankreich des alten Bruders Pétain. Sie mögen das SUBJEKT nicht. Manche Leute mögen das SUBJEKT nicht. WARUM mögen sie das Thema nicht? Céline war darauf aus, Frankreich zu retten. Ich vermute, er ist immer noch darauf aus, die Scherben aufzusammeln.

Vierzig Millionen Einwohner in Frankreich im Jahr 1938; 25 Millionen Franzosen, die bald eine Minderheit sein werden. CELINE hat es ihnen gesagt, und sie haben NICHT auf Céline gehört. Die Freunde von Mr. Chamberlain und die Spielkameraden von Mr. Eden haben die Veröffentlichung von Céline NICHT unterstützt. Natürlich war sein Werk in bestimmten Kreisen nicht willkommen. Dennoch war die *École des Cadavres* bis zum Druck des mir vorliegenden Exemplars bereits in 51 Auflagen erschienen. Seine bekanntesten Werke sind *Voyage au bout de la Nuit, Mort à Credit, Bagatelles pour un Massacre*.

Bonjour, Ferdinand. Ich halte es nicht mehr für meine Pflicht, eine Chronik der französischen Veröffentlichungen zu führen, aber ich erkenne immer noch ein richtiges Buch, wenn ich eines sehe, egal welchen Inhalt es hat.

Ferdinand ist in der Realität angekommen, Ferdinand ist ein Schriftsteller. Das nächste wird das letzte sein. Gnrr, gnrrn, gnrrn, gnrr. Selbstmord der Nation.

La prochaine sera la derniere. Gniéres! Gn, gn. ça sera le suicide de la Nation.

Au pays n'en riviendra guére.

Nicht nur wegen seiner copia, seiner Fülle an Sprache. Nicht nur wegen der Kraft seiner Prosodie, sondern auch wegen des Inhalts. Sie werden Céline irgendwann lesen müssen. Die aktiven Mitglieder der Gemeinschaft werden ihre eigenen Exemplare von *L'École des Cadavres* kaufen müssen, nicht genug, um mich 5 Minuten über die Luft zu hören, oder in ein Exemplar im Haus eines Freundes eintauchen.

#Nr. 37 (14. Mai 1942) U.S.(B42)
ZU SPÄT KOMMEN (ESSERE IN RITARDO)

Ich habe gehört, dass einer meiner ehemaligen Redakteure gesagt hat, oh ja, Pounds Vorträge sind in Ordnung, aber sie sind, was war es, verspätet. Nein, er sagte etwas anderes, verspätet, war es OUT OF DATE, OUT OF DATE, das war es. Nun, verdammt, zwei Dinge. Erstens, wenn ihr nicht so dumm gewesen wärt, hättet ihr mich (und Céline übrigens auch) schon lange vorher gehört.

Einige von euch hätten über das, was Ferdinand, L.F. Céline und der jetzige Redner zu sagen begannen, schon vor langer Zeit GEDACHTET. Ich habe lange vor Céline angefangen. Soweit ich das beurteilen kann, ist er wohl 15 oder 20 Jahre jünger als ich. Es sei denn, er hat in seinen jungen Jahren als Arzt in den Pariser Vorstädten gearbeitet und ist erst zum Schreiben gekommen, als er mit seinen Patienten fertig war.

An einer Stelle sagt er, dass die Leute ihn nicht verstehen. Das heißt, sie verstehen ihn völlig falsch. Erinnert Sie das an einige der besten Texte aus Jersey? Ich übersetze es aus dem Original: Man konstruiert kleine Illusionen, man denkt, man wird verstanden, und dann, kein bisschen davon.... Man schreibt Tausende von Rezepten aus ... man wird nie wissen, wie gut sie tun.... Man wurde ganz FALSCH verstanden, immer. Wenn du es in deiner größten und klarsten Schrift aufgeschrieben und dann gesungen hast:

Ein halber Teelöffel voll in einer Tasse Tilleul, WARM, beim Aufstehen.... Der Patient, der Klient, wird es auf seine Weise machen, er wird dreißig Teelöffel voll in einer Tasse Bouillon nehmen, wenn er aus dem Bett kommt, und das wird einen schrecklichen Skandal auslösen, und er wird kommen und Sie beschuldigen ... und es wird Komplikationen geben, ohne Ende.

In aller Bescheidenheit sage ich Ihnen diese Dinge, das ist sicher. Aber ich gebe nicht vor, Ihnen irgendetwas zu LEHREN.

Ungefähr zehn Jahre, nachdem ich Paris verlassen habe, hat M. Céline herausgefunden, warum er Frankreich verlassen hat; als Franzose drückt er es nicht so aus. Aber er hat die biologische Unbeweglichkeit der Franzosen sehr gut erkannt. Er ist sehr eloquent über die zehn Jahre, in denen Pasteur daran gehindert wurde, das Maximum an Nutzen, Logik, Kartesianismus usw. zu erreichen. Der Unterschied zwischen 20 Minuten kochenden Instrumenten und 3 [Minuten] kochenden Instrumenten. Er stellt auch fest, dass er nie einen armen, unbedeutenden Juden gefunden hat, der entweder über Rothschild ODER über die Sowjets schlecht spricht. Die Vereinigten Staaten brauchen vielleicht noch 20 Jahre, um dorthin zu gelangen, wo Céline vor zehn Jahren war.

Mit Verspätung bin ich kein Wecker, der das unbedarfte Amerika über jedes erste Buch eines neuen europäischen Autors informieren soll. Vor allem, wenn ich mich ähnlich geäußert habe, bevor besagter Autor in den Druck gegangen ist. Céline schreibt mit der Klarheit von R. de Gourmont: er ist ein großer Schriftsteller. Die Suche nach der Wirklichkeit führt Menschen verschiedener Ethnien zu ähnlichen, ganz privaten Entdeckungen. Das ist in der Tat die Grundlage der Wissenschaft, die die Relativitätstheorie zu zerstören versucht. Céline leugnet, dass es KEINEN grundsätzlichen und unüberwindbaren Hass zwischen Franzosen und Deutschen gibt. Das war meine eigene Schlussfolgerung nach vier Jahren in Paris. Daher natürlich die Entschlossenheit von Mr. Roosevelt, die Franzosen im unbesetzten Frankreich auszuhungern. Daher der Widerstand gegen Herbert Hoover, der Horlick-Milch oder was auch immer an Babys in Europa schickte.

Céline bemerkte, dass seine Landsleute biologisch fixiert oder statisch sind und dazu neigen, massenweise zu verschwinden. Nun, Kokka, der ehemalige russische Generalstabsoffizier, stimmte mir in diesem Punkt vor Jahren zu. 1938 schrieb und druckte er: Die DEMOKRATEN wollen den KRIEG. Die Demokraten werden ihn schließlich bekommen.

Ich kam im Frühjahr nach diesem Datum nach Amerika zurück, um zu sagen, dass es eine Kraft INNERHALB der Vereinigten Staaten gab, die nicht nur versuchte, die Monroe-Doktrin zu zerschlagen, nicht nur versuchte, unsere Tradition, sich aus dem europäischen Chaos herauszuhalten, zu verraten, sondern versuchte, einen Krieg zu beginnen, UM Amerika hineinzuziehen. Ferdinand, die Céline, nicht der Bulle, ja, du hast einen großen Mund voll genommen. Und Frankreich hat dich nicht gehört.

Ich bin kein Prophet des Untergangs. Die Demokratien WOLLTEN den Krieg. Das heißt, die Satrapen waren wild entschlossen, ihn anzuzetteln, und ihre Sklaven haben ihn bekommen. Genau auf den alten Gebärmutterhals, genau auf die Gebärmutterhalssäule, als die Henne ihn bekam.

Einer nach dem anderen; Tschechoslowakei, geboren sagt M. Céline in Paris. M. Céline ist ziemlich gut auf Benes [?]. Warum lachen Sie, Sie haben Litvinov in Washington, und Maisky ist drüben in London. Warum glauben Sie, dass Sie etwas über die Franzosen wissen? Einige Ihrer eigenen Autoren haben es Ihnen gesagt. Sie haben Ihnen gesagt, dass die Schmelztiegel-Theorie EXPLODIERT ist. Mr. Zangwill hat den Begriff erfunden; er war gauche, er war pathetisch. Aber das Wort hat Karriere gemacht.

Die Idee war verlockend. Genauso wie die alte Yankee-Idee, eine Frau aus jeder Nation oder aus so vielen Nationen wie möglich auszuprobieren.

Was ist falsch an Halbblütern7 Kennen Sie einen von ihnen, der nicht manchmal unter einer Klugheit leidet, die nicht ganz ausgereift ist, manchmal unter einer seltsamen Art von Stillstand INNERHALB des Kopfes, die zu einer Art Frustrationsgefühl führt?

Seit 60 Jahren experimentiert die Menschheit an Versuchskaninchen. Alle Arten von Experimenten. Es scheint ziemlich klar zu sein, dass man eine Rasse repariert, indem man das Eindringen von Außerirdischen einschränkt. Man macht eine Ethnie durch Homogenität und durch Vermeidung von Inzucht. Die Weisheit Chinas hat die Inzucht schon vor langer Zeit ausgeschlossen. Die hundert Namen, kein Mann darf eine Frau seines eigenen Namens heiraten, das war eine Barriere auf der einen Seite.

Céline hat sich auf die andere Seite begeben. Der nächste Schritt, die nächste Weltbewegung, ist der Schritt zur Produktion von Vollblütern. Denken Sie darüber nach. Diese Idee ist auf dem Vormarsch. Sie bedeutet für niemanden eine Härte. Sie ist eugenisch. Es wurde nie ein Argument dagegen vorgebracht. Du magst es bei Hunden und Pferden. Man sollte meinen, die menschliche Ethnie sei so viel Aufmerksamkeit wert, wie die britischen Züchter den Whiffets schenken.

Albert Londres hatte eine Ahnung, dass die Franzosen es an Schwarzen in ihrem Afrika ausprobieren sollten. Er hasste es, die Afrikaner in den französischen Kolonien verrotten und mit Schorf bedeckt zu sehen. Céline meint, es wäre nützlich, so viel Verstand bei Franzosen einzusetzen. Ich nehme also an, dass Admiral Leahy, oder welcher Layafettist auch immer, drüben in Vichy versucht, Pétain zu erpressen, und versuchen wird, ALLE Bücher von Céline in den UNKUPIERTEN Teilen des französischen Territoriums zu verbieten oder zu klauen.

Oh, es ist eine schöne Welt, wie Candide gesagt hat, alles, was ist, ist das Beste, was möglich ist.

Vielleicht werden die amerikanischen College-Jungs mit der Zeit dazu übergehen, mich oder Céline oder einige der Livin'-Autoren zu lesen. Aber denken Sie nicht, dass in Europa NICHTS geschrieben wird, nur weil die Clipper-Schiffe so wenig Nachrichten transportieren. Ole Europe ist immer noch hier auf dem Kontinent. Josh Twostep, Josher Dos Passos ist es nicht gelungen, Europa davon zu überzeugen, dass Zeiten wie diese Zeiten sind, in denen der Schriftsteller das Schreiben aufgeben sollte.

Zeiten wie diese sind Zeiten, in denen ein Schriftsteller sich auf den Boden der Tatsachen begeben und ohne Flausen auf der Zunge reden sollte. Das tut Céline zur Genüge. Es ist an der Zeit, Céline wegen der einfachen Wahrheiten zu lesen, die in seinen Texten stehen, die mit perfekter Klarheit und Einfachheit ausgedrückt sind. Sie fangen vielleicht etwas zu spät an.

Ein großer Schriftsteller ist einer, dessen einfache Sätze im Gedächtnis haften bleiben.

L'âme n'est pas venue sur la terre pour se faire émerger.

#Nr. 38 (17. Mai 1942) U.K.(B45)
FREIE SPRACHE IN ALBION (ALIAS ENGLAND)

Die Propaganda für die Meinungsfreiheit in Großbritannien (lustlos elegisch, rückblickend) r klingt wie folgt: "Der Mörder hat meine Uhr gestohlen, aber seine Frau hat es ihm verboten. Wir haben Redefreiheit in dieser Familie." So klingt es auch HIER. Niemand bestreitet, dass die Redefreiheit eine gute alte britische Tradition ist. Man beklagt, dass es sich um eine mottenzerfressene Tradition handelt: ein Schatten mit wenig gegenwärtiger Substanz. Die Reihe von Schandtaten, die von britischen Regierungen in der Vergangenheit begangen wurden. Chesapeaken Leopard, etc. sind Geschichte. Die Proteste von Bright usw. während des Bürgerkriegs der Vereinigten Staaten sind Geschichte.

Was der B.B.C. NICHT zugeben will, ist die tiefe Ähnlichkeit zwischen Englands *divide et impera* während unseres Bürgerkriegs in den Vereinigten Staaten und seiner Politik auf dem europäischen Kontinent.

All dies wird in *Mein Kampf* genauestens analysiert, einem Buch, das in England so verleumdet und von der Presse so sehr verdunkelt wird wie jedes andere.

Es sind die Punkte, auf die die britische Redefreiheit nicht zutrifft, über die wir etwas hören wollen. Die freie Meinungsäußerung wurde in die Enge getrieben. Wir beklagen uns darüber, dass die britische Presse verdorben war, und das schon seit über einem Jahrhundert. Mein Gedächtnis reicht wesentlich weiter zurück als das von Herrn Bridson, was auch immer Winnie 1936 gesagt hat: Ich kann es nachempfinden. Ich erinnere mich an die Bürgersteige von London "WIR WOLLEN ACHT", noch bevor der andere Krieg begann.

Winston schrie förmlich nach Waffenverkäufen, er warb mit Hochdruck für Blut, Kanonen und Gemetzel.

Aber gleichzeitig hielt er ein Wuchersystem aufrecht, das es unmöglich machte, die Kanonen zu liefern. So kam es zum Gemetzel in Europa.

Es ist nicht die Frage des britischen Chauvinismus, sondern die Mischung aus Chauvinismus und absoluter Unehrlichkeit sowie die Weigerung, die wirtschaftlichen Ursachen des Krieges zu berücksichtigen, die den ausländischen Beobachter anwidert. Dass einige Engländer es nicht mögen, verraten zu werden, braucht kein Argument. Dass das englische Volk den Krieg NICHT gewollt hat, braucht kein Argument zu sein. Der Punkt ist, dass sie immer wieder Regierungen hatten, die auf einen Krieg bestanden. Das britische Volk wird NICHT vertreten. Der B.B.C. mag einen sehr guten (bis zu einem gewissen Punkt) Rückblick auf die freie Meinungsäußerung in England geben. ABER das mit der unheiligen Allianz mit Russland zu verbinden, überzeugt den Gegner nicht von Englands Redlichkeit, sondern von Idiotie und Unehrlichkeit.

Kumrad Maiskys GESICHT, wie der Hintern eines Schweins, zum Beispiel. WARUM glaubt England, dass Kumrad Maisky länger zögern wird, Georg VI. und Elisabeth zu töten, als seine Kumpels es taten, als sie den Zaren töteten, während Temple von Canterbury den Segen gab? Nein, Temple ist ein preisgekrönter Komiker, vielleicht hätte Lang einen bischöflichen Segen gesprochen? Temple meint es, glaube ich, nicht böse, er ist nur dickköpfig.

Die Rhetorik über "unsere Vertreter im Parlament" ist NICHT der Punkt. Es geht darum, dass Ihr Parlament Sie NICHT vertritt. Das ist der syndikalistische Vorwurf an die Parlamente in der alten verrotteten Gemeinde- oder verkappten verrotteten Bankgemeindeform.

Jede konstruktive Maßnahme, die vorgeschlagen wird, um die Ungerechtigkeit eures Wuchers zu verschleiern, ist eine sklavische Kopie des korporativen Staates.

ABER ohne die korporative Struktur, nur Flickschusterei, und NICHT das Hauptübel treffend. Mindestens ein B.B.C.-Schwätzer gibt zu, dass Geld ein finanzielles Etikett ist. Aber Zinsen? Wann kommt das richtig vor?

Und WER legt das Etikett fest, und in wessen Interesse? Und gibt es ein jüdisches Problem?

Vielleicht gibt es neben Carlyles Liebe zu seiner Frau und den schönen alten heiseren Seemannsstimmen, die von der Chesapeake und der Leopard erzählen, auch einen historischen Abriss über die Juden und Noll Crummwell, und ein paar Nachforschungen über das WARUM des gegenwärtigen Kampfes und die Weigerung, mit der zivilisierten Welt zusammenzuarbeiten, und die Verbindung mit Russland.

Steht die bolschewistische Regierung für die besten englischen Traditionen: Redefreiheit und keine Besteuerung ohne Vertretung?

Ihre Steuerzahler wurden in diesem Haushalt sehr stark vertreten. Aber ich wage zu behaupten, dass sie inzwischen so sehr von der Propaganda und den Appellen an ihre feinsten Gefühle verwirrt worden sind, dass sie bereit sind, ihre Kinder und Großmütter zu ermorden, um 60 % der tatsächlichen Einlagen zu erhalten. Und wenn ein Franzose ein geographisches Buch aufschlägt und entdeckt, was Theophile Gautier schon lange wusste, nämlich dass Frankreich ein Teil Europas ist, dann kommt es zu einem wahren Sturm der Entrüstung und Hysterie. Auf der Landkarte ist Frankreich geographisch gesehen ein TEIL Europas, und seine Vernunft und sein Wohlergehen würden darin bestehen, als TEIL Europas zu funktionieren.

Vorzugsweise ein Franzose, nicht ein halb Nigger, halb Jude überbrücktes Oberhaupt von Anglo-Judäa. Eine Idee, nämlich die GEOGRAPHISCHE Idee, könnte eines Tages in England Einzug halten. Aber bisher gibt es noch keine Anzeichen dafür, dass die Briten an einer neuen Ordnung mitarbeiten wollen, wie es in den Hallen des British Bleat Corps heißt.

Divide et impera. Ich weiß nicht, wer *Mein Kampf* ins Englische übersetzt hat. Hier hatte Bompiani oder irgendjemand eine Idee und einen Geniestreich und druckte die zweite Hälfte zuerst, so dass die italienischen Leser, einige von ihnen, direkt auf das Programm kamen, das konstruktive Programm, die Gesundheit, die Verantwortung, das Persönliche und ein Studium der Geschichte. An anderer Stelle des Buches kann man Hitler sehen (falls Sie noch nicht begonnen haben, sich für diesen Gegner Ihrer Schandtaten zu interessieren: Sie können Hitler sehen, wie er darüber nachdenkt, wie schlimm es wäre, wenn Innthal, das Tal des Inn, vom Rest des deutschen Volkes abgeschnitten wäre. Sie können ihn sehen, wie er für Deutschland ausdenkt, was einige Amerikaner für die Vereinigten Staaten von Amerika ausdachten. *Divide et impera.*

Natürlich werdet ihr für denselben alten Sassoon gespalten, der will, dass die amerikanischen Bauernjungen die Zinsen aus den Hindus herauspressen, jetzt, wo T. Atkins knapper wird.

Der Rest der Welt hat es satt, verdammt satt, Chesapeakes und ERGEBNISSE zu haben: begleitet von Mrs. Burglar Bill, die Bill sagt, er solle es nicht tun. Ja, einige Briten haben gegen die Sklaverei protestiert. Das Keuchen, das BANK-Keuchen, das heute bekannt und in der Geschichte festgehalten ist, bestand darin, dass Lohnsklaverei billiger war, dass die EIGENTÜMER (alias Arbeitgeber) von Lohnsklaven WENIGER Verantwortung trugen als die Besitzer schwarzer Sklaven, die sie ernähren mussten, um ihr Arbeitspotenzial aufrechtzuerhalten. All das ist GESCHICHTE.

The world, especially Europe, is tired, tired, and the English stock, the part of the English RACE in the colonies was tired from 1750 onward of being sanctioned, of having their OWN money censored.

Sanktioniert, verboten - ihre AUTARCHIE, so wie sie war, sabotiert, ihr Wohlstand sabotiert von einer jude-Bande oder einer sub-jude oder super-gang von Gaunern und Monopolisten, Hauptquartier in London.

Und IHR werdet, so vermute ich, euer Karma, euren *Kontrapass* bekommen, wenn der Hauptsitz von Last Cheape und Thredbobbin Alley hinüber zur Wall Street verlegt wird, Wailing inklusive. Shama Yssrael, das einzig wahre Vaterland ist das Pfandhaus.

Warum nehmt ihr das in eure so sehr [geschätzte] Tradition auf. Eure Brüste zu schlagen. Gebt uns eine Nuss zu knacken und Gott kann sie knacken. Was das Volk betrifft, so hat sich einer eurer eigenen lebenden Dichter wie folgt an die haarige Brust geschlagen: Wir können denken, was man uns zu denken vorschreibt

Wir sind das Echo des lautesten Gebells.

Wir sind die Ärsche, die von besseren Menschen getreten werden.

In der britischen Propaganda gibt es eine sehr unangenehme Mischung. Die Klagemauer UND die Reminiszenz, der alte Lavendel, die spanische Armada, usw. Die TRADITIONEN, zu deren Erhaltung 20 Jahre britische Politik so wenig beigetragen haben.

Sie können von mir nicht erwarten, dass ich all Ihre Geräusche stenografiere. [Ich würde den Verstand verlieren, wenn ich am nächsten Morgen in einem Land aufwache, das ERGEBNISSE verlangt und von dem SIE offensichtlich sehr wenig wissen.

Warum, zum Beispiel, sollten Hitler und Mussolini, die viel mehr durchgemacht haben als ich, die viel durchgemacht haben, was ich nicht habe, die Entbehrungen ertragen haben, die ich nicht habe, warum sollten sie von Mr. Hull, Mr. C. Hull oder Eden erschreckt werden, wenn diese steifen Abbilder nicht einmal MICH erschrecken können?

Warum all das Gerede, dass der deutsche Stab die Ankunft von ein paar Motorbooten in Le Portel oder wo auch immer mit Furcht und Zittern betrachtet, die 33 oder was auch immer von den 50 oder was auch immer mit ihrer Munition übrig geblieben sind; pore devils? Englands MIND OFF Englands Geschäft zu nehmen, das Geschäft, um das es sich hätte kümmern MÜSSEN und WIE, seit 1919, seit Versailles, Italien betrogen hat.

#Nr. 39 (18. Mai 1942) U.S.(B43)
MIT PHANTOMEN

Zwei Themen, die ich in diesen Gesprächen selten gestreift habe - Deutschland und Lord Tennyson.

Und von Tennyson zitiere ich jetzt nur einen Vers und ein Fragment.

"Shall come to fight with phantoms and to fall" (vielleicht war es fail). Ich habe Tennyson in letzter Zeit nicht mehr gelesen, aber so viel ist mir von den Idyllen im Kopf geblieben.

"Shall come to fight with phantoms and to fall." Ich schätze, es war fallen. Nehmen Sie es als Prophezeiung. Und das Phantom, das die anglo-jüdische Welt bekämpft, oder das die anglo-amerikanische bekämpft, eine jüdische Wucherer-Initiation, ist das deutsche PHANTOM, NICHT die Realität. Und dieses Phantom wurde aus Lügen aufgebaut, bis die frommen und freundlichen Amerikaner und die einfältigen britischen Trottel zu Millionen daran glauben, es sehen und hören.

Und die Realität nicht begreifen oder ihr nicht ins Auge sehen können.

Nun spreche ich fast nie über Deutschland, weil ich sehr wenig von Deutschland gesehen habe. Ole Ford hat mich 1911 in Hessen-Darmstadt herumgeführt und mir erzählt, was für ein schönes Land Deutschland sei. Dann schrieb er *When Blood is their Argument*. Seitdem war ich in Wien und in Frankfurt bei der Antheil-Oper, bin durch München gefahren und von Wien aus nach Wörgl hinaufgegangen. Und da man von den jungen Leuten nicht erwarten kann, dass sie meine Vorgeschichte kennen, muss ich sie wohl vorwegnehmen.

Dass ich mich seit meinem 12. Lebensjahr für die ZIVILISIERUNG interessierte, als ich Venedig zum ersten Mal sah. Venedig sah für mich gut aus. Wie auch immer, ich kam nach Europa, um richtig zu studieren, und das habe ich auch weitgehend geschafft. Mit 15 fing ich in Pennsylvania an, um herauszufinden, was geschrieben worden war und was das BESTE davon war, und zwar in so vielen Sprachen, wie ich mir unter den Hinterkopf klemmen konnte; um zu WISSEN, was das Wahre war. Und dann kam ich zu GESCHICHTE und Wirtschaft.

Um zu SEHEN, was HEUTE in der Welt vor sich ging, wie ich es in meinem Geschäft brauchte, wobei mein Geschäft das SCHREIBEN ist und ein Epos ein Behälter für GESCHICHTE ist.

Natürlich braucht man Musik, um echte Versifikation zu verstehen. Aber da ich aus einem Land mit Entenbrettern komme, war ich an lateinischer Ordnung interessiert. Ordnung in der Steinbearbeitung, in der Malerei, *Adamo me fecit*. S. Zeno Verona, der Architekt hatte diese Säule mit der Hand geschnitten, mit seiner eigenen Hand, wollte INTEGRALES, totalitäres Interesse an der Arbeit, S. Zeno zu bauen. Kirche von S. Zeno. Ich mochte die Quattro cento Malerei. P. Uccello. Das erste Erstsemesterthema, das ich schrieb, war über Paulo Uccello, ein Bild im Louvre, glaube ich.

Wie auch immer, abgesehen von Von der Vogelweide, ließ mich der alte Schnitz Brandt über die Prosa springen und zu den Osses kommen, der Poesie, der mittelalterlichen deutschen Poesie, im Jahr 1904 oder 5. Ich war nicht sehr angetan von der deutschen Literatur, im Vergleich mit dem Mittelmeer. Dante, Villon, provenzalische Canzoni-Schriftsteller; jedenfalls war ich von der deutschen Literatur nicht angetan. Und dann ging mir die Philologie, das ERROR des alten deutschen Universitätssystems auf den Keks. Und ich habe mit dem Lesen von Deutsch aufgehört, bis ich auf Leo Frobenius gestoßen bin.

Da ich 12 Jahre in England war, habe ich den letzten Krieg aus der Sicht von Lon don gesehen. Ich hatte einen Kloß im Hals, als ich hörte, dass Vimy Ridge eingenommen worden war. Den ganzen Rest konnte ich ertragen, aber als ich hörte, dass Vimy Ridge eingenommen wurde, war das ein harter Schlag. ABER GERECHTIGKEIT IST GERECHTIGKEIT. Und Lügen sind ein schlechter Ersatz für Gerechtigkeit. Und was die LÜGE betrifft, so bin ich der Meinung, dass über Hitler mehr gelogen wurde als über jeden anderen lebenden Mann außer Mussolini.

Nun zu Mussolini. Ich weiß, dass sie lügen. Ich bin seit 17 Jahren hier und ich weiß seit 17 Jahren, dass sie lügen. Lügen und Drohungen gegen Italien, nach dem Versailler Betrug. Diese Beleidigung der Menschlichkeit, Robert Mond, der Mussolini bedroht hat. Waal, in London sagte man früher, dass Alfred wie das eine Ende eines Schweins aussah und Robert Mond wie das andere. Und die FORM hat den Geist, der in ihnen steckte, wirklich gezeigt.

Ich glaube, die jüngere Generation hat das gespürt und ist zur Ehrlichkeit übergeschwenkt. Aber die Vererbung arbeitet sicher gegen ihn. Und ein Jude, der ehrlich sein will, hat sich sicher kein Zuckerschlecken ausgesucht. Sicher, manche Juden streben nach Ehrlichkeit, nach freundlichen Impulsen, nach Gesten der Opulenz. Aber Gott helfe ihnen. Und Gott schütze die Menschheit VOR ihnen.

Nun, nur sehr wenige wirkliche Berichte über Deutschland sind in den englischen oder amerikanischen Verkehr gelangt. Ich bezweifle, dass viele von ihnen in die zweite Auflage gelangt sind. Wenn ich also Lügen über

Deutschland widerspreche, ist meine Grundlage begrenzt. Ich habe einen oder zwei bruchstückhafte Berichte aus erster Hand. Ich habe GEDRUCKTE Daten. Als ich nun meine Arbeit über Sig. Malatesta gemacht habe, bin ich zu dem Schluss gekommen, dass DOKUMENTE, persönliche Briefe und was auch immer, EINE Sache BEWEISEN:

Ein Brief BEWEIST, was derjenige, der ihn geschrieben hat, den Empfänger an dem Tag, an dem er ihn geschrieben hat, glauben lassen wollte.

Der Rest der Geschichte muss aus Berechnungen abgeleitet werden. WENN Dokumente mit bemerkenswertem Zufall verschwinden, z.B. Berichte über ein Ereignis im Februar 1424, dann gab es etwas, das jemand der Öffentlichkeit vorenthalten wollte.'Besonders wenn die Depeschen für einen bestimmten Tag aus sechs Archiven gleichzeitig verschwinden, und *so weiter*.

Nun, ich weiß, dass die Times, der Telegraph, die N.Y. Post und die ganze verdammte Judery, auch das juderische Erzbistum von England, über Italien gelogen haben. Und ich weiß aus erster Hand, dass Fakten über Deutschland NICHT viel anglo-jankische Publicity bekommen haben. Und ich halte mich von Vermutungen fern, wenn ich meine Geschichte schreibe. Das heißt, ich trenne Vermutungen von SOLIDEN. Und ein Solides ist zum Beispiel, dass eine bestimmte Idee an einem bestimmten Tag GEDRUCKT wurde. Und ich behaupte NICHT, dass die Dinge so sind, wenn ich Übersetzungen lese, bevor ich die Originale gesehen habe. Das heißt, ich betrachte Übersetzungen als Übersetzungen. Und da ich die englische Version von Mein Kampf nicht gelesen habe, werde ich sie nicht diskutieren.

Dieses Buch wurde ins Italienische übersetzt und 1933 gedruckt (ja, eine Verzögerung, keine sofortige Veröffentlichung), und Bompiani hatte [einen] *Geniestreich*, indem er die zweite Hälfte zuerst veröffentlichte, so dass die italienische Öffentlichkeit die Chance hatte, das Programm klar und von Anfang an zu erkennen. Und ich behaupte, dass es in England und Amerika jahrelang die größte Unkenntnis und das größte Missverständnis über dieses Programm gegeben hat.

Ich selbst hatte nur eine vage Vorstellung. Ich war nicht auf Deutschland fixiert. Ich hatte meinen Job mit meiner Schriftstellerei und meinen Aufzeichnungen über ITALIEN. Ich versuchte, die Dinge in Ordnung zu bringen. Ich konnte sehen, dass es hier in Italien GUT war. Ich sagte, es sei der EINE Zentimeter festen Bodens. Deshalb bin ich hierher gekommen. EIN Zentimeter fester Boden, auf dem ein Mann klar sehen und schreiben konnte; auf dem er sich gegen die internationalen Geldsäue wehren und NICHT ganz verschwinden konnte. Und ich rechnete allgemein damit, dass Deutschland etc. etc. NICHT bis zur Zeit der Sanktionen begann ich,

Deutschland aus einem neuen Blickwinkel zu betrachten. Bis dahin war ich ziemlich in der alten Ansicht von 1914 verharrt, dass Deutschland etc. etc. sein sollte.

APART, das heißt, von meiner Sicht des *Drangs nach Osten*. Deutschland, der natürliche Zivilisator Russlands, sollte den westlichen Rand Europas auf dem bereits erreichten Niveau von Zivilisation und Annehmlichkeiten halten, zumindest das. Und Deutschland soll nach Osten gehen und das alte Gleichgewicht der Kräfte verlassen. Erst als ich am Musikpavillon saß oder stand und hörte, wie *"forse con mciggiorgiustizia"*, eine Stimme im Radio, einen Überblick über Europa gab, begann ich mich zu fragen: Nun, vielleicht. Ich habe *"Mein Kampf"* nicht gelesen, aber wissen Sie, was darin steht? Haben Sie eine klare Vorstellung von dem PROGRAMM? Hitler sagt 1924, Deutschland solle Tirol links liegen lassen, solle Italien sehen. Er sah das faschistische Italien als den EINEN Lichtblick in einer Welt, die dem Untergang geweiht war, dem Untergang. So wie ich es als den EINEN Zentimeter SOLIDEN Grund sah. Nun, Bruder Adolf hat etwas dagegen getan, während ich zusah und zuhörte. Und ich muss ihm zugestehen, dass er effizienter ist als ich.

Was waren und sind nun die DREI Grundpfeiler des Hitler-Programms, wie sie in der Eröffnung von *La Mia Battaglia*, der italienischen Übersetzung der zweiten Hälfte von *Mein Kampf*, dargelegt sind?

Erstens: GESUNDHEIT, Gesundheit der Ethnie. Jeder Amerikaner (oder Engländer meiner Generation oder der vor oder nach meiner Generation) wusste und weiß, dass wir mit dem Problem "Sklave sein oder nicht züchten" konfrontiert waren. Jeder Mann, der zu unserer Zeit nicht reich geboren wurde, WUSSTE, dass er sich spät paaren musste. Sich spät paaren und nur wenige Kinder zeugen, oder in die Sklaverei gehen. Mr. Curtis Moffit sagte mir, er habe gesehen, was passieren würde, wenn er ein guter Junge wäre, also habe er sich für die Schlechtigkeit entschieden. Er sagte, er würde ein BAD boy sein und auf der Spitze des Stroms treiben. Waal, ich landete in Europa, wie meine anfänglichen Biographen festgestellt haben, mit Gerechtigkeit, mit 80 Dollar, amerikanischen Dollars (vor Morgenthau) in meiner Kleidung, und das führte mich zu einer praktischen Sichtweise einiger Probleme. Was das Hitler-Programm anbelangt, so war es (was wir ALLE wussten und nichts unternahmen, nämlich), dass die Zucht von Menschen MEHR Sorgfalt und Aufmerksamkeit verdient als die Zucht von Pferden und Wiffetts, oder sogar die Zucht von Schafen, Ziegen und dem größeren Viehbestand. Das ist Punkt EINS des NAZI-Programms. Züchtet GUT, und bewahrt die Ethnie. Züchtet gründlich, das heißt für Vollblüter, bewahrt das BESTE der Ethnie. Erhalte die besten Elemente. Das bedeutet EUGENIE: im Gegensatz zum Selbstmord der Ethnie. And it did not and does NOT please the Talmudic Jews who want to kill off ALL the other races whom they can not subjugate; and drive down what he thinks [is doin', his USF to his race or nation consists in seeing the OBJECT and writin' down what he sees, and not falsifying his record.

ZWEITENS: Was ist der zweite Punkt des Hitler-Programms? Die persönliche Verantwortung. Ein politisches System, in dem man die Verantwortung nicht abschieben kann. Sehr unangenehm für die Schuldner der M.P. (Juden, Butter-und-Eier-Männer-Fälscher wie Wendell Willkie und M.P.-Kongreßabgeordnete, usw.). Sie werden von Juden finanziert und in die Gesetzgebungen gesetzt, um das Volk im Interesse der Wucherer zu betrügen, und sie werden dort durch das Geld der Banken gehalten, die in Ausschüssen sitzen können und sich immer, immer vor ALLER Verantwortung für betrügerische Gesetze drücken. So wie die Demonetisierung des Silbers [1873], der Ausverkauf des Landes 1863. Das Federal Reserve System und seine berüchtigten Machenschaften, bei denen das Volk für jeden von der Regierung ausgegebenen Dollar zwei Dollar bezahlen musste.

Hitler, der gesehen hatte, wie die Juden die deutsche Demokratie auskotzten, war darauf aus, dass Verantwortliche, Regierungsbeamte usw. für ihre Taten VERANTWORTLICH waren. Äußerst unangenehm für Monds, War burgs, unsichtbare de facto Judenregierungen.

Und der DRITTE Punkt war ein STUDIUM der Geschichte. Sich die Geschichte ansehen. Waaal, nun WELCHEM Programm widerspricht das? Ich frage euch, wenn ihr so niederträchtige und verflixte Trottel seid, oder solche britischen Holzköpfe, oder solche unergründlichen und unwiederbringlichen IGNORAMI, dass ihr nicht wisst, welchem Programm dies widerspricht, dann gibt es nicht viel Hoffnung für eure Nachwelt. Ich werde Ihnen vielleicht eines Tages sagen, wo das gegnerische Programm zu finden ist, wenn Sie zu schwach und mickrig sind, um es aufzuspüren. Und wenn Sie es aufspüren, werden Sie vielleicht erkennen, warum der Knüppelschirm errichtet wurde und warum man anfing, schlecht über Hitler zu reden. Auf die Frage, wer schlecht über Hitler sprach und spricht, werden wir eines Tages ebenfalls eingehen.

#Nr. 40 (21. Mai 1942) U.S.(B49)
E. E. CUMMINGS UNTERSUCHT

Ich muss weiter versuchen, es Ihnen zu sagen. Und ich sage Ihnen jetzt, dass Ihr Mr. Cummings ein sehr großer Schriftsteller ist, ich sage Ihnen, er folgt H. James und Thoreau und Whitman. Ich sage Ihnen, er ist der intelligenteste Mann in Amerika.

Wenn Sie das nicht hören wollen, SCHLUCKEN Sie es. Ich weiß nicht, was aus unserer gebildeten Intelligenz oder was auch immer werden soll. Ein Amerikaner, ein Vollblutamerikaner, schreibt ein Buch, das in jeder Hinsicht so GROSS ist wie der Affe Gottes oder Ulysses. Es bekommt etwas Aufmerksamkeit, aber nicht annähernd genug. Sie leisten einen Beitrag zur Weltliteratur von morgen, und Sie schenken dem, was direkt vor Ihrer Nase passiert, nur wenig Beachtung.

Ich habe Ihnen schon einmal gesagt, dass dieses Buch [Cummings' Inspektion Russlands bildet eine Trilogie großer Bücher, zusammen mit denen von Joyce und von Wyndham Lewis, mit *Ulysses* und Lewis' APES, *Apes of God* vom alten Wyndham Lewis, ebenfalls wie Mr. Cummings ein Maler. Diese Tatsache spielt eine Rolle.

Beide sind es gewohnt, ihre Augen zu BENUTZEN. Der Gebrauch des Auges hilft dem Menschen, direkte Beobachtungen zu machen. Ich bin nicht in der Lage, ihre Malerei zu vergleichen, ich weiß sehr wenig über Mr. Cummings Malerei, außer dass ich ein Stück gesehen habe, das UGH! Ich spreche jetzt von seiner Schriftstellerei. Und wenn ich EIMI oder AMI oder wie auch immer Ihre verschiedenen Griechisch-Professoren es aussprechen, mit den anderen beiden Bänden vergleiche, sage ich, oder wiederhole vielleicht, dass Joyce im Rückblick geschrieben hat. Ulysses rechnet mit der kapitalistischen Situation ab, mit der HÖLLE, die das Wuchersystem in den großen Städten geschaffen hat. Das ist eine Grenze. Keine sehr neue Sichtweise von irgendetwas.

Nun, ich weiß nicht, ob Ole Wyndhams *Apes* auch eine sehr neue Sichtweise hatte. Rowlandson, Fielding, Hogarth, sie alle mögen das Geschwür am Hals des alten Englands von einem ähnlichen Standpunkt aus gesehen haben. Ob Ire, Engländer oder Amerikaner, Joyce hatte keine Philosophie. Joyce hatte einen gewissen Anteil an Theologie und eine SEHR konventionelle Sichtweise. Lewis hatte philosophische Ansichten.

Ich habe nacherly nie mit einem der beiden in vielen Dingen übereingestimmt. Ich stimme mit meinem Landsmann oder Ex-Landsmann, Herrn Cummings, in sehr vielen Dingen überein. Aber nicht vollständig. Ich unterstütze so gut wie alles, was Herr Cummings gesagt hat oder sagen wird. Nachdem ich ihn gelesen habe, muss ich zurückdenken und mich fragen, was ich ihn eigentlich fragen wollte, wo ich wollte, dass er noch ein bisschen weiter geht.

Lewis' Grenze in diesem dicken Band lag in seinem Thema, er behandelte den Karbunkel am Hals von Johnnie Bull. Cummings, der dem alten Hen. James, beschäftigte sich mit Russland, und zwar in dem James'schen Sinne, dass er diese Nation oder diesen Zustand ständig mit dem amerikanischen Zustand verglich, mit einem peripheren Blick auf die Nachbarländer.

Oh ja, e. estlin hat von seinen Vorfahren, sowohl James als auch Thoreau, und ich wiederhole es, [von] Whitman, übernommen. Das ist einfach unvollendet, auf bestimmten Seiten, dieser schwache Punkt, oder was dem Europäer als schwacher Punkt erscheint.

Vielleicht drei oder vier Absätze, die ich als Professor wahrscheinlich aus seinem Manuskript gestrichen hätte, oder durchgestrichen hätte, und gesagt hätte, hier bo', du schreibst das neu, 432 oder 431 Seiten. Bei Flaubert hätte ich viel strenger sein müssen. Inwiefern ist das Buch größer als Joyce' Band oder als Lewis' *Affen*? Wenn wir diese Terminologie verwenden müssen, oder warum gefällt es mir besser, wenn es mir besser gefällt. Oder sagen wir, warum es mir leichter fällt, ich rege mich über Fragen der Technik auf, über Cummings' Neologismus, seine Zeichensetzung. Nun, ich bin Amerikaner. Ich erkenne seine Technik, die Jefferson, Tom Jefferson, gerechtfertigt hätte; die durch den Maßstab gerechtfertigt ist, den Jefferson an Neologismen anlegte. Nämlich neue Wörter, die gerechtfertigt sind, wenn sie NÖTIG sind, um eine neue Bedeutung auszudrücken. Ein großer Teil von Joyce war NICHT neu, und ein großer Teil war unnötig, war in der Hauptsache ein Experiment, Farben, die auf einer Palette gemischt wurden. Lewis brauchte seine Betonung, oft als BETONUNG, nicht nur als Bedeutung, außer wenn die Betonung Teil der Bedeutung ist, was nicht immer der Fall ist.

Ich glaube, Cummings brauchte JEDES einzelne geteilte Wort, um zu sagen, was er sagte. Auf keine andere Weise hätte er Russland 1931 erfassen können, und es war eine sehr gute Erfassung. Auch Sie könnten es jetzt als hellseherisch und warnend auffassen. *Ulysses* war keine Warnung. Es war eine Bescheinigung des Untergangs. *The Apes of God*, war und WIE eine Warnung, die nicht beachtet wurde. Es ist noch Zeit für die USA, Herrn Cummings zu lesen, bevor noch Schlimmeres passiert, ich meine, mit Ihnen passiert.

Nun lehrt Mr. Cummings zum Teil eine Lehre, die sehr gekonnt verdichtet ist (dichten, kondensieren; Gedichte schreiben heißt KONDENTIEREN), Mr. Cummings lehrt eine Wahrheit, die ein zeitgenössischer deutscher Autor ganz klar wie folgt formuliert hat:

Das, was wir gewohnt sind, öffentliche Meinung zu nennen, beruht nur zu einem sehr geringen Teil auf persönlicher Erfahrung oder gar auf der Erfahrung einzelner Personen oder gar auf dem Wissen einzelner Wähler, sondern zum größten Teil auf einer kollektiven Vorstellung (Kollektivbild), die auf seltsam hartnäckige und beharrliche Weise einen sogenannten Klärungsprozess der Probleme herbeiführt.

Der NUTZEN eines großen Schriftstellers für seine Ethnie liegt genau darin, dass er eine PERSÖNLICHE, direkte Wahrnehmung hat und diese zu Papier bringt. Es spielt keine Rolle was er denkt, was er tut, sein NUTZEN für Ethnie oder Nation besteht darin, das OBJEKT zu sehen und aufzuschreiben, was er sieht, und seine Aufzeichnungen nicht zu verfälschen.

Vielleicht kann danach dieses Wortfoto, dieses Diagramm, dieses WAHRE Diagramm dazu dienen, sein Volk aufzuklären. Vergessen Sie nicht, dass es SEINE Leute sind, so wie sie niemals die Leute irgendeines Kongressmitglieds sein werden.

Und Mr. Cummings ist, unglaublich, wie er jetzt sagen würde, in die Hölle hinabgestiegen, alias Sowjetrussland.

Und Sie sind jetzt mit Sowjetrussland verbündet. Eine Sache, an die Estlin Cummings sicherlich nie gedacht hat, als er seine *ami* oder *eimi* schrieb, die, als Nebenprodukt, das amerikanische Volk, ihr amerikanischen Leute, nun für eure EIGENE Erleuchtung nutzen MÖGT. Ich sage es Ihnen. Abgesehen von der Freude, ein großartiges amerikanisches Buch zu lesen, könnte es, WENN man es langsam liest, von praktischem Nutzen sein.

Ich hatte mal einen jüdischen Freund, der eine Theorie über Poesie hatte, nämlich, dass niemand jemals ALLE Wörter auf einer Seite liest. Diese Theorie hat ihn nicht dazu gebracht, seine Gedichte ganz zufriedenstellend zu machen, aber als Theorie kann sie auch dazu dienen, Sie aufzuklären.

Nun schreibt Mr. Cummings PROSE, in der jedes Wort seine Geschichte erzählt. Und ich selbst habe einen Fehler gemacht , als ich das erste Mal versuchte, ihn zu lesen. Ich habe versucht, ihn zu schnell zu lesen und wurde ungeduldig. Es hat keinen Sinn, sich ihm auf diese Weise zu nähern.

Man muss langsam lesen. Mehr auf einer Seite als auf zwei Seiten bei den meisten anderen Autoren, so dass man in drei Minuten genauso viel bekommt, wenn man ihn langsam liest, wie wenn man Josh Passos schneller liest oder Wilder mit zehn Seiten pro Minute.

Sie KÖNNEN bei einigen Autoren überspringen, bei Cummings können Sie nicht ein Wort auf Seite zehn überspringen, ohne vielleicht die Bedeutung dessen zu verlieren, was er an anderer Stelle sagt. Gehen Sie ihn langsam an.

Der zweite Punkt sind seine Klammern, sind seine Klammern. Nun, der alte Henry James hat seine europäischen Leser mit seinen Klammern zu Tode beunruhigt. Sie sind eine amerikanische Gewohnheit, sie bedeuten etwas für uns und für uns als Amerikaner. Sie bedeuten etwas mehr als nur die Einspurigkeit des Denkens. Aber sie bedeuten NICHT, dass man abweicht oder orientierungslos ist. Sie sind ein verzweifelter Versuch, nein, kein Versuch, eine VORRICHTUNG, um zu vermeiden, dass etwas Nötiges weggelassen wird, ein Teil der Aussage, der benötigt wird, um die Richtung und die Bedeutung festzuhalten.

Nun, Cummings sagte einen ganzen Mund voll; er sagte ein Buch voll. War über die Düsternis von *Ulysses* und den Faktor von Lewis Top Hole in London hinaus. Es gibt in Cummings das, was die Chinesen mit einem Ideogramm sagen.

Ein Ideogramm, das ich mit "offen" übersetzt habe. Ich halte nicht viel von Mr. Legges Übersetzung dieses Zeichens, obwohl es das bedeutet, was er in dem Kontext sagt, aus dem er es übersetzt hat. Er übersetzte es: ohne Prinzipien, eine Passage bei Konfuzius über Anwälte, die vor Gericht Reden halten, die KEINEN Bezug zu Rechten, Fairness oder Gerechtigkeit haben, sondern nur ihre Rhetorik in der Hoffnung auf eine Entscheidung wiedergeben. Das Ideogramm ist mehr wert, als es in diesem Zusammenhang zu sagen gibt. Es besteht aus zwei Zeichen, + [und] negativ; Zeichen für Herz, Zeichen für AZURE: bedeutet einen Mann, der keinen offenen Himmel in seinem Herzen hat. [Im Positiv] bedeutet es azurblaues Herz, oder offen. Hier kommt Thoreau ins Spiel, hier kommt Silver Lake in Mr. Cummings' Komposition ins Spiel. ABER hier bleibt auch Mr.

Cummings' Text, wie diese deutsche Aussage über die direkte Sicht oder Wahrnehmung. [FCC Transcript: Das Zeichen Herz und azurblauer Mann mit seinem Himmel im Herzen ist ein Zeichen für Amencans. Ich hoffe, Sie werden es nicht verlieren. Was das direkte Sehen betrifft, so ist das das Genie des Malers, das Genie von Cummings. Nur wenige Männer hätten nach Russland gehen können, ohne von der Ideologie besiegt zu werden.

Was wissen Sie denn über Russland? Wenn Sie fleißig sind, wissen Sie, was Sie gelesen haben - und die - zum Beispiel - und - von denen Sie gelernt haben, usw., aber welche Aufzeichnungen gibt es seitdem? Es gibt eine Aufzeichnung, die heute sowohl in amerikanischen als auch in englischen Lesern vorhanden ist, nämlich die von E.E. Cummings. Es mag für Sie zu spät sein, sie wirklich zu nutzen, aber Sie wollen ja auch noch bis morgen leben, vielleicht auch nicht. Auf jeden Fall sollten Sie es lesen, wenn Sie auch heute noch leben wollen. Du lernst besser, was Roosevelt und Atlee und Cripps nach Amerika, nach England importieren, und was bereits nach Amerika gekippt wurde, mit dem Pferd von a- - Schocktruppen, Beulenpest im- -. Ob Amerika, ob das amerikanische Erbe eine Invasion war, welche Invasionen in Person in den- -bolschewisierten Einwanderern. Welche rassische Invasion, welche Invasionen der amerikanischen Ideologie? Nicht nur aus Russland, es gibt Dr. Freuds importierte Stänke, nicht eine slawische Invasion, oder nicht nur eine slawische Invasion- -. Und die azurblauen Herzen Amerikas bedrohen, und wie, ach ja, bedrohen sie das Erbe Neuenglands (Gegenwart).

Ich habe dieses Buch unter anderem deshalb hervorgehoben, weil Sie so wenige Bücher zur Verfügung haben, und die, die Sie haben, sind zum Teil unhandlich. Sie werden die zehn Bände von John Adams nicht lesen, sie sind nicht handlich. Sie haben Brooks Adams nicht gelesen, Sie könnten ihn lesen].

Einige von Ihnen haben eine vage Vermutung, was Ihre Presse und Ihr Radio steuert. Nur wenige haben eine Vorstellung davon, wer Ihre Universitätsgelder verwaltet. Die meisten von ihnen sind großzügig, die meisten von ihnen haben ehrliche Absichten, teilweise aus Eitelkeit, aus dem Gefühl der Großartigkeit, aus dem Wunsch heraus, etwas davon zurückzugeben. Die Großzügigkeit ist in den meisten Fällen unbestritten, aber an den OVERHEAD und die Auswirkungen der Gemeinkosten wurde nicht gedacht.

Sogar die Akademie für Sozial- und Politikwissenschaften verbreitet jüdische Propaganda: wahrscheinlich in völliger Unkenntnis dessen, was sie anrichtet. Die AKZEPTANZ, dumpf, kriechend, halbwissend, im Sinne von halb bewusst oder ganz unbewusst, der UNTERDRÜCKUNGEN. Die Vorstellung, dass der Chef dumm ist, dass ein Radiounternehmen von einem schmutzigen Sub-Zukor KONTROLLIERT wird. Eine ganze Generation, oder zwei Herren, die diese Art von Unterdrückung akzeptieren, während sie sich Blabla über Demokratie, Freiheit und so weiter anhören.

Sie wissen noch nicht einmal, was Hitler geschrieben hat, geschweige denn, was Mussolini geschrieben hat. Sie WOLLEN die Werke der Männer, die die amerikanische Nation geschaffen haben, nicht lesen. Sie lesen nicht Hollis' *Two Nations*. Nun, verdammt, lesen Sie Cummings, wenn Sie Brooks Adams nicht lesen wollen, oder lesen Sie besser beide und versuchen Sie herauszufinden, was man Ihnen angetan hat. Was man Ihnen angetan hat, was zum materiellen, geistigen und intellektuellen RUIN führt.

#Nr. 41 (24. Mai 1942) U.K.(B47)
BRAIN TRUST

An einem strahlenden Sonntagmorgen vor kurzem, nachdem ich dem Londoner Brain Trust zugehört hatte, drehte ich den Knopf nach Rom und wurde durch die Aussage "*Abbiamo trasmesso un programma di musica varia*" erfreut, was bedeutet, dass wir ein Programm mit gemischter Musik übertragen haben. Kein Kommentar, ob bewusst oder unbewusst, hätte treffender sein können.

Ja, ich höre mir jetzt das vielstimmige Pflichtprogramm eures Brain Trusts an, ihr habt da euer britisches Bestes: und es tut euch gut, ich meine, es rettet bis zu einem gewissen Grad das Ansehen Englands und macht andere B.B.C.-Transmissionen wett, wie zum Beispiel die krassen Schwachsinnigkeiten, die von einigen [uninformierten] ungebildeten Pittecanthropus über Japan verbreitet werden.

Der Brain Trust bewegt sich in der Tat zaghaft am Rande mehrerer meiner Fragen: ABER stellt sich ihnen nicht und fährt fort, möglicherweise unfreiwillige Verfälschungen diverser Themen.

Ich habe schon früher über Herrn Bridsons sehr fähigen Sketch oder wie auch immer man es nennen mag, Radio-Dialog-Dramedy oder was auch immer über freie Meinungsäußerung gesprochen.

Nun, der Punkt für ganz Europa ist, dass die freie Meinungsäußerung lediglich eine Begleiterscheinung von Verbrechen, Ungerechtigkeit, Schande oder Schlimmerem ist, wenn sie als bloßes Ablenkungsmanöver, als bloße Tarnung und als bloßes Herumfuchteln mit einem Tuch benutzt wird, um den Geist des Zuhörers von den FAKTEN abzulenken; [sie] ist KEIN Pass für die allgemeine Wertschätzung der Welt.

Es ist eine schöne alte, das heißt, es ist an sich eine schöne Sache unter bestimmten Umständen. Es ist gut, gegen Unrecht und Ungerechtigkeit zu protestieren. ABER NICHT, wenn dieser Protest nur oder hauptsächlich dazu dient, ein größeres Übel, eine größere Ungerechtigkeit zu verdecken.

Nun hat England ein schlechtes Gewissen. Sie können sich genauso gut DIESEM Problem stellen. Herr Bridson hat klugerweise eine Reihe von Englands vergangenen Verbrechen zugegeben. Den gegenwärtigen Verbrechen und Ausflüchten Englands hat er sich NICHT ganz gestellt.

Die Versuche gegen die amerikanischen Kolonien, die Pressekampagne gegen Lincoln, die Liste der vergangenen Verbrechen Englands ist lang. ABER England, Frankreich und Spanien versäumen es immer noch, das zu erwähnen, was möglicherweise die HAUPTursache der Amerikanischen Revolution war, nämlich die Unterdrückung des Papiergeldes der Kolonie Pennsylvania (und fast eines Gesellite-Systems) im Jahr 1750.

Unterdrückt im Jahr 1750. Das Problem der Zinsen, das Problem, WANN es gerecht ist, eine jährliche Zahlung auf das investierte Kapital zu erhalten, ist noch nicht im Repertoire des Brain Trusts. Ich glaube, es war ein gewisser Ingram, der das Problem umgangen hat.

Ich beginne, einen gewissen Respekt vor dem Brain Trust zu haben. Zumindest ist England immer noch die INTELLEKTUELLE Hauptstadt der Anti-Achsen-Kräfte, auch wenn Englands Macht und das Judentum ihr Zentrum verlagert haben. Die USA sind geistig immer noch eine Kolonie.

ABER Englands VERBRECHEN auf der intellektuellen Ebene ist OFFEN und eklatant. Sie haben es nicht zugegeben und geben es nicht zu, und unter Leuten, die vermutlich so GEBILDET sind wie einige der Brain Trust-Mitglieder (trotz der komischen Grammatik, die in ihren Gesprächen im Moment verwendet wird), unter solchen Vertretern Englands, hochkarätigen Intellektuellen, ist es eklatant und beschämend - ein solches Nicht-Zugeständnis ist.

Nun sollte der Brain Trust wissen, dass Europa in der Vergangenheit mehrere Kunststücke der PEDAGOGIE begangen hat und immer noch [England unterrichtet. Trotz all eurer Gewehre, Kanonen und der Bombardierung] französischer Zivilisten, lernt England immer noch von Europa, und zwar meist unbedacht. ABER praktisch ALLE neuen Maßnahmen, mit denen ihr euch rühmt, sind dem Faschismus entnommen. Sie haben über den Faschismus geflucht, geschworen, gelogen, etc.

über den Faschismus geflucht, geschworen, gelogen usw., und jetzt, in den Momenten der Prüfung, brüsten Sie sich, und die wenigen Dinge, die Sie mit klarer Stimme und Überzeugung sagen, liegen alle auf dieser Linie. Du übernimmst eine faschistische Maßnahme nach der anderen und tust dann so, als ginge es bei deinem Streit mit Europa nur um die Regime, nicht um die Gesamtbevölkerung in Europa. Ihr seid intellektuell unehrlich in eurer Weigerung, die großen Geschenke anzuerkennen, die Rom jahrhundertelang und Deutschland seit den Tagen Holbeins an England gemacht hat, und ihr wendet euch an die blutige russische Wildheit, um die gesamte europäische Zivilisation zu zerschlagen, und ihr holt den schweinsköpfigen Maisky heraus, um euch damit zu brüsten, wie viel in die Zerschlagung einbezogen werden soll.

Schon Ihr Name Trust, der in der heutigen Sprache Monopoly bedeutet, ist eine unbewusste Behauptung von Schwachsinn und Anmaßung. Sie denken wahrscheinlich, Sie hätten das Monopol, aber das haben Sie ganz sicher nicht. Sie sind so stolz auf Ihren Geldbeutel und, was noch schlimmer ist, so stolz auf Ihren Kopf, dass Sie keinen Verstand außerhalb des Kreises Ihrer eigenen Interessen sehen. Und Sie werden dafür bezahlen. Sie werden für Ihre hochnäsige Anmaßung bezahlen, so wie es eine Gerechtigkeit gibt oder wie es in der physikalischen Welt ein Gesetz der Reaktion im Verhältnis zur Aktion gibt. Sie haben überreagiert.

Die Redefreiheit ist, wie ich schon sagte, KEIN Universalpass. Nicht, wenn sie einer freien Lüge folgt, und zwar einer gekonnten gezielten Lüge und *gemeinen* Anspielung. Ihre antideutsche Propaganda besteht hauptsächlich aus gemeinen Anspielungen. Italien hat so viel davon von Ihnen bekommen, dass dies eher die Achsenverbindungen stärkt. Zu viele Nationen haben die gleiche Behandlung durch England erfahren, um die Symptome nicht zu erkennen. Laval ist jetzt und das könnte einige ehemalige Leidtragende bekehren, die sonst keine Sympathie für ihn empfunden hätten.

Was die Gemeinheit einiger jüdischer Stimmen aus London betrifft, die in fremden Sprachen sprechen, so glaube ich nicht, dass der Brain Trust DAS bemerkt. Wer sind sie denn, dass sie die fremden Sprachen in ihrem Babel zur Kenntnis nehmen, die fremden Klänge, die sich aus ihrem Babel herauswinden? *Gnossi seauton*, leichte Verschmelzung, vielleicht zwischen goosing und *gnossing*. Ja, ich weiß, ich habe gelegentlich einen Fiesling über den Tisch gezogen. Im Nervenkrieg bin ich voll bei der Sache, ich nehm's hin.

Vielleicht kannst du mich ja auffliegen lassen. Versuchen Sie's weiter. Vollkommener Frieden, unten in der Kathedrale von Canterbuggy? ABER DU lernst von Italien. Ich glaube, du hast noch nicht mit Deutschland angefangen, ich meine von Deutschland lernen.

Und was Japan betrifft, so wird das wohl an die Schule für orientalische Sprachen in East London verwiesen, oder wohin auch immer der alte Sir Dennison es verlegt hat. "Ich habe mich beim Strauß erkundigt. Warum hast du die Armbanduhr verschluckt", usw.?

Ein angebliches Porträt von England. Dennison war ein großartiger Mann, um zu scherzen.

Euer Brain Trust kommt in der ganzen Welt herum, lernt sogar geografische Fakten über Texas, holt Wasser aus Bergquellen und den Rest davon. Einige von ihnen müssen wissen, dass es einen Ort namens ORIENT gibt.

Jetzt kümmert er sich offenbar um sich selbst. Das ist nicht mein Thema, nicht im Moment. Jetzt geht es darum, euch Engländern klarzumachen, dass es einen Ort namens Europa gibt, ja, dass es einen Kontinent gibt, und dass ihr der europäischen Zivilisation etwas schuldet, weit mehr als ihr den Warburgs und anderen Inhabern von anglo-israelischen I.O.U.s schuldet. Und diese Schuld wollen Sie derzeit nicht anerkennen. In der Tat haben Sie die blutigen Paviane aus dem Ural herbeigerufen, um Ihren Gläubiger zu verprügeln und wenn möglich zu töten.

Und der Gläubiger erhebt EINWAND und hat ein verdammt gutes RECHT, Einspruch zu erheben; und kein noch so frei vorgetragener Einwand Ihrerseits, der frei in den Raum gestellt und höchst gekonnt und auf 20 Wellenlängen donnernd in allen bekannten Sprachen von fünf Kontinenten ausgestrahlt wird, wird die GRUNDLAGEN gegen England zu Fall bringen. Mag England zerbrechen, mag es sich selbst zerbrechen. Aber es bleibt die grundlegende Ungerechtigkeit und die ganze Reihe von Lügen, die benutzt werden, um sie zu vertuschen, um die Aufmerksamkeit der Welt von den grundlegenden JUST-Ansprüchen Ihrer Gegner abzulenken.

Ich werde nicht einmal Feinde sagen. Ich habe sehr wenig echte Feindschaft gesehen. Ich habe Entschlossenheit zur Gerechtigkeit gesehen.

Die Illusion der britischen Sanftmut war stark. Das Prestige der Humanität von Gladstone war so groß, dass sich viele Europäer immer noch die Augen reiben und sagen: Kann dieses BÖSE England sein? Und dieses Erstaunen haben Sie versucht auszunutzen, mit Ihren hartnäckigen Lügen über die Gefühle Europas.

Niemand hat Ihre Redefreiheit angegriffen. Sie haben eine jüdische Regierung in Deutschland errichtet und die Deutschen MUSSTEN sie loswerden oder sterben. Sie haben sich Italien gegenüber krass ungerecht verhalten, und die Italiener sind aufgewacht und haben reagiert, bis ich von meinem bestgelaunten Freund auf einem Tennisplatz - vielleicht war es, während Ihr Ex-Kaiser auf der anderen Seite der Büsche Golf spielte, aber ich schätze, es war etwa einen Monat später - hörte: *gli inglesi sono porci*. Schweine: die Engländer sind porci PIGS, oder der Hund in der Krippe.

Ich nehme an, der Duce hat in seinem Leben schon einiges erlebt, aber ich glaube, EINE Sache in seinem späteren Leben hat ihn überrascht, und das war der schiere Egoismus und die Gemeinheit der Engländer.

Ich spreche nicht offiziell, ich hatte nichts, worauf ich mich stützen konnte, außer meiner eigenen Intuition und allen Beweisen, die jedem offenstehen. NICHT eine Silbe ist in den letzten zwei oder drei Jahren aus England gekommen, um zu zeigen, dass England auch nur ein Jota des Bewusstseins hat, dass Menschen anders sein können als Engländer, dass es Menschen in Europa gibt, die von Natur aus mit den gleichen Rechten ausgestattet sind wie empfindungsfähige menschliche Wesen. Was hat das VERTRAUEN oder das Monopol Ihres Verstandes auf diese Anklage zu antworten? Um Gottes willen, sehen Sie sich die Parallelen an.

Was das englische Judentum betrifft, so ist das IHR Problem. Aber was die Parallelen angeht, was die PERSISTENZ der gleichen kriminellen Handlungen angeht, NACHDEM Ihre Wilkeses und Burkes und Bradlaws jahrzehntelang, fast jahrhundertelang, gegen diese oder jene Infamie protestiert haben, was ist die Antwort Ihres Brain Trusts?

Ein Mann oder Held protestiert, England tut Böses. Es lässt die roten Wilden gegen seine eigenen Verwandten los.

Es lässt Russland auf Finnland und Rumänien los. Und wenn es jetzt, wie im 18. Jahrhundert, vorschlägt, eine hohe Zivilisation durch einen Einfall von Wilden zu vernichten. Der Leopard bleibt fleckig. England trug dazu bei, den Bürgerkrieg in Amerika in die Länge zu ziehen, bis der Süden zerschlagen war und die USA sich NIE wieder erholten: außer auf der Ebene der materiellen Produkte.

Die USA erreichten NIE wieder das Niveau wirtschaftlicher Gerechtigkeit, das sie hatten, und kämpften bis zum Bürgerkrieg weiter für den Aufstieg. Die Dokumente wurden verlegt oder versteckt. Erst in jüngster Zeit haben wir begonnen, uns mit den Fakten zu befassen, den Fakten des großen Verrats, des Ausverkaufs an das Londoner Judentum. - Und wenn Sie glauben, dass Sie [für] Ihre Sünde bezahlen, dann sehen Sie es ein, denn der *Kontrapass*, das Kharma, ist jetzt in Funktion. So wie die USA an eure Juden verkauft wurden, seid ihr jetzt dabei, versteigert zu werden, Erben derselben Geschäftshäuser oder desselben USURY-Systems. Die Büros befinden sich jetzt in New York.

Wird sich der Brain Trust mit dieser Geschichte befassen? Werden sie feststellen, dass die Amerikaner eines Tages sehen werden, was England jetzt an Italien und Deutschland ausprobiert hat? Und es anhand von Präzedenzfällen in Englands Behandlung der amerikanischen Kolonien und der USA, die durch den Sezessionskrieg und die Schuldenperiode, die diesem brüderlichen Gemetzel folgte, geteilt wurden, zu VERSTEHEN?

Möglicherweise meint der Brain Trust nicht, NUR in der Dimension der Ausflüchte zu existieren? Herr Bridson, der jünger ist, irrt möglicherweise nur aus Mangel an vollständigen Informationen. Ihr Vorzeigemann hat Ihnen Tränen und Blut angeboten. Das ist in Ordnung, wenn Sie es mögen. Aber warum erwarten Sie, dass Europa und zwei Drittel Asiens glauben, Sie hätten ein Gehirnmonopol, wenn das alles ist, was Sie ihnen anbieten können oder was Sie selbst anbieten?

Freie Meinungsäußerung ist KEINE volle Entschädigung für die Regierung durch versteckte und UNVERANTWORTLICHE Kräfte, die hauptsächlich oder ausschließlich daran interessiert sind, zu pressen, zu kippen und zu laufen, MIT den Gewinnen. Ich weiß, dass das nicht das Hauptziel von Brain Trust ist. Sie sind an Gesprächen interessiert. Und auf die eine oder andere Weise den Rahm von der Oberfläche zu holen.

Aber was ist mit GERECHTIGKEIT? Was ist mit Wucher, Zinsen, Spekulation mit der Rasse des Volkes, Monopol nicht nur der grauen Zellen, wie in einer halb ernst gemeinten Schlagzeile angekündigt?

Es scheint, als ob die EINZIGE freie Meinungsäußerung zu BESTIMMTEN Themen in diesem Radio MIR überlassen wurde, dank einer zivilen Tradition, dank einer uralten Tradition; zwei Teile, Cicero gegen Verres und die Renaissance. Vielleicht hat der Brain Trust sein Latein vergessen? Vielleicht hatte er nie genug Latein? Zu Burkes Zeiten haben die Abgeordneten Latein zitiert. Einige der Mitglieder des Brain Trust sprechen fast Jiddisch. Und wenn nicht, ist die Substanz, die jüdische Substanz, dünn verschleiert. Oh, sehr schlau, deine B.B.C.-Bühnenauftritte, mit den lokalen Akzenten, das verstehe ich.

Meine Schreibmaschine und Jims Schreibmaschine und ein paar irische und amerikanische Schreibmaschinen, gegen WESENTLICHE Ressourcen, das sehe ich. Aber was ist mit der Gerechtigkeit: und den Geldzinsen?

#Nr. 42 (28. Mai 1942) U.S. & U.K. (B50)
ALS EIN ANFANG

Wenn es irgendwo in der Reichweite dieser Sendung jemanden gibt, der zu ernsthaftem Denken fähig ist, möge er wenigstens versuchen zu denken, was ich mit den folgenden Aussagen meine.

Er möge versuchen, die beiden Revolutionen zu STUDIEREN, die faschistische und die Nazi-Revolution. Gott weiß, ob Hitler seinem Volk sagt, dass SIE die italienische faschistische Revolution studieren sollen.

IHR müsst sie noch tausendmal studieren und die Wiederauferstehung von Hitlers REICH studieren. Wie kann irgendjemand, der den Namen eines Mannes in England oder in Amerika verdient, diesen beiden großen Bewegungen in der halbgaren oder nicht einmal halbgaren Unwissenheit gegenüberstehen, in die ihn seine Zeitungen geführt haben oder in die sie ihn geworfen haben?

Im alten Europa ist etwas geschehen. Selbst die klösterlichen Affen von Oxford oder die Erfinder des Stinkgases in Harvard sollten inzwischen gehört haben, dass, zumindest das, in Europa etwas geschehen ist, und Sie wissen nicht, was geschehen ist.

Ihr wisst nicht, was geschehen ist. Und das erste, was man dagegen tun sollte, ist, sich aus diesem Krieg zurückzuziehen - einem Krieg, in den man niemals hätte hineingezogen werden dürfen. Jede Stunde, die Sie weitermachen, ist eine verlorene Stunde für Sie und Ihre Kinder.

Und jede vernünftige Tat, die Sie begehen, ist eine HOMAGE an Mussolini und Hitler. Jede Reform, jeder Schritt in Richtung eines gerechten Preises, in Richtung der Kontrolle des Marktes ist eine Hommage an Mussolini und Hitler.

SIE sind eure Führer, so sehr ihr auch von Roosevelt dirigiert oder von Churchill verraten werdet. Ihr FOLGT Hitler und Mussolini in JEDEM KONSTRUKTIVEN Akt eurer Regierungen. Verdammt, ihr folgt Moseley, geht zurück und lest euch seine Programme durch.

Was das Mitleid usw. betrifft. Ihr habt auf eurem Krieg bestanden. Ihr wollt nicht von euren Verstopfungen loskommen, ihr wollt nicht auf eure eigenen Gelehrten hören, womit ich mit dem Wort Gelehrte die Engländer meine, die wenigstens etwas über etwas WUSSTEN, und die euch sagten, WIE ihr euch aus dem Gemetzel heraushalten könnt, wie ihr eure eigenen Pestbeulen und Krankheiten heilen könnt.

Und ihr WOLLT nicht, bei Jheezus, ihr wollt nicht. England interessiert mich in diesem Moment, in diesem Jahr, weit mehr als Amerika. England war geistig weiter als Amerika; ist möglicherweise immer noch die geistige Hauptstadt Amerikas. Das Schwert und der Geldbeutel verlassen die Insel: aber das Gehirn pulsiert noch schwach in England. Es gibt auf der Insel noch immer mehr Männer als in den Vereinigten Staaten, die zu ernsthaften Zusammenhängen fähig sind.

Ich könnte zehn Engländer für jeden Amerikaner nennen, der irgendetwas über irgendetwas Gültiges in Wirtschaft oder Geschichte weiß. Es gab zumindest kleine Bewegungen, Keimzellen, Treffen.

Amerika war sich seiner Gefahren nicht bewußt. Es war sich seiner Geschichte erbärmlich UNBEDINGT bewusst. Besonders die der letzten 80 Jahre. Gott weiß, was für ein Chaos den Vereinigten Staaten bevorsteht. Gott weiß, wie lange sie brauchen werden, um sich zu entwirren.

Und Gott weiß, wann England seine eigenen Retter oder Möchtegern-Retter erkennen wird. Im Unterschied zu ihren Zerstörern und Provokateuren. Eure Gefängnisse waren noch nie so voll von politischen Gefangenen, die sich nichts anderes zuschulden kommen ließen als ihren eigenen Glauben und ihre eigenen Überzeugungen. Aber nicht seit den Tagen von Noll Cromwell, und nie haben sich englische Stimmen im Exil so sehr über eure Fehler aufgeregt. Stimmen, deren Aufrichtigkeit und Überzeugung von der Wahrheit ihrer Botschaften unbestreitbar ist. Sie sind nicht alle irisch. Es hat nichts Vergleichbares mehr gegeben, seit die Engländer auf den König über dem Wasser tranken, indem sie schweigend den Toast und das Weinglas über ihr Wasserglas reichten. Und das mit weniger triftigem Grund.

Sind Sie nicht in der Lage, etwas zu bemerken? Gehen Ihnen die Phänomene der heutigen Geschichte völlig am Allerwertesten vorbei oder an dem, was Sie sich sonst über die Augen, Köpfe und Ohren gezogen haben?

Habt ihr keine Augen, keine Geschichte und kein Gedächtnis? Keine Augen, kein Wissen oder keine Erinnerung an Ihre eigene Geschichte und keine Erinnerung an Ereignisse, die vor Ihnen stattgefunden haben?

Kennt ihr nur wässrige Tümpel, wo die Keller Londons waren, nur die materiellen Ruinen, habt ihr KEIN Wissen über Ursachen, über tiefere Ursachen, darüber, warum diese Dinge über euch gekommen sind, über das, was ihr getan oder in den meisten Fällen unterlassen habt und was diese Dinge verursacht hat, um über euch zu kommen, und habt ihr keinen Wunsch zu wissen, WARUM dies geschehen ist?

Ihr habt wenigstens eine Chance, euch in England zu organisieren. Ihr habt dort wenigstens drei einheimische Ethnien: Waliser, Schotten und Engländer, die noch nicht ganz verrottet sind und auf denen ihr etwas aufbauen könntet. Ihr habt zumindest eine gemeinsame Sprache, auf die ihr euch einigen könntet.

ABER ihr werdet euch NIEMALS für eine Rolle in der neuen Ära qualifizieren, bis ihr, d.h. eine Gruppe eurer Führer, in der Lage seid, die ZWEI Revolutionen, die faschistische und die nazistische, zu vergleichen und zu verstehen, warum EINE Sache hier in Italien ist und eine VERWANDTE, aber nicht identische Sache in Nordeuropa ist.

Und warum Sie sich auf der Stelle bewegen, rückwärts krabbeln, seitwärts krabbeln. Die Zeit, die Geographie, die Geschichte, d.h. die jahrhundertealte Konditionierung eines Ortes und eines Volkes, die von der WAHRHEIT beeinflusst wird, von natürlichen Kräften, die durch den menschlichen WILLEN auf Kräfte gerichtet sind. Diese Kräfte sind nicht eure Kräfte: dieser Wille ist nicht euer Wille, aber sie und er sind zum Teil analog. Ihr könnt oder könntet etwas aus den Ereignissen lernen: aus den Phänomenen. Aber ihr werdet nicht aus bloßen Nebelwänden, aus bloßen Lügen, aus der Propaganda von B.B.C. und Fleet Street lernen, die *sgonfiato*, wöchentlich fast täglich durch bekannte Ereignisse und Phänomene entleert wird.

ZWEI große Ethnien haben etwas gelernt, was Sie noch nicht gelernt haben, etwas gelernt, was SIE noch nicht gelernt haben.

Die Verantwortung der Person ist ein Teil davon. Und ein Teil davon ist die Rückbesinnung auf den uralten gesunden Menschenverstand in Bezug auf das Heim, auf die HOMESTEAD.

Es gibt kein Dekret des Himmels, dass der Mensch, der etwas in die Erde pflanzt, für immer von Wucherern ausgebeutet wird. Es gibt kein Dekret, dass ein System, das Menschen auf das Land setzt, um das Produkt des Landes zu vermehren, für immer einem System des Wuchers, der Ausbeutung weichen soll.

Solange ich mich erinnern kann, hat Amerika mit der Dollar-Diplomatie geprahlt, es hat vor 40 Jahren keinen Hehl aus der Dollar-Diplomatie, der kommerziellen Durchdringung als Mittel zur Ausweitung seiner Vorherrschaft gemacht. Man hielt das für einen ziemlich cleveren Schachzug. (Wir Amerikaner erfinden nicht immer unsere eigenen Neuerungen: wir denken oft, dass etwas neu ist, obwohl es das nicht ist.) Jedenfalls haben wir um die Jahrhundertwende aus der Dollar-Diplomatie keinen Hehl gemacht.

Gibt es ein göttliches Verbot für alle anderen Völker, das besagt, dass sie eine solche Durchdringung nicht als Erweiterung der amerikanischen Vorherrschaft anerkennen sollten? Das gibt es nicht.

Sie glauben NICHT an den Kommunismus. Ihr glaubt im Grunde an die Heimstatt, zumindest in der Theorie, wobei sich jeder von euch, oder die meisten von euch, irgendeinen Grund ausdenkt, warum das gerade für euch nicht gelten sollte.

Nichtsdestotrotz ist das Beste der Welt in beiden Hemisphären aus der Heimstatt hervorgegangen, unter welchem Namen auch immer sie in welcher Sprache auch immer genannt wird. Das ist die Grundlage.

In den Vereinigten Staaten gab es die Romantik, wie man sie nannte, der Kaufmannsfürsten. Niemand hat die weniger humanen Details sorgfältig aufgezeichnet. Die so genannte soziale Frage wurde nicht in die moderne Öffentlichkeit getragen.

Und wahrscheinlich ist niemandem, der heute zuhört, bewusst, dass jemals jemand gesagt oder gedacht hat, dass es "unwirtschaftlich" sei, den Handel, die Schifffahrt usw. eines Unternehmens, einer Einzelperson oder einer Familie mit geliehenem Geld zu betreiben. Eine solche Aussage wäre in den letzten 80 Jahren 99,9 Prozent aller möglichen Prüfer zumindest exzentrisch, wenn nicht gar verrückt vorgekommen.

Ich denke, dass es in den Köpfen der Menschen keinen großen Unterschied gab zwischen merkantil, dem Wort merkantil und dem Wort merkantilistisch, das auf ein sogenanntes merkantilistisches System angewandt wird. Das bedeutet, dass der Unterschied zwischen HANDEL und Wucher im westlichen Denken nach dem Jahr, sagen wir, 1527, nicht sehr klar war. Bitte haben Sie Geduld. Ich weiß, dass die Luft nicht der übliche Ort für Fundamente ist, aber ich könnte einen Prüfer unter zehntausend finden, der bereit ist, einem Argument zu folgen. Sogar einem harten.

Ich versichere Ihnen, dass das Problem der GERECHTIGKEIT nicht oberflächlich ist. Das Problem der Zinsen auf Geld ist NICHT oberflächlich. Europa hat einmal tausend Jahre gebraucht, um eine Antwort zu finden. Ich meine die RICHTIGE Antwort.

Nämlich die Ernte NACH der Ernte aufzuteilen. *Usura* und *partaggio*. Zwei unterschiedliche Dinge, die in euren Köpfen geteilt werden müssen. Eine ätzende Ladung, die letztendlich JEDE Nation untergräbt. Sie untergräbt sie zu Hause, treibt sie zu unsoliden Außenbeziehungen, treibt sie aus dem Land, das sie vergeudet (unnötigerweise der Fäulnis, der Erosion überlassen), treibt sie zu unanständigen Übergriffen auf weniger zivilisierte Länder oder kleinere oder schwächere Länder.

Es frisst immer das Leben im Inneren der Nation auf.

Teilt euer Getreide nach der Ernte.

Ich weiß, was die ehrlichen Menschen beunruhigt. Ich weiß, was mich beunruhigte, als ich zum ersten Mal mit der Doktrin des freien Spiels der Kräfte konfrontiert wurde. Ich habe nicht ein Jahrhundert und mehr an Quäkertradition in einer Seite meiner Familie, um nicht von ALLEM beunruhigt zu sein, was gegen den Frieden zu gehen scheint.

ABER Ungerechtigkeit ist gegen den FRIEDEN, und vergessen Sie das nicht. Ungerechtigkeit ist NICHT friedensstiftend. Ich habe Ihnen bereits gesagt, dass der Klassenkrieg in Amerika eine Fälschung oder ein importierter Exot ist, und ich habe Ihnen das Beispiel der Familie Wadsworth bei ihrer Wiedervereinigung 250 Jahre nach der Landung der beiden Brüder Wadsworth in Massachusetts gegeben. In dieser Familie gibt es alle möglichen Leute. Von Mitgliedern der Börse bis hin zu Handelsvertretern, Trommlern und zwei alten Damen, für die eine Sammlung durchgeführt wurde. Und früher in diesen Familienannalen der Junge von sechzehn Jahren, der sein Haar für einen Schilling verkaufte, und das war das erste Geld, das er je sah.

Von da bis zu "Remember the Maine" war es ein weiter Weg.

Der Klassenkrieg ist KEIN amerikanisches Produkt, nicht aus den WURZELN der Nation. Nicht in unserem historischen Prozess. Und die RASSISCHE Lösung, die Europas Lösung ist, die IN Europas Prozess liegt, ist tief verwurzelt und nicht entwurzelbar. Wie steht es damit? Sie müssen oder werden eines Tages den historischen Prozess der Vereinigten Staaten studieren. Die Kolonien waren rassisch ziemlich homogen: Sie entwickelten sich. Sie fanden eine Lösung für das Problem des Geldes, nicht von FELDERN gegen Geld, nicht von Kolonisten, Bauern, die gegen Geld kämpfen, sondern von Feldern UND Geld, die zusammenarbeiten, und sie fanden es in Pennsylvania und die Welt sagte "wie wunderbar". Und eine UNGERECHTE Wucher-Monopolisten-Regierung machte mit dem Geld Schluss. Geld, das an die Kolonisten ausgegeben wurde, um ihre FELDproduktion zu erleichtern. Die Rückzahlung ging NICHT an eine Gruppe von Blutsaugern und Ausbeutern. Und die ungerechte Monopolregierung, nämlich die Briten, wurde 30 Jahre später aus den Kolonien verjagt.

Schlägst du vor, JETZT die gleiche Dummheit zu begehen, die die verschiedenen Londoner Blutsauger und Schurken am amerikanischen Kolonialvolk versucht haben? Wucher zu treiben und zu versuchen, andere Feldarbeiter und Pflanzer zu erdrosseln?

#Nr. 43 (31. Mai 1942) U.S. & U.K.(B48)
BRAIN TRUST: ZWEITER KRAMPF

Einer eurer Gehirnmonopolisten oder Treuhänder bemerkte im April: Wenn ihr könntet, züchtet die Menschen wie Vieh. Das ist vielleicht ein gutes Beispiel, ein gerechtes und faires Beispiel für die Methoden der brain trustees. Es verbirgt den Kern des Problems. Man kann Menschen vielleicht nicht "wie Vieh" züchten, aber man kann oder könnte zumindest genauso viel menschliche Intelligenz auf das Problem der Menschenzucht verwenden wie auf die Zucht von Rindern oder Wiffets.

Und auf dieser BASIS ist Hitler auch IHR Führer. ZWEI grundlegende Texte wurden in EUROPA, auf dem Kontinent, verkündet. Der von Mussolini, und er ist in der Consegna, dem kurzen Jahresbefehl an die faschistische Partei des Jahres XI des gegenwärtigen Regimes oder der Ära, zusammengefasst. "Diszipliniere die wirtschaftlichen Kräfte und richte sie nach den Bedürfnissen der Nation aus."

DAMIT Sie Hitlers Grundlagentext lernen, weichen Sie immer noch aus. Ich will natürlich nicht sagen, dass die wirtschaftliche Disziplinierung der ganze Faschismus oder gar seine Basis ist. Sie ist eine Folge einer größeren fundamentalen *directio voluntatis*, der grundlegenden Behauptung, dass der Mensch ÜBER der Materie steht. Dass der menschliche Wille (oder Geist) sogar über den Schlamm dieses Planeten herrscht und nicht durch Maschinen oder irgendetwas Menschengemachtes unterdrückt werden darf. Und Geld ist von Menschen gemacht - . Es kommt nicht aus der Natur, sondern ist NUMISMA; aus Gewohnheit. NICHT der Herr des Menschen, sondern sein Diener.

Die Maschinen werden die Diener der Menschheit sein. Ich bin spät dran, euch das alles jetzt zu erzählen. Ich habe zumindest etwas über die Zeit gesehen, als Hitler es sah. Um 1923/24. Dass es, wie Hitler es in Mein Kampf formulierte, EINEN Lichtblick in einer Welt gab, die dem Sonnenuntergang entgegenging, und das war Mussolinis Regime in Italien.

Und da das so ist, habt ihr euch mit euren Betrügereien und mit eurem Genf und euren Sanktionen daran gemacht, es zu vernichten, im DIENST des Judentums, obwohl ihr das noch nicht einmal WISST. Und ihr habt die Vorschläge und Anweisungen des Judentums nicht verdaut. Und Sie haben den Faschismus oder den Nazismus NICHT verstanden. Nur sehr wenige von Ihnen haben die Schriften der beiden Führer gelesen. Es ist und war seit 20 oder mehr Jahren, weiß Gott, fast unmöglich, Nachrichten aus oder nach Italien oder Übersetzungen aus Italien in Ihrem Land zu drucken. Sie haben Mussolini NICHT gelesen, und ich nehme nicht an, dass Sie jetzt seine Reden in kohärenter Reihenfolge finden könnten: nicht viele von Ihnen; oder die Punkte und Situationen verstehen, auf die sie zutreffen oder angewendet wurden.

Einer Ihrer besten Rom-Korrespondenten, ein Kriegsveteran und glühender Patriot, sagte mir zur Zeit der Sanktionen (Abessinien-Krieg), ich müsse so sehr auf jedes Wort achten, wenn ich irgendeinen Satz einfüge, den sie möglicherweise (sie waren sein Londoner Büro) verdrehen und als Schlagzeile verwenden könnten, würden sie es tun. Das heißt, sie fälschen, was er ihnen geschickt hat. [Dieser Mann hat während dieser ganzen Zeit verdammt gute Arbeit FÜR England geleistet. Er war ein sehr scharfer Kritiker der italienischen Verhältnisse und diente seinem Land. ABER er konnte die wahre Geschichte nicht gedruckt bekommen, und als ein Buch von ihm, das in England begrüßt und veröffentlicht und als das Maximum an Unparteilichkeit rezensiert worden war, vergriffen war und von einer zweiten Auflage die Rede war, wurde es ihm plötzlich von seinen Verlegern mit den Worten zurückgepfiffen: Wir wollen keine italienische Propaganda.

Ihr habt euch den beiden Revolutionen NICHT gestellt, ihr habt das herbeigerufen, woran ihr NICHT glaubt, nämlich das rote kommunistische Russland oder die linke Hand Judas. Ihr habt die Symbole nicht beachtet, die Symbole der Zerstörung, nicht nur gegen das Kornsymbol, sondern gegen die der Sonne und der Fruchtbarkeit. Ihr habt Hammer und Sichel nicht als zerstörerisch angesehen, AUCH nicht die Maurerkelle, die ein Werkzeug für den Bau ist, oder den Zirkel der Berechnung. Ihr habt die Zerstörung verschlungen: und die Zeichen der Zerstörung. Die Zertrümmerer und Finnland werden kommen, um euch zu richten.

Was die Fortpflanzung betrifft, so hat sich Ihr Brain Trust an dem Morgen, an dem ich es hörte, vor diesem Thema gedrückt. Es ist eine bloße Ausflucht zu sagen, man könne Menschen nicht wie Vieh züchten. Einige Dinge kann man tun. You can, but DID NOT take proper measures against syphylis, tuberculosis, malnutrition NOR breeding itself, whereof RACE is a component. Ihr habt die verhängnisvollsten Vermischungen gefördert, ihr habt nicht wie in den U.S.A. gewildert, weil ihr nicht die gleichen Möglichkeiten hattet. Aber ihr habt euch die Augen verbunden. Ihr habt euch nicht mit dem Problem auseinandergesetzt. Es gehört zur Tradition Englands, sofern diese Tradition gut war, das zu tun, was durch die so genannte "Kraft der öffentlichen Meinung" und nicht durch polizeiliche Vorschriften bis zur Grenze des Möglichen getan werden kann. Anstatt sich auf die Zucht von Vollblütern zu konzentrieren, haben Sie sich mit fliegenden Fahnen auf Neo-Malthus und die schmutzigen Seiten des

Freudismus gestürzt. Mit all eurem Witz und eurer Weltgewandtheit, die auf Monopolisierung aus ist, geht ihr den grundlegenden Fragen aus dem Weg. Und wenn Mussolini für soziale Gerechtigkeit steht, dafür, die Knechtschaft der Wucherer zu brechen, so basierte die Nazi-Revolution auf der RASSE. Auf der Grundlage einer gesunden Zucht, und auf dieser Grundlage erhob sich Deutschland aus seinem Grab.

Es mag sein, dass England, das weit vom Mittelmeer entfernt ist, auch jetzt noch Jahrhunderte braucht, um vom Zentrum zu lernen. ROMA *eterna*, Shakespeare hat den Gesang von Italien gelernt. Und vergessen Sie das nicht. Sogar Kipling, der - zum Glück für seinen Seelenfrieden - vor dem Fall von Shonanko starb, gehörte einer englischen Ära an, die auf die Römer zurückblickte. Puck von Pooks und der Rest davon. Er versuchte auf seine einäugige Art, das wahre englische Erbe zu etablieren. Er ist im Ruhestand und hat den Kontakt zur Gegenwart verloren, zu dem, was in den letzten 30 Jahren seines Lebens die Gegenwart war, oder er weicht den Problemen aus. Natürlich weicht er ihnen WENIGER aus als der Printing House Square oder die großen Verdunkelungsorgane.

DIRECTIO voluntatis, Ausrichtung des menschlichen Willens auf die Gerechtigkeit. Das römische IMPERIUM, von dem alles andere im Abendland abgeleitet ist, alles andere, das den Standard der Gerechtigkeit erhöht hat. Deutschland war näher am Zentrum dieses Imperiums. Und Karl der Große gab uns den Beweis dafür, den Beweis für diese Nähe. Aber das Recht des wahren Britanniens war jahrhundertelang STOLZ darauf, sein Recht vom römischen abzuleiten. Als die freie Rede in Großbritannien vergeblich war, beschränkt auf eine unfähige Minderheit, erhob sich in den amerikanischen Kolonien eine Stimme, die Gerechtigkeit einforderte und der Ungerechtigkeit entgegenschleuderte, dass der Ungerechte Bracton, Fortescue, Coke, Foster, Rapin und Rushworth gegen sich habe. Stimme in -zu rufen: Das Recht ist das Geburtsrecht des Untertanen. Gemeint ist das Gesetz von England, das englische Common. Und auch zu bemerken, dass Pelze aus der Hudson Bay Kolonie, die nach London geschickt wurden, nach Sibirien geschickt wurden. Das bedeutet, dass er ein praktischer Mann war, der sich sowohl für den gesunden Menschenverstand als auch für die Gerechtigkeit interessierte, was einen großen Teil des gesunden Menschenverstandes ausmacht. Anderswo in dieser Epoche war England stark und RÖMISCH. In seinem Umgang mit den 13 Kolonien war es nicht stark. Und ihre Schwäche lag in der UNGERECHTIGKEIT, wie sie ab 1919 in ihrem Umgang und versuchten Umgang mit Italien und mit Nordeuropa lag. Ihre Politik der Lüge war fast identisch, wie jeder auch nur einigermaßen belesene Student der amerikanischen Geschichte anhand zahlreicher Passagen in den Werken der Gründer Amerikas bis hin zur [Verwendung?] russischer Fake News feststellen kann. Schickt diese Ladungen von Lügen aus. Es ist die Art und Weise (Englands Art und

Weise), den Sieger zu überholen, bemerkte Mr. J. Adams, Senior. Wenn Sie keine Bibliothek haben, könnten Sie zumindest die wichtigsten Punkte aus meinen unverschämten und aufmüpfigen Cantos entnehmen. Dort steht genug, um zu zeigen, dass das, was Sie jetzt GEGEN die Gerechtigkeit, gegen ganz Europa tun, Sie damals gegen die Gerechtigkeit und gegen das, was es damals von Amerika gab, getan haben. Kein Wunder, dass Ihr Gewissen kitzelig ist. Ja, ihr hattet damals einigen Luxus, zum Beispiel "das Haus des Bankierskindes".

Ihr hattet einige schöne und einnehmende Gewohnheiten. Nehmend zu den meisten Zeiten, und nicht immer so ganz schön gefeuert. Und du hattest genug Redefreiheit, um den Krieg von Jenkins' Ohr zu erwähnen, in dem Mr. G. Washingtons Bruder umkam.

Und Mr. Adams hat die Amerikanische Revolution als Rechtsfall gewonnen, bevor Sie Ihre Kanonen gegen ihn gerichtet haben.

Genauso wie Europa diesen Fall als juristischen Fall gewonnen hätte, wenn es ein Gericht gegeben hätte, das ihn verhandelt hätte.

Man kann im übertragenen Sinne sagen, dass EUROPA den Krieg als juristischen Fall gewonnen hat. England war nicht im Recht.

Ich gebe zu, dass einige von Ihnen, was auch immer Sie an hübschen Angewohnheiten übrig hatten, gute Umgangsformen haben: BIS etwas Sie aufregt. EUROPA hat diesen Krieg als Rechtsfall gewonnen, und euer Brain Trust WILL das nicht wahrhaben. Und Ihr Brain Trust will sich nicht einmal mit dem Verbrechen, der Art des Verbrechens, auseinandersetzen. Sie lesen Ed Wallace, einen sehr aufregenden Autor, der ein Loblied auf Detektive schreibt, Detektive, die seiner fruchtbaren Fantasie entsprungen sind, aber Sie werden sich NICHT mit den Erkenntnissen der beiden wirklichen Detektive, Duce und Führer, auseinandersetzen. Sie haben deren Beweise übergangen, und Sie hatten, BEVOR dieser Krieg begann, die Aussagen Ihrer EIGENEN Zeugen so gut wie verworfen: Gibbs, Yeats, Brown und den Rest von ihnen. Und es war KEIN Glück. Und ich glaube nicht, dass Sie Shonanko zurückbekommen werden. Und ich glaube nicht, dass Ihre Politik, die Zusammenarbeit mit dem europäischen Kontinent zu verweigern, klug oder weise war oder dass sie auf einem sehr lebhaften Durst nach Gerechtigkeit beruhte. Was auch immer Sie zu diesem Thema noch offen SAGEN können, es gibt vieles, was im sonntäglichen Evangelisationsgottesdienst des Brain Trust AUSGELASSEN wird.

Aber eines sage ich Ihnen, und glauben Sie mir, Europa wird nicht wieder unter das Wucher- und Schuldensystem zurückfallen. Und die Menschen in England werden es auch nicht tun, wenn sie erst einmal herausgefunden haben, was es ist, und wenn das jüdische Zentrum von London in die Keller von New York und Neu-Jerusalem verlegt wird. Und der Schmelztiegel in

Amerika mag ein nobles Experiment gewesen sein. Ich bezweifle es sehr. Auf jeden Fall ist es gescheitert, es ist ein Misserfolg. Und die Idee von BREED war nicht immer unenglisch.

Der Mischling mag clever sein. Varietismus mag sehr amüsant sein, und fin de siècle, oh zweifellos, fin de siècle. Andere Reiche sind untergegangen, warum sollten wir das nicht auch? Aber es sagt NICHTS zu morgen, absolut, es sagt NICHTS zu morgen. The Brain MONOpoly will have to square up to the RACE problem or perish.

Nichevo! und der Rest davon. Ihr müsst euch mit dem Ethnie-Problem auseinandersetzen oder untergehen. Wenn man sie hört, könnte man meinen, dass der Brain Trust daran interessiert ist, die Art von Kadaver zu produzieren, die die größte Anzahl von Läusen, nämlich Parasiten, tragen kann. Untermenschen oder andere. Der Brain Trust wird sich dem Problem der Ethnie stellen müssen. Sie werden sich dem Problem der Ethnie stellen müssen. Und ihr wagt es offenbar NICHT, euch ihm zu stellen. Wer sind die Schaschan? frage ich euch?

#Nr. 44 (4. Juni 1942) U.S.(B55)
ZU PATHOLOGIE UND PSYCHOSEN

Nebulöse Vorstellungen, Fragmente chaotischer Ideen, die über einer Erbsensuppe von IGNORANZ schweben, tiefer und undurchdringlicher Ignoranz. Ignoranz gegenüber Europa, Ignoranz gegenüber Asien, Ignoranz gegenüber den Kapazitäten der amerikanischen Marine, Ignoranz gegenüber der Moral der Unterdecks.

Was ist die Ursache dafür? Haben Sie keine Pathologen im Land? Wenn Sie so viel von den Fenollosa-Papieren gelesen hätten, wie ich sie um 1917 in Druck gegeben habe, hätten Sie Japan nicht unterschätzt. Sie hätten sich nicht von den gröbsten und krassesten Idioten des öffentlichen Lebens in den Vereinigten Staaten solche Schwachsinnigkeiten erzählen lassen.

Und Sie hätten die beleidigenden Lügen der britischen Zeitungen zu diesem Thema nicht geschluckt. Ein Teil des niedrigsten Londoner Schmutzes, der mit militärischen Titeln um sich wirft, war damit beschäftigt, Sie mit Schwachsinn zum Thema Nippon zu füttern, und die völlige Verwahrlosung des öffentlichen Geistes in der Bill-Billy-Sektion in Washington stand an zweiter oder erster Stelle.

Absolute Gleichgültigkeit gegenüber Fakten. Blindes und unbewegliches Festhalten an dem WUNDERbarsten, was in den Protokollen der so genannten Ältesten des so genannten Zion steht. Wer immer sie geschrieben hat, zeigt sich in dieser Politik. Der Autor dieses schmutzigen, perversen Werkes hat mehrere Werke verschenkt. Darunter das Ziel, die gesamte Geschichte zu verdunkeln. Die Bereitstellung von Geschwätz über das, was nicht ist. Pläne für morgen zu erzählen, um den Verstand der Tölpel und der Untertölpel (genannt Spezialisten oder Universitätspräsidenten) von den bekannten Fakten der Geschichte abzulenken. Wobei aus unserem Wissen von Prozess abgeleitet wird.

Nun, Sie sind darauf hereingefallen. Und WIE Sie darauf hereingefallen sind, und Sie können es nicht einem einzigen spindeldürren, hirnverbrannten Vertreter der NATIONALEN, der fast universellen Verachtung der Vereinigten Staaten für alle Ethik, alle Fakten, alles Wissen, die Verachtung der Fakten, die Verachtung der Geschichte, die Verachtung des Wissens anlasten.

Und das Ergebnis ist zum einen, dass kein Scherz, keine Lerche, keine von römischen Humoristen ersonnene Phantasie in der Lage war, sich vor der absoluten Idiotie eurer Besitzer und Meister zu verstecken.

Nehmen Sie zum Beispiel die FRONTIER. Vor einem Jahr habe ich noch gescherzt, ihr habt eure Grenze an den Rhein gelegt. Dann war sie an der Donau, und dieses Stinktier Donovan hat sie durch das Hochland von Jugoslawien getrieben. Alles zum Ruhme Jehovas und der Bank von England und des neuen Jerusalem. Ich schlug Tibet vor. Hat in TIBET oder am Jangtse Halt gemacht? Mit Sicherheit nicht. Ihre Exponenten der Dollar-Diplomatie und die Verfechter des Imperiums haben es bis nach Birma und auf die Philippinen getrieben und dabei unsere Grenzen immer weiter ausgedehnt: jetzt sind sie bis nach Hawaii und zu den Küstengewässern vorgedrungen.

Mein Kompliment für Ihren Scharfsinn. Aber was ist der alte Yankee-Humor? ABSOLUTE verdammte IGNORANZ gegenüber jeder goldfarbenen Sache auf diesem Planeten, außer wie man Lärm macht. Und woran liegt das?

Und Ihre Kommunikation. Um Gottes willen, lesen Sie die Protokolle, falls das letzte Exemplar noch nicht aus den Buchläden verschwunden ist. Sie wurden vor 20 Jahren gedruckt. Ich habe mir nie die Mühe gemacht, sie zu lesen, bis ich alles, was darin steht, aus anderen Quellen erfahren hatte, wodurch die Beweise bestätigt wurden. Du wusstest nicht, was auf dich zukommt. Und die unaussprechlichen britischen, unaussprechlichen Schwächlinge, die eure Wochenzeitschriften füttern, wussten NICHT, was auf sie zukommen würde. Kopien dieser Londoner "Alice im Wunderland" erinnern uns oft an die Geräusche von Pisse und Püschel. Kleine Papierblumen, eingebettet in schmutzige Glasbriefbeschwerer. Die Tiraden Ihrer neuen Verbündeten, des Gnu Statesman und der Un-Nation, erinnern uns daran, was England erwartet hat. Und ihr wart keinen Deut klüger. Schauen Sie sich an, was Ihnen Ihre geduldeten und hochgeputschten Journalisten und angeblichen Hochkaräter erzählt haben. Dann lesen Sie die Protokolle. Da Sie nicht wussten, was kommen WÜRDE und was gekommen ist, sollten Sie sich vielleicht besser auf das vorbereiten, was jetzt KOMMT.

Senkung der Zinssätze, aber Aufrechterhaltung des Geldmonopols durch die ....? durch die was, durch den Kahal, durch bless your buttons, falls Ihre Knöpfe noch nicht rationiert wurden.

STRANGULATION der gesamten Kommunikation. Sie haben keinen geheimen Postdienst? Papiere werden zurückgehalten und dann ausgehungert, wenn sie nicht pro-jüdisch sind. Bald wird man nicht mehr mit dem Auto rüberfahren und mit den Nachbarn reden können. Und wenn es nicht nur einen schwachen Hauch von Klaustrophobie irgendwo gibt, wird es ... äh ... veree pee-hen, ich meine sehr pee-culiar.

Unsere Vorväter hatten den Mut, Korrespondenzausschüsse einzurichten. Das war noch vor den Zeiten von Pferd und Wagen. Welche Chance hat das Landleben? Welche Chance haben die Verstreuten gegen die superzukorischen, untermenschlichen Übertragungen JEDES Radiosenders in Ihrem von Juden beherrschten Land? Ich meine, welche Chance, sich zusammenzuraufen oder sich auf eine Politik zu einigen? Ihr könnt KEINE Nachrichten aus Europa bekommen, außer über dieses Radio und andere Radios, die den Kahal nicht mögen. Und ihr seid so vollgestopft mit dem Aberglauben des Kahal, dass ihr natürlich nicht glaubt, was ihr Nachrichten vom Feind nennt, oder was ihr, wenn ich es sage, Achsenpropaganda nennt.

Unabhängig davon, wann ich es zum ersten Mal gesagt habe, unabhängig davon, ob John Adams es gesagt hat, bevor der Urgroßvater von Herrn Hitler in Tirol Bäume fällte oder der österreichischen Regierung diente. Niemand war bisher in der Lage, Ihnen irgendetwas zu sagen, das Ihnen einen Vorteil verschafft hätte, ich meine einen Vorteil für SIE.

Die Japaner sind ein altes Volk. Die Australier sind es NICHT; und ich frage jeden Kurator einer Galerie für moderne Kunst oder einer städtischen Galerie östlich von San Francisco: WAS ist der Beitrag des Kängurus zur Zivilisation?

Eine amerikanische Frau, die mit einem Italiener verheiratet ist, sagte gestern zu mir: "Ja, ich bin italienische Staatsbürgerin, aber bevor ich hierher kam, kannte ich die Namen von etwa fünf italienischen Städten und das war ALLES." Nun, der halbe amerikanische Kongress ist voll von Verrückten, die nur halb so viel wissen.

Während die Leute (natürlich) der Exekutive und dem schlauen Teil des Brain Trusts die Schuld geben, warum sollte man nicht auch über die Schwachköpfe im Kongress, die unergründliche Ignoranz der College-Professoren und die Flatterhaftigkeit der populären amerikanischen Autoren als Teil des nationalen Leids sprechen? Mein Junge hat die amerikanische Tragödie in seinem Schoß. Multiplizieren Sie das mit einer Million.

Und haben Sie keinen Pathologen? Ja, wir haben keine Psychiater. Der Kontakt zur Realität war im Weißen Haus nie stark. Diese April-Rede hätte sich für mehrere Institutionen qualifiziert.

Und dann ist da natürlich noch die hohe Philanthropie, um nicht zu sagen PROfound-Intelligenz, die darin steckt, die Hälfte des Nationaleinkommens für den Verlust der Philippinen auszugeben. Das war ein Santy Claus. Ich würde sagen, das war der Weihnachtsmann auf den Hufen mit acht Rentieren. Und wer hat gesagt, dass sie die polare Eiskappe übernehmen werden? Der Squalus ist auferstanden, *Krist ist erhoben*, und deshalb werden all die Boote in Pearl Harbor mit Heilung in ihren Quellen auferstehen, und die Demokratische Partei wird einmal mehr über die Skepsis der klinischen Kräfte der Parteireaktion triumphieren, mit Finkelstein in der Proszeniumsloge. Oh mein Land, es ist in der Tat das Land des Cluett Collar, das Land des B.D.V. oder B.V.D. oder wie auch immer die Bezeichnung lautet. Oh, Schatten von Lydia Pinkham; ja, ja, diese rosa Pillen werden wahrscheinlich gebraucht, zusammen mit einer Platte mit Kuchen für den britischen kaiserlichen Stab in unserem Kapitol.

Und ich hätte gern ein paar Neuigkeiten über Frankie und Johnnie. Sind sie immer noch so, wie sie einst waren, scharf auf die Familienehre? Gott, wie haben sie geliebt.

Ist unser ganzes Bildungssystem in den Händen von Erfindern von Pizingas? Werden alle unsere angeblich seriösen *Zeitschrifte, Rassegnas*, Quarterlies, Jahres- und Halbjahresbulletins von den [?] Hebräern subventioniert? Sind ALLE Amerikaner, unabhängig von Kirche, Verein oder Gesellschaft, immer noch davon überzeugt, dass nichts ernst ist, dass es nur eine Schlagzeile ist, wenn Boote sinken, und dass es den Seeleuten egal ist?

Oder anders gefragt, gibt es niemanden, der die Angewohnheit bemerkt, zu sagen: "Oh, der Chef ist ein Jude, eine Art Unter-Zukor, natürlich konnten wir nichts Anspruchsvolles aufführen, wir konnten nicht auf dieses Thema eingehen."

Das absolute blutige Zusammenzucken des Mannes, der 4.000 Dollar im Jahr verdient, wenn er mit einer Organisation konfrontiert wird, die ihn bezahlt und die Nation sabotiert, die Fakten sabotiert, die Kommunikation sabotiert, ist ein PATHOLOGISCHES Symptom. Wann haben Sie, die Amis, endlich die Nase voll von diesem Symptom? Und die Art und Weise, wie Sie IRRELEVANTen Anekdoten hinterherlaufen, ist eine andere. Jede traurige Geschichte reicht aus, um euch davon abzulenken, WARUM das passiert ist. Das ist ein Symptom. Achten Sie auf die B.B. Jude-Propaganda, die in diesem Jahrzehnt die gesamte anglo-amerikanische Luft ist.

Ezry Pound spricht.

Ihr solltet nicht in diesem Krieg sein. Die Vereinigten Staaten sollten nicht IN diesem Krieg sein.

#Nr. 45 (8. Juni 1942) U.S.(B56)
DIE SCHLÜSSEL DES HIMMELS

Ich nehme an, wenn ich mit euch Kindern LANG genug rede, werde ich etwas in eure Köpfe bekommen. Wenn ich jeden Tag und auf jede Art und Weise weiter auf euch eindresche, werde ich euch endlich beibringen, warum ihr in diesen Krieg hineingezogen wurdet (wenn ihr ihn überlebt), und wenn ihr das wisst, werdet ihr mehr wissen als eure Väter am Ende des letzten Krieges, das heißt, mehr als die meisten von ihnen je herausgefunden haben.

Und ich muss zurückgehen und immer wieder dieselbe kleine Tabelle mit den Fakten durchgehen, dieselbe kleine Tabelle, auf der die Daten klar angegeben sind. Und dieser Krieg begann 1696, oder sagen wir '94, als Mr. Paterson die Idee für die Bank von England hatte. Das ist ein Plan, um reich zu werden, ein Plan, mit dem ein paar Männer reich werden sollten, ohne zu arbeiten und durch Betrug an der Allgemeinheit.

"Die Bank hat Zinsen auf alle Gelder, die sie aus dem Nichts schafft." Na gut, das war kurz vor 1700. Und wozu hat es geführt?

UNTERDRÜCKUNG des Geldes der Kolonie Pennsylvania, eine Art Gesellite-Geld, das Pennsylvania zu Reichtum verholfen hatte, und die dreckigen alten Stinktiere in London schlossen die Augen vor diesem Geld und vor anderem Kolonialgeld. Und DAS steht NICHT in den Schulbüchern, und das hätte in den letzten 150 Jahren in allen öffentlichen Schulbüchern stehen MÜSSEN, und das ist es, was Kinder über die amerikanische Geschichte lernen sollten, wenn sie 12 Jahre alt sind.

Und nach dieser Schließung und einigen anderen Gemeinheiten, von denen Sie erfahren haben, es sei denn, Lenin und Co. haben die gesamte amerikanische Geschichte aus den koscheren Vierteln von Brooklyn und den angrenzenden Gebieten verbannt. Die Bank von England unterdrückte das Geld der Kolonie Pennsylvania. Dann kam die Revolution.

Patrick Henry, George Washington, Samuel Adams, John Adams, mit Mr. Jefferson, der die Trimmin's schrieb und einige seiner besten Ideen wurden gelöscht.

Als ich in der Schule war, und noch schlimmer, als ich an die Universität kam, wurde uns von Paul Revere und General Gates und dem Rest erzählt, aber wir erfuhren NICHTS über die Bank von England und das Geld der

Kolonie Pennsylvania, und wir erfuhren sehr wenig über John Adams. Nun, Cornwallis kapitulierte, und die Amerikaner setzten eine Regierung ein, und kaum hatten sie diese Revolution gewonnen, begannen Gauner, sie zu untergraben. Ich glaube, Mr. Claude Bowers hat ein oder zwei Worte über "Vermutungen" gesagt. Gemeint ist der Skandal, bei dem sich einige Finanziers und ihre linken Finnen im Kongress aufgemacht haben, um die Kriegsveteranen zu betrügen. In der Tat sind Kriegsveteranen die besondere und gewohnte Beute einer Art von Betrügern, die sich darauf spezialisiert haben, Kriegsveteranen zu betrügen, was einige Arten von Betrügern tun.

Nun, vielleicht hätte das zu einer syndikalischen Vertretung führen sollen. Nun, das konnte es nicht, denn es hatte gerade EINE Revolution gegeben, und die Vereinigten Staaten von Amerika waren in ihrer Ideologie, in ihren Prinzipien jeder anderen Regierung auf dieser Erde um ein Jahrhundert oder mehr voraus; es war bei Gott das beste Regierungssystem, das das Abendland bis dahin erdacht und durchdacht hatte, trotz seiner Fehler und Unzulänglichkeiten.

Und sie steckten in bestimmten Männern, NICHT im Konzept der Regierung, und das WAR das amerikanische Erbe. Lediglich ein paar Rechtsverdreher, ein rothaariges Halbblut namens Hamilton und ein paar geborene Betrüger im Kongress - Page, der gute alte Schuyler und 30 so genannte Volksvertreter.

Sie repräsentieren sich selbst und die Laster des Volkes.

Nun, das ist in gewisser Weise eine Klammer, und dann schlossen Jefferson und Jim Madison einen Kompromiss, um das nationale Kapitol an die Ufer des Potomac zu verlegen. Gott segne sie. Ich dachte eine Zeit lang, das hätten sie nicht tun sollen. Nun, sie waren gute Männer, weit über dem menschlichen Durchschnitt, und sie hatten zumindest in einer Hinsicht recht. Damals bedeutete das, dass die Regierung ein paar Stunden frei bekam und weg von den Banken von New York. Aber Herrgott! Und John Adams fehlte es an Taktgefühl. Vielleicht war er aber auch einfach nur von der Zuversicht beseelt, dass der menschliche Geist aus Erfahrungen lernen kann. Jedenfalls erlebte er, wie der kleine Johnnie, Mr. John Quincy Adams, zum Präsidenten gewählt wurde, und er, der alte John, sagte in großer Voraussicht: "Wenn du reinkommst, bleibst du nur vier Jahre, so wie ich. Sie werden dich NICHT wiederwählen."

Nun, John Quincy war in gewisser Weise ein Kommunist. Er wollte, dass der größte Teil des nationalen Bodens in nationalem Besitz ist. Wollte, dass die Erlöse in die Bildung fließen (einschließlich, verflixt noch mal, der Astronomie). Er schrieb eine Abhandlung über Gewichte und Maße, anstatt den Verstand von Kleopatra zu haben und sich mit der Frage des GELDES zu beschäftigen. Das war sein Fehler, das ist einer seiner Fehler. Aber er war kein Faulpelz und konnte den Potomac bis zum Ende seiner menschlichen Karriere durchschwimmen. Ich hörte, er konnte eine gerade Furche pflügen. Ich meine das nicht metaphorisch, ich meine mit einer Pflugschar.

Nun, das ist in gewisser Weise eine Klammer. Aber es hilft zu verstehen, wie wir hierher gekommen sind. Wie wir in diesen Krieg geraten sind. Einhundert und mehr Jahre später.

Wie auch immer, um bei der Hauptlinie zu bleiben: 1700, 1750 und die Amerikanische Revolution, verraten von Hamilton, soweit er es konnte, wiederhergestellt von Jefferson, Madison, Monroe, aufrechterhalten von den Adamses. Und dann kam der nächste Kampf. NICHT betont in den Schulbüchern der amerikanischen Schüler. Der KRIEG von Biddle und seiner gottverdammten Bank gegen das amerikanische Volk. Ein Krieg, der vom amerikanischen Volk gewonnen wurde, duce Mr. Jackson, mit Van Burens Unterstützung, und diese Freundschaft ist die zweite große Freundschaft in unserer Geschichte. John Adams und Jefferson.

Jackson und Martin van Buren. Und dann waren da noch Jefferson und sein Kreis, und die Tradition dieser Männer war das amerikanische Erbe.

Und dann kam der Bürgerkrieg. Und die Ermordung von Lincoln. Und in diesem Krieg ging es SICHER um die Sklaverei. Und das Schulbuch des amerikanischen Schuljungen sagt sehr wenig über die Auswirkungen der SCHULD. Schulden der Südstaaten bei den Bankiers von New York City. Und wenn Calhouns Name noch in den Schulbüchern steht, werden seine wichtigsten Worte NICHT hervorgehoben, nicht genug hervorgehoben.

Beide Seiten halten ein Übel aufrecht. Der Süden wollte die Sklaverei beibehalten. Und der Norden wollte etwas Billigeres als die Sklaverei. Sie reden fromm, aber sie wissen, dass ein großer Teil von ihnen, einige der schlimmsten von ihnen, kichern, dass angeheuerte Arbeit billiger ist als Sklavenarbeit. Und man muss seine Angestellten nicht wirklich ernähren.

Wenn man hingegen Sklaven beschäftigt, muss man sie verdammt noch mal auch ernähren. Rothschild, John Sherman, Ikieheimer, Morton, und Vandergould. Denken Sie einfach an diese Dynastien. Erinnern Sie sich einfach an diese Familiennamen, die NICHT die Namen der Männer waren, die uns von den Gaunern von London, Ikieheimer und Vandergould und John Sherman und Rothschild befreit haben.

Darauf hat sich Bismarck bezogen, als er von Verantwortung sprach. Und warum dauerte dieser Krieg SO LANG? Nun, dieser Frage kann jeder von Ihnen nachgehen. Man kann darüber diskutieren, man kann sehr gut darüber diskutieren. Aber das Ergebnis war die Erschießung von Lincoln. Und das ENDE der Öffentlichkeitsarbeit für Lincolns Idee, Lincolns Idee über Geld. Das war die heilige Wahrheit und die Gesundheit des Volkes.

Und gab den Menschen dieser Republik den größten Segen, den sie je hatten, ihr eigenes Papier, um ihre eigenen Schulden zu bezahlen.

Ihr müsst noch lange leben und kämpfen wie die Hölle und etwas, das näher an der Heimat liegt als die Philippinen, um es zu bekommen. Ihr werdet näher an der Heimat kämpfen müssen als im Känguru-Land, um diesen Segen zurückzubekommen, und ich schlage vor, ihr fangt morgen früh an zu kämpfen, wenn nicht jetzt sofort, wenn ich zum Ende dieser Rede komme.

Der größte Segen, den sie je hatten. Eigenes Papier, um ihre eigenen Schulden zu bezahlen. Wenn ich an die Zinsen denke, die ihr Jungs zahlen müsst, tausend BILLIONEN Dollar Schulden, wenn ihr nicht aktiv werdet und das Schuldensystem, das jüdische System, das Rothschild- und Morgenthau-ANTI-Lincoln-System sprengt. Nun, mein Herz, blutet es nicht für mein Land? Ich würde lieber meinen Kopf für mein Land arbeiten lassen.

Wenn Sie nicht an die Ursache Ihres Elends denken können oder wollen und daran, dass dies zur Versklavung Ihrer Kinder für zehn Generationen führt, dann helfe Ihnen Gott.

Ihr seid mit Milliarden von Schulden belastet, und ihr habt NICHT euer eigenes Papier, um dafür zu bezahlen. Ihr, die meisten von euch, habt nicht die leiseste Ahnung, was Lincoln gesagt hat. Ihr wisst nicht, was er damit gemeint hat. Schiere Unkenntnis von Münzen, Kredit und Umlauf, sagte John Adams 80 Jahre vor Lincoln.

Unwissenheit, und natürlich GIER. Gier ist dein Verderben. Die Lust des Bösen bedeutet, Arbeit für fast nichts zu bekommen. Die Gier der Pflanzer, afrikanische Arbeitskräfte zu bekommen, und als sich herausstellte, dass diese nicht genug einbrachten, die Gier des Nordens, Einwanderer zu bekommen, ohne Rücksicht auf das nationale Wohl, ohne Rücksicht auf die Ethnie. Keine Rücksicht auf die Erhaltung der menschlichen Rasse. Nur blinde Gier, blinde Eile, um so viele billige Arbeitskräfte wie möglich ins Land zu holen. NICHT bemerkt, mein Gott - wie viele Menschen NICHT! - die schnelle Nummer, die Sherman und Rothschild abzogen. Die gesamte Regierung der Vereinigten Staaten von Amerika überließ 1863 einer Bande von jüdischen Bankern, denen mehrere Unter-Ikonen assistierten, das gesamte Geld.

Wir können die Zirkulation von Greenbacks nicht erlauben, weil wir sie nicht kontrollieren können." Man kann nicht, das heißt, die Nation EIGEN, die Beamten KAUFEN, die ganze Bevölkerung ausbluten lassen.

Nun, es gibt keine Zweideutigkeit über das Hazard-Rundschreiben und keine über die Korrespondenz zwischen Ikleheimer und Rothschild. Und bis Sie es und seine Bedeutung erfahren, bis Sie die Tragweite und Tiefe jedes Wortes erfahren, das ich Ihnen sage, werden Sie ignoranter sein als der amerikanische Präsident, auch wenn Sie sich für besonnener halten.

Ezra Pound am Mikrofon.

Warum habt ihr euch auf diesen Krieg eingelassen?

Natürlich kann ich Sie nicht untersuchen. Aber Sie bleiben hier und hören zu, und vielleicht bringe ich Ihnen mit der Zeit etwas Geschichte bei.

Ihr solltet nicht im Krieg sein.

#46 (14. Juni 1942) U.K.(B32)
DAS BRITISCHE IMPERIUM

Das britische Imperium zu retten ist nicht mein Job. Es gab Zeiten, da habe ich ein bisschen geschwitzt, als ich darüber nachdachte, wie man England retten könnte. Ich habe nichts dagegen, die englische Ethnie zu bewahren. Ich gehöre zu einem Teil von ihr.

Deshalb glaube ich nicht, dass es eine Schande oder ein Ärgernis für die Welt sein sollte. Ein hartnäckiges Ärgernis zu sein, ist vielleicht nicht der Weg zur Selbsterhaltung. Und Büchermenschen werden sprichwörtlich durch Analogien in die Irre geführt. Sie wählen immer die falsche Analogie oder sie wählen sie zu spät.

Die Art und Weise, wie England einen Teil seiner Bequemlichkeit bewahrt hat, war, so glaubte ich, und ich glaube es immer noch, durch eine ehrliche Wirtschaftsreform. Indem man die Menschen in England innerhalb Englands rettete. Die baronialen Säle usw. hätten jahrzehntelang fortbestehen können. Fülle war möglich. Fülle schrie förmlich danach, zu entstehen.

Die ehrlichen Engländer wurden nach dem letzten Krieg mit Sägemehl gefüttert. Sie wollten arbeiten, sie versuchten es mit Landwirtschaft in den anglo-afrikanischen Kolonien. Sie versuchten es mit Hühnerzucht in England. Jemand von ihnen wollte Englands landwirtschaftliche Produktion steigern. Es gab schließlich ein Buch, *Hungersnot in England*, von Lord Lymington. Es waren 20 Jahre Arbeit von fünfhundert ehrlichen Männern, die ALLE das alte England retten wollten, von 50 Tausend, von noch mehr ehrlichen Männern. War das alles umsonst? Nein, verdammt, es war nicht alles vergeudet, aber der Ertrag ist noch nicht da. Und der Ruin des größten Teils davon ist den Lügnern zu verdanken. Hat irgendjemand in England das Problem Englands studiert, so wie Hitler das Problem der Deutschen vor und nach dem letzten Krieg studierte? Ich lasse mich nicht von Analogien in die Irre führen, aber ich bin nicht blind für Analogien. Die Analogie, die einem JETZT am meisten ins Auge sticht, wenn man sich außerhalb des uncharmanten Kreises Ihrer Presse befindet - das ist Ihre Nebelwand -, ist die Analogie von England und von Österreich, wie es in seinen letzten Jahren war.

Ihr habt drei Ethnien auf einer bisher privilegierten Insel. Die Iren haben Sie nie geschluckt, genauso wenig wie die Deutschen der letzten Mark die Magyaren geschluckt haben.

Hitlers Verstand zeigt sich in seiner Wahrnehmung der unterschiedlichen Ethnien innerhalb des österreichischen Konglomerats. Nein, nicht Konglomerat. Innerhalb des österreichischen zusammengeklebten, zusammengeklebten, mit verstreuten Schnüren zusammengebundenen dynastischen Gebildes.

Ich will keine Zeit mit Rückblicken verschwenden. Du träumst JETZT von einem Anschluss. Anschluss an Amerika. Die Analogie ist oberflächlich. Ihr Konglomerat aus Schotten, Walisern und Engländern war und ist ziemlich solide. Es besteht schon seit Jahrhunderten. Sie haben die walisische Sprache nie unterdrückt, aber der Nationalismus in diesen beiden Ethnien war seit Menschengedenken oder dem ihrer Väter nicht mehr politisch.

Die Schotten mögen ihre eigene Überlegenheit: "Ich war in London und habe nur wenige Engländer gesehen. Waal ye see I was seem' maistly heads of deepartments." Ja, was hältst du von den Engländern? Ich habe keine gesehen.

Die Waliser schürfen eure Kohle und machen euch seit Jahrhunderten wenig Ärger. Sie machen einen seltsamen Lärm beim Eidstedfod, und was kümmert sich London um sie oder denkt anders über sie?

Ihr wart und seid nicht so wie Österreich am Vorabend einer inneren Zerrüttung. Oh ja, es gab und gibt gemeinsame Sorgen, aber nicht diesen speziellen Ärger. Was den Anschluss betrifft, so war die ganze Stimmung für einen Anschluss von außen. KEINE zehn Millionen Engländer, zehn Millionen RASSISCH Englische, saßen im ländlichen England und fühlten eine nostalgische Sehnsucht nach der Vereinigung mit der GROSSEN Hauptgruppe ihrer eigenen Ethnie, die auf der anderen Seite einer unmittelbaren Grenze lebte.

Jegliche angelsächsische oder englische Ethnie-Nostalgie, die es *jemals* gab, stammte von den Nachkommen amerikanischer Tories, die in der amerikanischen Politik vernachlässigbar waren und in einigen Skizzen von Kipling und Henry James zum Ausdruck kamen, die, wie Henry James, einige der Gefahren beleuchteten, die damit verbunden sind, wenn man amerikanische, angloamerikanische Nostalgie an den unverblümten Nicht-Emigranten des Mutterlandes ausprobiert.

Die amerikanischen Kolonien haben rebelliert, sie haben sich nicht in dynastischen Streitigkeiten verloren. Die Vereinigten Staaten sind NICHT eine Ansammlung von Völkern homogener Ethnien, die sich in einem

Prozess des Zusammenschlusses befinden, wie es Deutschland, das Bismarcksche und das postbismarcksche Deutschland, war.

Schlagen Sie nun den Anschluss an den Schmelztiegel vor? Oder schlagen Sie vor, sich einfach in den Schmelztiegel fallen zu lassen? Mit verbundenen Augen? Ich habe Engländer getroffen, die KEINE SOLCHEN Ambitionen haben. Ich habe sogar Engländer kennengelernt, die diesen Vorschlag sicher nicht gutheißen würden. Es ist gegen Ihren historischen Prozess.

Aber ein schmutziger Teil Ihres Prozesses war es schon immer, Wilde herbeizurufen. Ihr habt es im Fall der Rothäute gegen die Kolonisten getan. Sie tun es jetzt, und WIE, mit den blutigen Russen.

Ihre Gewohnheit, Söldnertruppen einzusetzen, könnte sich dem Ende zuneigen. KÖNNEN Sie die englische Ethnie retten, indem Sie in Ihren schlimmsten und verhängnisvollsten Gewohnheiten verharren? Glaubt ihr, die Amis sind nur eine weitere Gruppe von Barbaren, die gegen die älteren, kultivierteren [Völker?] gehetzt werden? DIESE Analogie ist für den Mann auf der Londoner Straße, ob echt oder gefälscht, echt oder vom B.B.C.-Mikrofon verführt, viel zugänglicher , wenn er bereit ist, die gepunktete Antwort zu unterschreiben.

"Oh, Sie werden kommen und uns HELFEN", das hat nicht nur ein Engländer oder eine Engländerin zu mir gesagt. Was zum ... ähm ...

Was mich dazu bringt, über Ihren Lieblingszeitvertreib oder Ihr Gesellschaftsspiel für dunkle Abende nachzudenken. Ihr Zeitvertreib "nach dem Krieg", oder was werden wir mit und FÜR das von der russischen Geißel verwüstete Europa tun?

Im Gegensatz zu diesem Irrsinn bewahre ich mir noch ein oder zwei Erinnerungen. Ich glaube immer noch, dass es in England ein wenig Vernunft geben muss und eine gewisse Fähigkeit, mit größerer Klarheit nach vorne zu blicken, was in diesem Fall Bescheidenheit bedeutet: Bescheidenheit bedeutet. Schauen Sie auf einen möglichen Ort in Ihrem nebligen Klima, einen Ort in den typischen Landschaften Ihres Constables, Devon oder Darset, oder Norfolk, oder die englische Ethnie und die Traditionen fortzusetzen. Ihr werdet es NICHT durch Wucher bekommen. Ihr werdet es auch nicht dadurch bekommen, dass ihr den Völkerbund, alias das System des Geldverleihs gegen Zinsen, durchsetzt. Oder indem ihr dieses System akzeptiert, wenn ihr auf der anderen Seite steht, d.h. wenn ihr am borgenden Ende des Schwindels steht.

Der Wucher hat noch nie irgendeine Ethnie gerettet. Und Sie haben KEINEN großen soliden Rassenblock, an den Sie sich anschließen können. Eure Herrschaftsgebiete sehen viel eher so aus, als ob sie unter das Wucher-Joch eines Konglomerats von NICHT-Engländern fallen.

Wer unter Ihnen RASSISCH denkt, wird erkennen, dass es zwei Probleme gibt oder vielmehr, dass die Erhaltung der Ethnie ZWEI oder mehr mögliche Taktiken bietet. EITHER reconstitute the RACE, the English, or the Anglo-Scotch, Anglo-Welsh, hardly figures. Auch nicht die Ausdehnung über die gesamte britische Insel. The best probable approach toward a strong solution: you can either HOPE to reconstitute the RACE in England or you can divagate into wondering what can or could be done to reconstitute the race in Canada, the United States, or elsewhere.

Bis jetzt war das beste Denken in den Vereinigten Staaten nicht rassisch. Die Mehrheit, 99,9 %, der ernsthaften Überlegungen sowohl in England als auch in Amerika waren wirtschaftlicher Natur. Und das hat KEINE Reformen hervorgebracht. Wir mögen uns alle geirrt haben, mit Ausnahme von Lothrop Stoddard und einem halben Dutzend Schriftsteller, die im Ausland besser bekannt sind als in England oder in Amerika.

Lassen Sie Ihren Brain Trust (oder Ihr Monopol) zu dieser Frage sprechen.

Können Sie Ihre eigene Ethnie retten? Welches ist meine Ethnie, auch wenn Ihnen diese Phase des Problems nicht gefällt?

Oder sind Sie entschlossen, dieser Ethnie ein Ende zu bereiten? Aus POLITISCHEN Gründen? Oder aus finanziellen Gründen, die den Grund des STAATES in so vielen Transaktionen Englands ersetzt haben? Das sind sinnlose Gräueltaten, die nur dazu dienen, den Hass zu schüren und den Rest der Welt dazu zu bringen, eure schreckliche Verbrennung zu WOLLEN. Was, um Himmels willen, steckt hinter eurer Politik?

Seid ihr schon so weit, dass eure Laster euer höchstes Gut sind? Meaning the END of your paideuma, the end not only of your imperial mandate but of your race consciousness, your race conviction.

Brutalität, Perfidie und Kampfeslust [sind] alles primitive Instinkte, aber NICHT *genug* zum Überleben. Es muss etwas mehr in einer Ethnie geben als diese drei Instinkte. Kampfeslust, ein großer Vorteil im Krieg, wenn sie NICHT mit einem überragenden Talent zur Irreführung gepaart ist, von dem einige Leute glauben, dass Sie es jetzt in einem ganz überragenden Maße zeigen; ganz, fast erstaunlich für den äußeren Betrachter.

Ich habe gehört, dass die Times *Mein Kampf* einmal in Raten gedruckt hat.'ow bemerkenswert. Natürlich weiß Gott, WIE es übersetzt wurde. Aber aus dem Munde deiner Gegner könntest du eines Tages etwas lernen.

Von Ihren Gegnern, anstatt sich mit Stuckbüsten von Nicolai Ulianov Ilitch etc. abzufinden. Schauen Sie doch mal in die alten Mörder-Raten und lesen Sie, was Hitler über die Eindeutschung Österreichs dachte. Das könnte gut sein für das, was Sie plagt.

Ich meine nicht, dass Sie "zum Hitlerismus bekehrt" werden müssen, ich meine, dass Sie vielleicht eines Tages wissen wollen, wie Hitler getan hat, was er getan hat. So wie Sie sich ein Jahrhundert lang für Bonaparte Napoleon interessiert haben. EIN KORSIKER. Und aus Ihrer Sicht ein Fremder. Die Menschheit kennt ihn nicht mehr als den korsischen Unhold. Hitler war beunruhigt über die Eindeutschung Österreichs. Haben Sie schon einen englischen FÜHRER gefunden, der über die Ent-Englischung Englands ausreichend besorgt ist? Ein ungeschicktes Wort. Wenn ich "Entglischung" sage, wird es jemand missverstehen und denken, ich würde religiös werden.

Ist Ihnen klar, dass, wenn es in Italien nicht etwas gäbe, das verdammt viel besser wäre, als Sie sich jemals erträumt haben, dass es hier existieren könnte, oder bereit wären zuzugeben, dass es hier existieren KÖNNTE, ich diese Dinge im Gefängnis auf Altpapier schreiben würde, anstatt sie der Welt über Radio Rom mitzuteilen? Und damit meine ich nicht den Geist des Kompromisses. Es gab eine Zeit, 25 Jahre lang, da hätte Europa die ZUSAMMENARBEIT begrüßt.

Es gibt immer noch ein INTERESSE an der wahren Antwort, die NICHT IHRE Antwort ist, es ist keine Antwort mit England als König der Festung. Aber es gibt Männer, die der englischen Ethnie nicht einmal einen Platz auf ihrer eigenen Insel lassen wollen. Diese Männer gibt es weder in Italien noch in Deutschland.

Ich habe nichts gegen eine anglo-amerikanische Verbindung, wenn man sich mit der RICHTIGEN Art von Amerika verbindet. Ich würde es nicht gerne sehen, wenn England nur ein provokativer Brückenkopf wäre, eine Tschechoslowakei, die vom Ausland finanziert wird, um Vickers-Kanonenwerke zu betreiben und sechs oder mehr Kriege zu verursachen. Wäre das nicht in jedem Fall GEOpolitisch? Immerhin geht es um die Form von fünf Kontinenten und den Seeraum zwischen den beiden Hemisphären.

Und noch ein Faktor: Jeder Deutsche weiß, dass er für Bismarck kämpft, für das Werk Bismarcks, jeder Italiener weiß, dass er für das Werk Cavours, Crispis und Ricasolis kämpft.

Aber jeder Amerikaner mit einem Wissen über seine eigene Geschichte, vielleicht eine MINORITÄT, aber immer noch ein nicht ganz zu vernachlässigendes Segment, ich wiederhole: jeder Amerikaner mit einem gewissen Verständnis für den Ruhm der amerikanischen Geschichte, weiß, dass er NICHT für das Werk von Adams und Jefferson, von Van Buren und Lincoln in diesem Krieg kämpft. Das wurde nicht gestern geschrieben: ... versuchen, uns in ihre tatsächlichen oder vermeintlichen Koalitionen hineinzuziehen.

Ich für meinen Teil dachte, dass die Amerikaner lange genug in europäische Kriege verwickelt waren, um leicht zu erkennen, dass Frankreich und England ständig bemüht sein werden, uns in ihre wirklichen oder eingebildeten Gleichgewichte hineinzuziehen.

John Adams

Ezra Pound am Apparat.

Die Amerikaner sind für eine Einmischung nicht qualifiziert, sie sind aufgrund ihrer intensiven, abgrundtiefen, unergründlichen IGNORANZ gegenüber dem Zustand und den vergangenen Tatsachen in Europa DISQUALISIERT. Selbst meine Kollegen von der Akademie für Sozial- und Politikwissenschaften haben keine kompetente Wahrnehmung des UNTERSCHIEDS, des grundlegenden Unterschieds zwischen dem amerikanischen Problem und dem europäischen. Und die meisten von ihnen haben nicht einmal die bruchstückhaften Kenntnisse, über die sie verfügen, angemessen genutzt.

#Nr. 47 (15. Juni 1942) U.S.(B58)
VIOLENZ

Ich habe eine sorgfältige Studie über Amerika von einem sorgfältigen Autor durchgesehen, es ist keine Luxusausgabe und die Fotoreproduktionen sind nicht schön. Einige von ihnen handeln von Gangstern und Gangsterenden. Es gibt auch ein paar Neger, die an Bäumen aufgehängt wurden, ohne dass sie ein ordentliches Gerichtsverfahren erhalten hätten.

Es gibt auch Fotos von mexikanischen Pyramiden. Der Reisende war ziemlich unparteiisch, er hat alles aufgezeichnet, was er gesehen hat, oder die Teile, die sein Interesse geweckt haben.

Das Buch führt mich zu Überlegungen über Gewalt. Die amerikanische Lynchjustiz hatte ihren Ursprung im jüdischen Ruin des amerikanischen Südens. Es ist sehr schwer, Europäern die Lynchjustiz zu erklären.

Der Ku Klux hatte einst einen Grund. Heute erscheint das Überleben der Lynchjustiz, zumindest von Europa aus, als schiere Manifestation der BESCHISSENHEIT. Sie ist natürlich ein Ausdruck von Brutalität. Aber der Europäer sieht nichts Besonderes in einem Mob von tausend Männern, die einen Mann jagen. Er findet Lynchjustiz nicht heldenhaft.

Er findet auch nicht, dass die britische Behandlung der italienischen Gefangenen ein überzeugender Beweis für britische Ehrlichkeit oder Zivilität oder für militärische Fähigkeiten ist. All das wird mit der Zeit in die Geschichte eingehen.

Was ich versuche, in meinem Kopf zu ergründen, ist, WARUM die amerikanische Gewalt immer eine so eintönige Form annimmt. Vielleicht fand Clemenceau die Antwort in dem, was er als die amerikanische Unfähigkeit zu Ideen bezeichnete.

Man sollte meinen, dass bei all der Anarchie, der Gewalt und der Verachtung für alles, politische Gewalt in Amerika möglich wäre, aber das ist offenbar nicht der Fall.

Ich frage, ich weiß die Antwort nicht, weiß jemand im Publikum, im sichtbaren Publikum, die Antwort? Ihr lyncht den Neger, ihr rühmt euch der Menschenjagd, aber zu politischer Gewalt seid ihr nicht fähig. Aber der entwürdigte Finkelstein, Feigling und Komplize von Mördern, Komplize der Männer, die für die Arbeitsbedingungen am Stalinkanal verantwortlich sind, setzt solche Schweine in ein offizielles Amt, und die Amerikaner werden sofort zum kleinen Lord Fauntleroy.

Die britischen Giftmörder sind zu heiligen Personen geworden. Die 5.000 Mitglieder einer völlig korrupten Geheimregierung bekommen Diplomatenpässe, und alles ist lieb und nett. Vielleicht werden einige unserer Hochschulpsychologen das erklären.

Der Amerikaner hat offensichtlich den Kopf eines Huhns, er ist unfähig, sich politisch zu erholen.

Die Existenz einer geheimen und UNVERANTWORTLICHEN Regierung beunruhigt ihn nicht. Es gibt sie mindestens seit 1863 und er nimmt sie als selbstverständlich hin. Es wird täglich und stündlich schlimmer.

Alle Kommunikationsmittel gehen in die Hände der geheimen und weitgehend semitischen Kontrolle über; und der Amerikaner träumt von Thoreau und sagt: "Wer bin ich, dass ich mich in so etwas einmische?"

Der Stalin-Kanal ist eine Angelegenheit von psychologischem Interesse. Die britische Behandlung italienischer Gefangener ist eine Angelegenheit von pathologischem Interesse. Aber leider komme ich zu diesen Punkten erst im Nachhinein. Die Aufgabe des Historikers ist es nicht, zu beruhigen. Man hätte lieber präventive Maßnahmen ergreifen sollen. Ich wüsste ehrlich gesagt nicht, was ich hätte tun können, um diese unheilige Schweinerei zu verhindern. Ich habe, wie ich glaube, fairerweise versucht, meine persönliche Unwissenheit zu vermindern. Ich habe nur zwei Augen, und die sind nicht sehr gut zum Lesen.

Niemand kann mir vorwerfen, dass ich nicht versucht habe, mitzuteilen, was ich wusste, was ich in den letzten 20 Jahren gewusst habe, oft mit taktloser Hartnäckigkeit, oft, wenn ich die offizielle Zustimmung hätte gewinnen können, indem ich es nicht so schnell gesagt hätte. Die Geschichte zeigt uns bestimmte wiederkehrende Phänomene. Das geht zurück bis zu Philippe le Beau oder davor in Europa, zurück bis zu den Tagen von König Wen und davor.

Ich habe getan, was ich konnte, um einige dieser Fakten - die mir bedeutsam erschienen - bekannt zu machen, soweit es in meinen Möglichkeiten lag.

Was Churchill betrifft, der England und das englische Volk verraten hat, so weiß ich nicht, inwieweit der alte Haudegen weiß, was er tut. Ich würde eine Wette darauf abschließen, und zwar eine ziemlich hohe, dass Mr. Churchill genau deshalb ausgewählt und an den Ort versetzt wurde, an dem er am meisten Dreck anrichten kann, weil er ein sturer Narr ist. Ein Narr, der mit fast unübertrefflicher Klugheit an das appelliert, was in der schlimmsten Sorte von Engländern am verdorbensten, brutalsten und dümmsten ist. Genauso wie ich denke, dass andere Idioten und pathologische Exemplare oft für eine bestimmte Aufgabe ausgewählt werden, um sie zu ruinieren. Ich möchte nicht in vage allgemeine Aussagen verfallen. Als ich im November '38 in England war, sagte mir ein guter Soldat: Wir werden Indien verlieren, wir werden alle unsere östlichen Besitztümer verlieren. Das heißt, wenn England in den Krieg zieht. Ein Marinesoldat erzählte mir, wie verrottetes Material in britische U-Boote eingebaut wurde, jedenfalls erzählte er es der Gesellschaft an einem Mittagstisch, an dem ich anwesend war. Ich hörte, dass das Profitsystem so verrottet und dumm war, dass das britische Industriesystem NICHT in der Lage war, die Waren zu liefern, egal was sie ausgaben, egal wie viele Millionen Sterling ausgegeben wurden. In Anbetracht dessen bin ich der Meinung, dass England unter Verrat gelitten hat, unter Niederverrat, Hochverrat, rotem, grünem, rosa und violettem Verrat. Und Eddie mag geahnt haben, dass es so kommen würde, jedenfalls hatte er nicht das Rückgrat, durchzuhalten. Und die Verräter hatten Angst, dass er sich im letzten Moment sträuben und sich weigern könnte, auf der gepunkteten Linie für die Mobilisierung zu unterschreiben.

Nun, das ist eine Vermutung. Ich weiß nicht, ob der kleine Shrimp für seinen Job geeignet war. Aber was den Verrat an England angeht, so trägt Churchill zumindest eine gewisse Verantwortung. Aber da er GENAU weiß, was für ein starrköpfiger Idiot er ist, tragen die Männer, die ihn in das Amt des Premierministers eingesetzt haben, MEHR Verantwortung. Diesbezüglich haben die Engländer bis jetzt keine EFFEKTIVE Neugierde gezeigt.

Nun, Sie sind deren Verbündete und die Verbündeten der Stalin-Kanalisten. Was ist die Ursache dafür? Die Lügen der Presse sind zum Teil dafür verantwortlich. Wer hat die Lügen der Presse VERANSTALTET? Sind Sie, KEINER von Ihnen, überhaupt Amateurdetektive? Sind alle Ihre Ellery Queens und Van Dines auf billigem Belletristikpapier? Gibt es KEINE Yankee-Neugierde mehr? Wird Neuengland (laut Geburtenstatistik) am Ende der nächsten 60 Jahre nur noch von Bohunks bevölkert sein?

Razza, Ethnie? Ist der Rest der alten Kolonialherren so dumm, so steril, so stur, dass KEINER von ihnen den Verstand hat, die Frage der Ethnie zu stellen? Dass keiner von ihnen auch nur ein höfliches Interesse daran hat, sich am Ouija-Brett oder am Whist-Tisch zu erkundigen, ob die amerikanische koloniale Ethnie überleben wird?

Kipling hat es gesagt: Er sagte, die Amerikaner hätten sich während des Bürgerkriegs bereitwillig gegenseitig abgeschlachtet, damit die Tschechoslowaken den Boston Common erben konnten. Und was ist die Ursache dafür?

Ist es zu spät, sich danach zu erkundigen, ist Nachfragen unhöflich und un-Yankee geworden? Und welche Ethnien schließen sich zusammen oder vereinigen sich? Welche Ethnien können zusammenleben, ohne ständig andere Ethnien zu brüderlichem Gemetzel und zivilen Attentaten anzustiften?

Die Waliser haben nicht 800 Jahre lang versucht, Engländer und Schotten dazu zu bringen, sich gegenseitig zu ermorden. Die Iren haben sich jahrhundertelang geweigert, ihre Ethnie zu vergessen, aber sie haben nicht ständig interne Kriege in England angezettelt, und auch in den Rosenkriegen war keine dritte Ethnie am Werk. Engländer, Schotten, Iren und wenige Minderheiten machten die amerikanischen Kolonien aus. Deutsche und Italiener kamen ins Land, ohne ein ziviles Gemetzel zu verursachen. Wenn die amerikanische Intelligenzia jemals über irgendetwas NACHDENKEN würde, würden diese Tatsachen in den mentalen Bereich gelangen.

[Der Punkt, den ich neulich Abend aufgegriffen habe, könnte eine Betonung vertragen. Auch meine Neugierde; WARUM nimmt der intelligente Amerikaner, der kluge Junge, der schreiben KANN, es aber nicht tut, warum nimmt ein solcher Mann es als selbstverständlich hin, dass er seine Intelligenz verstecken und für irgendeinen klotzköpfigen vulgären SLOB arbeiten muss, um seinen Lebensunterhalt zu verdienen?

Woher kommt dieser Aberglaube, dass das Schlechteste bezahlt wird und das Bessere nicht und dass das BESTE unmöglich ist; dass Amerika überhaupt KEINEN Platz für das Beste hat, trotz des amerikanischen Instinkts, das Beste zu kennen und darauf zu bestehen, es zu haben, sobald sie in der Lage sind, es zu bekommen? Keine andere Ethnie auf der Welt [ist] so fanatisch darauf aus, das Maximum zu wollen, bis hin zu dem, was sie wissen. Und dann die Raffinesse, das Flair bei einigen dieser Amerikaner, die nach Europa kommen. Natürlich können das Ausnahmen sein, aber ich habe Fälle gekannt, ich meine keine Genies, sondern Menschen mit mäßiger geistiger Energie und mit diesem komischen kleinen Gespür für das Beste. Wie passt dazu die Akzeptanz, von Schweinsköpfen, von fast unmenschlichen Objekten beherrscht zu werden; die Äquivalente von Litvinovs und Maiskys an der Spitze der Großindustrie, der großen Radiokonzerne, der

[Huren des Hollywood-Ghettos? Was ist am ruckartigen Ende der amerikanischen Ära, dass die Amerikaner es aushalten?

Sind sie alle zu Halb- und Vierteltieren heruntergezüchtet worden? Ich frage euch, ich begreife es nicht ganz.

Macht der Geiz sie alle zu Feiglingen?

Was ihre Gegenspieler in Großbritannien betrifft. Sie sind nicht ganz so gegensätzlich wie die Amerikaner, die für die kleinköpfigen Iren in eurem Radio arbeiten. England hat nichts Vergleichbares, sie haben Raffinesse. Perfektes Alice im Wunderland, perfekt giftig, aber raffiniert und unbewusst. Ich nehme an, du nimmst das auch nicht sehr ernst. Ich habe Ihnen immer gesagt, dass der Atlantik und die Nation Fäulniserreger sind, die mit dem Nektar aus England gefüttert werden.

Ich wage zu behaupten, dass Sie das nicht sehen können. Nun, besorgen Sie sich ein paar britische Äquivalente, zum Beispiel von New Statesman und Nation.

ALICE im Wunderland. G.D.H. Cole. Solange es in London eine Druckerei gibt, werden diese Kerle weiterhin 25 Dollar pro Artikel bekommen: für IMAGINÄRE Geometrie. Imaginäre Zukünfte für das Land, das nie war und nie sein wird. Schizophrenie. Alice im Wunderland, Little Lord Fauntleroy, private Welten, im Sinne des Wortes "Schlupfwinkel". Über Hell's Kitchen. Es ist vielleicht an der Zeit, dass die jungen Amerikaner anfangen, die Klassiker zu lesen, Plutarch oder Cicero gegen Verres.

#Nr. 48 (19. Juni 1942) U.S.(B59)
DER GEFALLENE GENTLEMAN (IL SIGNOR DECADUTO)

Eine meiner amerikanischen Erinnerungen ist die an den gefallenen Herrn im schäbigen Mantel, der in einer Washingtoner Soda-Bar Bleistifte verkaufte. In dem Wunsch, etwas anderes als die Ansichten der Senatoren und des Kongresses über die Ergebnisse des nackten Aals und der anschließenden amerikanischen Katastrophen im Jahr 1939 zu erfahren, fragte ich ihn (anstelle des Armbanduhr schluckenden Straußes), was ER von all dem hielt, und erhielt die zweifellos unumstößliche Antwort: "AHG, wir sind alle durcheinander, dieser gennerrrrashun!" Das repräsentierte zweifellos den wirklichen Mann auf der Straße (oder in diesem Moment sehr leicht und kurz von der Straße entfernt), im Gegensatz zu den von B.B.C. handverlesenen Exemplaren.

Und die Klarheit eines jeden Menschen muss in seinem eigenen Kopf beginnen. Ich schlage daher vor, meine eigenen Ideen zu ordnen und diese Ordnung mitzuteilen, in der Hoffnung, dass sie dem Hörer hilft, herauszufinden, wo er oder sie sich befindet.

Nun, zunächst einmal weiß jeder vernünftige Mensch, einschließlich einiger britischer Abgeordneter, dass jeder vernünftige Mensch den Faschismus dem Kommunismus vorzieht, sobald er konkrete Fakten über einen der beiden hat.

Die Arbeitsbedingungen, die Art und Weise, wie Menschen behandelt werden, die in Russland als menschliches MATERIAL auf dem Stalinkanal bekannt sind, verdienen eine Untersuchung. Der Zuhörer weiß nichts über Russland, bevor er nicht die unter berichteten Fakten dieses Grauens, die aufstachelnden Adler und den Rest der Details gehört oder gelesen hat. Solange er nicht die Zahl der durch Stalins System ausgelöschten Menschenleben betrachtet hat, BEVOR Russlands gigantische Armeen das gesamte europäische Erbe bedrohen. Und von diesen Fakten sind genug gedruckt, um jeden vernünftigen Menschen aufzuklären.

Was das System der Bolschewisten angeht, die Leute dazu zu überreden, Wohnungen zu bauen oder dafür zu bezahlen, und ihnen dann Teile dieser Wohnungen wegzunehmen, so habe ich Informationen aus erster Hand, von einem Opfer. Weder der Bauer noch der Geschäftsmann hat vom kommunistischen System etwas zu erwarten. Bolschewismus, ja, Hank, der Glaube, dass Nicht-Juden kein Eigentum besitzen sollten.

Was den Bolschewismus betrifft, so stehen zwei Dinge überall fest, außer vielleicht in den trüben Köpfen eines Gunther oder Thompson. Erstens, dass der Bolschewismus vorgab, ein Angriff auf das Kapital zu sein, dass er von New Yorker jüdischen Millionären finanziert wurde, und dass er in Wirklichkeit das Privateigentum an Land und Wohnraum angriff (was IHRE Küche und Ihr Badezimmer sowie IHR Bauernhof oder Ihre Werkstatt wäre). Und England und die Vereinigten Staaten gerieten auf die falsche Seite, sie sind auf der falschen Seite und verbündeten sich mit dem rot-russischen Horror.

In einem historischen Rückblick könnte ich sagen, dass der Unterschied zwischen der amerikanischen Revolution von 1776 und dem französischen Terror nach 1789 vor allem in der Ethnie der Herren Adams, Jefferson und General Washington lag. UNSERE amerikanische Revolution war eine anglo-schottische Revolution und die französische Revolution nicht, daher die Analogien zwischen ihrem Zusammenbruch, ihren Massakern und dem, was unsere Zeit in Russland erlebt hat.

England und die Vereinigten Staaten MUSSTEN auf der Seite der Achse GEGEN den roten Terror stehen. Und jeder Engländer und Amerikaner weiß das. Wahrscheinlich ist sich sogar der neue Komiker von Canterbury dessen bewusst, und seine Kniebeugungen und Gebete sind eher Zeichen bischöflicher Aufregung als von Überzeugung. In der Tat ist Rev. Temple mit seinen Gewändern durcheinander gekommen, hat sich sozusagen in seinen Spitzen, seiner Dalmatik, seinem Umhang verheddert.

Das Abendland basiert auf dem Gehöft. Damit meine ich, dass die Zivilisation der gesamten westlichen Welt aus dem Boden erwächst und aus der persönlichen Verantwortung des Mannes, der daraus etwas produziert.

Alles durcheinander? NEIN, solange die Menschen sich der Verantwortung stellen, sich und ihre Familien mit dem zu ernähren, was sie aus der Erde gewinnen können, indem sie säen, ernten und Vieh züchten, gibt es KEINE große Verwirrung. Zu dieser Verantwortung gehört auch, die Kühe NICHT das gesamte Gras auf den Feldern fressen zu lassen, wenn ein Teil davon als Heu gelagert werden sollte, um die besagten Kühe im Winter zu füttern.

Alles Kapital ist NICHT (in unserer verworrenen Welt) das Ergebnis von Arbeit. John Citizen ist nicht nur in Bezug auf Geld verwirrt, er ist auch in seinen Ansichten über Gold verwirrt.

Nun ist GOLD das Produkt der Arbeit. Abgesehen von kleinen Perlenpartikeln, den Nuggets, bietet die Natur dem Menschen ein natürliches Gemisch aus Quarz, Heteroklit-Substanzen und Gold in einer kristallinen oder zumindest harten Mischkristall-Bouillabaisse, oder in den Sanden "der Indies".

Und dass die Goldchemie von Studenten der anorganischen Chemie studiert wird, dass es sich nicht um Widder und Schafe, nicht um Amöben handelt, wie Shakespeare eindeutig feststellt. Er weist darauf hin, dass Gold NICHT fruchtbar ist, dass es sich nicht vermehrt und vermehrt wie die Schafe und Ziegen einer Herde. Man pflanzt es ein, und es wächst nicht im Frühjahr um das Zwanzigfache, das Dreißigfache oder das Hundertfache.

GELD wird erst dann interessant, wenn es etwas mehr bedeutet als diese Sterilität. Geld ist erst dann interessant, wenn es etwas Fruchtbares darstellen KANN, nämlich WIE Widder und Mutterschafe.

Dieser Unterschied zwischen Geld und Metall verwirrt die Menschheit seit Jahrtausenden. Er reicht bis in die Vorgeschichte zurück.

Die Idee des Zinses gab es schon vor der Erfindung von Metallmünzen.

Und es gibt VIEL mehr Rechtfertigung für die Erhebung von Zinsen auf eine Leihgabe von Saatgut, auf eine Leihgabe von Ziegen und Böcken, als auf eine Leihgabe von nicht zuchtfähigem Metall. Es blieb nur dem Philosophen oder dem Ethiker überlassen, herauszufinden, WIE hoch die Zinsen waren. Tausend Jahre lang, vom heiligen Ambrosius bis zum heiligen Antonius, haben einige der besten und offensten Geister Europas an diesem Problem gearbeitet.

Und in der Zwischenzeit baute Europa seine Kathedralen in einer Zeit, in der Wucher zu den Lastern zählte.

Münzen wurden als Zähler verwendet, und die Arbeit, diese Zähler herzustellen, wurde als Arbeit betrachtet. Ich meine nicht, dass die Öffentlichkeit einen klaren Blick auf diesen Prozess hatte. Es gibt eine beträchtliche Menge an lateinischen Schriften über die Frage des inneren und des symbolischen Wertes des Geldes. Das Aufsammeln der Zähler usw., das Bereithalten des Geldes erforderte eine Menge Technik. Es wurde eine Menge Technik entwickelt. Dann fand man heraus, dass man ohne Metallzähler auskommen konnte. So wie Loomis herausfand, dass man ein elektrisches Signal ohne Draht senden kann.

Er fand heraus, dass Elektrizität durch die Luft übertragen werden kann. Daraus wurde nichts Praktisches, bis Sig. Marconi es zu einem System machte.

Der Kredit HAT existiert, genau wie der Blitz. Die Menschen wussten schon von Krediten, lange bevor Ben Franklin seinen Drachen steigen ließ. Der Unterschied war, dass Ben ein Wissenschaftler war. Als er seinen

Schlüssel an die Drachenschnur hängte, war er auf der Suche nach Wissen. Paterson war auf der Suche nach Profit, als er SEINEN Drachen steigen ließ: Die Bank hat Gewinn von den Zinsen auf all das Geld, das sie aus dem Nichts erschafft.

Moral für gute kleine Jungs: Mr. Franklin starb geehrt, und ich glaube, ziemlich wohlhabend. Paterson starb ungeehrt und fast unentdeckt; ich weiß nicht mehr, ob er [sein Gewinn?] auf eine einsame Insel verbannt wurde, jedenfalls ging er pleite. Aber Paterson hat Europa ganz schön durcheinander gebracht. Es gibt DREI Phasen in dem, was man die Zunahme der Verworrenheit nennen könnte.

ERSTENS, die natürliche Allurgizität des Menschen, seine natürliche Rebellion gegen den Glauben, dass sich Metall vermehrt, dass Silber oder Kupfer oder Gold wachsen, wenn man es einpflanzt oder in eine Kiste sperrt.

ZWEITENS die Erkenntnis, dass GELD, das etwas Lebendiges, Pflanzliches oder Tierisches repräsentiert, bis zu einem gewissen Punkt das Recht auf einen regelmäßigen Gewinn oder Zins haben kann, wenn es in einer Weise verwendet wird, die dazu beiträgt, etwas Nützliches, etwas Angenehmes zu produzieren.

Drittens gibt es den niederträchtigen schottischen Trick, zu versuchen, diese Zinsen für Geld zu kassieren, das überhaupt nichts repräsentiert, Geld, das nur ein Hirngespinst ist, oder das auf die menschliche Leichtgläubigkeit oder auf die bekannte Vertrauensseligkeit und Faulheit der Menschen setzt. Und darum geht es bei der Schießerei, Bruder Henry, darum geht es bei der Schießerei heute.

Kannst du mir folgen? Kannst du mir folgen? Oder soll ich wieder einmal beschuldigt werden, abschweifend zu sprechen?

Glauben Sie mir, sagte der Ire, kein Mensch kann an zwei Orten gleichzeitig sein ... äh ... äh, es sei denn, er wäre ein Vogel. Ich versuche NICHT, an zwei Orten gleichzeitig zu sein. Ich versuche, Sie dazu zu bringen, ein paar wirtschaftliche Ideen zu VERMEIDEN, Ihren Geist dazu zu bringen, die Natur der Bewegung zu begreifen, den Unterschied zwischen Geld und Kredit zu begreifen. Ein andermal werde ich versuchen, Ihnen zu vermitteln, dass Kredit ein soziales Phänomen ist.

Geld (ich zitiere jetzt Aristoteles), Geld kommt nicht aus der Natur, sondern aus der Sitte. Geld ist etwas vom Menschen Geschaffenes, es existiert nicht von selbst in der Natur. Geld ist ein soziales Phänomen.

Kredit ist ein soziales Phänomen. Darauf gehe ich jetzt nicht ein. Vielleicht habe ich schon zu viel für einen Vortrag gesagt. Ich weiß nicht, ob die Vereinigten Staaten auf den B.B.C.-Quatsch hören. Ich möchte meine

Landsleute in die Lage versetzen, den britischen B.B.C.-Unsinn so schnell zu DEBUNKEN, wie sie ihn hören, und dieser Vortrag von mir zielt darauf ab, Ihnen einen Punkt und nur einen Punkt zu vermitteln, oder sagen wir eine Dissoziation von Ideen oder Dissoziationen über einen Punkt. Das ist die Frage des ZINSES. Der Unterschied zwischen dem Zins auf Metall und dem Zins auf Geld und dem Zins auf Kredit (d.h. der Zins auf Geld, das nicht DORT ist).

Liebe Brüder und Schwestern, hier spricht der alte Ezry. Ihr zweifelt wahrscheinlich nicht daran. Wahrscheinlich habt ihr diese Überzeugung aus dem Wesen der Rede abgeleitet, selbst wenn ihr nach der Ankündigung dessen, was kommen würde, eingeschaltet habt.

#Nr. 49 (25. Juni 1942) U.S.(B62)
DIESES ZEITINTERVALL

Die Leute sagen mir immer, ich solle PATIENT sein. Sogar jetzt, wo man meinen könnte, der Ausnahmezustand sei nicht nur ausgerufen, sondern fast schon offensichtlich, sagen mir die Leute, ich solle wegen der einen oder anderen Sache geduldig sein.

Nun, ich habe es schon früher gesagt, in Gedichten und in Prosa. Ich habe zwanzig Jahre zu spät damit angefangen, und wie mein Freund Carlo DeVoto auf dem Tennisplatz zu mir sagte: "Zwanzig Jahre bei 5%! Was kümmert es sie, wenn es 20 Jahre läuft, verdoppeln sie ihr Kapital. Und der meiste Dreck auf dieser Welt wird von Leuten aufgeschüttet, die NICHT zwanzig Jahre laufen müssen. Nach ihnen, dann ist die Hölle los und sie sollten sich Sorgen machen!"

Es ist dieser 50-Jahres-Abstand, diese fünfzig Jahre zwischen dem Zeitpunkt, an dem ein Europäer es herausfindet. In den 50 Jahren zwischen dem Zeitpunkt, an dem ein Europäer herausfindet, was zum Teufel los ist, und dem Zeitpunkt, an dem die Nachricht die Öffentlichkeit erreicht, hat der Teufel sein Werk getan. Die Europäer haben gesehen, wie ihre Länder in den Ruin getrieben wurden, aber sie haben es nicht mitbekommen. Brooks Adams sah, wie verschiedene Prozesse abliefen. Er sagte sogar, uns stünden 30 Jahre Krieg bevor, und er war nur 15 oder 20 Jahre nach einem gewissen Drumont.

Andererseits haben diese Leute, die zu viel sehen, oft ihre eigenen merkwürdigen Konditionierungen. Irgendein Typ mit einer Phobie gegen Orleanisten schreibt ein Buch, das wahrscheinlich kein Hoosier lesen wird.

Was ist schon ein unübersetztes europäisches BUCH gegen das ganze Geheule von Howwywood? Oder die kombinierten koscheren Radios von Baaastun [Boston] und Schenectedy?

Die Söhne der Pioniere! Herr, gibt es überhaupt Söhne der Pioniere? Der Niedergang von Neuengland. Nein, verdammt, das GANZE amerikanische Volk, der echte Bestand der Vereinigten Staaten ist nicht tot, es ist nur faul und verwirrt und zappelig, und die Dinge waren so EINFACH, dort oben in den Universitätsstufen. Ich meine damit den Vergleich mit den unteren Ebenen der Hochschulen. Und es gibt einen Fehler im Nicht-Familiensystem. Ich meine damit, dass die Leute umherziehen, Leute, die NICHT weitergeben, was sie INNERHALB ihrer Familien wissen. Und dann ist da noch der Snobismus. Das ist ein weiteres großes Hindernis für das Lernen.

WIE wollen Sie Europa kennenlernen, wenn Sie die Vereinigten Staaten von Amerika nicht kennen? Ich meine nicht den Tourismus; man kann viele Sehenswürdigkeiten im Kino sehen. Nur sieht man in der Regel nichts anderes als Stuck und Papier. Ich meine, WENN Sie keine Ahnung haben, was in Amerika vor sich geht, wie können Sie dann wissen, was hier in Europa vor sich geht? Wenn Sie überhaupt keine Ahnung von Geschichte haben, wie können Sie dann verstehen, WIE Dinge passieren?

Du erwartest doch nicht, dass ein Typ, der noch nie ein Fußballspiel gesehen hat, in ein Spiel stürmt und ein Star ist.

Es gibt Momente, in denen ich völlig entmutigt bin. Ich meine, ich schwitze ein paar Stunden lang über einem Band der Geschichte. Dann denke ich darüber nach, was ich über die Geschichte selbst gelernt habe. Ich meine, als ich mich mit Sigismundo Malatesta beschäftigte, wollte ich mich mit den Fakten, Originaldokumenten usw. befassen, und mir fiel auf, wie locker manche Geschichte geschrieben ist, und zwar etwa 97 % davon. Abstrakte Behauptungen, die man aufgrund von Unwissenheit nicht kennt, also macht man eine allgemeine Aussage, und wenn man dann bis auf den Grund geht, stellt man fest, dass man sie nicht immer drucken kann.

Oder Mr. Henry Adams, der kleine Henry, sagt zu seinem Bruder, dass er kein Verlangen nach dem Martyrium hat. Ich meine, einige dieser Kerle bekommen Angst. Es gibt weiß Gott genug, um ihnen Angst zu machen, in gewisser Weise.

Die Chronik der menschlichen Feigheit ist SO lang, die schiere Rücksichtslosigkeit der Mehrheit der Menschheit ist so hartnäckig. Dennoch muss ein Mann tun, was er kann.

Ein Junge namens Mac ... nein, den Rest verrate ich nicht, vielleicht will er eine Prüfung bestehen - jedenfalls zeigt er einem Professor ein paar ECHTE Fragen und der Professor zeigt blankes Unverständnis.

Erschießt nicht den porösen Bettler. Die meisten Ihrer Professoren hatten mit dem zu kämpfen, womit Sie es zu tun haben. Die wenigen Auserwählten, die den bequemen Job bekommen haben, haben ihn nicht umsonst bekommen. Sie haben ihre Vorgänger nicht geärgert. Und diejenigen, die aufgestiegen sind, waren diejenigen, die keine EXZESSIVE Neugierde zeigten. Es spielt keine Rolle, ob es sich um literarische Verdienste handelt, die weitgehend präzise sind, oder um Geschichte. Ja, ja, GESCHICHTE ist ein SEHR gefährliches Thema.

Aber bleiben Sie am Ball. Einige Universitätsbibliotheken haben ein paar wenige Bücher. Alle öffentlichen Bibliotheken haben nicht unter den

Ausleihgewohnheiten gelitten, das heißt, nicht tödlich. Einige der echten Bücher stehen noch in den Regalen und sind nicht durch Holzpuppen vertreten.

Vertiefen Sie sich. Schauen Sie sich den ÖKONOMISCHEN Hintergrund von Cromwell an. Ich hämmere immer wieder auf die GRUNDFakten unserer eigenen amerikanischen Geschichte ein. Ich möchte nicht, dass Sie dieses Thema links liegen lassen. Aber Sie können genauso gut wissen, weswegen die Pilgerväter nach Neuengland kamen.

Glauben Sie nicht, dass der Wucherprozess mit der Erfindung des modernen Bankwesens BEGANN. Sogenannte. Die meisten Betrügereien haben Prototypen, die bereits Demosthenes bekannt waren. Natürlich werden die Betrügereien größer und GRÖSSER. Die Technik der Kriegskredite, der Friedenskredite, hat sich ausgeweitet. Die Zahlen werden immer größer und größer.

Und die GESCHWINDIGKEIT der Operationen. Wenn die so genannten "AFRIKANER" 150 Jahre brauchten, um eine europäische Nation zu ruinieren, scheint ein amerikanischer Geschwindigkeitsrekord bevorzustehen.

Unterhaltung in den Kantinen der Soldaten auf der einen Seite, ich meine sofort, Unterhaltung für die Streitkräfte der Vereinigten Staaten, durch die beinharten Kräfte. Und dann kommt die Zahlung von Zinsen. Ein *altes*, zähes Land braucht wahrscheinlich länger, bis es kaputt ist. Das Bauerntum ist ruiniert. Jedes Land in Europa hat wiederholt Duelle zwischen dem Pflug und der Hypothek erlebt.

Herr Warburg nennt sie beide KAPITAL - sowohl den Pflug als auch die Hypothek. Ich habe vergessen, ob er den Ausdruck "Kapital in Form von Transportmitteln" geprägt hat. Da werden viele verschiedene Dinge unter einem Etikett zusammengemogelt. Mein Junge, hüten Sie sich vor Leuten, die Dinge unter einem Etikett zusammenfassen. Du nennst einen Pflug Pflug, du nennst Arbeit Arbeit, du nennst einen Aktienschein einen Aktienschein. Und versuche, den Unterschied zwischen einer Anleihe und einer Aktie zu lernen.

Natürlich werden viele schöne Worte verwendet, um diesen Unterschied zu verschleiern. Besorgen Sie sich einen beliebigen Unternehmensprospekt, in dem es um Stammaktien, Vorzugsaktien usw. geht, und Sie brauchen drei Anwälte und einen Experten, um zu wissen, was der Unterschied zwischen Stammaktien, Vorzugsaktien, pinkfarbenen Aktien usw. vor und nach der dritten, fünften und vierzehnten Umwandlung ist. Sie werden sie brauchen und sie werden einen Berater brauchen. Hüten Sie sich vor Leuten, die UNTERSCHIEDLICHE Arten von Dingen unter einem Etikett zusammenfassen. Zum Beispiel einen

Pflug und eine Hypothek und bezeichnen beides als Kapital. Behalten Sie Land und Hände in Ihrem Kopf ganz getrennt. Und denken Sie daran, dass alles Kapital NICHT von der Arbeit kommt, und dass der Grund, warum die JEW ein europäisches Land nach dem anderen ruinieren konnten, der ist, dass die Pfründe, der Adel, die besseren Klassen, die NICE Leute in diesen Ländern immer bereit waren, Geld zu leihen. Und dass das ganze Leben in unserer Zeit von Leuten geführt wurde, die Zinsen auf Geld kassierten. Könige, Herzöge, Kaufleute, alle fielen reihenweise auf diese "falsche Hilfe" in Zeiten der Not herein.

Kriegsanleihen, Friedensanleihen, so werden Hälse in Schlingen gelegt.

Ich warte immer noch auf Hinweise oder Bestätigungen, dass irgendeine nennenswerte Anzahl von Männern in den Vereinigten Staaten eine wirkliche Vorstellung davon hat, was *aus dem* Land gepumpt wurde, von den Schatzämtern. Eh ... Politik ... die Bastarde nennen es eine POLITIK. Was die Annahmen betrifft, so hätte Mr. Bowers vielleicht gerne eine Liste von Präzedenzfällen, die zeigen, dass die CLEVERen Finanziers, die Gouverneur Morris's usw. nichts erfunden haben - alle Witze sind so viel älter als Harpo.

Und wenn es um Finanzen oder um eine gesetzgebende Versammlung geht, die das Volk betrügt, wird offenbar KEINE Masche, kein schmutziger Schwindel jemals abgenutzt. Der Hoosier lernt es NIE, kein netter College-Junge verfällt jemals dem Zauber einer Glaswand und ein paar Löchern und [einem] schönen Marmorboden.

Hier liegt Amerika, es ist an der Romantik des Luxus gestorben. Der Untergang eines Landes, der Untergang einer Nation beginnt, wenn die herrschende Klasse anfängt, sich bestechen zu lassen. Die alte Geschichte: Großherzöge, die Russland verraten, französische Adlige, die Frankreich verraten, britischer Adel, der von der Gier völlig zerfressen ist. Und jetzt sterben die alten Vereinigten Staaten von Amerika aus, 80 Jahre nach dem Ausverkauf an Rothschild. Achtzig Jahre Wucher, 80 Jahre Kriecherei vor dem Reichtum, Bereitschaft, den Lohn anzunehmen, ohne je darüber nachzudenken, was ihn verursacht. Verdammt noch mal, ich scheine moralisch zu werden. Nun, wie sieht es aus? Seien Sie wissenschaftlich: WIE viel Pizin kann der nationale Körper vertragen?

Diese Frage kann wissenschaftlich gestellt werden, genauso wie sie in einer mahnenden Form gestellt werden kann, oder in der Frage, was nett ist, oder was ein anständiger Mensch tun sollte. Kein Mensch wird etwas *tun*, das es wert ist, getan zu werden, bevor nicht ein gewisser Sinn für das "SOLLEN" in sein System eintritt. Das Profitmotiv ist insofern albern, als es letztlich das gute Leben tötet; es lässt die Stute gehen, ja, es lässt die Stute gehen, Geld lässt die Stute gehen. Und dann wacht jemand auf und wird verrückt.

Und das dauert JUST lange genug, damit niemand merkt, was los ist. Plötzlich wacht man auf und stellt fest, dass der amerikanische Reichtum zum Fenster hinausgeworfen wurde. Zehn Milliarden hier, zehn Milliarden dort, und dann ist die Leichtigkeit weg, und den Seeleuten ist es egal.

Sachsen unter den Königen von Polen hatte Anleihen emittiert, Slauer, die auf 35% gefallen waren, erstatteten sie zum Nennwert. Die Abgeordneten, die für die Annahme stimmten, haben nichts erfunden, sie waren nur schmutzig. Und sie hätten alle erschossen werden müssen. Es ist eine lange Liste. Tunis-Bonds. Diese Art von Betrug wurde in den neuen Vereinigten Staaten von Amerika zu Zeiten der ersten Kongresssitzungen nicht erfunden. Das ist Kleinstadtkram, Provinzschurkerei. Sollten wir nach 160 Jahren weitermachen? Zeigt es eine politische Entwicklung?

Was den Vereinigten Staaten unter der Morgenthau-Infamie fehlt, ist jegliches Gefühl dafür, dass schmutzige Betrügereien Tausende von Menschen, Hunderttausende, ins Elend stürzen, dass wir etwas mehr als nur Bequemlichkeit riskiert haben.

Meine Zeit für diese Sitzung ist fast abgelaufen.

Ezra Pound spricht.

Und natürlich sollten Sie sich NICHT an diesem Krieg beteiligen. Selbst um das grobe Versagen der Regierung zu vertuschen, die Vereinigten Staaten von Amerika zu regieren, ganz zu schweigen davon, die Angelegenheiten Europas und Asiens zu regeln.

#Nr. 50 (28. Juni 1942) U.K.(B64)
DAS GESCHENK

Es war Bobbie Burns, und kein Engländer, der sein Gebet sprach: O wad some Pow'r the giftie gie us

Und die Emotionen hinter den Zeilen sind wahrscheinlich unenglischer, als sich jemand, der nicht seit über einem Jahrzehnt unter ihnen lebt, je vorstellen kann.

Ich versuche es noch einmal. Und wenn mir das Leben Ihrer herrschenden Kaste 1916, als ich durch Mayfair schlenderte, wie eine dünne Kruste aus bemalter Pappe vorkam, wie muss es dann erst sein, wenn man es von AUSSERHALB des Kreises Ihrer engen kleinen privaten Welt der Illusion betrachtet?

Damals fühlte ich mich, wie gesagt, auf einer zerbrechlichen Kruste sitzend, und meine eigene kurze Rolle oder mein eigenes Gefühl war eher das von Johannes Baptist, der seinen dürren Kopf aus dem Keller streckte. Durch den Rost irgendeines Gitters.

Einige von euch nenne ich nicht, denn das wäre zu sehr wie ein Familienzwist. Keine Boshaftigkeit meinerseits, aber zu viel Intimität, um für eine internationale Diskussion über irgendetwas geeignet zu sein.

Man kann keine öffentlichen Personen angreifen, wenn man Familienfotos vor der Zerstörung bewahrt hat. Oder kann man das, oder sollte man das? Das mag eine Gewissensfrage sein. Jezabel in ihrem Kinderwagen und der Rest davon.

Ich sage es Ihnen noch einmal, und ich versuche, mich trotz meines Wanderfallakzents zumindest für verständlich zu machen.

Die Welle des Ekels, die über die Welt schwappt, wenn sie einige Ihrer Propaganda hört - schließlich ist das Radio die einzige freie Rede, die es noch gibt -, diese Welle des Ekels ist auf die absolute Unwahrheit Ihrer Aussagen und der ihnen zugrunde liegenden Annahmen zurückzuführen. Sogar diejenigen unter Ihnen, die an die Fälschungen Ihrer eigenen, mit einem hohen Hut versehenen Synagoge gewöhnt sind, [müssen] bei einigen der Sendungen, die von den billigen Juden aus Schenectedy, New York, und Baastun ausgesendet werden, erschaudern.

Die [englischen] Hebräer von Mr. Churchill und die amerikanischen Hebräer von Mr. Roosevelt schmieren so dick auf. Kann jemand von Ihnen, würde jemand von Ihnen, als Übung, als mentale Einstellungsübung, dazu überredet werden, drei oder vier Monate nach den Ereignissen einen Blick in einige Ihrer belangloseren und prominenten SERIÖSEN Wochenzeitungen zu werfen, nur um abzuschätzen, was Ihnen von Ihrer angeblichen Intelligenzia vorgesetzt wird?

Sie werden diesen Krieg NICHT gewinnen. Keiner eurer besten Köpfe hat jemals geglaubt, dass ihr ihn gewinnen könnt.

Nichtsdestotrotz tummeln sich Ihre Alices immer noch auf der anderen Seite des Spiegels.

Mr. Cole zum Beispiel, bekannt als Goddamhell Cole, die Alice in Person, die Welt nach einem anglo-kurdischen Sieg. Ist es freundlich zu den Menschen in England, ist es freundlich zu JEMANDEM, diesen falschen Horizont aufzustellen? Seid ihr alle Angestellte von Zukor?

Ihr hattet in diesem Krieg nie eine Chance. Ihr hattet vielleicht eine Chance, zumindest sah es von hier aus irgendwann einmal so aus, als hättet ihr eine Chance für eine *beau geste*, für eine Rechtfertigung der nationalen Ehre, indem ihr eine Reihe von belanglosen Bewegungen durchführt und eine angemessene Anzahl von Männern opfert.

Die Opferung von Opfern, als Sühne nicht für die Verbrechen Ihres Reiches, sondern für die Schwachsinnigkeit der herrschenden Bande und den schlechten, ja den ganz und gar abscheulichen Geschmack, der bei der Aufstellung von Eden gezeigt wurde.

Ein älterer Oberst, den ich kenne, hat sich zum Beispiel freiwillig gemeldet, um an der Verteidigung Polens aus der Luft teilzunehmen. Aber das war NICHT in den Plänen Ihrer Eigentümer vorgesehen. Nichts anderes als ein langwieriger Krieg und die Maximierung der Gewinne aus Schulden und Waffenverkäufen kam Ihren Herrschern gelegen. Damit meine ich nicht Ihre anerkannten Herrscher, sondern die Gläubiger Ihrer Tyrannen und Popinjays. Die Hintermänner des Puppentheaters.

Und nichts hat sie zufriedengestellt, außer dem schändlichsten Zerfall eines großen Reiches, den die Geschichte auf die Leinwand meiner Erinnerung wirft. Es mag noch schändlichere Enden gegeben haben. Meine Studien waren nicht umfangreich genug, um mich an sie zu erinnern. Niemals wurden so viele Verbündete von EINEM einzigen Reich im Stich gelassen. Noch nie waren Angriffe auf verstorbene Verbündete so berüchtigt.

Noch nie waren die Gründe für ein Bündnis so niederträchtig wie bei Ihrem Bündnis mit den roten Schlächtern, wo auch immer Stalin in diesem

Moment residiert. Und nie war die Torheit eines Halbidioten eklatanter als in den Handlungen Ihrer angeblichen Regierung.

Als schierer Schwachsinn gilt ZUERST die Politik gegen Italien, dann der Kriegseintritt gegen Japan. Wahrlich, der Verstand und die Intelligenz sind bei den Briten gering geschätzt.

Am 15. Mai war ich bereit, Ihren Verlust von Australien zu erwähnen. Ich behaupte nicht, dass Sie es verloren haben, ich möchte nur den Tag nennen, an dem ich bereit war, zu glauben, dass Sie es verlieren würden. In der Tat hörte ich nach der australischen Bombardierung eines amerikanischen, was war es, Torpedobootes oder so, das Gemurmel: *hanno individuato il nemico.*

Sie, das heißt die Australier, haben den Feind identifiziert.

Das war eine Übertreibung. Sie und das amerikanische Volk HABEN in der Tat einen Feind, aber der Feind war nicht an Bord des Torpedobootes. Der Feind ist die Gier, der Geiz, der Wucher, die Fälschung, verkörpert in einer Gruppe unangenehmer Personen, die Ihre Intelligenzia, Ihr Bloomsbury oder Ihre Professorenschaft seltsamerweise nicht bereit zu sein scheint, ins offene Licht zu blicken. Allergisch gegen alle Symptome und Anzeichen. Allergisch gegen Gerechtigkeit, was auch immer die andere Partei *an sich* für Interessen hat, die im Gegensatz zu dem stehen, was man Ihnen beigebracht hat, Ihre eigenen zu sein, was aber manchmal nicht der Fall war.

Seit 25 Jahren ist es offensichtlich, und ich wage zu behaupten, dass viele Europäer es schon vorher gesehen haben, dass die Welt nur durch eine Verschwörung intelligenter Männer gerettet werden kann, und dass sie sich GEGEN die Normannen, die Sieffs und die Goldsmids verschwören müssen, zusammen mit den kleinen Läusen drüben in Paris, den Iazards, Mandels und dem Rest von ihnen.

Und Ihre geduldeten Schriftsteller, Ihre schwachsinnigen Sozialisten, Ihre Publizisten, Ihre Garvins, Beaverbunks und der Rest von ihnen haben sich NICHT an einer solchen Verschwörung beteiligt. Sie bellen den falschen Baum an, und Ihr Biss hat sich als nicht sehr zahnig erwiesen, nicht wenn man ihn an den Maßstäben der Achse und der Dreiergruppe misst. Ihr riecht, wie in den japanischen Zeitungen karikiert, wie ein paar junge Damen, die sich die Nase zuhalten. Ihr seid schon fast für die Ächtung qualifiziert.

Das könnt ihr nicht, oh verdammt, das könnt ihr nicht glauben.

Ihr seid so nette Menschen (wenn euch nichts stört). Oder wie Charles Ricketts sagte:

"Nein, Menschen, die etwas für die Welt tun, haben KEINE netten Manieren" (seine eigenen waren ein wenig schlampig).

Er fuhr fort: "Die Menschen, die diese netten Manieren haben, sind die Menschen, für die die Welt etwas tut."

Nun, wie weit weg scheint das zu sein, Ricketts und Shannon, die Hakenpresse, die in den 90er Jahren die Werke von Laforgue druckte. Alice im Wunderland, Mr. Cole, die Bewohner des New Statesman und der Nation. Wenn Sie mir nicht glauben, besorgen Sie sich die alten Exemplare, die aus der verlorenen Ära von Januar oder Februar 1942 stammen, das ist das aktuelle Jahr.

Pomp der Macht und so weiter. Wenn, verdammt noch mal, WENN Sie sich irren, wenn Ihr Chef-Affe sich immer wieder geirrt hat, kommt es Ihnen dann nie in den Sinn, nach der Quelle des Irrtums zu suchen?

Kommt es Ihnen nie in den Sinn, dass Margot Asquith unbewusst humorvoll ist, wenn sie schreibt- -. Wenn ihr nicht aus aller Gründlichkeit herausgezüchtet worden wäret, wenn eure Vollblüter nicht in drei Kriegen nacheinander dezimiert worden wären, ALLE [für die] Macht des Judentums, alle aufhäufend Schulden und Schuldzinsen. Ablehnungen, Ablehnungen von Schulden, enorme Steuerlasten, die laut euren LÜGEN und verräterischen Lakaien und Professoren und so genannten Ökonomen für den Dienst oder die Zinszahlung auf SCHULDEN, öffentliche, nationale, kommunale und den Rest davon, benötigt werden.

KÖNNTE die Droge zum jetzigen Zeitpunkt verabreicht worden sein. Hätte denn keiner von Ihnen den Bürgermut, die intellektuelle Schließmuskelkraft gehabt, irgendetwas zu organisieren, irgendetwas gegen Churchills Gläubiger? Und gegen die Besitzer BEIDER Parteien, die an der Spitze stehen? Morrison ist ein Welpe, nicht sauberer als Winston, und genauso phantasielos wie Mr. G.D. Hell Cole.

Und was Ihre Beziehungen zu den arabischen, persischen und mohammedanischen Völkern angeht? Ich vertraue darauf, dass keiner meiner lieben Freunde an diesen glühenden Grenzen im Dienst ist.

Für einen einzigen Tropfen Aufrichtigkeit, für eine einzige Stimme in Ihrer Sendung, die sagt, dass der Kaiser KEINE Kleider trägt!

Ja, Ihr werdet mit dem Land Eurer Insel zurückgelassen. Lymington und ein paar andere können einen neuen Bienenstock gründen.

Aber ihr werdet eine sehr große Bevölkerung haben [und] keinen Platz auf dem Land, es sei denn, ihr trefft irgendeine Vereinbarung, einen großen Teil davon nach Rhodesien zu verschiffen. Es bleibt die Frage, ob Sie Maßnahmen ergreifen werden, um den Bestand, der im alten England verbleiben soll, auszusuchen. Um dafür zu sorgen, dass die ENGLISCHEN bleiben und die Jiddischen nach Bolivien oder wohin auch immer gehen. Und Sie werden es NICHT auf Wucher tun, Sie werden es nicht unter Missachtung aller Ethik oder aller angemessenen Kenntnisse über die Natur des Geldes, des Numisma, tun.

Ein kleiner Staat, ein faschistischer Staat, es sei denn, Sie mögen Stalin. Dieser letzte Satz ist nicht ernst gemeint. England wird morgen NICHT auf dem Arbeitssystem des Stalin-Kanals aufbauen, aber das ist nicht die Schuld von Sieff, Goldsmid,- - Sie werden ihre Fesseln ablegen müssen, sie werden neue Hygiene studieren müssen, sie werden ihre Einbürgerungspapiere an die Feger Europas zurückgeben müssen.

Lasst die Juden irgendwo in euren Ruinen eine nationale Heimat KAUFEN. Sie haben einen großen Teil Afrikas in die Leibeigenschaft verkauft; und sie waren NICHT nett zu den Engländern, die es wagten, dort zu ARBEITEN, die dorthin gingen, um Nahrungsmittel anzubauen. Das Wucher-System ist unangenehm. Die Welt ist diesem System gegenüber mächtig aufgeschlossen. Der Bürgermaster von Worgl, oder mit anderen Worten, die allgemeine Ehrlichkeit, ist für das England von morgen von größerem Nutzen als alles Gold Indiens oder alles Opium des Sassoon und die daraus resultierenden Einnahmen, über die Bobble Cecil inzwischen reichlich Auskunft geben kann oder sollte.

Der Effekt der B.B.C.-Übertragungen ist, dass es in der ganzen Meute ihrer Sender niemanden gibt, der es wagt, das jüdische Problem zu erwähnen, Brain Trust eingeschlossen. Wahrscheinlich würden sie ihren Job verlieren, wenn sie es versuchten, und was kann man von einem Berufsstand mit Shaw und Wells an der Spitze erwarten, die 24 Stunden am Tag an ihr Einkommen und in freien Momenten an die Wahrheit denken? Nur England wagt es nicht, die Vertreibung der Juden durch Maria Theresia zu erwähnen, auch nicht die Erpressung von Maria Theresia durch England und die Beziehungen der Juden zu Cromwell. Das amerikanische Radio schweigt, zum Teil aus Unwissenheit, die armen Hinterwäldler kennen einfach keine Geschichte, obwohl eine Bande törichter junger Leute den Übermut hatte, ins Gefängnis zu kommen, weil sie plante, alle jüdischen Mitglieder des Kongresses zu beseitigen. Hätten sie Erfolg gehabt, so wäre der einzige Kommentar innerhalb der Vereinigten Staaten "und das ist auch gut so" gewesen, so wie die Psychologie der amerikanischen Gangster und Anarchisten. (Mit Widerhall im sprachlosen England.) Der einzige Ort, an dem irgendjemand schockiert gewesen wäre, ist Italien, wo es einen tausendjährigen Konservatismus und ein Vorurteil gegen - - gibt.

#Nr. 51 (2. Juli 1942) U.S.(B65)
AUSSCHÜTTUNG VON WEISHEIT

Mein Freund F. Whiteside wurde nicht müde, eine sehr bekannte Geschichte von Chase und Whistler zu erzählen. Denjenigen unter Ihnen, denen der Name Chase nicht geläufig ist, kann man sagen, dass Whistler ein Maler mit sehr großem Talent war. Er hatte Grenzen, seine Zeichnung störte ihn, einige seiner Farben sind inzwischen in die Leinwand gesunken, und die Nuancen, die er so mühsam herausgearbeitet hat, werden vielleicht nicht ewig erhalten bleiben, aber er war gewiss eine der Zierden seiner Zeit und mit Henry James die beiden Amerikaner, die den Horizont der amerikanischen Jugend um die Jahrhundertwende erhellten, und gewiss werden einige seiner Werke der Elite Freude bereiten, solange die Leinwand oder das Papier bestehen bleibt.

Während Chase in der Malerei das Äquivalent zu Harper's Monthly Magazine war, kehrte Chase wie Howells zum Amerikanischen zurück, aber bei einer Gelegenheit war er mit Jimmy nicht einverstanden, und als man ihn auf den Arm nahm, brach er ab:

"Ich werde nicht länger mit Ihnen streiten." Worauf Mr. Whistler mit müder Geduld antwortete: "Aber, Chase, ich streite NICHT mit dir. Ich sage es Ihnen nur."

Die Chinesen haben eine noch monumentalere Darstellung desselben Themas: In schlechten Zeiten kann der Weise seine eigene Weisheit genießen; wenn das Land gut regiert ist, profitiert das Volk von seinen Anweisungen.

Abgesehen von den nationalen Talenten, die ich vielleicht besitze oder auch nicht, habe ich zuerst in der Poesie und dann in der Ökonomie, die eine der Komponenten der Geschichte ist, viel mehr Zeit und Gedanken verbracht, und ich genieße oder leide einen Wissensdurst, der, um es milde auszudrücken, über dem Üblichen liegt.

Sie stecken in einem blutigen Schlamassel. Blutig in mehr Bedeutungen, als dieses Wort im britischen Jargon hat. Du steckst in einem verdammten WUNDER. Wer hat Sie dorthin gebracht? Warum hat er das getan? Weiß er, warum er es getan hat? Weiß er, WIE er es getan hat?

Ihr seid alle feige, leichtsinnig, usw. Ihr wisst nicht einmal, ob eure verschiedenen Ethnien europäischer Herkunft auf einem Kontinent überleben werden oder KÖNNEN, auf dem die Mayas und Azteken ausgestorben sind. Und ihr habt eine ORGANISIERTE Minderheit einer anderen Ethnie unter euch. Eine Ethnie, die niemals müde wird, eine Ethnie, die eine subkrokodile Vitalität besitzt. Und die lebendige Eidechse ist "auf dieser Erde sehr alt", wie Huddy (W.H. Hudson) über den Kondor und andere Raubtiere in den Anden bemerkt.

AXIOM. Gegen eine organisierte Kraft von vier oder mehr, wahrscheinlich ACHT Millionen, können hundert Individuen NICHT obsiegen, solange sie nicht ORGANISIERT sind. Die sporadischen Bemühungen einiger weniger aufgeregter junger Männer nützen nichts. Die dilettantischen Bemühungen einiger weniger Theoretiker nützen NICHTS. Und der Rest der Einwohner der Vereinigten Staaten kann sich nur auf EINER Grundlage organisieren, nämlich auf der, auf der Europa schließlich gezwungen war, seine Rebellion gegen den allgegenwärtigen Yidd zu organisieren. Pacts may be signed between the Pennsylvania Deitsch and the scrawny New Englander of British or Anglo-Scotch origin, but on no basis save that of race, and of allied more or less consanguineous races can you cohere.

Im Gegensatz zu einer solchen geplanten Ordnung stehen nicht nur die 4 oder 8 Millionen Juden in New York und den bereits durchdrungenen Gebieten. [Von New York bis San Diego oder wo auch immer hat die Panhebe, das Weltjudentum, ein Radio eingerichtet. Das ist verdammt viel mehr, als die rebellischen britischen Reformer in England in den vier Jahren vor dem Verrat an der britischen Ethnie durch Churchill und Eden zu tun vermochten.

Das war der entscheidende Punkt im deutschen Programm, und die Presse war in den Händen der Judery (Hochjuden) und der unterworfenen Diener des Judentums, von denen einige vielleicht nur zu 1/2 oder 1/3 wussten, was sie taten.

Religiöse Basis, kein Nutzen; wurde ausgenutzt. Die Geschichte der theologischen Massaker deutet auf den Untergang von Byzanz hin, solange es möglich war, Krieg auf religiöser Grundlage zu führen; dieses Etikett wurde benutzt, um Streit zu schüren.

Tacitus: Juden zurück, von Verfolgung der frühen Christen. Kämpfe in der Kirche zwischen Bilderstürmern und dem religiösen Teil der Kirche, bis hin zu den germanischen Religionskriegen. Mit dem ganz einfachen Rat der Gegner, d.h. Juden, an IHRE Glaubensgenossen; in die Kirche zu gelangen; in die Kirche zu gelangen, in die Präbenden zu gelangen; Weihen zu empfangen und die Kirche von innen zu korrumpieren (dokumentiert). Bis zu dem fast perfekten Instrument, Luther, sowohl religiöser Fanatiker (in der Frage der Dreifaltigkeit usw.) als auch ein sehr guter Politiker, der gegen die Besteuerung durch eine kirchliche Zentrale rebelliert; bereits korrumpiert und in die Hände einer Bankiersfamilie gefallen.

Religiöse Basis, keine USE, das ist in der europäischen Geschichte immer wieder geschrieben und bewiesen worden, und Sie tun gut daran, das zu ignorieren. Einerseits ist die Kirche in Fragmente zersplittert, und andererseits kann jeder diplomatische Vertreter einer fremden Ethnie SO leicht bekehrt werden. Das ist nichts Neues, und der dünne Schleier der Observanz, der im Handumdrehen weggerissen wurde, wann immer es opportun erschien, selbst nach Jahrhunderten der Verstellung. Nein, der Kampf auf religiöser Basis ist kein großer Schwindel. Die einfältigen europäischen Stämme fielen darauf herein und wurden im Laufe von etwa 1600 Jahren durch ständige Zermürbung geschwächt. Ein Wunder, dass wir überhaupt hier sind. Es muss etwas Hartes in den europäischen und mediterranen Fasern sein.

Was die Auswirkungen betrifft, so nehmen wir ein Beispiel aus dem Reagenzglas: Frankreich. Einigen Berechnungen zufolge hatte Frankreich zur Zeit Ludwigs XIV. 38 % der Bevölkerung der Großmächte, 1789 27 % und hat heute 13 %. Ich weiß nicht, welche Mächte in diesen Zahlen enthalten sind, aber welche Berechnung auch immer vorgenommen wurde, sie deutet auf einen RÜCKGANG hin.

Wie auch immer, die religiöse Basis nützt nichts. Worauf KANN man sich organisieren?

Mit einer kalten Sache wie der Ökonomie kann man sie nicht bewegen. Marx riet, auf wirtschaftlicher Grundlage zu kämpfen. Ich treffe immer noch Leute, die auf diese eminent semitische Strategie hereinfallen. HUNDERT Jahre lang haben Einfaltspinsel und unerfahrene junge Männer versucht, AS, verdammt noch mal, meine Freunde, von einem Dutzend Sekten, Wirtschaftssekten; ich habe es versucht, seit mein Kätzchen die Augen halb geöffnet hat. Und was ist dabei herausgekommen? Fünftausend im Gefängnis, Wörgl, Alberta.

Ja, ja, wir feigen Menschenfreunde haben herumgeturnt und wollten das Übel durch ehrliche Buchführung heilen; und wir haben diesen Krieg NICHT verhindert.

Ich denke, dass mein begriffsstutzigster Gegner oder mein enthusiastischster Gegner oder Frankies treuester unglücklicher Krieger Archie MacLeish zugeben wird, dass die Reformer, die Währungsreformer, die Männer, die ein ehrliches Funktionieren der Schatzkammern und der Finanzen in England und Amerika wollten, diesen Krieg NICHT verhindert haben. (Und verdammt viel Glück, wenn sie den nächsten verhindern.) Oh ja, der Kahal macht sie in Serie. SERIEN-

Technokratie, warum die Pflanze an EINE Weltkatastrophe verschwenden? Die letzte war fast ein Weltkrieg.

Der Talmud kündigte die Vernichtung von 75% der Nichtjuden an. Ja, Bruder, du hast einen GEGNER. Und worauf können Sie sich verlassen? Dan Boone, der auf Eichhörnchen schießt. Er hat sie jedes Mal ins Auge getroffen, aber die Boone-Ära, die Daniel-Boone-Ära, ist für immer vorbei. Die Ära Boone scheint für den Moment verloren gegangen zu sein.

Der Wohlstand ist weg, er ist verduftet. Wir wipp, nichishin, chippewa Sprache ist mit den reinen Injun-Dialekten verschwunden. Selbst das gemischte Idiom wie "*que voulex you buju, nicichin*" ist an der kanadischen Grenze nicht mehr aktuell. Und Henry James bemerkte bereits eine Veränderung der New Yorker Phonetik.

Am siebten Tag ruhte Gott. Das habe ich schon in den Tagen der Little Review bemerkt. Entweder ORGANISIERT sich der europäische Stamm, der jetzt in Nordamerika ansässig ist, oder er sinkt noch tiefer in den Morast der hohen Juderei. Seine Ideale und Ideen sind WEG. Die Struktur der anglo-amerikanischen Landmasse ist durcheinander geraten.

Ungefähr 20 verlorene Männer in den Vereinigten Staaten haben das Problem der Ethnie, wenn nicht rechtzeitig, so doch wenigstens rechtzeitig erkannt, um von den Europäern gelesen zu werden, die wirklich über den AUSWEG nachdachten. Zweifellos ist es angenehm zu denken, dass der Jude harmlos wird, wenn man das Kapitalsystem loswird. Das war der ölige Köder von Marx, und was passiert, ist der Stalin-Kanal.

Eine FALSCHE Beseitigung des Kapitalismus, ein Angriff auf die gesamte Zivilisation, auch auf die, die nach Russland durchgesickert war. Ein Angriff auf das Eigentum, d.h. auf das Privateigentum an LAND, Pflügen und Badewannen, aber der USURER bleibt am Ruder. Nicht nur, dass die netten und höflichen unter uns, die versucht haben, die Hölle der stinkenden kapitalistischen, d.h. wucherischen Welt durch ehrliche Buchführung, Geld- und Wirtschaftsreformen zu reformieren, sich als ABSOLUT unfähig erwiesen haben, eine Masse von Anhängern zu versammeln, die stark genug ist, um irgendetwas zu TUN, geschweige denn einer barbarischen Lawine zu widerstehen. ABER wenn der Kapitalismus entthront worden ist usw. *Slobody, Slobody* für die Fische, öffnet die Fischzuchtbecken, in slawischer Begeisterung. Die Beseitigung des so genannten "Kapitalismus" wird lediglich als Dreschflegel, als Dampfwalze benutzt, um den Rest der nicht-kauenden Welt zu zerquetschen, d.h. so viel davon, wie es nur geht, in Absprache mit den verkommenen, syphilitischen, sassonischen, beCecil'schen Abwässern und dem Schimmel der britischen Plutokratie.

Die Fäulnis frisst sich seit Cromwell ein, denn die konstantinopolitanischen Juden waren so sehr in diesen verdammten Heuchler verliebt, dass sie eine Botschaft schickten, um zu sehen, ob Cromwell ihr Messias sei. Das ist viel mehr in ihrem Sinne als der junge Mann aus Nazareth. Ich will nicht streiten, ich sage es Ihnen nur. Eines Tages wirst du anfangen müssen, über das Problem der Ethnie, der Rasse, der Bewahrung nachzudenken.

Ich mag es NICHT, wenn meine Ethnie auf die totale Ausrottung zusteuert, noch in die absolute Knechtschaft.

Die Cincinnati etc. irrten aus Snobismus. Zu George Washingtons Zeiten organisierten sie sich nicht auf rassischer Basis. Niemand dachte daran, niemand hätte damals daran denken können. In den neu befreiten Kolonien gab es eine rassisch homogene Bevölkerung. Bestimmte Privilegien waren den Privilegierten lieb und teuer. Snobismus ist NICHT konservativ. Mode ist nicht konservativ. *La Mode*, etc. ist eine Rampe. Vgl. mit ungarischem und rumänischem Bauernleinen, ein Hemd oder eine Bluse hält ein Leben lang, unverwüstlich wie echte chinesische Seide, "kann nicht reißen."

Das ist es, was Ihnen die Werbebranche vorgaukelt, und Sie werden über Race nachdenken müssen.

#Nr. 52 (6. Juli 1942) U.S.(B66)
CONTINUITY

Hätte ich die Zunge von Menschen und Engeln, so könnte ich nicht dafür sorgen, dass auch die treuesten Zuhörer eine Reihe meiner Vorträge in ihrer Gesamtheit hören und begreifen könnten.

Das ist der Nachteil der Radioform, und der Himmel weiß, wann ich in der Lage sein werde, diese Texte in einem Buch oder in Büchern zu drucken, die dem amerikanischen und englischen Publikum zugänglich sind. Das Buch impliziert, dass [der] Leser, wenn er es wünscht, zurückblicken, die Aussage des Vorworts aufgreifen und sehen kann, wo Kapitel X an Kapitel I anschließt. Dennoch können Sie sich die Mühe machen, zumindest die Tatsache zu begreifen, dass es eine Abfolge in dem gibt, was ich sage, und dass das Gespräch vom Februar mit dem vom April zusammenhängt. Und wenn Sie, Sie in Iowa, Wyoming, Connecticut, sich diese Mühe NICHT machen, wenn Sie nicht zuhören und versuchen, die Hauptstränge und Kabel dessen, was ich Ihnen sage, zu verstehen, werden Sie Zeit verlieren.

Genauso wie die Schriftsteller, die die Little Review NICHT gelesen haben, Zeit verloren haben. Viele haben es nie nach oben geschafft. Es gibt niemanden unter Ihnen, der literarisch groß ist oder auch nur den Anschein erweckt, der nicht inzwischen die Autoren der Little Review gelesen hat, oder Autoren, die von den Autoren der Little Review geformt wurden. Autoren, die der Little Review und ihren Autoren ihre Kraft verdanken, ihren Durchbruch, die Initialzündung, die sie auslöste.

Schade ist, dass viele nur einen bruchstückhaften Einblick erhielten. Joyce und nicht Eliot, Eliot nicht W. Lewis. Ich habe gehört, dass eine Million Amerikaner von Herrn Hemmingways letzter Produktion profitiert haben, und das sollten sie auch. ZWEI Millionen sollten es lesen (wahrscheinlich ... ich habe noch kein Exemplar gesehen, aber das liegt an den Bedingungen des Atlantiktransports).

Schade ist nur, dass es noch so viel anderes gibt, so viel Wesentliches, das ihnen glücklicherweise nicht bekannt ist. Und ich weiß ehrlich gesagt nicht, woher sie wesentliche Teile dieses anderen Wissens bekommen können, außer aus meinen Sendungen. Und aus ihnen, aus diesen Gesprächen, werden die jungen Männer in England und Amerika ihre Seelen oder zumindest ihren Verstand für morgen aufbauen müssen, oder sie werden Zeit verlieren, überhaupt nicht ins Leben kommen.

Sie werden nicht die Hemingways von morgen sein, nicht einmal die Clark Gables von heute. Sie werden einfach im Regal stehen, auf dem Boden des Schranks, auf diese Weise unrühmlich und unrühmlich, Nummern zurück, bevor sie veraltet sind. Wie die Neo-Georgianer , die Mr. Eliot 15 oder 26 Jahre zu spät gelesen haben, und versucht haben, kleine Löcher in seine düstere Kathedrale zu schneiden, Mäuselöcher in sein Chorgestühl.

Und nach hundert Sendungen ist es immer noch schwer zu wissen, wo man anfangen soll. Es gibt so VIELE Dinge, die die Vereinigten Staaten nicht wissen. Dieser Krieg ist [die] Frucht eines so großen Unverständnisses, einer so verworrenen Unwissenheit, so vieler Stämme des Nichtwissens.

Ich bin wütend über die Verzögerung, die nötig ist, um ein Farbband zu wechseln, so viel ist da, was in den jungen amerikanischen Kopf hineingepflanzt werden MÜSSTE. Ich weiß nicht, was ich aufschreiben soll, kann nicht zwei Skripte auf einmal schreiben. NÖTIGE Fakten, Ideen, kommen in Strömen. Ich versuche, zu viel in zehn Minuten unterzubringen. Die komprimierte Form im Buch ist in Ordnung, spart Augenlicht, der Leser kann sich umdrehen und eine Zusammenfassung ansehen. Hätte ich mehr Sinn für die Form, eine juristische Ausbildung oder weiß Gott was, könnte ich die Sache vielleicht über den Atlantik oder den Ärmelkanal bringen.

Kunst, Wirtschaft, Pathologie. Sie müssen MEHR über all das wissen. Wir müssen aus diesem Krieg herauskommen, wir müssen uns aus dem nächsten heraushalten oder ihn verhindern, wir müssen das stinkende alte System ändern.

ROT in der Kunst, Kunst als Pathologie, Universitätsverzögerungen. Wie kommt es zum Klassenkampf? Was wissen die Professoren nicht? Ich muss mich zwischen zwei oder vier Fächern entscheiden, sonst kriege ich in einem einzigen Vortrag nichts auf die Reihe. Nun gut. Ich fange an: Wie kommt das? Zwei Dinge, die mir in letzter Zeit von einem Mob oder einem Kongress von Professoren unter die Nase gerieben worden sind. NEIN ... fangen wir mit etwas an, das in Amerika seit zwanzig, dreißig Jahren diskutiert wird, Doktor schaut sich die Literatur an. Dieses ganze alberne Gerede über den kranken Geist der modernen Malerei.

Es hat mich höllisch gelangweilt. Es war überwiegend schlechtes Zeug. ABER der Fehler lag in seiner Beschränkung als Kritik, nicht in der Hauptsorge, die halbgebildete Mediziner dazu brachte, sich damit zu beschäftigen. Was an der Kritik falsch war, war der Mangel an Verhältnismäßigkeit.

GESUNDHEIT ist VIEL interessanter als Krankheit. Gesundheit ist GESAMT. Schönheit ist interessanter als Verzerrung.

Die meisten von uns sind verarscht worden, oder zumindest ist die Intelligenz meistens ein Arsch. Das liegt NICHT daran, dass sie keinen Verstand hat, sondern einfach an der Parteilichkeit im ursprünglichen Sinne dieses Wortes. Die Intelligenz ist meist ein Ärgernis, weil sie auf Snobismus und Fragmenten beruht.

Im Alter von 15 Jahren schenkte mir ein Schwindsüchtiger ein Exemplar von Salomé mit Beardsleys Illustrationen. Ich habe sie herausgeschnitten, sie waren so hässlich. Aber mehr als zehn Jahre meines Lebens betrachtete ich dies als einen Akt echten Fanatismus. Ich erkannte die ... verdammt noch mal, nennen wir sie Verdienste von Beardsleys Entstellungen.

Stöhnen der verweichlichten, elitären und überlegenen Studenten.

Später überreichte mir eine entstellte, aber liebenswürdige Frau schüchtern einen minderwertigen Beardsley, d. h. einen Band mit Verzerrungen einer rosa genagelten Ästhetin. Die Bedeutung DIESER Handlung war selbst mir klar. Ich glaube nicht, dass es ihr bewusst war. Das Buch verschaffte ihr wahrscheinlich eine Erleichterung oder einen Trost, den sie von Praxiteles oder Botticelli nicht hätte bekommen können. Jedenfalls war ich älter, und die Zeichnungen waren nicht einmal gute Beardsleys. UND ich interessierte mich nicht für Pathologie. Deshalb habe ich den Vorfall nie erwähnt.

Die Mediziner, die anfingen, sich über die Krankheit hinter der modernen Kunst Gedanken zu machen, hatten Recht. Das heißt, sie hatten RECHT, sich Sorgen zu machen. Sie waren meist dumm in ihren Detailaussagen, und das lag an der Unwissenheit, am Mangel an kulturellem Erbe. Aber sie waren auf der richtigen Linie.

Ich behaupte, dass die zukünftige Kunstkritik in der Lage sein wird, die Komponente der Wuchertoleranz zu erkennen. Inwieweit die TOLERANZ gegenüber Wucher vorherrschte oder nicht vorherrschte, als ein bestimmtes Bild gemalt wurde. Der Sinn für Design, die Präzision der Linien wird dem Interesse am Detail weichen. Die Andeutung von Luxus wird in dem Maße zunehmen, in dem die Menschen die ethische Grundlage des Lebens verlieren, in dem sie die Leidenschaft für Gerechtigkeit, die Liebe zur echten Unterscheidung zwischen einer Idee und einer anderen verlieren.

Die Diagnose wird die Liebe ersetzen, die Analyse wird dem Elend weichen. Es gibt Stufen und Abhänge hinunter nach Avernus, die Verfälschung wird Einzug halten. Die ehrlichen Menschen werden, wenn ein Dogma oder ein Stil falsifiziert wurde, analytisch werden.

Sie werden parteiisch sein, die ersten emphatisch und energisch. Sie werden zielen, das heißt, die Besten werden auf die Gesundheit zielen.

Zum Beispiel Manet, genervt von der Verfälschung der Farbe in der Malerei, Manet reduziert auf die Analyse von Licht und Farbe. Beide leisteten eindeutige Beiträge zur Weltkunst. Manet ist einer der Größten der Welt.

Aber was bei einem gesunden Menschen Temperament ist, wird bei einem schwachen Menschen im Übermaß zur Krankheit. Ungleichgewicht, schwer zu trennen an einem bestimmten Punkt, und wenn man mit dem Strom treibt, wird man erst tolerant gegenüber der Schwäche, und dann gewöhnt man sich an die Schwäche, und dann stürzt man ins Elend.

Mediterrane Vernunft und Schönheit, Ordnung. Für KALON war die Welt gesünder, als der Kult der Hässlichkeit noch NICHT die Aufmerksamkeit der Menschen auf sich zog.

Ich weiß alles über Pralinenschachtel, Pseudo-Schönheit, etc. ABER eine Ablenkung vom ZIEL ist eine Dekadenz. Es ist eine falsche Reifung, es ist eine grüne Frucht, die verfault. Beardsley war ein kranker Mann, der wusste, dass er sich schnell einen Namen machen musste, wenn er es schaffen wollte. Persönlicher Wunsch, NICHT der Glaube an das, was Kunst ist oder sein sollte. Er wusste, dass er keine Zeit hatte, um MALEN zu lernen. SEIN vernünftiger jugendlicher Impuls war die Schönheit der Vor-Raphealiten. Frühe Zeichnungen, Burne-Jones, das war es, was er WOLLTE.

Yeats fragte ihn, warum er sich nicht daran gehalten habe. Beardsley war kein Faulpelz, er war ein mutiger Invalide. Er war ein heldenhafter Invalide, bis zu dem Punkt seiner Kraft. Er belog weder sich selbst noch seine Freunde im Privaten. Er antwortete:

Schönheit ist so SCHWIERIG.

Wir alle haben erlebt, wie der Schönheitskult sich in Schlamm verwandelt hat. Ästhet: ein Künstler, der sich nicht anstrengen will, der NICHT die Arbeit auf sich nehmen will, die nötig ist, um ein gutes Bild zu malen oder einen guten Roman oder ein gutes Gedicht zu schreiben. Alles bruchstückhaft, nichts vollständig. Und die GROSSE Perversion, die große Dekadenz, wenn das Bild gemacht wird, um es zu verkaufen, wenn der Künstler aufhört, leben zu wollen. Er ist sein Geld wert, er MUSS essen, aber ESSEN ist sekundär, um zu malen oder zu malen, um zu wollen. Dann reich zu werden, das ist das ENDE, das absolute Ende eines Malers. Nur wenige Menschen können der Verlockung widerstehen, wir alle mögen Komfort. Das ist meine Schwäche, und ich habe Männer gesehen, die ohne sie auskommen können. Ich weiß, dass kein Amerikaner das wirklich glauben wird, und einige der Männer, die darauf verzichten können, sind Verrückte und Fanatiker. Und der Snobismus macht sie alle zu Coneys. Soweit ich weiß, hatte niemand sonst den Mut, darauf hinzuweisen, dass die deutschen Pavillons auf der Binennale di Venezia vor vier Jahren die besten waren. All die kleinen Maler in den Geschäften, die Monet und Renoir mit 60 Jahren Verspätung malen, waren schockiert über die Härte der Konturen. Es war fast der einzige Pavillon, der nicht mit Schlabber verrottet war, manche mehr, manche weniger.

Die futuristischen Räume sind immer eine Behauptung der Propaganda, die ganz ohne Malerei auskommen könnte. Ich meine, die Hauptlinie der futuristischen Propaganda ist eine Idee, die Malerei eine Ergänzung. Eine Ergänzung, die beweist, dass die Idee andere Dimensionen hat als die rein ideologische. Es ist eine gute Idee, es ist NICHT eine GANZE Idee. Aber sie braucht einen plastischen Ausdruck: sie hat einen unvollkommenen plastischen Ausdruck, was ein Zeichen für ihre Kraft ist. Aber sie entspringt NICHT einem plastischen Bedürfnis.

Gesundheit ist GRAUSAM, oder besser gesagt, Gesundheit wird oft von einer Grausamkeit begleitet, die für den Baccillus grausam erscheint. Der Mensch, der völlig gesund ist, macht sich keine Sorgen um den Baccillus. Er ist nicht ständig von Patentarzneimitteln und Flaschen mit Desinfektionsmitteln umgeben.

Um Himmels willen, schau dir deine Kunst an. Wenn die Kunst dem Bilderhändler untergeordnet wird, bekommt das Museum in den Vereinigten Staaten das, was übrig bleibt, nachdem der europäische Kunstkenner sich die Rechnung ausgesucht hat.

Ezra Pound am Apparat.

Ich weiß, ich bin in diesem Vortrag nicht sehr weit gekommen, also warten Sie auf den nächsten. GESUNDHEIT, verdammt noch mal, denken Sie in der Zwischenzeit an GESUNDHEIT.

#Nr. 53 (10. Juli 1942) U.S.(B67)
WIE KOMMT

GESUNDHEIT! Ich sagte Gesundheit, letztes Mal. Lasst euch von niemandem etwas vormachen. Lasst euch nicht vormachen, dass ihr in der Kunst nach Gesundheit sucht. Ich fahre jetzt fort mit: Wie kommt es.

KAPITAL kommt NICHT ausschließlich aus Arbeit. Nicht einer von hundert Menschen, auch nicht in Europa, hat diese Wahrheit und ihre Auswirkungen verdaut. Aber was passiert, wenn ein Mann, der von dem Teil des Kapitals lebt, der NICHT von der Arbeit kommt, zum ersten Mal herausfindet, was er tut? Er bekommt eine Heidenangst. Er beginnt zu versuchen, die Ursache seines Privilegs zu verbergen. ER beginnt den Klassenkrieg; der Klassenkrieg kommt NICHT von unten. Der Mann, der eine ehrliche Arbeit leistet, spürt seine Stärke. Er spürt die Gerechtigkeit, seinen Lohn zu bekommen. Und bis er fast verhungert ist, bis er sich zu Tode ängstigt, seinen Job zu verlieren, kann man ihn nicht dazu bringen, überhaupt etwas gegen das zu tun, was ihm genommen wird. Nichts ist seltener als ein Aufstand der Bauern. Außer in den grausamsten Kreisen. Der Bauer tut nie mehr, als ein bisschen zu murren, er hat sich nie darum gekümmert, dass sein Oberherr etwas bekommt. Solange er aß, war er glücklich. Und LANG, nachdem er keinen gerechten Anteil mehr an den Erträgen seiner eigenen Arbeit bekam, war er sicherlich völlig unbedenklich.

Was passiert auf der anderen Seite? MAN stellt fest, dass er keine Gerechtigkeit auf seiner Seite hat, und gerät in Panik. Er richtet Lehrstühle für Wirtschaftswissenschaften ein, um die Öffentlichkeit zu verwirren. Und das tut er aus purer Kulturlosigkeit. Es hat lange gedauert, bis sich das Konzept des kulturellen Erbes herauskristallisiert hat. Der Begriff ist relativ neu. Ich kann mich nicht erinnern, dass er in den Schriften aus der Zeit vor Douglas klar formuliert wurde. Er ist latent in der mittelalterlichen Terminologie enthalten, aber diese Terminologie wurde ungültig, als die so genannte Aristokratie ein so großes Durcheinander von allem umfasste, was alles andere als das Beste war. Aristokratien ROT, sie fallen unter Usurokratie. Das ist ihre Pathologie, ihre Verwahrlosung, ihre Dekadenz. Nun, trotz der mageren Jahre, und wie, habe ich immer einen großen Anteil an Privilegien genossen. Habe mich mit universitären Vorteilen eingedeckt. [Viel geistiges Vergnügen. Ich konnte mich immer in dem Besten sonnen, was geschrieben und gedacht wurde. Das war schön für mich, und es verzögerte meinen öffentlichen Nutzen um ein Jahrzehnt. Ich hatte eine schöne Zeit, aber ich trug merkwürdig wenig zur Heilung der Krankheiten der Welt bei. Ich glaube nicht, dass ich sie noch verschlimmert habe. Lassen Sie mich bei der Panik des reichen Mannes bleiben, der Panik des Bourgeois. Diese Panik beginnt, wenn er beginnt, nicht zu WISSEN. Herr, es beginnt nicht mit einer klaren Erkenntnis. Er beginnt zu riechen, dass das KAPITAL von etwas kommt, das keine ehrliche Arbeit ist. Und die Vorstellung, was es für ihn bedeuten würde, wenn er NUR das hätte, was er mit der Arbeit eines Arbeiters verdienen könnte, erschreckt ihn aus seinen Pantelettes. Wissend, dass er es sowieso nicht tun könnte.

Es braucht einen Whistler, um den Anwälten des alten Eden zu antworten: "Nein, nicht für eine halbe Stunde Arbeit, sondern für das Wissen eines ganzen Lebens." Aber das kulturelle Erbe ist NICHT nur das angehäufte Können eines Handwerksmeisters. Man kann nicht klar denken oder klar sehen, solange man ARBEIT nicht in DREI Klammern hat. Die Arbeit, die ein Mensch heute leistet. Die frühere Arbeit, die sich zu SKILL (materielles Geschick, Handwerk, Geschicklichkeit, Wissen, Unterscheidungsvermögen) auftürmt, und die ARBEIT, die von Menschen geleistet wurde, die jetzt tot sind. Arbeit, die von der Familie, von der Ethnie geleistet wurde, bevor man anfing zu arbeiten oder zu faulenzen. Ein Instinkt für die Gerechtigkeit der Ansprüche der ANTERIOR-Arbeit führt zum Stolz des Handwerkers. Er führt zum Familienstolz, und der WÜRDE, wenn der Mann oder die Familie die Leidenschaft für Gerechtigkeit verliert.

Der Mensch mit einer Leidenschaft für Gerechtigkeit, oder sogar einem Sinn für Gerechtigkeit, oder einem Unbehagen an der Existenz von Gerechtigkeit, fängt an zu wühlen, fängt an zu versuchen, die Ansprüche der drei Ordnungen der ARBEIT abzugrenzen: 1) Arbeit heute, 2) Arbeit gestern von den Leuten, die noch leben, 3) Arbeit von den Verstorbenen. Und NUR auf dieser Grundlage kann man ein vernünftiges Recht und eine vernünftige Gesellschaft haben. Aber ich habe an einer Professorenkonferenz mit mehreren hundert Personen teilgenommen, und nicht drei von ihnen hatten einen Schimmer von dieser einfachen Dreiteilung.

ALLE Kaufkraft kommt NICHT von der Arbeit. Der gesamte wirkliche Reichtum kommt aus natürlichen Ressourcen PLUS Arbeit. Der Rechtsverdreher will sich die natürlichen Ressourcen aneignen und die Arbeit ausbeuten. Das ist die Ursache der Unannehmlichkeiten. Es gibt keine Masche, die der Winkeladvokat sich nicht ausdenkt und anwendet, um sich ein Monopol zu verschaffen, um den gerechten Preis zu verletzen, um die Arbeit im Schwitzkasten zu halten. Und der Rechtsverdreher ist sauer. Er ist der geschworene Gotteslästerer, der falsche Schwörer und Betrüger aller Arbeiter, vergangener, gegenwärtiger und zukünftiger

Arbeiter. Und Sie sollten das besser erkennen. Ihr solltet ihn besser aus eurer Hemisphäre vertreiben. Ihr erfindet besser ein Insektengift, das ihn aus eurem System eliminiert.

Das ist es, worauf das nicht-schüchterne Europa abzielt. Der Rechtsverdreher hat Russland in der Hand. Er schwitzte den Arbeitern das Fell ab, er baute den Stalin-Kanal, und ich rate allen Lesern des N.Y. Herald, die offiziellen Berichte über die Behandlung von menschlichem MATERIAL zu lesen, Wagenladungen von "menschlichem Material", die beim Bau des Stalin-Kanals abgeladen wurden.

Eine Art von Rechtsverdreher folgt auf die andere: Rechtsverdreher dringen in JEDE Organisation, Kirche oder Staat ein, um von der Kaufkraft zu leben, die nicht von der Arbeit kommt. Der Rechtsverdreher schließt sich JEDER neuen Bewegung an, um dabei zu sein, wenn sie groß wird, und um in der Position des Ausbeuters zu sein. Die mittelalterlichen Ritterorden erhoben sich, um die Gangster zu bekämpfen, um die allgemeine Brutalität und Ungerechtigkeit in Reichweite des einzelnen Ritters zu bekämpfen. Oder das Rittertum erhob sich zu einer Idee. Aus diesen beiden Kräften, also dem Gangstertum UND dem Rittertum, entwickelte sich das Feudalsystem. Als Recht war es ein VERANTWORTLICHES System. Die VERPFLICHTUNGEN des Oberherrn waren enorm. Sie erforderten eine VERTEILUNG des Reichtums. Das ärgerte natürlich gierige und schwache Herrscher, und der Rechtsverdreher trat in das System ein. Er war bereit, Steuern zu schinden, die Arbeit zu verteufeln und Zinsen zu kassieren. Tatsächlich ist der Rechtsverdreher immer ein Zinseintreiber. Und der Wurm fraß sich in die Frucht.

Reniou, ein provenzalisches Wort, das Zinsen für verliehenes Geld bedeutet. Gangsterbarone behielten und verliehen, wann immer sie es konnten. Gier, Gewalt, nichts Neues an Lastern. Als die beiden die Welt lange genug verrottet hatten, kam es zur Explosion. Der Unterschied zwischen UNSERER amerikanischen Revolution und der französischen war enorm. UNSERE begann mit der Erkenntnis, dass Tote nicht ESSEN. Das heißt, mit der Erkenntnis, dass es eine gerechte Grenze für die Rechte der Arbeit gibt, die von Menschen geleistet wird, die aufgehört haben zu atmen. Jefferson sagte es: die Erde gehört den Lebenden. Er hat nicht gesagt: Die Erde gehört den Idioten. Aber auf der anderen Seite hat er nicht eindeutig behauptet, dass die Verwaltung der Erde die Intelligenz von Menschen erfordert, die bereit und EINGESTELLT sind zu regieren. Ein Angriff auf den sterblichen Menschen, ein Angriff auf die übertriebenen Privilegien, die den Launen und der Gier der Toten gewährt wurden, war NÖTIG. Er kam.

Natürlich wurde die Revolution verraten. ABER sie dauerte sechzig Jahre. Oder besser gesagt, die auf dieser Grundlage errichtete Regierung dauerte 60 Jahre. Zählt sie länger, je nachdem, wann man den Beginn unserer Revolution zählt, ab 1776 oder 1750? Oder 60? Die französische Revolution floppte in kürzester Zeit. Der napoleonische Traum war nicht nur ein Traum von Eroberung. Um den CODE, den Code Napoleon, das Gesetzbuch Napoleons zu erleben. Der Wunsch nach Gerechtigkeit, der mediterrane Sinn für Gerechtigkeit. Aber es ging viel Vernunft verloren. Die Zünfte, die Anti-Handels-Organisationen, mit ihren Lehrlingsgraden, wurden auf den Müll geworfen. Sie waren NICHT 100%ig unschuldig. Gegen die feudale Gier entwickelte sich die Handelsgier. Trotzdem haben die Zünfte einen Traum hinterlassen. Sie hinterließen IHREN Kodex der Vernunft, den Kodex der Vernunft, die Notwendigkeit der Ordnung und der Vorbereitung.

In Italien gibt es jetzt einen neuen Kodex. STUDIEREN Sie ihn. Ist er besser als Napoleons anti-feudale, anti-privilegistische Demonstration? Es ist von Interesse, etwas, das Sie wissen sollten Sie sollten NICHT in diesem Krieg sein und dieser Kodex ist ein Beweis dafür. Ein Beweis für das, was du kämpfst, aber dass du NICHT weißt, dass du kämpfst. All die Hoffnungen von Ruskin und William Morris, die Arbeit, die getan wurde, die Arbeit, die von noch lebenden Männern getan wurde, die Arbeit, die von den Verstorbenen getan wurde, einschließlich in den letzten beiden Klammern ALLE Meisterwerke, alle Kathedralen im romanischen Stil und in der Gotik. (Das erste Los ist das befriedigendere.) Henry Adams kam nach Chartres. Hätte San Zeno und die Kathedrale von Modena sehen sollen. All die besten Werke der großen Autoren, all die besten Gemälde. Alles, was seinen Platz und sein Recht hat, hat seine Rechte in einer gemeinsamen Ordnung.

Und der Rechtsverdreher ist gegen sie. Gegen alle Ordnung, alle Schönheit. Gegen alle Arbeit? Und man sollte NICHT auf der Seite der Rechtsverdreher stehen.

#Nr. 54 (12. Juli 1942) U.K. (B72)
FREEDUMB FORUM

Prof. Laski aus dem Talmud, von der Bestie mit den tausend Beinen, usura, an den Beinen von ein paar einfältigen Kerlen namens White und T. Young ziehend. Das war das Freiheitsforum des B.B.C.: White und Young für die Klassiker usw., die offensichtlich die Protokolle NICHT kannten und nicht sahen, dass Laski hundertprozentig Talmud war und die ganze Geschichte auslöschen und durch Zukunftsprogramme ersetzen wollte, gerade um zu VERHINDERN, dass die Massen oder irgendjemand anderes das LEBEN lernte, wie es in Demosthenes aufgezeichnet ist.

D.h. die Wirkung des Judertums, des Talmuds, der ständigen Fälschungen, um die einfältigen Sachsen zu verwirren. Die Klassizisten wissen NICHT, dass Latein auch nach dem Ende des römischen Zeitalters weitergeschrieben wurde und dass Salmasius es geschrieben hat.

Die London School of Economics will nicht Geschichte lehren, sondern sie verheimlichen, so wie die Whig-Stiftungen sie verheimlicht haben, will verhindern, dass ein Wissen über VORHERIGE Probleme, wie Zinsen auf Geld, die Art und Weise, wie es gemacht wird, entsteht. Alle spezifischen Probleme sollen in Allgemeinplätzen untergebracht werden, wie das Forum um den 29. Mai herum lief.

Als White dann, ich glaube, es war, auf die Arbeiterführer zurückkam, die versuchten, eine Kultur zu schaffen, die den Klassikern gleichkommt oder *sie zumindest ersetzt*, was brachte er da vor, außer der Bibel, d.h. dem protestantischen Alten Testament, das bis zu den Augen mit jüdischer Mentalität vergiftet ist; und Milton, ein anderer, der bereits aus derselben Quelle vergiftet wurde.

Die wirkliche Super-Naivität der armen alten Herren, die sich mit der Kakerlake befassen und NICHT erkennen, dass ALLE Laskis Programm die Protokolle sind, wer auch immer sie geschrieben hat, d.h. wer auch immer diese besondere Form des Talmudismus verstümmelt hat, um später zu behaupten, dass es eine Fälschung war, und der Jude wird verleumdet.

Warum hören sich die Herren, die immer noch britische Sendungen senden, nicht etwas von dem Gift an, das ihren Gesang und Tanz in fremden Sprachen begleitet, Aufforderungen zum Mord in drei Sprachen, während zärtliche Botschaften an die Kinder in Kanada in den schokoladigsten Akzenten in der Luft schweben: oh quaite Engliash, während das yittische

Weibchen, das behauptet, vrfence zu pinkeln, in ihrer Nase voller Melodie über Hun consfiscations von Rothschilds veruntreuten Wandteppichen und Bibelots in den besetzten Gebieten schwelgt, ohne Hinweis auf den französischen Hintergrund, wie er etwa in Drumont du Camp oder dem Goncourt vorhanden ist.

Am 30. Mai sagen wir, dass Englands einzige Hoffnung in ein paar jiddischen Attentätern lag. Nicht nur der letzte Youpine, den die milden Engländer als Franzosen akzeptieren, nicht nur die Ghettofeger, sondern bis hinauf nach Westmonster selbst, die schmutzige Stimme von Walter Elliot, wie ein Stückchen Salatsoße von gestern, von vorgestern, das auf einem Teller liegt, ungesund, aber immer noch cremig.

Westminster, das Tocsin, für ein paar Aufmerksamkeiten -. Kein Vorschlag für eine militärische Aktion. ELLIOT ermutigt die betrogenen Arbeiter in dem Glauben, dass ein Aufstand in Paris England retten wird. Nun, was ist mit dem Rothschild-Geld in Skoda? Hat DAS Europa ODER England gerettet? Abscheu und Tragödie. IHRE Tragödie ist, dass Ihre arbeitsfähigen Männer im letzten Krieg getötet wurden. Sie wurden von den Finanziers, deren Ethnie nicht zu 100 % britisch ist, in den Krieg gedrängt. Die Männer, die Ihre Walt Elliots, Ihre Priestlies, rausschmeißen sollten, wurden in den ersten drei Monaten des Jahres 1914 getötet. Das hat man auch im literarischen Leben von Paris bemerkt, auf andere Weise. Keine Älteren, die die Jugend respektieren könnte.

Auf diese Weise hat sich die fremde Ethnie in das System eingeschlichen. Das tötet nicht nur ein Regierungssystem, sondern die Ethnie selbst. Meine Generation hat die ganze Zeit, von 1910 bis 1940, gebraucht, um die Bedeutung des Wortes Korruption, soziale Korruption, Korruption einer Ethnie und der nationalen Ordnung zu entdecken.

Der Kontinent ist uns einige Jahrzehnte voraus, Frankreich ist im Verfall begriffen, die Franzosen haben die Auswirkungen der Juden auf Frankreich seit über 50 Jahren untersucht. Die Deutschen haben herausgefunden, was es bedeutet, zu reagieren, das Problem der Juden ernsthaft zu studieren.

Keine willkürlichen Programme mehr. Ernsthaftes Studium dessen, was Dr. Laski meint, ich meine nicht das, was Laski sagt, sondern die Phänomene, PENETRATION durch talmudische Tendenzen, Bazillen, die von einer bestimmten feindseligen, aber weinerlichen Ethnie getragen werden, Demütigungsdoktrin, Doktrinen der Demütigung, Doktrinen der Scham, nichts von Ihrem Aquinas, *santo atleta*, wie Dante ihn nannte. Nichts von eurem Christentum, das als intensiver, leuchtender Gedanke konzipiert ist. Die Spannung, die die romanischen Kathedralen gebaut hat, keine im sogenannten romanischen Stil: duomo di Modena bis St. Hillaire von Poiters, Mr. BowWowWow Steed in seinem Alter, der sagt, dass es ein WIND sein wird, wirklich!!! 25 Jahre lang hat sich Steed gegen die

Wohlstandsökonomie gewehrt, sie verspottet, sich geweigert, Wirtschaftswissenschaften zu lesen; und jetzt hört er von Perkins, dass NACH dem Krieg, nachdem die Juden wieder die Kontrolle haben, Genf zu 60% Wucher; Zinsen auf reale Einlagen, dann werden die alten Bluter alle Christkind und Weihnachtsmann sein.

ENGland braucht wirklich etwas Jüngeres, etwas, das direkte Fragen zur wirtschaftlichen Kontrolle beantworten wird. The slavery that Europe will NOT reaccept is slavery to the money monopolists, with no race, or no avowable race. Mäusenase oder hwousse hnosse Hwood: oder war es Falls, der uns sagte, dass die Schlacht von Charkow nicht ernst genug war und die Deutschen gezwungen waren, ihre Linie an beiden Enden auszudehnen und schließlich das Risiko einzugehen, die Hroosianer einzukesseln, eine Taktik oder Strategie, die er bedauerte, beklagte und so weiter.

Was die wirklich guten historischen Rekonstruktionen betrifft. Niemand verachtet Ihre Wilberforces, ABER sie sind schon seit einiger Zeit tot. Ihre modernen Äquivalente sind NICHT bei der BBC zu sehen. Sie werden in England auch nicht so respektiert, dass man ihnen Macht einräumen könnte. Sierra Leone entschuldigt weder Smuts, noch die DEBeers, noch die Ausbeutung englischer Kolonisten IN Afrika durch eine lokale, koloniale Regierung, die vollständig in den Händen der Juden ist.

Das Beispiel Frankreichs, das Beispiel Polens, hat England offenbar nichts gelehrt. Die wöchentliche "Wahrheit" knabbert an einem Rand, die Korruption Frankreichs, ein Schlagwort, das aber nichts *bedeutet*. *La vie de Bohème*, romantisiert. Man macht normale Verhältnisse, Familie usw., durch wirtschaftlichen Druck unmöglich, und DANN predigen, nützt nichts.

Die ROMANZE von *La Bohème* war, dass einige wenige hochsensible Menschen in die Armut gezwungen werden.

Unter diesen unmöglichen Bedingungen bleibt die Feinheit bestehen oder das verbrauchende Simulakrum der Raffinesse, nicht aus Lust an der Exzentrik, sondern sie tragen pittoreske Kleider, weil dies die einzigen Kleider sind, die sie bekommen können, oder was der Zufall ihnen zugeworfen hat. Dann wird alles verfälscht, siehe W. Lewis' ständiges Gezeter über das APing von la Bohème durch die Reichen. Auch die Künstler "trauen" sich, diese Kleidung zu tragen, denn kein Büroangestellter, kein Bürojunge (der bis zum Alter von 40 oder 60 Jahren Bürojunge bleibt) würde sie tragen dürfen.

Der KONTRAST der Raffinesse mit der Not gibt die romantische Formel, macht aber die Unfälle der Bohème NICHT zu einer NORM des Lebens, als die die falsche Romantik sie aufstellte.

Natürlich würden die Fische nicht anbeißen, wenn es keine Köder gäbe. Drogen, angepriesener Alkohol, Spirituosen, wo es keinen nahrhaften Wein gibt. Viel gepredigt, aber keine Potentialisierung. Verunglimpfung der Mittelschicht als Bourgeoisie, etc.

alles passt zusammen, Langeweile wird ausgenutzt. Die Haltung, dass "das alles zum Spiel gehört", wenn man sich mit dem Laster des Wuchers auseinandersetzt, das Geknurre der Produkte der London School of Economics. Wirklich schlechtes, um nicht zu sagen bösartiges Temperament dieser Rohlinge, wenn ihr privates Rindfleisch oder Knochen bedroht wird.

Die Versicherung RACKET, doch wenn ein Versicherungsmann mit Sinn für Humor wirklich etwas zu einem Banker sagt, hat der Banker nur ein Wort; und dieses Wort ist HUSH. Erst Schweigen, dann Babel, um die Realität zu übertönen, dann Tageszeitungen von 80 Seiten pro Ausgabe, um zu VERSTECKEN, was nicht absolut ausgeschlossen werden kann.

Arthur Meyer sagte zum Compte de Paris, man brauche eine Agentur, und so kam es zu Havas. Havoc von Frankreich.

Sagen Sie nun, ich sei inkohärent, sagen Sie, ich habe Ihnen keine formale Rede gehalten. Lassen Sie uns Klartext reden. SIE VERGLEICHEN Laskis Gesamtprogramm mit dem Gesamtprogramm der Protokolle der Weisen von Zion (ohne auf die Quellen dieses Dokuments einzugehen). VERGLEICHEN Sie die beiden Programme, und dann kommen Sie zurück und erzählen es Papa.

Oh, ihr wollt wissen, wovon ich spreche, nun, es ist dies. Man nehme ein paar nette, kultivierte alte Herren, die in Oxford gelebt, im Schatten gegessen und gefrühstückt haben, und sie haben die so genannten KLASSIKER gelesen, ohne viel Neugierde, und sie haben sich nicht in den Schmutz der Geschichte eingegraben, abgesehen vielleicht von ein paar unbedeutenden Stücken lateinischer Pornographie. Und sie sind unschuldig wie kleine Kinder, die gerade erst mit bestimmten Phänomenen in Berührung gekommen sind. Wie zum Beispiel die Abschaffung der Lateinstudien oder die Senkung des Zinssatzes bei gleichzeitiger Erhöhung der Gesamtlast der zu zahlenden Zinsen.

Der GESAMTBETRAG geht hauptsächlich an einige wenige, strikt NICHT-patriotische, nicht-nationale Zentren, während der niedrigere Zinssatz lediglich das politische Potential dessen senkt, was von der verantwortlichen Klasse übrig geblieben ist, die England einst national regierte, anstatt als HED [?] Unternehmen für das Hochjudentum. Diese Punkte entgehen Ihnen, und Sie und die netten alten Herren, von denen keiner die Protokolle gelesen hat, erkennen die Symptome von Laski

NICHT. Sie erkennen nicht, was er vorhat und WIE genau es in das Programm des Hochjudentums passt.

Das ist euer Kummer, oder eure Schläfrigkeit. Sie haben gehört, dass sie eine Fälschung oder ein Plagiat sind, und Sie haben nicht aufgehört zu fragen, wovon sie eine Fälschung oder ein Plagiat sind.

Gott weiß, dass sie keine angenehme Lektüre sind. Sie sind schwer, ohne Stil, sehr langweilig, aber wissen Sie, was in ihnen steckt? Haben Sie sich das Vorwort von Lord Sydenham angesehen? Natürlich nicht, das heißt, nur sehr wenige von Ihnen haben es, und wenn Laski anfängt, schlau zu sein, sehen Sie NICHT, worauf er abzielt, Sie erkennen nicht, worauf er abzielt, was er natürlich abstreiten wird; ich meine, er wird blau, grün und rosa schwören, dass sein Ziel ein anderes ist.

Aber beobachte ihn.

#Nr. 55 (13. Juli 1942) U.S.(B68)
DUNKELHEIT

Du bist in schwarzer Finsternis und Verwirrung. Ihr wurdet überfallen und mit Karambolagen in einen Krieg hineingeschossen, und ihr wisst NICHTS darüber. Ihr wisst NICHTS über die Kräfte, die ihn verursacht haben, oder ihr wisst so gut wie nichts.

Ich befinde mich in der gequälten Position eines Beobachters, der 25 Jahre lang daran gearbeitet hat, dies zu verhindern. Und ich bin nicht der einzige Beobachter, der sich so bemüht hat.

Offensichtlich konnte KEIN Mensch es verhindern, das heißt, bis zu dem Punkt, dass es nicht verhindert wurde. Der Glaube an das Schicksal bedeutet NICHT zwangsläufig, dass wir KEINE Pflichten haben, dass wir NICHT versuchen sollten, etwas zu lernen, dass wir dem uralten Übel tatenlos zusehen sollten.

Mit ein wenig mehr Wissen, mit der Ausschaltung einer kleinen Anzahl von Rechtsverdreherinnen und Rechtsverdreher hätte der Krieg nicht stattfinden müssen.

Nun, die Europäer, die mehr hätten wissen müssen als die amerikanischen Bauernjungen, wurden in den Krieg gestürzt, WEIL sie unwissend waren. Bücher können sich in 40 Jahren in 15 Auflagen verkaufen, ohne in den Geist einer Nation einzudringen. Einige Dinge, die ich sage, sind NICHT neu, aber ich glaube, sie sind alle notwendig, um zu wissen, aus welcher Richtung der Wind weht. Man muss einige Dinge lernen oder sterben, man muss einige Dinge lernen oder untergehen.

Die gesamte Kaufkraft kommt NICHT von der Arbeit, die Rechtsverdreher versuchen, von dem Teil der Kaufkraft zu leben, der NICHT von der Arbeit kommt.

Es gibt genug Kaufkraft, die auf Arbeit basiert, und nur auf Arbeit, um die ganze Kultur zu betreiben, alle Studien, Künste, alle Annehmlichkeiten, das gute Leben in toto aufrechtzuerhalten. Die zusätzliche Kaufkraft schafft NICHT diese Dinge, sie zermürbt sie. Sie schafft NICHT das, was das Leben lebenswert macht, sie greift es an. Sie verdirbt es.

Sie verrottet es.

Tausend Jahre europäischen Denkens haben dazu beigetragen, das Beste im Leben zu schaffen, wie wir es kennen, oder wie wir es vor den letzten beiden Ausbrüchen von Kriegstreiberei gekannt HABEN.

Als Ausbrüche waren sie NOTWENDIG, notwendig, um den Nebel, den Gestank, den Mief, die Ketten des Monopols zu sprengen.

Es gab KEINE intellektuelle Notwendigkeit, die Befreiung mit Kanonen, Panzern und Maschinengewehren durchzuführen. Das heißt, die menschliche Dummheit und Feigheit waren so dicht und so duftig, dass die Menschheit ohne die explosive Öffentlichkeit offensichtlich nicht verstehen würde und sich nicht einmal den Wurzeln des Übels zuwenden würde. Europa kämpft um das gute Leben, die Rechtsverdreher kämpfen, um es zu verhindern. Sogar britische Minderheiten werden in einigen Phasen der Annehmlichkeiten starrsinnig. Die anständigen Engländer kämpfen oder fordern andere auf, im Namen einiger Annehmlichkeiten zu kämpfen. Ich gebe zu, dass sich die öffentliche Stimme in Großbritannien ziemlich gut von diesem Thema fernhält. Aber es gibt ein schwammiges, weiches, vages Gefühl in England, dass etwas verloren gehen würde, wenn die Achsenmächte sie lecken.

Diese Ansicht ist ein Irrtum. In Italien gibt es MEHR Sinn für das gute Leben als in England. England kennt es nicht. England kennt das gute Leben in Italien NICHT. Die Italiener sind anders. Sie kritisieren sich sogar gegenseitig.

Wenn ich von Organisation spreche, meine ich, von Organisation zu sprechen. ABER es hat keinen Sinn, sich zu organisieren, solange man nicht weiß, FÜR was man sich organisiert. Man sollte sich gegen die weltweite Sabotage organisieren, gegen die Sabotage von allem, was das Leben menschenwürdig macht, und für den Sinn für Gerechtigkeit. Der Sinn für Gerechtigkeit ist seit Jahrzehnten korrodiert. Die Korrosion kommt zum Tragen, weil die Menschen nicht wissen, und Angst entsteht durch IGNORANZ. Wofür kämpfst du? Kämpfen Sie für das Kongreßsystem? Kämpfen Sie für das parlamentarische System? Ich bezweifle es.

Die Demokratie? Was meinen Sie mit Demokratie?

Ein Mann mag für Gerechtigkeit kämpfen. Viele Männer kämpfen aus Gier ... nicht aus eigener Gier. Kämpfen aus Instinkt.

Das ist in Ordnung, bis zu einem gewissen Punkt. Kämpfen fürs Überleben, das ist Gesundheit. Der Mensch sollte ums Überleben kämpfen, und zwar um das RASSISCHE Überleben. Aber kämpfst du für das rassische Überleben? Ich bezweifle es. Ich bezweifle, dass Sie überhaupt an das rassische Überleben denken. Ich schlage vor, Sie fangen an zu denken.

Der britische Instinkt ist verblasst, viele von ihnen sind so zermürbt, dass sie den Selbstmord vorziehen würden. Ich meine bewusst. De facto haben sie ihre Ethnie schon seit einiger Zeit in den Selbstmord getrieben. Sie rühmen sich sogar ganz offen der kleinen Familie, rühmen sich, sich nicht fortzupflanzen. Das ist NICHT auf das Überleben ausgerichtet. Mein Kampf aus schlechter Laune und natürlicher Schusseligkeit, das ist auch verständlich, aber nicht bewundernswert.

Die Engländer und die Amerikaner, WENN sie jemals ums Überleben kämpfen, werden, denke ich, zum europäischen Stand der Aufklärung kommen müssen. Sie werden auf der Grundlage der Ethnie kämpfen müssen. Andere Grundlagen haben sie im Stich gelassen.

Got to organize on basis of race, thereAFTER you might arrange an agreement of races, of racial strains, but be careful. Ein fauler Apfel stinkt das ganze Fass an. Die Wahlsysteme des Kongresses sind allesamt oberflächlich, nun ja, nicht ganz oberflächlich, ABER es muss etwas da unten geben, es muss eine Überzeugung geben, eine Realität, es kann nicht alles Hoakum und Shysters sein.

Natürlich KÖNNTE man den Kongress ins Fernsehen bringen. Dann wüssten Sie mehr darüber, was Ihre Vertreter Ihnen auftischen. Sie könnten WIEDER von Europa lernen. Denken Sie daran, dass unser System nach sorgfältigem Studium früherer Institutionen und des alten britischen Systems eingerichtet wurde, in der Hoffnung, es zu verbessern.

Ihr könntet die Verfassung beibehalten, und im Rahmen dieser Verfassung könnte jeder Staat in der Union sein Repräsentationssystem umgestalten. Jeder einzelne Staat könnte seine Kongressabgeordneten auf Handelsbasis wählen. Pennsylvania oder New Jersey oder Delaware (in der Baronie könnte es etwas schwierig sein), aber jeder Staat könnte seine Kongressvertretung auf der Basis von Unternehmen organisieren. Schreiner, Handwerker, Mechaniker könnten einen Vertreter haben; Schriftsteller, Ärzte und Anwälte könnten einen Vertreter haben. Man könnte ganz legal und verfassungsmäßig die Vertreter eines jeden Staates auf der Grundlage von Berufen aufteilen, und das Leben dieses Staates, jeder Mensch darin, würde eine VERTRETUNG im Kongress erhalten; und der Kongress würde eine Ehrlichkeit und Realität annehmen, von der kein Amerikaner in unserer Zeit geträumt hat.

Die derzeitigen Kongressabgeordneten sind zumeist so unwissend, dass einige Leute auf die Idee gekommen sind, dass es nützlich sein könnte, ein wenig Bildung im Kongress zu erhalten. Bestehen Sie darauf, dass die Kongressabgeordneten eine Prüfung in zumindest EINIGEN der Themen, über die sie abstimmen sollen, bestehen müssen. Das wäre wie das chinesische Mandarin-System. Nein, das glorreiche Prüfungswesen in China hat seine Vorzüge. Es bietet auch die Möglichkeit, dass es nicht perfekt funktioniert. Es könnte, ich sage nicht, es könnte nicht gut sein, dass Kongressabgeordnete eine Prüfung ablegen müssen, bevor sie für eine NOMINIERUNG *in Frage kommen*. Dafür wäre ich tendenziell auch zu haben. ABER ich sehe Schwierigkeiten. Ich denke, dass die Vertretung nach Berufen ein besserer Weg wäre, mit, wenn Sie so wollen, UNTERSCHIEDLICHEN Prüfungen für die verschiedenen Berufe und Berufe. Das könnte in keiner Weise schaden. Ein Mann, der die Stahlarbeiter vertritt, muss nachweisen können, dass er die Arbeit des Stahls kennt; ein Bergmann, dass er die Arbeit der Bergwerke kennt; ein Fachmann, der seinen Beruf VERTRETET, muss wirklich seinen Beruf vertreten, die besten Eigenschaften, die genauesten Kenntnisse seines Berufs.

Das würde sicherlich zu Effizienz führen, Gesundheitsvorschriften würden von jemandem beschlossen, der etwas über Hygiene weiß. Die Regeln für den Kohleabbau, die Tagessätze, würden von jemandem festgelegt, der weiß, dass die Kohle nicht einfach aus dem Bergwerk kriecht, während jemand in der Runde sitzt und Binokel spielt.

Bei jener denkwürdigen Gelegenheit, als ich in die düsteren und nutzlosen Hallen des britischen Parlaments eindrang, sagten ZWEI Männer etwas Vernünftiges. Natürlich schenkte man ihnen keine Beachtung. Lloyd George stand auf und bellte, und Cecil plapperte etwas vor sich hin. Aber ein Mann war in einem Bergwerk gewesen und erklärte, wie Kohle im Gestein liegt; ein Mann war in einem Maschinenraum gewesen. Natürlich wurde ihnen keine Aufmerksamkeit geschenkt. ABER wenn sie mit Vertretern ihres eigenen Berufsstandes gesprochen hätten, wäre das, was sie sagten, wirksam gewesen.

Wenn das Interesse und das Wissen eines Berufsstandes in einem Vorschlag gebündelt wurde, sollte dieser Vorschlag an die verwandten Berufe gehen, und wenn es einen Konflikt zwischen IHREN Interessen gibt, sollte das entsprechend dem nationalen Interesse aufgearbeitet und entschieden werden. So wie es im gegenwärtigen englischen und amerikanischen parlamentarischen System praktisch nicht vorkommt, in dem das Volk nur verarscht wird. Wo Entscheidungen gekauft oder durch das, was man "Druck" nennt, alias Bestechung und Boykott, durchgeschmuggelt werden. In einer handels- und berufsständisch organisierten Kammer wären all diese Teufeleien viel schwieriger zu überwinden. Ich sage es Ihnen. Ich sage es Ihnen einfach. Wie Jimmy Whistler zu dem Maler Chase sagte, sage ich, ich streite nicht, ich sage es Ihnen nur.

Sie können die alte Constitution behalten. Den meisten Seglern und Landratten ist sie egal, aber ich sage es Ihnen aus rein technischen Gründen (wenn auch nicht mehr als das). Viele Leute wollen sie kaputt machen, um in den unruhigen Gewässern zu fischen, viele Leute wollen sie rostig und ineffizient halten, damit sie ihnen nicht bei ihren verschiedenen Geschäften in die Quere kommt.

Ich sage Ihnen, wie Sie die Maschine ölen und ein paar Dinge ändern können, damit sie so funktioniert, wie es die Gründer beabsichtigt haben.

#Nr. 56 (17. Juli 1942) U.S.(B69)
PERFEKTE FORMULIERUNG

Als Schriftsteller, oh ein ziemlich hartnäckiger Schriftsteller (wenn ich nicht geduldig bin, bin ich Gott sei Dank hartnäckig), als Schriftsteller wehre ich mich gegen den Missbrauch von Worten. Kein Mensch wird jemals ein großer Schriftsteller sein, nicht einmal ein guter Schriftsteller, ein nützlicher Handwerker der Buchstaben, wenn er darauf besteht, Wörter zu missbrauchen. So schreibt oder sagt er zum Beispiel DEMokratie, wenn er Judäokratie meint, oder wenn nichts als seine knöcherne Unkenntnis der Tatsachen, der Vergangenheit und der Gegenwart, ihn daran hindert zu wissen, dass er von Judäokratie spricht. Ich schlage vor, dass es bei 8 oder 10 Millionen Juden in Amerika an der Zeit ist, dem Problem mindestens so viel Aufmerksamkeit zu widmen (Oh, es ist ein Problem, OK), wie den Pueblos, den spanischen Klöstern in Nordmexiko und Südkalifornien.

Denn das haben Sie noch nicht getan, und die Zeit drängt, oh ja, die Zeit drängt, und die Politik wurde zur Druckpolitik, und die Juden wurden sehr kostbar oder zumindest einigen Kreisen sehr teuer, teuer UND teuer. All die Morgenthau-Dollars zum Beispiel: Ihre Dollars, die nach London gepumpt wurden und den angelsächsischen Einwohnern dieser Metropole KEINE Lebensmittel kauften.

Zurück zum Talmud, dem dreckigen, schmierigen alten Talmud, alles Fleisch ist Gras für die hebräische Weide, menschliches Material, das nur herumstöbert, unschuldig wie Lammkätzchen zu Ostern, niedlich und amüsant, keine Scham. Appelliere an das Mitleid und - mehr noch - appelliere an die Gier; wenn du sie hast, appelliere an die Eitelkeit, das heißt, gib dir Werbung, werbe für alles, was du nicht brauchst oder willst, bis glaubst, dass du es willst. Und dann, Bruder, bist du süchtig. Du willst ein neues, violett getöntes Auto, du willst eine Tudor-Villa, einen Wohnwagen, ein Penthouse, alles in der Modezeitung, mit den Jones's Schritt halten. Und du verlierst die koloniale Leichtigkeit, du verlierst das hausgemachte Produkt, die dicke Sahne mit Pfirsichen, das Eis, wie es früher in amerikanischen Küchen hergestellt wurde. Verpfänden Sie Ihre Farm an die Milchkonzerne.

Warum studieren Sie nicht das Phänomen, die Lebensweise Ihrer Eindringlinge? Regen Sie sich nicht auf. Das Thema ist sehr interessant für Psychologen und Soziologen... und Soziologen. "Je weniger, desto höher." Gott, wie sehr hat dieser Satz uns Studenten um 1900 verwirrt, und ein oder zwei. Je weniger, desto höher. Wie jedes Stück absoluten Unsinns in Amerika ankommt. Wie die Ersetzung der guten Ordnung durch das Lächerliche beliebt ist. Billikins, und der Rest davon, ist er nicht süß!

In dem Maße, in dem eine Nation unwissend oder feige ist (ihre Angewohnheit, nicht aufzupassen), ist sie leicht zum Opfer zu machen. [Das Römische Reich wurde ein wenig faul und schläfrig, als es in der alten römischen Kaiserzeit große Umwälzungen und Verfolgungen der Christen gab. Fraktionen innerhalb der Kirche, Kreuzzüge (vgl. Brooks Adams). Wirtschaftliche Faktoren, alles sehr interessant, wenn man ernsthaft nachdenkt! Dann die Religionskriege. Was hat sie ausgelöst? Dann die Kehrtwende, eine Nation nach der anderen beschloss, die Juden zu vertreiben.

Frankreich vertrieb sie unter irgendeinem Ludwig. Seit Philippe le Bel und Philippe Auguste haben sie Gesetze gemacht. Wie auch immer, als Frankreich sie los war, erhob sich Frankreich und wurde zur *Grande Nation*. Ich mag Ludwig XIV. nicht, aber zu seiner Zeit war Frankreich wichtig. Es hatte sogar, nach irgendeiner Berechnung, 38% der Bevölkerung der Großmächte. Ich weiß nicht, was in dieser statistischen Tabelle als Großmächte gezählt wurde, aber 1789 hatte Frankreich 27 %, und heute sind es 13 %.

Und niemand, der sich in der Geschichte auskennt, behauptet, dass die französische Revolution ohne jüdische Hilfe stattfand. Auch nicht, dass seit diesem etwas blutigen Umsturz und einer Reihe nachfolgender Umstürze die Juden in der französischen Hauptstadt nicht mehr das Sagen hätten. Ein Wissen über die französische Kommune hätte uns geholfen, die russische Novemberrevolution zu verstehen, WENN wir es gehabt hätten. Aber praktisches und nützliches Wissen kann leicht verloren gehen. Woran liegt das?

Napoleon wollte sehr nett zu den Hebräern sein, und sie haben ihn abserviert. Oh ja, sie haben ihn abserviert. Italien war human zu den Juden, und sie wurden unruhig. Zum Teil wegen der italienischen Klarheit.

Die Italiener erkannten, dass Kuhn Loeb in Russland seine Finger im Spiel hatte. War das nicht lustig? Und jetzt haben Sie die Sowjets direkt im Haus. Oder zumindest in alten englischen Klöstern fast nebenan. [Der Erzbischof betet für das gottlose Russland. Die Briten sind ein komisches Volk. Charakter, England, die Heimat von dem, was man Charakter nannte, verkrustete, verkrustete Charaktere, verkrustete Keckheit. Warum lernen Sie nicht Ihre Verbündeten kennen? Jetzt will Herr Browder Präsident werden, mit zehn Millionen jüdischen Stimmen. Für die Demokratie.

Bewundern Sie, was die Juden für England getan haben? Ich meine, ist es das, was Sie mit IHNEN machen wollen? Oder die Arbeit in der Stalin-

Kanalzone? Ist das Ihr Ideal für die Zukunft? Und die Ersetzung von Tacitus durch den Talmud in unseren vornehmsten Universitätskreisen?

Eine Frau, die ich kenne, hat ihr dunkles ehemaliges Küchenmädchen kennengelernt, das auf die George Washington University ging, die dunkle Universität in Washington, und Wahlfächer belegte, in ihrem Fall, dem Fall der schwarzen Frau, war es Hebräisch. Wie drollig.

Wie die farbige Dame zu Mr. Sitwell sagte: "Sind Sie von hohem Rang?" Mr. S. gab zu, dass er Klasse sei, und sie fuhr fort: "Ich halte nichts von Ethnie-Vorurteilen, aber ich denke, die Klassen sollten getrennt bleiben."

Ich glaube nicht an Ethnie-Vorurteile, aber ich glaube an das Studium der Geschichte. Soweit bekannt ist, haben die dunklen Afrikaner der Zivilisation seit über zweitausend Jahren keinen Schaden zugefügt. Der heilige Zeno war ein Afrikaner, der heilige Augustinus hatte einen afrikanischen Stil, wie man mir erzählt, und das war nicht gut für die lateinische Schrift, zumindest haben einige Schriftsteller dagegen protestiert. Aber das ist in etwa das Ausmaß des Schadens, über dessen Ausmaß man streiten kann. Aber vielleicht sind nicht alle Ethnien für das Konzert oder die Eintracht der Nationen nützlich.

Je einfacher die Ethnie, desto leichter ist sie zu verwirren. Sehen Sie sich die Mujiks an, ein perfektes Jagdgebiet für die Hebräer. Und die langsam denkenden Briten, nun ja, sie sind langsam. Ihr Untergang dauerte mindestens von Cromwell bis 1939. Ein zähes und kampflustiges Volk, aber eure Fasern sind dünner. Damit will ich nicht sagen, dass die persönlichen Fasern Ihres Großvaters nicht ebenso zäh oder zäher waren als die der Briten, aber Ihre Gesellschaftsordnung ist lockerer, schlaksiger. Organisiertes politisches Handeln ist KEIN amerikanisches Talent, keine konstruktive politische Organisation in den letzten 80 Jahren. Und eure Ignoranz hat sich ausgebreitet. [Der Inhalt des amerikanischen Geistes wird von Tag zu Tag fadenscheiniger, seit Andrew Johnson aus dem Weißen Haus vertrieben wurde.

Sogar Henry James bemerkte die Stärke der Exekutive, ging aber als Kid Glover nicht weiter auf das Thema ein. Man beachte die Gewohnheit des JOININ, Mr. Gallatin schloss sich Mr. Jefferson an. Man sagt, sie wollen sich keine Meinung IN PARTICULAR bilden, sie wollen nur in der Lage sein, sich eine Meinung zu bilden. Schauen Sie sich diesen lausigen KEN [?] an, der ein Komitee zusammenstellte, um zu entscheiden, welche Politik am besten PAY wäre, und dann mit diesen Linien begann. Immer auf BEIDEN Seiten einer Frage, die einen hier, die anderen dort. Es gibt immer konservative Zeitungen und linke Zeitungen, die beide ernste Themen wie das Zinsproblem vermeiden.

Ein Mann sagte zu mir: "[Warum] hat sein Manager 30.000 Dollar ausgegeben, um die Nominierung zu bekommen! Er war ein Dummkopf, er hätte es für sechstausend Dollar bekommen können." Anders zu klassifizieren: auf vorübergehende Schwäche einer sogenannten großen Partei setzen.

Warum die Judaokratie mit der Demokratie verwechseln? Und warum nicht etwas dagegen tun, wenn man überleben will. Ich persönlich bin sehr für das Überleben. Ich möchte, dass einige AMERIKANISCHE Leben überleben. Ich möchte, dass einige 100 Millionen Amerikaner in Washington, ich meine in der Regierung, vertreten sind und die Dinge bekommen, die sie wollen.

Ich kann nicht glauben, dass die Söhne oder Nachkommen der Kolonie Massachusetts, der Kolonie Connecticut oder sogar die Söhne von Rhode Island wirklich zwei Dollar für jeden von der Regierung ausgegebenen Dollar zahlen wollen. Ich bin sicher, dass Alabama das nicht will. Ebenso wenig Nebraska, Kansas, Idaho oder Wyoming.

Ich bedaure, dass die Frage des industriellen Silbers so kurz nach der Ankunft von Sassoon in Amerika aufkommt. Ich frage mich, ob Sie ihm irgendwelche Ihrer Silberminen verpfändet haben. Ich frage mich, ob Sie ihm ein paar davon gegen ein paar seiner Hopfenlokale, Opiumrauchereien in Singapur und Schanghai, getauscht haben oder hatten, kurz bevor die Japaner so aktiv wurden.

Natürlich ist die industrielle Nutzung die Zukunft des Silbers. Was Gold angeht, so ist es ein bisschen schwer, um es in Booten zu verwenden, und man sagt, es sei ein weiches Metall. Ich nehme an, man wird eine Legierung finden, die es härtet und zu etwas Nützlichem macht ... eines Tages ... und viele Leute tragen es immer noch im Gesicht. Aber Porzellan ist in den meisten Ländern eher für hochklassige zahnärztliche Behandlungen in Mode.

EZRA Pound am Apparat. Warum sind Sie in diesen Krieg gezogen?

#57 (19. Juli 1942) U. K. (B73)
16. JULI, EIN JAHRESTAG

Einige Tausende von Menschen in England mögen sich daran erinnern, wo sie den Abend des 16. Juli im fernen und glücklichen Jahr 1939 verbracht haben. Tatsächlich sah die britische Welt vor nur drei Jahren noch ganz anders aus. Und von den Tausenden, die sich an diesen Abend erinnern, haben vielleicht einige das Glück, die Erinnerung daran zu hören. Ein britischer Patriot bot ihnen inmitten des wohlhabendsten Reiches der Welt VIER Punkte der Vernunft an. Und der Text lautete: "Eine Million Briten sollen nicht in einem jüdischen Streit sterben." Um Großbritannien zu verteidigen, war es nicht notwendig, in jedes Balkanproblem einzugreifen. Großbritannien konnte stark genug sein, um sich selbst zu verteidigen, OHNE Bündnisse in Osteuropa einzugehen, ich möchte hinzufügen, im Interesse von Sassoon. Großbritannien hatte seine eigene Manneskraft. Leben und leben lassen.

VIER PUNKTE: 1. Desinteresse an Osteuropa. 2. Abrüstung in Westeuropa. 3. Rückgabe der deutschen Kolonien, die England nicht brauchte, da es bereits ein Viertel der Welt besaß. 4. Konzentration auf das schändlich vernachlässigte Britische Reich selbst. Die Macht Japans als die unmittelbarere Bedrohung für das britische Empire. Der Redner in Earls Court wies auch darauf hin, dass Japan eine weitaus wirksamere Bedrohung für das Empire darstelle als Deutschland. Europa sei durch den Rachefeldzug eines Finanziers gespalten. Er erwähnte sogar den Rausschmiss der Briten in Tientsin. Drei Jahre sind vergangen. Ich denke, Deutschland wird seine Kolonien zurückerhalten. Japan hat seine Fähigkeit bereits unter Beweis gestellt. Die britische Presse wurde damals und wird auch heute noch von jüdischen Finanzleuten kontrolliert. Damals konnte kein Geld für Neuseeland und Neufundland gefunden werden, aber Industrien in China, Indien und Japan wurden mit britischem Kapital finanziert, um die Industrien in Lancashire und Yorkshire zu unterdrücken. Eine freie Presse gab es in England nicht. Die Vereinigung des britischen Volkes wurde vorangetrieben. Die alten Parteien scheinen Ihnen NICHT bis zum "Optimum" gedient zu haben, wenn ich mir diesen neuen Slang erlauben darf.

Meine Sammelalben mögen unsystematisch sein, mein Plan geht nicht auf. Ich arbeite nicht nach einem Ablagesystem, aber die Reste sind ziemlich reichhaltig. Neben dem Programm von Earl's Court finde ich einen

Ausschnitt vom 3. August desselben fatalen Jahres, 1939. Und die Olivenblüten waren in jenem Jahr reichlich vorhanden. Die Darlehen Englands an befreundete Nationen in Europa beliefen sich damals laut Times auf einunddreißig Millionen Pfund Sterling plus: Türkei, 16; Polen, etwas mehr als 8; Rumänien, 5 und ein halbes; Griechenland, 2 Millionen 40 Tausend. Die Polen hatten die Bedingungen für weitere 5 Millionen nicht akzeptiert. Die 8 Millionen plus sollten innerhalb von 16 Jahren, beginnend 1941, zurückbezahlt werden. Darlehen an den Orient, Verzinsung in billigen Baumwollwaren, Ruin von Manchester. Darlehen an Südamerika, Zinsen für Rindfleisch und Ruin der britischen Viehzucht. Das britische Volk wird die Auswirkungen des internationalen Wuchers offenbar nie verstehen.

Und natürlich auch nicht die des Wuchers im eigenen Land, der kommunalen Gebühren, des Anteils der Steuern, die für die Zinszahlungen verwendet werden, kurzum, des Würgegriffs der hohen Kicker, ihrer Diener und ihrer Anhängsel. Death by exhaustion of England, unless the RACE revives, and stands as a race, and until you stop accepting foreign Jews setting up every jude refugee as a provisional government of some country that IS NOT the land of his fathers. Das einzige jüdische Land ist wahrscheinlich Samaria, und Sie haben noch keinen Botschafter in Tel Aviv ernannt. Oder haben Sie das getan, oder würde das bedeuten, dass Sie Ihre Versprechen gegenüber den Arabern ein wenig brechen?

Masochistische Yidds schreien und heulen nach der Zerstörung von Paris (zusammen mit dem lieben Winnie). Eve Curie heult, dass Amerika keine französischen Kinder ernähren soll. SIE werden sich mit der Frage der Ethnie befassen müssen. Sie werden sich an die Tradition der Vollblüter erinnern müssen, wenn Sie auch nur irgendeine Art von Comeback schaffen wollen. Eine Alternative? Die Laski-Protokolle. Nun: VERGLEICHEN Sie Laskis Ziele MIT den Protokollen. Das liebe alte Schneewittchen und Zart, oder Young oder wie auch immer er heißt, sollte Laski direkt im Haus treffen, direkt in ZION, direkt im Talmud, der sein geistiger Lebensraum ist. Es ist die rührende und überraschende Ignoranz dieses mehr als öden Landes, oh - ich nehme nicht an, dass es überraschend ist. Sie haben die Times und den Telegraph so lange gelesen. Und ich habe immer noch irgendwo in meinen Akten die Korrespondenz mit der alten Morning Post, die ich hier erhalten habe, als ich vorschlug, eine Zeile aus der Raffalovitch-Korrespondenz über ein kleines Douceurs an die Times und den Telegraph zu drucken. Nun, ich frage mich, wo die alten ehrlichen Engländer in dieser Stunde sind?-immer noch leicht elegisch, nehme ich an.

Ich denke immer noch, dass es eine andere Lesart der Genesis gibt. Die Götter schufen Himmel und Erde. Dann kamen Jehoveh und der Judenjunge. Ich habe es geschafft, verschwinde von hier.

Das ist deine Geschichte, oh England! Wilberforce mag man bedauern, Männer, die sich an ein ANDERES England erinnern, sind noch nicht alle gestorben. Normalisierung der kaukasischen Verhältnisse, Jude verspricht dem Rumpf Englands Weltherrschaft, nein, nicht einmal das verspricht er. In partnership with dh yitts. Die vornehmen Franzosen, Holländer, Polen, etc. Yitts, und natürlich sollen die Yitt, sagen wir 51% der Aktien halten, oder das ist zu wenig, wenn Rothschildt 75% des Geldes aufbringt, durch ein kauisches Konsortium. Nennen wir es Genf oder was auch immer, so sollten die Kaue 87% der Kontrolle haben. Aber die Lords werden alle Dummy-Direktorien haben, mit 5 bis 40 Tausend pro Jahr. Lord Beit, Lord Melchett, Lord Goldsmid, die Blume der Ritterlichkeit und Lord Burnham. Und Lord Laski, und dann die Kommune. Das Programm von Laski ist das Programm der Protokolle? Haben Sie schon von den Protokollen gehört? Die eigentliche Materie der Protokolle, wer auch immer sie geschrieben hat. Vergleichen Sie es. Vergleichen Sie es mit dem, was Ihnen angeboten wird.

Und dann der sogenannte Rassenhass: Wie groß ist die Chance, dass der Franzose, den Sie nicht mögen, gar kein Franzose ist? Dass der Europäer, den Sie nicht mögen, der Kontinentaleuropäer, den Sie nicht mögen, gar kein Europäer ist? Das muss untersucht werden. Ja, ihr habt alle ein paar Juden, die ihr mögt? Überlegen Sie es sich? Ist das zufriedenstellend? Es gibt sie überall, außer in ein oder zwei kleinen Organisationen. Ich weiß von einer dritten, die die Proportionalquote anwendet. Schrecken des Antisemitismus. Was ist mit den Schrecken, wenn man NICHT ein vernünftiges Maß an Diskretion hat, wie Frankreich unter Blum und Reynaud? Als ich 1912 in Süd- und Mittelfrankreich herumspazierte, fand ich eine ganz andere Ethnie und einen ganz anderen Geist vor als in Paris, auf dem Montmartre und in der Fäulnis - und im Rest der Stadt. Noch 1922 gab es einige Franzosen im onzième arrondissement.

Irgendwann nach 1927 sah ich Blum bei einem Presselunch. Ich bin mir des Datums nicht sicher. Der Eindruck war ungünstig. Ich glaube auch nicht, dass er Sparrow Robertson getäuscht hat. Es gab einen gewissen Mangel an Offenheit in Blums Darlegungen. Bestimmte Phasen schien er eher vermeiden zu wollen. Und Ihnen in England scheint es eher an der von Aristoteles so bewunderten raschen Wahrnehmung von Zusammenhängen zu mangeln. Ich meine, wenn SIE versagen und PERSISTEN, eine Beziehung zwischen Blum, Laski und Reynaud zu erkennen, *verbum sapienti verbum.*

Nun, ein Wort an den Trottel ist ziemlich unwirksam, es lässt den Trottel unbefriedigt.

#Nr. 58 (20. Juli 1942) U.K.(B71)
SUPERSTITION

Ihr solltet euch nicht im Krieg gegen Italien befinden. Ihr solltet nicht die geringste oder kleinste Hilfe für irgendeinen Mann oder eine Nation leisten oder geleistet haben, die einen Krieg gegen Italien führt. Sie tun es für ein falsches Buchhaltungssystem. Sie sollten auf die Knie fallen und Gott für Italien danken, Gott danken, dass ein Italiener, der von mediterraner Vernunft besessen ist, den ersten Lichtstrahl in der allgemeinen Dunkelheit gezeigt hat, einen Weg gezeigt hat, der Sie aus der Hölle herausführt, die von einem falschen Buchhaltungssystem geschaffen wurde. Es ist mir egal, ob Sie auf die Knie gehen, den Kopf in die Hände legen oder Muscheln fischen gehen, aber Sie sollten dankbar sein.

Alle Kaufkraft kommt NICHT aus der Arbeit, nicht in der Welt, wie Sie sie kennen. Und NICHTS Gutes in dieser Welt MUSSTE aus falscher Buchführung kommen. Man hat euch vorgegaukelt, dass die falsche Buchführung einigen von euch geholfen hat, Golf zu spielen und Autos zu besitzen. Und das war nur BUNCOMB. Das Loeb-Diagramm zeigte, dass es Buncomb war. Aber Sie haben das Loeb-Diagramm nicht gelesen oder nicht verstanden. Die gesamte Kaufkraft kommt NICHT von der Arbeit. Aber Sie waren so unwissend in Bezug auf den Zeitpunkt der Arbeit, dass Sie dachten, Sie müssten sich zu Tode erschrecken vor Gottfried Feder Sie befinden sich im Krieg, um die Tatsache zu verbergen, dass ein großer Teil der Kaufkraft, ein großer Teil des Kapitals aus einem Schwindel stammt.

Verdammt sei der Schwindel. Aber geht nicht hinaus und sterbt dafür, dass ihr einfach nur Idioten seid. Oder dafür, dass ihr es toleriert, von Dummköpfen geführt und beherrscht zu werden, die von Rechtsverdreher aufgestachelt werden.

Der Satz von Feder war einfach und klar. Er enthält so ziemlich alles, was die Menschheit über Wirtschaft wissen muss.

Aber nur die ganz Intelligenten wissen genug, um zu erkennen, dass es sich um die grundlegende Tatsache handelt. Daher bedarf es weiterer Erklärungen.

Feder brachte es in einen Satz, und Deutschland erhob sich aus seiner Asche, rannte aus seinem Elend und seinem Chaos.

Douglas (C.H.) hat es herausgefunden. Aber er sagte es mit mehr Umhüllungen und Fallen; und England ging weiter und WEITER in den Abgrund. Wie auch immer, dieser Satz von Feder ist alles, was man als Grundlage für Social Credit braucht, in dessen Licht Alberta wenigstens einen Premierminister hatte . Zumindest lehnte er es ab, passiv zu lügen, auf der gepunkteten Linie zu unterschreiben und den sowjetischen Eigentümern alle Ehre zu machen.

Douglas hat sich so viele Sorgen gemacht, dass sein erster Band sehr moralisch ist. Er hat einen Fehler gemacht (oder auch nicht), aber vielleicht hat er einen Fehler gemacht, weil er nicht moralischer war. Es ging ihm um die Praktikabilität.

Er kannte die Art von S.O.B., die die Gaunereien leiteten. Die Gauner der INC. Die höfischen, pompösen, hochhackigen Schläger, das Britische Empire und seine Nachfolger. Das Sklavenwerk, über dem die Sonne nie aufging.

Ruft Richter Colahan wegen der Interessen des Königreichs England. Und Douglas versuchte zu argumentieren. Dachte, Habgier sei das menschliche Motiv, dachte, Bequemlichkeit sei *das* menschliche Motiv.

England hält nicht viel von Ideen. Man hat uns gepiesackt. Die Engländer sind so zermürbt, dass sie den Schlamassel verherrlichen. Der Ruhm des Intellekts wurde von solch niederen Intellektuellen wie den britischen Episkopal-Bumbishops als geistiger Stolz dargestellt. Oh Gott, kriecherische Demut ist ein alter Hut. Jedes Mal, wenn ein Christ etwas erreichen wollte, wurde ihm gesagt, er solle demütig sein. Veritable Demut wurde als Vorbild für eine ideale Verhaltensnorm aufgestellt, auch Muddle. Den Briten wurde gesagt, Schlamassel sei Freundlichkeit und ein Beweis für eine überlegene Zivilisation. Sie verherrlichten den Schlamassel und verabscheuten alles, was klar war. Man kann die Schuld auf das Klima schieben. Nun, die USA haben nicht die Ausrede des Nebels, dort ist die Luft klar. Arizona und Nebraska. Warum sich durchwursteln, warum noch länger durchwursteln, warum vor den Anleihegläubigern kriechen? Und warum sollte man sich andererseits von dem halbgaren Idioten blamieren lassen, der sagt, dass es KEINE Aktien geben sollte, die Zinsen auf produktive Investitionen zahlen, womit ich Aktienbesitz meine, Teilen im [richtigen] Sinne, TEILEN an den Früchten von Arbeit und Design, die in der Industrie vereint sind. Warum sollte man sich vorgaukeln lassen, dass jeder Mensch ein Toilettenwärter sein sollte?

Es gibt Ressourcen der amerikanischen Produktion, oder zumindest gab es sie, bevor Roosevelt sie einstellte.

Bevor ALLE nützlichen Anstrengungen oder die Hälfte des Nationaleinkommens oder wie auch immer ihr Schwindler es nennen wollt, in die Herstellung von Panzern für Chiang Kai-Shek gesteckt werden, die er nicht bekommen kann, weil eure Luftwaffe nicht stark genug ist, um sie per Flugzeug über den Nordpol zu transportieren.

Natürlich wird es WENIGER amerikanische Annehmlichkeiten geben, wenn die gesamte oder der größte Teil der amerikanischen Produktion für die Herstellung von Munition verwendet wird, die auf hoher See versenkt werden soll. Hackfleischpasteten werden weniger geeignete Zutaten haben, Mürbeteigkuchen wird knapp, und Erdbeeren werden auf dem Binnenmarkt teurer. Man wird Ihnen sagen: Ja, wir haben keine Bananen, Süßkartoffeln oder sogar Kohl.

Vielleicht sollten die Amerikaner europäischer und afrikanischer Herkunft N.Y. verlassen, die Insel Manhattan verlassen, sich auf das amerikanische Festland zurückziehen und den Mantel- und Anzughandel für seine Eier und seinen Spinat bezahlen lassen.

Aber die Gedanken der Welt gehen weiter. Kein Leichnam Lenins, kein kubisches Mausoleum, das ist alles alter Kram.

Ihr solltet aufwachen und zuhören. Ich meine, etwas BESSEREM zuhören, und die Rechtsverdreher ausschalten; die Schwindler und Rechtsverdreher ausschalten, und wenigstens eine Delle in eure Ignoranz machen. Ich bin bereit, an die Existenz von Christen zu glauben. Ich habe nur sehr wenige getroffen. Ich kenne einen hartnäckigen Christen, hartnäckig aus purer Unwissenheit, aber mit weniger Elan, weniger Begeisterung, als man mit den Gefühlen für ein Yale-Princeton-Spiel verbindet.

Ich habe Männer gekannt, die aus der Politik heraus in die Kirche eingetreten sind. Ich kann mich an einen ernsthaften Christen erinnern, den Leiter der Fordham University. Wenn ich in das Mikrofon spreche, muss ich an mindestens eine oder mehrere Personen denken, die möglicherweise verstehen könnten, was ich sage. Ich möchte, dass jemand Pfarrer Miller oder einen anderen ernsthaften Christen darüber informiert, dass ich vorhabe, über das Thema zu sprechen: Was ist falsch am Christentum? Und die Antwort lautet: Es ist völlig DEmoralisiert. Ich meine damit, dass im [strengen] Sinne ALLE Moral sorgfältig und allmählich und über einen Zeitraum von Jahrhunderten aus ihm entfernt worden ist. Die gesamte kohärente Ethik oder das gesamte ethische System wurde aus ihr herausgenommen. Ausgesaugt, verlegt. Die wunderbaren Hymnen, die in Equador vom Erdbeer-Tenor gesungen werden, nein, kein Whisky-Tenor, ein echter Erdbeer-Eis-Soda-Tenor, unten in Equador, der sentimentale Kirchenlieder singt, oder christliche Hymnen im Mondschein singt. Und das alles nur, um die Südamerikaner zu bescheißen und ein ROTTEN falsches Buchhaltungssystem aufrechtzuerhalten. Das ist die eine Phase.

Tempelgebete für die Gottlosen in Cuntyburry Cathedrau. Das ist eine andere. Die Identifizierung des Christentums mit der Gier. Das Wirtschaftsmanifest des amerikanischen katholischen Bischofs, das ist ein Zeichen in die andere Richtung. Ich werde darauf noch zu sprechen kommen.

Christliche Ethik. Ich nehme an, dass es an irgendeinem amerikanischen theologischen College einen Lehrstuhl für christliche Ethik gibt, und dass es an mindestens vier oder fünf Universitäten Kurse in Ethik gibt. Wie verträgt sich die Ethik mit dem Christentum, ich meine das Christentum in der Praxis, wie es gepredigt und praktiziert wird? Vielleicht sollte ich sagen: wie verworren.

Die Wiedereinführung der Sklaverei in Abessinien, oder, wenn wir ein wenig zurückblicken, die Politik der Aufrechterhaltung eines Pulverfasses "auf dem Balkan." POLITIK, britische Politik, die Politik Ihres Verbündeten, bewusst verarmte, ungeordnete Gebiete hier und dort zu erhalten. Abessinien, Balkan (sprichwörtliches Pulverfass), Skoda-Kanonenwerke. NICHT für irgendein ehrliches, erklärtes Ziel. Einfach nur, um etwas zu haben, in das man die Kriegsfackel werfen kann. Alles von den Kirchen abgesegnet. Oder alles von den christlichen Kirchen während der Inkubationszeit geduldet. Und außer ein paar Manifesten, selten, mein Gott: WIE selten, KEINERLEI christliche Bemühungen um ETHIK in der Wirtschaft.

Wie konnte die christliche Religion so weit kommen? Haben Sie darüber überhaupt schon einmal nachgedacht? Wie viele Pfaffen haben überhaupt schon darüber nachgedacht? Ich habe in diesen Wochen eine so üble Propaganda von Brit und Yit gehört, dass mir übel geworden ist. Irrelevanter Firlefanz.

Der kleine Johnnie hat das Kätzchen aus dem Fenster geworfen, und als seine Mutter ihm eine Ohrfeige geben wollte, ist er weggelaufen und die Treppe hinaufgefallen, und seine Nase war ganz blutig, und sie blutete über seine Schürze; ist das nicht CREWEL?

Ist Hitler nicht einfach furchtbar?

DAS deckt 80 % des Entsetzens aus London ab, und das Buh-Rufen aus Schenectady, von der General Bowery Electric und dem Columbia Rachel's Jewel. Buh-Rufe aus ganz England, aber was hatte England getan, bevor es geschlagen wurde?

Gebete für zivile Unruhen. Das ist ihre andere Linie. Während die Propaganda der Achsenmächte von Ordnung erzählt, versucht die Finanzbande, die den Bürgerkrieg nach Spanien gebracht hat, die Geldverleiher, die die spanische Linke finanziert haben, weiterhin, einen Bürgerkrieg anzuzetteln. Und zu diesem Zweck rufe ich Claude Bowers auf, oder jeden anderen, der in der Nähe eines Bürgerkriegs war, zu sagen, WAS ein Bürgerkrieg ist. Und ich zitiere la Signorina Pilar und Conchita: "Wenn eine fremde Armee einmarschiert und tötet, verschwindet sie, nachdem der Krieg beendet ist. Aber nach [einem] Bürgerkrieg sind die Leute, die ihre Nachbarn ermordet haben, immer noch da, direkt neben der Familie des Nachbarn." Das predigt die britische Society for Prevention of Cruelty to Animals, und das jüdisch-amerikanische Radio predigt es Tag und Nacht. England, das nicht mit einer Armee kämpft, heult den KINDERN Frankreichs und Hollands zu, die Besatzungstruppen zu erschießen. Was England in Dünkirchen nicht tun konnte, bittet es offen darum, dass fünf junge Männer, die in einem Kanu entkamen, und die Frauen und Kinder es für es tun.

Und England ist euer Verbündeter, und ihr habt noch nicht angefangen zu denken.

#Nr. 59 (26. Juli 1942) U.K.(B76)
ACHSENPROPAGANDA

Ein jiddischer Flüchtling, der ein Verleger von Pornographie in Berlin war, ein Kollaborateur in der Korruption Deutschlands, die auf die Judaisierung der deutschen Regierung nach dem letzten Krieg folgte, hat sich in einer eurer Wochenzeitungen eine Unverschämtheit erlaubt, eine jener laschen Produktionen, die der Jude so leicht hervorzubringen scheint, wenn gute Literatur den Verlegern kein Geld einbringt.

Es ist nicht verwunderlich, dass ein nichtjüdisches Volk unter die Herrschaft der jüdischen Presse gerät. Da dieser unerwünschte Anhang zu Ihrer Sieffery, Ihrer Sassoonery, Ihrer Beitery, Isakery und so weiter den Begriff "Achsenpropaganda" verwendet hat, schlage ich vor, Ihnen einige Zitate zu geben, die meiner Meinung nach NICHT als Achsenpropaganda bezeichnet werden können, und zwar in keiner Weise, abgesehen von der unendlichen Unverschämtheit der Juden. Ich schlage vor, eine ANTI-faschistische Zeitung zu zitieren, die am 14. Oktober 1939 in England gedruckt wurde. Und dann warten Sie auf das SCHWEIGEN, das alle unbeantwortbaren Daten in Ihrem unglücklichen Land begrüßt. Die Passagen, die ich nun vorlesen werde, wurden von L.D. Byrne am angegebenen Datum, 1939, zusammengetragen.

ZITAT:

So wie ich ihnen 1923 in Ottawa genau gesagt habe, was 1928 passieren würde, so sage ich euch jetzt, 1934, dass sich euer Finanzsystem bis 1940 ändern und euch wahrscheinlich vernichten wird, wenn ihr es nicht geändert habt.

Das war Major C.H. Douglas in der Legislative von Alberta, April 1934. Nächstes Zitat.

Als ich heute Abend hierher kam, kaufte ich eine Abendzeitung, auf deren Titelseite die Worte "Deutsche im Rheinland" standen. Wir sind wieder im Jahr 1914, wo die Finanziers sagten, sie würden uns kriegen.

Douglas in Westminster, März 1936. Nächstes Zitat:

Seit 20 Jahren warnt die Social-Credit-Bewegung ... die Menschen beharrlich davor, dass ohne eine wirksame und rechtzeitige Reform des Finanzsystems dieses System Krieg und Revolutionen in einem Ausmaß auslösen würde, das das Gefüge der zivilisierten Gesellschaft zerstören könnte Das ist von Byrne selbst, der als nächstes Thomas Jefferson zitiert: Ich glaube, dass Bankinstitute für unsere Freiheiten gefährlicher sind als stehende Armeen.

Und:

Wenn das amerikanische Volk jemals zulässt, dass private Banken die Ausgabe seiner Währung kontrollieren, wird die Gesellschaft, die um sie herum entstehen wird, die Menschen all ihres Eigentums berauben, bis ihre Kinder obdachlos auf dem Kontinent aufwachen, den ihre Väter erobert haben.

Ende des Zitats von Thomas Jefferson. Noch ein Zitat:

Ich habe zwei große Feinde, die Südstaatenarmee vor mir und die Finanzinstitute in meinem Rücken. Von diesen beiden ist der hintere mein größter Feind.

Das war Abraham Lincoln. Zitat, das ist wieder ein Zitat:

Die Geldmacht beutet die Nation in Friedenszeiten aus und verschwört sich gegen sie in Zeiten des Unglücks. Sie ist despotischer als die Monarchie, unverschämter als die Autokratie, egoistischer als die Bürokratie.

Sie denunziert alle, die ihre Methoden in Frage stellen oder ihre Verbrechen aufklären, als Staatsfeinde.

Das war William J. Bryan, und ich vertraue darauf, dass Herr Ullstein oder Isaac Schmollensnout oder sein Umbruchredakteur oder sein Druckerteufel bedient ist.

Ob Jefferson, Lincoln, Bryan und L.D. Byrne Propaganda für die Achsenmächte betrieben haben, überlasse ich den verbleibenden britischen Bewohnern Großbritanniens und der Vereinigten Staaten zu entscheiden.

Es ist an der Zeit; es war in den letzten 30 oder 80 Jahren an der Zeit, dass die Menschen in England und Amerika den Kriegsprozess verstehen. Um zu verstehen, dass sie NICHT *pro patria*, nicht für das Land ihres Vaters oder ihre Nation in den Krieg gedrängt wurden, sondern für den Profit einiger weniger Schurken und für einen Feind, einen Feind, der danach trachtet, alle Mächtigen und alle Ordentlichen von ihren Sitzen zu stürzen, jede Nation, die offen existiert, jede Regierung, die offen *pro bono publico*, für das Volk, existiert.

Und das Programm dieses FEINDES ist bekannt, und die Handlungen der Regierungen in den Händen des FEINDES zeigen die Natur des Ziels des Feindes. Ihr Ziel ist es nicht, den Krieg zu gewinnen, sondern den Frieden unmöglich zu machen. Diese Bombardierungen von Städten sind NICHT militärischer Natur, sie werden durchgeführt, um Hass zu schüren, um Anlass für Hass zu sein.

Was kümmert sich ein Belisha oder ein Sassoon um Canterbury? Nichts. Es ist nicht sein Canterbury, es ist NICHT seine Kathedrale. Die zerstörten Denkmäler sind keine Denkmäler des Ruhmes von Juda. Sie zeigen NICHTS, worauf ein Jude stolz sein könnte. WENN sie mittelalterlich sind, wurden sie in offener Missachtung des jüdischen Schleims und des Talmuds errichtet. Sie sind in den Augen des Juden eine Beleidigung; sie sind das, was seine ölige Ethnie NICHT vollbracht hat.

Insofern es Denkmäler für ANDERE Ethnien gibt, ist er dagegen. Und von dem Moment an, wo sie als nationale Denkmäler eingestuft werden, kann er nicht mehr mit ihnen HANDELN, und sie sind daher für ihn nutzlos, bis sie auf Fragmente reduziert sind, die in Antiquitätenläden verkauft werden können.

DESHALB sein Bündnis mit den Bischöfen Englands, den Börsenmaklern und den Geldverleihern, die erst für den Krieg und dann für die Reparationen leihen.

Für Engländer und Amerikaner gilt: "Erkenne dich selbst und deinen Feind". Diese Empörungsangriffe werden NICHT gemacht, um einen Krieg zu gewinnen, sie werden gemacht, um einen möglichen oder dauerhaften Frieden zu verhindern, um Hass zu säen, wie natürlich auch die ständigen Aufforderungen zum Aufruhr und zu Attentaten, die das Hauptgeschäft des BBC-Radios in ausländischen Sendungen sind, die im Gegensatz zu der Schmierseife und der Schokolade ihrer "Liebe uns alle"-Rufe auf Englisch stehen.

Das ist mein Kommentar. Lassen Sie mich zu Byrnes Artikel zurückkehren. Zitat: Die Frage, die sich durch die Jahrhunderte zieht und die früher oder später ausgefochten werden muss, lautet: Das Volk gegen die Banken.

Das war der Lord Chief Justice von England im Jahr 1875. Und ein weiterer Punkt aus Byrnes Kompendium:

"Während des 20-jährigen Zeitraums vor 1938 kamen etwa zwanzig Millionen Menschen in Russland ums Leben.... Großhandelsexekution, periodische Liquidation." Das bezieht sich auf IHREN Verbündeten. Vielleicht können Ullstein, Churchill und Eden eine Korrektur dieser russischen Zahlen vorschlagen?

Im Gegensatz dazu (und der Social Crediter versichert uns, dass seine Fakten hauptsächlich aus jüdischen Quellen, der jüdischen Enzyklopädie usw. stammen), korrigieren Sie mich, wenn ich mich irre, verbot Edward I., der entschlossen war, die jüdische Frage, wie sie in England und im Statutum de Judaismo bestand, zu lösen, den Juden, Kredite gegen Zinsen zu vergeben, und erteilte ihnen die Erlaubnis, sich im Handel und im Handwerk zu betätigen und sogar eine Zeit lang Bauernhöfe zu übernehmen. Einige griffen auf Straßenraub zurück, und eine beträchtliche Anzahl von ihnen scheint sich mit dem Abschneiden von Münzen beholfen zu haben, um ihre prekäre Existenz zu sichern.

Infolgedessen wurde 1278 das gesamte englische Judentum inhaftiert und 1290 endgültig vertrieben.

Viele ließen sich im Ghetto von Paris nieder. Ob Edward der 1. am Wohlergehen Englands interessiert war, müssen wir Herrn Ullstein überlassen, denn Sie scheinen keine klaren Entscheidungen treffen zu wollen. Und da es unwahrscheinlich ist, dass Steed und Priestley etwas Beleidigendes zu einem so einflussreichen neuen Hebräer unter Ihnen sagen oder sich in irgendeiner Weise dem Kahalismus auf Ihrer kleinen Insel widersetzen.

All dies stammt aus einer antifaschistischen und achsenfeindlichen Zeitung, die in England gedruckt wurde, bevor ich begonnen hatte, auf Rome Radio zu sprechen. Hoffen wir, dass Herr Ullstein bedient wird.

Da ich so viel Zeit in Rapallo verbringe und faul bin, sehe ich mir nicht immer die letzten Neuheiten an, aber ich bin endlich dazu gekommen, den Kriegsfilm zu sehen, Italiens Dokumentation "Zwei Jahre Krieg". Natürlich kann man ihn nicht sehen. Es hilft, an den Unterschied zwischen einer Nation zu denken, die auf ihrer bäuerlichen Bevölkerung, ihrer landwirtschaftlichen Bevölkerung beruht und von Männern derselben Ethnie regiert wird, an den Unterschied zwischen ihnen und einer Nation, die von Wucherern ausgebeutet wird, die sich rassisch NICHT mit dem Volk identifizieren, das sie regieren.

#Nr. 60 (18. Februar 1943) U.S.(C8)
MEHR HOMELY

Erschießt ihn nicht. Erschießt ihn nicht. Erschießt nicht den Präsidenten. Ich wage zu behaupten, dass er Schlimmeres verdient hat, aber erschießt ihn nicht. Ein Attentat macht nur noch mehr Chaos, wie zum Beispiel im Fall von Darlan. Und Hank Wallace....?

Frankfurter kann Wallace genauso schnell mit heißer Luft füttern wie er Frankie, wahrscheinlich sogar noch schneller.

Was Sie tun können, ist zu verstehen, warum der Präsident ein Schwachkopf ist. Ich meine das, lernen Sie JETZT, wie und auf welche Weise er ein dummes Huhn, ein Trottel, ein zweifacher Lügner ist (ach ja, DAS wissen Sie ja schon, und Lügen ist KEIN Zeichen von Intelligenz), aber erschießen Sie ihn nicht. Di/ ag/ nose ihn. Diagnostizieren Sie ihn. Das ist nicht nur Ihre Aufgabe, sondern Ihre Pflicht als amerikanischer Bürger. PFLICHT beginnt zu Hause.

Wenn Sie es nicht selbst tun können, kann es niemand für Sie tun. Vielleicht war ich auf dem Holzweg, als ich Brooks Adams zitierte, ich meine über Sennacherib und den Schalmanier und den Niedergang, also den Flop, des babylonischen Reiches? Vielleicht habe ich über Ihre Köpfe hinweg geredet. Möglicherweise hätte ich ein vertrauteres oder heimatlicheres Beispiel anführen sollen.

Sagen wir, der Cumberland Turnpike, S. 344 in Bill Woodwards *A New American History*, erschienen bei Farrar and Rinehart. Oder sagen Sie The Erie Canal, etwas, von dem Sie vielleicht schon gehört haben. Schlagen Sie es in Ihrer Ausgabe von Woodward nach und meditieren Sie über seine Absätze; und dann nennen Sie den Präsidenten bei seiner Adresse.

Bloomingdale's Gook House, oder eine ähnliche Einrichtung. Die National Road, auch bekannt als Cumberland Turnpike, wurde durch den Verkauf von Grundstücken in Ohio finanziert und vom Scheitelpunkt des Potomac bis nach Wheeling Ohio gebaut. Offiziell als National Road bezeichnet, im Volksmund als Cumberland Turnpike bekannt.

Baltimore und Philadelphia waren die Hauptnutznießer. Und warum? Weil eine Handelsroute für die Handelszentren von Vorteil ist. N.Y. geriet 1817 wegen der neuen Handelsroute ins Hintertreffen. Zwölftausend Waggons kamen 1817 in Philadelphia an. Und nicht nach N.Y.

Was wurde also als Antwort darauf getan? Der Erie-Kanal war die Antwort. 365 Meilen von Buffalo bis zur Hauptstadt des Bundesstaates New York, Albany am Hudson River. Er soll der längste Kanal der Welt zu dieser Zeit gewesen sein. Mr. Adams, der unter als anspruchsvollerer Historiker gilt als der fröhlichere und inkonsequentere Woodward, hätte den Fuß auf den Boden gesetzt und die Passage erklärt oder sie mit einem allgemeinen Prinzip in Verbindung gebracht. So wie es Woodward in der Tat in seinem eigenen Kopf getan hatte, bevor er diese Stellen auswählte. Obwohl er sich nicht auf der Seite ausbreitet und ein allgemeines Prinzip über Handelswege behauptet: Wirbel des Handels, Wirbel der Zivilisation. Und JEDES Staatsministerium oder jede Exekutive, die nicht für das Gespensterhaus oder eine Anstalt für Schwachsinnige geeignet wäre, hätte das Gleiche getan. Daher sage ich, diagnostiziert ihn.

B. Adams' glänzende und enthusiastische Aussicht auf Amerikas NEUES EMPIRE basierte auf Amerikas geografischer Lage sowie auf der Erfindung (einer britischen Erfindung, das muss man ihnen lassen) der Eisenbahn und dem bevorstehenden Kanal durch die Landenge von Panama. Die USA sollten der Mittelpunkt sein: der Wirbel des Handels, der sich wirtschaftlich von Asien nach Europa bewegt.

England, so sah es Brooks Adams, war nach 1897 im Niedergang begriffen. Der Siegeszug des Pittsburgh-Stahls, die Erschöpfung der britischen Zinnminen, usw. England war aufgrund seiner geistigen Trägheit und seiner materiellen Umstände UND der größeren Aktivität anderer Nationen bei der Nutzung mechanischer Erfindungen auf dem absteigenden Ast, und das Zentrum des Handels bewegte sich nach Westen, um sich in Manhattan niederzulassen.

ABER es bewegte sich nach Westen. Die Japaner waren ein sehr tapferes Volk. Sie waren ein aktives Volk.

Die britische Bilanz im Burenkrieg war ein Hinweis darauf, wohin England taumelte. Das japanische Heldentum am Peony Mt. und am Gemmu-Tor hatte der Welt die Bedeutung von Bushido vor Augen geführt. Und die USA hatten auf dem Gipfel ihrer Diplomatie mit Tokio kollaboriert, um die europäischen Mächte von der chinesischen Goldgrube fernzuhalten.

Na und, in den Tagen deines Elends. Und wenn schon. Amerika am Rande des Überflusses. Das Loeb-Diagramm zeigt es. Wohlstand um die Ecke. Land, in dem Milch und Butter fließen, keine amerikanische Familie muss weniger als 4 oder 5 Tausend im Jahr haben. Nicht mit einem vernünftigen Geldsystem und so weiter. Und was macht Ihr preisgekröntes Schwein von einem Präsidenten mit Ihnen? Er schaltet den Handel mit dem Orient aus. Er unterbindet den Handel mit Europa. Und was ist die Antwort?

Frankreich war im Jahr 1900 bereits exzentrisch, das heißt, kommerziell exzentrisch; abseits der Hauptverkehrslinie. England liegt daneben wie eine Briefmarke. Eine Insel, Dänemark, abseits der kurzen Hauptverkehrslinie.

Und die USA liegen NICHT in der Mitte. Geographisch ist die Lage unverändert, ABER der Handel läuft NICHT über die großen amerikanischen Land- und Wasserstraßen. Die USA liegen an der Rückseite der beiden Kontinente.

Zurück nach Europa und zurück nach Asien. Und der Handel wird sich auf die anderen Kanäle verlagern. Er zirkuliert bereits wie ein Billyo INNERHALB des Hauptteils von Europa. Aber sicherlich NICHT für die Rückkehr und Bereicherung von Jew York City. Oder San Francisco. Daher das jüdische Gequake über die universelle Herrschaft. Universelle Polizeikräfte. Piepsen Sie Mr. Wallace an, um zu verhindern, dass alle Menschen, die nicht im Besitz der Juden sind, miteinander Handel treiben, ohne dass eine Bande angelsächsischer Gangster, die im Besitz der Juden sind, sich einmischt und ihren Handel unterbricht.

Das ist es, was Franklin D. Frankfurter Judenfeld dem amerikanischen Volk angetan hat. Er hat die leuchtenden Hoffnungen, das Zentrum des Welthandels zu sein, zunichte gemacht. Aus reiner Ignoranz, Gier und Dummheit. Und das ist der Grund, auf dem Sie ihn diagnostizieren sollten: seine Juden und seine Politik.

Muss ich zurückgehen und es UNTERSTREICHEN? Die amerikanische Diplomatie der Ära Mark Hanna, McKinley, Root (Elihu). Der Höhepunkt des amerikanischen Scharfsinns. Die ganze materielle Basis: UND die intellektuelle, merkantile Basis des damaligen Glaubens an den amerikanischen Imperialismus. Die Geisteshaltung, die die Bedeutung des Bodenschatzes von Shansi sehen und verstehen konnte und ein Handelssystem in Aussicht stellte. Ein Wirtschaftssystem, eine Handelsroute. Der Scharfsinn, der die europäischen Mächte dazu brachte, die Zerstückelung Chinas in Harmonie mit Japan zu verhindern. Im Gegensatz zum Elend der Frankfurter Ära, den ausgestopften Senilities, Knoxes, Stimsons, Leahy - wahrscheinlich buchstabierte sein Vater den Namen LeVY. Die UNFÄHIGKEIT, auf eine Karte zu schauen, um zu SEHEN, dass die japanischen Inseln genau auf der Strecke nach Pekin liegen.

Geschlagen, bis zum Zerreißen geleckt vor Pearl Harbor. Geschlagen durch ihre eigene aufdringliche Idiotie. Ich weiß, dass ich manchmal Igurunce sage. Der politische Idiot ist der Politiker, der seine eigene Ignoranz NICHT ansieht und versucht, sie zu kartieren, sie zu verringern. Knox, Stimson, Roosevelt, stellen Sie sie in einen Glaskasten und verlangen Sie zehn Cent, um sie zu sehen. Amerika war ein Versprechen. Die

Möglichkeit, in Zusammenarbeit mit Japan eine neue Handelsroute zu schaffen, von da aus den Welthandel in Amerika zu zentrieren, den asiatischen Handel nach Europa und den europäischen Handel nach Asien über die USA zu leiten.

Das war es, was der amerikanische Scharfsinn im Jahr 1900, nach dem Sieg von Pittsburgh Steel, geplant hatte. Das war die materielle Grundlage für Amerikas Chance auf Vorherrschaft. KEIN Monopol, ich sagte Vormachtstellung, in einem Weltsystem. Nicht die dumme Idee, die Welt zu zwingen, einen ungerechten Preis zu zahlen, die Erde im Interesse einiger weniger Oberjuden auszuhungern, sondern eine Zusammenarbeit in einem Weltsystem, in dem der Handel den einfachen Wegen folgen würde. WEIL diese Handelsrouten andere Routen hätten unterbieten können, weil verschiedene Waren an verschiedenen Endstationen lagen. Und die Vereinigten Staaten lagen in der Mitte. SO lange sie mit Tokio zusammenarbeitete. Das ist es, was Frankie D. Roosevelt vermasselt hat. Er hat den Handel mit Europa abgeschnitten. Er hat den Handel mit Asien unterbunden.

Amerika zieht sich in etwa dorthin zurück, wo es in den Tagen von T. Jefferson war. Größer, ja, größer: aber nicht mächtiger im Verhältnis zu den Weltmächten.

Drei Generationen von Hemdsärmeln zu Hemdsärmeln. Vielleicht lernt ihr ja etwas daraus.

Zwangsweise gezwungen, an Autarkie zu denken, an Isolation. Das haben die Angloamerikaner Europa nicht aufgezwungen. ABER Europa hatte die Weitsicht, dafür zu sorgen, und erreicht es zunehmend.

Ein wenig Anstand hätte die USA vor Fehlern bewahrt. Ein Maß an Vernunft, vergleichbar mit dem, das in den USA herrschte, als Tom Edison ein junger Mann war und H. Ford seine ersten Automobile baute.

Waaal, wer hätte gedacht, dass Männer meines Alters jemals auf die Idee kommen würden, auf die Tage von Wm. McKinley als eine große und brillante amerikanische Ära zurückzublicken? Die Tage der Vorherrschaft der amerikanischen Technik und der Dollar-Diplomatie.

#Nr. 61 (19. Februar 1943) U.S.(C9)
DIESE ILLUSION

Habe neulich eine Amerikanerin an der Strandpromenade getroffen. Sie ist mit einem Italiener verheiratet, also ist sie immer noch dort an der Strandpromenade.

Sie sagte zu mir: "Dieser WALLACE hat keinen Sinn dafür, aus dem Regen zu kommen."

Ich erinnere mich an einen Bericht über einen Delphian-Kongress vor etwa sechs Jahren, als Henry W. versuchte, etwas über die amerikanische Landwirtschaft zu erzählen; wie man mehr isst, wenn man weniger anbaut, oder so ein geniales Stück jüdischer Kikosophie.

Hank ist natürlich ansprechend. Ich meine, er wirkt wie ein netter, gutherziger Kerl, der unendlich viel glauben kann, was ihm die falschen Leute erzählen. Er sieht nicht, dass die Welt unter einer effizienten japanischen oder europäischen Polizeiherrschaft genauso kriegsfrei wäre wie unter einem Judenmonopol - wahrscheinlich sogar noch mehr. Ich habe gehört, dass im besetzten Russland ein Jude die jüdische Arbeit beaufsichtigen soll. In der Tat wäre der Mangel an Sequenz und Kohärenz in H.W.'s Drachenflug bemerkenswert, wenn Hank nicht aus dem Getreidegürtel käme. Er muss seine Ideen neuerdings vom B.B.C. bekommen haben. Er ist kein sadistisches Arschloch wie sein Anführer, aber ich vermute, er hat keine Mutter, die ihn anleitet. Aber DU, du hast ja deine Verantwortung. Man kann nicht immer der Exekutive oder der Pseudo-Exekutive die Schuld geben. Diagnostizieren Sie sie. Diagnostizieren Sie sie. Wenn du nicht sehen kannst, wie verrückt einige ihrer Reden sind, wer wird dann für dich SEHEN?

Die meisten von euch gehen nie in die Nähe eines politischen Treffens. Die meisten von euch wissen nicht, was PRIMARIEN sind. Die jungen Leute sollten anfangen, sich mit dem eigentlichen politischen System zu beschäftigen. Geht zu eurem Wigwam. Du hast eine Stimme. Der Bezirksvorsitzende wird dich nicht rauswerfen, wenn du ihn höflich fragst, was du für die Partei tun kannst. Es spielt keine Rolle, welche Partei. Geh in den Wigwam. Legen Sie sich nicht auf den Diwan und glauben Sie nicht, dass das Nicht-Hören meiner Stimme im Radio Ihnen und Ihrem Schatz das politische und wirtschaftliche Heil bringen wird.

Kein politisches System wird ohne menschliches Eingreifen funktionieren. Das einzige, was Sie wahrscheinlich tun können, ist IHR EIGENES Eingreifen. Gehen Sie und finden Sie höflich heraus, welche politische Partei schlimmer ist als die andere, wenn eine von beiden schlimmer ist oder sein könnte als die andere.

Im republikanischen Wigwam werden die Umgangsformen wahrscheinlich höflicher sein. Der offensichtliche Prozentsatz der Juderei wird geringer sein. Es wird möglicherweise weniger humanitären Firlefanz geben. ABER auf jeden Fall werden sie diagnostiziert. Und das erste Stück von ziemlich fauligem Blödsinn, das man aus dem Roosevelt-Wallace-Synagogen-Schluchzen herausdiagnostizieren muss, ist dieser Blödsinn über FREIHEIT, der KEINE wirtschaftliche Freiheit beinhaltet. Nehmen Sie das jeden Tag und den ganzen Tag; und wann immer ein Amtsträger, ein Feldwebel, ein kauziger Stabsoffizier oder ein Mitglied des Kabinetts oder der Exekutive FREIHEIT sagt, weisen Sie darauf hin, dass seine (wenn es Wallace ist) SEINE vorgeschlagene Freiheit die Freiheit von Schulden ausschließt. Wir kämpfen für die Freiheit der Welt, sagt der tote Kabeljau in London über das Radio der Synagoge.

Wallace hat die Unverfrorenheit, aufzustehen und über die Freiheit einer Welt zu sprechen, die bei Amerika in SCHULDEN steht.

Wann immer Wallace oder ein anderer Palooka so etwas im Radio oder privat erzählt, sollte man sich eine Schaufel besorgen oder nachsehen, ob der Spülmechanismus funktioniert.

Wenigstens das solltet ihr aus diesem Krieg lernen. Das hätte man schon 1920 lernen müssen. Es sollte in den Schulbüchern von der 1. Klasse an stehen.

Es gibt KEINE Freiheit ohne wirtschaftliche Freiheit. Eine Freiheit, die nicht die Freiheit von Schulden einschließt, ist schlicht und einfach Blödsinn. Es ist eine faulige und üble Logomachie, eine solche Knechtschaft Freiheit zu nennen. Und eigentlich sollte Herr Wallace mit seinem freundlichen Lächeln und seinem frommen Palaver das 20. Jahrhundert einholen und erkennen, dass diese Linie NICHT mehr funktioniert. Ganz Europa, Asien und Arabien sind NACH diesem Hoakum. Verarschen Sie ihn. Wann immer Hank oder einer aus dem hohen Judenfeld-Komitee von Freiheit faselt, die von der jüdischen Weltpolizei mit Sitz in Panama und Palästina durchgesetzt wird, fragen Sie: Meint er Freiheit von Schulden? Fragen Sie: Was meint er mit Freiheit? Freiheit von Schulden? Freiheit davon, für jeden Dollar, den die Regierung ausgibt, zwei Dollar aus der Tasche des Volkes zu bezahlen? Fragen Sie nach der Freiheit. Erschießen Sie den Mann nicht, stellen Sie eine Diagnose.

Guter Gott, habt ihr keine Kolumnisten, habt ihr keine Karikaturisten mehr in Amerika? Selbst der kleine Eddie hat Sie gefragt, was Sie mit Ihrem GOLD machen würden. Mein Gott, ihr seid verschuldet. Ihr seid verschuldet. Ihr habt jahrelang den Reichtum Amerikas verschenkt. Ihr habt die Kaufkraft verschenkt, die eigentlich in den Taschen des amerikanischen Volkes hätte bleiben sollen.

Sie haben Gold für 35 Dollar pro Unze gekauft. Sie haben völlig unnötigerweise 75 Cent für Silber im Wert von 23 Cent bezahlt. Alles in die Taschen anderer Leute gezahlt. Amerika war ein Versprechen; "Wem gegenüber?" sagt Archie. Versprechen an Rothschild und Rothschilds Mitbürger, Archie? Das waren Versprechen an WEN?

Gezahlt in die Taschen von Leuten, die die Roosevelts und Wallaces im Amt halten, zu dem einzigen Zweck, dass die Hebel von Leuten in der Hand gehalten werden, die diese Art von Geschwätz schlucken werden. Wer steht auf und redet von Freiheit, ohne zu sehen, dass Freiheit NICHT ist, wenn sie nicht Freiheit VON Schulden ist?

Ja, Freiheit von allen Arten von Schulden, EINSCHLIESSLICH Schulden mit Wucherzinsen. Zwei Dollar für einen. Doch selbst Gallatin hatte während des Krieges von 1812 so viel Verstand, dass er eine gewisse Kaufkraft (Scheine unter 100 Dollar) ausgab, die nicht verzinst wurde. Sie sind VERKAUFT. England ist verkauft. Frankreich ist ganz offensichtlich versteigert worden. Die Schweiz ist immer noch da, wo sie ist, weil Juden sich dort bis 1864 nicht niederlassen durften. Wo immer der Jude die Kontrolle über eine Nation erhält, gerät diese Nation in Schwierigkeiten. Ich würde sagen: in Schwierigkeiten.

Ich nehme mir während dieses kleinen Diskurses viel Zeit für einen Punkt. Manchmal versuche ich, Ihnen zu viel zu sagen. Ich habe den Verdacht, dass ich in einer so genannten inkohärenten Art und Weise spreche: denn ich kann nicht sagen (und ich denke, niemand kann das), wo ich anfangen soll. Welches Wissen man im Kopf des durchschnittlichen amerikanischen Zuhörers als vorhanden betrachten kann. Als ich mich wunderte, verließen die amerikanischen Presseleute Rom; ich fragte mich, ob irgendjemand zuhörte, was ich im Radio Rom sagte, und ein erfahrener, gut gebrochener Journalist sagte: Mach dir keine Sorgen, es wird immer ein Kerl in einem Zeitungsbüro sitzen, der versucht, etwas für seine Kolumne oder so zu bekommen.

Verschuldung ist das Vorspiel zur Sklaverei. Und jetzt sind Sie wohl beim Intermezzo angekommen. Amerika war ein Versprechen. Das heutige Amerika besteht größtenteils aus, sagen wir, Schuldscheinen, die einfach NICHT eingelöst werden können.

Großbritanniens Schulden aus dem letzten Krieg - wer hat sie bezahlt? Oh, einige von ihnen wurden nicht bezahlt. England war 1935 ein Bankrotteur, der versuchte, durch das Verleihen von Geld zu leben. Aber, Bruder, in England lebten 1939 ausschließlich Millionäre. Im Vergleich zu dem, was England heute unter Churchill ist; und es gibt immer noch seine Schätze aus.

Es verliert immer noch Teile seines Imperiums. Nein, nein, eure SCHULDEN werden weder von England noch von den französischen Juden unter der Führung von Jude de Gaulle beglichen werden. Und Ihre Schulden: oh ja, Sie haben welche. Hundert Milliarden Dollar, es sei denn, einige eurer Radiostimmen haben übertrieben. Nun, hat jemand angeboten, diese Schulden FÜR Sie zu bezahlen?

Der Druck, die Arbeitszeiten IN den USA zu erhöhen, wo der Wohlstand vor der Tür stand.

Soll ich glauben, dass Sie nicht mehr die volle Freiheit haben, zu essen und Autos zu benutzen? Einige der Berichte aus den USA scheinen übertrieben zu sein; aber in einem Land, das Morgenthaus Berichte über die Vorgänge in der amerikanischen Staatskasse geschluckt hat: was KANN da übertrieben sein?

Ein Punkt für heute Abend. Ein Punkt, auf den sich die politische Verantwortung des bescheidensten Bürgers erstrecken kann. Sie, ich meine SIE, können die Intelligenz, oder sollten wir sagen, die Aufrichtigkeit, eines jeden Redners anzweifeln, der das Wort Freiheit in einem Kontext verwendet, in dem die WIRTSCHAFTSFREIHEIT nicht implizit in der Bedeutung seines gesamten Satzes oder seiner Rede enthalten ist. Ohne Schuldenfreiheit gibt es KEINE totale Freiheit; es gibt keine Bedingung, die als Freiheit bezeichnet werden kann, es sei denn, um den Prüfer oder den Wähler zu beschwindeln. Das ist die wichtigste Lektion für Mr. Wallace, bevor er seine leuchtenden und strahlenden Hoffnungen auf eine Amtszeit im Weißen Haus dadurch ruiniert, dass er widerwillig als Sprachrohr der Juden gebrandmarkt wird.

Das könnte im Jahr 1944 ein Zeichen für politische Ungeschicklichkeit sein. Angenommen, Mr. Wallace würde UNIVERSELL als die Wahl des Juden für das Amt des amerikanischen Präsidenten anerkannt und ein nicht-jüdischer Kandidat würde ihm gegenüberstehen. Mr. Wallace ist, ich meine, er und die Seinen sind fest entschlossen, ihn ins Weiße Haus zu tragen. Bringen Sie ihn dazu, die Quelle seiner komischen Ideen zu untersuchen. Wie z.B. das Unterpflügen und die Freiheit der Welt unter einer jüdischen Polizei, oder einer Polizei in jüdischem Besitz. Ich weiß, dass er denkt, er hätte sich das alles selbst ausgedacht, aber bringen Sie ihn dazu, in seinem Gedächtnis zurückzublicken und zu sehen, WER ihm das zuerst erklärt hat? Wer hat ihm zuerst am Esstisch oder am Schreibtisch in seinem Büro erklärt, dass man zum Wohle des Landwirts unterpflügt, um bessere und billigere Lebensmittel für den Arbeiter zu haben, und dass es NOTWENDIG ist, die Menschen zu zwingen, das zu tun, was sie ohnehin tun würden, wenn man ihnen keine Polizei auf den Hals hetzen würde. Und dass Russland der wahre Wegweiser für die Menschheit ist.

Lassen Sie sich von Mr. Wallace sagen, WELCHER jüdische Patriot ihm diese Dinge zuerst erklärt hat.

#Nr. 62 (21. Februar 1943) U.K.(C5)
SERVITI

Ich bedaure die Schwierigkeiten gewisser Engländer, aber ich kann nicht erkennen, dass die Schuld außerhalb der Grenzen Englands liegt. Ich glaube den Berichten aus Amerika NICHT, denn es sind amerikanische Berichte. Die amerikanische Presse lügt. Alle jüdischen Nachrichtenagenturen lügen. Dafür sind sie da. Es wäre nicht ganz richtig zu sagen, dass die amerikanische Presse genauso lügt wie die Ihre. Sie lügt anders. Ihre lügt aus einer kriecherischen Liebe zur LÜGE. Die kriecherische Liebe zur Aufrechterhaltung altertümlichen Humbugs. Der Amerikaner lügt aus Liebe zum Lügenmärchen. Die Technik der Verkaufskunst, die darin besteht, eine größere Schlagzeile und einen wilderen Schwachsinn zu haben.

Ergebnis: Ich weiß NICHT, was in den USA vor sich geht, und ich mache mir keine Illusionen darüber, dass Roosevelts Pressebüro irgendwelche zuverlässigen Informationen herausgeben wird. Und solange ich keine persönlichen Berichte bekomme, werde ich alle US-Berichte mit Vorbehalt behandeln. Genauso wie ich eine offizielle britische Erklärung über irgendetwas unter dem Himmel mit Vorbehalt behandeln würde.

ABER WENN ihr in Amerika unbeliebt seid, wenn es eine wachsende Abneigung gegen die Judäokratie gibt und ein wachsendes Verlangen, euch im Stich zu lassen, eure Taschen zu plündern, den Kern eures Reiches zu zerstückeln, dann seid ihr selbst schuld!

SIE überschwemmten die USA mit übelster Propaganda und den Auswüchsen des *Economist*, der London School of Economics und den Hybriden des englischen Ghettos. Anstatt Ihren Sassoon vor ein Erschießungskommando zu stellen oder sich mit Ihren Kriminellen INNERHALB Ihres Reiches zu befassen, haben Sie sie in den USA abgeladen, so dass Sie nichts Gutes am amerikanischen Volk verdienen.

Es wäre besser gewesen, ein Seuchenschiff zu schicken. Eine Ladung von Ratten, die mit Tetanus, Typhus und Lepra geimpft sind, wäre ein besserer Titel für die amerikanische Dankbarkeit gewesen. Und was ihr anderen angetan habt, Judas am Ruder und Einzig im Kartenraum, warum sollte das neue Jerusalem, der neue Jude Roosevelt oosalem nicht auch euch antun?

Ich meine alles im Wucher, und üblichen Verfahren, der üblichen Linie von biszniscz, der Ellerman, Sieff, Norman Methode. Alle sehr bedauerlich aus dem kulturellen Blickwinkel, aber alle sehr viel in der finanziellen Prozess. Seidenstrümpfe und so weiter. Ich spreche gegen die Usurokratie. Ich spreche mich gegen die territoriale Ausbreitung und die Verlängerung des Krieges aus, weil ich denke, dass die Ausbreitung und die Ausdehnung an sich einen Gewinn für die Usurokratie darstellen. Ob Sie aus dem Flop von Frankreich etwas lernen können, kann ich nicht erkennen. Bis jetzt scheinen Sie NICHTS gelernt zu haben, absolut gar nichts. Und doch könnten Sie aus dem französischen Debakel noch EINES lernen. Beachten Sie, dass zwei so unterschiedliche Autoren wie B. Adams, der 1909 schrieb, und W. Lewis, der 1936 veröffentlichte, beide der Macht der französischen Finanzwelt ihren Respekt zollen. Sie betrachten Paris als das Zentrum der Bankenmacht.

Das Wort FRANZÖSISCH in diesem Zusammenhang wird in manchen Kreisen ein Lächeln hervorrufen. Aber das war es auch. Paris war vor der russischen Revolution, sagen wir, ein großes Zentrum des Wuchers. Die französische Armee im Jahr 1938 rief Bewunderungsbekundungen hervor, *cras tibi*. Die Exzentrizität der materiellen Lage Frankreichs, d.h. die Art und Weise, wie Frankreich abseits der Haupthandelsrouten lag: seine Exzentrizität, sein Nicht-im-Zentrum-Sein, hatte die französischen Herrscher seit der Zeit Ludwigs XIV. beunruhigt. Sie haben Frankreich und Holland geschlagen. Ihr habt die Seewege erobert und ihr hattet Bodenschätze unter eurem Grasboden. Ihre Eisenminen erreichten 1882 mit 18 Millionen Tonnen Erz ihren Höchststand. Um 1900 waren es nur noch 14 Millionen. Kupfer, 1868, 9.817 Tonnen; 1899, 637 Tonnen.

Blei, 73.420; 1899, 2.552. Zinn, 1871, 10.900; fiel innerhalb eines Jahres auf 4.013. Und anscheinend wurde ein großer Teil Ihrer Kohle bereits um die Jahrhundertwende von Ihren eigenen Schiffen in Ihren Bekohlungsanlagen im Ausland gekauft, so dass nicht alles in die Handelsbilanz einfließen konnte. Sie wissen, ob sich diese Tendenzen fortgesetzt haben. 1903 war B. Adams der Meinung, dass Ihr ENDE nur noch eine Frage der Zeit zu sein schien. Ich zitiere Brooks Adams nicht als göttliche Offenbarung, ich zitiere ihn als kompetenten Autor, dessen Wahrnehmungen es wert sind, sorgfältig geprüft zu werden. Ich zitiere ihn auch als einen Vertreter des aktivsten amerikanischen Denkens seiner Zeit, obwohl er weit über den meisten anderen stand. Wir können sagen, dass die merkantilistische Sichtweise nie einen besseren Vertreter hatte. Es war ein pragmatisches Zeitalter. Es ist hochinteressant, den heutigen Wissensstand der Menschheit an dem zu messen, den er um die Jahrhundertwende hatte. Um zu sehen, wo er aufgehört hat. Wo er sich, wenn überhaupt, geirrt hat. Herr Adams war in einer privilegierten Position, um Ihre Position einzuschätzen. Ich meine, er hatte eine Perspektive, die weit über der des Normalbürgers lag. Sein Vater Charles Francis Adams war während des Amerikanischen Bürgerkriegs

Botschafter am Court of St. James gewesen und hatte mit Russell gerungen; sein Bruder Henry war während dieser Zeit Sekretär ihres Vaters gewesen und besaß eine alles andere als alltägliche Fähigkeit, eine sehr klare Aufzeichnung der Ereignisse zu hinterlassen. B.A.s Großvater war in früheren und bewegten Jahren amerikanischer Botschafter in Russland gewesen, und Charles Francis hatte die Papiere SEINES Großvaters herausgegeben. B.A. war um die Jahrhundertwende dennoch ein wenig begeistert von dem zeitgenössischen Hochgefühl der USA, der Zeit der großen Kombinate, der neuen Effizienz der kombinierten (oder Trust-) Organisation. Er spürte, dass Amerika, womit alle US-Amerikaner die USA Nordamerikas meinten, sich ausdehnte und dass die U.S. of A. auf imperiale Ziele zusteuerten. Er sah es mit merkantilistischem Blick, sagen wir, als materielle Tendenz.

Er wies darauf hin, dass 1870 eine Hauptquelle des britischen Wohlstands die Landwirtschaft gewesen sei, dass aber bereits ein Bagehot darüber geschrieben habe, wie britisches Geld über die Lombard Street zirkulierte und den britischen Landadel rettete, quasi als Diskontierungsmittel für Rechnungen aus britischen Industriegebieten. Kaum waren Bagehots Worte gedruckt, hatte eine Verschiebung des Weltgleichgewichts eingesetzt.

Herr Adams wies auf die offenbar magere Anhäufung von Volksgeldern in England hin und darauf, dass Sie sich während des Burenkrieges auf ausländische Bankiers zu verlassen schienen. Ich möchte nicht übermäßig darauf beharren. Aber nehmen wir ein Datum, das fünf Jahre nach der Veröffentlichung von Brooks Adams' *The New Empire liegt*, und nehmen wir an, er meinte das amerikanische Imperium. Die große amerikanische Reorganisation WURDE 1897 abgeschlossen; ein Jahrzehnt später wäre fast jeder Durchschnittsamerikaner, der in London ankam, voll von Ideen des FORTSCHRITTS gewesen. Wäre er einem intelligenten britischen Tory begegnet (die beiden Wörter KÖNNTEN damals zumindest in einigen wenigen Fällen miteinander verbunden werden, ohne lächerlich zu wirken), hätte er, der imaginäre *homme moyen sensuel*, der Durchschnittsamerikaner, ob jung oder mittleren Alters, etwas für ihn absolut Neues kennengelernt, etwas Unbekanntes und, wie ich glaube, Ungeahntes in Amerika. Nämlich die konSERVATIVE Sichtweise, die völlig überraschende Idee, dass die Dinge nicht besser werden, und dass Sie, d.h. natürlich England, aber als Engländer, der englische Tory, dies auf das Universum angewandt hätten, auf dem das britische Auge niemals ruht. Nun, dass die Menschen, die Menschheit usw. besser langsam vorgehen, sich besser nicht aufregen, die Dinge besser im Status quo belassen. Ich glaube, dass jeder Amerikaner, der diese Ansicht zum ersten Mal hörte, "völlig aus dem Häuschen" war. Es war eine unglaubliche Ketzerei.

Was, kein Fortschritt, nicht alles bewegt sich aufwärts (um nicht zu sagen: vorwärts) in Richtung größerer und strahlenderer Bonanzas? Mr. Adams wäre 1907 oder 1908 oder 1900 einer der wenigen Amerikaner gewesen, die in der Lage gewesen wären, die torysche *Anschauung*, die Disposition, in Bezug auf etwas Konkretes, auf etwas Reales im damaligen Zustand Englands zu verorten. Ich habe bereits gesagt, dass seine Sichtweise die Welt, wie sie zu seinen Lebzeiten war, ziemlich gut abdeckte. 1903 dachte er, dass England, Frankreich, Deutschland, Belgien, Österreich, der Kern Europas "anscheinend dazu verdammt sind, nicht nur ihre Rohstoffe im Ausland zu kaufen, sondern auch die Kosten für den Transport zu zahlen." Diese Ansicht ist auch heute noch interessant. Sie wirft vielleicht ein wenig Licht auf den Pacht- und Leihsport. Er warf einen ziemlich weiten Blick auf die Welt. Er fand Sibirien "einen schmalen Gürtel von Ackerland, der im Norden durch Eis und im Süden durch Berge und Wüsten begrenzt ist." Das schien ihm im Vergleich zum amerikanischen Kontinent eine schlechte Wette zu sein, und außerdem waren die Rhoosianer noch etwas unbeholfen im Umgang mit neuartigen Maschinen.

Das sind nur ein paar Punkte, sagen wir, ein paar Highlights der Welt, wie sie ein amerikanischer Expansionist 1903 sah. Und ich vermute, dass das blassblaue Tory-Auge, das mich fünf Jahre später in Kensington begrüßte, rückwärts blickte. Rückwärts in Richtung ihrer eigenen (d. h. Englands) Landwirtschaft. Bis 1845 genügte sie fast für ihre Bedürfnisse. ENGLAND. Das England der alten Viktoria. Ein Vorteil gegenüber dem alten römischen Reich.

Anstatt seines Goldes beraubt zu werden, verkaufte England Baumwolle nach Indien, anstatt Getreide aus Sizilien und Ägypten kaufen zu müssen, und so weiter.... So günstige Bedingungen hatte es vielleicht noch nie gegeben. Ein so stabiles Gleichgewicht, wenn nicht irgendjemand losgezogen wäre und die Dampflokomotive erfunden hätte. "Wenn es einen effektiven Landtransport gibt", schrieb Herr Adams, "scheint der nordamerikanische Kontinent von der Natur so angelegt zu sein, dass er der Konvergenzpunkt der billigsten Routen zwischen Asien und Europa ist."

Möglicherweise entspricht dies nicht ganz der heutigen Sichtweise. Aber KEIN Blick auf die Handelsrouten von morgen wird England genau in deren Mitte platzieren. Bruder: Wo landest du?

Ezra Pound fragt.

#Nr. 63 (23. Februar 1943) U.S.(C10)
KOMPLEXITÄT

Man muss mehr als EINE Idee in seinem Kopf haben, um etwas zu verstehen. Man muss möglicherweise eine Idee und eine Menge konkreter Daten haben, die entweder zu der allgemeinen Idee führen oder ihr entgegenstehen.

Und ich versuche gelegentlich, Sie dazu zu bringen, an das eine, das andere oder beides zu denken. Das mag verwirrend sein. Ich bringe Sie dazu, an ein Wirtschaftssystem zu denken, oder an ein MERCANTILE-System, oder an ein Währungssystem. Das heißt, an eine Organisation von Fakten. Brooks Adams hat viel über ein merkantiles System geschrieben. Manchmal nannte er es auch ein Wirtschaftssystem. Habe ich mich klar ausgedrückt, wenn ich sage, dass er über Handelswege geschrieben hat? Rohstoffe gelangen über eine Handelsroute an einen Ort, an dem sie gebraucht werden. Manchmal zu einem Ort, an dem sie verarbeitet werden, und dann zu einem Ort, an dem das fertige Produkt zum Verbrauch benötigt wird. Die Orte der Herstellung wechseln.

Das ist natürlich praktisch, wenn sie zu den Quellen der Rohstoffe verlegt werden können, aber nicht immer, denn ob die Waren nun roh oder als Fertigprodukte transportiert werden, die Waren suchen sich, wie man sagt, den schnellsten Handelsweg.

Auf einem Schlagbaum konnten vier Pferde dreitausend Pfund 18 Meilen pro Tag ziehen. Auf dem Erie-Kanal konnten vier Pferde 200.000 Pfund 24 Meilen an einem Tag transportieren. Daher auch der Wohlstand von Manhattan. Dies ist ein einfacher und anheimelnder Fall aus Woodward, "A New American History". Brooks Adams hat einen größeren Bogen geschlagen. Sargon, Alexander, das Silber von Quedi, die Foires de Champagne, flämische Städte, die Ausarbeitung eines allgemeinen Gesetzes für den Wirbel von Handel und Herrschaft. Man könnte es die materielle Grundlage für ein Wirtschaftssystem nennen.

Nur ist sie es nicht. Es ist die ADMINISTRATIVE BASIS, die materielle Basis sind die Rohstoffe und die Arbeit.

Brooks Adams war der merkantilistische Philosoph oder Theoretiker, oder besser gesagt ANALYTIKER, der den merkantilistischen materialistischen Prozess analysierte. Möglicherweise war er der bedeutendste Kopf, der sich jemals mit diesem Thema befasst hat. Er sah eine große Chance für die U.S.A., WENN die U.S.A. wach blieben und die allgemeinen Gesetze des merkantilen Fortschritts beachten würden. Natürlicher Warenfluss auf dem einfachsten Weg (der einfachste Weg sollte der billigste sein und ist der billigste, außer wenn der Wucherer oder Erpresser eingreift).

ABER Brooks Adams stellte fest, dass nach Waterloo der Merkantilismus den Vorrang hatte und dass der Wucher regierte, der das irdische Universum erpresste.

Ich möchte in Ihren Köpfen die merkantilistische Verwaltungsgrundlage einer Wirtschaftsordnung und die Buchführung, die Tricks mit Papierstücken, Bankbüchern und gravierten Zertifikaten trennen. Ihr könnt das schmutzige Geschäft, das euch aufgedrängt wurde, erst verstehen, wenn ihr euch diese beiden Dinge klar vor Augen halten könnt.

Und Sie haben in Washington das goldverdammteste ASS einer Regierung, unter dem das amerikanische Volk je zu leiden hatte. Eastern idea about money, sagte Bankhead über diesen saddistischen Penner im Weißen Haus. Jeden Morgen auf den Knien, das Wuchersystem anbetend, seine Gebete an das Wuchersystem sprechend, sechs verschiedene Arten von Geschäften aufrechterhaltend, um das amerikanische Volk auszubluten. Das ging schon seit einiger Zeit so. Das Ausbluten mit Gold. Das Ausbluten des amerikanischen Volkes durch Silber und dann der Krieg. Die große Unfähigkeit, der Abbruch des Handels mit dem Orient, der Abbruch des Handels mit dem europäischen Kontinent, die Erpressung Südamerikas und die trockene Kuchenkruste, die von Französisch-Afrika übrig geblieben war.

Nun, die Franzosen waren NICHT der Star der Welt, der Glanzpunkt, das am meisten bewunderte Modell, wenn es um das Kolonialreich ging. Sie haben es nicht mit einem perfekt organisierten, produktiven System zu tun, wie es Italien in ihren Kolonien und in Abessinien errichtete. Ihr wurdet von einem paläozoischen Wuchersystem zerfressen. Ich vermute, dass es in der Republikanischen Partei immer noch Höhlenmenschen und Relikte aus der Eiszeit gibt, die noch nicht wissen, was an diesem System falsch war. Das ist schade, denn die Republikanische Partei hätte eine Opposition gegen die Niedertracht der Demokraten aufbauen können.

Und natürlich wäre einer der ersten Schritte in Richtung Wohlstand oder Vernunft gewesen, die USA, wenn schon nicht auf den neuesten Stand zu bringen, so doch zumindest die Zeitspanne zu verkürzen, so dass die Menschen dort angekommen wären, wo Jefferson 1816 angekommen war, oder Gallatin 1813, vielleicht als Tarnung für seine Anleihen, die die Yankees aus Neuengland nicht kauften, weil die Kaperfahrten besser bezahlt wurden und sie der Regierung von Mr. Gallatin nicht trauten.

Ich war zwar selbst spät dran, aber nicht ganz so spät wie die meisten von Ihnen. Vor zwanzig Jahren hatte ich mich auf das Geldgeschäft eingelassen. Vielleicht habe ich seither etwas gelernt, weil ich auf dem Kontinent herumgezogen bin.

Eure Wirtschaftsprofessoren hinken hinterher. Viele von ihnen hinkten hinterher, als ich das letzte Mal in Amerika war, aber es reicht ihnen nicht, nur dorthin zu kommen, wo ich '39 war. Europa ist in Bewegung geraten.

Als ich London und Paris verließ, stieß ich auf ein Vorurteil gegen das, was man "Geldmagie" nannte. Europäische Ökonomen sagten: "Keine Geldmagie", was Hokuspokus-Buchführung bedeutete.

Europa dachte in Begriffen der materiellen Basis, NICHT merkantilistisch, sondern produktionistisch, mit der Verteilung als Konsequenz. Und sie sind weiter gegangen als der Geldreformer, vielleicht weil sie ganz unten angefangen haben, bei den Rohstoffen, der ARBEIT. Danach kommen die Handelswege und als Krönung die Buchhaltung. Das wird jetzt von deutschen und italienischen Ökonomen diskutiert. Nicht nur Funk und Riccardi, sondern auch Dr. Hans Fischböck. Und was dieser italienische Satz über die Geldmagie bedeutete, war einfach, dass man es mit Geld allein nicht schaffen kann, man kann es nicht schaffen, indem man nur die Buchhaltung ändert, WENN die materielle Basis nicht da ist. Und das, da die Menschheit die Buchhaltung offensichtlich NICHT sehr schnell begreifen kann und in der Vergangenheit durch Palavar und Propaganda der Wucherer leichter getäuscht wurde als durch irgendeinen anderen Schwindel. Es war politisch, es war vernünftig, auf der produktiven Basis zu bestehen.

ABER Ihre Regierung hat gegen ALLES verstoßen. In der Tat gibt es offenbar KEIN Ressort, weder in der Verwaltung, noch im Handel, noch im Geldwesen, in dem nicht das Maximum an Dummheit erreicht wurde, gepaart mit Fehlern, die man aus dieser Entfernung nur schwerlich auf etwas anderes zurückführen kann als auf das Maximum an Schurkerei. Vielleicht irre ich mich, vielleicht sind die Handlungen der Regierung Roosevelt-Frankfurter auf schiere Dummheit und nicht auf tief verwurzelte Gaunerei zurückzuführen. Oder aber die beiden sind in diesem Milieu zwillingsgeboren und unzertrennlich. Machen Sie sich an die Arbeit: diagnostizieren Sie sie.

Erschießen Sie sie nicht; analysieren Sie ihre Tropismen, ihr Verhalten, und sagen Sie uns, ob ihre Politik auf Schlechtherzigkeit oder auf Karies des Kleinhirns zurückzuführen ist.

Das gegenwärtige amerikanische Regime hat NICHT nur KEIN Geldsystem geschaffen, das den amerikanischen Wohlstand so verteilt, dass jede amerikanische Familie genug, wenn nicht sogar einen gerechten

Anteil hat, ABER es hat auch die merkantile Basis eines großen Teils dieses Wohlstands zerstört.

Das Land war am erodieren. Es wurden einige vernünftige Schritte zur Aufforstung unternommen (zumindest habe ich das gehört); das war auch, bevor Morgenthau ins Weiße Haus kam. Und es wurde etwas in Bezug auf Kraftwerke und Basen des öffentlichen Interesses getan. ABER der Handel mit der Außenwelt wurde durch eine Reihe von schwachsinnigen Handlungen, die in JEDER Ära amerikanischer Hühnerköpfigkeit zu verzeichnen sind, zum Scheitern verurteilt, ohne Ausnahme.

Der Abbruch des Handels mit dem Orient; der Abbruch der Handelsbeziehungen mit dem europäischen Kontinent; das Bestreben, gleichzeitig in den verschiedensten und weit voneinander entfernten Gebieten des Planeten Krieg zu führen: Island, die Salomon-Levy-Inseln, Kalkutta, das Asowsche Meer. Nun, Sie sind nicht mehr im Asowschen Meer, Sie sind nicht mehr im Hinterland der Tschechoslowakei, und Sie sind im Moment auch nicht mehr in Tibet. Aber Napoleon und Alex der Große würden sich schwer tun, die Geschlossenheit Ihrer Strategie in den Ländern Ihrer angeblichen Verbündeten zu erkennen. Ich bin kein Experte in militärischen Angelegenheiten, aber selbst die Wunschdenker von B.B.C. haben noch keine Argumente für die Erleuchtung oder göttliche Führung des anglo-jüdischen Kommandos gefunden. Und das Wort COLLABORATION, weltweite Zusammenarbeit, als Alternative zur Tyrannei der Inkompetenten hat noch keinen Platz in Mr. Wallaces Wortschatz gefunden. In der Tat glaube ich nicht, dass er sich selbst über dieses Thema im Klaren ist, und wenn Baruch oder ein anderer amerikanischer Patriot es Mr. Wallace nicht erklärt hat, dann hat sich Franklin wohl auch nicht die Mühe gemacht, sich mit dieser Frage zu befassen. Ich bin nicht für eine Rückkehr zu den Tagen der amerikanischen Wirtschaft mit Pferd und Wagen, aber selbst das, was sie kannten, scheint untergegangen zu sein, ohne dass Sie sich der Gegenwart angeschlossen hätten.

#Nr. 64 (7. März 1943) U.K.(C13)
IN RICHTUNG WAHRHAFTIGKEIT

Mein Vortrag heute Abend ist nicht kontrovers, sondern narrativ, und zwar aus persönlicher Erfahrung. Ich stelle fest, dass ich, als ich anfing, Radio zu hören - das heißt, nachdem zwei Freunde, die entschlossen waren, meine Abneigung gegen das Radio zu brechen, mir einen kleinen Mittelwellenapparat geschenkt hatten und dann aus dem Dorf geflohen waren -, anfing und manchmal in London hörte. Als ich anfing, über den Äther zu sprechen, habe ich auf jeden Fall versucht, London zu hören, aber im Laufe der Zeit höre ich London weniger. Ich höre mehr auf Berlin. Das ist die Frucht oder das Ergebnis von Erfahrung. Es geschah nicht, indem ich meinen Willen lenkte oder erzwang, es resultierte aus Neigung; und um diese Neigung zu erklären, habe ich nichts Besseres gefunden als eine Passage aus den Briefen von J.B. Yeats, dem alten Mann, der früher eher als Yeats' Vater bekannt war, einem Maler, der mit seinen Modellen zu sprechen pflegte, das war in der Tat seine Methode, Anthropologie zu studieren. Seine Modelle waren keine außergewöhnlichen Menschen; und seine Schlussfolgerung aus den Gesprächen mit ihnen war, dass er mit Interesse nicht bemerkenswerten Sprüchen und nicht der Zurschaustellung ungewöhnlicher Brillanz zuhörte, sondern dass die interessanten Gesprächspartner diejenigen waren, die einfach die Wahrheit sagten.

Und jetzt, im Jahr 1943, finde ich es fast unmöglich, London zuzuhören. Eine Zeit lang habe ich Ihre Gesellschaftskomödie, den unbewussten Humor Ihres *Hirntrust, sogenannt*, die verschlungenen Mäander von Herrn Laski usw. ertragen. Aber jetzt drehe ich nur noch müde den Knopf.

Die Monotonie Ihrer Ausweichmanöver erzeugt unendliche Langeweile. Berlin dagegen ist ruhig, im Gegensatz zu eurer gallischen Hysterie. Geduldige, aber feste deutsche Stimmen erklären *urbe et orbe*, worum es im Krieg geht, warum er begonnen hat. Sie klären ihr Publikum auf, Fakt auf Fakt, viele der Fakten finden sich in euren eigenen besten Schriftstellern, das heißt, ungefähr alle Fakten, die vor Kriegsbeginn existierten, finden sich in euren eigenen besten Schriftstellern. Die Ungerechtigkeit des Versailler Vertrages, die Geschichte von Danzig, deutsch seit, ich glaube 1300, nein 1200, Hauptstadt des Herzogtums Pommern.

Die unqualifizierbare Schweinerei der jittischen Position im Völkerbund gegen Italien. Die fehlende Bösartigkeit Europas gegenüber dem britischen

Empire; z.B. C. Del Croix, der sich über die englische Opposition wundert, "aber wir wollen ihrem Empire keinen Schaden zufügen."

Das unbestreitbare Grauen der eigenen Slums, im Gegensatz zu den Slumräumungen im Faschismus und Nationalsozialismus. All das, plus Details über *bonifica*, über Verbesserungen, gerechte Preise und das Eigenheim. Eine ruhige und geduldige Darlegung von Ideen, die jeder anständige Engländer akzeptiert und die, ich wiederhole, in den wenigen in England gedruckten Büchern von zwei Dutzend Autoren, von zwei Dutzend Buchautoren und zweihundert Artikelschreibern zu finden sind. ABER sie stehen im Gegensatz zu den Lügen, von denen ihr alle wisst, dass sie Lügen sind; den Betrügereien, von denen ihr - die meisten von euch - wisst, dass sie Betrügereien sind, die von euren Juden, euren Monopolisten und euren inneren Staatsfeinden aufrechterhalten werden. Und gegen die die besten Männer Englands schon seit 20 Jahren protestieren. So viel zu den positiven Tatsachen, und zweitens zu Ihren Verdrängungen oder Unterdrückungen und der Auslassung lebenswichtiger Themen, wie dem internationalen Judentum.

Ihr habt die Juden den Nachrichten vorgezogen. Und du hast sie. Du warst extrem stumpfsinnig, wenn es darum ging, für jüdische Interessen zu sterben. Du hast Amerika vergiftet, das war vielleicht unvorsichtig. Ihr habt vielleicht das falsche Kanonenfutter eingesetzt oder mobilisiert, nachdem ihr jahrhundertelang erfolgreich rückständige Nationen aufgewiegelt oder ausgebeutet und Wilde gegen die zivilisierteren Nationen gehetzt habt, habt ihr vielleicht die falschen Raufbolde mobilisiert.

Ein kleiner Punkt wurde kürzlich angesprochen, nämlich, dass Sie entdeckt haben, dass die USA nicht völlig pro-englisch sind. Sie haben entdeckt, dass die in Ulster einmarschierenden amerikanischen Truppen aus einer Reihe von kontinentalen Beständen stammen und NICHT alle romantisch nach der britischen Heimat ihrer Vorfahren seufzen. So viel habe ich Ihnen gesagt. In der Tat habe ich meinen seltenen und ausgewählten Lesern einige schlichte Wahrheiten über die Beziehungen zwischen Engländern und Yankees gesagt.

Und es wird nun langsam in England und seinen Herrschaftsgebieten entdeckt, dass die Amis mehr an ihren eigenen Interessen interessiert sind als an den Ihren. Ihre sentimentale Haltung gegenüber den USA war auf eine Tory-Sekte und auf Sentimentalisten beschränkt. ABER unter den Engländern selbst hatten und haben Sie immer Ihre schärfsten Gegner gehabt, diejenigen, die die amerikanische Tradition hatten, etwas Stärkeres als Judenpropaganda.

Ah, aber, sagen Sie, schauen Sie sich Wallace an, schauen Sie sich diese Solidarität der verwandten Ethnien an. Und da irren Sie sich. Sie haben Anglo-Israel exportiert. Eine Doktrin oder ein Aberglaube, der in euren herrschenden Klassen NICHT ernst genommen wird; den man aber in England unter Hausfrauen, Kindermädchen, Menschen mit schwachem Verstand, aber etwas Muße, oder vielmehr Stunden erzwungener Einsamkeit, finden kann, die IN bleiben müssen, für Stunden, in denen sich nichts sehr Aufregendes bietet. Und sie, selbst in England, erfinden diese Fantasien über den Stein von Scone und den Propheten Jeremia. Aber was Sie nicht bemerken, ist, dass es das ISRAEL-Ende, nicht das englische Ende der merkwürdigen Verbindung ist, die den amerikanischen Vizepräsidenten und seine Gleichgesinnten in den Bann gezogen hat.

Als Cromwell die britische Ethnie verriet, unabsichtlich vielleicht, aber auf jeden Fall, als er "mit diesen Männern", den religiösen Sektierern "in ihrer eigenen Sprache" sprechen musste, wie er seinem Cousin Waller als Entschuldigung sagte, als er die Juden zurückbrachte, und als das Bibellesen auf beiden Seiten des Atlantiks weit verbreitet wurde , war der Weg für seltsame Fanatismus, Hexenverbrennungen usw. bereitet. Und Spuren von religiösem Wahn oder vagabundierender Fantasie sind immer noch zu finden. Wallace' Halluzinationen rühren von der Bibellektüre her, nicht von seiner Befürwortung des Englischen. Und natürlich werden die USA reingelegt. Die Vernunft des 18. Jahrhunderts wird untergejubelt.

Und es ist NICHT der Jude, den Amerika liebt.

Es ist lediglich der Dialekt dieser merkwürdigen King-James-Übersetzung, der die Gemüter der einfältigen Amerikaner beunruhigt hat. Tatsächlich hat sich der Dialekt schon seit einiger Zeit in das Bewusstsein der Amerikaner eingegraben, auch wenn die Wirkung in den anspruchsvolleren amerikanischen Kreisen deutlich nachgelassen hat. Das Post-Christentum, wie es einer Ihrer besseren Autoren genannt hat, hat eingesetzt. Sobald jemand sagt, er akzeptiere den Dekalog und das Kruzifix gleichzeitig, gerät er natürlich in einen Schlamassel. Das hat sich in England gezeigt, wo das Kruzifix an die Tafel kam, etwa zu der Zeit, als Cromwell in Irland ein Massaker anrichtete [muder?] Der alte Crumwell, der sich von Pulver und Kugeln ernährt, wie er in der rührenden Ballade "Blarney Castle; me darlint" erscheint.

Sie waren sich dieser Unterminierung und der nachfolgenden Unterminierungen seltsamerweise nicht bewusst. Eine Ihrer Schriftstellerinnen, die vor ein paar Jahren gestorben ist, hat sich tapfer bemüht, Sie aufzuwecken. Ihre Romane wurden nicht viel gelesen. Sie schrieb einen mit dem Titel "Der Tod von Felicity Taverner", dessen Lektüre sich für Sie lohnen würde, als soziologische Studie. Die Arbeit der lieben Mary hat einen manchmal ziemlich erschreckt, weil die Dinge so roh daherkamen und der Stil manchmal so verkrampft und ausgefeilt war. In einem anderen Buch hat sie ein paar Südafrikaner vorgestellt, die roher waren, als der allgemeine Leser es gewohnt war. Bei Felicity Taverner ist sie unter die Oberfläche gegangen. Wenn Ihr Volk von Holbein (den Lady Butts) gemalt wurde und Ihr Urgroßvater ein Mäzen von Blake war, könnten Sie sich vorstellen, etwas zu bewahren, von dem Lord Beaverbrook noch nichts gehört hatte und das der Daily Express nicht unbedingt aufrechterhalten wollte. Das ist der Knackpunkt des Romans *von Felicity Taverner*. In England gibt es ein Erbe, das mindestens auf die Tage Holbeins zurückgeht, aber NICHT auf diese Zeit beschränkt ist, und das dieser Tradition, der feinen Eleganz der älteren Häuser und der Klarheit der englischen Luft an der westlichen Küste zuwiderläuft. Es gibt (im Roman und in der Realität), und ich glaube, Sie wachen zu spät auf, um das zu bemerken, eine andere Kraft. Etwas, das nicht sehr offen ist, etwas, das Sie nicht sehr ernst nehmen wollen.

Seit 25 Jahren gibt es meines Wissens eine Meinungsverschiedenheit, ich meine unter der seriösen Minderheit, der Intelligenz, darüber, inwieweit der Angriff bewusst ist, inwieweit er Teil eines Plans ist, vorsätzlich. Inwieweit das Übel von Trägern herbeigeführt wird. Unbewusste Agenten, die eine *Anschauung*, eine Einstellung zum Leben mitbringen, giftig wie die Keime der Beulenpest, übertragen von Tieren, die nicht wissen, dass sie sie haben.

Maiski weiß natürlich, dass er es hat. Litvinov hat keinen Hehl daraus gemacht, dass er es hat. Aber sie ist nicht nur politisch, sie ist molekular oder atomar. Es zerstört jeden Maßstab und jeden Sinn für angemessene Werte. Sie appelliert an die grundlegende Trägheit des Geistes, an die grundlegende Weichheit des menschlichen Organismus. Sie profaniert. Sie verschmutzt, sie ist fettig und sauer.

Sie widert alle Menschen an, die ein Verlangen nach Sauberkeit haben. Aber sie verwickelt die Sauberen, sie verwickelt sie wegen ihrer Inkonsequenz, ihrer Unfähigkeit, die Verbindung zwischen einer Sache und einer anderen zu sehen.

Facilis descensus.

Die Jungen sind unaufmerksam. Nichts ist ermüdender als der Moralist. Nichts ist für einen profanen Autor schwieriger, als irgendwo eine Grenze zu ziehen oder den Leser davon zu überzeugen, dass eine gewisse Schlampigkeit in der Weltanschauung überhaupt eine Konsequenz haben kann.

Ich möchte Mary Butts, der Autorin von The *Death of Felicity Taverner*, meinen Dank aussprechen. Ich habe zu ihren Lebzeiten keine Werbung für das Buch gemacht. Es mag eingetroffen sein, während ich beschäftigt war, und ich war kein Rezensent; nicht speziell. Ich befasste mich mit sehr seltenen Büchern, die einem bestimmten Kanon entsprachen.

Ihre eigene Presse und Ihre eigenen einheimischen Kritiker hätten mehr dafür tun können. Sie könnten jetzt damit anfangen. Nehmen Sie es in die Liste der Bücher auf, und nehmen Sie seine Autorin in die Liste der Schriftsteller auf, die etwas für England getan haben.

Die versucht haben, etwas Englisches zu bewahren, im Angesicht von etwas Unreinem. Wer wusste schon, dass es in England Werte gab, Werte, die auf Tradition beruhen. Werte, die keine Nation aus sich selbst herausreißen oder zulassen kann, dass sie verloren geht, ohne ihren Platz unter den Nationen zu verlieren.

Auch hier, unter dem etwas zu schmuckvollen Stil, erwächst das Interesse des Erzählers aus dessen Wahrhaftigkeit.

#Nr. 65 (9. März 1943) U.S.(C17)
TÖPFE ZUM ZERBRECHEN

Als das Jahr 1836 gekommen war, waren die Schulden getilgt. Die Regierung schuldete keinen Cent mehr, und es gab einen Überschuss von 36 Millionen Dollar.

Dies bezieht sich auf das US-Schatzamt. Wäre nicht ein Jude an der Spitze des US-Finanzministeriums in diesem unglücklichen Jahrhundert und ein Mann mit unzureichendem Verstand, ganz zu schweigen von seinem persönlichen Charakter, an der Spitze und im Bauch der amerikanischen Regierung, könnte das amerikanische Volk seine Staatskasse heute in einem ähnlich glücklichen Zustand sehen. Der adjektivische Begriff "Spinner" wird manchmal von Personen mit unzureichender Bildung und unzureichendem historischen Hintergrund auf die Wirtschaftswissenschaften angewendet.

Eine Maßnahme zur Verteilung des nationalen Überschusses von 37 Millionen auf die Bundesstaaten wurde von Henry Clay eingeführt, der damit einmal mit Andy Jackson übereinstimmte. Und 28 Millionen wurden so verteilt, bevor die lange und schmutzige Hand der internationalen Finanzwelt, die von einigen Bankzusammenbrüchen in London ausging, eine Panik auslöste, wie sie die Wucherer immer dann auslösten, wenn eine Regierung IRGENDWANN Anzeichen dafür zeigte, dass sie sich und eine Nation NICHT von Leuten wie Roosevelt, Morgenthau und seinen britischen Komplizen ausbluten lassen wollte.

Aber der New Yorker ist oft provinziell; ich meine, wenn provinziell, ist ein Pariser der beschränkteste aller Franzosen und der New Yorker der schlimmste Hecker in Uncke Sams einst glücklichen Herrschaftsgebieten. Es gibt KEINEN Sinn; das heißt, es gibt keinen Patriotismus, keine Hingabe an das Wohl des ganzen Volkes, in der Tat gibt es nichts als regelrechte Teufelei oder knöcherne Ignoranz, wenn man zulässt, dass eine Staatsverschuldung in normalen Zeiten zunimmt oder zu einem ständigen Joch auf dem Nacken des Volkes wird.

Wenn eine Nation von Schweinen regiert wird, deren einziges oder hauptsächliches Ziel es ist, das Volk zu versklaven, wird das natürlich passieren. Das ist in der Tat der Grund, warum solche Leute in die Politik gehen oder von den Juden und den Geldverleihern in ihr Amt eingesetzt werden. Nichts als Unzurechnungsfähigkeit des nationalen Geistes als

Ganzes konnte das amerikanische Volk dazu bringen, die gegenwärtige Regierung zu wählen. Nichts als knöcherne Ignoranz und geistige Verwahrlosung würde sie von internationalen Komplikationen geblendet halten und sie immer unaufmerksamer gegenüber den Verwüstungen machen, die die Regierung von Judefurter, Morgenberg, Cohen und Co. ihnen zu Hause zufügt.

Und nichts als Schlamm im Kopf würde es amerikanischen College-Präsidenten erlauben, mit einer Arschbacke ihren Arbeitsplatz zu halten und mit der anderen das Studium der amerikanischen Geschichte zu verhindern. Ja, sie besetzen Lehrstühle, das ist die offizielle Bezeichnung für die Position eines Professors, er HÄLT einen Lehrstuhl. Die Franzosen ließen sich Stühle nach einem Muster anfertigen, das in den mit modernem Komfort ausgestatteten Häusern nicht mehr benötigt wird (siehe M. le Docteur Cabannes, für Details des französischen Hauslebens in den früheren Jahrhunderten). Zitat: Eine allgemeine Wirtschaftskrise, bei der wir in allen Ländern Europas gleichzeitig ganze Arbeitermassen auf die Straßen werfen werden. Dieser Pöbel wird sich mit Freude darauf stürzen, das Blut derjenigen zu vergießen, die er in der Einfalt seiner Unwissenheit von Kindesbeinen an beneidet hat und deren Eigentum er dann plündern kann. UNSERES werden sie nicht anrühren.

Kennen Sie die Quelle des Zitats? Wenn nicht, warum nicht? "Wir gaben", ich zitiere wieder, Zitat:

"Wir gaben der Französischen Revolution den Namen groß, die Geheimnisse ihrer Vorbereitung sind uns wohl bekannt, denn sie war ganz und gar das Werk unserer Hände." Zitat Ende. Ich zitiere aus einer Broschüre, die vor einigen Jahren veröffentlicht wurde; mehr amerikanische College-Studenten sollten sie lesen.

Zitat: Wenn wir unseren Staatsstreich vollbracht haben, werden wir dann zu den verschiedenen Menschen sagen: Alles ist furchtbar schlecht gelaufen, alle sind von Leiden zermürbt worden. Wir vernichten die Ursachen eurer Qualen, die Nationalitäten, die Grenzen, die Unterschiede in der Münzprägung.

Wenn man bedenkt, dass dieses Programm in seiner englischen Fassung vor etwa 20 Jahren gedruckt wurde, und dass Small Maynard eine amerikanische Ausgabe herausbrachte (und damit natürlich pleite ging), aber wenn man das Datum der Veröffentlichung bedenkt, dann MÜSSEN sich jetzt, 20 Jahre später, MEHR von euch netten, reinlichen jungen College-Jungs für die Art des Programms interessieren, das von Mr. Roosevelt, IHREM Präsidenten, mit der so fähigen Zusammenarbeit der Judery so geschickt durchgeführt wurde, wodurch er fast vollständig peninsula'd ist.

Ich fahre fort zu zitieren: "Zum einen, um die Zahl der Zeitschriften zu verringern, die die schlimmste Form von gedrucktem Gift sind, und zum anderen, um durch diese Maßnahme die Schriftsteller zu so langatmigen [Produktionen] zu zwingen, dass sie wenig gelesen werden, zumal sie kostspielig sein werden." Ja, da hat sich jemand Gedanken gemacht mit einigen Details.

Die Besteuerung wird durch eine progressive Vermögenssteuer gedeckt. Wenn die Komödie durchgespielt wird, stellt sich heraus, dass eine Belastung und eine überaus belastende Belastung entstanden ist. Für die Zahlung der Zinsen wird es notwendig, auf neue Kredite zurückzugreifen, die die Kapitalschuld nicht auffressen, sondern nur erhöhen.

Zitat Ende und so weiter. Aber fällt es Ihnen nicht auf, fällt es nicht einem Prozent der möglichen Zuhörer unter 20 oder über 20, unter 30 oder über 30 auf, dass es nützlich wäre, wenn mehr von Ihnen einen Blick auf den vollständigen Text der recht interessanten kleinen Broschüre werfen würden, aus der ich zitiere und zitiere: "Alle diese Völker wurden von uns programmgemäß inszeniert." Nun, kann das auch bei Ihnen der Fall sein? Gilt diese kuriose und phantastische Broschüre nur für PAST und europäische Aktionen? Ich zitiere wieder: In der dritten Reihe werden wir etwas aufstellen, das dem Anschein nach eine Opposition zu uns sein wird, und das in mindestens einem seiner Organe als unser Antipode erscheinen wird. Unsere ECHTEN Gegner werden diese Opposition als ihre eigene akzeptieren und uns ihre Karten zeigen.

Wie SEHR fantastisch. "Die große Macht, die Presse, die bis auf wenige Ausnahmen, die man außer Acht lassen kann, bereits in unserer Hand ist." Zitat Ende, das wurde 1922 gedruckt. Glauben Sie, dass die Dinge heute weniger oder mehr so sind?

All dies wurde 1922 gedruckt, weniger als ein Jahrhundert, nachdem General Jackson die amerikanischen Staatsschulden getilgt hatte. Nun, wäre es nicht intelligenter vom amerikanischen Volk oder zumindest von der amerikanischen Intelligenz, zu erkennen, was Jackson und Van Buren mit dem Erlass der Staatsschulden impliziert haben, und ein aktiveres Interesse an politischen und/oder wirtschaftlichen Programmen zu zeigen, die während unserer heutigen Lebenszeit veröffentlicht werden?

Ich sage nicht, dass die USA zur Rustikalität der Jacksonschen Ära zurückkehren könnten oder sollten. Ich sage und wiederhole, dass es eine schändliche und auch gefährliche Sache ist, in Bezug auf so vieles, was Jackson und Taylor bekannt war, völlig unwissend zu sein; in so vielen Bereichen, in denen unsere Urgroßväter einen höchst lobenswerten Sinn für Pferde gezeigt haben, vollkommene Idioten zu sein. Man kann nicht die gesamte amerikanische Geschichte in einem einzigen Band nachlesen. Woodward's *A New American History* ist eine bewundernswerte

Einführung. Es ist besser zu lesen, nachdem man Brooks Adams großen, aber unmenschlichen Bogen geschlagen und Ideen und materielle Kräfte gesehen hat. Woodward erkennt wie Voltaire, dass Ideen und Kräfte sich bewegen und von Menschen bewegt werden, jeder mit seinen eigenen Macken und Grenzen.

Ich glaube, Woodward unterschätzt die Adamses und Van Buren. Ich denke auch, dass er eine gute Kontrolle für jeden wäre, der wie ich dazu neigt, das Ziel eines Mannes, seine Idee und das, was hätte sein können, zu sehen.

Die Gründe zu sehen, warum bestimmte Ideen nicht vollständig in die Tat umgesetzt wurden oder ihre Vollendung als Brauch, als Gesetz, als Ereignis nicht erreicht haben.

Es gibt mehrere Punkte, die von Woodward ausgelassen werden. Und diese Tatsache sollte sich der Student vor Augen halten.

Aber die Professoren, die Woodward in den Himmel loben, weil er nicht auf Stelzen schreibt und ein Paar zitronengelbe Handschuhe aus der Tasche gucken lässt, irren sich. In Woodwards 875 Seiten steckt wahrscheinlich mehr amerikanische Geschichte als in jedem anderen Band, der einen ähnlichen Abschnitt der amerikanischen Geschichte abdeckt . Es muss überprüft und ergänzt werden, und es muss auf die tatsächlichen Papiere von vier Generationen der Adams und Van Burens Bezug genommen werden.

#Nr. 66 (14. März 1943) U.K.(C15)
ANGLOPHILIA

Ich habe dir bisher Dinge zu früh erzählt. Ich meine, ich habe sie euch gesagt (den kleinen Auserwählten, die zugehört haben), ich habe euch gesagt, dass Wilson NICHT die Macht hatte, Verträge für das amerikanische Volk zu unterzeichnen. Und so weiter? Ich habe Ihnen gesagt, dass eine Gedichtzeile Poesie sein kann, dass sie Poesie sein kann, auch wenn sie nicht genau zehn Silben in der Reihenfolge ti tumti tum ti tum enthält. Und so weiter.

Und ich habe Ihnen gesagt, ich glaube, ich habe Ihnen in diesem Radio gesagt, dass es in den Vereinigten Staaten von Amerika eine Basis von Anglophobie gibt, die ziemlich tief verwurzelt ist und feststellbare Ursachen hat. Ich habe gehört, dass diese einfache Erkenntnis in Ihrem Land auf dem Vormarsch ist. Mr. Kipling schrieb *Habitation Enforced*, Mr. H. James antwortete darauf in einer etwas realistischeren Studie. Er griff nämlich Kips romantisch-sentimentales Thema auf und untersuchte es.

Kip stellt den lieben Amerikaner vor, der herüberkam und sich perfekt einfügte, und Henry James den amerikanischen Sentimentalisten, der erwartungsvoll herüberkam und den britischen Rest der Familie sehr verärgerte, der nicht verstand, was der Kerl vorhatte. Nun, versuchen Sie doch einmal in aller Ruhe zu analysieren, worauf die angebliche Anglophilie zurückzuführen ist. Abgesehen von der Ad-hoc-Propaganda der Hure Belisha, von Anglo-Israel und anderen fadenscheinigen Artikeln.

Ja, es gab in Amerika Tory-Familien und Rebellenfamilien. Ich meine im Jahr 1776. Zu Beginn, sagen wir 1750 oder 60, wollte sich fast niemand trennen. Aber die sturköpfige Schwindelei, die Habgier, die Unehrlichkeit und die Gemeinheit der herrschenden Schweine der Regierung von König George zwangen schließlich die Hälfte der Torys in die Opposition.

Die verbleibenden Tory-Familien halten sehr viel von sich selbst, werden aber von anderen nicht sehr geschätzt, und das schon seit 150 Jahren nicht mehr. Die alten Revolutionsfamilien halten sehr, sehr viel von sich selbst, stellen aber in Amerika keine Mehrheit mehr dar.

Leider haben sie an dem Tag usw. KEIN dauerhaftes Gefühl für Verantwortung entwickelt. Ich weiß, dass ein paar von ihnen es einmal hatten. Jedenfalls ist es bei ihnen kifkif, 50/50, ob sie ihre Abstammung und ihre britische Herkunft als Snob betrachten oder ob sie immer noch den Revolutionskrieg (wie ich es in manchen Momenten tue) zu Ihrem eigenen Wohl führen, oh natürlich. Die angelsächsische Ethnie führt niemals einen Krieg, es sei denn, für das Wohl von irgendjemandem oder etwas anderem. ABER die herrschende Klasse in Amerika ist nicht mehr gänzlich englischen Ursprungs. Leute aus Thraxstead haben zum Beispiel die Rileys geheiratet. Und das war noch nicht alles. In und um 1848 gab es eine nützliche deutsche Einwanderung, nicht nur die *oirischen*, die immer in die Krone des alten Englands verliebt waren, und spätere Migrationen. Sklaven aus Afrika, schwarze, dann mehr oder weniger weiße oder dunkelhäutige Sklaven, wurden zum Zweck der industriellen Sklaverei und zur Arbeit für das Wucher-System hierher gebracht.

Wie Sie entdeckt haben, zumindest einige B.B.C. boko in Ulster entdeckt haben, gibt es Amerikaner, die kein Englisch sprechen, deren Muttersprache nicht Englisch ist. Wenn ich sage, sie sprechen kein Englisch, dann meine ich nicht einmal in der Form des amerikanischen Dialekts. Selbst wenn sie bis zu den Augen mit Propaganda vollgestopft sind, haben sie keine innere Grundlage, um Sie und Ihr Reich zu bewundern. Viele der Bewohner dieses Reiches verehren Sie nicht.

Warum sollten sie für Ihr Imperium kämpfen? Sie könnten mich mit Gefühlen erreichen. Die romantische Zeit meines Lebens verbrachte ich in London. Blut ist dicker als Maissaft. Aber ich bin kein Mehrheitsexemplar.

Es wird Ihnen wahrscheinlich nie in den Sinn kommen, dass die Haltung meiner Landsleute während der 12 Jahre, die ich in London verbrachte, feindselig gegenüber mir war. Sie wurde 1920 freundlich, als ich nach Paris wechselte. Woran liegt das? Ich versuche nicht, etwas zu beweisen, ich sage es Ihnen nur. Ein wirklich repräsentativer Amerikaner, der bekannte und viel gelesene Schriftsteller E. Hemingway, hielt mich 1922 für den EINZIGEN Amerikaner, der jemals lebend aus England herausgekommen ist.

Das war eine völlig aufrichtige Meinung, die in einem Jahrzehnt geäußert wurde, als weder Hemingway noch ich politisch waren. Mr. Hemingway ist fast nie politisch. Ich glaube, sein Vater war Engländer. Die gewalttätigsten Amerikaner, die ich kenne, zumindest zwei von ihnen hatten englische Großväter, sie waren NICHT anglophil.

Der Charme von London ist weiblich. Ich nehme an, Ihre Kolonialherren wissen das. London ist romantisch. Das heißt, die drei oder wie viele Millionen überzähligen Frauen in England eröffnen dem Reisenden Möglichkeiten. ABER zum Ausgleich dafür wirkt der junge Engländer in neun von zehn Fällen auf die Jugend ALLER anderen Nationen wie ein dummer Trottel. Das Fehlen des intensivsten Anreizes zum Wettbewerb kann sich erst im Laufe der Jahrhunderte auswirken. Der

Ausnahmemensch, der, wie Herr Hemingway ihn nennen würde, "der gute Kerl", macht NICHT die Masse der Bevölkerung aus. Er geht hinaus und wird in den ersten Monaten des Jahres 1914 erschossen. Sein Massengewicht in der demokratischen Mehrheit nimmt tendenziell ab. Mit diesen Dingen, diesen Unwägbarkeiten muss man rechnen, wenn man die Kraft des Zusammenhalts der Nationen einschätzen will.

Sogar mir, der ich von Natur aus für anglo-amerikanische Freundschaft bereit bin, solange sie nicht unverhohlen und offensichtlich jüdisch ist und ein bloßes Gezeter von und für das Wucher-System, kann ich nicht verzeihen, dass Sie Amerika vergiftet haben. Indem du deinen WORST-Typ von Emigranten wie Seidenstrumpf Sassoon in dieses Land schickst, ja, Victor. Der Kaiser des Opiums und des Orients, und dein Abschaum von der Londoner Schule der Bankokratie. Ich versuche Ihnen die Geschichte zu erzählen, Ihre Überfüllung Amerikas mit Propagandisten, die in Cuff Duper gipfelte, war KEINE Bewegung, die zur Freundschaft beitrug. Ich habe Ihnen bereits gesagt, dass die EINZIGE Propaganda, die dem Dies-Komitee 1939 Kopfschmerzen bereitete, IHRE Propaganda war. NICHT deutsche Propaganda, nicht russische rote Propaganda, sondern IHRE Propaganda. Der Amerikaner unterscheidet sich von dem Engländer, er mag es nicht, wenn man ihm etwas vormacht. Er mag es, jemand anderen zu veräppeln, aber er hat nicht Ihre Liebe zum Prunk und Ihre Vorliebe für die Aufrechterhaltung eines Humbuges.

Ich glaube, Bagehot hat in diesem Zusammenhang etwas sehr Gutes gesagt: "Die Masse der Engländer zollt eher etwas anderem Respekt als ihren Herrschern. Sie respektieren das, was wir die theatralische Show der Gesellschaft nennen könnten." Walt Bagehot [über] die englische Verfassung. Vgl. das mit [der] amerikanischen Verurteilung von Polk (Antrag des Kongresses), der die Offiziere im mexikanischen Krieg lobte. Wenn der Amerikaner es zugegeben hat, versucht er nicht, den Betrug in Busbys und Beefeater-Uniformen einzubalsamieren und so zu tun, als sei er heilig. Ich versuche nicht, zu beleidigen, aber ich glaube, dass der Durchschnittsamerikaner den Engländer sowohl als Snob als auch als Kriecher betrachtet.

Und wenn Roosevelt seine aufgeblasene, gekaufte Vormachtstellung verliert, verlieren SIE. 50 Tausend Amerikaner verdanken ihm den Tod oder die Verwundung oder die Zerstreuung, aber der Trend in der Demokratie ist es, die Schuld abzuwälzen, die Schuld zu verschieben. Sie werden dafür verantwortlich gemacht. SIE haben uns in den Krieg hineingezogen. Ich weiß, dass Roosevelt unbedingt in den Krieg ziehen wollte, aber die Öffentlichkeit denkt nicht daran. Selbst wenn man annimmt, dass die Amerikaner es wirklich wissen. Was die Öffentlichkeit weiß, ist Ihre Propaganda. Ich zitiere: "Zu viele Ausländer in Washington, die Einheimischen werden von ihnen geführt und wissen es."

Brief vom 27. Oktober 1940 aus dem guten alten amerikanischen Lager, südlich von Mason und Dixon, brüllende Demokraten, aus der Zeit, die die Parteilinie ernst nahmen. "Die Japaner bereiten uns die größten Kopfschmerzen." Und das von einer Senatorenfamilie, sechs Wochen vor Pearl Harbor.

Sie erinnern sich vielleicht, dass ich im letzten Jahr meiner Sendungen von Amerika aus gesteuert wurde. Ich meine damit persönliche und recht zuverlässige Notizen, die mir von höchst kompetenten privaten Beobachtern geschickt wurden, die NICHT im Sold des Judentums standen und NICHT für Hollywood und Mr. Roosevelts Besitzer schrieben. Es war meine Absicht und mein Bestreben, in KEINER Weise mit der Meinung aufgeklärter Amerikaner übereinzustimmen.

Zu keiner Zeit habe ich beabsichtigt, das Radio zu benutzen, um persönliche Eigenheiten zu präsentieren, sondern um eine wahre Aufzeichnung zu sprechen. Die U.S.A. werden weder sich selbst noch anderen von Nutzen sein, solange sie nicht die Juden UND Mr. Roosevelt loswerden. Ich meine nicht die kleinen Iren. Ich meine die LARGE Juden. Oftmals IHRE Ausgestoßenen und Exporte.

Wenn ich sage, dass die Amerikaner es nicht mögen, wenn man sie verarscht, gebe ich Ihnen Beispiele: Für einen Amerikaner ist ein Times-Korrespondent ein Trommler für Vickers, ein Trommler, ein Handelsreisender, ein Diener. Er, der Amerikaner, versucht nicht, das zu verpacken. Er LIEBT es, zu entlarven, den Betrug ans Tageslicht zu zerren und sich darüber lustig zu machen, dass er vorgestern oder vor einer halben Stunde zum Trottel geworden ist, weil er betrogen wurde. Das steht im Widerspruch zum britischen Theatertemperament, das den Schwindel aufrechterhalten WILL.

Ich führe diese Dinge an, um eine Quelle des Missverständnisses zu verdeutlichen: Vor 50 oder mehr Jahren erfanden die Amerikaner das Wort "Anglo-maniac". Das bedeutete einen "dude" oder einen Mann, der einen hohen Kragen trug. Damit waren natürlich die Astors und Leute gemeint, die amerikanisches Geld nach England exportierten (Kapital oder Taschengeld) und in die englische Gesellschaft einheirateten. Das nannte man "einen Duke kaufen". Sie halten mich wahrscheinlich nicht für einen Anglo-Maniac.

Als ich in England lebte, war ich ein "Expatriate"; als ich nach Paris ging, wurde ich weiß gewaschen, ich wurde wieder als Amerikaner betrachtet. All dies ist wahrscheinlich sehr oberflächlich. Erlauben Sie mir einen ruhigen Abend: Erlauben Sie mir, mich einmal mit diesen Schwanenhälsen zu beschäftigen, die auf dem sozialen und politischen Strom schwimmen.

#Nr. 67 (16. März 1943) U.S.(C20)
ZU ERKLÄREN

Es erscheint wahrscheinlich sehr exzentrisch, dass ein Mann, irgendein Mann, das Tennisspielen und den Versuch, die konfuzianische Anthologie zu verstehen, unterbricht und nach einem langen Zeitraum von Jahren nach Amerika zurückkehrt, um gegen IRGENDWAS zu protestieren oder seinen Mitbürgern Vorschläge für irgendetwas zu machen.

Nach vier Jahren würde ich jedoch gerne ein paar Minuten MEHR Konversation mit Mr. Sam Pryor, dem jungen Elihu und einigen anderen Koryphäen der Partei führen, um zu sehen, ob sie jetzt eher bereit sind zu glauben, was ich ihnen damals gesagt habe. Ich glaube NICHT, dass die dritte Wahl von Roosevelt notwendig war. Ich nehme an, die USA wissen jetzt, dass die Wahl ein Fehler war. Meine Behauptung war damals, dass die Menschen etwas anderes wollten. Wilikie war NICHT etwas anderes, er war derselbe, schlimmer und noch schlimmer. Und die Menschen haben ihn nicht gewählt.

Die meisten vernünftigen Amerikaner wünschen sich heute, Roosevelt und seine Juden wären nie geboren worden. Aber keiner von ihnen scheint eine klare Vorstellung davon zu haben, wie die unangenehmen Folgen dieses Ereignisses beseitigt werden können. Manche Republikaner waren 1939 vielleicht der Meinung, dass Roosevelt den Amerikanern gründlich in die Suppe gespuckt hatte und dass seine Partei den Dreck wegräumen sollte.

Ich habe ihnen NICHT zugestimmt. Die anschließende Sauerei zeigt keine Anzeichen dafür, dass sie ihre eigenen Staubsauger hervorbringt. Nun, lassen wir die Vergangenheit ruhen. Ich werfe den republikanischen Führern NICHT mangelnde Allwissenheit vor.

Nur wenige Menschen haben sie.

Einige von ihnen dachten, die von Juden unterstützte Umfrage von Mr. Gallup sei ein Hinweis auf die Stimmung in der Bevölkerung, haben aber nicht auf den Kalender geschaut. Sie haben es immer noch mit einem cleveren Gegner zu tun, der keine Skrupel hat und 1944 wahrscheinlich von all den Milliarden unterstützt wird, die das internationale Judentum aus dem amerikanischen Volk und den Ethnien herausgepresst hat. Die Hoffnung, die lange mit der Flasche genährt wurde, wird vielleicht gar keine Zähne mehr bekommen.

Da mir wahrscheinlich niemand glauben wird, schlage ich vor, dass sie anfangen, selbst darüber nachzudenken. Ich schlage vor, dass ein DUD-Kandidat für 1944 genauso unerwünscht ist wie vor zwei Jahren. Ich schlage vor, dass völlige Inkompetenz im Kabinett unerwünscht ist. Die Republikaner HATTEN 1940 das Zeug zu einer starken Exekutive. Vorausgesetzt, sie folgten dem frühen amerikanischen System mit einem Präsidenten und einem Kabinett. Mehrere Republikaner in Washington hätten funktionieren können und Amerika aus dem Krieg heraushalten, es durch die stürmische Zeit steuern und vielleicht, obwohl ich das bezweifle, sogar den Ausbruch des Krieges verhindern können.

Ich vermute, das Judentum hatte Churchill so fest im Griff, dass nichts ihn oder England vor ihm hätte retten können. Abgesehen vom Krieg hätte sich das britische Empire elegant oder unelegant aufgelöst. Wie dem auch sei, die USA hätten, wenn sie sich aus dem Krieg herausgehalten hätten, mit Sicherheit die Bruchstücke absorbieren können, ohne die extremen Unannehmlichkeiten auf sich nehmen zu müssen, von denen ein großer Teil der Außenwelt jetzt hört, dass die USA sie auf sich nehmen.

Nun lebt Vandenberg, von meinem Standpunkt aus gesehen, im Jahr 1858 oder davor. Aber Vandenberg mit einem KABINETT wäre ein besserer Präsident gewesen als Roosevelt alias Cohen oder Wilikie alias der Rest der Synagoge. Ich hätte Senator Vandenberg NICHT gewählt, weil ich nicht glaube, dass wir irgendwelche wirtschaftlichen Ansichten gemeinsam haben. Ich will damit nur sagen, dass die Republikaner das Zeug zu einer starken und in vielerlei Hinsicht vernünftigen, wenn auch konservativen, d.h. in ihren Gewohnheiten verhafteten Regierung hatten.

Ich weiß nicht, ob sie bisher irgendetwas gelernt haben. Einige der alten Gewohnheiten sind durch die drei Jahre des Konflikts ins Wanken gebracht worden. Aber Vandenberg hat vielleicht noch nichts davon gehört. Bridges hat vielleicht noch nichts davon gehört. Sie wissen vielleicht noch nicht, dass Mark Hanna tot ist.

Ich war und bin der Ansicht, dass das Kabinett die Schule für die Exekutive sein sollte. Dieses System funktionierte unter Jefferson, und das Einzige, was ich Jackson vorwerfen kann, ist, dass er eine theoretische Idee dagegen hatte, die Van Buren lediglich dazu brachte, das Kabinett lange genug zu verlassen, um sich für die Nachfolge zu qualifizieren. Eine nutzlose Formalität. Ein Exekutivbeamter MUSS eine Art von Exekutivausbildung haben. Dafür gibt es keinen besseren Ort als das Kabinett.

Die Regierung der Geschäftsleute, NUTS. Merkantilistisches oder wucherisches Denken taugt NICHT für ein Problem, das die ganze Nation betrifft. Deshalb sollten bei der Regierungsbildung Juristen zum Einsatz kommen. Wenigstens haben [sie] einen Sinn für das Recht, als etwas für den ganzen Staat, die ganze Gesellschaft.

Der einzige Mann, der in einer Diskussion mit mir jemals einen wirklichen Einwand gegen Gesell vorgebracht hat, hat mich etwas verwirrt. Er hatte Argumente, die von Rechnungsprüfern und Kabinettsministern nicht vorgebracht worden waren. Er hat mich verblüfft. Ich musste darüber nachdenken.

Die Antwort war, dass er eine Art Aktionärsvereinigung vertrat. Er betrachtete die ganze Sache aus der Sicht eines Teils der Gesellschaft, NICHT aus der Sicht, wie sie sich auf die ganze Nation, auf die gesamte Gesellschaft auswirken würde.

Der Mensch verbringt sein ganzes Leben damit, darüber nachzudenken, wie er der Öffentlichkeit einen Gewinn entlocken kann, wie er mehr produzieren kann, ohne Rücksicht, ich meine ohne Rücksicht auf alles. Selbst wenn er darüber nachdenkt, wie er einen guten Artikel produzieren kann, nun, das ist besser.

Was mit DENEN passiert. Wird konfisziert. Von den Profiteuren, den Geschäftemachern in der Regierung zu Gunsten von Kaiser's Särgen.

Mr. Williams hat mir etwas Platz in Greenwich Time eingeräumt, nicht dass er in meine gegenwärtigen Ansichten verwickelt werden soll. Aber er könnte diese Idee über den KABINETT selbst aufgreifen. Ich glaube, ein Mann, der Präsident werden will, sollte seinen Weg zu einem KABINETT SEHEN, und seine Partei sollte seinen Weg zu einem Kabinett sehen, und WELCHE Art von Kabinett, bevor das Volk gebeten wird, ihn zu wählen. John Adams hatte ein schlechtes Kabinett, ein paar Blindgänger, die von Washingtons Unglück übrig geblieben waren. Ich meine, nachdem alle MÄNNER Washingtons Kabinett verlassen hatten, blieben ihm nur noch die Schwarten und Reste; und John Adams, der aus demokratischen Gefühlen heraus und wegen seiner autoritären Tendenz usw. geärgert worden war, behielt diese Blindgänger aus Sentimentalität bei und ruinierte damit seine Regierung. Gute Kabinette haben große Administrationen hervorgebracht. Soweit ich mich erinnere, hat es KEINE große Regierung ohne EINIGES Kabinettstalent gegeben. Sogar Lincoln hatte Seward; eine Persönlichkeit, die interessant genug war, um gleichzeitig mit seinem Chef erschossen zu werden, und auch nicht von einem Schauspieler. Diese Gleichzeitigkeit wird in den Geschichtsbüchern NICHT ausreichend betont. Schweife ich ab? Man kann eine Idee nicht einfach isolieren.

Wenn sie real ist, muss sie zwangsläufig mit Fakten und Nebenschauplätzen behaftet sein. Dewey, ein netter junger Mann. Aber er würde NACH vier Jahren im Kabinett einen besseren Präsidenten abgeben, als er es jemals wäre, wenn er von außen, in der schönen Blüte seines zweiten Schnurrbarts, eingesetzt würde.

Ich bin natürlich froh, dass Lehman draußen ist. Ich wünschte, alle seine Freunde wären in Australien, und er bei ihnen. Das würde dem guten Leben auf dem amerikanischen Kontinent zuträglich sein. Aber die Bewegung zur Beseitigung von Morgenthaus Banden aus Albany ist NICHT weit genug gegangen.

Ich weiß, ich habe vorhin etwas Unüberlegtes gesagt. Ich sagte, die Republikaner würden 1944 alle Juderia, alle Juden, gegen sich aufbringen. Nun, das ist nicht die einzige Möglichkeit. Denn wenn die Juden der Meinung sind, dass es an der Zeit ist, Mr. Roosevelt zu verlassen, ich meine, wenn er 1944 so verhasst ist, dass es keine Chance mehr gibt, ihn für eine vierte, fünfte, sechste oder siebte Amtszeit zu wählen, und wenn Hank Wallace zu weit vom Weg abgekommen ist, dann könnte natürlich das ganze Judengeld, die Gewinne aus dem Goldverkauf und dem Wucher GERADE in die Republikanische Partei fließen, etwa zwei oder mehr Monate vor der Wahl. So wie es vielleicht beim letzten Mal der Fall war, als sie das Trojanische Pferd (mit Verlaub: die Pferderasse) Mr. Willkie mitbrachten. Nur würden sie beim nächsten Mal etwas Schlimmeres bringen, mit der Absicht, ihn zu wählen und das Volk auszurauben.

Ihr Korrespondent sollte natürlich anmerken, ja Ihr Korrespondent HAT angemerkt, dass der größte Teil des vom Morgenthau-Finanzministerium erworbenen Goldes gekauft wurde, NACHDEM es die USA erreicht hatte, und dass das Gold, das in dieses Land geschickt wurde, der Regierung oder Einzelpersonen in einem anderen Land gehört haben könnte. Ja, das ist richtig und absolut vernünftig. Dennoch würde oder MUSS es das amerikanische Volk und sogar das republikanische Nationalkomitee interessieren, zu wissen, welche dreckigen Juden in New York als Agenten für die Rothschilds und andere Zweige des Kerzenständers von Judäa fungierten. Und der Autor eines hoch angesehenen Universitätslehrbuchs schreibt mir: "Ich kann mich an keinen Bericht über die Aktivitäten ausländischer Banken oder Bankagenten in den USA erinnern, abgesehen von der Korrespondenz im Zusammenhang mit Präsident Jacksons Bemühungen um eine Einigung mit Frankreich während seiner Amtszeit. In der Tat weiß ich nicht, dass es einen klaren Bericht über diese Aktivitäten gibt, und vermutlich müssten die Daten aus der Korrespondenz dieser Staats- und Finanzministerien ausgegraben werden."

Nun, verdammt noch mal, fangen Sie an zu graben. Sie werden es so schwierig finden wie die babylonischen Ausgrabungen. So schwierig wie die Tontafeln in Ninive, aber Sie können genauso gut mit den Ausgrabungen beginnen. Natürlich wird Ihre Arbeit nicht sofort von Verlagen und Universitäten begrüßt werden, aber dennoch sollte jemand gelegentlich eine ehrliche Tages- oder Jahresarbeit für die Nation leisten.

Wie zum Teufel wollen Sie eine Wirtschafts- oder Finanzgeschichte oder überhaupt eine Geschichtsschreibung außer dilletantischen Impressionen zustande bringen, bevor Sie nicht einen klaren und detaillierten Bericht über die Aktivitäten der internationalen Judery und ihrer Agenten in den USA vorlegen können, weiß ich nicht. Und Sie wissen es auch nicht, und Sie werden es auch nicht wissen, bis Sie sich die Mühe gemacht haben und die Daten haben. Herr Morgenthau wird sie Ihnen nicht einfach auf einem Teller servieren.

#Nr. 68 (19. März 1943) U.S.(C21)
MEHR NAMEN

Ich behandle Informationen aus den USA und England mit Vorbehalt. Es ist ganz offensichtlich, dass die einzige Möglichkeit, wie das B.B.C. oder der Lehman- und Judah-Radio in Amerika jemanden täuschen könnte, darin bestünde, die Wahrheit zu sagen, dass das amerikanische Volk vielleicht wirklich weniger zu essen hat, dass vielleicht einige Männer im Gefängnis sitzen. Wenn Roosevelts Kritiker durch die Polizei und durch die Methode der Inhaftierung mundtot gemacht werden, haben sie vielleicht die falsche Richtung eingeschlagen. Natürlich kann niemand befürworten, dass Amerika einen Krieg verliert. ABER das Scheinwerferlicht auf Morgenthau, Katz und Sommerleigh kann sich nicht nachteilig auf die amerikanischen militärischen und subnavalen Operationen auswirken. Das Wissen um Katz und Sommerleigh oder um die eigentümlichen Verzweigungen der Familie Morgenthau kann die Produktion von Kaisersärgen nicht vermindern oder schlechte Schiffe schlechter oder ungelernte Seeleute weniger geschickt machen.

Wenn ich meine Briefakten des letzten Jahrzehnts durchblättere, weiß ich nicht, wo ich anfangen soll zu zitieren. Ich habe eine bemerkenswerte Rede im Repräsentantenhaus zitiert. Ich werde sie wahrscheinlich noch einmal zitieren. "Verwickelt sie", das heißt die USA, "im Voraus in den nächsten europäischen Krieg." Repräsentantenhaus, 3. Februar 1933. Das von nördlich der Mason und Dixon Linie. Aus Carolina, 1934, zitiere ich das Folgende: Henry Morgenthau ist durch Heirat mit Herbert Lehman, dem jüdischen Gouverneur des Staates New York, verwandt (der Lehman, den Präsident Roosevelt als "seinen rechten Arm" bezeichnet hat) und ist durch Heirat oder auf andere Weise mit den Seligmans der internationalen jüdischen Firma von J. und W. Seligman verwandt, denen vor dem Untersuchungsausschuss des Senats öffentlich nachgewiesen wurde, dass sie einer ausländischen Regierung Bestechungsgelder angeboten haben, sowie mit den Lewisohns, einer Firma jüdischer internationaler Bankiers, und mit den Warburgs, deren Geschäfte über Kuhn, Loeb und Co, die internationale Akzeptanzbank, die Bank of Manhattan und andere ausländische und inländische Institutionen unter ihrer Kontrolle BILLIONEN von Dollar aus dem US-Finanzministerium und den Bankguthaben der US-Bürger abgezogen haben. usw., usw. Diese Clique internationaler Bankiers oder bestimmte Mitglieder dieser Clique schickten vor dem Aufstieg Hitlers jedes Jahr Hunderte von Millionen amerikanischer Dollar aus dem Land nach Berlin, von wo aus sie nach Sowjetrussland gingen.

Und dieser unverbesserliche Jude Isidore ben Isaac Solomon ben Henrich Morgenthau nimmt immer noch Dollars aus Ihrer Tasche und Gold aus Russland, um Schulden auf Schulden zu häufen, Pelion auf Ossa; um die USA in eine große Stakhano vite Hölle zu verwandeln, das heißt in ein Konzentrationslager für Zwangsarbeit. ALLES nach den Kikifikationen.

Und ihr seid Trottel. Wie seit der Aufzeichnung in der Genesis. Es ist eine sehr lange Geschichte, die auf die Fälschungen des Gleichnisses gegen den Wucher 500 v. Chr. zurückgeht, das als Allegorie gegen die Fortpflanzung gefälscht wurde. Mittelalterliche Propaganda für Unterdrückung der Fortpflanzung der Intelligenz. Kämpfe der Ikonoklasten: Guelfen gegen Ghibbelinen, Dekalog gegen Kruzifix, all diese Geschichte muss neu untersucht werden.

Es ist unwahrscheinlich, dass die Japaner auf diese Art von Hebe-Propaganda hereinfallen werden. Sie sind vielmehr strenge Pioniere aus Neuengland, d. h. aus der Zeit der Großfamilien. Der Büroangestellte der Japan Times druckte Fotos von Dörfern ab, in denen, wie er sagte, die Bewohner nichts anderes tun, ABER.

Und laut Amery gibt es in England, dem England von Mr. Churchill und Margot, 150 Tausend politische Gefangene, wahrscheinlich für nichts anderes als für den Versuch, die Ethnie zur Sprache zu bringen und nach der Genealogie von ein paar Hundert kauenden Peers zu fragen; und den Druck der ineinandergreifenden jüdischen Direktorien, die die Handlanger im Parlament und Mr. Vansittart kontrollieren.

Ich nehme an, die Amerikaner sind immer noch zurückhaltend, wenn es darum geht, die rassische Herkunft der angeblichen französischen Flüchtlinge zu untersuchen, die jetzt in Amerika sind. Achtzig Prozent von ihnen sind Kau- oder Spielkameraden und Bettgenossen von Sheenies und Sheenies. Ich weiß nicht recht, in welches Schema dieser Krieg Ihrer Meinung nach passt. Er wurde sicherlich NICHT von den Engländern und Amerikanern geplant, die im letzten Krieg gekämpft haben. Er wurde gewiss nicht von den JUNGEN Männern Englands oder Amerikas durchgeschmuggelt. Das jüngste rosarote Aushängeschild für Piccadilly- und Burlington-Arcade-Kragen und -Krawatten ist Anthony Eden, der todsicher NICHT in den Kugelhagel gezogen werden wollte. Er hatte einen schönen, bequemen Job.

Der Rest der Kriegsmacher waren senile Bettwanzen und Wucherer. Und es war NICHT unerwartet. Die amerikanische Jugend möge sich daran erinnern, dass es NICHT unerwartet war. Und NICHT zur Erhaltung Englands, nicht zum Nutzen der Seeleute, der tapferen Handelssegler, genauso wenig wie die Juden in den letzten 100 Jahren unterwegs waren, um die landwirtschaftliche Bevölkerung Englands zu erhalten. In der Tat könnte diese strahlende Hoffnung (wenn das das richtige Wort ist), diese strahlende Aussicht auf die amerikanische Vorherrschaft durch Henry Adams' Theorem über die Beschleunigung getroffen worden sein. Vielleicht wartest du auf den großen Boom, der Horace Greeley auf den Plan gerufen hat. Go WEST, junger Mann, go west. Nun, vielleicht hat er sich RICHTIG über den Pazifik nach Westen bewegt. Berechne das mit dem Theorem von Henry Adams. Ja, dieses Mal sagte ich HENRY, nicht B. Adams, Henry. Ich sagte, sieh dir Henrys Gleichung über die Beschleunigung des historischen Prozesses an und frag Mama oder Onkel Ted, ob das nicht vielleicht den Handelswirbel getroffen hat.

Die beiden orientalischen Ethnien, die noch nicht bejudet sind, sind die Japaner und die Chinesen. Und möglicherweise werden Wangs Millionen nie mehr einen JUDE-Scheck akzeptieren.

Nun, das sind alles nur Vermutungen. Es wäre sinnvoll, wenn Sie und George und die anderen sich fragen würden: WELCHE von Ihnen sind frei von jüdischem Einfluss? Welche politischen und wirtschaftlichen Gruppen sind frei von jüdischem Einfluss, oder, bujayzus, von jüdischer Kontrolle? Wer hält die Hypothek? Wer ist ein beherrschender Direktor? Welcher Jude hat welchen Juden gebeten, welchen Abgeordneten zu nominieren, der bei WEM in der Schuld steht?

Und wer ist beim Judentum verschuldet oder von Krediten abhängig, die er ohne die Duldung des Judentums nicht bekommen kann?

Welches College oder welche Universität wird sich dadurch auszeichnen, dass sie ihren Geschichtskursen einen Kurs zum Studium der kaukasischen Geschichte und der Fugger und der Auswirkungen des Judentums und des Wuchers auf die Geschichte Europas während der letzten tausend Jahre hinzufügt? Oder zweitausendfünfhundert Jahre, seit dem so rührenden Experiment von Cyrus dem Perser, der sie hinausschickte, aber nicht OUT genug. Natürlich mit Verweis auf Cromwell und die französische Revolution und die Rolle, die die Juden in der französischen Revolution gespielt haben. Und wo uns das alles widerfährt, wo es uns betrifft, warum es nicht alles alte Spitzen und Rückblicke sind, einbalsamiert und mit Lavendel parfümiert.

Ich möchte mit diesen Vorträgen Neugierde wecken, auch für zehn Cent oder zwei Dollar jene seltenen Tugenden: intellektuelles Bewusstsein und Neugierde. Alice James, die Schwester des großen Henry, beklagte sich darüber, dass wir Amerikaner keine moralische Empörung zeigen würden, d. h. manchmal, wenn sie sich darauf einstellte, dass ein Amerikaner moralische Empörung zeigen sollte, gab der Amerikaner einfach auf und tat es nicht.

Natürlich warnt die Familie James nicht gerade vor Engländern oder Amerikanern. Einige von ihnen stammen sogar aus Ulster, was einen Großteil des Rätsels erklärt, das ihre eigentümlichen Reaktionen bisher umhüllt hat, wenn man Ulster-Irisch [erklären kann].

Ich nehme an, dass ich manchmal eine Art von Empörung zeige. Aber über manche Dinge kann ich keine Empörung aufbringen. Ich meine, seit ich schreibe, rufen mich die Leute an, um mir zu sagen, was sie für ihre Verwandten tun sollen, wenn sie ein bisschen komisch im Kopf sind. So wie Cheever in Paris. Mein alter Concierge sagte: Was, Monsieur, Sie verbringen Ihre ganze Zeit damit, Verrückte einzusperren? Die Leute denken, weil man Gedichte schreibt, weiß man über die Köpfe der Leute Bescheid? So habe ich mich gelegentlich mit Pathologen beraten. Und wenn ein Mann herauskommt und sagt: KEIN amerikanischer Junge soll zum Kämpfen ins Ausland geschickt werden. Dann hört man ihn ein paar Monate oder ein Jahr später schreien: Millionen amerikanischer Soldaten sind in allen Teilen der Welt, ist das nicht wunnerfuuuullll! Man erwartet von mir moralische Entrüstung! Zweihundert Leichen treiben in dem Meer vor dem Hafen von Cadiz? Waaaaas, nur 200, in einem Jahr oder so werden es Tausende und Abertausende von Leichen sein, die auf dem Meer treiben. Ist das nicht wunnnnnerlich!

Ist es nicht Wahnsinn, worauf du wartest? Darauf, dass er Maisky und Litvinov und andere hohe Diplomaten mit Federn im Haar empfängt? Worauf wartest du?

#Nr. 69 (21. März 1943) U.K.(C16)
POGROM

Fangt KEIN Pogrom an (*bis*). Das Problem ist nicht unlösbar. Fangt kein Pogrom an; das Problem, das Chewisch-Problem, ist nicht unlösbar. Fangt kein Pogrom an; SELL'em Australia. Geht nicht in die Wüste und sterbt nicht für die hohe Judery. Stirb nicht für Tel Aviv, Goldsmid und Jerusalem: Verkauft ihnen Australien. Schenkt ihnen keine nationale Heimat. VERKAUFEN Sie ihnen eine nationale Heimat, wenn sie sie kaufen wollen. Natürlich zu günstigen Konditionen, mit langfristigem Kredit. Sie werden nie den vollen Preis für das bekommen, was Sie ihnen verkaufen, aber es wäre insgesamt billiger, ihnen Australien zu VERKAUFEN. Es ist unwahrscheinlich, dass sie losziehen und ein nationales Haus erobern. Wenn sie das wollen, kann man ihnen natürlich Waffen und Munition verkaufen. Ich glaube nicht, dass man das gegen Bargeld tun kann. Ich glaube nicht, dass sie Kohorten und Bataillone aufstellen werden, aber versuchen Sie es ZUERST, wenn Sie mir nicht glauben. Wenn es fehlgeschlagen ist, verkauft ihnen Australien. Und gebt ihnen Cripps als Hochkommissar und Eden als ihren Premierminister; und fatty Temple, gekleidet in ein Ephod, um in der Synagoge zu dienen, oder um Hohepriester seiner neuen synthetischen Religion zu sein. Kochen in Westminster, um den internationalen Wucher zu unterstützen, die Dekrete der Kirche umzukehren und den Wucher zu vergöttern. Mit Muddleton Murray und Norman Angell und Montagu Norman und den Montagues, die keine echten Montagues sind, und Mocatta und Rothschild.

Mein Gott, Ihr Land ist überbevölkert. Ich meine, besonders nach dem Krieg, mit dem Verlust Ihres Tonnageraums und dem Verlust Ihrer Märkte, werden Sie Ihre Bevölkerung ausdünnen müssen. Verkaufen Sie sie an Australien. Und wählt die Saat für die neue Strafkolonie aus.

England, fröhliches England, Chestertons England. Ein Nest von singenden Boids: das England von Dowland und Purcell. DIESES England. Wie wollt ihr zu diesem England zurückkehren? WIE willst du dieses England zurückgewinnen, wenn du nicht die Sassoon und die Rothschilds und die Lawsons, die Levy Lawsons und die Burnhams, die Lawson Levys und Leverton Harries ausmerzt: und all die Sequelae, mit Gilbert Murray, der mit ihnen zu den Antipoden geht? Und soapy Si [?] und Sam Hoare und Vansittart und all die halb-arischen Säulen der Judery. WIE wollt ihr jemals wieder ein fröhliches England haben?

Mein Vorschlag, sie nach Australien zu verkaufen, ist gar nicht so abwegig. Es würde zumindest das Problem verlagern. Euer Problem ist eindeutig England, das fröhliche England, ohne Slums, ohne Wucher, ohne eine jüdische Religion, ohne Schusterjungen. Das würde zumindest einen Teil eures Problems oder einige eurer Probleme lösen. Churchill übergibt Venezuela und Ihre amerikanischen Stützpunkte. Nun, die gehen an die Juden, die bereits nach Amerika gegangen sind. Verkaufen Sie Australien. Sie werden es nicht mehr wollen. Verkauft es an die Juden, die England noch nicht verlassen haben. Und dann lasst sie losziehen, um die Industrie zu entwickeln. Das würde einige eurer Probleme lösen, es würde euch helfen, die Entschädigung für abgenutzte Kohleminen an die ehemaligen Besitzer zu zahlen: ohne das englische Volk in den Bankrott zu treiben. Ich meine, wenn sie nicht schon bankrott sind.

Wie der Marchese C. sagt: "In allen Angelegenheiten, die mit den Juden zu tun haben, ist der Name der Arier MUGG." Verkauft sie an Australien.

Es hat lange gedauert, das Thema anzusprechen. Sell'em Australia. Ich weiß, dass Sie die Minenbesitzer entschädigen und eine Kommission einrichten, die die Bedingungen des Bergbaus untersucht. Jemand ist sogar im oder beim Parlament aufgestanden und hat vorgeschlagen, die Lebensbedingungen der ärmeren britischen Einwohner zu humanisieren.

HEILIGER Fortschritt. Die Nachrichten aus Europa dringen bis zu Ihrer Insel vor. Ist das nicht wunderbar? Die Idee der Entschädigung ist nicht neu. In San Salvador gab es einen Juden, der seine Bank an die Regierung verschenkte. Als Entschädigung für ein Leben. Verkauft sie an Australien. Wird die Gräfin von Oxford und Asquith ihr Wehklagen in Protest erheben? Wird sie Ihnen von den Vorteilen erzählen, die Sie von den Rothschilds erhalten haben?

Was ist damit?

Vor ein paar Wochen erzählte sie uns über die Luft, die auf die Temperatur des B.B.C. erwärmt war, dass sie elf Premierminister gekannt hat, von Gladstone - "Sprich deine Gebete, Margot" - bis zum jetzigen. Es ist sehr schade, dass sie uns nicht erzählt hat, was die anderen zehn von dem jetzigen P.[M.] hielten, das hätte sich gut angehört. Mit ein paar Zitaten von William Watson.

Aber da man den Duke of Wellington nicht ans Mikrofon holen kann, muss man wohl etwas tun. Nun zu den Juden und dem Problem. Das jüdische Problem, das der Economist NICHT aufklärt, weil er den Juden gehört, d.h. Rothschild, und seine Redakteure ihren Eigentümern dienen. Der Economist hat offiziell festgestellt, dass einige Amerikaner mit den Anglo-Juden nicht einer Meinung sind. Ist das schade? Ich denke, es ist nicht schade. Die Juden haben jedes Land, das ihnen in die Hände fiel, ruiniert.

Die Juden haben ein System ausgearbeitet, ein sehr sauberes System, um den Rest der Menschheit zu ruinieren, eine Nation nach der anderen. Viele Amerikaner sind sich dieser Tatsache nicht bewusst, und The Economist trägt regelmäßig dazu bei, diese Ignoranz aufrechtzuerhalten; aber SIE mögen diese Ignoranz. Ich glaube nicht, dass der normale Amerikaner seine Unwissenheit mag. Daraus ergibt sich vielleicht eine grundlegende Dichotomie.

Der Economist und die ihm angeschlossenen Zeitungen, d.h. neun Zehntel Ihrer Presse, wollen die gegenwärtige Unwissenheit aufrechterhalten. Das ist sehr englisch, ich meine, das ist es, was der Amerikaner unter einer englischen Zeitungspolitik versteht. Bei genauerem Hinsehen könnte man meinen, dass es in gewissem Sinne anti-englisch ist. Die Gräfin von Oxford war einmal eine Bewunderin der Rothschilds, vielleicht ist sie es immer noch. Als sie das letzte Mal vor dem Mikrofon stand, sagte sie nichts darüber. Ich weiß nicht, ob die Amerikaner sehr an ihren Ansichten über Finanzen und Regierung interessiert sind; aber sie würden eher mit einigen der untergetauchten Fraktionen in England übereinstimmen, wenn mehr Leute etwas klarer zum Thema Rothschild und zum Thema Leihkapital und internationales Kreditwesen und die hebräischen oder semitischen oder jüdischen Elemente in Ihrer Wirtschaft und Politik sagen würden.

Wie zum Beispiel die Vatersnamen einiger Ihrer Kollegen; ich meine die Namen, mit denen sie ihr Leben begonnen haben, oder mit denen ihre Eltern ins Leben gestartet sind. UND die Beziehung Ihrer Abgeordneten und Ihrer Regierungsklasse zu verschiedenen Finanzinstituten. Die manchmal sowohl in New York als auch in London ihren Sitz haben, oder chronologisch gesprochen, was die zeitliche Abfolge betrifft; deren Geschäfte sich im Laufe der letzten paar Jahrhunderte von London aus nach Westen ausgebreitet haben, so wie die der Sassoons in unserer Zeit.

Nun neigen wir Amerikaner, wenn wir von The Economist und Mr. Crowther und Mr. Einzig hören, dazu, an Einzig als einen Juden zu denken und an Mr. Crowther als einen Diener des Judentums und an The Economist als eine Rothschild-Zeitung, NICHT als eine Zeitung, die einem sauberen Engländer oder überhaupt einem Engländer gehört. Vielleicht würde ein eindeutigerer Gebrauch der Terminologie Herrn Crowther, Einzig und den anderen Mitarbeitern von The Economist helfen, ein klareres Verständnis zwischen ihnen und der amerikanischen Öffentlichkeit herzustellen. Natürlich ist oder war ihre Verständigung mit Morgenthau, Ben Cohen, Frankfurter, Roosevelt, Mrs. Hulls Ehemann, Lady Halifax' Ehemann, Mrs. Perkins, geb. Rabinovitch oder etwas ähnlich Orientalischem vollkommen klar. Aber einige Amerikaner würden das eher als eine Vereinbarung zwischen einer Gruppe von Juden in London und einer Gruppe von Sheenies auf der anderen Seite des Fischteichs betrachten.

An dieser Übereinkunft, d.h. an der Übereinkunft zwischen verschiedenen Gruppen von internationalen Jidds, die gleichzeitig von verschiedenen Geschäftsadressen in verschiedenen Hauptstädten der Welt aus Geschäfte machen, und zwar nicht mehr in ALLEN Hauptstädten der Welt, hat es nie einen Zweifel gegeben. Das heißt, nicht in den letzten 20 Jahren oder den letzten 40 Jahren, außer in uninformierten Kreisen. Es ist die zunehmend beleuchtete Natur der Verständigung zwischen den Juden, die Russland leiten, und den Juden, die jetzt in London und Washington Machtpositionen einnehmen, die dem besseren Amerikaner hilft, sowohl Mr. Churchill als auch Mr. Roosevelt zu verstehen, und die Kräfte, die diese höchst unerwünschten Exemplare der Unmenschlichkeit zu der Prominenz erhoben haben, die sie jetzt genießen, wenn genießen noch das richtige Wort ist. Ich bezweifle, dass sie es bis vor kurzem genossen haben. Aber wir bezweifeln, dass ihr persönliches Vergnügen zunehmend von den Regierten geteilt wird. Auf jeden Fall ist der jüdische Vorschlag, Roosevelt zum Weltkaiser zu machen und das neue Jerusalem auf der Landenge von Panama anzusiedeln, ohne dass die verärgerten Sachsen ihm Kontrollen auferlegen, eine Idee, die die Gräfin von Oxford und Mr. Crowther inspirieren sollte. Vielleicht wird das B.B.C. es erklären, mit einer oder zwei Fußnoten von Herrn Shaw.

#Nr. 70 (25. März 1943) U.S.(C22)
UM ZU REKAPITULIEREN

Dieser Krieg hat nicht 1939 begonnen. Er ist kein einmaliges Ergebnis des berüchtigten Versailler Vertrages. Es ist unmöglich, ihn zu verstehen, ohne zumindest einige vorangegangene historische Ereignisse zu kennen, die den Zyklus des Kampfes kennzeichnen. Niemand kann ihn verstehen, ohne zumindest einige Fakten und deren chronologische Abfolge zu kennen.

Der Krieg ist Teil des uralten Kampfes zwischen dem Wucherer und dem Rest der Menschheit: zwischen dem Wucherer und dem Bauern, dem Wucherer und dem Produzenten, und schließlich zwischen dem Wucherer und dem Kaufmann, zwischen usurocracy und dem merkantilistischen System.

In der Ökonomie gibt es fast keine absoluten Neuerungen. In den meisten Fällen kann man lediglich sagen, dass dieses oder jenes Phänomen MINDESTENS aus diesem oder jenem Zeitpunkt stammt.

Die wahre Grundlage des Kredits war in Siena mindestens seit 1620 bekannt. Dieses Wissen floss in die Gründung der Monte dei Paschi ein, einer Bank, die noch heute besteht und die einzige Bank in Italien war, die zur Zeit Napoleons nicht zusammenbrach.

Die wahre Grundlage des Kredits besteht in: dem Reichtum der Natur und der Verantwortung des ganzen Volkes.

In diesem Fall: das ganze Volk von Siena.

Der gegenwärtige Krieg geht MINDESTENS auf die Gründung der Bank of England am Ende des XVII. Jahrhunderts, 1694-8, zurück. Ein halbes Jahrhundert später schloss die Londoner Usurokratie die Ausgabe von Papiergeld durch die Kolonie Pennsylvania. A.D. 1750.

Dieses Ereignis wird in den amerikanischen Schulgeschichten normalerweise nicht besonders hervorgehoben. Sechsundzwanzig Jahre später, 1776 n. Chr., rebellierten die dreizehn Kolonien mit großem Erfolg. Der erste Kongress der neuen Amerikanischen Union betrog die Revolutionsveteranen mit einer sehr einfachen Methode, die in abgewandelter Form nach den meisten modernen Kriegen auftritt.

Die von den Staaten ausgestellten Soldscheine wurden abgewertet. Nachdem sie von Spekulanten auf zwanzig Cents pro Dollar gebracht worden waren, "übernahm" die nationale Regierung die Zahlung zum Nennwert. Das heißt, zum Nennwert von einem Dollar pro Dollar.

Dies war der Skandal der "Übernahme". Claude G. Bowers gibt in seinem Buch *Jefferson and Hamilton* eine gute Darstellung davon. Nachdem er mindestens drei gute Bücher geschrieben hatte, zwei über Jefferson und. Hamilton, und eines über die Ära des Wiederaufbaus, Johnsons Regierung nach dem amerikanischen Bürgerkrieg, wurde Bowers zum Botschafter in Spanien ernannt. Soweit ich weiß, ist seine Stimme in Amerika nicht mehr zu hören.

Seit mindestens einem Jahrhundert ist es üblich, dass Währungen in Kriegszeiten aufgebläht werden und der Wert der Währungseinheit sinkt, da immer mehr menschliche Arbeit in die Herstellung von Munition und Zerstörungsinstrumenten und immer weniger in Dinge fließt, die die Menschen für ihren persönlichen Gebrauch benötigen.

Während des Krieges werden Waren eher vernichtet als gegen andere GEWÜNSCHTE Waren getauscht. Das Verhältnis der Währungseinheiten, des Geldes, zu den Dingen, die die Menschen essen und tragen wollen, ändert sich, d.h. es sind mehr Dollar im Verhältnis zu Waren oder Pfund oder anderen Geldeinheiten im Umlauf. Die Schulden häufen sich. Wenn sie ein bisher nicht gekanntes Ausmaß erreicht haben, "kehren" die Währungsmanipulatoren zu dem zurück, was sie "gesundes Geld" genannt haben.

Nach den napoleonischen Kriegen und dem amerikanischen Bürgerkrieg kehrte die Welt zum Gold zurück und zwang die indischen Bauern, doppelt so viel Getreide zu kaufen, um ihre Steuern und die Zinsen für ihre Hypotheken zu bezahlen, wie sie es vor der "Rückkehr" getan hatten.

In Anbetracht der lebenswichtigen bzw. tödlichen Bedeutung dieses Prozesses oder Schwindels erscheint es auf den ersten Blick merkwürdig, dass die Menschheit nicht mehr Energie darauf verwendet hat, das Wissen darüber zu verbreiten.

Der verstorbene Arthur Kitson hat einen großen Teil seines Lebens damit verbracht, die britische und amerikanische Öffentlichkeit in diesem Sinne aufzuklären. Es ist schade, dass die Presse dieser beiden unaussprechlichen Länder Herrn Kitson nicht tatkräftiger unterstützt hat. Herr Kitson war der Meinung, dass dieser Prozess auf die bewusste Planung der Usurokraten, der Finanziers, zurückzuführen ist, die die Welt durch das Finanz- oder, im Klartext, das Wuchersystem und verschiedene Methoden des Monopols und der Kontrolle über die Währungen der Nationen regieren und empören.

Herr Kitson hat eine ganze Reihe von Beweisen zur Unterstützung seiner Theorie angehäuft. Es wurde kein Versuch unternommen, Kitson zu widerlegen, die Feinde der Menschheit ziehen die Dunkelheit vor.

Es gibt eine beachtliche Bibliothek polemischer Schriften und eine große Menge offizieller Dokumente, die Herrn Kitsons Ansichten unterstützen.

Der historische Prozess, der in den letzten dreihundert Jahren stattgefunden hat, kann nicht auf die besondere Schlechtigkeit der seit 1880 geborenen Menschen zurückgeführt werden. Die Kenntnis der Welt, in die wir hineingeboren wurden, ist Voraussetzung für das Verständnis der Ereignisse nach unserer Geburt. Ich glaube, dass ein bewusster Versuch unternommen wurde, die historischen Aufzeichnungen auszulöschen. Und diesen Versuch möchte ich bekämpfen. In der Tat kämpfe ich schon seit einiger Zeit dagegen an. Wie schon mein Großvater vor mir.

Meine Vorträge im Radio werden letztendlich nach ihrem Inhalt beurteilt werden müssen. Weder das Verbreitungsmedium noch die Vorzüge oder Mängel meiner Ausführungen können die endgültige Grundlage für ein Urteil sein. Der Inhalt wird als Grundlage dienen müssen. Ich habe einen Punkt nach dem anderen, ein Beweisstück nach dem anderen aufgegriffen und versucht, den Sachverhalt in möglichst einfachen Worten zu erklären, um die Aufmerksamkeit der einzelnen Zuhörer zu gewinnen und zu halten.

In alten Zeiten wurden Kriege geführt, um Sklaven zu bekommen. Das moderne Mittel zur Durchsetzung der Sklaverei ist die Verschuldung. Wucher ist ein Instrument, um die Schulden zu erhöhen und den Schuldner für immer oder zumindest für einen möglichst langen Zeitraum in Schulden zu halten.

Es ist dreiste Heuchelei, von Freiheit zu schwafeln, wenn diese Freiheit nicht die Freiheit einschließt, sich nicht zu verschulden. Es gibt reichlich Aufzeichnungen von der Bewegung für die "neuen Tabellen", *tabulas novas*, neue Rechnungsbücher, in der Zeit von Julius Cäsar bis in die Gegenwart. Der Prüfer oder Leser, der diese Dinge verstehen will, kann seine Unwissenheit nicht damit entschuldigen, dass ihm keine Quellen der Aufklärung zur Verfügung stehen.

#Nr. 71 (26. März 1943) U.S.(C23)
FINANZIELLE NIEDERLAGE: U.S.

Ganz abgesehen von militärischen Operationen, von den Ergebnissen militärischer Operationen, von den möglichen Ergebnissen militärischer Operationen, die stattfinden könnten, scheint das amerikanische Volk eine vernichtende Niederlage erlitten zu haben, und zwar durch die Hände der Finanziers.

Es gibt kein Verständnis der Geschichte ohne ein gewisses Verständnis der Finanzen. Und neun Leute, mindestens neun von zehn, sind bereit, Ihnen stolz zu sagen, dass sie nichts von Finanzen verstehen und dass sie die Wirtschaft nicht verstehen. Es ist zum Markenzeichen des Endes der bürgerlichen Ära geworden, die Unkenntnis der Wirtschaft zu verkünden.

Aber man kann die Verantwortung für ein Ereignis, für ein Verbrechen, für einen Unfall nicht zuweisen, solange man nicht weiß, was passiert ist.

Angenommen, man wolle wirklich wissen, was in den letzten drei, zehn oder zwanzig Jahrzehnten geschehen ist, dann wäre es vielleicht hilfreich, nicht mehr so wolkige und geheimnisvolle Begriffe wie Finanzen, soziales Problem, Wirtschaft zu verwenden.

Es wäre vielleicht klarer, zu sagen: Produktion, Austausch, Hypotheken und Geldverleih. Dann wüssten die Menschen, was man meint. Oder doch nicht? Würden drei von ihnen oder zwei von ihnen den Geldverleih verstehen? Nicht, solange der Begriff Geld nicht richtig definiert ist und die Definition so klar ist, dass jeder sie verstehen kann.

Neulich habe ich einen Banker nach seiner Meinung über Geld gefragt. Er antwortete: Geld ist der Ausdruck für die Schulden der Regierung gegenüber dem Inhaber. Das heißt, es sagt aus, wie viel der Staat dem Überbringer schuldet. Ich hätte es vorgezogen zu sagen, dass der "Staat" oder die Gemeinschaft dem Überbringer etwas schuldet.

Ich bin mir durchaus bewusst, dass ich genauso gut Griechisch schreiben oder Chinesisch mit ausländischem Akzent sprechen könnte, wenn es darum geht, diese Aussage für den Hörer oder Leser verständlich zu machen. Und das kann man dem Publikum gewiss nicht vorwerfen, denn man könnte hundert Bücher, keineswegs verachtenswerte Bücher, über Wirtschaft lesen, ohne einen Hinweis darauf zu finden, dass eine solche Vorstellung vom Geld möglich ist.

Die einzige Äußerung in auch nur annähernd ähnlicher Form, an die ich mich im Moment erinnern kann, stammt von einem Kongressabgeordneten aus dem Jahr 1878. Er sagte, ein von ihm eingebrachter Änderungsantrag zu einem Gesetzentwurf über Silbermünzen sei "ein Versuch, einen Teil der NICHT-INTEREST-tragenden Staatsschulden als Währung im Umlauf zu halten."

Ich wiederhole, wenn ich diese Aussagen zitiere, dass ich genauso gut chinesisch oder tibetisch sprechen könnte, soweit es den durchschnittlichen Leser oder *Hörer* betrifft. Geld ist ein Tauschmittel, ein Instrument, mit dem Tauschvorgänge durchgeführt werden, es ist ein Tauschmaß, man nennt es einen "Titel auf Güter", eine gemessene Forderung. Es ist sowohl ein Titel als auch ein Maß.

Die Verwendung von abgemessenen Metallmengen ist als Tauschhandel zu betrachten. Als Kipling "Kim" schrieb, wurde in Indien noch pulverisiertes Gold verwendet. Er beschreibt den Goldmakler, der eine nasse Fliege in den Goldstaub taucht und sie in eine Schachtel wirft, wobei der anhaftende Staub seine Provision für den Tausch darstellt.

Seit Tausenden von Jahren sind die Menschen daran gewöhnt, Metallscheiben zu verwenden, die mit einem angeblichen Wert gestempelt sind und ein einheitliches Gewicht und einen einheitlichen Feingehalt haben sollen. Im Jahr 649 n. Chr. hatten die T'ang-Kaiser etwas Bequemeres gefunden, als Säcke mit Metall herumzuschleppen. Ihr Metall wurde im übertragenen Sinne als "zweckgebunden" bezeichnet, und mit Mustern versehene Papierstücke und Siegel mit bemerkenswert schönen Mustern wurden in Umlauf gebracht. Marco Polo fand einige Jahrhunderte später heraus, dass Kublai Kahn dieses System verwendete. Er hielt es für einen cleveren Einfall. Die Idee ist so praktisch, dass Sir Basil Zaharoff an die Times darüber schrieb; oder besser gesagt, darüber, es so auszuweiten, dass Gold nicht von den Tresoren einer Bank zu denen einer anderen über die Landesgrenzen hinweg transportiert werden muss.

Die Times bezeichnete Zaharoff als Philanthropen. Er teilte die floralen Vorlieben anderer großer Munitionäre.

Er war, glaube ich, ein Rosenzüchter oder zumindest ein Rosenkenner. Was auch immer Sie von Geld halten oder was auch immer Zaharoff über Gold dachte, Arthur Kitson wies in seinem Bericht an die Cunliffe-Kommission ganz schlüssig darauf hin, dass mit dem Geld nicht nur einmal, sondern mehrmals etwas geschehen war. Sein Bericht wurde unter dem Titel "The Banker's Conspiracy" gedruckt.

METATHEMENON TE TON KRUMENON, wie, glaube ich, Aristoteles bemerkte. Die freiwillige Veränderung des Wertes oder der Kaufkraft oder des Metallgehalts oder der Metallmenge, auf die sich ein bestimmtes

Geldstück bezieht, hat die Aufmerksamkeit einer großen und elitären Gruppe von Menschen auf sich gezogen: Demosthenes, Dante, Kleopatra - sie alle fanden das Thema interessant, sehr interessant.

Es ist merkwürdig, dass noch kein Snobismus von Geldökonomen offen ausgeübt wurde: Bacon, Hume, Bischof Berkeley - eine höchst respektable Gruppe von Männern fand das Thema interessant. John Adams, Lincoln, Jefferson, Gallatin, Richter Taney, natürlich Männer in offizieller Position HABEN einen Blick auf das Problem geworfen, seit Phillippe le Bel seine Untertanen so sehr in Bedrängnis gebracht hat, sowohl seit damals als auch davor.

Die Geldkriminalität lässt sich vielleicht in zwei große Bereiche unterteilen: die Wucherkriminalität und die Wertschwankungskriminalität, die beide manchmal durch Monopole erzwungen werden, indem man die Kontrolle über die Währung an sich reißt. Die souveräne Macht über die Ausgabe von Geld KANN natürlich zur Wahrung der Gerechtigkeit eingesetzt werden.

Kitsons Studie bezog sich auf schreiende Ungerechtigkeit. Er stellte fest, dass Menschen, die sich in billigen oder abgewerteten Währungen verschuldet hatten, mehr als einmal gezwungen wurden, diese Schulden in Geld zu begleichen, das doppelt so viel oder viel mehr wert war als das Geld, in dem die Schulden aufgenommen worden waren. Nach Ansicht von Kitson war dies kein Zufall. Er war der Meinung, dass dies die Frucht eines Plans war. Er führte eine ganze Reihe schlüssiger Beweise an, die seine Ansicht untermauern.

Angenommen, Kitsons Ansicht wäre richtig, wäre es dann nicht interessant, das Thema weiter zu verfolgen? Wäre es nicht interessant zu wissen, ob die GLEICHEN Bankhäuser dieser kleinen Praxis oder diesem kleinen Trick mehrmals nachgegeben haben? Sagen wir, nach den Kriegen von Napoleon, nach dem großen und schrecklichen Bürgerkrieg in Amerika in den 1860er Jahren und nach dem "Diktat" von Versailles?

#Nr. 72 (30. März 1943) U.S.(C24)
USUROCRACY

Brooks Adams bemerkte, dass nach Waterloo keine Macht der Macht der Wucherer widerstanden habe.

Wir werden versuchen, in unserem eigenen Denken eine Unterscheidung zu treffen zwischen dem Produktionssystem, dem System des Austausches von tatsächlichen Gütern, und den Machenschaften oder Korruptionen der Buchhaltung oder den Machenschaften des Geldes, die sowohl das System der Produktion als auch die Prozesse des Austausches zersetzen.

Die Seite des Wuchersystems, die wir zu analysieren versuchen, geht mehr oder weniger auf Patersons Vorstellung zurück, dass die "Bank" (von England) in den Genuss der Zinsen für all das Geld kommen würde, das sie aus dem Nichts erschafft.

Nach Ansicht von Lord Overstone ging alles munter weiter, solange die Bank alle Wechsel, die aus legitimen Transaktionen stammten, tatsächlich diskontierte. Overstone gilt heute als Idealist unter den Wucherern. Seiner Meinung nach war die Bank dazu da, "die wahren Bedürfnisse des Handels zu befriedigen".

Aber Sam Loyd dachte sich etwas anderes aus. Er sah, wie Brooks Adams es ausdrückt, die Möglichkeiten des einheitlichen Standards. Er verstand, dass der Wert der Geldeinheit in einem unelastischen Geldsystem steigen wird, wenn der Handel und der Austausch zunehmen.

Das heißt, bei gleicher Geldmenge und zunehmenden Waren werden die Waren im Verhältnis zum Geld billiger und das Geld im Verhältnis zu den Waren wertvoller.

Er sah, dass eine Klasse oder eine Bande, die über ausreichende Mittel verfügte, einen Anstieg fast nach Belieben herbeiführen und ihn zweifellos auf fast jede Länge ausdehnen konnte. Auch eine Schrumpfung des treuhänderischen Umlaufs ist möglich. Wie zum Beispiel im Jahr 1935 konnten die Schuldner dazu gebracht werden, fast JEDE von den Gläubigern diktierte Bedingung zu akzeptieren.

Zu diesem Zweck wurde die Devisenbewirtschaftung, d.h. der ausländische Geldumtausch, eingesetzt.

Es gibt keinen Punkt in diesem Vortrag, den ich nicht schon in früheren Mitteilungen erwähnt habe, aber die historische Bedeutung jedes einzelnen dieser Punkte ist so gewaltig, und die Schwierigkeit, sie [in ihrer Reihenfolge], ihre kumulative Bedeutung in die Köpfe der Öffentlichkeit zu bringen, ist so groß, dass ich berechtigt wäre, sie zehnmal zu wiederholen. Kitson's *Bankers Conspiracy* wurde geschrieben, um zu zeigen, dass die kleine Erkenntnis des Erpressers Loyd zur Grundlage eines Systems geworden war. Eine regelmäßige Praxis unter den Rothschilds und dem Rest der Blutsauger.

Die Welt sollte plangemäß versklavt werden. Sklaverei besteht darin, uninteressante Arbeit zu verrichten, auf Geheiß eines anderen. Die modernen Mittel, um einen Menschen zur Arbeit zu bewegen, sind Geldmangel, sein Geldmangel und Schulden. Herr Kitson zitierte Herrn Lindberghs Zitat aus dem inzwischen berühmten Hazard-Rundschreiben von 1862: Wir können nicht zulassen, dass der Greenback, wie er genannt wird, für längere Zeit als Geld zirkuliert, da wir ihn nicht kontrollieren können. Aber wir können die Anleihen und damit die Bankemissionen kontrollieren.

Das "wir" bezieht sich natürlich auf die Finanziers.

Die große Verschuldung, für die die Kapitalisten sorgen werden, ist aus dem Krieg entstanden und muss als Mittel zur Kontrolle des Geldvolumens eingesetzt werden. Um dies zu erreichen, müssen die Anleihen als Bankgrundlage verwendet werden.

Das taten sie. Lincoln sagte "und gab dem Volk dieser Republik (der USA) den größten Segen, den es je hatte, ihr eigenes Papier, um ihre eigenen Schulden zu bezahlen." Lincoln wurde erschossen. Die Banker triumphierten. Es war alles ganz einfach. Etwa 30 Jahre später wurde ein weiterer Brief an die AM. nat. (wie sie genannt werden), die amerikanischen Nationalbanker, geschickt.

Sehr geehrter Herr, etc. Die Interessen der Nationalbanker erfordern eine sofortige Finanzgesetzgebung durch den Kongress.

Silber, Silberzertifikate und Schatzanweisungen müssen (man beachte den Imperativ) außer Kraft gesetzt und Nationalbankanweisungen auf Goldbasis zum einzigen Geld gemacht werden. Dies erfordert die Genehmigung von etwa fünfhundert Millionen bis zu einer Milliarde Dollar an neuen Anleihen als Grundlage für den Umlauf. Sie werden sofort die Hälfte Ihrer Anleihen einfordern. Achten Sie darauf, dass Ihre Gönner, insbesondere die einflussreichen Geschäftsleute, eine Geldknappheit spüren. Befürworten Sie eine Sondersitzung des Kongresses für die Aufhebung der Kaufklauseln des Sherman-Gesetzes und arbeiten Sie mit anderen Banken Ihrer Stadt zusammen, um eine große Petition an den

Kongress für die bedingungslose Aufhebung des Gesetzes *gemäß dem beigefügten Formular* zu sichern.

D.h., unterschreiben Sie auf der gepunkteten Linie. Zitat weiter:

Nutzen Sie Ihren persönlichen Einfluß auf die Kongreßabgeordneten und teilen Sie Ihre Wünsche insbesondere Ihren Senatoren mit.

Das zukünftige Leben der Nationalbanken als feste und sichere Investitionen hängt von sofortigem Handeln ab, da die Stimmung zugunsten staatlicher gesetzlicher Zahlungsmittel und Silbermünzen zunimmt.

Man wählt ein Beispiel aus der Zeit Clevelands und nicht aus der Zeit Van Burens, in der Hoffnung, dass sich einige betagte Überlebende der 1890er Jahre noch schwach an die erwähnten Maßnahmen erinnern.

Mr. Churchill als britischer Schatzkanzler, der Cunliffe-Ausschuss, schenkte den Empfehlungen von Kitson natürlich keine Beachtung. Und ein paar Jahre später zahlten die indischen Landwirte lustigerweise doppelt so viel Getreide, um ihre Zinszahlungen und Steuern zu begleichen. Natürlich unterstützte die us-amerikanische Presse das Loyd-System zur Änderung des Wertes der Währungseinheit, und zwar vom ersten Tag an, als die Zeitungen erfunden wurden. Das ist vielleicht der Hauptgrund für die Existenz von Zeitungen, insbesondere von großen Zeitungen in usurpatorischen Regimen.

Zeitungen regieren die Welt, bemerkte der Conte de Vergennes zu Mr. John Adams. Im Rundschreiben der American Bankers Association von 1877 heißt es: "Es ist ratsam, alles in Ihrer Macht Stehende zu tun, um solche Zeitungen zu unterstützen, besonders in der landwirtschaftlichen und religiösen Presse, die sich der Ausgabe von Papiergeld widersetzen, und dass Sie auch allen Bewerbern, die NICHT bereit sind, sich der Ausgabe von Geld durch die Regierung zu widersetzen, die Gunst und Unterstützung verweigern." Zitat Ende. Der ganz exquisite Geist der Illegalität und des Verrats in diesen Manifestationen der Wucherer MUSS nicht kommentiert werden.

Man braucht fünf Millionen Dollar, um in den USA eine Tageszeitung von beliebiger Größe zu gründen. Man sollte zehn Millionen haben, um überhaupt eine Chance zu haben, eine Zeitung zu gründen. Ohne zwanzig Millionen kann man es kaum wagen, und in diesem Fall muss man bereit sein, die Ansichten der Inserenten zu "berücksichtigen".

Daher die totalitären Staaten, daher der Faschismus und die nationalistische sozialistische Revolution.

Der amerikanische Bürger kann sich natürlich auf seine Verfassung berufen, die besagt, dass: "Der Kongress hat die Befugnis, Geld zu prägen und dessen Wert sowie den Wert ausländischer Münzen zu regulieren."

Ein solcher Appell ist vielleicht quixotisch.

#Nr. 73 (4. April 1943) U.K. (C30)
LYRISCHE TENOREN

Einige schwache Stimmen wurden in England erhoben, um eine neue Ordnung zu fordern; aber die Redner besaßen ein unvergleichliches Talent, jede ehrliche Diskussion über die Mittel, mit denen eine neue Ordnung möglich wäre, zu vermeiden.

Die Männer, die sich für dieses Ziel eingesetzt haben, sitzen entweder im Gefängnis oder sind vom Mikrofon und, soweit man weiß, von der Presse ausgeschlossen.

Der höchste Verrat an der westlichen Zivilisation zeigt sich in der Allianz mit Russland. Die vollkommene und hinterhältige Bereitschaft, ganz Europa zerstören zu lassen, um die Herrschaft über uns alle, einschließlich der Briten , durch eine Bande äußerst unangenehmer Monopolisten aufrechtzuerhalten, von denen viele ihren Hauptsitz direkt in die Wall Street, d.h. in das neue Ghetto, verlegt haben. Schulden sind das Vorspiel zur Sklaverei. Und weder Baruch, Lehman noch einer ihrer britischen Stiefellecker und Diener verliert ein Wort über die Freiheit von Schulden. Oder von der Freiheit, sich nicht zu verschulden. Neun Jahre ist es her, dass Jeffrey Mark *The Modern Idolatry* veröffentlicht hat.

Die Zinszahlungen des westlichen Kapitals wurden durch die Schaffung von Sklavenverhältnissen in den westlichen Ländern ermöglicht.

In der Vergangenheit hat die fortschreitende Anhäufung von Schuldenforderungen den Ruin von Zivilisationen als einzelnen Einheiten herbeigeführt. Fast alle Schöpfungen der Kapitalisten des neunzehnten Jahrhunderts, wie z.B. die Baumwollindustrie in Lancashire, wurden durch Wucher zerstört.

Vor vierzig Jahren war es üblich, sich über Shakespeare und die Bühne lustig zu machen: von Leuten, die offenbar nie über den Text, die Bedeutung der von Henry Irving und anderen Publikumslieblingen verwendeten Worte nachgedacht haben.

Das Thema Tochter und Dukaten ist vielen vertraut, die nicht *über* die sechs Zeilen nachgedacht haben, mit denen Mark den dritten Teil seines Bandes einleitet:

Ich hasse ihn, weil er ein Christ ist,
aber noch mehr, weil er in geringer Einfalt

Er leiht Geld umsonst aus und senkt
Den Wucherzins hier in Venedig.
Wenn ich ihn einmal an der Hüfte erwische,
will ich den alten Groll, den ich gegen ihn hege, fett machen.

Ich vermute stark, dass diese Zeilen in mehr als einer jüdischen Aufführung von Shylock weggelassen wurden.

Es ist etwas zu naturverbunden, etwas zu sachdienlich: "Das senkt den Wucherzins."

Das geht einfach nicht; und die Times, der Telegraph, die Yorkshire Post und die Beaverbrook-Papiere sind alle da, um die Diskussion von diesem so gefährlichen Thema fernzuhalten. Und Reggy McKenna und die großen Fünf sind da, um die Einmischung von außen zu beklagen. Die Diskussion über Wucher, d.h. das Bankwesen im Sinne von Churchill und Eden, und ich kann mir vorstellen, dass Lord Lee die Verwendung des Wortes Wucher in einer höflichen Unterhaltung bedauern würde. Und doch machen die großen FÜNF jetzt höhere Gewinne als vor Kriegsbeginn.

Frankreich hat die schwarzen Truppen ins Land geholt. Churchills England ist mit Sowjetrussland verbündet. Und die Times sprach am 12. September 1933 so über Rumänien:

Rumänien kann die Zahlungen (d.h. die Schuldenzahlungen) in ausländischer Währung nicht leisten, bis die Märkte im Ausland für seine überschüssigen Produkte gesichert sind.

Die Times zitierte M. Modgearu.

Dies ist bis heute nicht geschehen, und zu allem Übel sind die Preise für die Produkte, die Rumänien exportiert hat, beträchtlich gefallen. Rumänien kann seine Beamten, Witwen und Invaliden nicht hungern lassen, um die Schulden im Ausland zu bezahlen, die zu einer Belastung geworden sind.

Warum England heute nichts aus der Lage Rumäniens vor einem Jahrzehnt gelernt hat, wäre ein Rätsel, wenn man nicht wüsste, wie wenig der gewöhnliche Brite darauf achtet, ALLES zu sehen. Ja, ALLES, was ihm zur Erleuchtung dienen könnte. Herr Mark bemerkte damals treffend, dass Sir Otto Niemeyer in jedem Land, das er besucht hatte, eine Spur von Sparsamkeit, erhöhter Besteuerung und gesenktem Lebensstandard hinterlassen hatte. Sechsundzwanzig Zentralbanken wurden seit dem Zweiten Weltkrieg gegründet, um die Bedienung der internen und externen Schulden zu erleichtern. Beachten Sie den Titel Sir und die Implikationen, die rassischen Implikationen im Namen Niemeyer.

Sie haben Harakiri NICHT von den Samurai lernen müssen. Die Japaner machen es mit einem Unterschied.

Um den Schwindel mit dem Anleihekapital aufrechtzuerhalten, war Großbritannien bereit, ganz Europa zu zerstören. Das ist die EINZIGE Erklärung für das Bündnis mit Russland. Es gibt keine Ehre darin. Und es dient NICHT den Menschen in Großbritannien. Indem Sie Ihr Imperium an die Iren und Halb-Iren in New York veräußern, bringen Sie dem amerikanischen Volk KEINEN Vorteil. Sie tun nichts, was Ihnen die Dankbarkeit oder Toleranz des amerikanischen Volkes einbringen würde oder sollte. Basset Jones schrieb im Dezember 1932 an den Herausgeber von Electrical Engineering:

Steuern und Veralterung, einschließlich der Fixkosten für die Schulden, belaufen sich auf 34 Milliarden Dollar pro Jahr, praktisch die Hälfte des Nationaleinkommens.

Englands vierzig Millionen Einwohner, die den Schuldenschwindel dulden, helfen den Blutsaugern und Betrügern nur dabei, weiterzumachen und die Amerikaner unter der gleichen Last zu versenken.

Wie Mark hervorhebt, schrieb Basset Jones nicht über eine Schuldnernation, sondern über die größte Gläubigernation der Welt. Das sollte dem Scheinbegriff NATION einen Riegel vorschieben, wenn er auf einen bestimmten Teil des Wuchersystems angewendet wird. Ein Warburg, Sassoon, Beit, Goldsmid, Schiff oder ein anderer Potentat der blutigen kann in wenigen Stunden mit dem Flugzeug nach New York kommen. Erst das Gold, dann die Juden, dann ein höllischer Krieg an dem Ort, wo die Juden nicht sind.

Nach dem modernen Buchhaltungssystem schrumpfte der Reichtum der amerikanischen Nation von 36 Milliarden im Jahr 1928 auf 160 Milliarden im Jahr 1933. Was glauben Sie, was diese Art von Betrug verursacht? Klingt das nicht verrückt? Klingt es so, als ob etwas oder jemand an den Geschäftsbüchern herumgepfuscht hätte?

Ich bin im Moment nicht damit beschäftigt, Ihnen die Achse oder das europäische System oder die späten Wünsche des verstorbenen Napoleon Bonaparte zu verkaufen. Ich versuche immer noch geduldig, bei meinen möglichen Zuhörern in Großbritannien ein wenig Neugier zu wecken. Im Jahr 1943 beschwerte sich eine dieser Stimmen, die wie eine Werbung für Bird's Pudding klingen, dass die Deutschen Metaphern verwenden. Im Juni 1932 wurden mehr als zehn Millionen Gallonen Portwein von den Winzern und Brennern des Duoro-Distrikts in Portugal in den Müll geworfen, als, Zitat, "einige Hoffnung, großes Elend und Entbehrungen unter den Arbeitern zu verhindern."

Oh nein, das war nicht nur im kleinen Portugal so. In Lancashire, näher bei Ihnen zu Hause, wurde der Vorschlag gemacht, zehn Millionen Spindeln und 100.000 Webstühle zu demontieren oder stillzulegen, um der britischen Textilindustrie wieder zu Wohlstand zu verhelfen.

Wann werden Sie sich damit befassen? Diese Aussagen sind absolut frei von jeder Spur von Metapher.

#Nr. 74 (6. April 1943) U.S.(C27)
FETISCH

Ich bin dagegen! Ich glaube, dass kein Amerikaner töten oder getötet werden sollte, um den Fetischwert von Metall, von JEDEM Metall, zu erhalten. Das Muster des Verbrechens ist bekannt. Die Muster der verschiedenen Bestandteile des großen Verbrechens sind bekannt. Sie sind immer wieder beobachtet worden.

Eine schwache und feige Nation ruft die Hilfe von Wilden an, um eine aufstrebende, ehrlichere Macht zu vernichten. England, das die Indianer gegen die ENGLISCHEN Kolonisten in Amerika aufhetzt; Frankreich, das in der Gewalt seiner Wucherer ist und schwarze Truppen nach Europa bringt. London und New York stacheln die Tataren und Moskowiter zur Hilfe an. Und niemand kennt die Bedeutung des Stalin-Kanals besser als Churchill. Kein gebildeter Mensch in Europa oder Amerika weiß nicht, was die judäoslawische Vorherrschaft bedeutet hat und bedeutet.

Schierer Terror und Gier, und kein noch so großes Ausweichen und keine noch so angeheuerte Propaganda kann dies verbergen. Die Regierungen in London und Washington haben die Zivilisation verraten und WISSEN es. Sie kämpfen um das Monopol, und das amerikanische Volk wurde verraten, damit es für die Goldbugs kämpft.

Zu allen Zeiten war es das bevorzugte Mittel der Gläubigerklasse, zuerst eine Schrumpfung der Währung herbeizuführen, die die Schuldner in den Bankrott trieb, und dann eine Inflation zu verursachen, die einen Anstieg bewirkte, während dessen sie das Eigentum verkauften, dessen sie habhaft geworden waren.

Diese abwechselnde Aufwertung und Abwertung des Geldes ist nicht zufällig. Als Kitson mit Bryan zusammentraf, wusste Bryan bereits, dass die Silberpropaganda ein Mittel oder eine Tarnung für ein größeres Problem war, nämlich für die Kontrolle des nationalen Kredits oder der nationalen Kaufkraft.

England führt Krieg, um Krieg zu HABEN, denn Krieg ist die maximale Sabotage. Und ohne Sabotage in diesem Ausmaß war es bis 1939 unmöglich, Knappheit zu schaffen, und ohne Knappheit kein Monopol, und ohne Monopol auf Waren oder insbesondere auf Geld selbst ist Erpressung schwierig.

Samuel Loyd verstand den Nutzen des einheitlichen Standards. Nach Waterloo hielt keine wirksame Macht den Wucherern stand, bis 1914 die vollständige Wucherokratie errichtet worden war. Fünfzig oder siebzig Jahre lang war es fast unmöglich gewesen, eine groß angelegte Propaganda gegen den Fetischwert des Goldes zu machen, außer durch das Ballyhoo über Silber. Bis 1978 [*1878*] war das Silber-Ballyhoo bereits notwendig, um zumindest einen Teil der NICHT-verzinslichen Staatsschulden als Währung im Umlauf zu halten. Diese Worte sind für die meisten Zuhörer griechisch. Bryan prangerte das Goldkreuz an, brauchte aber die Unterstützung der Silberinteressen, und die war nicht ausreichend.

Der größte Teil des Goldes der Welt befindet sich im Britischen Empire, in den USA und in Russland. Und die Menschheit ist dagegen, für die Aufrechterhaltung des Fetischwerts von Gold zu sterben. Tausende von Amerikanern sind bereits für dieses Metall gestorben. Sie sind für einen Fetisch gestorben, einen Fetisch, der seit mehr als einem Jahrhundert benutzt wird, um die Menschheit zu hypnotisieren, damit sie bestimmte Betrügereien akzeptiert, die dem Geldsystem innewohnen. In der ZWINGUNG der Währung, periodisch, um andere Menschen (manchmal die Schuldnerklasse genannt) zu zwingen, das Doppelte für das zu zahlen, was sie hatten. Aber darüber hinaus, um die Produzenten von Produkten, Weizen, Stoffen, Naturprodukten und verarbeiteten Waren zu erpressen.

Können Sie jemals verstehen, dass die Rückkehr zum Gold unter Lloyd George und Churchill bedeutete, dass 73 % der Bevölkerung Indiens doppelt so viel Getreide oder landwirtschaftliche Produkte bezahlen mussten, um die Steuern und Zinslasten zu begleichen? Fünfundsiebzig Prozent, denn das ist der Prozentsatz der indischen Bevölkerung, der von der Landwirtschaft abhängig ist. Und was für die indische Landwirtschaft in einem solchen Fall gilt, gilt für die Landwirtschaft in der ganzen Welt.

Kriege werden geführt, um Schulden zu machen. Sie haben bereits eine ganze Menge davon, und der judeophile N.Y. Herald schreit bereits danach, sie zu vervierfachen, indem man einfach zu GOLD als fiktiver Grundlage für Bankkredite und Währung zurückkehrt. Willkie, so nehme ich an, wird bereits darauf vorbereitet, diesen Verrat am amerikanischen Volk zu begehen. Der Trick wurde nach den Kriegen von Napoleon angewandt. Sie wurde nach dem amerikanischen Bürgerkrieg angewandt. Sie wurde vom Cunliffe-Komitee nach dem letzten Krieg angewandt.

Schiffe werden versenkt, um Schiffe versenkt zu haben. Wenn Schiffe versenkt werden, gibt es eine größere Nachfrage nach neuen Schiffen. Die Versenkung vergrößert den MARKT für neue Schiffe. Es werden mehr Schiffe nachgefragt, weil mehr Schiffe versenkt worden sind. Und KLEINES KAPITAL, Wucherer-Kapital, Geld, das durch einen Federstrich des Bankiers geschaffen wurde, wird zur Finanzierung von

Neubauten benötigt. Araber werden ermordet, um die Dinge in Gang zu halten. Städte werden zerstört, damit Städte zerstört werden können. Die Grenze bedeutet dem Finanzier nichts.

Je MEHR Häuser auf BEIDEN Seiten der Grenzen fallen, desto mehr Kreditkapital wird benötigt, solange das usurokratische System fortbesteht; solange das usurokratische System fortbesteht, desto mehr Kreditkapital wird benötigt, um den Wiederaufbau zu finanzieren. Je mehr einfache Leute ruiniert werden, desto mehr Konkurse, desto mehr bankrotte Unternehmen können von den Besitzern von Kreditkapital billig aufgekauft werden. Hat noch nie jemand die Zeit des Wiederaufbaus, die Zeit nach dem amerikanischen Bürgerkrieg, unter diesem Blickwinkel betrachtet?

Ob mit oder ohne Ethnie, prüfen Sie es. Je mehr Energie in die Zerstörung von Gütern fließt, desto weniger wird in ihre Herstellung fließen. Je mehr Energie in Güter fließt, die zur sofortigen Zerstörung bestimmt sind, desto weniger wird in Güter fließen, die für den NUTZEN hergestellt werden. Je schneller Sie Güter zerstören, desto schneller wird sich überflüssiges Geld ansammeln, es sei denn, Sie setzen einen Gesellite oder einen ähnlichen Mechanismus ein, um das Geld so schnell zu zerstören, wie die Güter in die Hölle gesprengt oder in den Ozeanen versenkt werden. Ohne Gesell bedeutet das Inflation, d.h. ein Dollar ist zehn Cent für Kartoffeln wert.

Die Verschuldung ist bereits da. Einige von Ihnen wissen das. Aber 99% von Ihnen sehen nicht, dass die DEFLATION, die Schrumpfung der Währung, bereits GEPLANT ist. Dass dieselben Bankhäuser, die schon viermal und noch öfters gekeucht haben, bereits auf ihren Moment warten, um zu springen.

Wenn es in Amerika noch einen vernünftigen oder ehrlichen Menschen gibt, soll er eine neue Ausgabe der Bankers Conspiracy herausbringen. Eine Zehn-Cent-Ausgabe, eine Ausgabe, die man kaufen kann. Henry Ford oder Firestone oder wer auch immer von ihrer Generation überlebt hat, MUSS ein ausreichendes Gedächtnis haben, um sich an Olney und Cleveland und die Kämpfe von 1893 zu erinnern. Hank Wallace verrät Martin van Buren. Aber es sollte noch irgendeinen College-Campus geben, wo der örtliche Historiker noch die Freiheit hat, die Werke der amerikanischen Gründer zueinander in Beziehung zu setzen und die Werke von Kitson und Brooks Adams zusammenzustellen, TROTZ der neuen Zensur, trotz der Telegrafenbeschränkungen, trotz - und ich habe Sie davor gewarnt - der Unterbrechung der Interkommunikation zwischen einem Amerikaner und einem anderen INNERHALB der USA.

Eure Kommunikationsmöglichkeiten mit euren eigenen Autos sind eingeschränkt worden.

#Nr. 75 (13. April 1943) U.S.(C29)
VALENTIN

Um den Valentinstag herum ging Steinie Morrison ein Licht auf und er erwähnte das Wort "Zusammenarbeit".

Man werde nicht mehr alle europäischen Radios abschalten und jede Diskussion über lebenswichtige Themen unterdrücken, sondern England werde an einem Weltsystem mitarbeiten.

Dies, nachdem Iran oder Persien erwähnt hatten, dass sie ihre eigenen Banken und ihre eigene Währung kontrollieren wollten. Das Licht von ganz Asien? Vielleicht.

Am 19. Juni 1934 schrieb mir ein Herr, der jetzt, glaube ich, in den USA im Gefängnis sitzt, aus Ashville, nachdem er sein Desinteresse an europäischen Persönlichkeiten bekundet hatte, wie folgt:

Die Lösung der Probleme Amerikas liegt genau in der Politik der konstruktiven Beseitigung der Macht des Geldes als Geld (es ist absurd, dass das Tauschmittel einen Wert an sich haben soll), der Abschaffung des Bankensystems und der internationalen Kriegshandlungen und der Einführung einer Währung, die ein gleiches Gleichgewicht zwischen der Fähigkeit der Industrie zu produzieren und der Fähigkeit der Öffentlichkeit zu kaufen herstellt.

Wenn das Verrat ist, dann nur zu. Mein Korrespondent fuhr fort:

Es ist so einfach, aber es wird nicht erreicht werden, bis das gegenwärtige, von der Zeit abgenutzte System, auf das sich die Rothschilds, Ginsbergs, Sassoons, Warburgs usw. in ihrem jahrhundertelangen Komplott (sie kämpfen bereits untereinander um die Beute) gestützt haben, an seiner eigenen Wertlosigkeit zusammenbricht.

Mein Korrespondent glaubte an die amerikanische Verfassung und misstraute Jefferson, im Nachhinein betrachtet.

Der ideale politische Gefangene, nehme ich an. Und die Commonwealth-Partei. Was ist sie? Ist sie eine echte Partei? Steht sie für den gerechten Preis und die Heimstätte, oder ist sie nur eine weitere falsche Opposition, die von den Finanziers aufgebaut und finanziert wird? Langnasig oder kurznasig?

Offensichtlich gibt es keine Freiheit ohne wirtschaftliche Freiheit. Die Freiheit, sich nicht zu verschulden. 1936 erschien in London eine Besprechung des Buches "The Price of Peace" von Simonds und Emery, die eine Einteilung der Nationen enthielt, die mir unzureichend erscheint. Die erste Gruppe, so die Kritik von Simonds und Emery, bestand aus Status-quo-Mächten wie Frankreich und England, die "natürlich mit ihren enormen Besitztümern zufrieden" waren und keine Veränderung wünschten.

Die zweite Gruppe bestand aus den revisionistischen Mächten: unzufriedene Mächte wie Deutschland, Japan und Italien, die wollten, dass sich die Welt bewegt. Andernfalls würde ihr Lebensstandard sinken und ihre nationale Existenz schrumpfen.

Sie werden sofort an eine dritte Gruppe von Mächten denken, nämlich Roosevelts hebräische Republik und Stalins Russland, die beide über großen Reichtum verfügten. Sie hatten es nicht nötig, ihre Grenzen zu erweitern, da sie einen enormen Bedarf an einer sauberen und anständigen Verteilung INNERHALB dieser Grenzen hatten. Aber reich jenseits der Träume von irgendetwas anderem als Rothschilds Gier, und schamlos entschlossen, zu expandieren, zu greifen und zu durchdringen.

Und England hat sich mit Sicherheit auf eine Art Komplott oder eine Bande eingelassen, um Osteuropa zu verraten, um so ziemlich die gesamte europäische Zivilisation zu verraten. Es gibt keinen Waffenstillstand mit Adam Zad, dem Bären, der wie ein Mensch geht.

Das auf der einen Seite und W. Manning Dacey, der Ihnen und der Welt im Observer vom 10. Januar mitteilt, dass die Gewinne der Big Five (das heißt der BANKS), der wichtigsten Banken Ihres Landes, zum ersten Mal über dem Niveau von 1929 liegen. *Cui bono*, wem nützt das?

Für Gold bewaffne ich ihre Hände
Und für Gold kaufe ich ihre Ländereien
und für Gold verkaufe ich ihren Feinden den Ertrag
Ihre nächsten Gebühren können kaufen, oder ihre entferntesten
Freunde pachten können.
Sagte, oder wie man sagt "sang", der verstorbene Rudyard Kipling in einem Gedicht mit dem Titel "The Peace of Dives," oder dives.
Der du für deine Gier mahlst
Des Menschen Bauch kneifen und brauchen.

Welche Hoffnung hast du auf eine russische Invasion in Rumänien und Finnland?

Ich höre eure Sonntagspfarrer zu Christus heulen. Es ist nicht überzeugend, IHR wisst, zumindest wissen viele von euch so gut und besser als ich, was das sowjetische System in den letzten 20 Jahren gewesen ist. Ihr selbst glaubt nicht an das Gemeinschaftseigentum an Gärten, Badewannen, einer Frau, ihr mögt ein bisschen Promiskuität, aber ihr rennt nicht zum Gemeinschaftssystem.

Ihr hattet einen anständigen Anteil an gemeinschaftlichem Eigentum an Weideland; Dorfgemeinschaften, Gemeindeland, und ihr würdet gut daran tun, wieder dazu zurückzukehren, 150 herzogliche Filchings, ein etwas verworrener Strang, aber ihr könntet ihn entwirren. Wer seine eigene Freiheit sichern will, muss auch seinen Feind vor Unterdrückung bewahren. Tom Paine sagte es und starb nur teilweise geehrt. Ich wiederhole das, Zitat: "Wer seine eigene Freiheit sichern will, muss auch seinen Feind vor Unterdrückung bewahren." Sie scheinen das nicht in die Praxis umsetzen zu wollen. Ihr kämpft NICHT für die Freiheit in der Welt, ihr seid gehemmt. Ihr, einige von euch, hattet Abneigungen, ganz richtige Abneigungen, Abneigungen, unterdrückt zu werden; und eine große Faulheit, eine sehr große Faulheit, besonders im Kopf.

Sogar Lenin sah, dass "der einfachste Weg, das kapitalistische System zu schwächen, der ist, seine Währung zu schwächen". Nein, Sie wollen das kapitalistische System auch nicht unbedingt. Vor allem dann nicht, wenn es das kapitalistische System eines anderen ist und man vergeblich versucht, wieder an die Euter zu kommen. Und das ist die neue Opposition, die Commonwealth Party. [Sie scheint nicht an Ihre Mikrofone gekommen zu sein, jedenfalls nicht in den Momenten, in denen ich einen Empfänger abgenommen habe. Es heißt, sie habe kommunistische Tendenzen. Das ist verdächtig in Anbetracht der Anwesenheit von Yiddo Slays und Gefährten des verstorbenen Herrn Trotzki und des dringenden Wunsches der Bolschies, die Kontrolle über die Labor Party zu erlangen.

Gott allein weiß, warum sie sich der falschen Opposition bemächtigen wollen. Aber trotzdem wollen sie so allgegenwärtig wie möglich sein.

Ich frage mich, ob die Commonwealth-Partei irgendetwas über Geld gesagt hat, um die Kontrolle über die nationale Macht zu kaufen? Wenn ja, dann ist natürlich eine Umfrage mit oft tausend gegen elftausend Stimmen für die Big Five, die City, die Goldbörse, merkwürdig.

Es könnte sogar eine echte Partei sein ... aber Gott allein weiß ... kann sie es sein? Ist sie es?

#Nr. 76 (17. April 1943) U.S.(C31)
J.G. BLAINE

Ich war sehr abgelenkt, als ich im Januar hörte, dass der historische Sinn der Amerikaner auf ein fast unsichtbares Minimum gesunken war. Man feierte oder gedachte des fünfzigsten Todestages von Mr. Blaine, J.G.B. Ich konnte das entsprechende Dokument nicht zitieren, ohne nach Rapallo zurückzukehren, aber ich stelle fest, dass Ende 1880, im August, genau gesagt am 27. August, des Jahres, in dem Grover Cleveland gewählt wurde, ein überzeugter Republikaner, der 1864 und danach in der staatlichen Legislative und 1876 und danach im Kongress saß, an General E. Bryant einen Brief, der in zahlreichen Zeitungen im Westen und Osten abgedruckt wurde, darunter auch in der N.Y. Evening Post.

Die Philadelphia Times bezeichnete ihn als den bedeutendsten der vielen republikanischen Proteste der letzten Zeit. Das ist vielleicht der Grund, warum das Gedenken an Blaine in eine demokratische Regierung fällt: Die Demokraten verdankten ihm die Wahlen in Cleveland. Es ist ein zweispaltiger Brief, und ich glaube nicht, dass ich ihn in meiner Zeit unterbringen kann. Er begann mit einer Erwähnung von Präsident Arthur und seiner Integrität. Er bedauerte, dass er nicht für die nächste Amtszeit nominiert worden war, da der Verfasser davon ausging, dass der Nominierte ein Mann von höchster politischer Integrität und republikanischen Prinzipien sein sollte.

Er fuhr fort:

Mr. Blaine ist kein solcher Mann. Er verkörpert das meiste in der amerikanischen Politik, was für die öffentliche Moral und die INTEGRITÄT der Regierung bedrohlich ist. [Eine lange öffentliche Karriere, die sich hauptsächlich durch eine Art von deklamatorischer und kämpferischer Staatskunst auszeichnet, nicht die Inspiration einer einzigen wertvollen Politik oder der Autor eines wichtigen Gesetzes. Hat sich gegen gute und für schlechte Gesetze eingesetzt. Sein Lebenslauf ist durch Verdächtigungen und Anschuldigungen wegen Bestechung und Korruption getrübt, die er nicht entkräften konnte. Er bringt persönliche Gegensätze zu uns, die unsere Partei in der Vergangenheit zerrissen und geschwächt haben, indem sie in die Regierung Garfields mit Forderungen nach persönlicher Rache eindrangen, die so heftig waren, dass sie den Geist der Ermordung entfachten, und die in der Niederlage von Richter Folger und der Wahl von Grover Cleveland, dem Gouverneur des Empire State, gipfelten. Ich überspringe einige Hinweise auf Roscoe Conkling und fahre fort mit Mr. Blaine: Ein Spekulant, der ein Vermögen genießt, das zu groß ist, um durch ehrlichen Fleiß erworben worden zu sein. Legitimes Geschäftsunternehmen im Dienste seines Landes mit fünftausend Dollar pro Jahr, er sympathisiert mit und profitiert

[Er sympathisiert und profitiert von den spekulativen Methoden des Aktienhandels und des Glücksspiels, um Reichtum zu erwerben, Methoden, die zu Ruin, Schande und unvorstellbaren geschäftlichen Katastrophen geführt haben, die die Jugend geschult und das mittlere Alter dazu gebracht haben, ehrliche und nützliche Arbeit zu meiden, die Selbstmord und Wahnsinn alltäglich gemacht und die Werte verunsichert haben, die Früchte ehrlicher Arbeit in die Macht der Goulds und Armours gelegt, um sie auf den Märkten je nach Laune oder Interesse zu drücken oder zu vermehren, Methoden, die uns mit dem 150-Millionen-Dollar-Raub von Grant und Ward nur ein übertriebenes Beispiel für ihre ungerechten Folgen geliefert haben.

Ein Verweis auf Blaines Kongressakten in Bezug auf Subventionen, Klassengesetze, Unternehmensabgaben usw. wird den ehrlichen Fragesteller leicht von seiner einheitlichen Unterstützung von Monopolen und seiner Gleichgültigkeit gegenüber dem Gemeinwohl überzeugen. Kein Wunder, dass er es in seinem Brief unterlässt, die Ursache für die große Ungleichheit in der Verteilung dieses wunderbaren Zuwachses an Reichtum, der in dem von ihm zum Vergleich gewählten Zeitraum angehäuft wurde, zu erwähnen oder zu erklären, dass er die Tatsache nicht zur Kenntnis nimmt, dass ein 300stel [der] 44 Milliarden Dollar im Besitz eines Mannes ist, während andere nur wenig darunter rangieren, und dass sein eigener palastartiger Wohnsitz [mit] einer Miete von 11.000 pro Jahr mehr als einen durchschnittlichen Pro-Kopf-Reichtum suggeriert. Kein Wunder, dass er zum Thema zwischenstaatlicher Handel schweigt, dessen Regulierung von allen Produzenten und legitimen Händlern gefordert wird. Große Unternehmensinteressen verlangen Nichteinmischung.

Es tut mir leid, dass ich den Verweis auf Menschen, die an öffentlichen Krippen gefüttert werden, Bruder Bob usw. überspringe. Auch die Erwähnung seiner pazifischen Zusicherungen gegenüber Mexiko wird seine südamerikanische Politik und seine Einmischung zum Schutz des Landau-Guanosystems nicht ganz verdecken. Tod seines Dieners Hurlbut, etc. Die Unaufrichtigkeit seines Annahmeschreibens wird noch dadurch verraten, dass es die Ereignisse der letzten drei Jahre mit keinem Wort erwähnt (1881, 2, 3).

Hätte man seine historische Zahl auf die Gegenwart herabgesetzt, so hätte man die Fiktion seiner Aussagen aufgedeckt, einen wunderbaren Schwund der Nominalwerte festgestellt, den Niedergang des geschäftlichen

Wohlstands und der Geschäftsmoral bemerkt und, wie es nur wenige so anschaulich tun können wie er, die aussterbenden Schmelzöfen, die stillstehenden Räder der Fabriken, die gesunkenen Löhne, das Betteln, das den Platz der Arbeit einnimmt, die Bank- und Geschäftszusammenbrüche, die Gläubiger und Einleger, die mutwillig betrogen wurden, die verlorenen Häuser und die Gaunerei in den öffentlichen Angelegenheiten dargestellt.

Herr Blaine ist außerdem wegen seiner Gesellschaft und der "Freunde, die er sich gemacht hat", zu beanstanden. Werden die Hauptbefürworter seiner Nominierung seine Hauptberater sein, wenn er gewählt wird? Das ist der Knackpunkt. Ich brauche keine Namen zu nennen, aber ich möchte andeuten, dass die am wenigsten anstößigen seiner Lieblingsbefürworter die Tribune-Befürworter von Greeley im Jahr 1872 sind, die Blaine 1876 und 1880 anklagten und ihn der Bestechung und anderer Straftaten beschuldigten. Da es keine ausgeprägten Streitpunkte zwischen den beiden großen Parteien gibt, können wir es uns leisten, die vorübergehende Kontrolle der Exekutive zu diesem Zeitpunkt aufzugeben.

Es ist für eine gute Regierung weitaus wichtiger, dass die Republikanische Partei die Vorherrschaft im Kongress wiedererlangt, als dass die Verwaltung des Gesetzes einem unwürdigen Parteigänger anvertraut wird, der von schlechten Beratern umgeben ist. Die N.Y. Times kommentierte den Brief folgendermaßen: "Blaines Verteidiger werden erstaunt sein, wie umfangreich die Liste seiner Vergehen ist und welch geringe Rolle die (an sich ausreichenden) Mulligan-Briefe bei der Anklage spielen.

Sie werden sagen: Warum das alles wieder aufwärmen? Hat Woodward nicht alles auf den Punkt gebracht? Es war eine unglückliche Wahl. Blaine war durch und durch mit Finanzskandalen belastet. Das Schlimmste daran war, dass die Öffentlichkeit alles über seine schlüpfrigen Machenschaften wusste. Während des Wahlkampfs erklärte er, sein Leben sei ein offenes Buch.

Das war es in der Tat, aber es war von jemand anderem geöffnet worden. Zum ersten Mal in unserer Geschichte nominierte eine große politische Partei einen Mann als Kandidaten, der als unehrlich bekannt war. All dies ist in der Tat Vergangenheit und hätte in Ruhe gelassen werden können, wenn nicht eine demokratische Regierung, die Morgenthau-Lehman-Regierung, ein Gedenken an einen unterlegenen republikanischen Kandidaten veranstaltet hätte. Ist das nicht seltsam, nur ein bisschen seltsam? Es ist nur ein Teil des Prozesses der Geschichtsfälschung.

Ich hoffe, dass meine kleine Reminiszenz ein wenig Licht ins Dunkel bringt und Woodwards Zusammenfassung sogar untermauert. Er ist manchmal lakonisch.

#Nr. 77 (April 1843) U.K.(C35)
CANUTE

Ich bin der Meinung, dass der Canute Club, alias der BBC Brain Trust, nichts produziert hat, was dem Niveau von Caedmons Dream of the Road entspricht. Visionäre im Rückblick, die aber ihre Vergangenheit in eine unerreichbare Zukunft verlegen; ich glaube nicht, dass der Kontinent auf ihr sanftes Gemurmel hört. Es braucht einen besonderen Sinn für das Lächerliche, den ich hier in Italien nicht finde. Alte Spießer aus meiner Zeit, etwas aus der Zeit. Waverley-Romane und die Abkehr von der Realität. Es dauert so lange, das einem nicht-englischen Publikum zu erklären. All diese vorgetäuschte freie Diskussion, wobei ALLE wirklichen Themen ausgeklammert werden.

Die Freiheit, sich nicht zu verschulden, zum Beispiel. Stellen Sie sich Masaryk und Doc Joad bei DIESEM Thema vor. Selbst wenn die aufgeklärte Menge sich gefragt hat, wie man einen Weltbürokraten einsetzen kann, ohne wenigstens ein paar Eingeborene des europäischen Kontinents zuzulassen, zum Beispiel. Nun hatte England 1919 die Wahl, die eine oder andere wirtschaftliche Krankheit zu kurieren. Douglas, der über praktische Erfahrungen verfügte, einen Sinn für Gerechtigkeit hatte, aber nicht an die Güte der Menschen glaubte, versuchte, möglicherweise die weniger schwere Krankheit zu heilen. Jedenfalls diejenige, die weniger populär war. Er wandte sich gegen den Schwindel, der darin besteht, die gesamte oder praktisch die gesamte Kaufkraft der Öffentlichkeit als zinstragende Schuld auszugeben. Das hätte seiner Meinung nach die Spekulation weitergehen lassen und hätte, wenn nicht ein Minimum an bürokratischer Kontrolle, so doch zumindest weniger erfordert als ein in einer nationalen Zentrale koordinierter Zunftsozialismus. Wahrscheinlich lag er mit seiner Berechnung daneben, da er keine sehr detaillierten Pläne vorlegte, WIE man die Preise kontrollieren könnte, in Richtung des JUST-Preises.

Hitler ging mit seinem "ein großer Teil [der] Kaufkraft geht für etwas anderes als Arbeit, nämlich Bauarbeit, drauf". Das klingt jetzt alles ziemlich milde. Die Irrealisten murmeln weiter und die Flut des moskowitischen Chaos steigt. Es wird immer deutlicher, dass die alte Gang in Großbritannien KEINE soziale Verbesserung will. Und in dieser Position neigen sie meiner Meinung nach dazu, ihre Hand zu überreizen.

Nun kann man nicht sagen, dass England über das EINZIGE Medium, das noch für die freie (wenn man es frei nennen will) Kommunikation mit der Außenwelt offen ist, nämlich über das Radio, nicht den akuten Wunsch zeigt, zu verstehen oder ein Verständnis dessen zu vermitteln, was der Kontinent den "historischen Moment" nennt. Was der verstorbene H. James nannte, zu sehen, "wo wir sozusagen hingekommen sind".

Niemand lobte die soziale Ordnung, die Slums usw. in England vor dem Krieg. "Der Krieg war sein einziges OUT", wie ein erfahrener amerikanischer Politiker über Roosevelt sagte. Das meiste Gold der Welt befindet sich in den USA, im Britischen Empire und in Russland, und ich schätze, dass jeder Versuch, die Macht derer, die es besitzen, zu schmälern, auf ziemlich ernsthaften Widerstand stoßen wird. Das ist eine Stimme der Erfahrung, nicht der Theorie. Als ich mit Douglas und Gesell sprach, antwortete er: Wie wird sich das auf den Goldpreis auswirken? Gold wurde im Brain Trust oder Dumb Freedom Forum erwähnt, aber nicht Wucher.

Die Geschichte wird feststellen, ob Sie es mögen oder nicht, dass Hitler auf einen Satz von Feder kam: "Ein großer Teil der Kaufkraft wird aus anderen Gründen als der Verrichtung nützlicher Arbeit zugeteilt." Arbeit beschränkt sich nicht auf Handarbeit, sondern umfasst auch Kopfarbeit, Organisation, jede für die Gemeinschaft nützliche Tätigkeit.

In der Tat: Es ist verdammt gut bekannt, dass das Geld unter dem dummen usurokratischen System durch Spekulationen, Manipulationen an den Aktienmärkten und durch die Methode der Ausgabe eines Großteils des Geldes der Nation als zinszahlende - und wie - zinszahlende Schulden gewonnen wurde, Schulden, auf die die ganze Gemeinschaft für Zinsen geschröpft wurde. Und in dem Moment, in dem Hitler seinen Mund zu diesem Thema öffnete, wurde er zum *caput lupinum*. Ziel eines Attentats, so wie Mussolini zum *caput lupinum* wurde, Ziel wiederholter Attentatsversuche: in dem Moment, in dem er den Mund aufmachte, wurde die Verbindung zwischen den jüdischen Kapitalisten New Yorks und der russischen Revolution wiederhergestellt.

Genauso wie Abe Lincoln zum Ziel eines Attentats wurde, als er sich dem Wunsch ausländischer jüdischer Bankiers widersetzte, die Währung der USA mittels der großen Schulden zu kontrollieren, die durch den amerikanischen Bürgerkrieg entstanden waren. In einem Fall, der nie aufgeklärt wurde. Oh ja, wir wissen, dass Booth Mr. Lincoln erschossen hat, aber der Schutz von Booth, die Art des Prozesses gegen seine angeblichen Komplizen, wurde NICHT aufgeklärt. Booths Flucht, seine Gefangennahme aufgrund eines Unfalls mit einem verstauchten Bein usw. und die Kapuzen, die beim Prozess getragen wurden. Es gibt viel Vorgeschichte zu erforschen. Der Unwille der Roten, auf GELD einzugehen, auf die Frage des Geldes, des möglichen Reichtums, der englischen Roten, auf die Frage der Leute einzugehen, die [die] spanische Revolution finanzierten. Hier kommen wir zum Wesentlichen, zu den Dingen, die die Bolos diskutieren werden und zu den Dingen, die sie nicht diskutieren werden.

Lenin und Stalin in einer Phase, beide klar über den Export von Kapital. Die Fragen, die in bestimmten Kreisen NICHT diskutiert werden. Das ist der Nutzen DIESES Radios, von mir in diesem Radio.

Der Beveridge-Plan, eine lahme Ente, eine Sackgasse, eine Tante Sally, eine Zielscheibe für Metaphern. Und die Position der Arbeiter. Abgesehen von den labour/ites? Der Kuchen im Himmel, der Kuchen am Ende des nächsten Jahrhunderts. Die BEKANNTE und archi-bekannte Möglichkeit des Überflusses in den U.S.A., bevor der Krieg von Herrn Roosevelt begann.

Die Kirche von England, die dafür betet, dass eine dichtere Form des Atheismus als ihre eigene über uns hereinbricht und uns verschlingt. Nun, ich wiederhole, England hatte wirtschaftliche Krankheiten. Arbeitslosigkeit, Notstandsgebiete, Slums und der ganze Rest. Deutschland und Italien machten sich daran, diese Zustände INNERHALB ihrer eigenen Grenzen zu beheben. England tat das NICHT.

Was auch immer getan wurde, geschah schleppend und halbherzig. Nichts über Gerechtigkeit oder irgendeinen anderen verflixten Unsinn von Mr. Churchill. Nicht ein Wort.

Die Maßnahmen gegen die Spekulation machten in Italien und in Deutschland große Fortschritte. Menschen guten Willens wünschten sich, dass etwas Ähnliches in England geschehen könnte. Männer guten Willens IN ENGLAND dachten, eine Währungsreform wäre vorzuziehen. BEIDE Ausgänge wurden verschlossen, von wem? Für wen? Der Krieg ist die größte Form der Sabotage.

Die akute Form der Sabotage. Jemand in England bestand auf einen Krieg. Die Antwort des Teufels auf das Rätsel der Armut inmitten des Überflusses besteht darin, den Überfluss zu sabotieren, die FÜLLE zu vernichten, um dem Problem ein Ende zu setzen. Armut zu erzwingen, Knappheit zu erzwingen, Knappheit zu schaffen, um die Knappheitsökonomie zu erzwingen.

Das System der Knappheit, das das Monopol ermöglicht, gibt dem Monopol die Macht, den UNGERECHTEN Preis zu verlangen.

Und die Menschen in Amerika, die damit NICHT zufrieden sind, haben schon das nächste Ziel vor Augen. Krieg mit Russland. Die Zeit zum Einspruch ist JETZT.

#Nr. 78 (20. April 1943) U.S.(C35)
ZION

Wenn man die Protokolle erwähnt, die angeblich von den Weisen von Zion stammen, wird einem häufig geantwortet: Oh, aber sie sind eine Fälschung.

Sicherlich sind sie eine Fälschung, und das ist der einzige Beweis, den wir für ihre Echtheit haben. Die Juden arbeiten seit 24 Jahrhunderten mit gefälschten Dokumenten, nämlich seit sie überhaupt Dokumente haben. Und niemand kann sich als Historiker dieses halben Jahrhunderts qualifizieren, ohne sich mit den Protokollen beschäftigt zu haben. Angeblich sind sie aus dem Russischen übersetzt worden, aus einem Manuskript, das im Britischen Museum einzusehen ist, wo ein solches Dokument vielleicht existiert, vielleicht aber auch nicht.

Was wir mit Sicherheit wissen, ist, dass sie vor zwei Jahrzehnten veröffentlicht wurden. Dass Lord Sydenham ein Vorwort zu ihnen geschrieben hat. Ihr Inhalt wurde auf eine andere Skizze zurückgeführt, die in den vierziger Jahren erschienen sein soll. Das Interesse an ihnen liegt nicht in der Frage, ob sie von einer gesetzgebenden Versammlung von Rabbinern ausgeheckt wurden, die demokratisch gewählt oder heimlich vom Mysteriösen Orden der Siebengeweihten oder der Bowling Society of Milwaukee ausgewählt wurden. Ihr Interesse gilt der Art des Geistes oder dem Geisteszustand ihres Urhebers. Das war ihr Interesse für den Psychologen am Tag ihres ersten Erscheinens.

Und für den Historiker zwei Jahrzehnte später, wenn das in ihnen enthaltene Programm so erdrückend in Kraft getreten ist, bis zu einem Punkt, oder bis zu einem Elend.

Was den Historiker vielleicht am meisten interessiert, ist ihr entschiedener Feldzug gegen die Geschichte insgesamt, ihre erklärte Absicht, die Klassiker auszulöschen, die Aufzeichnungen auszulöschen und die Menschen mit dem Gerede von morgen zu blenden. Das ist eine Variante des Kuchens im Köder. Was die Realität betrifft, so macht es für Sie und mich keinen Unterschied, ob der Wohlstand im Himmel oder im Jahr 2300 oder hinter einer Ecke liegt, die nie erreicht wird.

Ein religiöser Mensch mag denken, dass seine Belohnung im Himmel sein könnte, aber selbst ein religiöser Mensch sollte wissen, dass seine Belohnung nicht in hundert Jahren auf der Erde sein wird. In der Tat ist der

Kuchen im Himmel ein vernünftiger Vorschlag: ein Opium, an dem mehr dran ist als an Mr. Keynes' übermorgen.

Es geht mir nicht darum, im Nachhinein Schuldzuweisungen vorzunehmen, sondern die Gegenwart zu beurteilen: diejenigen, die gegen das wahre Wort sind, die *Protokollanten*. Nun ist Keynes, dessen "fair is foul, foul is fair"-Satz als Quintessenz von irgendetwas betrachtet werden kann, der perfekte *Protoclaire*. Es fällt mir ein, dass er bei der einen Gelegenheit, bei der ich die kuriose Erfahrung machte, ihn zu sehen, es schaffte, innerhalb kürzester Zeit zwei Unwahrheiten zu sagen. In der Tat öffnete er nie den Mund, ohne dies zu tun. Erstens, indem er behauptete, er sei ein orthodoxer Wirtschaftswissenschaftler, was er nicht ist, und zweitens, indem er sagte, die damals hohen Lebenshaltungskosten seien auf den Mangel an Arbeitskräften zurückzuführen, obwohl Millionen von Männern arbeitslos waren.

Sie hätten es in zwei Sätzen nicht viel besser machen können, wenn Sie auf einen Rekord in der Fälschung aus wären.

Protokoll Nr. 8, zweiter [Absatz]:

Wir werden unsere Regierung mit einer ganzen Welt von Wirtschaftswissenschaftlern umgeben. Das ist der Grund, warum sich die Wirtschaftswissenschaften bilden, usw. Um uns herum wird wieder eine ganze Konstellation von Bankiers, Industriellen, Kapitalisten und vor allem Millionären sein, denn im Grunde wird alles durch die Frage der Zahlen geregelt werden.

Ist es möglich, ein Interesse an verbaler Präzision zu wecken? Ist es möglich, mehr als sechs oder acht Personen davon zu überzeugen, die Tragweite von Kreuzworträtseln und anderen Hilfsmitteln, mit denen man Wörter nach etwas absucht, das NICHT ihre Bedeutung ist, zu betrachten? Cabala, zum Beispiel, alles, um das Wort für etwas zu halten, was es NICHT bedeutet. Alles, um den Zuhörer vom eigentlichen Sinn des Wortes oder des Satzes abzulenken? Sogar zum Kommunismus, der KEIN Kommunismus ist. Auf den Kommunismus der bischöflichen Art, den sie in England wollen. Einem Bolschewismus, der die Erzbischöfe und Kuraten genau dort belässt, wo sie sind, jeder mit seinem Lebensunterhalt oder seiner Pfründe. Eine Offenbarung gegen das Kapital, angeblich gegen das Kapital, die das Eigentum angreift und das Kapital in Ruhe lässt.

Lenin plädiert dafür, das Bankwesen zu einer Staatsangelegenheit zu machen. Und dann zwanzig Jahre, in denen es entschieden in den Hintergrund zu treten schien, als die Weltrevolution mit etwas anderem sehr beschäftigt war.

Es sollte inzwischen klar sein, dass einige Leute NICHT den Ausgang des Krieges fürchten, sondern das ENDE des Krieges.

Churchill, zum Beispiel. Nicht die Niederlage, nicht der Untergang des Empire macht ihm Sorgen, sondern das ENDE des Krieges.

Das Ende des Gemetzels, das Ende der Kriegsbedingungen.

Robert Clive, der ehemalige britische Botschafter in Tokio, hat sich klar genug ausgedrückt. Er sagt Ihnen und der Welt, dass Japan nicht geschlagen werden kann. Aber der Krieg muss weitergehen, so Churchill und Roosevelt. Churchill sieht das Ende des Monopols und der Privilegien, oder zumindest eine Verschiebung, wenn der Krieg endet, egal WIE. Das ist der Punkt, den Sie bedenken sollten. Was die Protokolle betrifft, so gibt es entweder und war ein Komplott, um alle Gojim, alle Nationen Europas, zu ruinieren, oder einige Leute sind völlig wahnsinnig. Sie wollen, dass der Krieg bis zu einem gewissen Wrack weitergeht. Wer sind sie?

Bloßes Kanonenfutter. Die amerikanischen Truppen in Nordafrika wissen, dass sie nicht aus eigenem Antrieb dort sind.

Der Krieg wurde wegen des Goldes begonnen, um den Fetischwert des Goldes zu erhalten. Es gibt viele andere Nebenschauplätze. Geringfügige Vorteile wurden KOMMERZIELL erlangt. Hat das derzeitige Regime in England die Rückkehr der Truppen nach Dünkirchen gewollt? Jeder Reformschritt in England ist eine faschistische Reform oder ein Vorschlag nach faschistischem Muster.

Der größte Verrat an Europa liegt in der Allianz des englischen Judentums mit Moskau begründet. Die Schulden steigen.

Das ist der eine Teil des Krieges. Es ist ein Wettstreit zwischen dem STOPPEN des Krieges und dem Weitermachen mit ihm. Und nur eine Seite kämpft überhaupt. Nämlich die Partei, die den Krieg angezettelt hat. Sie sind für die Fortsetzung des Krieges. Wer sind sie?

ABER sie sind auch dafür, den nächsten Krieg zu beginnen. Sie verkünden offen, dass Amerika, NACHDEM (d.h. WENN) es mit Japan fertig ist, gegen Russland kämpfen muss. WENN Russland in Europa einbrechen sollte.

Nur wer blind und taub ist, kann diese Proklamationen nicht wahrnehmen. Die USA müssen die Welt schützen? Warum eigentlich? Will die Welt das? Die USA müssen, wenn dieser Krieg vorbei ist, stark genug sein, um Russland zu schlagen.

Die USA hatten die Chance, ihr Prestige und ihre einzigartige Position zu erhalten, indem sie NEUTRAL blieben. Neutral, während andere Mächte sich erschöpften. Und sie taten es nicht.

Wer sind die Verrückten? Gab es eine absichtliche Verschwörung? Das ist es, was Sie beunruhigen sollte. Gab es ein Komplott? Wie lange gab es sie schon? Besteht es weiter, mit seinen Lehmans, Morgenthaus, Baruchs?

Mit den Vorschlägen, die Dunkelhäutigen nach Afrika zu schicken, um für Judäa zu arbeiten, und dem ganzen Rest? Und WERDEN Sie, nachdem Japan mit Ihnen fertig ist, es mit Russland aufnehmen? Um das Bankenmonopol zu erhalten? Mit Mr. Wille Wiseman, dem ehemaligen britischen Geheimdienst, der sich bei Kuhn, Loeb und Co. niedergelassen hat, um euch zu leiten und zu regieren?

#Nr. 79 (24. April 1943) U.S.(C34) BEWUSSTSEIN

Die Amerikaner in Französisch-Afrika haben kein reines Gewissen. Es gibt wahrscheinlich keine Amerikaner in Nordafrika, die ein reines Gewissen haben, auch wenn es einige gibt, die überhaupt kein Gewissen haben. Eine Existenz auf Gangsterebene, die nicht über den Wunsch hinausgeht, etwas kaputt zu machen oder jemanden zu bestrafen.

Die Amerikaner haben genug Anstand, um zu wissen, dass sie Europa NICHT vom Osten her angreifen sollten, während Russland vom Westen her angreift. Und in welchem Namen? Um französisches Territorium und britischen Handel zu stehlen?

Ich habe die kleinen Jungs in Trenton N.J. erwähnt, die sich als Kaiser der Welt aufspielten.

Infantilismus in hohen Positionen! Und Madame Chek hielt am 18. Februar vor dem amerikanischen Kongress eine aufrüttelnde Rede, in der sie besser amerikanisch sprach als Sol Bloom und die Hälfte der versammelten Delegierten, und in der sie sich besser ausdrückte als Mr. Roosevelt. Ich habe keinen Zweifel daran, dass die Zuhörer darauf hereinfielen wie die Blätter im Herbst.

Es war ein Appell an unsere Sympathien. Ich wäre vom Hocker gerissen worden, wenn ich mich nicht gerade neben mein Radio gelegt hätte. Gewohnheit des Radios im Bett. Die Chinesen haben ein sehr altes Sprichwort, dass es ein schlechtes Omen ist, wenn die Henne kräht. *Canta la gallina.* Der Appell von Frau Chiang war deutlich genug. Jeder möchte, dass sein eigenes Land von seinem eigenen Volk regiert wird. Aber es ist Wang Chin Wei und nicht Mons. C.K. Chek, der die Vertragshäfen, die extraterritorialen Rechte für sein Land zurückerhalten hat.

Und die gruppierten Ideogramme, die mit "Mann von hohem Charakter" übersetzt werden, weisen, wenn ich mich nicht irre, auf die Männer hin, durch die und in denen man die Stimme seiner Vorfahren hört. Ordnung im eigenen Land. China mit 400 Millionen Menschen IN ORDNUNG wäre in der Tat ein Element für die Stabilität der Welt. Aber diese Ordnung muss IN CHINA entstehen. In 300 oder mehr Jahren Geschichte, ja in der gesamten Geschichte, die wir von diesem Land haben, muss die Ordnung im Inneren entstehen. Zu keiner Zeit war China in Frieden in den Händen einer Regierung, die von außen mit geliehenem Kapital geführt wurde. Das ist der Fehler von Frau Chiang. Ihr Ziel ist bewundernswert, aber sie klettert auf einen Baum, um Fische zu fangen.

Als Mencius das zu König Huei von Liang sagte, sagte der König: "Ist es denn so schlimm?" Und Mencius antwortete: "Schlimmer, denn du würdest keinen Schaden anrichten. Ihr würdet natürlich keine Fische fangen. Aber du würdest keinen weiteren Schaden anrichten."

Dieser Verlust der chinesischen Weisheit unter dem Deckmantel des Y.M.C.A.-Dogmatismus und der abendländischen Klassenlehren ist nicht die Antwort.

Ich habe von jemandem, der ihn kennt, gehört, dass Chiang selbst den Krieg mit Japan nicht gewollt hat, sondern aufgrund reiner Theorie, reinem westlichen Unsinn, dazu gezwungen wurde. Kung ist für China wie das Wasser für die Fische. Das heißt, Konfuzius, die konfuzianische Lehre ist der wahre Lebensraum des Sohnes des Himmels, und vom Kaiser bis hinunter zum einfachen Volk ist die Pflicht oder Wurzel EINS. Und diese Wurzel ist NICHT in einer exotischen Regierung zu finden, die im Interesse des ausländischen Kreditkapitals eingesetzt wird.

Wenn die Chinesen jemals ein paar Exemplare des Talmuds in die Hände bekommen, wird es noch weniger Platz für die Diener der darin enthaltenen Lehren geben, egal ob Juden oder Nichtjuden. Und wenn die Wurzel Verwirrung ist, kann die Frucht nicht Ordnung sein. Frau Chiang, die eine kleinere Nation um Hilfe bittet, mag eine rührende Figur sein. Aber der Greifer in Französisch-Afrika hilft ihrem Mann in Chungking in keiner Weise.

Japan ist NICHT der Erbfeind von China. Es gibt mehr als zwei Jahrtausende der Geschichte, in denen sich die beiden Nationen NICHT gegenseitig geschadet haben. Die Geschichte der angelsächsischen Beziehungen zu China hingegen ist ein einziger Schandfleck. Ein fast unermesslicher Gestank. Und die Japaner haben einige der jüngeren Kapitel in einem Werk aufgezeichnet, dessen übersetzter Titel lautet: "Das britische Empire und das britische Volk".

Frau Chiang erregt die Sympathien. ABER der Fehler liegt in der Vorstellung, dass eine universelle Theorie die Welt OHNE lokale Ordnung regieren wird. Wenn weder Chungking noch Washington Ordnung in ihr EIGENES Land bringen können, wie wahrscheinlich ist es dann, dass eine noch lockerere und größere Bürokratie mit noch weniger eindeutigen Zuständigkeiten und noch weniger kompetenten Exekutivbüros es besser machen könnte?

Einer der Schlüsselgedanken, der Grundgedanke, den der verstorbene A.R. Orage in 30 oder 40 Jahren ideologischen Kampfes hervorbrachte, war in einem Artikel über den Rückgang der Macht, d.h. VON den Menschen.

Sobald das Volk die Kontrolle über JEDES Regierungsorgan, jedes beratende Gremium oder was auch immer erhält, scheint sich die wirkliche Kontrolle in etwas Inneres zurückzuziehen.

Das Tohuwabohu gegen den Faschismus war insofern Quatsch, als es sich gegen die Organisation und Kontrolle richtete. Was man nach 20 Jahren, zwei Jahrzehnten sieht, ist, dass Italien das erklärte Jeffersonsche Ideal hat. Nämlich das, am wenigsten zu regieren.

Das faschistische Ideal ist so gut wie unerreichbar; nicht aus falscher Richtung, nicht aus mangelndem Organisationswillen, sondern aus dem natürlichen Chaos des Menschen, aus der unermüdlichen Faulheit des Durchschnittsmenschen, der sich nicht um die Organisation kümmern WILL, den man nicht zur Organisation überreden kann, außer in Momenten der Gefahr oder der Begeisterung. Selbst die Mitgeschäftsführer müssen mit Gebühren zu den Vorstandssitzungen gelockt werden. Fünfzig Dollar oder was auch immer, damit man sich die Mühe macht, den Sitzungen beizuwohnen. Machiavelli Senior bemerkte: "Die Menschen leben in wenigen, und der Rest sind Schafe." Die Idealisten kämpfen dagegen an. Gelegentlich geschieht ein Wunder. In China haben die Menschen eine Reihe von Dynastien gegründet. Heldenhafte Schöpfungsakte, 160 Jahre Aufbau oder Fortbestand und 160 Jahre Niedergang. NICHT eine der großen Dynastien, der dauerhaften Dynastien, wurde mit Hilfe von Gangsterbanden errichtet. Kublai war ein großer Kahn, aber die Ming kamen 89 Jahre später.

Das billige, halbgare Halbwissen des Westens, die Lügen halb ausgebildeter Professoren, die in dumme junge Studenten geschossen wurden, haben China NICHT genützt. Wenn die alten Könige zu weit zurückliegen, um gezählt zu werden, hätten die Chinesen von Han, Sung, Tiang, Hong-Vou und Tai Tsong mehr gelernt als von Woodrow Wilson und den Sassoons.

Niemand kann chinesische Namen so aussprechen, dass sie alle zufrieden stellen. Wenn Ihnen meine Transliterationen nicht gefallen, d.h. wenn ein orientalischer Zuhörer verwirrt ist, lassen Sie mich den Satz sagen: Die chinesische Geschichte selbst enthält mehr Lektionen und bessere Lektionen, als ein verstreuter Haufen von College-Studenten gelernt hat, die in die Ruck-Wasser-Colleges oder in die Londoner School of Economics oder Oxford geworfen wurden.

Das ist vielleicht die Tragödie von Frau Chiang. Ausländisches Leihkapital ist KEIN Ersatz für die Tradition von Wen und Wu, für die Lektion der vorchristlichen Dynastien.

#Nr. 80 (27. April 1943) U.S.(C37)
ZUR RÜCKKEHR

Ich denke ganz einfach und definitiv, dass die amerikanischen Truppen in Nordafrika alle nach Amerika zurückkehren sollten: WENN sie dort hinkommen können.

Amerika sollte keinen Krieg gegen Europa führen, und Amerika weiß das. Ich denke, es ist an der Zeit, dass der amerikanische Bürger die Finanzberichte von Herrn Morgenthau studiert, unabhängig davon, ob er die Ankunft von Zion verkündet oder nicht. Ich denke, es ist an der Zeit, dass Sie Kiplings Memoiren "Something about myself" lesen. Ich denke, es ist an der Zeit, dass mehr amerikanische Freimaurer eine Neugierde für die möglichen Beziehungen ihres Ordens zum Judentum als solchem entwickeln, und zumindest zu einer Sekte oder einem Teil oder einer Auswahl von ORGANISIERTEN Juden als möglichem Feind der Menschheit und des amerikanischen Volkes, insbesondere des britischen Volkes.

Ich denke, es könnte eine gute Sache sein, Roosevelt und ein paar hundert Juden zu hängen, WENN man es mit einem ordentlichen Rechtsverfahren tun kann, NICHT anders. Das Recht muss gewahrt bleiben. Ich weiß, das mag zahm klingen, aber das ist es auch. Es ist manchmal schwer, so zu denken. Es ist schwer zu glauben, dass die 35 Ex-Armee-Subalternen oder was auch immer, die alle jüdischen Kongressabgeordneten aus dem Weg räumen wollten, nicht nur ein bisschen grob und *einfältig* waren. Manchmal hat man das Gefühl, dass es besser wäre, die Sache irgendwie zu erledigen, egal wie, als die Ausführung hinauszuzögern.

An der Sorbonne wurde ein Lehrstuhl eingerichtet, der sich mit der modernen jüdischen Geschichte, d.h. mit der Rolle der Juden in der modernen Geschichte befasst. Es wäre gut, ähnliche Lehrstühle an ALLEN amerikanischen Universitäten einzurichten, auch wenn es für Harvard und das College of the City of N. York schwierig sein könnte, die nötigen Mittel zu bekommen. Ich glaube nicht, dass es ein amerikanisches Gesetz gibt, das es Ihnen erlaubt, Nic. Butler. Das ist bedauerlich, aber so ist es. Es gibt keine Ex-post-facto-Gesetze, von denen man nur träumen kann. Nicht, dass sich Frankfurter oder andere verdammte Juden einen Dreck um Gesetze oder die amerikanische Verfassung scheren würden. Aber wir sind nicht hier, um Frankfurter oder den jüdischen Rachefeldzug zu unterstützen. Sie sind mittendrin, und das ist gut so. Und jeder amerikanische Junge, der ertränkt wird, verdankt dies Roosevelt und Baruch und Roosevelts VERLETZUNG der Amtspflichten.

Aufgrund dieser Verstöße, die vor Pearl Harbor stattfanden, sollten Sie ihn anklagen. Es ist an der Zeit, dass die Angelegenheit untersucht wird. Es ist an der Zeit, dass die praktischen Mittel zur Erledigung der Aufgabe zum Gegenstand der Untersuchung gemacht werden. Das wird insofern schwierig sein, als Ihre Presse und Ihr Rundfunk größtenteils in tschechischer Hand sind. Es wird schwierig sein, die Anstrengungen in unserem so anarchischen Land zu koordinieren. Instinktiv anarchisch, ABER kontrolliert, durch eine Organisation. Eine Organisation, die es wert ist, dass Sie sie studieren. Seien Sie Freimaurer oder Nicht-Freimaurer. Sie werden Zellen und Kerne bilden und kommunizieren müssen. Sie werden eine gewisse Pressefreiheit aufrechterhalten und irgendwie Radiosender bekommen müssen. Der Kongress sollte auf Sendung gehen. Wenn das nicht möglich ist, sollten die Senate und Parlamente der Bundesstaaten auf Sendung gehen. Und die staatlichen Universitäten in den Staaten, die nicht gänzlich von ihren Ghettos regiert werden, sollten ein Geschichtsstudium über die Rolle der Juden in der Geschichte, über die Rolle des Wuchers und der Währungskontrolle durch fremde private Einrichtungen beginnen, all das sollte zum Gegenstand des Studiums gemacht werden. Irgendwann muss man damit anfangen.

Ihr müsst ein wenig lernen, zumindest ein wenig über die Geschichte eurer Verbündeten. Über das von Juden zerstörte England. Über die Trümmer Frankreichs, das unter jüdischer Kontrolle zerstört wurde. Mit Juden verpestet. Blum, Zay und der Rest von ihnen haben Frankreich in den Krieg getrieben, als es todsicher war, dass Frankreich geschlagen werden würde. Sie bereiten einen weiteren vor. Oh, ja. EINEN weiteren zehn- oder zwanzigjährigen Krieg zwischen den USA und dem slawischen Russland, der beginnen wird, sobald dieser sich zu entspannen scheint. Glaubt nicht, dass die Juden Kriege beenden WOLLEN, solange sich die Nicht-Juden weiterhin gegenseitig umbringen und ertränken, um Dividenden für Anleihekapital zu erhalten. Und EINIGES Kapital. Ein Teil des Leihkapitals ist, vielleicht haben Sie das schon einmal gehört, ein Teil des Leihkapitals IST wirklich in kauenden Händen. Vielleicht haben Sie das noch nicht gehört. Und ein Teil der amerikanischen Dollars, die für Gold ausgegeben wurden, gingen AUS Amerika heraus, um Gold zu kaufen, nun, ein Teil davon ging nach JUDERY. Und Heinrick ben Sloman, ben Soloman, ben Isaac, ben Morgenthau, der Sohn seines Vaters, war derjenige, der es hinausgeschickt hat.

Und du nimmst es weiter, du wirst weiter gefüttert und hörst die Radios der Jerusalemer Synagogen aus London und Jew York City. Gott verfluche dich. Geldsäcke, die aus Angst oder Schuldgefühlen angeboten wurden, sind vom Mob einheitlich abgelehnt worden, schrieb Mr. Jefferson am 19.

Juli 1789 aus Paris an John Jay. Paris war lebhaft. Am 6. September träumte Jefferson selig von einer idealen Republik wie folgt: Aber wäre es in Bezug auf zukünftige Schulden nicht weise und gerecht, wenn die Nation in der Verfassung, die sie sich gibt, erklären würde, dass weder der Gesetzgeber noch die Nation selbst rechtsgültig mehr Schulden machen kann, als sie in ihrem eigenen Alter oder innerhalb der Dauer von 34 Jahren zurückzahlen kann?

Denken Sie darüber nach. Das war T.J., der am 6. September 1789 aus Paris an Madison schrieb. Es ist der berühmte Brief, der die Worte enthält: "Die Erde gehört als Nutznießer den Lebenden". Dieses Thema wiederholte er später in der Form "die Erde gehört den Lebenden". Und das "innerhalb ihres eigenen Alters" wurde auf 19 Jahre reduziert.

Zunächst betrachtete er das "eigene Alter" als den Zeitraum, bis zu dem der durchschnittliche Einwohner einer Nation überleben würde. Dann ging er davon aus, dass Kinder und Minderjährige kein Mitspracherecht bei der Aufnahme von Schulden haben würden.

Also sollten sie nicht gebunden *werden*. Das heißt, sie sollten nicht in die Sklaverei verkauft werden, um die Schulden zu bezahlen. Das sind die Feinheiten der Ethik. Sie werden Mr. Constantine Brown nicht ansprechen. Sie werden keine Wirkung auf diejenigen unter Ihnen haben, die sich der tröstlichen (wenn es Sie tröstet) Theorie hingeben, dass die Verwüstung einfach keine Rolle spielt und für wen.

Shakespeare und Bach sind langweilig. Architektur ist gefährlich. Bildhauerei ist tabu. Mr. Brown will eine schöne neue Welt, und Schulden sind schließlich nur das Vorspiel zur Sklaverei. Man kann sich ein System vorstellen, in dem es KEINE wirtschaftliche Freiheit gibt. Ich meine absolut KEINE wirtschaftliche Freiheit für irgendjemanden. Nicht zufällig, sondern programmatisch. Es ist in der Tat viel einfacher, sich einen Sklavenstaat vorzustellen als einen freien Staat. Ein Staat, in dem alle Menschen Sklaven sind und kein Mensch irgendein Recht auf Leben und Freiheit hat und in dem sogar das Streben - wunderbare Formulierung, dieses "Streben" nach Glück - illegal wäre oder zumindest als schweres Vergehen angesehen würde.

Ein wirklich strenger Puritaner wie Eden oder Morgenthau würde Ihnen wahrscheinlich sagen, dass das Streben nach Glück auf einer Stufe mit der Schnitzeljagd steht. Ich weiß, Sie glauben nicht, dass Sie reif für eine echte Revolution sind. Du glaubst nicht, dass DU reif bist für das Ende des kapitalistischen Systems insgesamt. Dir wäre es lieber, wenn solche Revolutionen im Punjab oder in Bessarabien stattfinden würden. Aber eins führt zum anderen.

Und dennoch: Es war nicht eure Aufgabe, die Zivilisation zu zerstören.

#Nr. 81 (2. Mai 1943) U.K.(C36)
ÜBER DIE NATUR DES VERRATS

Ich möchte heute Abend ein wenig ernsthafte Aufmerksamkeit auf ein ernstes Thema lenken, oder auf mehrere ernsthafte Themen.

In der Tat versuche ich seit über 20 Jahren, ein wenig ernsthafte Aufmerksamkeit zu bekommen; Sie davon zu überzeugen, ein wenig ernsthafte Aufmerksamkeit auf ein paar ernste Themen zu lenken. Die Natur des Geldes, die Art seiner Ausgabe und der Wucher. Davor und in der Zwischenzeit war ich vielleicht erfolgreicher darin, die Aufmerksamkeit auf einige literarische Probleme und Autoren zu lenken. Was meine Bemerkungen zur Wirtschaft betrifft, so waren meine Methoden so, wie sie möglich waren. Niemand hat jemals vorgeschlagen, dass ich sie verbessern sollte. Wenn ich darauf aufmerksam gemacht wurde, war die Reaktion in den meisten Fällen lediglich eine herzliche Einladung, sich dem großen Verrat anzuschließen. "La trahison des clercs", wie Julien Benda es nannte. Die Aufforderung lautete NICHT: Erzählen Sie uns mehr, vervollkommnen Sie Ihr eigenes Verständnis dieses oder dieser knorrigen Themen. Der Ruf lautete: Sei still, es ist unanständig für einen Literaten, ein solches Thema anzusprechen. Und jetzt seid ihr in einem Schlamassel. Ihr seid geistig in einem noch größeren Schlamassel als in materieller Hinsicht. Trotz des Verlustes von Tonnage und Märkten, Ihres Verlustes von Tonnage und Märkten.

Ich frage mich, ob Sie eine Vorstellung davon haben, was Europa mit Englands Verrat an Europa meint. Ich würde gerne einige Dinge klären. Ihre Verteidigung Ihres Reiches zum Beispiel, im Gegensatz zu dem Bestreben, einen Krieg zu beginnen. Den Krieg aufrechtzuerhalten, das Kriegsgebiet auszuweiten. Sowohl Ihr Versuch als auch der Ihrer Kameraden in den USA.

Ich würde gerne zwischen Krieg und bloßer Gewalt unterscheiden. Ich möchte unterscheiden zwischen Tapferkeit auf dem Schlachtfeld und der Bombardierung von Zivilisten, der Versenkung von Lazarettschiffen. Ich glaube nicht, dass diese beiden Arten von Aktivitäten notwendigerweise untrennbar miteinander verbunden sind. Und das tun Sie auch nicht.

Nichts ist ohne effiziente Ursache. Mit dieser Aussage kann man Aristoteles nicht schlagen. Etwas verursacht die Zerstörung von Moscheen und Museen. Etwas völlig anderes als der Wille, für die Sache der Freiheit zu sterben: für König und Vaterland, für die Verteidigung des Vaterlandes. Die beiden Handlungen sind NICHT identisch, und sie sind auch nicht untrennbar. Nun sind Krankenhausschiffe bombardiert worden, und das nicht zufällig. Und das typisch amerikanische Gefühl ist ein Gefühl des Abscheus und das der Soldaten ist ein Gefühl des Abscheus.

Ein amerikanischer Flieger trieb einige Tage lang auf einem aufgeblasenen Gummifloß auf dem Mittelmeer.

Er und seine Kameraden waren am Ende ihrer Kräfte. Sie wurden von einem italienischen Lazarettschiff aufgegriffen, ins Bett gebracht und ihnen wurde gesagt, sie seien vorerst Patienten, würden aber bei der Landung zu Gefangenen. Das Lazarettschiff wurde auf einer späteren Fahrt versenkt, aber eine der Krankenschwestern, die entkommen konnte, erzählt dies von einem der amerikanischen Flieger. Sie kam zu seiner Koje, um ihn zu besuchen; er sagte: Mach das Licht aus, ich schäme mich, dich anzusehen. Das ist das Gefühl des Soldaten über das Töten von Babys, über die Bombardierung von Krankenhäusern, das Gefühl des Schmarotzers ist möglicherweise anders.

Die Worte "Palazzo S. Giorgio" sagen Ihnen wahrscheinlich nichts. Ein paar Kunstliebhaber, Architekten, wissen vielleicht, worauf sie sich beziehen. Der Palazzo war nicht von militärischer Bedeutung. Die Kohlezeichnungen von Gaudier-Brzeska waren es auch nicht. Das Kensington Museum hat einige von ihnen nach Gaudiers Tod angenommen. Die meisten von ihnen befanden sich in einem Koffer in Gertova, im Atelier eines Bildhauers. Ich wusste, dass die Wohnung seines Vaters ausgebrannt war, aber mir wurde gesagt, dass das Atelier nicht getroffen worden war. Ich dachte, es sei an der Zeit, die Zeichnungen zu entfernen. Ich fand sie. Der Koffer war ¼ Zoll dick mit Staub und Gips bedeckt. Ein Loch in der Decke, einen halben Meter entfernt, ein Haufen Sand auf dem Boden. Ich benutzte den Deckel von Dicks Bücherregal, um den Koffer abzustauben. Die Concierge sagte: "Ja, zum Glück haben wir die *Spezzoni* bemerkt und sie schnell gelöscht." Gaudier gab sein Leben im letzten Krieg für Frankreich und England. Ich hatte die Zeichnungen mit England geteilt. Ich nehme an, dass es mir zu verdanken ist, dass einige seiner Skulpturen in der S. Kensington oder der Tate Gallery zu sehen sind. Zumindest glaube ich, dass niemand dieser Aussage widersprechen wird.

Sie waren kurz davor, die meisten seiner Zeichnungen zu verbrennen. Zumal sich das kleine abstrakte Notizbuch in dem Koffer mit den großen Kohlestiften befand. Und eine Kopie von Hughes und ein oder zwei andere mehr oder weniger unersetzliche Gegenstände. Ein weiteres Ziel in Genua war die Bibliothek des Theaters S. Carlo.

"Ein Fleckchen Erde, das für immer England ist." Dicks Vater war ein Anglophiler. Er war ein Freund deines verstorbenen Admirals Martin. Er hatte [den] Caracciolo-Vorfall vergessen oder verziehen, ein Kapitel in Nelsons Leben, das in euren Schulbüchern oder offiziellen Biografien des Kolumnisten nicht hervorgehoben wird.

Dieser Vandalismus ist vielleicht der kleinere Teil Ihres Verrats. Mit Verrat meine ich das Bündnis mit Russland, mit jedem Russland. Es mag eine Unklugheit ... äh; Ihrerseits sein. Sie meinten natürlich, Sie MÜSSEN die beiden Großmächte erneut gegeneinander aufhetzen, um dann einzugreifen, wenn beide erschöpft sind. Könnte man es übertreiben?

Könnte es sein, dass ihr euch in der Zange der neuen Mächte wiederfindet? Früher war man der Meinung, dass die Amerikaner mehr *soaviter in modo*, als die Deutschen *fortiter in re*. Der Halbzeitstand scheint zu Gunsten der Amerikaner zu sein. Es steht mir als Yankee nicht zu, mich über die materiellen Vorteile der amerikanischen Politik zu beklagen. Und doch bedaure ich die amerikanische Politik. NICHT, weil sie *soaviter in modo* war, mit DIR. Und ich mache Sie NICHT dafür verantwortlich, außer dass Sie den Präzedenzfall und die Fälschungen toleriert haben.

Zur Theorie, zum Programm, habe ich vielleicht ein paar Worte für Lenin gesagt. Als ich gebeten wurde, den Kongress von Charkow zu kritisieren, habe ich das mit bestem Willen getan. Ich habe weiter in kommunistischen Zeitungen geschrieben. Ich habe Stalins "Grundlagen des Leninismus" über dieses Radio zitiert. Natürlich nicht, um die faschistische Doktrin zu erläutern. Lediglich aus persönlicher Sympathie mit verschiedenen Punkten, die Josef Stalin 1922 dargelegt hatte. 1926 oder wann immer ich die Broschüre bekommen habe, hätte ich nicht mit Stalins Bolschewismus, sondern mit seinem Rückschritt hadern müssen. Vor einem Jahr missfiel es mir, dass Stalin den zaristischen Fehler wiederholte und Millionen von Russen FÜR die Wucherer opferte. Die NICHT-slawischen Wucherer. In der Tat hört man nie von russischen Geldverleihern. Ich nehme an, dass Russen hin und wieder in Banken gearbeitet haben, aber man hört nicht viel davon.

Ich wüsste nicht, dass ich irgendwelche Schwierigkeiten hätte, ein ECHTES bolschewistisches Programm zu akzeptieren. Der Künstler ist nicht und war nie Teil der Bourgeoisie. Ich wende mich gegen einen angeblichen Angriff auf das Kapital, auf die Usurkratie, der zu einem bloßen Angriff auf das Eigentum verkommt und den Geldverleiher, den Pfandleiher, in voller Kontrolle über das Ausbeutungssystem belässt, der die Produzenten melkt.

Produzenten der Welt, vereinigt euch. Von mir aus. Der Künstler braucht kein Eigentum zu besitzen. Das langweilt ihn normalerweise. Was er will, ist, seine Werkzeuge zu besitzen. NEIN, nicht einmal das, er will das Recht haben, die Werkzeuge seines Handwerks zu BENUTZEN.

Der Bolschewismus hat ihm das programmgemäß nie verweigert.

Ich würde mich nie auf eine theoretische Frage einlassen, ob Bauern KOLKHOZ oder ein eigenes Gehöft besitzen sollten. Ich glaube, dass die allgemeine Erfahrung zeigt, dass letzteres die besseren Produktionsergebnisse bringt. Aber das ist KEIN Prinzip. Es ist eine empirische Beobachtung.

Wenn Churchill das Bolschewisten-DOGMA akzeptiert hätte, würde man ihn vielleicht nicht für einen Verräter halten. Aber das hat er NICHT. Zumindest hat das kein BBC-Handlanger für ihn behauptet. Was selbst ein Pink in Frage stellen könnte, ist die praktische Durchführungskapazität Moskaus bei der ARBEIT am kommunistischen System. Man hat Berichte gelesen, wonach es bei den Engeln des sowjetischen Paradieses hin und wieder hakt. Als Realist fragt man sich, ob eine judaistische Bürokratie nach dem Dimitrow-System, mit Dimitrow und Co. an der Spitze, das wünschenswerteste Regime für Finnland, Dänemark, Rumänien, die Schweiz, Warwick, Kent und die Midlands ist.

Weltrevolution mit lokaler, autochthoner Exekutive ist eine Sache, Weltrevolution mit streng jüdischer und moskowitischer Kontrolle ist eine andere.

Es ist Englands Verrat an der SELBSTbestimmung, der den Engländern auf dem Gewissen liegen sollte. Ihr Bündnis mit Adam Zad.

#Nr. 82 (4. Mai 1943) U.S.(C40)
ROMANZ

Warum der Campus-Kommunist, der idealistische Kommunist mit den glühenden Augen, der realistische Kommunist oder der Millionärs-Kommunard Bill Bullit annehmen sollte, dass Stalin immer noch eine Weltrevolution anführt, anstatt Machtpolitik nach dem alten Romanoff-Modell zu betreiben, nun, das überlasse ich Ihnen.

Damals, bevor die amerikanische Jugend aufhörte, Tennysons *Idyllen des Königs* oder die *Morte d' Arthur* oder *den Tristan von Beroul* oder M. Hillaire Bellocs *Avril* zu lesen, damals habe ich einmal den alten Harrison, sugar trust Harrison, aufgesucht und von der S.P.C.A. Soc. Prev. etc. gesprochen, und er hat die Ziele dieser Gesellschaft nicht in Frage gestellt. Er sagte, wer verwaltet, das heißt, wer verwaltet die Gelder der Gesellschaft, und verwaltet?

Nun, beobachten Sie den Verlauf der Ereignisse? Die meisten von Ihnen natürlich nicht. Aber warum sollte das Proletariat mittels eines geheimen Komitees von Kürschnern diktieren? Warum sollte das Proletariat nicht vor Ort durch sich selbst diktieren? Warum sollte sie von ausländischen Agenten und Männern fremder Ethnie verwaltet werden?

Ja, ich weiß - die Älteren unter uns [wissen es?] - mein Treffen mit Harrison fand statt, bevor eine jüdische Regierung die USA mit einer Exportarmee ausgestattet hatte. Die Ankunftsorte wurden nicht festgelegt. Und George Washington sagte, der Frieden könne nicht auf Rassenfeindschaft gegründet werden. Die BBC sagt also, man müsse die Deutschen hassen, das ist die übliche Semitenlogik. Aus dem Mund der Kinder und der Dummköpfe.

Nun, haben Sie bemerkt, wie schnell die Propaganda für Eugenik in Geburtenkontrolle ausartete? Und Ethnie-Selbstmord? Und wie schnell die Romantik ersetzt wurde, nun ja, vielleicht war das ein langsamerer Rhythmus, um zum Gangsterfick zu kommen? Zuerst kam Mme. Bovary und Hedda Gabler, und der romantische Held sollte Mrs. Jones aus der Langeweile befreien. Und dann war der schlaue junge Kommunard darauf aus, so viele junge Damen wie möglich zu vergewaltigen, und die Gesundheit verschlechterte sich, und [es] gab eine Ansteckung. Nun, das stammt nicht von der kommunistischen Revolution. War es eine kommunistische Revolution? Oder seid ihr alle verwirrt, wie der Bleistifthändler in Washington zu mir sagte?

Und ein anderer Fall, der weißhaarige Junge der amerikanischen Kommunisten, denn vielleicht hat er nicht ganz klar gedacht und sich eines jüdischen Vorfahren gerühmt. Jedenfalls sagte er, als ich es mit Logik versuchte, zu seinem Genossen: "Aber haben Sie jemals einen Kommunisten kennengelernt, der denkt?" Das heißt, sind Sie jemals einem Kommunisten begegnet, der denken würde?

Nun, in gewisser Weise, und in gewisser Weise NICHT. Erst die Religion abschaffen, dann das Denken aus der Mitte der Gojim entfernen. Sind sie Vieh? Denkt das Vieh?

Ich weiß nicht, wo im amerikanischen oder englischen Gehirn eine empfindliche Stelle zu finden ist, in die man ein wenig historische Neugier injizieren könnte? Aber woher kommt die Antipathie zwischen Christen und Moslems?

Und die Kreuzzüge, um die Gräber eines Juden in Jerusalem zu retten? Und wurden die Freimaurer gegen die Katholiken aufgehetzt? [Der normale amerikanische Freimaurer ist ein freundlicher Mensch, der zu Ihnen sagt: "Ach was, ich bin Freimaurer, meine Frau ist katholisch und die Kinder gehen auf eine katholische Schule, und ich glaube, ein Mann müsste schon ziemlich klein sein, um zuzulassen, dass sich das auf seine Politik auswirkt."

Damit ist der Boden bereitet. Einige steigen aus oder gehen nicht mehr zu den Treffen der Loge. Einige fühlen sich durch ihren Eid gebunden. Und nicht einer von Hunderttausenden macht sich Gedanken über die zentrale Kontrolle. Durchdringung? Gehen Sie in alle Parteien. ABER warum sollte der Prüfer, wenn er Kommunist ist, einen Kommunismus wollen, der von einem ausländischen Komitee von Plutokraten verwaltet wird, sei es von seiner eigenen Ethnie oder einer anderen? Es ist die Frage nach der lokalen Kontrolle.

Der Kommunismus ist, wie man nicht müde wird zu wiederholen, in Amerika unter günstigen Bedingungen erprobt worden. Aber es gibt eine Kluft, einen plötzlichen Zusammenbruch von der Idee, alles Eigentum gemeinsam zu besitzen, und dem Effekt, dass man überhaupt nichts besitzt, sondern gezwungen ist, wie ein Kellner für den Staat zu arbeiten. Ist das nicht lustig? Nun, führt Stalin eine Weltrevolution an? Und wenn ja, warum? Oder spielt er mit der Machtpolitik?

Warum nicht revoluzzerhaft? Warum sollte die Weltrevolution ein ausländisches Geheimkomitee brauchen? Warum Revolte unter dem Kommando von Herrn Finkelstein? Ist Amerika nicht in der Lage, ohne Finkelstein kommunistisch zu werden? Ist England, sind die jungen

Dummköpfe von Cambridge nicht in der Lage, ohne die Hilfe von Maisky zu revoltieren? Oder steckt in dem Ganzen ein Hauch von Unaufrichtigkeit? Als Produzent kann ich Kommunist werden, der Künstler kann ohne Probleme Kommunist werden. Aber wozu der ganze Schnickschnack?

[So wie ich die Idee einiger katholischer Ökonomen akzeptieren kann, aber nicht den ganzen Schnickschnack, so ist es auch mit den kommunistischen Neigungen von Mr. Bullitt. Die Privatwirtschaft unter Wert verkaufen, die Industrie der Nation unter Wert verkaufen, in Staatsanleihen investieren, VOR dem Einbruch der Industrieaktien? Ja, ja, sehr clever, und wenn die Industrieaktien von 100 auf 3 gefallen sind? Dann kommt man mit dem nationalen Geld heraus und kauft sie beim Ausverkauf auf.

Dulce et decorum est. Für die Prudential Insurance Co. zu sterben, die die Stärke von Gibraltar hat, ist wunderbar. Als so viel totes Fleisch exportiert zu werden, um die russische oder semitische Kontrolle von Moskau bis hinunter zum Persischen Golf auszudehnen? Aber ist das vernünftig?

Schulden sind die Vorstufe zur Sklaverei, und was ist mit der Freiheit, sich nicht zu verschulden? Dieser tote Fisch Sumner Welles sagt nichts über DIESE Art von Freiheit. Der feige Verräter an der amerikanischen Ehrlichkeit erwähnt diese Art von Freiheit nicht. Keine der Lehman-Baruch-Produktionen spricht von dieser Art von Freiheit. Und natürlich auch nicht von Ihren jüdisch geprägten britischen Verbündeten, die diesen Krieg sicher nicht aufgrund ihres Charakters gewinnen werden, sondern aufgrund der persönlichen Faszinationen von Beaverbrook und den B.B.C.-Jammerern und Drohern.

WAS machen Sie überhaupt im Krieg? Was tun Sie in Afrika? Wer von Ihnen hat den Mut oder die Vernunft, etwas zu TUN, was dazu beitragen würde, Sie da herauszuholen, bevor Sie bis zum Hals verpfändet sind und es vorbei ist? Jeder Tag des Krieges ist ein Tag der Schulden und ein Tag des Todes. Mehr Schulden, mehr zukünftige Knechtschaft, immer weniger amerikanische Freiheit in jeder Form? Weniger Freiheit, mit dem Auto zu fahren: Briefe zu verschicken. Ach ja, die Zensur, als Rothschild zur Zeit Napoleons die österreichische Post in die Hand bekam, wurde die Zensur zur Wirtschaftsspionage eingesetzt. Wie heute, immer die gleichen bischniz Häuser, und die gleichen führenden kauischen Namen, außer wenn sie sie ändern. Die Freudschen Juden, die den Willenskern ihres nichtjüdischen Opfers lähmen. Die unFreudianische Kauerin, die sich wie eine Wollmilchsau in den kreativen Willen ihres Opfers frisst. Die Psychologie, nun ja, schreiben Sie mal ein paar Monographien über die Psychologie von Mischehen. Man braucht sein Ziel nicht gleich zu verkünden. Sie müssen nicht weit genug gehen, um Ihre Professur zu verlieren. Aber Sie können zumindest ein wenig Prospektion betreiben. In der Psychologie das Streben nach Kontrolle, nach Macht über andere, durch persönlichen Kontakt. Im Gegensatz zum Wunsch nach Wettbewerb. Nicht die Boxer, sondern die Schiedsrichter, die in manchen Fällen, in denen es um viel Geld geht, den Wettkampf entscheiden - oder auch nicht. Nun, spielt Herr Stalin materialistischen Idealismus und idealistische Revolution gegen Idealismus und gegen Ideologie aus? Oder ist es nur die gleiche Machtpolitik? Und ist das nicht schön? Und Schulden sind das Vorspiel zur Sklaverei. Und die Freiheit, sich nicht zu verschulden, wird kein Thema am Teetisch im Judenradio oder im Rooseveltschen Regime sein.

#Nr. 83 (8. Mai 1943) U.S.(C42)
PHILOSEMITE

Waaal, ich vermute, es muss etwas Schlimmeres als Juden in Amerika geben. Auf jeden Fall gibt es da einen feigen Rotz, der über das Radio von Schenectady General Electric krächzt und den ich gerne persönlich in die Mangel nehmen würde, wenn es zu einer Säuberungsaktion kommt. Als meinen Teil der Säuberung, falls es jemals eine Säuberung in den U.S. of A. geben sollte oder kann.

Was nun die tyrannischen Regierungen Italiens und Deutschlands betrifft, so ist die Regierung Russlands eine Demokratie mit Samthandschuhen, die die Rechte des Einzelnen achtet? Was ist mit dem Habeas Corpus in Churchills Plutokratie? Was die Lügen der Zeitungen angeht, so weiß jeder Zeitungsmann in Amerika, was gedruckt wird und was nicht. Es gibt genug Amerikaner, die einen Zeitungsmann persönlich kennen, um zu wissen, was er über die Freiheit des Druckens denkt und was die Inserenten zu dem, was gedruckt wird, zu sagen haben. Meine Bemerkungen [vom] 21. April 1939 werden wahrscheinlich nicht an der Redaktion vorbeikommen.

Dass die amerikanische Presse Nachrichten über Kriegskatastrophen druckt, bedeutet NICHTS, was die Pressefreiheit betrifft. Die Nachrichten werden über die internationalen Radiosender gegrölt, so dass jeder sie kennt. Und sie tragen dazu bei, den Krieg in Gang zu halten und einen Markt für Munition offen zu halten: Warum sollte das Kreditkapital nicht wollen, dass sie gedruckt werden? Was interessieren sie sich für schlechte Kriegsnachrichten? Mehr Zerstörung, mehr Bedarf an Kreditkapital, um die Zerstörungen wieder aufzubauen.

Sagen Sie dem Kabeljau in Scheneckdety, er soll seine beschädigten Waren woanders verkaufen. Oder hauen Sie ihm eine aufs Maul, wenn Sie noch einen Funken Anstand in Ihrem Bizeps haben.

Weder Churchill noch Roosevelt haben auch nur einen Funken Ehrlichkeit in sich. Die meisten Gründe, warum England und Amerika in den Krieg eingetreten sind, sind unverständlich und unanständig. Geben wir zu, dass einigen Engländern und Amerikanern die angebliche Ruppigkeit der Nazimethoden missfiel. Das hat den Krieg NICHT verursacht.

Die schlüssigen Gründe dafür, dass sowohl England als auch Amerika im Krieg waren, sind unehrlich, im Grunde und von Grund auf unehrlich.

Die Weigerung der Zuhälter von Eden, mit anderen Mächten zusammenzuleben. Jeder weiß, dass der Völkerbund ein Hort von Betrügern war. Und das sehr ehrliche Bemühen des Internationalen Arbeitsamtes, Pläne für Weltgerechtigkeit oder soziale Gerechtigkeit auszuarbeiten, wurde sabotiert. All dies hatte und hat man dem amerikanischen Volk nicht zu Recht gesagt.

England zog unnötigerweise in den Krieg, der ganze Krieg war NÖTIG. Ein Schema, soweit es Roosevelt betrifft, um die Weltmonopole zu ergreifen. Was nach zwanzig oder mehr Jahren der Vorbereitung durch Russland unvermeidlich war, war ein deutsch-russischer Krieg. DAS war absehbar. ABER der Konfliktbereich hätte auf diese beiden Länder begrenzt werden können. Und die englische und die amerikanische Regierung wissen das. Das ist die Art von Dingen, die die amerikanische und englische Presse und der Rundfunk dem Volk nicht verraten. Das amerikanische Volk wurde von Roosevelt und den Inflatoren verraten. Und kein noch so großes Geschwätz von Scheneckdety kann daran etwas ändern.

Die Geschichte der letzten 200 Jahre wurde geheim gehalten. Und der Druck einiger militärischer Katastrophen oder ihre Verbreitung durch die Jammerlappen von Scheneckdety wird dies NICHT wieder gutmachen. [FCC-Abschrift: Und es ist fast unmöglich, irgendjemanden dazu zu bringen, zusammenhängend zu denken oder beobachtete Tatsachen über einen Zeitraum von Jahren lange genug im Gedächtnis zu behalten, um ihn dazu zu bringen, die verschiedenen Details zu verstehen. Strohhalme im Wind werden sie genannt.

Vor Jahren sprach ich in einem Eisenbahnzug mit einigen technischen Robotern, die nach Russland verschifft wurden. Russland wollte Techniker und bekam sie auch. Menschen, die einen Job wollten, die sich in einem Job verlieren konnten, Menschen, die keine allgemeinen Ideen hatten, keinen Ehrgeiz, Geld zu verdienen und keinen Sinn für bürgerliche Verantwortung. Der Sinn für staatsbürgerliche Verantwortung wird nämlich nicht in den Slums oder unter den Hungerlinien geboren. Es wird auch nicht irgendwo in den mittleren Schichten der Bevölkerung geboren, deren größte Sorge von der Wiege bis zur Bahre darin besteht, einen Job zu bekommen und zu behalten.

Das ist das Reich der Schafe, die geschoren und zur Schlachtbank geführt werden sollen. Technische Kinder.

Religionen, das Opium des Volkes, sagte Lenin. Der verstorbene William B. Yeats hielt dem entgegen: "Wissenschaft, Opium der Vorstadt."

Sehen Sie sich den Vogel an, Deane, sehen Sie sich das B.B.C. und die Plutopropaganda an, die eine Sendung nach der anderen über die

Einzelheiten eines Jobs ausstrahlt. Zivil oder sogar militärisch. Aber kein Wort darüber, warum der Auftrag überhaupt ausgeführt wird. Das ist ein Hokuspokus, den man beobachten sollte, und auch den Versuch, den Völkerbund wiederzubeleben.

Bisher hatte ich Wallace für einen ehrlichen Mann gehalten, der sich leicht von Juden und Gaunern in die Irre führen lässt, aber anständige Absichten hat. Aber jetzt muss man sich mit einer Alternative auseinandersetzen. In Anbetracht der Fülle von Dokumenten über den Zweck, die Wertlosigkeit und die Unehrlichkeit des Völkerbundes, wie sie zum Beispiel in den Berichten des Internationalen Arbeitsamtes zu finden sind, muss man entweder absolut unverantwortlich oder ein Gauner sein, um zu versuchen, einen solchen Schwindel wiederzubeleben. Und die Unterlagen liegen vor, und niemand, der ein verantwortungsvolles öffentliches Amt bekleidet, auch wenn er nur ein Vizepräsident ist, kann sich damit entschuldigen, dass er sich nicht mit den vorliegenden Beweisen auseinandersetzt.

Was Wallace' Gerede über einen Friedensschluss betrifft, so ist es an der Zeit, dass die politischen Marionetten, selbst die politischen Marionetten in der britischen und amerikanischen Regierung, erkennen, dass sie in der Minderheit sind. Solange England und Amerika ihre Judenbanden nicht entlausen und loswerden, gibt es weder für England noch für die Vereinigten Staaten einen Platz in der neuen Welt. Die gegenwärtigen englischen und amerikanischen Regierungen werden von den meisten Menschen in der Welt als Aussätzige betrachtet. Fragen Sie irgendeinen betrogenen Chinesen aus Chungking oder einen verblendeten Polen, was er von der Churchillschen und Rooseveltschen Ehre hält. Diese Auskehrungen der verschiedenen Arbeitsagenturen sind nicht die Mehrheit der Welt, sie sind - -. Bulldozer und Schwarzseher aus Südamerika unterstützen Sie nicht, sie werden lediglich von Ihnen unterdrückt. Korrumpiert, mit ihren Politikern, die von Bill Bullitt's Kumpanen und Donovan's Revolverhelden angeheuert werden. Ein sauberes England und ein sauberes Amerika könnten in einer neuen Welt zusammenarbeiten, aber es wird verdammt viel Sapolio brauchen, um die von Roosevelt und Churchill verursachte Sauerei zu beseitigen.

Ich sage Ihnen, ich gebe Ihnen nicht den Standpunkt der Achsenmächte, ich gebe Ihnen eine schreckliche Einschätzung, und die Nachrichten für den Fall, dass die, die Ihr Radio und den größten Teil Ihrer Presse leiten, es Ihnen nicht gesagt haben. Und die Verachtung Russlands für die gegenwärtigen Pfandleiherregime in London und Washington ist sogar noch größer als die der Achse. Die Frage ist, wie lange die Saubermänner in England und Amerika brauchen werden, um herauszufinden, was geschehen ist. Oder um wenigstens einige der kleineren Machtzentren in ihren Ländern unter ihre Kontrolle zu bringen].

#Nr. 84 (9. Mai 1943) U.K.(C39)
LORD BLEEDER

Am 24. Februar sagte Lord BLEEDER, für die Regierung Ihres Pfandleihers, der die Regierung Ihres Pfandleihers verteidigte, der Hauptzweck der Regierung nach dem Krieg ... äh ... er warf kaltes Wasser auf Beveridges Halbierungsplan, um den blutenden Armen eine halbe gekochte Kartoffel pro Woche zu geben. Lord Bleeder sagte, dass der Hauptzweck der Regierung nach dem Krieg darin bestehen würde, die Zinsen für die Schulden zu zahlen.

Ich weiß nicht, warum ihr sie nicht erschießt. Der Hauptzweck eines Krieges ist es, Schulden zu haben, für die man Zinsen zahlen muss. Und Stalin, wie der blutende Zar vor ihm, tötete 12 Millionen blutige Rhodier, um den Pfandleihern in London und anderswo zu helfen. Die Briten sind Dummköpfe.

WENN man sich also nach dem russischen Vormarsch schlecht gefühlt hätte und nach Ermutigung und Anzeichen für die Stärke der Achsenmächte Ausschau gehalten hätte, hätte man dann einen Unterschied zwischen Berlin und London bemerkt? JA.

Was hätte Deutschland getan, wenn es in den Händen der feigen Betrüger und *Schieber* eurer Pfandleiherregierung gewesen wäre? Es hätte blutig geschrien, Japan solle es zur Hölle schicken und Russland von Osten her angreifen.

DAS wäre es, was England unter ähnlichen Umständen getan hätte. Und die von den Achsenmächten veröffentlichten Vereinbarungen haben dieses Arrangement durchaus möglich gemacht. Und wenn die britischen Sozialisten Antikapitalisten wären, dann hätten sie in den letzten 20 oder mehr Jahren das Leihkapital IN England angegriffen, und WENN die britischen Kommunisten echte Kommunisten wären und nicht die linke Hand des Leihkapitals, dann hätten SIE den Kapitalismus Englands, der USA, das jüdische Kapital und das unterjüdische oder gelbe britische Kapital im Interesse der Weltrevolution angegriffen, anstatt sich herauszuhalten.

Und das ist der Punkt, an dem die aufrichtigen jungen Männer, die in England in die Fänge der sozialistischen und kommunistischen Ideologie geraten sind, HAD sind. Sie haben die kommunistischen und sozialistischen Parteien in England (und auch in den USA) mit ehrlichen

Parteien verwechselt, die eine Weltrevolution wollen und sich gegen das kapitalistische System stellen; und ich wiederhole, sie wurden hereingelegt, ausgetrickst.

Und Mr. Dalton und der Rest von ihnen werden als das entlarvt, was sie sind: Wucherer, Hintermänner für die Bankschweine, hohle Schwindler, Hochstapler, ohne politische Prinzipien, ohne soziale Prinzipien, nur mit dem alten Profitmotiv und der Gier nach einem Job. Lakaien für eine seuchenhafte Squirarchie, Speichellecker, Bazillenträger für syphilitische Banken. Sie wollen ein rosarotes Regime in England errichten: den Kommunismus mit einem Oberhaus ausstatten und der Vikar von Bray bleiben, Sir. Mit freundlichen Grüßen, der Vikar von Bray, ja, ja, mit freundlichen Grüßen, der Vikar von Bray.

Die Männer mit Prinzipien in England sind die Männer, die ins Gefängnis gegangen sind. Sie waren die Patrioten, die Ihr Reich retten wollten. Sie wussten oder hätten wissen müssen, dass die USA Ihr Reich auslosten, dass Russland eine mehr als hundert Jahre alte Politik gegen Sie betrieb, um die Beute Ihres Reiches zu erhalten. Dass Italien und Deutschland Lebensraum brauchten; dass ein paar Männer wollten, dass Sie sich aus dem Krieg heraushalten und eine Politik der Reformen, nicht des Atavismus verfolgen. Der Jude ist atavistisch. Der Kommunismus ist kein Fortschritt, sondern eine Rückkehr zur Anschauung des Nomaden, des Tartarenstammes: Leben durch Raub. Das Eigentum ist der Ackerbau. Verantwortung, Voraussicht, Pflege der Ernte sind Produkte der Landwirtschaft. Der Jude ist atavistisch: die Psychologie, möge der Gestank deines Lagers dich vorwärts treiben. Die Hirten, die keine andere Sorge haben, als ihre Herden grasen zu lassen und weiterzuziehen, wenn die Weide erschöpft ist.

Ihr seid also mit euren Feinden verbündet. Ich sage nicht, dass alle Männer mit Prinzipien im Gefängnis sitzen, aber diejenigen, die im Gefängnis sitzen, sitzen deshalb im Gefängnis. Weil sie versuchen, euch zu retten. Werden Sie jemals begreifen, dass die bloße Fortsetzung des Krieges ein Sieg für das Kreditkapital ist, ein Sieg für die Geldverleiher oder für den Geldmonopolisten, den Kontrolleur der Geldausgabe? In der Regel ein ausländischer Kontrolleur, oder zumindest ein privater, NICHT ein öffentlicher Kontrolleur. Große Kriegsschulden: das war [der] amerikanische Bürgerkrieg, um die Währung zu kontrollieren.

Die Produzenten der Welt vereinigen sich. Aber NICHT unter geheimer Kontrolle der semitischen oder einer anderen Finanzwelt. Was kostet der Krieg? Nun, ein großer Teil der KOSTEN für SIE ist das Zeug, das NICHT hergestellt wird. Die ganze Energie, die für die Herstellung von Sprengstoff aufgewendet wird. All diese Energie wird davon abgezogen, Dinge herzustellen, die Sie essen und tragen WOLLEN. Das ist ein Teil der

Kosten, unersetzlich. Was explodiert, versenkt und zerstört wird, ist ein KOSTENPUNKT, an dem sich das Kreditkapital mästet. Revolte, Revolution, von wo nach wo? Von einem Zustand der Gesellschaft zum anderen? Niemals überall auf der Welt gleichzeitig.

Aber die Verwaltung? Die Kontrolle? Die Bauern ziehen es vor, Land zu besitzen. Krieg zwischen Bauer und undifferenzierter Arbeit, [der] Bauer hat Fähigkeiten, hat Kenntnisse, die man nicht in zwei Wochen in einer Ford-Fabrik erwerben kann. Nein, du denkst nicht. Sie haben, nehme ich an, ein vages Gefühl, dass Sie den Bolschewismus in England nicht wollen. Aber Sie wollen ihn, um zu verhindern, dass die Bauern anderswo in den Besitz von Bauern kommen. Und was ist die Ursache dafür? Einsparungen. Ein weiteres Ablenkungsmanöver. Kriegsersparnisse. Illusion von Einsparungen! Sparen von Eintrittskarten für etwas, das es nicht gibt. Theaterkarten für eine Vorstellung, die nie stattfindet, für ein Stück, das nie aufgeführt wird? Auch das ist ein Schwindel.

Kuchen im Himmel? Ein Kuchen am Ende des nächsten Jahrhunderts? Und, so Lord Bleeder, die Hauptbeschäftigung wird sein, die Zinsen für die Staatsschulden zu zahlen. Können Sie das überbieten? Keine soziale Sicherheit, kein existenzsichernder Lohn, keine Belohnung für Arbeit, die es zwei Engländern oder zwei Ariern irgendeiner Art erlaubt, zwei Kinder zu produzieren und großzuziehen. Nun, wenn sie das nicht tun, stirbt die Ethnie. Man sagt euch also, ihr sollt gegen die Ethnie sein und aufhören, Engländer zu sein. Nein, nicht eure Natur ändern, Engländer sein, aber nicht SEIN. Hört auf zu existieren, sterbt aus. So wie es die Frösche weitgehend getan haben. Das ist es, wozu Mr. Churchill und Eden führen.

Folgt Churchill und Eden und ihren Besitzern ein paar Schritte weiter, und ihr hört nicht nur auf, als Reich zu existieren, ihr hört auch auf, als Ethnie zu existieren. Ein Fleck für immer England. Eine verlorene Insel in der Ägäis. Wozu seid ihr da? Wozu existiert England? Für den Unterhalt von Lord Bleeder und ein paar Wall-Street-Millionären gemischter Herkunft, von denen einige britische Emigranten sind, oder zumindest Emigranten aus London und anderen Teilen eures Reiches.

Um, wir wiederholen es, die germanischen Völker aus der teutonischen Stadt Danzig herauszuhalten und General Sikorski im Namen der Selbstbestimmung zu verraten. Und um beten zu können. Du könntest dafür beten, dass du wenigstens genug Energie bekommst, um deinen natürlichen Instinkten zu folgen, die darin bestanden, sich aus dem Krieg herauszuhalten, und die darin bestehen, jetzt nicht mehr zu kämpfen.

All das ist zu einfach, als dass Sie es sich vorstellen könnten. Du könntest den Krieg jetzt beenden, zumindest deinen Anteil daran. Lassen Sie ihn abklingen. Ihr befindet euch in einer Sackgasse. Einige von euch wissen das.

#Nr. 85 (11. Mai 1943) U.S.(D1)
SUMNER WELLES

Die Rede von Sumner Welles in Toledo war eine sorgfältig vorbereitete Anklageschrift, die hier in Italien kaum jemanden davon überzeugen wird, dass Herr Welles das, was er sagte, wörtlich gemeint hat.

Es ist eine Rede, die das Interesse weckt und doch fast erstickt. Was er über Amerika sagt, sollte wahr sein. Was er gegen Deutschland sagt, hätte man, so werden viele denken, ebenso wahrhaftig über Russland sagen können, ja sogar noch wahrhaftiger. Herr Welles sprach von der Freiheit von wirtschaftlicher Aggression. Keine Nation hat sich diesem Problem nüchterner gestellt als Italien. Italien hat in den letzten einundzwanzig Jahren fast nichts anderes getan. Herr Welles gibt zu, dass die USA in der Vergangenheit nicht immer von wirtschaftlicher Aggression abgesehen haben. Er sagt mit einiger Überzeugung, dass die gesamte Handelspräferenzpolitik des britischen Empires eine Form der wirtschaftlichen Aggression war.

Olivia Rossetti Agresti hat in dieser Radiosendung eine ganze Reihe von Daten über die ziemlich kalte Aufnahme der Idee, Italien von wirtschaftlicher Aggression zu befreien, durch die amerikanische Regierung zusammengetragen, und diese Aufnahme hielt noch eine ganze Weile an.

Befreiung von wirtschaftlicher Aggression bedeutet, dass niemand etwas nehmen muss, das er nicht will, nur weil Russland es ihm z. B. vor die Füße wirft. Sie haben wahrscheinlich nicht gehört, dass Natalia Troubetzkoi Ihnen von russischem Dumping erzählt hat. Das ist schon einige Monate her. Russland dumpte in der Hoffnung, Arbeitsunruhen zu verursachen.

In Wirklichkeit hat Moskau seine Arbeiter gnadenlos ausgebeutet und die Ergebnisse nach den schlimmsten plutokratischen Methoden auf den Rest der Welt abgewälzt. Hollywood und diverse andere amerikanische Produktionsstätten warfen ihre Produkte auf Europa ab und drohten mit einem Krieg gegen Italien, wenn dieses nicht weiter kaufte, was es nicht bezahlen konnte. Natürlich mag Herr Welles einen Sinneswandel gehabt haben. Sein Herz mag immer rein gewesen sein. Aber wie kann Europa das wissen? Die Firma von Herrn Welles schien so lange, so SEHR zögerlich zu sein, Italiens Bemühungen um Autarkie, Italiens Bemühungen, sich nicht zu verschulden, zu berücksichtigen.

Oh ja, Autarkie ist genau das, was Avv[ocato] Nicoletti kürzlich in einer Rede in Pisa definiert hat. Autarkie ist unter anderem die Freiheit, sich nicht zu verschulden. Diese Formulierung wird hier manchmal als Slogan verwendet. Es ist nicht mein persönlicher Slogan.

Aggression, wirtschaftliche Aggression, wirtschaftliche Aggression ist unter anderem, mit einer Schar von Kreuzfahrern loszuziehen und jemanden zu zwingen, etwas zu kaufen, was er nicht bezahlen kann. Das gesamte bisherige Leben des südamerikanischen Kontinents ist eine einzige lange Geschichte der wirtschaftlichen Aggression. Das ist die eine Seite des Bildes.

Dann erwähnte er ganz klar und deutlich den Wunsch des einfachen Mannes, ein eigenes Haus für seine eigene Familie zu haben. Das ist es, wofür wir glauben, dass der Nationalsozialismus in Deutschland steht. Es ist das, wofür Italien steht. Es ist das, wofür das kommunistische Russland NICHT steht und auch nicht programmatisch dafür stehen würde.

Herr Welles hat eine eindeutig antikommunistische und antimuskowitische Erklärung abgegeben. Und doch wird Russland mit der offiziellen Zustimmung der amerikanischen Regierung und der Duldung Englands über Europa hergefallen. Die bisherige Bilanz dieser drei Länder in der Frage der wirtschaftlichen Aggression ist nicht so, dass sie einen ihrer alten Bekannten in Versuchung führen könnten.

Jeder soll seine eigene Arbeit machen und sich selbst versorgen. Das ist es, was die Achsenmächte wollen. Da unten in Afrika gab es viele Italiener, die auf ihren Farmen arbeiteten. Die Häuser wurden renoviert. Seit zwanzig Jahren sehen wir, wie die Menschen bessere Häuser bekommen, wie strohbedeckte Hütten durch Ziegelhäuser ersetzt werden, die nach hygienischen Gesichtspunkten gebaut werden, mit abgerundeten Kanten an den Fußböden, wo der Fußboden an die Wand stößt, um keinen Staubraum für Tuberkulosebazillen zu lassen. Jeder Mann hat seinen eigenen Weinstock und Feigenbaum. Herr Welles hätte mehr Zeit in Italien verbringen sollen, so wie ich Sizilien, Apulien und die Abruzzen bereist habe. Er sollte Dr. Dietrich über deutsche Gehöfte lesen. Gehöfte kann man nicht durch Hypotheken verlieren. Vielleicht sollten Sie Europa besser kennenlernen.

Ich bin der Meinung, ob Krieg oder nicht, ich warte nicht, bis der Krieg zu Ende ist, oder stelle ihn sogar hinter jede militärische Eventualität zurück, ich glaube, dass jede soziale Reform, die in den Achsenländern durchgeführt wurde, VERTEIDIGT werden muss. Ich glaube, das amerikanische Volk sollte diese sozialen Maßnahmen verteidigen. Ich werde ebenso bereitwillig wie jeder andere sagen, dass ein großer Teil der Opposition gegen den New Deal auf den schlimmsten Motiven beruhte. Aber ich habe noch nie gehört, dass der New Deal sich mit dem

Schuldenproblem befasst hat. Und die Aussage von Herrn Welles, er wolle wirtschaftliche Aggressionen vermeiden, ist ein Novum. Ich hoffe, er meint es ernst. Aber diese Idee hat die russische Politik in der Vergangenheit nicht beeinflusst. Es ist sehr schwer zu verstehen, wie Herr Welles glauben will, dass Deutschland nicht eingekesselt war.

Was die "geduldige Arbeit von Jahrhunderten" betrifft, so scheinen die USA versucht zu haben, so viel geduldige italienische Arbeit wie möglich zunichte zu machen. Und wenn er will, dass die Vergangenheit Vergangenheit ist, dann ist er sicher nicht effektiv genug, um zu verhindern, dass es weitere Vergangenheiten gibt. Italien hat sich gegen die absolute Sklaverei gewehrt, und zwar schon seit dem Versailler Vertrag.

#Nr. 86 (15. Mai 1943) U.S.(D2)
WIRTSCHAFTLICHE AGGRESSION

Die Rede von Mr. Sumner Welles in Toledo war eine ernste Angelegenheit. Es ist sehr bedauerlich, dass selbst die Mehrheit seiner Zuhörer nicht in der Lage gewesen wäre, am Ende der Rede zu sagen, was er am Anfang gesagt hatte. Es handelte sich nämlich um eine lange und knappe Darstellung oder Argumentation. Man ist selbst kleinen Missverständnissen ausgeliefert. Es ist schade, dass die Zuhörer nicht häufiger den gedruckten Text einer solchen Rede prüfen. Die Effizienz der Kommunikation wird noch weiter beeinträchtigt, wenn sie von Übersetzern übernommen wird, denn die kleinen Nuancen verblassen in der Sprache.

Wer von den Zuhörern in Toledo erinnert sich heute noch daran, ob Herr Welles gesagt hat, dass das Thema "wirtschaftliche Aggression" wahrscheinlich in unser aller Köpfen ist, oder ob es das sein sollte. Ein italienisches Wort übersetzt *neben* und *nach*, ich meine, das ist, wenn eine Übersetzung an einer Stelle wörtlich richtig ist, aber nicht den ganzen Absatz berücksichtigt.

Hätte ich einen täglichen oder unmittelbaren Kommentar abgegeben, hätte ich vielleicht voreilige oder gar keine Schlüsse gezogen. Der Mann, der über die Ereignisse des Tages berichtet, hat nicht die Zeit, einen Text durchzukauen und in ein allgemeines Schema einzuordnen.

Wahrscheinlich haben nur wenige von Ihnen daran gedacht, die Rede von Welles mit einer Rede von Herrn Agar in Verbindung zu bringen, die dieser eine Woche zuvor von London aus über die BBC gehalten hatte und die angeblich mit der amerikanischen Botschaft in Verbindung stand.

Wäre Herr Welles vor drei Jahren bereit gewesen, eine solche Rede zu halten, hätte dieser leidvolle Krieg vielleicht ganz vermieden werden können.

Herr Welles schien der Dollar-Diplomatie abzuschwören. Hätten die USA auf die aggressiveren Züge der Dollar-Diplomatie ein paar Wochen früher verzichtet, wäre uns vielleicht viel Blutvergießen erspart geblieben. Herr Welles sprach auch von Fehleinschätzungen, von unvollständigem Wissen, von Unachtsamkeit und Rücksichtslosigkeit. Ich bin durchaus bereit, die Rede von Herrn Welles für bare Münze zu nehmen. Wenn die USA schlecht oder zu spät über die Zustände in Europa informiert wurden, gibt es für Sie keinen Grund, freiwillig in diesem Zustand zu verharren, aber es ist jetzt für die Menschen in IRGENDEINEM Land extrem schwierig, genaue Eindrücke über den Geisteszustand der Menschen in irgendeinem anderen Land zu bekommen.

Es war jahrelang extrem schwer, Nachrichten nach Amerika zu bekommen. Ich bin seit langem der Meinung, dass MEHR desinteressierte Beobachter, amerikanische Beobachter, auf Europa losgelassen werden sollten . Ich meine damit Leute, deren Nachrichten und Ansichten nicht durch das begrenzt werden, was sie an die Anzeigenkunden einer bestimmten Zeitung oder Zeitungsgruppe verkaufen können.

Es ist unbestreitbar, dass es zu Missverständnissen gekommen ist, immer noch kommt und auch weiterhin kommen wird, bis es den Menschen möglich ist, ohne Hitzewallungen zu reden und ohne zu versuchen, in die Äußerungen anderer etwas hineinzulesen, was der Redner oder Schreiber nie beabsichtigt hat.

Ich meine, es ist die Frage des Willens, die Frage des guten Willens, des Ich-Seins, bereit zu hören, was der andere zu einem sagt. Es ist auch jetzt nicht anzunehmen, dass Herr Welles mir über einen Tisch hinweg zuhören würde. Oder auf das antworten würde, was ich in den nächsten fünf Minuten zu sagen beabsichtigte. Seit einigen Jahren versuche ich, Nachrichten aus Europa über den Atlantik zu bekommen.

Heute habe ich den Eindruck, dass Herr Welles von einem Deutschland gesprochen hat, das es nicht mehr gibt. Ich weiß, dass das amerikanische Volk jahrelang gegen ein Italien aufgehetzt wurde, das NICHT das Italien war, in dem ich lebe.

Vor allen Kriegen, vor jedem Krieg, gibt es eine Flut von Fehldarstellungen. Diese Art von Dingen hat NICHT in diesem oder im letzten Jahrhundert begonnen. In jedem Land gibt es Gruppen von Menschen, die sich um den Aufbau bemühen, die sich mehr oder weniger konsequent um die Verbesserung der Lebensbedingungen bemühen. Sie werden oft als unpraktisch angesehen. Manchmal kommen sie ins Amt.

Es gibt aber auch in allen Ländern destruktive oder rücksichtslose Gruppen. Manchmal rücksichtslos, manchmal fast böswillig. Für die Außenwelt scheint die amerikanische Geschichte der letzten achtzig Jahre eine ununterbrochene Aufzeichnung der wirtschaftlichen Aggression seitens der USA zu sein. Die USA sind die Heimatstadt der Rockefellers, Guggenheims und Morgans. Die Welt hat auf ihren Zeitungsständen die Werke von Zischka (ich nehme an, er ist ein polnischer Autor) liegen. Jedenfalls hat er den *Krieg um Öl*, den *Krieg um Baumwolle* usw. geschrieben. Wir haben von den Kriegen um Rohstoffe und den Krieg um GOLD gehört. Wir haben viel weniger von dem geheimen Krieg gehört, den die USA 1863 VERLOREN haben, während die Jungs in Blau und die

Jungs in Grau pflichtbewusst starben und ins Rampenlicht traten. Unser Bürgerkrieg war damals ein Weltrekord an Gemetzeln. Und beide Seiten wurden besiegt. Die Kontrolle über den nationalen Kredit, die Kontrolle über die nationale Währung, die nationale Kaufkraft, ging RECHTS weg vom Volk und direkt aus der Kontrolle der nationalen und verantwortlichen Regierung.

Deshalb werden viele von Mr. Welles' ausländischen Rechnungsprüfern denken, dass ein Nigger in Mr. Welles' Holzschuppen sitzt.

Plötzlich gibt eine Koalition der drei aggressivsten Mächte, der wirtschaftlich aggressivsten Mächte der Welt, nicht etwa eine offizielle Erklärung ab, sondern eine Erklärung des maßgeblichen Mitglieds des Außenministeriums, , die besagt, dass wirtschaftliche Aggression schließlich ein Faktor ist, der Kriege verursacht, und dass wir sie unterlassen müssen, um einen dauerhaften Frieden zu erreichen.

England, so Herr Welles, ist wirtschaftlich aggressiv. Die USA waren in der Vergangenheit aggressiv, Russland hat die verlorene Zeit nachgeholt und war wirtschaftlich äußerst aggressiv. Für den Europäer klingt das fast so, als hätten Legs Diamond, Billy the Kid oder Jesse James plötzlich beschlossen, ihre Gewohnheiten zu ändern. Ich meine, die wirtschaftliche Aggression wurde so lange als der Lebensatem des amerikanischen Systems angesehen, als das Herzstück, die innere und intime Faser des Systems.

Und wenn das innere Leben einer Nation so offensichtlich aus der wirtschaftlichen Aggression einer Klasse oder Gruppe gegen die gesamte übrige Bevölkerung besteht, ist es für jeden Ausländer, ja für jeden, der nicht von der politischen Hitze des Augenblicks mitgerissen wird, sehr schwer zu erkennen, warum dieser besonderen Nation der Schlüssel zu irgendeiner anderen anvertraut werden sollte.

Ich werde auf dieses Thema zurückkommen.

#Nr. 87 (16. Mai 1943) U.K. (C41)
VERWALTUNG

Um den Valentinstag herum entdeckte Fraser, wie heißt er doch gleich, Fraser vom Breetisch Barden ots consorzium die Verwaltung. Mit der Stimme eines säuerlichen Mischlings erzählte er uns, dass Deutschland die Neue Ordnung nicht einführen konnte, weil es nicht genug ausgebildete Verwaltungsbeamte hatte, um die sowjetische Hölle aus Europa herauszuhalten und die Babymörder und Bombenleger von Krankenhäusern abzuwehren und ein perfektes ziviles System in ganz Europa zu verwalten.

Q.E.D.

Um verschiedene Punkte seriatim aufzugreifen: 1) Der ranzige Hass der BBC und die Unfähigkeit der Briten im Allgemeinen, andere Ethnien als Menschen anzuerkennen, ist kein Trumpf in den Händen der Briten. 2) Wenn jemals eine Nation eine effiziente Bürokratie hervorgebracht hat, dann war es Deutschland. 3) Just as if ever a race could colonize and bring civilization and the benefits thereof into colonized lands, that nation is Italy, and that race is the Latin race of this peninsula.

DARUM.

Die Gründe, warum Deutschlands Verbündete nicht durch das alberne Gerede über unsichere Verbündete verprellt werden können, beruhen genau auf der Tatsache, dass Deutschland die Zusammenarbeit von Menschen guten Willens braucht und *will*, was die intelligenten Verbündeten und einige ehemalige Feinde anerkennen - ich darf sagen, dass diese Propaganda in Amerika bereits verbreitet wurde, bevor Eden und die Juden den Krieg in Gang brachten. Zweitens: Glaubt Fraser, wie heißt er noch, der Londoner Knurrer, dass das sowjetische Russland als Quelle jener perfekten Bürokratie bezeichnet wird, die die Annehmlichkeiten in alle von den Moskowitern überrannten Länder bringen wird? Nach den Gebeten des Lammes von Canterbury und der anderen Stiefelschlecker Großbritanniens? Natürlich wird Fraser, der genauso feige ist wie jeder andere Diener von Churchill und dem Judentum, diese Frage nicht beantworten. Die BBC antwortet nie. Und darin liegt ihre Verdammnis, und die Verdammnis derer, die ihren Fortbestand dulden. Meistens aus reiner Faulheit.

Dann wieder hören wir die edlen Generäle Englisch natürlich Gibraltar der couchant Löwe, Prudential hat die Stärke von Gibraltar und Gibraltar hat die Stärke von Prudential; d.h., die Prudential Life Insurance Co. Und es ist schade, dass die edlen Traditionen der britischen Armee (im Gegensatz zu den eher obskuren Abschnitten der englischen Geschichte) darauf reduziert werden, die Drecksarbeit für Moses Sieff und Baruch und die emigrierten Juden und andere zu erledigen, die den titelgebenden Reichtum Englands an die Wall Street gebracht haben. Generäle, die sich oft durch ihre Abwesenheit auf den Schlachtfeldern auszeichnen, so wie die britische Luftwaffe bei großen Gefechten abwesend war, aber präsent, wenn es darum ging, Zivilisten zu bombardieren, und das bis vor kurzem mit geringem Risiko - das ist Churchills Kriegsführung. Die Bombardierung von Zivilisten, für die sein obszöner Name bis in die Zukunft hinein stinken wird.

Das ist nicht der Krieg eines Mannes. Nein, die Bombardierung von Lazarettschiffen und Zivilquartieren ist kein Männerkrieg. Und nicht einmal der kleinste Lügner in der BBC hat behauptet, dass Deutschland ihn begonnen hat. Es gibt viele Lügengeschichten, aber die Fakten in diesem Bereich sind zu eindeutig. Stark ist das Wort. England macht KEIN glorreiches Ende. Ich weiß, dass viele Engländer denken, dass der einzige Weg, sich zu entlausen, der Verlust des Reiches ist. Aber ich bin mir nicht sicher, ob das eine kluge Methode ist. Ich bin mir nicht sicher, ob die bloße Verarmung und der Ruin der mittleren, oberen und oberen englischen Arbeiterklasse im Interesse des Judentums, im Interesse des Kreditkapitals, das abwandern kann und abgewandert ist, dazu führen wird, dass man in dem von Joad gewünschten Gartenvorort landet, wo er und Uxley, Julian und nicht Aldous, ihren Lebensabend verbringen können, indem sie Musterhäuser für eine aussterbende Bevölkerung bauen und die Welt nach dem Glockenschlag nach den Vorgaben des verstorbenen Sir J.M. Barrie gestalten.

Ich wundere mich immer noch über das Fehlen jeder Spur von Gerechtigkeit, jeder Forderung nach Gerechtigkeit, BILATERALER Gerechtigkeit, in der anglo-amerikanischen Propaganda. Jegliche Anerkennung, dass irgendjemand, der nicht zum Ring der Juden Roosevelt, Churchill und Maisky gehört, irgendeine Art von Gerechtigkeit erhalten sollte. Die Verweise auf Japan sind noch idiotischer als die auf Italien und den größten Teil Europas. In Sachen Bürgerrechte bleibt Indien natürlich der Unberührbare. Es braucht mehr als ein paar Gardeuniformen und Busbys, um die grundlegenden Ursachen von Kriegen zu erfassen. Insbesondere für diesen Krieg. Nein, Mr. Bull, Ihr Herz ist nicht rein, nicht im Geringsten. Und Ihr Verstand war von Berufs wegen nie rein. Aber einige der Bulls müssen inzwischen erkennen, dass ihr Krieg ungerecht war, dass sie für die Ziele, die den Feindseligkeiten zugrunde lagen, nicht hätten in den Krieg ziehen dürfen. Krieg gegen Frankreich, Frankreich, das sich inzwischen hätte erholen können, wie es das nach 1870 getan hat. England, [der] schlimmste Feind seiner Verbündeten und dessen schlimmste Feinde jetzt mit ihm verbündet sind.

Es ist eine Wahl zwischen Europa und dem Judentum. Wenigstens das ist klar und offen. Und England ist auf der Seite der Juden, gegen den Rest der Menschheit. Und zwar in einer unterwürfigen Position. Das ist keine glorreiche Position, nicht einmal ein glorreicher Weg zum Ausstieg aus dem Empire. Und die Lebensart, die Annehmlichkeiten, das Englische, das England sein Ansehen gab, wird nicht durch Willie Bullit oder Mr. Lemonface Welles, die silberne Teemaschine und den Rest davon gerettet werden. Die Machtzentrale, das Ghetto und die Wall Street kämpfen NICHT um den Wildpark und die alte Linie der Londoner Hutmacher und Kurzwarenläden. NICHT für die Traditionen der Garde-Regimenter. NICHT für das Polytechnikum und Dickens Weihnachtslied und die Gartenvorstadt, die 100 Städte Englands, die wieder aufleben. Und jeder Tag, den man dranbleibt, ist ein Tag WEITER von der Schuldenfreiheit entfernt. Ein Tag tiefer in der Knechtschaft, in die Ihre Oberherren Europa stürzen wollten. Inwieweit habt ihr euer bisheriges Leben auf Kosten orientalischer Billigarbeitskräfte, von Hungersnöten im fernen Orient gelebt? Man wird diese Statistiken nie bekommen.

Der Jude steckt hinter euch, aber ihr könnt nicht alles auf den Juden schieben, obwohl ihr der verdammteste Komplize des Juden seid. Vor allem kann man den kleinen Juden überhaupt nicht beschuldigen; denn er ist in den meisten Fällen ein ebenso verdammter Narr und ein ebenso geistloses Opfer wie du, er ist die Schocktruppe, die unter der Hungergrenze; Hungergrenze, unter der es KEINE Moral gibt. Nur der Instinkt zum Überleben auf Kosten jeglicher Niedertracht, öfters Rücksichtslosigkeit als geplante Ungerechtigkeit; gemolken von seinem verdammten Kahal, genau wie du. Wahrlich, Sie hatten große Besitztümer.

Und während die BBC Carlyle heraufbeschwor oder rekonstruierte, hätten sie zu Propagandazwecken diesen Artikel aus Froudes Leben ihres Helden einfügen können. Carlyle stand gegenüber dem großen Rothschild-Haus an der Hyde Park Corner, betrachtete es ein wenig und sagte: "Ich will nicht sagen, dass ich König John zurückhaben will, aber wenn Sie mich fragen, welche Art, diese Leute zu behandeln, dem Willen des Allmächtigen über sie am nächsten kommt, ihnen solche Paläste zu bauen oder die Zange für sie zu nehmen, dann entscheide ich mich für die Zange." Natürlich werden Monty Norman und Sieff so etwas im britischen Rundfunk nicht zulassen. Aber denken Sie daran, was ein freies Radio für England bedeuten könnte. Carlyle war ein Historiker. Erst wenn Sie Ihre Churchills und Edens umbringen, werden Sie Ihre Geschichte ohne Bandagen bekommen.

#Nr. 88 (18. Mai 1943) U.S.(D3)
WIRTSCHAFTLICHE UNTERDRÜCKUNG

Ich fahre mit meinem Kommentar zu Sumner Welles' Rede in Toledo fort. Wie ich schon beim letzten Mal sagte, denke ich, dass Mr. Welles' Sicht auf Europa ein wenig veraltet ist. Ich leide unter ähnlichen Schwierigkeiten, wenn ich versuche, mich auf Amerika zu konzentrieren. Ich habe gegen die Unterbrechung der Kommunikation protestiert. Ich wünschte, mehr Amerikaner wären hartgesotten genug gewesen, hier in Europa zu bleiben und zu versuchen, mit Amerika zu sprechen. Ich wünschte, in den zwanzig und mehr traurigen Jahren nach dem Versailler Vertrag hätten mehr Amerikaner die Geduld gehabt, zu erfahren, was in Europa vor sich ging, stattdessen wurde selbst der besseren Klasse von Journalisten gesagt, sie sollten sich zurückhalten, sogar mit dem eher oberflächlichen Zeug, das sie Ihnen normalerweise schicken, geschweige denn mit dem Zeug, das absichtlich gefärbt wurde, um den tatsächlichen oder vermeintlichen Vorurteilen der amerikanischen Zeitungsleser zu entsprechen.

Nun war Italien ein offenes Buch. Ich habe erlebt, wie heftig voreingenommene Partisanen nach Italien kamen und sehr enttäuscht waren, weil sie keine Nahrung für ihre Polemik fanden. Nur sehr wenige unparteiische Zeugen besuchten diese Küsten, oder zumindest sehr wenige, die sich der Feder und der Schreibmaschine bedienten. Seriöse Korrespondenten, insbesondere ein englischer Korrespondent einer hochgeschätzten, inzwischen ausgestorbenen britischen Zeitung, beklagten sich über die Art und Weise, wie seine Berichte frisiert wurden. Er sagte zu mir: "Ich muss auf jeden Satz achten. Wenn sie einen einzigen Satz finden, den sie verdrehen oder herausschneiden und als Schlagzeile verwenden können, dann tun sie das."

Ich denke, niemand von Ihnen wird es leugnen - das heißt, Sie werden es nicht leugnen, wenn Sie innehalten und darüber nachdenken -, dass die amerikanischen Ansichten über Europa durch britische Zeitungen und britische Zeitschriften oder Wochenzeitungen beeinflusst, wenn nicht gar gefärbt wurden. Deutschland lud die Jugend ein, zu uns zu kommen.

Verschiedene Leute gingen nach Deutschland und versuchten, über andere Faktoren des deutschen Lebens zu berichten als diejenigen, die Herr Welles in den Vordergrund stellte. Nach der ersten Blütezeit des reinen Idealismus, den Tagen von John Read und Linc Steffens, lud Russland nicht mehr zu einer sorgfältigen Betrachtung ein. Selbst Mr. William Bullitt begann, an der Menschlichkeit der russischen Staatsverwaltung zu zweifeln.

Ich gebe zu, dass ich vielleicht altmodische Ansichten habe, dass ich in diesem Moment zu einem Amerika spreche, das es nicht mehr gibt, zu einem Typus von Amerikaner, der fast so ausgestorben ist wie der Bison oder der Büffel, würde es jemandem von Ihnen in den Sinn kommen, dass Herr Welles gegen ein Deutschland wettert, das nicht mehr das Land ist, das er besucht hat? Er sagte nichts über die Homestead-Reformen. Es gab das militaristische Deutschland des Kaisers, es gab das Deutschland von Herrn Stinnes und Thyssen, aber es gibt auch das Deutschland der jungen Leute, die jetzt zum Urlaub nach Rapallo kommen. Gott weiß, sie haben sie sich wahrscheinlich verdient. Nein, nein, ich habe in der Vergangenheit NICHT von Deutschland gesprochen. Ich habe versucht, von dem Italien zu sprechen, in dem ich lebe. Ich habe versucht, die Kenntnis bestimmter Tatsachen zu vermitteln, die, wenn sie nicht ausreichen, um meine besondere Einschätzung der RICHTUNG Italiens zu beweisen, zumindest Komponenten sind, die von den Verantwortlichen für die Beziehungen der USA zu Italien hätten berücksichtigt werden müssen.

In JEDEM Land gibt es zwei oder mehr Kräfte; eine zerstreuende oder unbeständige und, zumindest in einer glücklichen Ära, eine konstruktive. Jegliche konstruktive oder positive Idee wird heute als Propaganda bezeichnet. Es gibt ein enormes Vorurteil gegen das, was als Propaganda bezeichnet wird. Doch fast jede gültige und seriöse Aussage IST Propaganda im besten Sinne des Wortes, Die moderne Welt wurde mit Narkotika gefüttert. Die tödliche Propaganda ist genau das, was das Vorurteil gegen ALLE Ordnung und alle Kohärenz aufgebaut hat.

Es ist die am einfachsten zu schreibende und zu verbreitende Propaganda. Sie braucht überhaupt nicht zu predigen. Sie sagt *nichivo*, sie sagt, was macht das schon, sie sagt, lasst uns lustig sein, lasst uns jitterbug sein. Es ist schwer, sich dagegen zu wehren. Jede Tendenz, sie abzulehnen, jeder, der den Versuch unternimmt, ihr zu widerstehen, wird als Blaunase bezeichnet. Die Freiheit ist kein Recht, sondern eine Pflicht. Was wissen Sie nun über Italiener, die das an der Wand lesen können? Gar nichts.

In Europa hat sich ein neues Konzept des Bürgertums entwickelt. Das alte merkantilistische Leben ging weiter, gewaltsam und ohne Skrupel. Ihr wollt nicht in die Geschichte schauen. Sie rechnen nicht mit den Kosten, die entstehen, wenn Sie Ihre Ideen erst nach einer ZEITspanne haben. Mazzini wurde nie in den amerikanischen Lehrplan aufgenommen.

Die Ausweitung dieses Krieges auf eine ganze Reihe von Kriegen wurde kaum publik gemacht. Ich wünschte bei Gott, ich könnte Herrn Welles oder irgendeinen anderen Amerikaner treffen, der die Sache aufklären wollte. Mussolini und Hitler sind keine Feinde des Volkes. Sie sabotieren eine konstruktive Anstrengung, die Anstrengung von und für eine neue Generation, indem Sie mit ALTEN Kriegen weitermachen. Ja, die wirtschaftliche Aggression MUSS eingedämmt werden.

Ich glaube nicht, dass sie mit einem Schlag ausgerottet werden kann, aber sie könnte auf eine geringere Spannung reduziert werden, auf eine Spannung, die mit dem Abschluss von Handelsabkommen vereinbar ist, wie es sowohl Deutschland als auch Herr Welles anpreisen.

ABER es gibt den Zwillingsbruder, oder vielleicht sollte man besser sagen, die VERGANGENHEITsform, den Aorist oder die fortgesetzte Vergangenheitsform, der wirtschaftlichen Aggression. Nämlich die WIRTSCHAFTLICHE UNTERDRÜCKUNG. Was ist mit wirtschaftlicher Unterdrückung?

Wirtschaftliche Aggression IST das Vorspiel zu wirtschaftlicher Unterdrückung.

Wie sieht nun die Bilanz der USA in Bezug auf die wirtschaftliche Unterdrückung schwächerer Nationen aus? Was ist die Bilanz der USA oder sogar die Bilanz von Herrn Welles in Sachen wirtschaftlicher UNTERDRÜCKUNG, insbesondere von Italien? Irgendwo und irgendwann sollten wir uns mit dieser Angelegenheit befassen, wenn Herr Welles oder irgendjemand anderes in den USA den Wirrwarr der politischen Ideologie und der geopolitischen Spannungen aufklären will. Oder wenn Herr Agar dazu geneigt ist. Sollen sie doch ihre Karten auf den Tisch legen.

Es gibt noch andere Detailfragen: Stellt die Zerstörung der historischen Denkmäler der Welt eine wirtschaftliche Aggression dar? Stellt das Verstreuen von explosiven Kugelschreibern und Bleistiften, die von drei- und fünfjährigen Kindern aufgesammelt werden sollen, eine wirtschaftliche Aggression dar? Sind dies Teile eines kohärenten Programms oder finden sie in einer Welt statt, zu der Herrn Welles der Zugang verwehrt wurde? Sollen wir annehmen, dass NIEMAND für die Spuren des nicht-aggressiven Stils in Herrn Welles' Kosmos verantwortlich ist?

#Nr. 89 (22. Mai 1943) U.S.(D4)
IM HOLZSCHUPPEN

Bevor wir das Bild des Negers in Mr. Welles' Holzschuppen malen, sollten wir uns über Mr. Welles' Absichten im Klaren sein.

Er sprach von einer wirtschaftlichen Aggression in Toledo, Ohio. Das war vor zehn Tagen oder vierzehn Tagen, und ich nehme an, dass das amerikanische Volk es bereits vergessen hat. Unser amerikanisches Gedächtnis ist kurz, es ist flüchtig. Kaum ein lebender Mensch kann sich noch daran erinnern, was Sumner in Toledo gesagt hat. "Die bittere Erfahrung zweier Kriege, die so viel zerstört haben, was unbezahlbar ist, und was die geduldige Arbeit von Jahrhunderten gebraucht hat, um es zu schaffen."

Das klingt, als ob er von völlig unersetzlichen historischen Monumenten sprach, die nicht wirklich Objekte der Kriegsführung sind. NICHT wesentliche Objekte der Kriegsführung. Sie versenken keine Handelsschiffe.

Ich möchte, dass Mr. Welles oder jemand, der dafür zuständig ist, ZWEI Arten von Akten aussortiert. Solche, die mit diesem Krieg zu tun haben, und solche, die die Menschheit verbittern und den Weg für das nächste allgemeine Massaker ebnen sollen.

Wer hat den Konflikt gewollt, wer hat den Konflikt ausgeweitet, wer hat den Konflikt verbittert, aus Angst, dass der Wunsch nach Frieden ausbrechen könnte? Ich meine, dass der *Wunsch nach Frieden* zu früh wirksam werden könnte, um die Kriegsmacher zu beruhigen.

Ein junger Italiener, der aus Amerika zurückgekehrt ist, der die Rennbahnen, die Börse und verschiedene Branchen des harten Geschäfts kennt, sagt zu mir:

Ach, was soll denn das Gerede. Nehmen Sie einen Mann, der vierhundert Dollar im Monat bekommt, und seine Frau zweihundertfünfzig, was wollen sie mit dem Frieden? Sie hätten zusammen achtundzwanzig Dollar bekommen können. Sagen Sie ihnen, in zehn Jahren wird es eine Krise geben, und was ist dann?

Das ist zweifellos das Hinterland mehrerer Bezirke des amerikanischen Geistes in diesem Moment. Bittere Erfahrungen aus zwei Kriegen. Ich erinnere mich an die alten Bürgerkriegsveteranen, die Grand Army of the

Republic, die sich in der Lobby der alten Münzanstalt in Philadelphia niederließen. Unten in der Chestnut Street mit der Fassade eines klassischen Tempels. Bevor sie in der Nähe der Columbia Avenue, neben den Baldwin-Lokomotivwerken, zu einer weiteren Fabrik unter anderen Fabriken wurde. Aber niemand sprach damals über den Krieg, den die Vereinigten Staaten verloren hatten.

Das heißt, ich sage Ihnen, und ich fahre fort, Ihnen DEN Krieg zu erzählen, den die USA 1863 verloren haben und dem die Ermordung von Lincoln folgte. DIESER Krieg ist der Krieg, den ihr gewinnen solltet. Und zwar jetzt sofort.

NICHT danach, nicht daneben, nicht erst dann, wenn dieser Krieg die besten Mosaike in Europa zerstört und ein paar hundert oder zehntausend Schulkinder mehr erschossen hat, um einen Bonus zu bekommen. Das war der Krieg FÜR wirtschaftliche Aggression, der Krieg, der zu wirtschaftlicher Unterdrückung führte. Und er wurde kaum bekannt gemacht, oder besser gesagt, er wurde immer weniger bekannt gemacht. Calhoun sagte etwas darüber. Lincoln wusste, dass er im Gange war. Er sagte etwas über den inneren Feind.

Nun denke ich, dass die USA in die Sabotage der sauberen Kräfte in Europa verwickelt wurden, so wie der Norden in die Feindseligkeiten gegen die Staaten verwickelt wurde, die sich für die Rechte der Staaten einsetzten. Ich glaube, dass Mr. Welles selbst von der Propaganda in die Falle gelockt worden ist. Gott weiß, dass er die Chance hatte, Dinge in Europa zu sehen, die ich vielleicht nicht hatte. Ich meine, er hatte hohe und offizielle Kontakte, aber er hat sich nicht so lange herumgetrieben. Er kam das letzte Mal in einer Mission. Er erfuhr, ich meine, er muss eine Reihe von Dingen über England erfahren haben, die mir zum Beispiel nicht anvertraut worden waren. Und doch glaube ich nicht, dass er ein vollständiges Bild hat. Ich habe bis zu seiner Rede in Toledo nie geglaubt, dass er hier war, um sich ein vollständiges Bild zu machen. Die deutschen Kapitalisten, die er verflucht hat, scheinen mir genau die Leute zu sein, die in Deutschland an die Macht gekommen sind. Ich meine, dass dieser Teil seiner Rede nicht mehr aktuell ist.

Wenn man versucht, fair zu sein, welche Fakten man auch immer auftürmen kann, ich meine Fakten und nicht nur Gerüchte, um die These von Herrn Welles zu stützen, muss man, ich meine, man sollte, wenn man Gerechtigkeit anstrebt, eine andere Reihe von Fakten berücksichtigen, die meiner Meinung nach in völligem Gegensatz zu denen stehen, die Herr Welles in den Vordergrund stellt.

Jede soziale Verbesserung, jede Klausel der Heimatgesetze in Deutschland, jedes Gesetz in Italien, das mit der Absicht durchgesetzt wurde, der Masse des Volkes ein besseres Leben zu verschaffen, sollte heilig sein.

Ich meine diesen Teil der Nazi-Revolution und der faschistischen Revolution. Die faschistische Revolution hat sie zuerst begonnen, jeder Teil dieser neuen sozialen Ordnung, die die Fortsetzung des Kampfes für die Rechte des Menschen, UNSERER vier Revolutionen ist, sollte heilig sein. Wir sollten sie verteidigen, so wie wir das Habeas Corpus und unser Recht auf Leben, Freiheit und alles andere verteidigen sollten. Es gibt keine echte Freiheit ohne wirtschaftliche Freiheit. Und KEINE vertretbare Freiheit, die nicht anerkennt, dass der freie Mensch PFLICHTEN hat. Das war der Grundstein für Mazzinis Heiligkeit, oder der Schlüssel zu seiner ziemlich unpraktischen historischen Opposition.

Und wenn ich "Freiheit ist kein Recht, sondern eine Pflicht" zitiere, wie ich es neulich bei einem jungen Staatssekretär tat, öffnete er sich; er hatte sich gefragt, was für ein Tier er da vor sich hat. Und er sagte: "Ja, DAS ist der echte Mussolini."

Es hat keinen Sinn, sich falsche Horizonte zu setzen. Der Krieg ist zu ernst. Wenn der Krieg einen Nutzen hat, dann vielleicht den, dass er falsche Horizonte zerstört. Er zerstört nie GENUG falsche Horizonte, und im Eifer des Gefechts werden andere Bühnenbilder aufgebaut. Das ist Europa, das ist Mr. Europa. Seit Krüger als Titan gilt, hat sich in Europa etwas getan. Aber es ist die Frage der ZEIT in diesen Dingen, die Frage der Zeiten.

Die Leute in Italien fragen, WARUM Herr Welles gerade dieses Datum gewählt hat, um uns von der Nicht-Aggression zu erzählen. Ich kann nicht in sein Inneres blicken. In Europa gibt es eine deutliche Erinnerung an Herrn Welles, wie er in einem französischen Regierungsbüro mit mehreren französischen Politikern vor einem MAP fotografiert wurde. Nun, viele Europäer sahen diese Karte zu jener Zeit als Hinweis auf einen eindeutigen Plan oder zumindest als Tagtraum von ... äh ... äh ... einer Aggression. Natürlich könnte Herr Welles entgegnen, dass die Karte nicht bedeutete, oder vielleicht, dass sie nicht bei ... wirtschaftlicher Aggression aufhörte. Wir brauchen eine klare Terminologie. Für Europa sah diese Karte damals furchtbar aggressiv aus.

Könnte Mr. Welles das präzisieren? Damals sagte er, er habe die Karte nicht bemerkt, sie sei nur Teil der französischen Regierungskulisse.

Wie, Sumner?

#Nr. 90 (23. Mai 1943) U.K.(D6)
SOBERLY

Der Moment ist ernst, für dich genauso ernst wie für jeden anderen. Zwanzig Jahre lang haben Sie gegen Schatten gekämpft. Und nun droht Ihnen eine echte Gefahr. In der Tat stehen dir mehrere Feinde gegenüber. Ziemlich handfeste Gefahren. Man hat Sie gegen ein Deutschland aufgehetzt, das es nicht gab. Zwei Jahrzehnte lang hat eure Presse eine Verleumdungskampagne gegen Italien geführt. Diese Lügenkampagne nützt niemandem etwas. Auch Ihnen . Man erwartet, dass Sie ein bisschen in der Flasche sind. Vielleicht fällt es Ihnen in einem solchen Moment leichter oder ist es Ihnen eher möglich, *zuzuhören*, als wenn Sie in der Flaute sind.

Der Moment verlangt nach einem Realismus, der realer ist, als Sie es gewohnt sind. Lassen Sie uns das Bühnenbild abbauen. Es ist sehr leicht, in Rhetorik zu verfallen. Es ist sehr leicht, sich von Klischees leiten zu lassen. Keiner ist vor DIESER Gefahr gefeit. Am wenigsten die Menschen, die in Eile schreiben.

SIE sind bedroht. Sie sind durch die russischen METHODEN der Verwaltung bedroht. Diese Methoden sind nicht theoretisch. Die Theorie des Bolschewismus hat nie eine Gefahr für England dargestellt. Herr Churchill weiß genauso viel über die bolschewistischen METHODEN der Verwaltung wie jeder andere. Herr Churchill hat sich in der Vergangenheit ganz klar zu diesem Thema geäußert. Es gibt nichts Zweideutiges an Winstons Worten, wenn er sich auf Russland unter bolschewistischer Herrschaft bezieht. Die Massengräber in Katyn haben niemanden überrascht.

ABER das russische Verwaltungssystem im Iran z.B. ist nicht die einzige Gefahr. Es ist sogar so weit davon entfernt, Ihre einzige Gefahr zu sein, dass ich es in den mehr als zwei Jahren, in denen ich in diesem Radio gesprochen habe, möglicherweise noch nie erwähnt habe.

Wucher nagt in England seit den Tagen von Elisabeth. Zuerst waren es Hypotheken, Hypotheken auf die Ländereien der Grafen; Wucher gegen den Feudaladel. Dann gab es Angriffe auf das Gemeindeland, Ausplünderungen von Dorfgemeinschaftsweiden. Dann entwickelte sich ein Wuchersystem, ein internationales Wuchersystem, das seit der Zeit Cromwells immer weiter zunahm. Dieses System führte zu den Slums. Es brachte jene bürgerliche Lepra mit sich, die England zu einem Unwort gemacht hat. Es bedurfte des Schocks dieses Krieges, drei Jahre Krieg, um Ihre Erinnerung wachzurütteln, um Ihre Slums wieder in die Schlagzeilen zu bringen.

Das Wuchersystem tut KEINER Nation gut, es tut keiner Nation überhaupt etwas Gutes. Es ist eine innere Gefahr für den, der es hat, und es kann KEINEN Nutzen für die Nationen im Spiel der internationalen Diplomatie bringen, außer Streit zwischen ihnen zu schüren und die Schlechtesten als Dreschflegel gegen die Besten zu benutzen.

Es ist das Spiel des Wucherers, den Wilden gegen den zivilisierten Gegner zu schleudern. Das Spiel ist nicht schön, es ist kein sehr sicheres Spiel. Es gereicht niemandem zur Ehre.

Ein ruiniertes Europa gibt Ihnen keinen Markt. Ein ruiniertes England wird keinen Markt für die neue Wucherkontrolle bieten.

Systeme verrotten und sterben. Sie haben Polen, die Hälfte Polens, nach Russland geworfen, nicht in dem Versuch, Polen zu retten. Mit dem neuen Russland brauchen Sie diesen besonderen Dolch, den Sie Deutschland in den Leib gestoßen haben, nicht mehr. Rußland bildet ein ausreichendes Gegengewicht zur deutschen Macht, jetzt, wo sie eine gemeinsame Grenze haben.

Lassen Sie mich an dieser Stelle unterbrechen, um meine eigenen Überzeugungen klar zu machen. JEDE soziale Reform, die in Deutschland und Italien in Kraft getreten ist, sollte verteidigt werden. Und das wissen die besten Männer in England genauso gut wie ich. Die Zeit der Verleumdung ist vorbei, und ihr Ende sollte sehr deutlich gesehen werden. Sie sollte IN England sehr deutlich gesehen werden. Koloniale Reiche sollten von den Nationen verwaltet werden, die am besten LEHREN können, wie solche Reiche verwaltet werden können und sollten. Dieser Satz braucht vielleicht einen ganzen Vortrag für sich.

Das System des Wuchers verrottet die Erde. Es ist eine Krankheit, die für ALLE Menschen gefährlich ist. Wie Ihre eigenen Slums bezeugen können. Das Wuchersystem hat Millionen von armen Teufeln in England ruiniert, so wie es Millionen in Indien ins Elend gestürzt hat. Und dieses System verlagert seinen Schwerpunkt. Diese Verlagerung bedeutet KEINEN Gewinn für Ihre amerikanischen Verbündeten. Sie bedeutet lediglich eine Zunahme der Stärke, sie bedeutet eine neue und gewalttätigere Infektion der 120 Millionen Amerikaner, und diese Infektion wird IHNEN nichts nützen. Euer Mittelstand wird verschlungen werden, London wird den Schlag spüren, wie Wien den Schlag nach dem letzten Krieg spürte. Das heißt, das Glitzern des Abschaums, die fieberhafte Verteilung von

Leckerbissen unter wenigen Privilegierten und in der Kunstwelt, die die "Gesellschaft" umgibt, wird zurückgehen.

Die nomadischen Parasiten werden aus London nach Manhattan umziehen. Und dies wird unter dem Deckmantel nationaler Slogans präsentiert werden. Es wird als ein amerikanischer Sieg dargestellt werden. Es wird kein AMERIKANISCHER Sieg sein. Der Moment ist ernst. Der Augenblick ist auch verwirrend. Er ist verwirrend, weil es zwei Gruppen von gleichzeitigen Phänomenen gibt, nämlich diejenigen, die mit der Bekämpfung dieses Krieges zusammenhängen, und diejenigen, die die Saat für den nächsten legen. Ihre führenden Männer sollten das *erkennen*. Sie sollten es sehen.

Es sollte Anlass zum Nachdenken sein. Für IHR Nachdenken. Sie befinden sich zwischen zwei sehr groben Mühlsteinen.

#91, FCC Abschrift
(24. Mai 1943) U.S.[?] [TITEL UNBEKANNT]

Die Italiener in Amerika werden die amerikanische Unfähigkeit zu verstehen, was Italien ist, die Unfähigkeit, die amerikanische Schuld gegenüber Italien anzuerkennen, bemerkt haben. Der Durchschnittsamerikaner gibt zu, dass der Kontinent von Christoph Kolumbus entdeckt wurde. Die Schlaueren sind geneigt zu glauben, dass Kolumbus einen schweren Fehler begangen hat.

Aber im Ernst: Wie viele Amerikaner kennen Sie, die wissen, dass die konstruktiven Ideen, denen die Gründung der nordamerikanischen Republik, der Vereinigten Staaten, zu verdanken ist, ein italienisches Produkt sind? Spricht man in Harvard und an den anderen großen amerikanischen Universitäten von den Leopoldinischen Reformen? Die toskanische Geschichte des 18. Jahrhunderts wird von den Amerikanern fast völlig ignoriert. Ich sage "fast", mit Bedacht.

Haben Sie in Amerika einen Politiker getroffen, der etwas über die Toskana des 16. Jahrhunderts weiß? Vielleicht haben sie jemanden über einen Maler oder Musiker sprechen hören, aber über die Politik, die Reformen - ich wette, nein.

Der Amerikaner ist bereit oder war bereit, theoretisch eine intellektuelle Schuld gegenüber Frankreich anzuerkennen.

Vielleicht glaubt er, dass die amerikanische Revolution auf die französische Revolution zurückzuführen ist. Das heißt, dass sie die Daten nicht kennen und auch vergessen haben, dass die französische Revolution ein Jahrzehnt nach dem Ende der amerikanischen Revolution stattfand. Die Ideen von Leopoldo wurden weitgehend unter dem Großherzog Pietro Leopoldo in der Toskana erprobt.

Die Fehler der Übertreibungen, die sich in der Verwirklichung von Ideen oder Idealen manifestierten, waren ebenfalls bekannt. Und sein Sohn Ferdinand machte sich daran, sie zu korrigieren, wobei er von denselben Beratern unterstützt wurde, die auch seinem Vater geholfen hatten.

Diese Bewegung der Züchtigung wurde durch die französischen Unruhen und durch das von den Juden verursachte Chaos unterbrochen, die sich an dem französischen Chaos beteiligten.

Man wartete mehr als ein Jahrhundert, um die Richtigstellung fortzusetzen, um den historischen Prozess im konstruktiven Sinne fortzusetzen. Ich sage Ihnen nicht, auf wessen Seite, denn vielleicht sind viele unter Ihnen noch nicht bereit, diese weiteren Manifestationen des lateinischen Genies zu erkennen! Der mehr oder weniger militärische Gentleman Fiorello La Guardia ist nicht vom lateinischen Geist (genio) besessen.

Die klassische Mentalität unterscheidet sich von der Rooseveltschen. Und es erscheint mir dumm, sich einem Lehman oder einem Morgenthau anzuvertrauen. Keiner von diesen amerikanischen Beamten besitzt den lateinischen Geist. Ich würde sagen, dass die Italiener immer dann gut abschneiden, wenn sie ihrem eigenen Geist, dem italienischen, dem lateinischen (Geist), treu bleiben.

Ich würde sagen, dass sie gut daran tun, diesen Geist vom gälischen Geist zu unterscheiden. Ich würde sagen, dass Sie sehr gut daran tun würden, ein wenig nachzuforschen, um, wenn möglich, nach den Ursachen der Verwirrung zu suchen.

Ich weiß, dass Ihre Situation schwierig ist. Die amerikanische Presse leitet Sie nicht und hilft Ihnen nicht, sondern ermahnt Sie, Ihre eigene Kultur, Ihre italienischen Instinkte, Ihre Sprache, die schönste Tochter der Muttersprache Latein, zu vergessen. Geben Sie nicht nach! Lest weiterhin eure italienischen Bücher unter euch. Diejenigen unter euch, die die Möglichkeit haben, an die Universitäten zu gehen, müssen ihre lateinische Kultur bewahren, nicht rückwärtsgewandt, sondern vorwärtsgewandt.

Frankreich hat den Latinismus nicht geschaffen. Vielmehr sage ich euch: beharrt, beharrt! Ihr seid amerikanische Bürger. Das Amerika der Väter der Republik hat die lateinische Weisheit verehrt. Das Amerika der -ones ist fast verschwunden und hat die lateinische Weisheit vergessen. Dieser Latinismus ist in Italien erhalten geblieben; er manifestiert sich von neuem.

Ich unterteile diese kurze Ansprache in verschiedene Teile. Ich sage, dass die Amerikaner um Sie herum die italienische Tradition ignorieren. Ihr müsst sie erziehen, und zuallererst müsst ihr euch selbst erziehen.

Ich sage, dass ihr bei der Beobachtung der Amerikaner feststellen werdet, dass sie anarchisch sind, zutiefst anarchisch, nicht organisiert, sie wenden ihre eigenen Erfindungen nicht an. Wenn eine Idee in Amerika geboren wird oder geboren zu sein scheint, dann keimt diese Idee nicht in Amerika selbst auf. Wenn in Amerika Propaganda für eine gute Idee gemacht wird, verhindert etwas ihre Befruchtung.

Zum Beispiel wurde der Kampf gegen das Gold vor einem halben Jahrhundert in den Vereinigten Staaten geführt; er wurde von der Demokratischen Partei geführt. William Jennings Bryan war ein großer Redner - mehr oder weniger ein Redner mit einer großen Gefolgschaft.

Aber er rief der Welt zu, dass die Menschheit an einem goldenen Kreuz gekreuzigt werde. Aber er sprach nicht mit vollkommener Offenheit. Er sprach von Silber (sic), anstatt offen von Geld zu sprechen.

Die ganze Wahrheit, oder fast die ganze Wahrheit, über das Geld war in den Vereinigten Staaten schon seit einem Jahrhundert bekannt, aber Bryan hat sie nicht vollständig enthüllt. Jetzt weiß die ganze Welt, ganz Europa und ein großer Teil Asiens, dass das Goldmonopol und die Fiktion des auf Gold basierenden Geldes eine Infamie ist, ein Instrument, mit dem die Menschen getäuscht werden, um alle Völker zu strangulieren. Ich sage, dass diese Idee in der Vergangenheit in Amerika große Bekanntheit erlangt hat. Aber der Amerikaner ist langsam. Er hat die Weisheit seiner besten Männer nicht hoch eingeschätzt. Und dasselbe gilt für elektrische Experimente. Sie wissen wahrscheinlich nicht, dass es 1863 einem gewissen Loomis gelang, drahtlose elektrische Signale zu senden, er erfand die drahtlose Telegrafie. Aber die Amerikaner machten nichts daraus.

Man hielt ihn für einen Verrückten, einen Narren. Die Welt wartete auf das italienische Genie Guglielmo Marconi, bevor sie die Möglichkeiten der drahtlosen Übertragungen in die Praxis umsetzte.

Das Gleiche geschieht auf politischem und wirtschaftlichem Gebiet. Und wenn Sie die wahre Wirtschaft verstehen wollen, müssen Sie außerhalb der verdammten amerikanischen Presse suchen. Sie müssen das lesen, was in Europa, in Italien, gedruckt wird. Und da es im Moment schwierig ist, gedruckte Presse zu bekommen, solltet ihr so viel wie möglich den europäischen Sendungen und den europäischen Reden in diesem Zusammenhang zuhören, im Zusammenhang mit Geld, mit Kredit, mit Geld auf der Basis von Arbeit, mit Arbeit, die ihr - jeder von euch - in eurem Hirn und euren Muskeln habt.

Ezra Pound spricht aus Rom, in einem Regime, in dem die Freiheit als Pflicht gilt; und wo man weiß, dass wirtschaftliche Freiheit die Freiheit von Schulden mit sich bringt.

#Nr. 92 (25. Mai 1943) U.S.(D5)
UND HINTER DEM HOLZSCHUPPEN

Ich werde nicht auf die Einzelheiten von Herrn Welles' Plänen eingehen; ich kann in zehn Minuten nicht so viele Einzelheiten aufzählen, wie er in einer Stunde dargelegt hat. Und was Ihr internationales Währungssystem angeht, so können Ihre Verbündeten in London und Mr. Keynes wohl darauf zählen, dass sie ein viel hörbareres Geheul anstimmen werden. Ob es allerdings laut genug sein wird oder irgendeine Wirkung hat, bleibt den Chronisten der Zukunft überlassen.

Wirtschaftliche Aggression. Wirtschaftliche Unterdrückung. Wirtschaftliche Unterdrückung, die Vergangenheitsform, und die Zukunftsform der wirtschaftlichen Aggression.

Welles gab zu, dass die USA in der Vergangenheit an der Aggression teilgenommen haben. Schlägt er nun vor, oder schlägt das Außenministerium wirklich vor, bestimmte Formen der wirtschaftlichen Unterdrückung nach Beendigung dieses Krieges einzustellen? Wenn ja, kann das Außenministerium sich selbst oder irgendjemand anderem wirklich versichern, dass der amerikanische Geschäftsmann zustimmen wird, die wirtschaftliche Aggression zu verlagern oder zu unterlassen?

England und Amerika hässlich gemacht, England durch wirtschaftliche Unterdrückung ziemlich ausgeweidet? Durch die wirtschaftliche Aggression, die England so sehr auf eine C-3-Bevölkerung reduziert hat, dass kein britisches Regierungsbüro es wagt, eine nationale Gesundheitsstatistik zu drucken. Wenn Sie von wirtschaftlicher Aggression oder Unterdrückung sprechen, sagen Ihre europäischen Zuhörer: Mein Gott, ihr ganzes Leben, das ganze Leben in diesen beiden Ländern ist ein einziges Kompositum von wirtschaftlicher Unterdrückung. Das war es, wogegen wir uns gewehrt haben. Das war es, was man uns vorhielt. Gott weiß, dass Italien arbeiten wollte und sich die wirtschaftliche Freiheit ERWINNEN wollte. Es ist nicht weinend herumgelaufen und hat jemanden gebeten, ihm die Erde auf einem Tablett zu servieren, oder irgendeinen Teil der Erde auf einem Tablett. Sie schickte ihre Straßenbauer und Pflüger aus. Nein, nein, ein kolonialer Raum, ein Landraum sollte von den Leuten verwaltet werden, die ihn nutzen wollen.

Italiens Kolonien haben nie versucht, die Lebensbedingungen zu verschleiern. Was Mr. Welles von Amerikas seltsamem Verbündeten

Russland nicht behaupten kann. *Siehe* den Stalin-Kanal *und* all die bekannten Liquidierungen, die den Christian Science Monitor zu der Aussage veranlassten: "Die Sache an sich war nicht so, dass sie Unglauben erregt hätte" (oder wie auch immer die Worte lauteten. Ich zitiere aus dem Gedächtnis, aber das war der Kern der Sache).

Es gibt viele unbestrittene und unumstrittene Beweise über Sowjetrussland, die viele Dinge "nicht unmöglich" machen, nicht so, dass sie Unglauben wecken.

Für jedes ehrliche Wort, für jede konstruktive Aussage in Mr. Welles' Rede in Toledo, war und ist Italien der natürliche Verbündete der Vereinigten Staaten. Es war Englands natürlicher Verbündeter UNTER jedem System, das auch nur die Tendenz hatte, sich der wirtschaftlichen Unterdrückung zu entziehen. Es war der natürliche Partner und Wächter einer der wichtigsten Handelsrouten Englands.

Vor zwanzig Jahren, als ich Italien aufsteigen sah, als ich sah, dass in Italien eine konstruktive Arbeit für wirtschaftliche Gerechtigkeit begann, hatte ich eine wilde Idee, eine unpraktische Idee aufgrund meiner Unkenntnis der Wirtschaftsgeographie zu dieser Zeit. Ich sage damals; ich wünschte, mehr Männer meines Alters würden sich outen und zugeben, dass sie früher weniger wussten, als sie heute wissen. Herr Welles hat einen guten Schritt nach vorn gemacht. Er hat von Aggression der egoistischen und unaufgeklärten Art gesprochen. Nun, Aggression ist wahrscheinlich egoistisch, und was die wirtschaftliche Zusammenarbeit anbelangt, wenn die kleine Gruppe von Herrn Welles vor zehn Jahren begonnen hätte, über eine wirtschaftliche Zusammenarbeit MIT Italien nachzudenken, würden wir uns jetzt ganz sicher nicht in einem blutigen Konflikt befinden.

Und ich glaube nicht, dass Herr Welles schon so weit ist, eine sachliche und durchdachte, begründete, analysierte, artikulierte Erklärung der Tatsachen über Italien und über Deutschland und über den Konzernstaat abzugeben.

Ich denke, ein Mann in seiner Position sollte ehrliche Vergleiche anstellen. Es gibt weiß Gott genug Grund für Reibereien, es gibt genug ECHTE Interessengegensätze, ohne dass man falsche Horizonte aufbaut. Man muss einen Feind nicht verleumden, nicht wenn man seine Städte, seine Frauen und Kinder, die Nichtkombattanten bombardiert.

Man könnte meinen, man müsse über ein fremdes Land lügen, um einen Krieg zu beginnen. Aber jetzt ist der Krieg in vollem Gange. Es wird mehr als eine klare Aussage über einen der beiden Gegner nötig sein, um ihn zu beenden.

Weitere Verleumdungen oder weitere Falschdarstellungen über das Wesen der Achsenregime sind nur noch Makulatur. Wirtschaftliche

Zusammenarbeit. Das ist der Vorname und der Nachname der Unternehmensorganisation. Und die Abschaffung der Gesetze Gottes ist Teil des russischen Programms, nicht des römischen Programms. Über all dem schwebt eine neue Ethik, eine Ethik der Verantwortung, der Verantwortung desjenigen, der hat. Die Revolution geht weiter, unter dem Feuerwerk und der Polemik.

Der korporative Staat ist ein Staat, in dem die Interessenvertretung wiederbelebt wurde, nachdem sie in den parlamentarischen Ländern verschwunden war. Ich will damit sagen, dass die Aufteilung der Vertretung nach Berufen programmiert ist; wenn Amerika korporativ würde, wäre ich in der Konföderation der Künstler und Berufstätigen MEHR vertreten als als Bürger von Montgomery County, obwohl ich auch ein Bestandteil beider Gliederungen sein würde oder könnte. Und die JUNGEN Männer in Italien und die Hitlerjugend haben nichts irgendetwas mit wirtschaftlicher Aggression zu tun. So sind sie nicht ausgerichtet.

Die Italiener sind übrigens vom Temperament her so sehr in der Tradition der Renaissance verhaftet, dass man einen Mann zwei Jahre lang kennt, ohne herauszufinden, wie er seine Zeit verbringt. Ich meine, er ist autark, oft in einem überraschenden Ausmaß, während die Freiheit in den achsenfeindlichen Ländern in vielen Fällen pervertiert oder verwässert worden ist zu der einen Freiheit, nämlich wirtschaftlich auf jeden oder jeden anderen loszugehen.

Natürlich hat Herr Welles nach innen gesprochen. Er sprach nicht zur Außenwelt als Vertreter der Außenpolitik der Vereinigten Staaten. Er ist lediglich Teil des Außenministeriums und hat vielleicht in propria persona gesprochen, als Teil eines lokalen politischen Strategieplans. In diesem Fall, sagen wir, war seine Aggression nicht im Geringsten wirtschaftlicher Natur, sondern lediglich eine politische Aggression gegen das Weichei Wendell Willkie oder etwas in der Art.

Hat sich das Außenministerium an Mr. Welles' Ansicht über JEDE Art von Aggression beteiligt? Die Rede ist interessant, aber sie hat die Welt noch nicht gerade vom Hocker gehauen. Und die eigentliche Frage bleibt bestehen: Wie soll die Welt glauben, dass eine Nation, deren inneres Leben in den letzten achtzig oder mehr Jahren so beharrlich in der absolut ungezügelten, um nicht zu sagen, im alten Sinne LIZENZIELLEN Aggression der Reichen gegen die Armen, der Geldverleiher gegen diejenigen, die kein Geld drucken und münzen, besteht. Wie, ich wiederhole es, soll die ganze Welt glauben, dass ungezügelte wirtschaftliche Aggression im eigenen Land in irgendeinem Maße irgendein Land dazu bringen kann, über Nacht einen Glauben an internationale Nicht-Aggression zu erwerben?

England, Rußland, Amerika, sicherlich drei herausragende Aggressoren.

#Nr. 93 (29. Mai 1943) U.S(C46)
ÜBERRASCHUNG

Amerika ist ein überraschendes Land. Ein SURprisin' country, dort kann alles passieren, vorausgesetzt, es ist nicht zu gut. Alles, außer, sagen wir mal, eine Staatskasse, eine Staatskasse ohne Juden, oder Regierungsverträge mit Abzocke. Nun denken die Leute hier, dass auf den Schmuggel von Licker der Schmuggel von Benzin und fast allem anderen folgen könnte: alles, was rationiert werden soll.

Aber ich wage zu behaupten, dass das nicht der Fall ist. Ich wage zu behaupten, dass niemand damit begonnen hat, Sardinen, Pimentkörner und Dosentomaten zu stehlen.

Mr. John Adams, den ich in dieser Sache schon einmal erwähnt habe, bemerkte, dass nur sehr wenige Menschen zu seiner Zeit Regierungssysteme studiert hatten. Er bezog sich dabei auf das GESETZLICHE System der Regierung. Man könnte anmerken, dass in unserer Zeit nur sehr wenige Menschen ernsthaft über definitiv kriminelle oder illegale Regierungssysteme geschrieben haben. Vor etwa zehn Jahren erschien in Paris eine sehr interessante Studie über das Gangstertum, die Bandenherrschaft.

Es musste in Paris gedruckt werden, denn alles, was Mr. Churchills Eigentümern, den Rothschilds, nicht gefällt, wird in London kaum gedruckt werden; es war jahrelang sehr schwierig, es in London zu drucken, das während des ganzen schmutzigen und dreckigen XIX. Jahrhunderts die Haupthochburg des Judertums war; mit Paris ein gewaltiger Rivale in Sachen Korruption, Monopole und Finanzbetrügereien auf hohem Niveau, die nie so anständig waren wie die Herrschaft der Yidds mit Zylinder in London. Möglicherweise wurde das Buch etwas vor 1933 gedruckt. Mein Exemplar ist mit "2nd edition enlarged" beschriftet.

Um jedoch keine unangemessenen Vorurteile zu wecken, sollten wir einige Gewohnheiten der Gangster oder das Wesen des amerikanischen Gangstertums betrachten. Wurde beobachtet, dass der Ober-Gangster gelegentlich Maßnahmen ergreift, damit ein Typ freigesprochen wird? Natürlich nicht durch den Beweis der Unschuld des Ganoven, sondern durch "andere Mittel", sagen wir "andere Mittel". Gibt es dafür einen Präzedenzfall? Haben Sie sich mit der Geschichte der krummen

Freisprüche oder der Versuche eines krummen Freispruchs befasst? Können Sie die Kontrolle in zwei Arten unterteilen, in offene und geheime? Und wenn ja, haben Sie oder Ihre Professoren, Ihre Geschichtslehrer der Geschichte der geheimen Kontrollen, der Geschichte der geheimen Besteuerung schon genügend Aufmerksamkeit geschenkt?

Fangen Sie nicht mit einem parti pris an, fangen Sie nicht mit einem Vorurteil an. Behaupten Sie nicht, dass eine bestimmte Ethnie das Monopol auf geheime Kontrollen oder auf eine Technik der geheimen Besteuerung hat. Prüfen Sie es. Denken Sie ein wenig über geheime Besteuerung nach. Dann denken Sie an das Recht. Ich weiß, das ist schwer. Es ist unsympathisch, unsympathisch, kein Amerikaner denkt gerne an das Gesetz, geschweige denn an seine Einhaltung. Aber dennoch, treten Sie einen Moment zurück, denken Sie an das Recht. Was ist das Ziel des Rechts? Und von Gesetzbüchern?

Ist das Recht dazu da, die öffentliche Ordnung aufrechtzuerhalten? Ist das alles wie eine Verkehrsordnung, die den Verkehr für die Bürgerinnen und Bürger flüssiger machen soll? Oder gibt es eine andere Art von Gesetzen, Kodizes oder Verordnungen, die nur dazu da sind, dem Gesetzgeber die Möglichkeit zu geben, der Öffentlichkeit Bußgelder aufzudrücken? Und wenn ja, können Sie sie unterscheiden? Ich würde sagen, dass die Unterscheidung ziemlich einfach ist, sobald man anfängt, ein Gesetzbuch unter diesem Blickwinkel zu betrachten. Ein Gesetzbuch oder ein Schwindel, oder eine Kodifizierung von dummen Vorschriften würde durch die - "cui bono", die alte Frage, WER bekommt den Harken ab? Wohin gehen die Bußgelder? Wer bekommt sie?

Wenn Sie, diejenigen von Ihnen, die in meinem Alter sind und altmodisch waren und die Bibel in ihrer Kindheit gelesen haben, wenn Sie es getan haben, WENN Sie es getan haben, haben Sie sie NICHT mit Neugierde gelesen. Francis Train hat sie mit Neugierde gelesen. Ich erinnere mich an ihn als einen alten Mann mit weißem Haar, der in einem Holzstuhl vor dem Brevoort Hotel saß und dem man als siebenjähriges Kind sagte, das sei Francis Train, und sich fragte, was das zu bedeuten habe. Ein Mann, der in unserem wunderbaren Land ins Gefängnis kam, weil er die Bibel nachgedruckt und versucht hatte, sie mit der Post zu verbreiten. Wie ich höre, wurde er wegen der Verbreitung unsittlicher Literatur angeklagt.

Ist das Geschichte, oder ist es Volksglaube? Ich habe gesehen, dass es als Tatsache gedruckt wurde. Aber ich behaupte es nicht. Aber vielleicht hat er den Pentateuch mit Neugierde gelesen. Unser Land ist ein wunderbares Land. Ich will nicht einmal schwören, dass es vor dem Brevoort Hotel war, aber es war irgendwo in diesem Teil der Stadt, ich wage zu behaupten, dass Mencken das bestätigen oder eine genaue Aussage machen würde.

Für den Wiederaufbau Palästinas sollen hundert Millionen Dollar an STEUERN eingenommen worden sein. Wie wurden sie eingenommen? Ein bösartiger Autor, nicht deutsch, glaube ich, sagte, dass Rothschild, ich glaube, es war der Pariser Rothschild, 80 Millionen für Palästina GAB, aber 100 Millionen durch den Verkauf von Immobilien in der Wüste und in angrenzenden Gebieten wieder hereinholte. Ich nehme an, dass sich das nicht auf die Erhebung von "Steuern" bezog.

Sampter sagt in ihrem Führer zum Zionismus, dass der Völkerbund eine alte jüdische Idee ist. In der Praxis war der Völkerbund in Genf sicherlich schmutzig, und es bedurfte keiner Vorurteile, um *das* zu erkennen. Wir haben es in London 1918 gesehen, glaube ich, oder kurz danach. Lange bevor das Wort Antisemitismus in meinem kleinen Umfeld in aller Munde war. Die Liga war gewiss SCHLECHT. Und hier ist Rabbi, oder vielleicht auch nicht Rabbi Sampter, der sagt, die Idee sei jüdisch. Britisches Mandat für das Heilige Land, über das die Juden in der Praxis die vollständige Kontrolle ausübten und dem englischen Steuerzahler die Kosten für die Zivilverwaltung überließen.

Nun, Sie haben dafür bezahlt, nehme ich an, mit der britischen Veruntreuung von Schulden gegenüber Amerika. Aber das Ziel ist jetzt, da es nicht so aussieht, als ob die Briten jemals wieder irgendetwas bezahlen würden, das Ziel, wie für die zivile Verwaltung pro tem in Persien und überall sonst, wo das Kreditkapital versickert, ist das Ziel JETZT, dass der amerikanische Steuerzahler die KOSTEN für alle Länder, östlich, westlich und zentral, chinesisch (schwindende Wette auf die Chinesen in Nepal) und westafrikanisch, für alle Länder, die der Jude in der Praxis vollständig kontrolliert, bezahlt. Das Ziel ist es, die Kosten für die Zivilverwaltung dem amerikanischen Steuerzahler zu überlassen. Zusammen mit den Zinsen für Milliarden von Dollars, Pesos, Bakschisch oder anderen Währungseinheiten und Stückelungen. Ja, die Zinszahlungen für ALLE Schulden, alte und moderne, inländische und ausländische, alle Schulden, die von Freund und Feind, innerhalb oder außerhalb Amerikas eingegangen wurden, werden dem amerikanischen Steuerzahler überlassen, zusammen mit der Belastung durch alle Inflationen und alle Deflationen. Ihr sollt euch mit GÜNSTIGEM Geld verschulden. Sie werden Ihre Konserven kontrollieren lassen, Ihre Importe und Exporte werden abgeschnitten. Und wenn ihr sechshundert Milliarden Schulden habt, werdet ihr mit den Schulden eurer Alliierten zurückgelassen, und dann kommt Wee Willie Willkie oder ein anderer Trumpf aus dem linken Ärmel des Judentums und vervierfacht die Last, indem er euch wieder auf einen soliden Dollar setzt, der fünf oder zehnmal mehr wert ist als der, in dem ihr euch verschuldet habt.

Es ist ein wunderbares Land, ja, ja, die U.S.A. ist ein wunderbares Land.

#Nr. 94 (1. Juni 1943) U.S.(C47)
BIG JEW

Nehmt euch nicht die kleinen Juden vor, sondern die großen Juden, und studiert die KAHAL-Organisation. Fry sagt, man könne mit dem Verrat der Juden beginnen: dem Ausverkauf von Makkabäus oder wem auch immer an die Römer.

Barral geht zurück auf die Spaltung zwischen Juda und Israel. Fry erklärt, er habe versucht, eine Studie über die "innere Struktur eines Systems vorzulegen, das Rassenfeindschaft hervorgebracht hat und immer noch schürt" und "sogar" bestimmte Zivilisationen unterminiert und etablierte nationale Regierungen gestürzt hat.

Das wurde vor mindestens zehn Jahren gedruckt. Er scheint von der Balfour-Erklärung bewegt worden zu sein.

Die russische Dampfwalze sollte Europa zermalmen, und dann explodierte sie. Die Engländer beuteten die Araber aus. Lieber Lord Rothschild, mit freundlichen Grüßen Arthur James Balfour. Bestimmte Juden, nicht alle Juden, wollten eine nationale Heimat. Und Sie alle erinnern sich, Mr. Wilson, die meisten von Ihnen haben vergessen, ob sie jemals wussten, dass die Balfour-Erklärung die Form eines Briefes an den lieben Lord Rothschild hatte, unterzeichnet, wie ich gerade zitiert habe, "Mit freundlichen Grüßen A. J. Balfour."

Das war natürlich eine Lüge, wie so ziemlich das ganze Leben von Balfour. Es ist klar, dass nichts unternommen werden darf, was die bürgerlichen und religiösen Rechte der bestehenden nichtjüdischen Gemeinschaften in Palästina oder die Rechte und den politischen Status der Juden in anderen Ländern beeinträchtigen könnte. Sechs Wochen später zog Allenby in Jerusalem ein. Zuvor hatte er sich vier Monate lang in der Wüste herumgetrieben, und einigen Berichten zufolge war Colonel Lawrence nicht ganz zufrieden mit der Rolle seines Landes bei oder vielmehr nach diesem Abenteuer.

Ich weiß nicht, ob Rothschild eine Träne vergossen hat, als er mit Balfour sprach. Aber entweder er oder einige nachfolgende Ereignisse weckten Monsieur Frys Neugierde, so dass er zu dem Schluss kam, dass bei der Untersuchung des jüdischen Volkes der jüdischen *Gemeinschaft* besondere Aufmerksamkeit geschenkt werden sollte. Ein eigentümlicher Geheimorden, der sich 20 Jahrhunderte lang unbeliebt gemacht und ins

Gerede gebracht hatte, verwaltete seine eigenen Gesetze, oft unter Missachtung der Gesetze des Landes, in dem er beheimatet war.

Die jüdische Geschichte hört nicht mit Josephus auf. Sie ging weiter, wurde aber von Leuten, die die Juden nicht mochten, sträflich vernachlässigt. Das war für die Arier, wie manche sie nennen, genauso gefährlich, wie die Beweise nicht zu studieren. Die amerikanischen Schulbücher sind völlig kastriert worden. Sie sagen nichts darüber, [wie] Cromwell die Yidds nach England zurückbrachte. Sie vergleichen NICHT die Daten der Schlacht von Newbury, Marston Moore, Laseby, der Hinrichtung der Engländer 1649, mit dem Datum der Gründung der Bank of England, etwas mehr als 1/2 Jahrhundert später. Nichts über die Botschaft, die die Juden in Konstantinopel schickten, um zu sehen, ob Cromwell wirklich der kauende Messias war (möglicherweise war er es nicht).

Vielleicht war er es auch nicht. Es wurde Blut in Irland vergossen. Schließlich kam es zu einer Spaltung zwischen den Engländern in Amerika und den Engländern und England.

In meiner Datentabelle steht 1693: "Die Staatsverschuldung begann." Nun, das ist alles eine alte Geschichte. Nicoles Tabellen beginnen mit dem Jahr 200, also erwähnt er die Kaue überhaupt nicht, nicht einmal Josephus. Fry hingegen interessiert sich für die kauische Organisation, die Separatisten und Sadoc, "bestimmte politische Vereine", die Belagerung durch Vespasian.

Danach wurden sie mit der kaiserlichen Regierung und der Verwaltung von Palästina betraut. Nach der Plünderung Jerusalems, der Zerstörung des Tempels und dem Tod der patriotischen Führer und der ganzen Familie.

Erafman, Jewish Brotherhoods, ich nehme nicht an, dass es eine amerikanische Ausgabe gibt? Oder gibt es eine? Es wurde in Vilna veröffentlicht.

Andere Agenten wurden an den Türen von Geschäften, Hotels, Geschäftshäusern, Anwaltskanzleien und sogar in den Privathäusern von Regierungsbeamten postiert. Diese geschulten Agenten hatten jeweils ein spezielles Gebiet abzudecken: Polizei, Ausfuhr, Einfuhr, Wechsel, Regierungslieferungen, Gerichtsverfahren usw.

Die Aufgabe eines Agenten, der den Gerichten zugewiesen war, bestand darin, ständig mit den Verfahren oder den Beamten in Kontakt zu bleiben, die Kläger zu treffen und, wenn möglich, die Summe festzulegen, die sie für ein günstiges Urteil zahlen mussten. Über all dies wird sorgfältig Bericht erstattet. Glauben Sie nicht, dass Amerika die wahre Heimat aller Neuerungen ist. All dies ist eine sehr alte Geschichte. Nehmt euch nicht die armen Juden vor. Hacke nicht auf den Amhaarez herum. Schau dir das System an.

In der Tat ist der einsame Jude Gegenstand der Untersuchung. Er scheint ein guter Kerl zu sein, aber ist er in irgendeiner Weise von der Organisation abgeschnitten? Hat er sich geweigert, den Zauberstab zu küssen ... ist er im Exil ... hat er deshalb offenbar nicht mehr Glück als die Nichtjuden?

Was zum Teufel wissen SIE, was zum Teufel weiß irgendjemand in Amerika über den Shulchan Aruk oder die angeblichen Kämpfe zwischen Ginsberg und Herzl? Das ganze Thema ist so höllisch langweilig. Es ist so abscheulich, dass wir es lieber übergehen würden. Weiß Gott, ich will mich nicht damit befassen.

Wenn ihr eure eigene Regierung ordentlich führen würdet. Wenn Sie sich einen sauberen ethischen Kodex ausdenken würden. Wenn ihr die Maschinerie nutzen würdet, die unsere respektablen Vorfahren uns hinterlassen haben, dann bräuchtet ihr euch nicht mit dem Judentum und seiner seltsamen Geschichte und seiner seltsamen, ach so seltsamen Organisation zu beschäftigen .

Aber ihr habt die Maschinerie, die von unseren Vorfahren geschaffen wurde, nicht genutzt. Ihr habt die nationalen Gründer verraten.

Ihr habt die Verfassung NICHT in Kraft gehalten. Ihr habt sie nicht nach ihren eigenen inneren Gesetzen weiterentwickelt. Sie haben nicht von den Mechanismen Gebrauch gemacht, die IN der Verfassung selbst vorgesehen sind, um die amerikanische Regierung modern zu halten. Der wichtigste Schutz des GANZEN Volkes liegt in der Klausel über die Ausgabe von Geld durch den Kongress. Aber das ist nicht die ganze Verfassung.

Es gibt nichts, was eine Anpassung oder einen Fortschritt von der LOKALEN Gliederung verhindern würde; eine Verwaltung, die durch eine geographische Aufteilung geteilt ist, hin zu einer Gliederung durch Handels- und Berufsorganisationen.

ABER Sie haben die Verfassung NICHT aufrechterhalten wollen. Sie haben NICHT gewollt, das heißt, Sie hatten nicht den WILLEN, die Verfassung oder eine ehrliche, gerechte Regierung aufrechtzuerhalten.

Und jetzt höre ich, dass New Yorker Fleisch von kaukasischen Metzgern geschlachtet wird, oder vor einem Jahrzehnt geschlachtet wurde. Vielleicht gibt es jetzt etwas davon zum Schlachten. Vielleicht wird alles amerikanische Fleisch von jüdischen Schlachtern geschlachtet. Rindfleisch wie wuz.

Long pig as may be. (Ja, langes Schwein nennen es die Kannibalen.) Aber sie bereiten es zum Verzehr zu, nicht nur als Gemetzel.

Ja, ja, und LINKS zwischen den Gesellschaften. Sir Moses Montefiore, D.I. Lowe, Rabbi Cohn, Strahun, Magnus, und Silberman, das war 1864, und [?] Lowitz, Times-Korrespondent und Reuter. Bruderschaft für

Aufklärung. Lernestein, Ginzberg, Lalischer: da gibt es eine Menge zu erzählen. Und das Schlimmste daran ist, dass, wenn Sie Ihre Zeit damit verbringen, sich damit zu befassen, es Sie davon abhalten wird, Ihren Geist mit dem Licht der Klassiker zu füllen, und dass es Sie davon ablenken könnte, unser kulturelles Erbe zu übernehmen.

#Nr. 95 (5. Juni 1943) U.S.(C48)
DEBT

Werdet ihr Leute in Amerika NIEMALS begreifen, dass ihr diesen Krieg kämpft, UM euch zu verschulden? Ich meine nur, dass ihr in den Krieg hineingezogen wurdet, UM euch zu verschulden. Um weiter hineinzukommen, um bis zum Kinn, bis zum Hals hineinzukommen. Bis zu den Augenbrauen in den Morast zu geraten, und kein lebender Mensch kann sehen, WANN Sie da wieder herauskommen werden.

Kriege werden geführt, um Schulden zu machen. Die anderen Gründe sind Quatsch. Es ist völlig egal, wer dich da reingebracht hat. Auf eine andere Art ist es sehr wichtig; denn WENN du herausfindest, wer dich hineingezogen hat, kannst du anfangen, dich umzusehen und dich zu fragen, WARUM du da drin bist.

Schulden sind ein Mittel zur Schaffung und Durchsetzung von Sklaverei. Ihre Verbündeten aus Rhoos sind Sklaven eines höllischen Staates, lebenslänglich. Sie haben so gut wie lebenslänglich bekommen. Der Wohlstand war gleich um die Ecke. Jetzt ist er es nicht mehr, nicht im Entferntesten. Er ist NICHT gleich um die Ecke. Und je LÄNGER man sich im Krieg befindet, desto weiter entfernt ist er.

Wahnvorstellungen, Manien, kollektive Halluzinationen sind abstrakt. Sie sind allgemein. Sie schauen NICHT auf die FAKTEN, die ihnen vor die Nase gehalten werden. Wie zum Beispiel Mr. Hopkins, der dispeptische Harry.

Nun kämpft Europa ganz bestimmt für etwas Konkretes. Europa kämpft auch für etwas Bekenntnisfähiges.

Die Asche seiner Väter und die Tempel seiner Götter? (Thomas B. Macaulay)

Auch dafür lohnt es sich zu kämpfen. Große Chancen waren 1939 NICHT gegen Sie. Nichts bedrohte Ihr Wohlergehen.

Du kämpfst NICHT für die schönen blauen Augen des alten Englands. So viel ist zumindest, und endlich ziemlich klar. England ist verschuldet. Es war schon verschuldet. Jetzt ist es MEHR verschuldet. Habt IHR etwas davon? Ich denke, die meisten von Ihnen haben es nicht und *werden* es auch nicht haben. Beim letzten Mal haben Sie ganz sicher nichts verstanden. Wenn man Mr. Hopkins glauben darf, sind Sie bereits eingeengt, und Harry hofft, dass Sie es noch mehr werden.

Sadismus ist eine Form des Wahnsinns. Nehmt ihr ihn in bestimmten Fällen wahr, tritt er bei euch in irgendeinem Einzelfall auf?

Habt ihr dagegen jemals einen einzigen Fall gekannt, in dem eine Hypothek einem Bauernhof etwas Gutes gebracht hat? Habt ihr jemals einen Fall gekannt, in dem eine Schuld dem Schuldner zugute kam? In dem die Notwendigkeit, monatlich oder jährlich einen gewissen Betrag an Zinsen für ein Darlehen zu zahlen, für den Kreditnehmer von Nutzen war? Und wenn Ihre persönlichen Zinszahlungen für ein Darlehen oder eine Hypothek Ihr Einkommen übersteigen würden, würde Ihnen das helfen, zu schlafen und zu essen? Ihre Verbündeten, die Engländer, waren Ihnen vor einigen Jahren noch überlegen, aber sie sind NICHT sehr intelligent. Einige von euch sehen einen Nettogewinn an Dingen, vor allem an Gebieten, die früher englisch waren, und die wahrscheinlich eines Tages den USA gehören werden, wenn sie euch nicht jemand wegnimmt. Ich habe nicht den Eindruck, dass irgendjemand in Europa jemals die Absicht hatte, es euch wegzunehmen. Aber dann ist da noch Asien. Russland liegt größtenteils in Asien. Russland und Japan befinden sich im Moment NICHT im Krieg.

Herr Wallace sieht die Gefahr eines Krieges mit Russland voraus, es sei denn, Stalin wird den Engelskuchen essen und Ihnen den Zuckerguss geben. Herr Stalin hat sich einmal hart über das Kreditkapital geäußert. Er beschimpfte einst das zaristische Regime, das im Interesse der Kredithaie in Paris und London viel russisches Blut vergossen hatte.

Warum sollte er Engelskuchen aus Wallaces Tüte essen?

Warum sollte er nicht bereit sein, mit Japan, sagen wir, eine Einflusssphäre in Alaska zu teilen, während die Männer von Nippon hinuntergingen, um Kängurufleisch zu essen und im australischen Wollhandel zu baden?

Die Neigung von Herrn Wallace, sich auf den Apfelzweig zu wagen, würde jede Nation beunruhigen, die weniger akephal ist als die, die jetzt den nordamerikanischen Kontinent bewohnt.

Damit Sie nicht denken, dass ich mir das alles nur ausdenke, oder damit Sie nicht denken, dass meine Ansicht von Meinungen aus dem Mittelmeerraum gefärbt ist, möchte ich Ihnen einen Ihrer "Verbündeten" zitieren, der das schon 1931 in der Zeitung von G.K. Chesterton geschrieben hat.

Lassen Sie mich ernsthaft sein. Lassen Sie mich ein paar Passagen von J. Desmond Gleeson über das Gewinnen des Krieges anpreisen oder zumindest zitieren. Oh nein, nicht DIESEN Krieg. Der letzte Krieg.

Gleeson schrieb 1931 über das Gewinnen des letzten Krieges. Sie sahen die goldene Sonne im Westen untergehen. Sie gewannen den Krieg, und die Verlierer standen an den Ufern ihres alten Kontinents und blickten auf den neuen Kontinent, wo die Welt wieder prächtig begonnen hatte.

Ich ziehe den Stil von G.K. Chesterton dem von Gleeson vor. Zitat:

Aber obwohl es kriminell erscheint, zu sagen, dass die Geschäftsleute Amerikas nicht so geschäftstüchtig waren, wie sie es hätten sein sollen. Sie organisierten ein System von Schulden, die ihnen selbst zustanden, und ernannten einen obersten Schuldeneintreiber, versäumten es aber, alle Werkstätten in den USA zu schließen.

Sie türmten Stapel von Fertigprodukten auf, die für jeden erdenklichen Zweck bestimmt waren. Sie nahmen die Wünsche vorweg und setzten ein ganzes kompliziertes und teures Verfahren in Gang, das den Einzelnen zwingen sollte, die Wünsche zu erfüllen, die der große Geschäftsmann von ihm erwartete.

Das ist ein ziemlich blumiges Vorspiel, eine blumige Art, das Vorspiel zum gegenwärtigen Massengemetzel auszudrücken, aber gehen Sie zurück und lesen Sie es.

Laut Gleeson gab es nur zwei Auswege. Entweder müssen die Hersteller ihre Waren umsonst verteilen ... oder sie müssen den eingehenden Tribut zumindest für eine gewisse Zeit stoppen. Indem sie sich ihrer Waren kostenlos entledigen, könnten sie ihre Produktion fortsetzen. Oder durch das Abschneiden des Goldstroms könnte sich das Gold im Ausland ansammeln und DANN zum Kauf verwendet werden.

Das war das Ende von Hoover.

Das Verfahren, das Gold mit Dollars zu kaufen und damit dem amerikanischen Volk auch IHRE Kaufkraft zu rauben, war eine weitere ultimative Blume im talmudischen Garten.

Es ist und war nicht meine Absicht, in diesen Gesprächen von diesem Krieg als einem isolierten Phänomen zu sprechen, als einem Meteoriten, der von einem anderen Planeten gefallen ist.

Meine Aufgabe ist es, ein wenig Neugierde auf einen PROZESS zu wecken. Der Krieg ist TEIL eines Prozesses. Einige Menschen würden gerne wissen, was für ein Teil eines Prozesses er ist, und welcher Prozess er ein Teil VON ihm ist.

#96, FCC Transcript (12. Juni 1943)
U.S.(C55)
[THERAPY]

Einige von Ihnen versuchen, ein verrottetes Wirtschaftssystem zu retten und die Juden aus ihm herauszuholen. Wie im Fall eines Mannes, der Syphillis hatte und seinen linken Arm davon heilen wollte, ohne seinen rechten Arm zu heilen.

Hitler hat in jedem Krieg und in der Nachkriegszeit und manchmal auch in der Zwischenkriegszeit den Schwindel aufgedeckt, nämlich die Öffentlichkeit durch Inflation zu betrügen und dann die Schuldner doppelt zahlen zu lassen. Ein einfacher Schwindel. Man verschuldet sich in Dollar im Wert von einem Scheffel Weizen und muss in Dollar im Wert von zwei Scheffeln bezahlen.

Und die arischen Rechtsverdreher an der Wall Street, einsame Wölfe, dachten, sie könnten die organisierten Juden ewig schlagen.

Nun, es gibt vernünftige Grundlagen der Wirtschaft. Es gibt eine vernünftige Grundlage der Moral. Henry Ward Beechers Religion gehörte wahrscheinlich nicht dazu. Das heißt, sie gehörte nicht dazu. Das heißt, sie war keine Grundlage der Ethik. Religion, reduziert auf Grenzspekulationen, ist keine ethische Grundlage.

Ach was. Wir können es mit weniger hochtrabenden Worten sagen. Können wir das? Vielleicht nicht, verdammt noch mal. Aber da man sagt, dass die Freude am Fahren nachlässt, sollte man es zur Abwechslung mal mit Gewalt versuchen, abgesehen von den Schwarzmarktzwecken. Die Ablenkung steht nicht allen offen, aber die Elite könnte es mittwochs oder an einem anderen Mittwoch versuchen. Anstelle von Kreuzworträtseln, der letzten Zuflucht zu Ihren britischen Verbündeten.

Ich werde Sie mit meiner Bemerkung über das Werbespiel ärgern müssen. Das ist ein Nagel in Ihrem Sarg. Aber es gehört so sehr zu euren Sonntagen, dass es den Anschein erweckt, als sei nicht alles für das Glatteste und Schönste in der schönsten stromlinienförmigen Welt.

Was würden Sie ohne Werbung tun? Gute Weine brauchen keinen Anstoß. Viele von Ihnen sind mit Tabak vollgestopft; Freiheit, Freiheit, Freiheit, zu rauchen. Ich werde nicht tadelnd. Ich versuche nur, Sie dazu zu bringen, über ein paar Dinge nachzudenken, über alles, was für Sie nicht selbstverständlich ist, oder was Sie für selbstverständlich gehalten haben.

Wie viel Werbung in den Vereinigten Staaten ist dem Rauch und dem synthetischen Alkohol gewidmet? Und warum? Was hat das ausgelöst? Die Werbung hat das amerikanische Volk von dem Soda-Cracker für zehn Cent pro Pfund weggeführt.

Einige könnten zwei Cent wert sein - um die Jahrhundertwende hat sie sie zur Sechs-Unzen-Packung geführt. Sechs Unzen Cracker und zwei Unzen Papierumhüllung. Oh ja, eine hygienische Verpackung.

In 200 Jahren amerikanischer Geschichte hat sich noch niemand an Sodacrackern vergiftet. Hygiene ist ein - auf das Wesentliche reduziert. Oh ja, ein paar Unzen echtes Zeug irgendwo in der hygienischen Verpackung. Die Alkohol- und Tabakgesetze der Nation, die Kampagne gegen Alkohol und Tabak vor sieben Jahren. Eine Kampagne gegen guten Wein hat es in Europa nie gegeben, das merkt man gar nicht.

Künstliche Nachfrage. Ruin des Nestes. Ruinierung der Qualität um des Profits willen. Rohe Nationen, unzivilisiert, im tiefsten Sinne des Wortes. Kontrast. No can- -sagte der alte chinesische Seidenhändler zu dem Reisenden, der wissen wollte, warum ein bestimmtes Stück Seide so teuer war.

Ich selbst habe 1914 in London bei einer alten Firma welche gekauft; drei Partien, drei verschiedene Sorten für drei Paar Pyjamas. Ergebnis: Ein Paar ging bei der ersten Wäsche kaputt, ich trat und bekam es ersetzt. Das zweite Paar hielt die normale Zeit oder ein bisschen länger. Vom dritten Paar habe ich jetzt sechs Stück übrig, nach 29 Jahren.

Worauf ich hinaus will, ist, dass wir, ab Shakespeare, die gesamte Qualität des Produkts vor der Werbung - und das ist bei -, ein Angriff auf den gerechten Preis. Ich weiß, es ist kein hundertprozentiger Angriff auf den gerechten Preis, aber wenn wie durch ein Wunder zwei Prozent des amerikanischen Geistes oder sechs Männer im Kongress anfangen würden, die Dinge von Grund auf zu überdenken, könnten Sie sogar Europa entdecken und wissen, was hier in Europa vor sich geht.

Deutsche Revolution, ein Aufstand des --Bordells gegen das --Bordell. Die amerikanischen Mamas haben das nicht so gesehen. Und die Intelligenz hat 150 Jahre lang Propaganda für die- - gemacht. Getarnt als romantische Literatur und getarnt wegen einer Verfälschung. Am Anfang war die romantische Literatur etwas Gesundes. Dann wurde sie faul. Sie begann mit einer Rückkehr zur Natur. Die Reinheit der Natur steht gegen die Verkommenheit der künstlichen Gesellschaft. Wie kommt es, dass sie verrottet ist? Oh, eines führt zum anderen. Falsche Normen des Puritanismus führen zu einer Revolte, und das zu Recht.

Es ist heute sehr schwer, solche Themen überhaupt noch anzusprechen, ohne wie ein methodistischer Ältester oder Spielverderber zu klingen.

Ich kann nur sagen, dass niemand, der die Fakten kennt, behaupten kann, dass ich mein Leben in Trübsal und ohne einen angemessenen Anteil an den Freuden verbracht habe. Dies ist kein Treffen der Heilsarmee. Ich behaupte lediglich, dass ich bei einem Marshmallow-Braten mehr Vergnügen in der Abendluft erlebt habe als bei einer Nacht auf dem Montmartre.

Öde Cafés, in denen ein paar abgehalfterte [Hexen] und das übliche Personal herumsitzen und gegen jede Hoffnung darauf hoffen, dass jemand von draußen hereinkommt und Geld ausgibt; und die Hoffnung stirbt schnell. In der Hoffnung, dass jemand reinkommt und sie unterhält oder ein bisschen Abwechslung reinbringt.

Sie können sich das Buch von Wyndham Lewis darüber besorgen, wie Deutschland vor Hitlers Machtübernahme aussah. Warum aber haben Sie in den letzten 25 Jahren so viel antideutschen Mist gehört? Warum sind Sie so ungebildet, was das heutige Italien angeht? Die Werber, werben die Werber zum Wohle der Öffentlichkeit? Was hat man Ihnen verkauft, als Sie von Europa abgeschreckt wurden? Man hat Sie auf die falsche Fährte gelockt und in die Verknappung getrieben. Ich versuche nicht, Ihnen etwas zu verkaufen, ich halte keine Rede oder liefere ein Argument. Ich versuche, einen Spalt zu öffnen, durch den das Licht eindringen kann. Italien hat nicht geworben. Niemand in den Vereinigten Staaten weiß etwas über Italien.

Wie sind die Italiener zum Beispiel, abgesehen von Operntenören? Die Italiener sitzen auf ihrer eigenen Basis, sie essen von ihrem eigenen Teller. Sie kennen einen Mann, der seit drei Jahren hier ist, nehmen wir an, er ist ein Journalist wie jeder andere. Er hat also unter einem Pseudonym die Wochenzeitung geschrieben. Dann erfährt man, dass er eine Übersetzung von Aischylos angefertigt hat, das heißt, das Original. Klar wie eine Glasscheibe.

Da liegt der Agamemnon vor Ihnen, vor jedem, der Italienisch lesen kann. Wahrscheinlich hat man Sie mit einer miesen englischen Übersetzung von Aischylos abgeschreckt - -. Der- - hat, wie Mr. Eliot sagt, zwischen Autor und Leser eine Barriere errichtet, die unmöglicher ist als die griechische Sprache. Solche Überraschungen können hier in Italien nicht passieren.

Wie groß ist die allgemeine Unkenntnis der Amerikaner über die wahre Natur Italiens? Das überlasse ich Ihnen, Bruder. Sie sind über so gut wie alles, was mit diesem alten Kontinent Europa zu tun hat, falsch informiert worden. Deshalb hättest du gut daran getan, dich aus den europäischen Angelegenheiten herauszuhalten.

Die Tiefe der amerikanischen Unwissenheit über alles in Europa ist genauso schlimm wie die Halluzinationen, dass Europa das ist, was Sassoon und Warburg dargestellt haben, indem sie dir Sahne zu deinen Haferflocken gegeben haben. Genauso wie sie dich glauben ließen, ganz Serbien bestehe aus einer Bande von Juden, kroatischen Juden in- -und- -. Und das heißt, sie ließen dich glauben, dass diese Bande von Juden mit New Yorker Verbindungen die Bauern in Serbien repräsentiert.

Und so geht es mit dem ganzen Shabingo weiter. Ihr wisst nichts über Europa und glaubt weiterhin, was Roosevelt euch vorgaukelt, das heißt, ihr nehmt an, dass sogar er weiß, was er euch vorgaukeln will.

#Nr. 97 (13. Juni 1943) U.K.(C44)
AN DAS GEDÄCHTNIS

Ihr wisst nicht, nicht offiziell, noch nicht, worum es im Krieg geht. Und Sie haben es in einzigartiger Weise versäumt, auf die Stimme der Vernunft zu hören. Ich meine nicht auf meine Stimme. Ich meine nicht die Vernunft, wie sie ausschließlich in Rapallo verstanden wird. Ich meine damit, dass ihr so blöde seid, dass ihr 40 Jahre lang KEINEM Engländer (oder ausländischen Kritiker) zugehört habt, der euch etwas Vernünftiges gesagt hat.

Ich meine, als ich das letzte Mal in London war, möchte ich nicht vorgreifen, ich möchte nicht behaupten, dass ich mehr Urteilsvermögen oder Wahrnehmung besaß, als ich euch 1920 verließ, als ich es damals hatte. Die Freiheit ist kein Recht, sondern eine Pflicht. Das ist ein italienisches Sprichwort. Ich behaupte nicht, dass ich mehr als nur eine starke persönliche Vorliebe für persönliche Autarkie hatte. Die amerikanische Anarchie und der italienische Faschismus sind sich völlig einig, was den Wunsch nach persönlicher Autarkie angeht. Nicht ein Recht, sondern eine Pflicht. Das mag exotisch sein, es mag der britischen Dickköpfigkeit fremd sein. Sie waren besser dran, als die Schuljungen Macaulay rezitierten und es auch so meinten. Ihr Sinn für Werte war damals wahrscheinlich besser.

Aber noch 1931 gab es Stimmen: Tatsächlich gab es bis zum Ausbruch des Krieges noch Stimmen, und zwar AUDIBLE Stimmen in England, und niemand hat Mr. Chesterton jemals als Exoten bezeichnet. Ich habe ihn in meiner heißen Jugend vielleicht anders genannt. Aber ich bin darüber hinweggekommen.

Nun, 1931 sagte Ihnen Mr. Chesterton (21. November 1931, in G.K.'s [Wochenzeitung]), Mr. Chesterton schrieb:

Die Presse ist eine Maschine zur Zerstörung des öffentlichen Gedächtnisses. Wenn man sie als Tagespresse bezeichnet, bedeutet das, dass sie ausschließlich dazu da ist, die Erinnerung des Volkes an das Gestern auszulöschen.

Die öffentliche Meinung, die sich selbst überlassen ist, würde den Anteil der Perspektive haben. Sie würde bestimmte Ereignisse als groß ansehen, auch wenn sie nicht mehr neu sind; ... Sie würde natürlich alte Freunde oder Feinde erkennen, den Mann, der in diesen Angelegenheiten eine Rolle gespielt hat - die großen Streiks und den großen Krieg, auf den sich das bezieht. Er spricht von einem schmutzigen Stück Arbeit, das jetzt vergessen ist, nämlich Ramsey MacDonald.

MacDonald sollte Mr. MacNab genannt werden, wenn er ein bolschewistischer Räuber ist, der all unsere Güter stiehlt, und dann Mr. Mackintosh, wenn er unser schöner, strahlender Beschützer gegen den Sturm des Bolschewismus im Staat ist.

Das angedeutete Prinzip könnte auch anderswo angewendet werden. Ich möchte mich nicht darauf einlassen, das tote Pferd MacDonald zu peitschen. Ich würde gerne mehrere Abende damit verbringen, Sie dazu zu bringen, sich auf die Tiefe und Bedeutung der Eröffnungserklärung von G.K.C. zu konzentrieren.

Die Presse, Ihre Presse, ist eine Maschine zur Zerstörung der Erinnerung, des öffentlichen Gedächtnisses. Um die Erinnerung an gestern und vorgestern auszulöschen, zu verwischen.

Was ist die Ursache dafür? Ich meine, warum gibt es die Presse ausgerechnet zu diesem Zweck?

Es ist sehr schade, dass nicht mehr Menschen isoliert werden - ich glaube, Sie nennen es so -, dass man ihnen nicht einmal im Jahr eine Woche lang einen Vorrat an alten Zeitungen überlässt. Nur um herauszufinden, was passiert ist oder was vor einem Jahrzehnt GEGEN die Strömung oder mit der Strömung geschrieben wurde. Niemand nimmt an, dass Chesterton 1931 und 2 Propaganda für die Achsenmächte geschrieben hat. Das Großkapital hängt von den Großbankern ab (*Vide* G.K., Two Views of England, September 26, 1931). Großbankiers, die England als eine Abhängigkeit von New York regieren, obwohl sie selbst etwas nicht-amerikanisch genug sind, um dort in einen Club zu kommen.

1931 hatte G.K.C. eine Prägnanz der Formulierung erlangt, die, hätte er sie 20 Jahre früher besessen, meine jugendliche Wut über seine Ansichten über Poesie verhindert hätte. Er fuhr fort: "Diese Leute sind die Abhängigen von Abhängigen von Abhängigen; und niemand ist unabhängig außer ein paar ausländischen Finanziers, die von der anderen Seite des Atlantiks aus arbeiten." Und dann beendete er den Absatz mit bitterer Ironie: "Dies ist eine Zusicherung, dass wir immer Herren unseres Schicksals sein werden." Vielleicht ist Ironie eine Sünde, oder zumindest ein Kavaliersdelikt.

Vielleicht schoss Chestertons Satz über den Kopf seiner Leser hinweg. Dem britischen Geheimdienst scheint er nicht in den Sinn gekommen zu sein. "Gleichgültigkeit gegenüber Tatsachen", sagte G.K.C., er versucht, das von Dummheit zu unterscheiden. "Unsere Schwäche in der Politik. Indem sie sich weigerten, den Tatsachen ins Auge zu sehen, hatten sich die

Engländer darauf eingelassen, von Juden oder Amerikanern regiert zu werden." G.K.C., 1931, ich füge hinzu "und/oder Amerikanern".

Aber da meine Landsleute jetzt von Juden regiert werden, und zwar vom schmutzigsten Dreck vom Boden der jüdischen Aschentonne, nehme ich an, dass es auf dasselbe hinausläuft. Die angelsächsische Ethnie in ihren beiden verwandtschaftlichen Zweigen ist verdammt gut von Rothschild gefesselt. Es ist schade, dass Goyim oder Rinder gemolken, lebendig gehäutet, angebunden, zur Schlachtbank geschickt oder wie blinde Mäuse im Zwischendeck ertränkt werden, um die üblichen Betrügereien aufrechtzuerhalten. Wucher in Höhe von 60 % ist der leiseste. Kontrolle des nationalen Kredits durch Scheinheilige, Silberwucher und Goldwucher. Ob Gold oder Silber, was kümmert die Leiche die Nägel in ihrem Sarg, die aus Amethyst sind, mit Rubinköpfen und Nagelschäften aus Platin? Oder sie auf dem Markt verteilen, wie Kieselsteine von de Beers.

Der Punkt ist, dass Chesterton vor zehn oder zwölf Jahren in England und für England schrieb. Er hat keine Propaganda für die Achsenmächte geschrieben. Er mag Propaganda für die Menschheit geschrieben haben, die dem alles verschlingenden Dreck aus der Little Essex Street 2 widersteht, von deren Felsen oder Leuchtturm aus es so aussieht, als würde das Licht nicht mehr leuchten. Auf jeden Fall wird es nicht zitiert: nicht im B.B.C.

Es wäre schade, wenn all das, was England ausmachte, all das, was England wert war, England zu sein, von den Juden von New York überflutet werden würde. Durch den Dreck, den Sie in Ihrem Schoß gezüchtet haben, haben Sie über ein Jahrhundert lang diese Syphilis gestreichelt und gefördert, Sie haben diese Beulenpest gezüchtet und sie an die Wall Street verfrachtet. Ihr habt NICHTS, rein gar nichts, getan, um sie zu heilen. Sie hat die Welt infiziert und Englands Namen von Pretoria bis Singapur und Kalkutta in Verruf gebracht. Und dann verlagerte sich sein Zentrum über den Atlantik. Wir schulden Ihnen also keine Dankbarkeit, wenn es jetzt an den amerikanischen Nerven nagt.

Dennoch wäre es schade, wenn Sie unter einem Orden untergingen, der alle klassische Kultur - all das, was das Beste an England war - vollständig verloren hat, als Beweis dafür, dass die britische Presse mit ihrer Mission der Auslöschung erfolgreich war.

#98, FCC Transcript (15. Juni 1943)
U.S.(C58)
[OBSEQUIES]

Das endgültige, endgültige, nicht vorletzte, sondern endgültige, definitive und definitive Ende der Republikanischen Partei wurde von Heinrich Ben Cohen und Solomon Morgenthau vor einiger Zeit angekündigt. Der absolut letzte und endgültige Unwille und die Verwüstung des Leichnams des republikanischen Elefanten wurde der lauschenden, aber unaufmerksamen Welt von dem kleinen Hymie, dem stummen Juden unseres Finanzministeriums, mitgeteilt. Und dass Willkie heute keinen Job mehr hat, den Job, auf dem Bordstein zu sitzen und darauf zu warten, dass Jehova ihn zu einem Platz (Henry-Wallace-Gipfel) als jüdischer Jockey in Washington beruft, hat sich in Luft aufgelöst.

Die Demi-Juden werden von selbst die Luft ablassen. Die Republikanische Partei ist es nicht. Wie von den einsamen Wölfen der Wall Street schon lange erwartet, wird die Republikanische Partei nicht dazu aufgerufen werden, die Rückkehr des heiligen Banners zu begehen. Hymie wird sich für seine Gönner darum kümmern, ohne dass ein Wechsel der Amtsinhaber erforderlich ist. Gold, Gold, diesmal nicht nur ein Kreuz, sondern ein ganzes Gitter mit Dutzenden von Kreuzen, ein Gitter, das garantiert jedes Gitter verschließt, wird direkt im Haus des Demokraten aufgestellt. Ist das nicht wunderbar? Und die neue Einheit, die universelle Währungseinheit, wird Tekel Upharaim heißen, damit sich alle Sonntagsschuljungen wohlfühlen.

Sie wird stabilisiert werden. Das Geld der Welt wird der kleine Golddollar sein. Keine Anspielung auf das bekannte Bordell in.... Der heilige Name wird Unity sein.

Gold fluktuiert nicht. Nicht wahr? Nun, es gibt ein paar lästige Tabellen, aber Sie können Ihre Stiefel, wenn Sie bis dahin welche haben, Ihre Autoreifen und Ihre Unterwäsche mit absoluter Sicherheit darauf verwetten, dass alles andere schwanken wird. Ich meine, die Preise jeder anderen goldhaltigen Sache auf dem Markt oder außerhalb des Marktes oder im Wagen des Hochstaplers werden fluktuieren, nach oben und nach unten, und es wird ein B.O. geben, wie es ihn noch nie gegeben hat - im amerikanischen Himmel. Die Vorteile eines einheitlichen Systems wurden schon vor Jahren, vor einem Jahrhundert und mehr, von Samuel Loyd erkannt. Und dieses Mal wird es keinen Wettbewerb geben. Die Preise für landwirtschaftliche Produkte werden steigen und fallen. Es wird viele Menschen ohne Arbeit geben, so dass man Menschen dazu bringen kann, umsonst oder fast umsonst zu arbeiten. Es wird viele Streikbrechergewerkschaften geben, die vulgären Leute, die arbeiten, die Bauern, die sich auf den Feldern abmühen, die Polen, die in ein Büro gehen und über [Hauptbücher?] arbeiten.

werden nichts, aber auch gar nichts zu sagen haben über den Lohn, der für ihre Arbeit gezahlt wird, oder über das Verhältnis des Lohns zum Preis dessen, was sie kaufen, oder was sie kaufen können, oder was sie kaufen müssen, wenn sie essen und Kleidung tragen wollen. Es wird genug Männer geben, die keine Arbeit haben, um sie zu ersetzen. Ist es nicht das, was Mark Hanna wollte? Die republikanischen Prinzipien werden gerettet sein, aber die Partei, das alte Gespenst eines Elefanten, wird nicht an dem Empfang teilnehmen. Natürlich werden einige ihrer Bestandteile verschont geblieben sein. Ein Skandinavier sagte einmal zu mir: "Es gibt keine Skandinavier, die ihr Geld in Goldminen stecken würden." Er sagte zu mir: "Republikanische Partei, zum Teufel. 14 Juden in ihrem Komitee." Wenn es sechs wären, würden sie die ganze Partei leiten. Und einige Mitglieder wären zufrieden gewesen, vielleicht wie Knox und Stimson, sie würden auf den Sitzen des Kissens verbrannt werden. Aber die alten Pferde, die alten Schlachtrösser, die niederen Weihen der Republikanischen Partei werden weit draußen im Kornfeld sein. Die Demi's werden von selbst verpuffen. Und der Name des neuen [Schlachthofs?] wird die einheitliche Währung der Welt heißen. Im Interesse von wem wird sie verwaltet? Die Republikaner sind nicht der einzige Ziegenbock. England ist ein Ziegenbock. Zweiunddreißig andere Nationen werden zum Schafott und zum Schlachthof geschleppt. Gold und noch mehr Gold. Diejenigen unter Ihnen, die ihre Geschäfte kurzgeschlossen haben und in Staatsanleihen gegangen sind, werden wieder nach Hause kommen. Die Dollars, die ins Ausland geschickt wurden, um Gold zu kaufen, werden wiederkommen und doppelt so viel oder mehr wert sein, als sie zum Zeitpunkt der Ausfuhr waren, und die Demokratie wird heilig sein.

Mr. Morgenthau oder Bill Solomon-Isaacs Smith mögen Mr. Wallace als den weißhaarigen, den kommenden Liebling ablösen. Vielleicht haben Sie dann endlich offen und ehrlich einen vollblütigen, umschriebenen Juden im Weißen Haus, um jährlich die Niederlage von Jim Blaine zu feiern. Mr. Hoover wird einen Ehrenposten als Assistent des Pagen [Dienstmädchen?] im Senat oder so erhalten, als Belohnung für seine langen und infamen Dienste für die Finanzwelt. Aber die alte Partei wird es nicht mehr geben. Ham Fish wird auf den Status eines Shindwell in England reduziert werden. Mr. Vandenburg wird sich zurückziehen, und der universelle Goldstandard, die Preise für Lebensmittel und Kleidung, die in Fall River und Schweden schwanken, werden von Kentucky bis Cawnpore herrschen, wenn Sie noch im Besitz von Cawnpore sind. Und der Krieg mit Russland wird unmittelbar bevorstehen und so lange bevorstehen, bis er ausbricht.

Aber in der Zwischenzeit lässt sich mit der Versorgung Russlands mit den neuesten Panzern und Rüstungsgütern viel Geld verdienen. Aber in republikanischen Kreisen herrscht Trauer oder sollte Trauer herrschen, denn die Verschwörung der Banker, das Rad, die Kontrolle des Währungsrades, ist ein Spiel, das genau in den Kreisen der Demokraten manipuliert werden muss, genau in den Kreisen unserer demokratischen Partei, und vielleicht hat Hymie ein Auge auf das Weiße Haus geworfen. Denn was spielt es für eine Rolle, ob der eine oder der andere Henry ist? Henry der Siebte, Henry der Achte, beide sind Tudors, beide stehen in der Tradition. Henry oder Hank, der Vizepräsident Hymie oder Henry, der Vizepräsident Henry oder Henry Heinie Ben Morgenthau ben Solomon Isaac, was macht das schon? Beide Parteien haben gesündigt. Und jetzt haben die Republikaner ein weiteres Geschäft mit ihrer Haut gemacht, aber es ist ihr Fell, das zur Versteigerung steht. Es lebe das sowjetische Paradies. Der amerikanische Sklavenstaat wird auf Gold, unter Gold, gewählt werden, und es wird noch mehr Arbeitslosigkeit geben, mehr als alles andere, an das ihr gewöhnt seid, nur weniger davon, während die führenden Republikaner, die ältere Männer sind, es schwer finden könnten, sich an eine schnelle und böse Welt anzupassen. Vielleicht sollten sie auf ihre Gräber zusteuern. Sie haben das Quietschen des Motors nicht gehört. Vielleicht wird [Ford?] euer nächster Präsident.

#Nr. 99 (19. Juni 1943) U.S.(C43)
KRIEGSZIELE

Ihr wisst nicht, für WAS ihr kämpft. Europa hält euch für totale Schweine, dass ihr überhaupt Krieg gegen Europa führt; und hält euch für Vollidioten, die von Morgenthau, dem Lehman-Kombinat, Seligman, Rosenman und dem Rest der Truppe verarscht werden.

Und ihr verliert eure EIGENEN Freiheiten schneller, als ihr Europa die ihren nehmt, zumindest sieht es so aus.

Wohlstand, amerikanischer Wohlstand stand vor der Tür, und der amerikanische Wohlstand ist den Bach hinuntergegangen. Stimmt's? Vielleicht sagt Ihnen Ihre Presse etwas anderes; aber warum ist es dann so schwer, amerikanische Zeitungen zu bekommen? Ein Stück Papier hat noch etwas Leben in sich. Ich will ja nicht übertreiben. Aber es sieht so aus, als ob jemand in Colorado (ColorAAAdo) einen Geistesblitz hatte. ÄNDERUNG. Drei Viertel der Staaten müssen es ändern. Gibt es noch einen Teil der alten Maschinerie, der nicht von Juden verrostet und verrottet ist? Fünf Staaten, sehr wenig. Stroh im Wind. Aber ich hörte, Illinois sei darunter. Vielleicht ist das nur ein Schenectady-Schwachsinn. Fünf sind weit weg von 36. Vielleicht ist es nur ein Ausdruck von Emotionen. Das Verschließen der Tür, nachdem der Schädling in den Stall eingedrungen ist und die ganze Kleie, den Hafer und die Gerste herausgenommen hat.

Ich könnte eine ganze Reihe von Änderungen vorschlagen, ebenso wie Durchsetzungsmaßnahmen. Es ist in der Tat schwer vorstellbar, wie ein Änderungsantrag etwas bewirken könnte, was der Text selbst nicht tut. Ich sage schwierig, nicht unmöglich. Der Text ist bekannt (für diejenigen, die die Geduld haben, ihn zu lesen, vielleicht ein 1/100stel der Einwohner). Sie vergessen ihn, außer in ein paar westlichen Staaten. Ich glaube, jemand in Dakoty hat ihn einmal gelesen. Die Verfassung. Das bedeutet jedoch nicht, dass ein neuer Verfassungszusatz nicht genug Aufmerksamkeit erregen würde, um eine breite Bewegung zur Aufhebung des Verfassungszusatzes zugunsten von Trilby zu verhindern. Ja, ja, sein zweiter Vorname ist Trilby, er schreibt ihn Franklin T. Roosevelt.

Aber die Entfernung eines hypnotisierten Lunkus, um einen anderen hypnotisierten Lunkus oder Kaninchen einzuführen, würde vielleicht nicht die totale Rettung bringen, vielleicht nicht die plötzliche Rettung.

Und der Wohlstand war gerade um die Ecke, und jetzt ist er draußen, um die persischen Eisenbahnen zu bewachen, der Iran, der einmal Persien war. Jetzt ist es Teil des sowjetischen Russlands, mit amerikanischen Truppen, die die Eisenbahnen bewachen, um das gute Leben nach Arkansas zu bringen. Es sieht so aus, als wäre Montana nach Texas geschlüpft, und das amerikanische Volk hat in Ermangelung von Konserven von Mr. Armour Loco-Gras gegessen.

Seufzen Sie JETZT nach den guten alten Zeiten, als Sie unzensiert Briefe schreiben oder ohne Genehmigung an Mama telegrafieren konnten? Ich habe Ihnen gesagt, dass die Kommunikation schwierig sein würde. Keine amerikanischen Jungs werden zum Sterben auf fremde Felder geschickt. O Ma, o amerikanische Mama, hast du deinen geliebten Franklin Trilby diese Operette singen hören?

Ich wiederhole Ihnen, ich wiederhole Ihnen immer wieder, dass Bryan, W.J.B., als er Mr. Kitson traf, sagte, dass das Silber nur ein Täuschungsmanöver sei, um ein tieferes Problem zu verdecken? Ein grundlegenderes Problem, nämlich die Kontrolle über den nationalen Kredit.

Nun, wenn der Kredit ein Mysterium ist, sollten wir ihn dann die Macht zu kaufen nennen? Wissen Sie, was die Macht zu KAUFEN ist?

Und zweitens wird die Gerechtigkeit daran gemessen, wie die Kaufkraft zwischen den Bürgern oder Einwohnern einer Nation aufgeteilt ist. Und die Idee, einen Kongress zu haben, war anfangs, dass der Kongress ein Auge auf GERADE diese Komponente des Lebens, sie meinten, es sei das GUTE Leben, der Nation haben sollte.

Und sie suchten nach vielen Erfindungen. Das ist Geschichte. Sie, das heißt, eine Bande von ihnen suchte nach Wegen, das Volk zu betrügen. Und 80 Jahre lang leistete das amerikanische Volk auf die eine oder andere Weise Widerstand gegen die Schurken.

Und jetzt sollten Sie unbedingt für diesen Änderungsantrag stimmen. Kein Präsident darf länger als acht Jahre im Amt sein und das Volk ausrauben oder mit einer Fülle von Geschwätz und Unwahrheiten über die von den Juden begangenen Plünderungen in seiner Staatskasse und die verschiedenen anderen übelriechenden Betrügereien den Vorsitz führen. Der Hauptlärm, das Hauptgeschwätz sollte mindestens einmal in acht Jahren geändert werden, aber das ist nicht alles, Deane. Man braucht mehrere Änderungen. Und wenn der Kongreß nicht auf Sendung gehen will, dann sollen die Senatoren der Bundesstaaten auf Sendung gehen, dann sollen die Gesetzgeber der Bundesstaaten auf Sendung gehen, um die Kommunikationsschwierigkeiten zu kompensieren, die Kommunikationsschwierigkeiten mit der Eisenbahn, mit dem Automobil, mit gaslosen Kutschen, die man früher pferdelose Kutschen nannte. Sie brauchen eine ganze Schar von Änderungsanträgen. Sie brauchen die Rechte des Staates IN AKTIVITÄT Sie brauchen die Rechte des Staates in die Praxis umgesetzt bis zur absoluten Grenze. Ich meine bis zu jeder Grenze, die nicht die Auflösung der Union bedeutet.

Ich sage "Auflösung der Union" und meine damit nicht den Ausschluss von Iran, Nepal, Bungalore und Rhodesien von den Vorteilen der Morgenthau-Regierung. Ein Kontinent nach dem anderen. Wenn man dem Kahal, den Baruchs, den Rothschilds, den Lehmans, den Seligmans, den Sassoons und anderen alten und modernen Importen aus den Abwasserkanälen von Pal'stine und den Ghettos von Cawnpore trauen kann, wenn man der hohen Judery, der hohen Kahalery in Washington und der Bowery und der Fifth Avenue vertrauen kann. Was, nur zehn Millionen Yidds in Amerika, sagte die Amerikanerin, warum wohl, warum von der 50th Street bis zur 59th Street auf der Fifth Avenue, hört man kaum Englisch sprechen. Sie war erst vor kurzem in Rom angekommen und mit ihrem Mann, der Europäer war, rausgeschmissen worden. Sie ist immer noch Europäerin. Nun, wenn ihr diesen Großnasen zutraut, Amerika zu regieren, ohne die arische Bevölkerung zu versklaven und auszubluten, wird es vielleicht an der Zeit sein, eure stämmigen Söhne zum Sterben in die fremde Wüste zu schicken und Dividenden für Kuhn Loeb und Co. in Ostafrika zu kassieren.

Aber in der Zwischenzeit verabschieden Sie den Änderungsantrag, verabschieden Sie eine ganze Schar von Änderungsanträgen: Lassen Sie die einzelnen Staaten die Kaufkraft ihrer EIGENEN Einwohner selbst verwalten und zuteilen. Lasst die Produzenten von ihren Produkten essen.

Gleich um die Ecke, ein Kinderspiel. Wo sind eure Pathologen? Von nun an, da es rückwirkend sein kann, da ihr ihn nicht weggesperrt habt, von nun an, werdet weise durch die Erfahrung, und wenn irgendjemand unterlässt, wenn irgendjemand den Frieden in der Gegenwart unter dem Vorwand scheut, dass er verhindern will, dass seine Urenkel einen Krieg haben, schickt nach dem ARZT, schickt nicht nach Rosenman, schickt nach dem Arzt, nach einem verantwortungsvollen Arzt.

Und studieren Sie die Entwicklung des Strafprozesses, etwa von der Zeit des Dreyfus-Falls bis heute.

Woher haben zum Beispiel die Gangster ihr System, Verbrecher aus dem Verkehr zu ziehen?

Das ist keine Neuheit. Wer von Ihnen hat die Entwicklung der Technik der Gangsterorganisation untersucht?

#100, FCC Transcript (20. Juni 1943)
U.K.(C45)
[AUF GEHIRN ODER RÜCKENMARK]

Sie murmelten etwas von Geld. Es war nicht sehr erhellend. Es war fast so, als wollten sie sich von dem Vorwurf befreien, das Thema nie erwähnt zu haben. Und sie erwähnten auch die universelle Sprache - der Name ist in die britische Luft gehaucht worden. Ich vermisse sie. Der Reichtum hatte etwas mit dem Brotpreis zu tun. Vielleicht ist England aufgewacht. Vielleicht wurden bestimmte Personen und Themen scheinbar aus der Schweigezone in die Zone der Verleumdung gebracht. Das ist der übliche, freundliche Prozess. Erst zehn oder mehr Jahre des Schweigens, dann das Jahrzehnt der Verleumdung. So kann man in zwanzig Jahren das investierte Kapital kassieren, und wenn der Schwindel aufgeflogen ist, ist Mr. Ike schon in einer anderen Branche tätig. Sie nennen es Geschäft. Nun sind Esperanto und Basic English beide unbefriedigend. Jede Sprache ist unbefriedigend. Jede Sprache ist unbefriedigend, wenn man den Gedanken auf ein sehr restriktives Ausdrucksmittel zurechtstutzen muss.

Wenn es dem Brain Trust oder irgendeiner anderen Gruppe von zugelassenen Personen mit dem Thema der Interkommunikation zwischen den verschiedenen Völkern, die verschiedene Sprachen verwenden, ernst ist, könnten sie jedoch die Vergangenheit ruhen lassen und den Plan in Betracht ziehen, den ich in der JAPAN TIMES am 17. Mai 1940 (oder war es '39?) angesprochen habe: Nämlich das dreisprachige System. Die JAPAN TIMES hat den Artikel gut wiedergegeben.

Er war sicherlich über dem Konflikt. Der Brain Trust Plan scheint den Orient völlig zu ignorieren. Mein Schema war unparteiisch. Es enthielt eine Achsen-Sprache, eine Anti-Achsen-Sprache und eine orientalische Sprache oder ein anderes Kommunikationsmittel.

Ich dachte an die Zivilisation als Ganzes und an ein Mittel zur vollständigen Kommunikation, nicht nur an eine kommerzielle Stenographie. Ich glaube, es wäre ungefähr so einfach, in einer Fremdsprache schreiben zu lernen, wie sich auf das englische Grundvokabular von Ogden zu beschränken. Das mag daran liegen, dass ich auf Französisch und Italienisch geschrieben habe und mir keine Gedanken über die Einhaltung eines begrenzten Wortschatzes gemacht habe.

Mein Vorschlag war, wie gesagt, dreisprachig. Italienisch, Englisch und Ideogramm. Das heißt, das chinesische Ideogramm als Schriftsprache, aber mit japanischer Aussprache. Damit haben Sie die Sprachen von Konfuzius, Shakespeare und Dante. Diese Auswahl hat nichts mit Gefühlen zu tun. Sie sagen, die Deutschen würden das nie akzeptieren. Das heißt, Sie sagen das nicht, weil Sie ziemlich verrückt sind, wenn Sie von der Umerziehung von Völkern sprechen, die viel gebildeter sind als Sie selbst. Ich glaube, unsere Deutschen würden unsentimentale Gründe anführen: Erstens sind die Deutschen fleißiger als andere Menschen, eine große Anzahl von ihnen ist gewohnheitsmäßig - -. Zweitens bin ich der Meinung, dass- -Ich habe die deutsche Sprache ausgelassen, weil diese Sprache mehr Beugungen enthält als die drei von mir ausgewählten Sprachen.

Ich sage Ideogramm mit japanischer Aussprache, weil fast kein Ausländer das Chinesische richtig aussprechen, geschweige denn die Töne beherrschen kann, weil die Aussprache in den verschiedenen Regionen Chinas unterschiedlich ist und weil ich keine Vereinbarungen darüber finde, wie die Laute, die man verstehen oder wirklich hören kann, in unser Alphabet übertragen werden sollen. Das Japanische hingegen ist phonetisch so einfach wie das Italienische, dessen Lauten es in vielerlei Hinsicht ähnelt. Ich sage Italienisch, nicht Französisch, nicht nur aus politischen Gründen. Französisch ist die Hölle, wenn man es aussprechen will. Für die Nasale muss man die Nase rümpfen. Abgesehen vom Politischen wird das Italienische so gesprochen, wie es geschrieben wird. Kein Affentheater. Jeder Buchstabe wird gleich ausgesprochen, wo immer er vorkommt. Die einzige offensichtliche Ausnahme ist das c und ch vor a und o. Vor a und o ist das c hart und vor i und e ist es weich. Der harte Laut wird als ch vor i und e geschrieben. Aber die Schreibweise ist einheitlich und folgt in allen Fällen und es gibt keine -. Ich würde vorschlagen, dass die japanischen Zeichen für die Silben, für den Klang der Silben, in das römische Alphabet transliteriert werden, wenn sie das Ideogramm begleiten. Lassen Sie mich das erklären. Das geschriebene Chinesisch ist sowohl in Japan als auch in China verbreitet. All diese Schriftzeichen sind in Japan und in ganz China gleich. Jeder , der sie an einem Ort liest, weiß, was sie an einem anderen bedeuten. Es ist die gemeinsame Sprache oder gemeinsame Schriftsprache für all diese Millionen.

So wie das Englische mit seinen Varianten in England und den Vereinigten Staaten gebräuchlich ist und eine Lingua franca für Indien darstellt. Ich berücksichtige die Verteilung. Die Anzahl der Menschen, die bereits jede der genannten Sprachen beherrschen. Es ist genauso einfach, Italienisch zu lernen wie Esperanto. Es schneidet niemandem die Finger und Zehen vom Denken ab. Und das kann jeder der hundert Engländer, die bei Professor Morelli studiert haben, bestätigen. Es ist höchste Zeit, dass Sie sich mit seinen Methoden beschäftigen. Aber abgesehen von Morellis Methoden, die auf Wörtern beruhen, die in beiden Sprachen fast identisch sind oder zumindest perfekt erkennbar sind, ob vom Englischen ins Italienische oder vom Italienischen ins Englische, ist das Italienische der einfachste Abkömmling des Lateinischen.

Latein, die universelle Hochburg der europäischen Snobs seit fast 2000 Jahren. Italienisch ist klarer als Latein, man könnte sagen, reifer als Latein. Sie rühmten sich damit, in ihrer italienischen Version weniger Wörter zu verwenden als im lateinischen Original. Intelligente Prüfer können mit seinem Gerede weitermachen- -. Der intelligente Prüfer sollte in der Lage sein, an Einwände zu denken und sie zu beantworten. Der Brain Trust würde das Thema aufgreifen, wenn es nicht völlig frivol wäre. Es ist ein nicht-politisches Thema. Es liegt außerhalb des Konflikts. Es hat mit der möglichen Zukunft zu tun. Es werden keine Vorteile von Basic English für diejenigen aufgezeigt, die sich dafür entscheiden, den von Ogden eingeschlagenen Weg weiterzugehen. Aber Ogden ist zu faul, um an irgendwelche Entwicklungen zu denken, bei seinem ersten Entwurf. Er hatte nicht einmal die - oder die einleitenden Notizen zum [Fenollosa?]- Aufsatz Notizen zum schriftlichen Charakter bekommen.

Ich biete dies als eine Herausforderung an. Wenn der Brain Trust nur ein weiterer Teil des gegenwärtigen Systems ist, wie Chesterton es definiert hat, ein Instrument, um das öffentliche Gedächtnis auszulöschen, ein Instrument, um das öffentliche Gedächtnis zu zerstören, sagte G.K.C., als er schrieb - Dezember 1939, in seiner Wochenzeitung. Die Vergangenheit auszulöschen, damit die Menschen nicht aus ihr lernen, sie mit einer Fata Morgana einer unmöglichen Zukunft von den gegenwärtigen Realitäten abzulenken.

Nun, der Übergang vom Italienischen zum Englischen ist sehr kurz, wenn man Morelli folgt, oder vom Englischen zum Italienischen. Das macht die Universalsprache für Europa zu einer doppelten Sprache, nicht nur für den Handel, sondern auch für die Kultur. Die Angst vor dem Ideogramm ist weitgehend auf Unwissenheit zurückzuführen. Ich bin Fenollosa gefolgt, und der Traktat ist sehr dornig. Er braucht mehr gedruckte Handbücher, wie ich sie hier in meiner Ausgabe von The Great Learning, dem Testament des Konfuzius, zu drucken begonnen habe.

Und überhaupt, wenn ihr von einem einsprachigen System sprecht, meint ihr vor allem eine Sprache für Europa und Amerika. Die wenigsten von euch denken an den Rest.

#Nr. 101 (22. Juni 1943) U.S.(C64)
STALIN

"Der erste Widerspruch ist der Antagonismus zwischen Arbeit und Kapital", schrieb Stalin vor 21 Jahren.

"Imperialismus ist der Export des Kapitals zu den Rohstoffquellen", schrieb Stalin vor 21 Jahren in seiner höchst lebendigen kleinen Broschüre "Die Grundlagen des Leninismus".

Das zaristische Russland war eine gewaltige Reservekraft für den westlichen Imperialismus, nicht nur, weil es dem ausländischen Kapital freien Zugang gewährte, das entscheidende Zweige der russischen Wirtschaft wie Brennstoff und Metallurgie kontrollierte, sondern auch, weil es den westlichen Imperialisten Millionen von Soldaten zur Verfügung stellen konnte.

Die 12 Millionen Mann starke russische Armee vergoss ihr Blut an den imperialistischen Fronten, um die schwindelerregenden Profite der anglo-französischen Kapitalisten zu sichern. Der Zarismus war der Erfüllungsgehilfe des westlichen Imperialismus bei der Auspressung von Hunderten von Millionen aus der Bevölkerung in Form von Zinsen für Kredite, die in Paris, London usw. aufgenommen wurden, ein treuer Verbündeter bei der Aufteilung der Türkei, Persiens, Chinas usw. War Russland nicht ein wesentlicher Faktor in diesem Krieg? Joe spricht von dem Krieg, der stattfand, bevor er seine kleine Broschüre schrieb. Was diesen Krieg betrifft: Einige Schätzungen geben die Kosten für Russland mit 30 Millionen an, 30 Millionen Menschenleben.

Die leninistische Theorie der proletarischen Revolution stützt sich auf drei grundlegende Fragen.

Erste These: die Vorherrschaft des Finanzkapitals in den fortgeschrittenen kapitalistischen Ländern, die Ausgabe von Aktien und Anleihen als Haupttätigkeit des Finanzkapitals, der Kapitalexport zu den Rohstoffquellen, der eine der Grundlagen des Imperialismus ist, die OMNIPOTENZ einer Finanzoligarchie, eine Folge der Vorherrschaft des Finanzkapitals. All dies offenbart den grob parasitären Charakter des monopolistischen Kapitalismus und macht das Joch der kapitalistischen Trusts und Syndikate hundertmal beschwerlicher.

Vielleicht sollte sich Oberst McCormick die Broschüre besorgen und sie lesen. Zehnte Jubiläumsausgabe, International Publishers, 100.000 Exemplare zu 10 Cents, wahrscheinlich im letzten Jahrzehnt dutzende Male nachgedruckt, da sie bereits ein 20-jähriges Jubiläum gefeiert haben werden.

Der Oberst hat kürzlich, d.h. im Laufe des frühen Frühjahrs dieses Jahres, von der amerikanischen Verfassung gehört. Ich weiß nicht, ob er die Stadien seiner bartlosen Jugend, äh, die MENTALEN Stadien schon hinter sich hat.

Wäre er ein seriöser Charakter gewesen, hätte er seinen riesigen Druckraum FRÜHER für den Nachdruck des Gedankenguts der amerikanischen Gründer, Adams, Jefferson, Van Buren, und die Verbreitung der Werke der Adams-Nachfahren genutzt. ABER er hat es unterlassen. Und ich glaube nicht, dass er Radio Rom hört. Also sollte ihm das jemand sagen.

Vor zwanzig Jahren sprach Stalin von der Selbstkritik der proletarischen Parteien, ihrer Erziehung und Belehrung auf der Grundlage ihrer eigenen Fehler. Das Proletariat, schrieb Stalin, kann nicht an der Macht bleiben, wenn es nicht über ausreichend ausgebildete Verwaltungskader verfügt, die bereit und fähig sind, die Verwaltung des Landes zu organisieren. Es ist die Frage des Vormarsches mit Siebenmeilenstiefeln zur Anhebung des kulturellen Niveaus, die einen stutzig macht. Anstatt die Partei durch das Studium ihrer eigenen Fehler zu erziehen und ihr wahre revolutionäre Taktiken beizubringen, werden heikle Fragen bewusst umgangen, beschönigt und verschleiert. "Linkskommunismus und infantile Zwietracht", das sind nicht meine Worte, sondern die von Lenin.

Stalin sagte in Bezug auf Parolen und Entschließungen, man müsse sich nur die Geschichte der berühmten Parole "Krieg gegen den Krieg" ins Gedächtnis rufen, um die völlige Falschheit und Verkommenheit der politischen Prozesse dieser Parteien zu erkennen, die verschleiern usw. Es scheint wirklich kaum Zweifel an Stalins Kurs im Jahr 1922 gegeben zu haben. Sein Verstand scheint bemerkenswert klar gewesen zu sein.

Die Hauptfrage, die sich in diesem Augenblick stellt, in dem Herr Stalin zweifellos INNERHALB der USA und Großbritanniens so siegreich ist, wie die besonderen Interessen der USA bei der Absorption der Fleischtöpfe des Empires (zuerst des britischen Empires), ist die Hauptfrage nach der Art und Richtung der Entwicklung der Revolution in den Vereinigten Staaten. Ich weiß, dass es außerordentlich schwierig ist, eine allgemeine Vorstellung in den Kopf von, sagen wir, Co. McCormick oder Hamilton Fish zu vermitteln. Bewegen wir uns auf die REVOLUTION zu, wie der Mensch auf die Amöbe, oder bewegen wir uns oder wollen wir uns sogar auf eine Integration der individuellen AS-Komponente in die allgemeine soziale Szene zubewegen?

Wollen wir in Einzelteile zerlegt werden, in Einzelteile, die völlig überflüssig und abtrennbar sind, etwa 30 Millionen pro Schuss, die auf einem niedrigeren Niveau funktionieren, oder wollen wir die Komplexität beibehalten, zu der sich der menschliche Organismus BIOLOGISCH, BI/O/LOG/ICALLY im Laufe der Jahrtausende entwickelt hat, oder wie auch immer er sich entwickelt hat?

Erkennt die infantile Störung an, dass das Gehöft besser funktioniert, oder sogar unter bestimmten Bedingungen besser funktionieren könnte, besser funktioniert als die Kolchose? Das ist eine oberflächliche Frage. Wenn das Gehöft eine höhere mechanische Effizienz aufweist als die Kolchose, inwieweit sollte es dann bekämpft werden? Kann man sie prinzipiell ablehnen? Kurzum, wie wandelbar ist der Materialismus überhaupt? Kann er einen so neuen Aspekt annehmen?

Werden die Kader den Umständen entsprechend zu Siebenschläfern erzogen? Und ist eine Theorie über die Wandlungsfähigkeit des Materialismus schließlich verbindlicher als ein unterschriebener Vertrag?

Falls der Colonel, Col. McCormick, zuhört, oder falls jemand so freundlich ist, diesen Diskurs zu stenografieren, ist der Col. inzwischen ziemlich aufgewühlt. Vielleicht versucht er, auf einer Partei zu reiten, die nicht von einer fortschrittlichen Theorie geleitet wird. Was kann man mit einem Land anfangen, in dem KEINE Partei gebildet ist? All dies sollte an S. Welles' Vorbehalte gegen wirtschaftliche Aggression anknüpfen. Aber ich bin mit meiner Zeit am Ende.

#Nr. 102 (26. Juni 1943) U.S. (C65)
MATERIALISMUS

Eine Idee wird dadurch gefärbt, in was sie getaucht wird. Nehmen wir zum Beispiel die mehr oder weniger teutonische Idee des Materialismus.

Marx und Engels spielen mit Hegels Philosophie herum und entwickeln den so genannten Marxschen Materialismus, der dann nach Russland verschleppt wird. Und was haben wir dann nach 25 Jahren? Wir haben diese heulenden Slawen, die sich auf einen rein metaphysischen, typisch russischen Kreuzzug begeben. So verrückt wie jeder Exzess des Mittelalters. Völlig OB/liv/i/ous der materiellen Fakten. Das heißt, es wird wohl jeder zugeben, dass der deutsche Arbeiter MATERIELL besser dran ist als sein russischer Kollege. Materiell gesehen sind die von Robert Owen vorgeschlagenen Fabrikreformen und die Ideen von Hobhouse, die Marx so sehr befürwortete, in Wirklichkeit alle britischen Ziele, die Marx veranlassten, sein X. Kapitel zu schreiben Bestes Kapitel in Das Kapital, soweit es mich betrifft. Nun, all diese Ziele, den Arbeiter anständig zu ernähren, zu kleiden und unterzubringen und ihm anständige Lebensbedingungen und Arbeitszeiten zu geben, sind in Deutschland unserer Meinung nach weiter fortgeschritten als in Russland.

Trotz Etiketten und Programmen.

Ich habe gehört, dass Deutschland kommunistisch geworden ist, aber niemand kann Europa beschuldigen, RUSSISCH geworden zu sein, oder Deutschland, russisch geworden zu sein. Marx schaute auf England und dachte über Deutschland nach, und in Russland wurde etwas freigesetzt, in das man lange Zeit keinen Einblick hatte. Jahrelang sollte niemand sich ansehen, was tatsächlich geschah. Es war alles metaphysisch. Schöne Programme und schreckliche Ergebnisse.

Und die Russen sicherlich in Unkenntnis der Lebensbedingungen der arbeitenden Menschen anderswo. Woran liegt das?

Vielleicht ist es die materielle Natur des slawischen Tieres oder des tatarischen Fanatikers.

Wie auch immer, schauen Sie sich einige der Worte im Programm Materialismus an: Was bedeutet das? Sind Sie dafür? Sind Sie für ALLES, was er bedeutet? Oder wollen Sie gelegentlich wissen, was Sie meinen, oder wofür Sie schreien? Sind Sie ein Materialist, egal was es bedeutet, oder sind Sie ein Materialist nur unter der Bedingung, dass es etwas Bestimmtes bedeutet, etwas und nicht etwas anderes?

George Santayana nennt sich selbst einen Materialisten. Das hat den alten William James ziemlich schockiert. Der alte William sagte dem jungen George, der in dieser Phase der Weltgeschichte noch jünger war, dass seine, Santayanas Philosophie organisierte Fäulnis sei. Ich kann dem unscharfen alten James nicht zustimmen. Es scheint mir, dass George Santayana eher mit Thomas von Aquin übereinstimmt. Ich meine, dass der Materialist Santayana am Ende ein Buch mit dem Titel The Realm of Spirit geschrieben hat. Gelegentlich stürze ich mich in dieses Werk, um meinen erhitzten Geist zu beruhigen. Ich meine, wenn ich nicht gerade mit Konfuzius und Mencius beschäftigt bin. Und Thomas von Aquin sagt irgendwo, dass die Seele das erste ACT eines organischen Körpers ist. Nun, ich frage George Santayana, was DAS bedeutet. Und er sagt Entelechie, was mir wie ein Ausweichen hinter ein griechisches Wort vorkommt. Aber wie auch immer, eine materialistische Definition der Seele scheint zu sein, dass sie der erste Akt oder die erste Handlung oder der erste Zustand eines organischen Körpers ist. Fragen Sie mich nicht. Ich versuche nur zu zeigen, wie weit das Wort oder die Idee "materialistisch" von Leuten, die mit Abstraktionen spielen, gedehnt werden kann. Die Marx'sche Werttheorie erschien mir immer metaphysisch.

Aber um auf das Wesentliche zu kommen. Zieht ein Marxscher Materialist menschliche Arbeitsbedingungen unmenschlichen Bedingungen vor? Zählen die tatsächlichen materiellen Fortschritte bei den Bedingungen der deutschen Arbeiter in einem materiellen Universum überhaupt etwas? Oder bevorzugt der Marxsche Materialist den russischen verschlungenen und metaphysischen Zustand, in dem niemand ein eigenes Zimmer hat?

Ich denke, das ist wichtig. Ich denke, es ist eine Frage der Verwaltung, der materiellen Verwaltung. Ich bin für die lokale Kontrolle. Das Prinzip der lokalen Kontrolle hat in den letzten Wochen einige Fortschritte gemacht. Ich meine auf dem Papier und in der Diskussion aus der Luft. Auf dem Papier oder in der Luft hat sich die Komintern für lokale Kontrolle oder Verwaltung ausgesprochen. Aber ist das materiell oder metaphysisch? Ich denke, es ist sehr wichtig, WER die Verwaltung übernimmt. Ich denke, die Zukunft jeder Partei, ob kommunistisch oder anders, in den USA hängt sehr stark von den Männern ab, von der Persönlichkeit der Männer, die sie kontrollieren. Ich bin sehr für Verantwortung, persönliche Verantwortung. Ich kann nicht erkennen, was ein PRINZIP des Materialismus oder der Metaphysik mit den Maschinengewehren für dreijährige Kinder zu tun hat. Ich kann nicht erkennen, was die Invasion eines Landes durch ein anderes mit dem Programm irgendeiner Gruppe von Idealisten zu tun hat, seien es Moskowiter oder Demokraten, d.h. Plutokraten. Bedeutet die Auflösung der Komintern, dass Moskau vorschlägt, dass jede Nation von

Angehörigen dieser Nation oder Ethnie verwaltet werden sollte? Das wäre ein interessanter Ansatz für eine Untersuchung. Die Unterdrückung fast aller südamerikanischen Regierungen in materieller und praktischer Hinsicht scheint mit dieser Auflösung der internationalen Bestrebungen seitens der Komintern nicht in Einklang zu stehen.

Das Ersticken, nicht im Keim, sondern in den verfaulten und schmarotzenden Überresten der usurpatorischen Umklammerung Londons in weiten Teilen der meisten Kontinente, ist natürlich ein spektakuläres Spiel gegen die wirtschaftliche Unterdrückung (Vergangenheitsform der wirtschaftlichen Aggression) der Londoner Plutokratie. Das könnte alles gut sein, wenn die USA nicht zu etwas verkommen wären, das den britischen Methoden des späten 18. Jahrhunderts sehr ähnlich oder vielleicht sogar noch schlimmer wäre, einschließlich des Eindrucks von Seeleuten. Aber welche Sicherheit hat man in der öden Zersetzung der US-amerikanischen Plutokratie und Usurokratie, oder welche Sicherheit versucht man in den USA zu bekommen, dass der neue Diebstahl in den USA unter lokaler Kontrolle stehen wird?

Es gibt wirklich so viel zu sagen, dass es mir schwer fällt, es in zehnminütige Stichproben aufzuteilen. Steuern Sie auf eine RUSSISCHE Kontrolle der USA, der USA von A. oder der USA von Europa zu? Welche Gewissheit will irgendjemand in den USA haben, dass Kansas und Illinois in irgendeiner Weise von Bewohnern dieser geografischen Teile der amerikanischen Union kontrolliert werden?

Ja, ich weiß, es werden Leute AUS den USA ausgesandt, um die Kontrolle in Ex-Persien zu übernehmen, das jetzt als Iran bezeichnet wird, usw., und weite Teile der ehemals von Großbritannien unterdrückten Herrschaftsgebiete fallen unter die Kontrolle der Wall Street. Aber was bedeutet das MATERIELL für die Leute, die ihre Farmen an den Milk Trust verpfändet haben?

#Nr. 103 (29. Juni 1943) U.S. (C67)
KOMMUNISTISCHE MILLIONÄRE

Ist Mr. Roosevelt ein Kommunist? Ist Herr Lehman ein Kommunist? Ist Herr Morgenthau ein Kommunist, ist Herr Bullitt, oder Sir V. Sassoon, und wenn nicht, warum nicht? Und was wird aus ihren Millionen, was wird aus ihrem Privatvermögen, wenn der Kommunismus die Kontrolle über die USA übernimmt? Und wenn nicht, warum nicht? Und wird die Amerikanische Kommunistische Partei, die jetzt von den Schürzen der Komintern befreit ist, wird die Amerikanische Kommunistische Partei von der Wall Street regiert? Und wenn nicht, WARUM nicht? Und wenn nicht, warum dann dieser ständige Kapitalexport ins Ausland?

Und dann kommen diese Vorschläge, diese Geldvorschläge, diese Vorschläge zum Aushungern, diese Vorschläge zur Einschränkung. Natürlich ist jeder Plan, der darauf abzielt, die Kontrolle über das Geld der Nation zu übernehmen, die Kontrolle über das Geld JEGLICHER Nation von dieser Nation wegzunehmen und sie Herrn Lehman oder irgendeinem anderen privaten Rechtsverdreher oder einer Bande von Rechtsverdreher zu übertragen, die entweder im Inland oder im Ausland ansässig sind, eine Sprengfalle. Eine solche Falle wurde dem leichtgläubigen amerikanischen Volk im Jahre 1863 gestellt. Und sie haben sich nie davon erholt, nicht wirklich. Nicht im Jahr 1943, denn eine solche Falle kann nicht auf die Außenwelt losgelassen werden, ohne dass zumindest jemand in der besagten Außenwelt davon erfährt.

Selbst der Hasenhäuter, Prof. Keynes oder Lord Keynes, der britische Proletarier, hat den toten Fisch im Vorschlag für die Unitas gerochen, so wie der Kontinent die toten Aale in Mr. Keynes' Banker oder Bunker oder was auch immer riechen kann. Und diese Frage, wer die Zentrale KONTROLLIERT, wer die Fäden in der Hand hält, ist von Bedeutung. Es besteht keine Notwendigkeit, das Problem auf das internationale Schachbrett zu übertragen.

Als das Volk von Nebraska die Kontrolle über sein Geld verlor, d.h. als der Kongress aufhörte, verfassungsgemäß zu funktionieren, und jeder Staat aufhörte, eine Stimme bei der Kontrolle der nationalen Währung zu haben, war das eine Sprengfalle.

Die Nation hat nicht wirksam reagiert. Es gab einige Stimmen, die sich aus Protest erhoben. Als ich ein Junge war, als eure Väter noch Kinder waren, gab es immer noch Stimmen, die sich aus Protest erhoben. Aber warum sollte die ganze Welt so naiv sein wie die USA am Ende des amerikanischen Bürgerkriegs? Das Spiel der Banken ist einfach, es wird nach den so genannten klassischen Regeln betrieben. Es läuft nach dem, was Lord Keynes, der britische Proletarier-Spezialist, die ORTHODOXe Wirtschaftslehre nannte. Das bedeutet, dass die Banker 60 % Zinsen auf das tatsächliche Geld kassieren, oder dass sie Zinsen auf 90 % von jedermanns Geld kassieren, das sie aus dünner Luft, wilder Phantasie und ein paar Stückchen graviertem Papier erschaffen.

OH, dass sie die Währung, die Kaufkraft des Geldes, verändern. Wenn die Banker Geld haben, ist es von sehr großem Wert, man muss es teuer bezahlen. Aber wenn man ein bisschen davon hat, verflüchtigt sich sein Wert.

Das Spiel ist so alt wie Aaron, es wurde bereits von Thukydides angeprangert. "Verbanne deine Trägheit, verbanne den Wucher, der den Senat hässlich macht", sagte die Bühnenfigur Alcibiades in Shakespeares Timon von Athen, Akt. III, Szene 5. Shakespeare ist nicht mein Lieblingsautor, aber gelegentlich trifft er den Nagel auf den Kopf. Diese Seite von Shakespeares dramatischen Schriften wird NICHT gebührend hervorgehoben. Sie ist nicht das, was auf großen Plakaten beworben wird. Seit Jahrzehnten interessiert sich das Publikum in England und Amerika viel mehr für das Privatleben der Schauspieler, von Henry, Irving und Ellen Terry. "Ich bin gekommen, um Cäsar zu begraben" und alles andere, "nicht um ihn zu loben".

Nun, lassen Sie uns MATERIAL sein, da Sie auf der Seite der Materialisten stehen. Schauen wir mal, wo wir ideologisch stehen. Oder anders ausgedrückt, sehen wir uns an, welche Karten auf den Tisch gelegt worden sind. Herr Stalin sagt LOKALE Kontrolle. Das heißt, er sagt, er löst irgendetwas auf, und die lokalen kommunistischen Parteien müssen ihre eigenen lokalen Veranstaltungen ohne tägliche Befehle aus Moskau durchführen. Da kommt Frau Trotzki, die Witwe Trotzkis, und sagt, das bedeute, dass SIE die Weltrevolution von Mexiko-Stadt aus leiten solle. Genau das, was Nebraska sich erhofft hatte.

Weltkommunismus, der von Mexiko-Stadt aus regiert wird. Aber war es genau das, was Stalin mit seinem Manöver meinte?

Ist Mr. Welles der örtlichen kommunistischen Partei beigetreten? Nicht offiziell. Aber er hat ein paar Karten auf den Tisch gelegt (den Joker verdeckt darunter). Irgendein voreiliger Bohunk sagte, Sumner habe den Ausdruck "wirtschaftliche Aggression" geprägt, wohlgemerkt. Aber was meint Sumner mit Aggression? Lassen Sie uns nicht jedermanns Leichen aus der Vergangenheit ausgraben. Selbst Sumner gab zu, dass die USA aggressiv waren. Schauen wir uns sein Programm an, oder, da das ziemlich vage ist, fragen wir nach einer Definition.

WER soll nach Sumners glänzenden Plänen für morgen was auf WEN abwerfen? Und wird derjenige, der nehmen muss, was er nicht will, gezwungen sein, dafür mit Geld zu bezahlen, das von einer Bande von Gaunern in Washington, an der Wall Street oder in Mexiko kontrolliert wird? Und wer, so Sumner, soll was bekommen dürfen? Und wer soll das, was er essen will, in seinem eigenen Garten anbauen dürfen? Das scheint eine schwierige Frage zu sein. Aye, aye, Sir, ganz wie ein Wal oder ein Krake.

Die landwirtschaftlichen Bezirke fangen fast nie Kriege an. Der Mangel an Nahrung kann die Menschen zum Umherziehen bewegen. Letztlich kann er nomadische Wanderungen auslösen. ABER Menschen, die in reichhaltigem Ackerland leben, machen sich sehr selten auf, um die kahlen Felder eines anderen zu plündern. Und dann ist da noch das Problem der Zweiseitigkeit. Die Frage der Gerechtigkeit hat zwei Seiten. Wie kommt Sumner auf DIESES Thema? Wie viel lokale Kontrolle gesteht Sumner der lokalen kommunistischen Partei oder der LOKALEN Partei überhaupt zu?

Europa scheint eher geneigt zu sein, ein wenig lokale Kontrolle zu haben. Mir scheint, dass der Sieben-Liga-Vorstoß, den Lenin in Bezug auf die kulturellen Einstellungen befürwortete, eher diese Idee der lokalen Kontrolle beinhalten könnte.

Zumal Stalin Senator Vandenburg und Mr. Welles so viel besser versteht als sie Mr. Stalin verstehen. Vielleicht liegt das daran, dass er so viel moralischer war. Ich meine in seinen früheren Schriften. Vor 20 Jahren schrieb Stalin über den ausländischen Imperialismus, "der jeder moralischen Autorität entbehrt und von den unterdrückten und ausgebeuteten Massen Indiens zu Recht gehasst wird." Ich vermute, dass die hiesigen Parteien in Washington über Stalins früheres Leben ebenso wenig wissen wie über Europa, über das europäische Leben der letzten 20 Jahre.

#Nr. 104 (3. Juli 1943) U.S.(C68)
FARBEN

Ideen werden durch das gefärbt, in das sie getaucht werden. Neulich war da ein junger Chinese, der mich fast beschuldigte, Konfuzius erfunden zu haben. Er war durch den Kontakt mit halbgaren abendländischen Ideen UNerzogen worden.

Er hatte sein eigenes kulturelles Erbe verloren und hielt Konfuzius nicht für so modern, was natürlich daran lag, dass er ihn nicht gelesen hatte. Mencius wurde auch vorgeworfen, Konfuzius aufgehellt zu haben, aber er wusste es besser. Er wusste, dass er es nicht getan hatte.

Früher, als Kung starb, packten die Schüler, nachdem sie drei Jahre zusammengeblieben waren, ihre Sachen und kehrten in ihre Häuser zurück, aber Tzu Kung ging zurück und baute ein Haus auf dem Altargelände und lebte dort drei Jahre lang allein. Und die Schüler dachten, dass Yew Jo als Lehrer dienen könnte, aber Tzu sagte: Gewaschen in den Wassern von Kiang und Han, gebleicht in der Herbstsonne.

Danach, nein. Es gibt nichts hinzuzufügen. Es gibt nichts zu dieser Weiße hinzuzufügen.

Vielleicht liegt der Unterschied zwischen der griechischen Eintagsfliege und der chinesischen Beharrlichkeit darin, dass Kung die Antwort gefunden hat. Mencius sie befolgt und durchgesetzt hat. In Griechenland hingegen schoss Sokrates um sich.

Wie Aristoteles sagt: "Sokrates war der erste, der erkannte, dass das Denken von Definitionen abhängt." Aber Aristoteles musste die Vermutungen in die richtige Reihenfolge bringen. Er nahm weder Sokrates noch einen der anderen griechischen Philosophen als solide Grundlage. Und er verbrachte viel Zeit damit, über Abstraktionen zu sprechen. Allerdings sagte er, dass die allgemeine Aussage auf einer Menge konkreter Daten beruhen muss. Und er studierte die verschiedenen Verfassungen der Staaten, d.h. die verschiedenen politischen Systeme und Regelungen. All das MUSS natürlich die Grundlage für die Ausbildung zum Senator, zum Kongressabgeordneten sein.

Und damit komme ich ein wenig von dem einfachen Text ab, den ich durchsetzen oder vorschlagen wollte. Als ich sagte, dass Ideen durch das gefärbt werden, worin sie getaucht werden, dachte ich an Witwer Trotzki.

Dort unten in Mexiko sprach er schlecht über Stalin, gab ihm sogar die Schuld am Krieg und sagte, sie solle alles in Ordnung bringen und die Weltrevolution durchführen.

Nun mögen wir alle Revolutionen, es sei denn, wir machen es uns zu leicht. Und in den meisten unserer Lebenszeiten hat es eine beträchtliche Revolution gegeben. Auch wenn Senator Vandenberg vielleicht noch nichts davon gehört hat.

Mr. Marx, Charlie, ging nach England, ging zu einer Zeit dorthin, als England eine Art Vorsprung vor weniger begünstigten Nationen hatte. Und er hat von Hobhouse gehört. Und ich vermute, auch von Mr. Owen, Robert Owen. Und er wollte etwas in Deutschland beginnen, aber die Ideen wurden auf Russland übertragen, ein weniger begünstigtes Land.

Ein rückständiges Land, voll von Tataren und Moskowitern, Kosaken und Nomaden. Und das Ergebnis war in vielerlei Hinsicht UNbefriedigend. In der Tat sind Owens Ideen über die Fabrikreform usw. in Deutschland unter dem Führer, dessen Schriften Sie wahrscheinlich nicht gelesen haben, viel weiter gediehen. Tatsächlich haben Sie und Vandenburg und diese Sachwalter wahrscheinlich WEDER Stalin noch Hitler oder Mussolini gelesen. Also beschließen Sie, ein altes Hemd von Lenin zu übernehmen, zumindest die Passage über die Ausbildung eines Verwaltungsstabs, und Sie schicken eine Menge ungebrochener Kinder an die Universität von Virginia, damit sie lernen, wie man verwaltet. Das ist doch bekloppt. Ich meine, wenn man glaubt, dass ein Kindergarten seine Eltern verwalten kann, oder dass Kleinkinder über Erwachsene wachen können.

Die Idee nimmt die Farbe von dem an, in die sie getaucht wird. Die Idee, Arbeiter wie Menschen zu behandeln, wie sie von Robert Owen usw. vertreten wurde, hat sich in Deutschland weiterentwickelt. Ich denke, für vorbildliche Fabrikbedingungen usw. müssten Sie JETZT nach Deutschland gehen, dachte der Bürgermeister von Worgl, [der] Henry Fords Leben oder geisterhafte Autobiographie in seinem Bücherregal hatte. Aber zur Information des Senators, bevor er der Nostalgie für eine verlorene Ära nachgibt und zustimmt, einen Handlanger oder Pseudo-General Grant aufzustellen, um eine neue Ära der Plünderung und des öffentlichen Skandals einzuleiten. Ich meine damit, einen Mann zu haben oder einen Präsidenten zu wollen, der NICHTS über die öffentliche Verwaltung weiß, sondern die Bestechung mehr oder weniger mit einer militärischen Aureole deckt.

Lassen Sie den Senator ein wenig Stalin, Hitler und Mussolini lesen. Natürlich kann man Stalin in Amerika für 10 Cent bekommen, und die Werke der Achsenmächte sind wahrscheinlich NICHT zu bekommen. Und wenn doch, dann vermutlich nicht in den maßgeblichen Übersetzungen.

Nun, was steht denn in Stalins Grundlagen des Leninismus? Und wo war der Fehler, falls es ein Fehler war? Lag er im Programm von oder war er etwas, das später geschah, in der Versteinerung des Programms? Oder in der russischen Unfähigkeit, exotische Ideen umzusetzen, und dem allgemeinen Absinken der exotischen Ideen in den Sumpf des slawischen Chaos (mit Gewürzen: oh ja, mit Gewürzen, wie einige unfreundliche Kritiker sagen)?

Aber nehmen wir mal an, dass der Witwer Trotzki das Programm aus dem slawischen Ambiente, aus Russland, in die amerikanische Hemisphäre hinausschleppt? Bereits AT es in der Tat, erhalten eine humanitäre Färbung. Da sie nicht in der Lage war, Herrn Stalin zu erschießen, beschließt Frau Trotzki nun, dass Krieg böse ist, oder zumindest ein Fehler. Die freundliche U.S.A., Y.M.C.A.-Umgebung färbt Frau Trotzkis empfindliches Gemüt. Wo würde der amerikanische Kommunismus schließlich landen? Wo würde er landen? Oder, was das betrifft, wo würde der britische bischöfliche Lambeth-Palast, Kuraten und Mitra-Marke des Kommunismus schließlich enden? Wie würde sich die britische Abneigung gegen neugierige Parker auf Weishaupts Hang zur universellen und nahen Spionage auswirken, bei der jeder Bruder jeden anderen ausspioniert und verrät?

Ist Frau Trotzki bereit, Farbe zu bekennen oder sich so weit zu malen, dass sie das Gehöft als etwas betrachtet, das dem amerikanischen Temperament mehr entspricht als die Kolchose oder die Fabrikfarm? Das wäre etwas, das man sie fragen sollte. Da Sie für den Kommunismus sind, können Sie sich auf die Hölle gefasst machen, oder vielleicht auf die Hölle mit einem Mangel an Leder, sicherlich mit einem Mangel an Schweinsleder und japanischen Kirschbäumen.

Und abschließend: Wo steht sie oder SET in der Frage der wirtschaftlichen Aggression? In der Frage des Dumpings? Zu jenen Siebenmeilenstiefeln auf ein höheres kulturelles Niveau, als Lenin den Moskowitern aufdrücken wollte?

Und die gewünschte Selbstkritik innerhalb der Partei? Hat sich die Kommunistische Partei Amerikas schon den Selbstkritikern von innen geöffnet? Wahrscheinlich war Will, oder besser gesagt Kumrad William Williams, ein wenig pessimistisch in dieser Frage, als ich das letzte Mal in seine Bekanntschaft aufgenommen wurde. Sicherlich scheinen die Herren Churchill und Roosevelt so ziemlich alles zu repräsentieren, was an der Plutokratie schlecht ist. Witwe Trotzki könnte also einen Lauf für ihr Geld bekommen.

#Nr. 105, FCC Transcript (4. Juli 1943) U.K.(C57)
[TITEL UNBEKANNT]

Berichte an die Kongresskommission, Berichte an die MacMillan-Kommission, die gegen den Ruin Chinas und Indiens durch Churchills Rückkehr zum Gold protestieren.

Sie wollten nicht zuhören, Sie wollten nicht zuhören, nichts konnte Sie dazu bringen, auch nur die geringste Spur eines halbwegs möglichen Interesses an Hitlers Warnungen, an den Warnungen von Major Douglas, an den Schriftstellern von McNair Wilson, Professor Stoddard- - zu zeigen. Das waren die Symbole.

Ein schönes Symbol, eine heilige Synode, ein Fels, auf dem solche wie Lamm- -, von reichlich- - für ihre Kirche hielten. Wenn ich Ihnen gegenüber Herrn Morgenthau erwähne, schalten Sie das Radio aus, so unangenehm ist das Thema. Herr Morgenthau kehrt zu Gold zurück, damit--sobald es ihm möglich ist.

Das heißt, sobald es die höchstmöglichen Gewinne auf die der Menschheit geliehenen Gelder bedeutet, auf die durch den Krieg gemachten Schulden, die nach dem Krieg rituell zur Kontrolle der Währung verwendet werden sollen, die Weltwährung zurück. Nicht durch bloße Manipulationen des Geldes eures kleinen Reiches oder des amerikanischen Kontinents, sondern die Weltwährung soll stabilisiert werden und ihr seid alt mit 3 Jockies in Livree.

Und diese Tracht wird nicht aus Mantel und Hose bestehen. Sie werden in Ihrer Unterwäsche auf die Straße gehen. Es wird die Livree der Neuen sein -, der Neuen -, gegen die die Preise für Weizen und Kleidung schwanken werden.

Ich werde sagen, sie werden schwanken, aber das Geld wird fest bleiben und - - und es wird keine Jungen im Vorstand geben. Die Schaufensterdekoration hat sich bis heute durchgesetzt. Es gab immer ein paar Lords (Windrums und Dindrums) im Verwaltungsrat, um die weichherzige Öffentlichkeit zu verwirren.

Oh, aber das neue Geld wird nicht an der Arbeit gemessen werden. Die Morgenthau-Preise werden ganz sicher nicht den Wert der Arbeit berücksichtigen. Die Preise für Lebensmittel, Treibstoff und Kleidung in

Morgenthau, dem neuen sowjetischen Paradies, werden ganz sicher nicht so reguliert werden, dass der Arbeiter oder der Büroangestellte seine Familie von den Früchten seiner Arbeit ernähren, kleiden und unterbringen kann, oder indem er ein sauberes Hemd im Büro trägt, in der Hoffnung, gute Noten zu bekommen.

Herr, ich liebe dich, nein, das Geld wird stabil sein. Es wird viele Arbeitslose geben, Millionen und Abermillionen von Arbeitslosen und Arbeitslosen, damit der Arbeitsmarkt offen bleibt. Wenn es noch irgendeinen nichtkommunistischen Bezirk gibt, in dem der Arbeiter nicht Sklave der Plebejer ist, in dem er nicht zwangsverpflichtet wird, sechzehn Stunden am Tag in der Fabrik oder fünfzehn in den Minen für die Sowjets, für den Sowjetorden, für die heilige christliche Gemeinschaft der Seligmänner des allheiligen, trinitarischen, gottlosen, republikanischen Paradieses der Leihgeber des Nicht-Geldes zu einer etwas höheren Rendite zu arbeiten, als sie jetzt von den - -, fünfzig Prozent verlangt wird.

Lasst uns nicht nach Hilfe von Demokratien suchen, denn es wird keine Demokratien in diesem Sinne geben. Der Krieg wurde um der Doles willen geführt, das hat man Ihnen gesagt; er wurde geführt, um Schulden zu machen, er wurde geführt, um den Goldstandard durchzusetzen.

Mit anderen Worten, ihr wart das - -Ende; man sagte euch, und die Leichtgläubigen in Europa glaubten, dass der britische Arbeiter auf der Seite Englands stand, weil er einen Anteil an den Gewinnen bekam; er profitierte vom Elend Indiens und Chinas; dass seine Arbeitsbedingungen besser waren; dass er mehr Exemplare von - - kaufen, mehr Bilder sehen, mehr auf mehr Papier gedruckte Nachrichten lesen, mehr Hollywood-Produkte sehen konnte, und dann sein armer geschundener Bruder, der Hindu. - -

Nun, dieser arme braune Unterling, der nach der Rückkehr zum Goldstandard zwei Scheffel bezahlte, wo er vorher einen Scheffel und einen zu Ehren der Königin bezahlen musste. Nun, das nächste Mal könnte es sein, dass das empfangende Ende drüben in [Goonland?], drüben in [Cleveland?], drüben im neuen Roseman-Paradies sein wird, wo die- -in der neuen stabilisierten Einheit, ohne Nicht-Juden im Kontrollgremium, ohne jegliche englische Kontrolle, obwohl ein paar britische Namen als Vertreter des so genannten kanadischen Volkes auftauchen mögen, und ein paar Londoner Agenten der goldenen Republik der Sowjets hin und her fliegen mögen, um zu sehen, dass die Miete pünktlich bezahlt wird.

Aber auf jeden Fall können Sie jetzt wieder schlafen gehen. Man hat Ihnen gesagt, worum es im Krieg geht. Man hat Ihnen gesagt, warum Rabbi Wise und Mr. Wiseman, Ihr [Sasson?], einen Krieg führen.

Es ist unangenehm: Nun, man hat sich daran gewöhnt, und wenn er vorbei ist, wird alles wieder so sein wie vorher. Nein, nicht ganz so wie vorher, Sie müssen sich keine Sorgen um irgendwelche Neuerungen machen, es wird keine Innovationen geben. Ihr werdet euch nicht auf schreckliche Neuerungen einstellen müssen, die euch aus dem Ausland bedrohen. Das Geld wird stabilisiert werden. Ihr werdet zu gesundem Geld zurückgekehrt sein.

Vielleicht können Sie eine Beschäftigung finden, aber das ist nicht notwendig; Sie sind es gewohnt, nicht beschäftigt zu sein, also wird Sie das nicht stören. Du wirst über nichts nachdenken müssen. Das wird ein Trost für deine Armut sein. Ihr habt noch nie gerne über etwas nachgedacht. Und der Krieg wird vorbei sein. Das heißt, es wird ein paar Unterbrechungen geben, bevor der nächste losgeht, und du wirst ein paar Frauen und Kinder getötet haben, und du wirst stolz darauf sein, konservativ zu sein.

Man wird euch sagen, dass die Goldbasis euch Wohlstand gebracht hat. Man wird euch sagen, dass es wirklich zum Wohle Englands ist, dass sein Geld vom Ausland kontrolliert wird. Ich wiederhole das,- -. Es wird England von der ganzen Buchhaltung entlasten, vertrauen Sie Herrn Morgenthau Ihre gesamte Buchhaltung an; es ist viel einfacher.

Mr. Keynes wird es erklären. Er wird seinen kleinen Seitensprung im Zeichensaal gehabt haben; er wird das Raunen der Minderheit geäußert und gesagt haben, dass es nicht ganz das vom Propheten Jesaja versprochene Millennium sein wird. Aber dass schließlich das alte Wirtschaftssystem, das orthodoxe System, die Grundlage von Cambridge war und dass Sie zumindest die Ideale, für die er stand, bewahrt haben, und natürlich werden die Preise für Lebensmittel schwanken, so dass jemand immer noch ein wenig Geld durch Spekulation verdienen kann, ein wenig mehr Geld durch Spekulation, als er durch produktive Arbeit verdienen könnte, was natürlich ein weiteres Ziel des Krieges ist.

#Nr. 106 (6. Juli 1943) U.S.(C69)
KREDIT: RECHTMÄSSIGKEIT

John Adams gewann die Amerikanische Revolution als Rechtsfall, bevor die eigentümlich käufliche und schäbige Regierung Englands zu jener Zeit zu den Waffen griff.

Die 1770er Jahre waren möglicherweise von einem viel sensibleren und aktiveren Sinn für Legalität durchdrungen, als er heute in den anglo-jüdischen Ländern anzutreffen ist.

Wir erlebten, wie die Vereinigten Staaten mit einem ziemlich schäbigen Tamtam überschwemmt wurden, das den Einfaltspinseln erzählte, dass sie in der Armee mehr verdienen können als im Zivilleben. Einige dieser Artikel sind so niederträchtig, dass es demjenigen, der früher als einfacher, ehrlicher Mann galt, den Magen umdreht, während er heute nach Hollywood-Maßstäben als überempfindlich gilt.

Außerdem sind die Angebote für eine hohe Entlohnung der Armee, wie sie vor dem offen Kriegseintritt Amerikas auftauchten, inzwischen wahrscheinlich veraltet. Ich vergleiche lediglich die Käuflichkeit dieser reinen Söldnerdisposition mit der italienischen Geisteshaltung oder der unserer amerikanischen Vorfahren.

Adams hatte ein Publikum, für das Recht und Gerechtigkeit, Billigkeit etwas bedeuteten. Er konnte Empörung hervorrufen.

Er hatte auch den moralischen Mut, für das Recht GEGEN die Leidenschaft des Volkes einzutreten, wie er in seiner Verteidigung der britischen Soldaten in Boston zeigte, die die Werkzeuge, nicht die Quelle der Tyrannei waren, die gegen das Volk ausgeübt wurde von Boston.

Heute HAT man keine solche Öffentlichkeit. Man hat kein Gericht. Man kann nur darauf beharren, dass, WENN es ein Gericht gäbe, die Linie der Gerechtigkeit gezogen werden KÖNNTE, und dass es von europäischer, kontinentaler Seite einen Appell an diese Gerechtigkeit gibt.

Und im Gegensatz zu der durch jahrelange faule Pressepropaganda und Demoralisierung in der amerikanischen Öffentlichkeit WISSENSCHAFTLICH herbeigeführten Unruhe habe ich Franco Rusconi zitiert und werde dies auch weiterhin tun, einen der vier Redakteure von Il Barco, einer in Genua herausgegebenen Studentenzeitung, von denen drei im Militärdienst stehen und der vierte die Redaktion weiterführt, der jetzt im Militärdienst steht. Rusconi fordert nicht nur einen Frieden MIT Gerechtigkeit, sondern einen Frieden ALS Gerechtigkeit.

Das mag eine feine und delikate Unterscheidung sein, eine Abgrenzung der Idee jenseits des allgemeinen Verständnisses. Ich bezweifle, dass sie jenseits des allgemeinen Verständnisses liegt. Es ist eine tiefgreifende Unterscheidung.

Anspruchsvolles Zeug, wenn Sie so wollen. Und Marshall Field und Colonel McCormick sind möglicherweise dafür verantwortlich, dass es in Amerika so wenig anspruchsvolles Zeug gibt. Wenn man anfängt abzureißen, weiß man nicht, wo es enden wird. Die Verachtung der Intelligenz, die Verachtung der Gerechtigkeit kam nicht über Nacht.

Es gibt jedoch keine Regierung mit der Zustimmung der Regierten, BEVOR die Regierten nicht glauben, dass die Regierung zumindest einen gewissen Sinn für Gerechtigkeit hat. Genau aus diesem Grund wurde die Mehrheit einst respektiert. Ich meine, dass in den USA zur Zeit von Miss Harriet Martineau und Präsident Madison ein allgemeines Gefühl entstand, dass die Mehrheit regieren sollte.

Diese Idee wurde DEFINIERT, sie wurde nicht einfach wie ein pochiertes Ei auf den Tisch gelegt, um dann zu platzen. Die Idee der Mehrheitsregel implizierte, dass die Mehrheit über die Fakten verfügen sollte. Genauso wie die Freiheit im Programm der Droits de l'Homme als das Recht definiert wurde, alles zu tun, was einem anderen nicht schadet.

Verzeihen Sie mir, wenn ich eine komplizierte Erklärung abzugeben scheine. Ich arbeite mich wirklich an Mr. Welles ab, ja wieder. Sumners Rede BEGANN mit einer IDEE, mit einem Appell an eine Art von Realität. NICHT Deutschlands militärische Macht, sondern Deutschlands kommerzielle oder wirtschaftliche Energie wurde darin als Ursache für die anglo-jüdische Nervosität proklamiert. Wirtschaftliche Aggression.

Der Joker zeigte sich gegen Ende, als Sumner die Fähigkeit zur wirtschaftlichen Aggression der ausschließlichen Kontrolle EINER Seite überlassen wollte, und zwar einer versteckten und unverantwortlichen Ansammlung von kommerziellen und wucherischen Interessen. Ich weiß, dass Sumner das nicht so genannt hat. Er verpackte es in ein Freihandelspalaver. Sein Essay wurde prompt von jedem europäischen Wirtschaftsbeobachter entlarvt. Er wurde automatisch entlarvt, oder zumindest fast, und zwar so schnell, dass er es kaum bis zu den Radiosendern schaffte. Ich bin fast der einzige Radiokommentator, der der Rede DETAILLIERT Aufmerksamkeit schenkte. Und ich tue es weiterhin wegen der einleitenden Absätze. Eine Menge Unsinn WURDE weggefegt. Sumner hat, trotz der amerikanischen Zeitverschiebung, eine Menge

Vorspiegelungen aus dem Weg geräumt. Und noch viel mehr, sehr viel mehr, ging von Virginia Hot Springs aus nach Westen.

Wenn ein Mann gegen wirtschaftliche Aggression appelliert, appelliert er an die wirtschaftliche Gerechtigkeit, oder zumindest nimmt er den Boden ein, von dem aus an die wirtschaftliche Gerechtigkeit appelliert werden kann, man würde sagen, von dem aus schließlich an die wirtschaftliche Gerechtigkeit appelliert werden MUSS. Was ist wirtschaftliche Gerechtigkeit? Beruht sie auf dem Eigentum? Beantworten die Kommunisten diese Frage mit nein? Ist wirtschaftliche Gerechtigkeit materielle Gerechtigkeit?

In der modernen Gesellschaft muss die Antwort meiner Meinung nach lauten: Wirtschaftliche Gerechtigkeit bedeutet eine gerechte Verteilung der Kaufkraft. Sie bedeutet einen existenzsichernden Lohn für die Arbeit an allen Orten, an denen die Mittel zum Lebensunterhalt vorhanden sind.

WER soll diese Verteilung verwalten? Churchill, Roosevelt und der Abschaum von Judäa? Antwort: UNS, ausschließlich uns. Nimmt man das Gerede weg, ist das das Kriegsziel von Morgenthau und Roosevelt.

Und da es KEINEN Hinweis darauf gibt, dass Roosevelt, Churchill oder Morgenthau sich in der Vergangenheit auch nur fünf Minuten lang um Gerechtigkeit geschert haben, demütigt der Rest der Welt. Mit Kanonen auf Spatzen geschossen.

Alles, was wir erreicht haben - es hat drei Jahre Krieg gekostet - alles, was wir erreicht haben, ist der Zusammenbruch einer gewissen Anzahl von Falschmeldungen, die von der Londoner Times, Eden und dem Rest der Presseschweine entworfen wurden, um das grundlegende Problem zu verschleiern.

Eine vernünftige Welt oder ein ehrlicher Debattierclub würde die Angelegenheit von dort aus weiterführen. Und von diesem Punkt aus werde ich versuchen, in meinem nächsten Gespräch oder Monolog fortzufahren.

#Nr. 107 (17. Juli 1943) U.S.(C71)
AUDACIA/AUDACITY

Ich glaube, mein letzter Vortrag war der mutigste, den ich je gehalten habe. Ich habe mit dem Feuer gespielt. Ich habe offen darüber gesprochen, WIE der Krieg von den Leuten verlängert werden kann, die Angst haben, dass der Krieg aufhören könnte.

Ich meine damit, dass sie sich vor Angst in ihre kleinen grauen Höschen machen, weil sie befürchten, dass wirtschaftliches Gleichgewicht eintreten könnte, sobald die Kanonen aufhören zu schießen, oder kurz danach.

Das Bühnenbild fiel mit einem Flop, zeitgleich mit einigen Anti-Achsen-Erfolgen. Mr. Welles bewegte sich auf heiklem Terrain. Aber er machte einen Schritt nach vorne, ich meine, als er von wirtschaftlicher Aggression sprach. Wie kann man wirtschaftliche Aggression INNERHALB einer Nation verhindern? Wenn man sie nicht innerhalb einer Nation verhindern kann, wie will man sie dann auf der Weltbasis verhindern? Wie will man sie international verhindern, wenn man sie nicht innerhalb des Territoriums verhindern kann, das bereits von der Plutokratie, dem Wuchersystem, dem Rest des merkantilistischen Systems, das vom Krebsgeschwür des Wuchers (zu 60 %) und dem Versuch, die Kaufkraft des Staatsgeldes nach den Launen der Juden und Finanziers zu verändern, befallen und verunreinigt ist? Und wenn Sie es nicht tun, oder wenn eine bestimmte Bande von Profiteuren, die manchmal Politiker genannt werden, nicht einmal versuchen, es INNERHALB ihrer eigenen Länder zu verhindern, wie zum Teufel soll dann der Rest der Welt erwarten, dass sie etwas tun, um es AUSSERHALB der Grenzen ihrer eigenen unterdrückten und unglücklichen Länder zu verhindern?

Die Londoner Slums und der Rest davon sind ein Beweis für Churchills Misanthropie, für seine Verachtung jeglicher sozialer Gerechtigkeit, für seine Abscheu vor der Idee von Gerechtigkeit oder Gleichheit. Von den drei Mördern, Churchill, Roosevelt und Stalin, ist Stalin, bewusst oder unbewusst, der offenere. Ich glaube, er hat nie versucht, seine Beteiligung an Massenmorden, Attentaten usw. zu leugnen. Er würde argumentieren, dass dies einfach zu seinem Geschäft gehöre. Roosevelt würde versuchen zu sagen, dass ein Mord heute nur in der Hoffnung begangen wird, einen Mord durch die Neffen seiner Urgroßkinder zu verhindern. Mr. Churchill, der ein echter Feigling und geschickter Schauplatzwechsler ist, hat sich nie der Frage von Mencius gestellt: Gibt es einen Unterschied zwischen der

Tötung eines Menschen durch ein Schwert und der Tötung durch ein Regierungssystem? Daher die rosige Popularität der bolschewistischen Propaganda unter den Studenten von Lord Prof. Keynes in Cambridge, England, dem Sitz der hermaphroditischen Ästhetik.

Teile der Welt bevorzugen die LOKALE Kontrolle über ihre eigene Geldmacht und ihren Kredit. Es mag bedauerlich sein (in den Augen der Wall Street und Washingtons), dass solche Bestrebungen nach persönlicher und nationaler Freiheit immer noch bestehen, aber so ist es nun einmal. Einige Menschen, einige Nationen ziehen ihre eigene Verwaltung derjenigen von Baruch und Lemanthau und Sassoon vor, und das Problem ist: Wie viele Millionen Briten, Russen und Amerikaner des nördlichen und südlichen amerikanischen Kontinents, plus Zulus, Basutos, Hottentotten usw.

und die niederen, so genannten niederen Ethnien, Phantomregierungen, Makkabäer und ihre Nachfahren, sollen bei dem Versuch, die europäische und japanische Unabhängigkeit zu vernichten, sterben?

Oh ja, ich will, dass es aufhört. Ich habe nicht damit angefangen. Ich möchte ein paar Kunstwerke, ein paar Mosaike, ein paar gedruckte Bände bewahren, ich möchte das, was vom kulturellen Erbe der Welt übrig geblieben ist, einschließlich der Bibliotheken und der architektonischen Denkmäler, an Land ziehen oder an den Strand bringen. Sie sollen als Modelle für neue Bauten dienen.

Wie ich höre, geben Sie 45 Milliarden Dollar aus, um diesen fiesen kleinen Jidden in der Staatskasse zu halten. Das scheint ein hoher Preis für einen räudigen Hebräer zu sein, aber der amerikanische Geschmack ist eigenartig.

Das amerikanische Volk wusste EINMAL, was es mit seinem Geld kaufen wollte, aber es sieht so aus, als ob diese Zeit vorbei war oder mit dem Bade ausgeschüttet wurde, als Roosevelt zum zweiten Mal gewählt wurde, ich sage zweite, nicht vierte Wahl. Ich würde keine 45 Milliarden Dollar ausgeben, nicht einmal, wenn ich sie hätte, ich würde keine 45 Milliarden Dollar ausgeben, damit Heine Morgenthau, der wurmstichige Sohn seines biosophischen Vaters, weiterhin im Finanzministerium sitzt und die Kaufkraft des amerikanischen Volkes für den Versuch ausgibt, den ukrainischen Weizen und das iranische Benzin zu verknappen. Und für fast alles, was die Regierung kauft, zahlt sie zwei oder mehr Dollar statt einem, in der Hoffnung, die Lichter der Menschheit auszulöschen. Aber es gibt keine Erklärung für die Eigenheiten des amerikanischen Volkes oder für seinen Mangel an Kohärenz. Sie scheinen ihr Geld für Krieg, Zerstörung und ungenießbares Metall ausgeben zu wollen. Vielleicht werden die Biosophen oder andere amerikanische Verehrer des Unendlichen rechtzeitig eine Art Diagnose der Neurose des amerikanischen Ethos erstellen.

Wie erwarten Sie in der Zwischenzeit, aus dem Schlamassel herauszukommen, wo soll es enden?

Erwartet irgendjemand von Ihnen, mit Ausnahme von Mr. Welles, Sumner und Mr. Agar, dass der amerikanische, der britische oder der jittische Verstand an der Neuformulierung eines praktikablen Plans für internationale Gerechtigkeit mitarbeiten wird? Erwartet Herr Welles, dass der Verzicht, die Entlassung, die Abkehr von wirtschaftlicher Aggression (oder deren stabilere Form, die wirtschaftliche Unterdrückung) in der Nachkriegswelt BILATERAL sein wird? Und wenn ja, warum geben sie oder er nicht mehr Gas?

Es sind viele alte Kartentricks veröffentlicht worden. Sie locken die Welt NICHT an. Der Käse in der Freihandelsfalle ist zu altbacken, um auch nur einen exotischen Schnurrbart zum Zittern zu bringen. Müssen wir warten, bis eine neue (möglicherweise rosa oder milchweiße) amerikanische Generation auftaucht und eine lokale Verwaltung fordert? Eine Regierung mit der Zustimmung der Regierten und NICHT durch ein geheimes Komitee von Unverantwortlichen fordern?

#Nr. 108 (20. Juli 1943) U.S.(C77)
EINSPRUCH (PROTESTA)

Ich protestiere genauso wie jeder andere gegen den Verlust amerikanischer Leben und gegen das Unglück des amerikanischen Volkes. Ich weiß nicht, inwieweit ich das deutlich gemacht habe. Ich habe vielleicht noch zwei andere Einwände, die weder von meinen Zuhörern noch von denjenigen geteilt werden, die beim Klang meiner Proteste das Radio ausschalten.

Der amerikanische Gangster hat seine Zeit NICHT damit verbracht, Frauen und Kinder zu erschießen. Er mag fehlgeleitet gewesen sein, aber im Allgemeinen hat er seine Zeit damit verbracht, unter erheblichem Risiko für sich selbst gegen überlegene Kräfte zu kämpfen. Aber nicht damit, Sprengfallen für unvorsichtige Kleinkinder auszulegen. Ich lehne daher den Modus ab, in dem die amerikanischen Truppen ihrem Oberbefehlshaber gehorchen. Dieser Modus entspricht NICHT dem Geist Washingtons oder von Stephen Decatur.

Ich protestiere auch gegen den Missbrauch der amerikanischen Armee und Marine. Ich meine im Hinblick auf eine langfristige Politik. Es ist bekannt, und man sollte es besser wissen, dass ein Imperium, um solide zu sein, in der Lage sein muss, die Kosten für die Überwachung seiner Handelswege zu tragen. Jetzt sehe ich, wie Roosevelt und seine Juden und Monopolisten einen Plan verfolgen, der sehr teure Handelsrouten impliziert, d.h. Routen, die einen viel höheren Polizeiaufwand erfordern, als dies bei Handelsrouten der Fall wäre, die durch gütliche Vereinbarungen mit anderen Nationen aufrechterhalten werden.

Die Handelsroute über den Pazifischen Ozean in den Orient ist sehr kostspielig geworden. Nach einem Vierteljahrhundert haben die amerikanischen und Roosevelts Methoden ein Maß an Reibung erzeugt, das plötzlich sehr teuer geworden ist. Die Vereinigten Staaten haben Japan verärgert. Jetzt sehe ich eine sehr große Wahrscheinlichkeit, daß die Methoden und ihre Intensivierung, wie sie im letzten unglücklichen Jahrzehnt zu verzeichnen waren, ich sehe, ich wiederhole, eine sehr große Wahrscheinlichkeit, daß diese Methoden des Grabbelns und der Erpressung und des Engpasses mit der Zeit andere östliche und nahöstliche Völker irritieren werden. Und all das wird in die Rechnung einfließen, so wie es in die von England eingeflossen ist, und die USA werden entweder zahlen oder aussteigen müssen. Es gibt ein altes Motto über die

Nutzlosigkeit, Kriege militärisch zu gewinnen, wenn sie politisch bereits verloren sind.

Was ist mit Kriegen, die wirtschaftlich verloren sind? Um einen Krieg wirtschaftlich zu gewinnen, muss das nachfolgende System, das nachfolgende Friedenssystem oder das System der Befriedung zumindest eine vorübergehende wirtschaftliche Stabilität mit sich bringen, im Gegensatz zur bloßen Durchführung eines Einmarsches. Diese Stabilität muss so groß sein, dass die Handelsrouten für ihren Unterhalt aufkommen können, einschließlich der Kosten für die Aufrechterhaltung der Ordnung entlang dieser Routen.

Im amerikanischen Kongress wurde in den 1870er Jahren vorgeschlagen, dass es humaner und sogar billiger sein könnte, die Indianer zu erziehen, da es die Regierung 20.000 Dollar pro Kopf kostet, die roten Krieger zu töten". Aber Sie hatten es dort mit einer sehr spärlichen Bevölkerung von unvorsichtigen verstreuten Stämmen zu tun, NICHT mit Millionen und Abermillionen von, sagen wir, Mohammedanern, die stolz auf uralte Traditionen, tausend und mehr Jahre einheitlicher Lehre, Traditionen, Bräuche und einer Abneigung gegen die angelsächsische Gesinnung sind, ganz zu schweigen von ihren Gefühlen gegenüber anderen Ethnien. Ich zweifle ebenso wenig wie Sie daran, dass ein Dupont- oder Whosis- oder Vickers-Panzer gegen eine Schar von Beduinen eine Menge ausrichten kann. Aber man muss den Panzer dorthin bringen, man muss ihn versorgen und warten, man muss ihn mit Benzin versorgen. Natürlich kann man eine Wüste machen, oder zwei Wüsten, wo vorher eine war, eine Wüste und eine Oase. ABER dann muss man auch die Kosten, die Kosten für das Leben und die Bequemlichkeit der Amtsinhaber, für Ihren Dupont- oder Vickers-Panzer sowie die Steuern berücksichtigen, die mit zunehmendem Gewicht auf die einheimische Bevölkerung fallen, zum Beispiel in Kansas und Missouri. Ganz zu schweigen von der geistigen und seelischen Degeneration der Truppen, die unter dem Deckmantel des Orients gegen halbbewaffnete Gegner eingesetzt werden.

Was für ein Alter stellen Sie sich für den Jungen vor, der mit Maschinengewehren auf Frauen und Kinder schießen soll?

Angenommen, er hat eins? Und was für eine Rechnung soll das amerikanische Volk für den Versuch bezahlen, Persien und Mesopotanien gemeinsam mit Horden aus dem Ural zu kontrollieren? Eure englischen Dummköpfe haben viel Zeit damit verbracht, Deutschland über Napoleons Einmarsch in Russland, den Winterfeldzug und alles andere zu informieren. Wäre es jetzt nicht besser, einen Moment innezuhalten und die von Henry Wallace geplante Invasion Russlands vom Potomac aus zu betrachten? Würden diese Argumente nicht mit noch größerer Kraft gelten?

Ich denke, Sie werden erfolgreich sein, die britischen Juden aus Persien zu vertreiben. Sie haben bereits die Bahrein-Inseln, die Sie über das Kap der Guten Hoffnung erreichen. ABER Mr. Roosevelt will auch die direktere Route über Suez kontrollieren. Das ist ziemlich kostspielig geworden. Und es wird sehr teuer bleiben, wenn Sie nicht vorher Frankreich, Spanien und Italien absolut und dauerhaft zerschlagen. Ich sage permanent, nicht nur krampfhaft. Wenn man eine ständige Garnison in Europa aufstellen würde, um 20 Millionen Spanier, einige MILLIONEN Portugiesen, 45 Millionen Italiener, 80 oder mehr Millionen Deutsche, die Skandinavier und die Russen, die sich jetzt von Stalin befreien wollen, niederzuhalten. Wie groß wäre die erforderliche Garnison, und WAS würden die jährlichen Kosten für die Steuerzahler in Kansas und Kalifornien sein? Ganz zu schweigen von den Verpflichtungen im Pazifik , an denen England nicht teilhaben will ( ), nachdem es sich von seinen stärksten Stützpunkten verabschiedet und das Handelsprestige, das es in Australien und Neuseeland besaß, aufgegeben hat.

Und es gibt keine wirkliche Hoffnung, mit dem Neuen Orient erfolgreich konkurrieren zu können, denn es wird inzwischen allgemein angenommen, dass die japanischen Truppen durchaus bereit sind zu sterben, nachdem sie pro Mann drei Amerikaner getötet oder den Instrumenten von Roosevelts Polizeikommandos den gleichen Schaden zugefügt haben.

Wenn natürlich ein Weihnachtsmann kommt und die Rechnung für Sie bezahlt, ist das eine andere Sache. Aber von welchem fernen Planeten oder Kometen soll der Weihnachtsmann denn kommen? Die interstellaren Räume haben sich der Pan American Airways noch nicht erschlossen. Man kann amerikanische Garnisonen nicht mit ungenießbarem Metall ernähren, auch wenn es vom amerikanischen Schatzamt gekauft wurde. Sie planen bereits die Kürzung der europäischen Getreidelieferungen gemäß der "Pflug unter"-Politik, von der man sagt, sie habe die Moral der amerikanischen Maultiere ruiniert. Ist das intelligent? Erweckt das Projekt Vertrauen an der Börse?

#Nr. 109 (24. Juli 1943) U.S.(C79)
ZIVILISIERUNG

Wenn wir uns in normalen Zeiten befänden, d.h. wenn es diesen lästigen Krieg nicht gäbe, würde ich Briefe an eine kleine Anzahl von Menschen schreiben, sagen wir 10, 20, ein Dutzend, zwei Dutzend, zu Themen, die einige von Ihnen als ziemlich speziell bezeichnen würden.

Er war in Kanada, ich habe vergessen, an welcher Universität, aber er studierte bei Etienne Gilson, der unter anderem eine bewundernswerte Geschichte der mittelalterlichen Philosophie auf Französisch geschrieben hat. Und ich hatte Dr. Gilson einige sehr schöne Fotos des Manuskripts geschickt, eines einzigartigen Manuskripts, das Dino del Garbos Kommentar zu Cavalcantis Canzone "Donna Mi Prega" enthält. Cavalcanti, ein Freund von Dante und dieses Gedicht von sehr großem Interesse. Ich habe viel Zeit damit verbracht, Cavalcantis Gedichte zu übersetzen und mit Paläographien, d.h. Reproduktionen des Manuskripts, zu bearbeiten, um zu zeigen, was wir wirklich über einen der besten Dichter, der je gelebt hat, wissen und wissen können, und um das, was feststellbar ist, von dem zu trennen, was nicht feststellbar ist. Wie der Stoff zuerst aufgeschrieben wurde. Keine Autographen, sondern die frühesten Abschriften und dann die späteren Manuskriptbearbeitungen: einige davon unter der allgemeinen Aufsicht oder Anregung von Lord Medici.

All dies mag sehr spezialisiert erscheinen. Ich fand es jedoch interessant, und wenn es nicht dieser ermüdende Krieg wäre, würde ich Herrn Bird, jetzt wahrscheinlich Doktor O. Bird, schreiben, da er seine These über den oben erwähnten Kommentar von del Garbo (nicht verwandt mit Greta) verfasste, um darauf hinzuweisen, dass, was ich auch immer über Guidos geniales Denken sagte, dass er wahrscheinlich etwas Avicenna gelesen hatte, und die allgemeinen Ideen, die von den besseren Köpfen seiner Zeit zum Thema LICHT unterhalten wurden. Das bedurfte einer gewissen Aufmerksamkeit für die Terminologie. Ich möchte nun hinzufügen, was ich gedruckt habe, und es mit Aristoteles' Metaphysik in Beziehung setzen, ich meine Aristoteles' besondere Abhandlungen, die "Metaphysik" genannt werden, und dass Guido Cavalcanti seine Terminologie fast vollständig daraus übernommen haben könnte. Del Garbo bezieht sich auf Aristoteles und auf die Abhandlung. Möglicherweise hat Bird dies also auf jeden Fall getan. Aber die Sache ist zumindest für eine kleine Anzahl von Leuten interessant, die der Meinung sind, dass es auf eine präzise

Terminologie ankommt; und dass dieses Gedicht und der Kommentar eine sehr gute Möglichkeit bieten, sich zu vergewissern, eine klarere und präzisere Vorstellung von den Ähnlichkeiten und Unterschieden zwischen dem Denken des 18. Sind wir besser im Denken geworden? Denken wir mit größerer Klarheit? Oder hat das so genannte Programm der Wissenschaft uns nur geistig durcheinander gebracht und uns in noch größere Verwirrung gestürzt? Nein, der Kommentar zu einem mittelalterlichen Gedicht hört nicht einfach so auf, genauso wenig wie Frobenius' Forschung bei einem Stück afrikanischer Skulptur oder einer prähistorischen Zeichnung auf einer Felswand aufhört.

Grosseteste, der über das Licht schreibt, stößt auf das Ideogramm von Sonne und Mond am Anfang des Testaments von Konfuzius. Übrigens, wenn die mittelalterlichen Bischöfe in England auch nur annähernd so intelligent waren wie Robert Grosseteste, dann sieht es so aus, als ob das Niveau des englischen Episkopats gesunken ist. Ich würde sagen, seit diesem Datum ist es gesunken. Natürlich wäre Bird nicht mein einziger oder gar wichtigster Korrespondent, ich greife nur den Punkt auf, der sich in letzter Zeit in meiner persönlichen Angelegenheit ergeben hat. Kriege unterbrechen diese Art von Dingen. Sie senken meist das Niveau des Lebens, des guten Lebens. Was mich betrifft, so haben Sie jetzt einige meiner Beiträge verloren. Ich sage nicht, dass das viel ausmacht, aber die Summe dieser europäischen Beiträge zum guten Leben oder zum Leben des amerikanischen Geistes macht etwas aus. Man muss sie mit dem Verfall des amerikanischen Menschenmaterials in einen Topf werfen.

Meine Ausgabe des Great Learning ist auf Italienisch, nicht auf Amerikanisch, wie meine erste Ausgabe. Und sie hat den chinesischen Text vor sich. Und ich weiß jetzt sehr viel mehr als zu der Zeit, als Glenn Hughes meine erste Version in seinen Universitätsbüchern druckte. Und Sie haben meine Übersetzung von Peas Roman Moscardino nicht bekommen. Carta da Visita ist auf Italienisch geschrieben. Ich glaube, es wurde etwas Besonderes mit Geo. Santayana's Manuskript oder Korrekturen von irgendetwas oder anderem. Aber andere Stimmen sind still.

Sie sagen, ich verliere auch etwas, ich bestreite es nicht. Ich höre nichts von Mr. Eliot oder Mr. Cummings. Wenn sie etwas schreiben, müssen wir darauf warten. Das muss man multiplizieren. Schließlich zählen unmittelbare Kontakte für einen Mann in meinem Alter wahrscheinlich weniger als für einen jungen Mann. Man versteht sie mehr, aber sie belasten einen wahrscheinlich weniger in seinen geistigen Angelegenheiten. Vor achtzehn oder wie vielen Jahren auch immer fragte mich S. Putnam nach italienischen Schriftstellern, lebenden Schriftstellern: und ich wusste wesentlich weniger. Schließlich kam ich dazu, [Morelli?] zu erwähnen (ich meine von unbekannten Schriftstellern wie Pirandello und Basil Bunting). Er wollte Tozzi übersetzen, aber kein englischer oder amerikanischer Verleger war so vernünftig, ihn zu lassen. Jetzt sehe ich eine Art Freigabe: Aufräumen im italienischen Stil. Carlo Scarfoglio, dessen politische Anmerkungen Sie manchmal in diesem Radio hören, hat ein Vorwort verfasst, das sich ziemlich gut mit meinen Ansichten über das Schreiben deckt (keine Absprachen). Zwei Männer, die aus unterschiedlichen Richtungen kommen, kommen zum gleichen Ergebnis. Er beginnt mit der Übersetzung von Aischylos, und das macht er wunderbar. Klar wie ein Stück Glas. Und seine Version der Hymne an Demeter, die homerische Hymne an Demeter. Sie erinnern sich vielleicht, dass Doc. Rouse Griechisch als eine Notwendigkeit des zivilisierten Lebens bezeichnet. DAS IST ES. Das gilt auch für Latein.

Nehmt euch Zeit, euch mit diesen Dingen zu beschäftigen. Ich wollte nur auf den Unterschied hinweisen. Den europäischen und speziell italienischen SINN dieser Dinge. Das zeigt sich darin, dass ich hier in diesem Radio bin. Das ist dem italienischen Sinn für Zivilisation zu verdanken, dem Sinn, dass eine besondere Arbeit wie die meine und die anderer Schriftsteller, wie zum Beispiel Carlini, weitergehen sollte. Die Kommunikation MUSS aufrechterhalten werden, Krieg hin oder her. So wie sie weiterhin Bilderschauen veranstalten. Das Kriterium in der Kunst aufrechtzuerhalten und zu verbessern. NICHT universell in jedem Land.

Aber ein Bereich, in dem Wettbewerb gesund ist. Und ich habe schon einmal gesagt, dass ich aus England und Amerika keinen Hinweis auf einen ähnlichen Sinn für Zivilisation höre. Die besten Schriftsteller in England und Amerika kommen NICHT an das Mikrofon, das die einzige Möglichkeit der Kommunikation ist, die noch offen steht. Das amerikanische Mikrofon ist auf das Niveau von Hollywood herabgesunken.

Ich könnte das ein gutes Stück weit auf den Verfall der Integrität in den BESSEREN amerikanischen Zeitschriften zurückführen.

Verfall des Verantwortungsbewusstseins für und FÜR den Gedanken der amerikanischen Nation. Sedgewick und andere Missstände, gegen die ich mich schon vor 36 Jahren gewehrt habe. Ich habe heute Abend keine Zeit, um politisch zu sein. Ich wollte politisch sein, aber niemand hier BITTET mich, politisch zu sein. Ich wollte eine kleine Liste von Lügen und Betrügereien aufstellen, die so zahlreich sind, dass man keine Coneys (d.h. Trottel) fangen kann. Die Betrügereien, die England anderen angedreht hat, und die sie nicht mag, wenn man sie ihr angedreht hat. Mr. Welles spielt den Frommen und versucht, uns den Freihandelsschwindel zu verkaufen. Und dann springt der Bolschewik auf und droht mit DUMP wie die Hölle, nach den tollwütigsten Methoden des Plutobolschewismus.

All das ist lehrreich, aber auf einer populäreren (vielleicht sollte ich sagen, in einem gewissen Sinne weniger populären) Ebene.

#Nr. 110 (25. Juli 1943) U. K. (C74)
VERLOREN ODER GESTOHLEN
(PERDUTO O RUBATO)

Ein Freund von mir betitelte einmal ein Gedicht mit "Attys oder etwas verloren". Ich frage mich, ob jemand von Ihnen den Grad der Abgehobenheit, den ich in manchen Momenten empfinde, erkennt oder durch eine Anstrengung erreichen könnte, oder ob Sie selbst jemals versuchen, den gegenwärtigen historischen Moment von außen zu sehen.

In meinem Fall geht die Sache über eine Willensanstrengung hinaus, ich befinde mich einfach außerhalb und beobachte. *Le reconnaitre et le savoir.* Es gibt ein Gedicht von Guy Charles Gros, das nicht auf die gleiche Weise endet, denn es endet: "Ai-je cru un seul instant a la realité du monde ..." Das ist französische Poesie und buddhistische Losgelöstheit.

Aber ich weiß nicht, was aus diesen Engländern geworden ist, oder aus jener englischen Tradition, die dazu führte, dass man an die Existenz von Engländern glaubte, die gegen das Abdriften ihrer Regierungen protestierten. Vielleicht sind sie zu alt, die, an die ich mich erinnere, oder zu jung, die, denen ich nicht begegnet bin. Sicherlich sind die wenigen Dutzend Stimmen, die sich vor diesem Krieg in Großbritannien aus der Presse erhoben und Gerechtigkeit, soziale Gerechtigkeit INNERHALB der Grenzen Englands und Verständnis oder zumindest ein gewisses Maß an Aufmerksamkeit für die Tatsachen außerhalb der Grenzen Englands forderten, diese Stimmen schweigen oder werden unterdrückt. Oder zumindest sind sie hier unhörbar.

Gott weiß, dass Sie die Ausrüstung haben, im Gegensatz zu dem, was ich zur Verfügung habe. Sie haben Ihre BBC mit ihren Archiven. Und ich habe nicht eine einzige Schallplatte, nicht eine einzige Tonaufnahme zur Verfügung. Und vielleicht sind diese vergangenen Aufzeichnungen die BESTEN, die Sie haben. Aber Ihr Umgang mit ihnen ist mangelhaft.

Wissen Sie, selbst der Dümmste unter Ihnen weiß, dass Ihre Presse gelogen hat und dass Ihre BBC nicht unparteiisch ist. Und niemand erwartet von ihr, dass sie unparteiisch ist. Aber es gibt in allen Dingen Abstufungen. Und einige von Ihnen müssen das an dem Unterschied zwischen einem Heulen nach Monopol und Herrschaft und einer Forderung nach Gerechtigkeit erkennen. Jedenfalls bin ich noch nicht zu der Überzeugung gelangt, dass dieser Menschentypus in England gänzlich besiegt, gänzlich ausgerottet ist.

Einige von Ihnen MÜSSEN ab und zu zurücktreten und aussieben, was Sie in Ihrer Sendung hören. Was ihr in euren Zeitungen lest. Ihr müsst erkennen, dass das meiste davon Blendwerk ist, d.h. Zeug, das verbreitet wird, um euch von den Tatsachen abzulenken und euch davon abzuhalten, über die Tatsachen nachzudenken, und euch davon abzuhalten, überhaupt in einer vernünftigen Ordnung zu denken. Es gibt eine Fülle von Ausflügen in das, was Lenin spöttisch "revolutionären Erfindungsreichtum" nannte. Das sind Pläne, die von der Realität und den Möglichkeiten losgelöst sind. Pläne, die von *den* wahren Daten abgekoppelt sind.

Nun gut. Wie weit sind wir gekommen? Ihr wisst es nicht. Vielleicht weiß es auch niemand. Aber auf jeden Fall sind im Debattierclub, der internationalen, mondialen, weltweiten usw. Akademie der Lüfte, bestimmte Punkte angesprochen worden. In der Tat sind fast alle Punkte, die ich in den letzten Jahren vorgebracht habe, vorgebracht worden. Und zwar so gründlich, dass Ihre offizielle Welt einfach so tun muss, als ob es sie nicht gäbe. Genauso wie die Presse immer bestimmte Fakten so lange wie möglich ignoriert hat.

Ihr Parlament diskutiert Punkte, die jahrzehntelang totgeschwiegen wurden. Gold zum Beispiel. Selbst Monty Skinnergue Norman wusste, dass der Wert von Gold nicht stabil ist. Er schwankt. Es wurden Tabellen über seine Schwankungen gedruckt. Ein paar kluge Köpfe beklagten den Goldstandard, weil er den schwankenden Wert des Goldes nicht anerkannte. Er ließ nicht zu, dass er auf dem Markt nach dem Gesetz von Angebot und Nachfrage steigt und fällt.

Irving Fishers Argumente über die Schwankungsanfälligkeit des Goldes wurden, wie ich annehme, beim größten Betrug mit Goldziegeln (ich nehme an, es war so ziemlich der größte aller Zeiten) verwendet. Gold schwankt, sein Preis ist heute wie nie zuvor ein Phantasiepreis. Es ist nicht mehr in Gebrauch, es ist nicht notwendig wie Öl oder Weizen. Nationen können jahrelang ohne es leben. Sie könnten sogar ganz ohne es leben, WENN sie nicht von außen angegriffen würden. Sein Preis ist ein Fantasiepreis.

Kein Phantasiepreis, wie er für einen Rembrandt bezahlt wird; kein Phantasiepreis, wie er für ein altes Gemälde eines großen Meisters bezahlt wird. Sagen wir, es gibt nur ein Dutzend oder eineinhalb Dutzend Giorgiones, meist in Museen, in nationalem Besitz, und wenn eines zum Verkauf steht und man sechs oder acht Millionäre dazu bringen kann, alle zu glauben, dass sie es haben wollen, dann erzielt man einen Fantasiepreis. Aber bei Gold ist es nicht einmal so. Es gibt mehr davon. UND sein Wert ist veränderlich: und der Bedarf daran oder das Bedürfnis danach ging zurück, ist in der Tat zurückgegangen; könnte auf fast Null sinken, nein, nicht ganz auf Null, aber auf zahnärztlich usw.

Nun, die Antwort war nicht, den Preis auf dem Markt zu senken, sondern den Preis zu erhöhen und es den amerikanischen Möpsen, der großen amerikanischen Öffentlichkeit, zu verkaufen, was wahrscheinlich die größte Goldgräberstimmung aller Zeiten war. Wenn die Dummköpfe alles haben, wird der Preis schnell wieder fallen, wie es üblich ist, wenn die Dummköpfe in den Besitz von irgendetwas gelangt sind, aber im Laufe der gegenwärtigen Unannehmlichkeiten: Die alten Keucher haben nachgelassen, wie die Heißluftkonferenz in Virginia gezeigt hat. Der Schwindel mit dem Geld ist gescheitert. Das Gerede von den 60 % Zinsen hat sich verflüchtigt. Die Idee, den Wert einer nationalen Währung zu variieren, ist endlich in der Öffentlichkeit bekannt geworden. In Hot Springs fielen der ganze Schwindel und die Kulissen, es blieb nichts übrig als der böse Wunsch zu erpressen und zu monopolisieren. Blitzlichtgewitter aus einem Dutzend Hauptstädten, "den Weltgetreidemarkt in die Enge treiben", sagte ein Kommentator aus Rom. Ein halbes Dutzend Stimmen aus Berlin, die den Schwindel sofort anprangerten. UND auch ein paar Stimmen aus England. In dem Bewusstsein, dass der britische Landwirt besser dran ist, wenn er einen BINNENMARKT in England hat, zu einem gerechten Preis, für das, was er anbauen kann.

Aber das ist NICHT per se ein Wunsch nach GERECHTIGKEIT. Das ist an sich noch keine Bereitschaft, Gerechtigkeit zu üben. Es stellt an sich noch keine Wahrnehmung von Gerechtigkeit dar. Geschweige denn den Willen, sie zu unterstützen, für Gerechtigkeit einzutreten oder auch nur anderen Gerechtigkeit zu ermöglichen.

In der BBC-Sendung wurde über Ungerechtigkeit gemurrt, aber es ging nicht um Ungerechtigkeit, die sich nach außen hin ausbreitet; es war eine Beschwerde darüber, dass jemand gesagt hatte, Sie hätten keine imperiale Brüderlichkeit oder Solidarität. Gott weiß, dass Sie die australische Sentimentalität gegenüber dem Mutterland ausgebeutet haben. Und wahrscheinlich werden Sie sie noch weiter ausnutzen. Das bedeutet nicht, dass ein neuer Burke unter euch aufgetaucht ist. Reihenweise sind die Vorspiegelungen gefallen, aber der Sinn für Gerechtigkeit? Was war einst, oder sollte einst euer Sinn für Gerechtigkeit sein? Ist er verloren, verlegt oder gestohlen worden? Und wenn gestohlen, von wem?

Teil II

10 Verschiedene Skripte
#Nr. 111 (Anfang 1941)
HOMESTEADS

Was von diesem Kampf bleiben wird, ist eine Idee. Was sich von der Entschlossenheit, ein Neues Europa zu haben, ausbreitet und ausbreiten wird, ist eine Idee: die Idee eines Hauses für jede Familie im Lande. Die Idee, dass jede Familie im Land ein gesundes Haus haben soll, und das bedeutet ein gut gebautes Haus, in dem es keinen Nährboden für Tuberkulosebazillen gibt. Ich habe die Details einiger dieser Häuser gesehen. Das bedeutet, dass das Haus jeder Familie über genügend Land und Felder verfügt, um die Familie zu ernähren. Es bedeutet, dass diese Häuser nicht mit Hypotheken belastet sein werden. Sie werden unveräußerlich und unteilbar sein. Der älteste Sohn, wenn er will, oder zumindest ein Sohn oder eine Tochter wird den Hof behalten, aber vor allem wird dem Landwirt ein Verkauf seiner Ernte zu einem Preis garantiert, der seinen Bedarf deckt.

Sie haben vielleicht gehört, dass Andy Jackson das amerikanische Land für die Siedler geöffnet hat. Im Gegensatz zu John Quincy Adams, der so etwas wie eine kommunistischere Idee hatte, nicht dass er gelesen wurde, aber er wollte, dass zumindest ein Teil des Landes der Nation vorbehalten bleibt und der Erlös für Schulen und andere hochtrabende Bildungszweige verwendet wird. Er war "aus der Zeit gefallen". Jackson schlug ihn. Jacksons Politik war ein wenig lückenhaft. Amerikanische Homesteads gingen zum großen Teil sehr schnell in große Ländereien über, die anstelle von Farmen geweidet wurden usw. usw. Meine Großmutter und meine Urgroßmutter lebten auf Claims, Landansprüchen. Die heute 20-Jährigen in New York wissen sehr wenig über solche Angelegenheiten. Mein Vater hat noch 80-jährige Cousins, die auf Claims in Montana leben, ich nehme an, sie repräsentieren nicht das Leben der Mehrheit der Amerikaner.

Aber Jacksons Landpolitik wurde DEMokratisch genannt. Das Neue Europa ist in diesem Sinne DEMOKRATISCH, und wenn ihr dieses Neue Europa zerschlagen wollt, wird euch die Geschichte KEINE Medaillen für die Rettung der DEMOKRATIE verleihen.

Italien beschlagnahmt NICHT die Ernte der Bauern. Ich habe diese Lüge zusammen mit 200 anderen gesehen. Italien hat in XIX Jahren kein Utopia errichtet, aber der Bauer hier weiß, dass er für das, was er anbaut, bezahlt wird. Er weiß, was er dafür bekommen wird. Niemand wird eine Option darauf bekommen und sich die überschüssigen Gewinne holen. Machen Sie sich klar, dass die Kriegstreiber von Ihnen verlangen, diese Idee eines soliden und sauberen, gut gebauten Hauses mit Land für jede Familie zu verhindern und zu zerschlagen. Informieren Sie sich, bevor Sie sich entschließen, für irgendetwas zu sterben, ohne genau zu wissen, wofür.

Ich möchte Sie daran erinnern, dass Brooks Adams kurz vor seinem Tod gesehen wurde, ein alter Mann von 80 Jahren in Jogginghosen und Pullover, der im Fitnessstudio des Boston Athletic Club Gewichte zog und einen 30-jährigen Krieg prophezeite, einen IDEO LOGICAL Krieg. Und ich möchte Sie daran erinnern, dass der Begriff der ideologischen Kriege VORWÄRTS und nicht rückwärts gerichtet ist. Unsere amerikanischen Vorfahren skizzierten auf einem leeren Kontinent eine Zivilisation. Ein grober Entwurf ohne viel Liebe zum Detail. Die Siedler stürzten sich auf das Land, sie hatten Hunger, Landhunger, jeder Mensch wollte frei sein: Frei von Mieten, frei von Hypotheken. Die Besinnung kam später. Eine neue Idee entsteht in Europa, sie ist nicht auf den Kontinent beschränkt. Man kann sie nicht einschränken. Keine noch so große Anzahl von Posträubern, Zensoren, Prüfern kann sie zerschlagen oder unterdrücken. Es entsteht die Idee, dass ein Mensch alles besitzen darf, was er gebrauchen kann. Aber dass er nicht besitzen darf, was er nicht *gebrauchen* kann. Und vor allem darf er diesen Überschuss nicht verwenden, um seinen Nachbarn auszuhungern, er darf Bauer Jones nicht daran hindern, sein Getreide zu verkaufen. Der Millionär darf sich NICHT auf Jones stürzen und ihn unterbieten, bis er ihn ruiniert, eine Hypothek auf Jones' Farm aufgenommen und Jones' Kinder an dem Tag vertrieben hat, an dem die Zinsen nicht vollständig bezahlt werden. Ich werde rechtzeitig auf den Schwindel einer vergangenen Art von Pazifisten zu sprechen kommen, auf die Unterdrückung von Nachrichten, auf die von der sogenannten Carnegie-Friedensstiftung begangenen Täuschungen, auf ihr Versagen, das Denken in Amerika zu fördern.

Kriege werden gemacht, um SCHULD zu machen. Unser Bürgerkrieg hatte etwas mit SCHULDEN zu tun. Christopher Hollis weiß das.

Lesen Sie sein Buch, die ZWEI NATIONEN, Schulden des Südens bei der Stadt New York.

Griechenland gibt 54% seines Einkommens für die Zahlung von Zinsen auf SCHULDEN aus. Solange man nicht weiß, wer wem was geliehen hat, hat man keine Ahnung von Politik, keine Ahnung von Geschichte und keine Ahnung von internationalen Konflikten.

Ich wünschte, Hollis hätte sich nicht in Schweigen und Einsamkeit geflüchtet, als er es tat. Aber andererseits, hat JEDER Mann in England jetzt die Macht, sich zu äußern oder mit seinen Mitmenschen zu kommunizieren?

Rotkäppchen, nimm dich besser vor Wilikies falschen Zähnen in Acht! Rettet Wendell die DEMokratie? Verkauft Wendell den New Deal an Winston? Oder versucht Wendell, ein paar Millionen Bauernjungen in die Gräben von zu schaufeln? Und SO bald nach den Schlagzeilen "It's War OR Willkie"? Ist Wendell jetzt für den Krieg um jeden Preis; nur um zu beweisen, dass er nicht gewählt wurde, ist Krieg die Folge? Verkauft Mr.'Opkins den New Deal an London?

Mein ehrwürdiger Freund Doktor William C. Williams brüllt vor Lachen, als ich vorschlage, dass die Menschen DENKEN könnten. "Haben Sie jemals einen Kommunisten DENKEN sehen?" schreibt der alte Bill. Mir wurde gesagt, der Prozess sei nicht nachtragend. Waal, der Doc. ist ihr weißhaariger Junge. Wird selbst er bemerken, dass eine Gruppe von Menschen ständig versucht hat, diesen Konflikt auszuweiten und jede Art von Interkommunikation zwischen Europa und den USA zu UNTERDRÜCKEN? Die andere Seite (meine Seite) hat [eine] Untersuchung gefordert. Was ist nun die URSACHE dafür?

Hat dieser Krieg wegen Danzig begonnen? Hat dieser Krieg wegen POland begonnen, und wenn ja, warum dieses Schweigen über die Hälfte Polens, die von Rhooshy [aufgefressen] wurde? Glaubt ihr nicht an diese traurigen Märchen? Oder doch?

Manche Leute wollen Geld verdienen. Manche wollen mit einem Geschäft weitermachen, das ihnen und ihren Vätern große Dividenden eingebracht hat. Es gibt vielleicht sechs oder acht Schläger. Schuldzinsen, Waffenverkauf. Wird von der amerikanischen Jugend erwartet, dass sie für Schuldzinsen und Waffenverkäufe in den Tod geht? Wenn es das ist, was die Kriegswilligen WOLLEN, sollen sie es sagen.

In England ist seit Jahren bekannt, dass die englische Kriegsfabrik die Waren NICHT produzieren konnte. Soll man annehmen, dass ein Liebhaber Englands sein Land in den Krieg getrieben hat, wohl wissend, dass dieses Land die Güter NICHT produzieren konnte?

Seit Jahren wird in England erklärt, dass eine Verschwörung im Gange sei, um ganz Europa zum Nutzen Russlands und der Geldgeber in Amerika zu vernichten. Es scheint nun, dass England in die Zange des Versuchs genommen wurde, aber dieser Kontinent hat größtenteils KEINEN französischen *"bon sens"*, der sich in letzter Minute zeigte. Sie lehnten es ab, Paris vollständig zu umzingeln, um den deutschen Vormarsch für sechs Tage oder so aufzuhalten.

Die Engländer sind nicht so schnell von der Hand zu weisen. Mein Hollis hat aufgehört, davon zu reden, dass "die Schulden des Südens bei der Stadt New York 200 Millionen betragen".

Ich bin seit 20 Jahren in diesem Job, aber ihr wollt nicht lesen. Die neue Generation wird nicht lesen, NACHDEM sie in die Luft gesprengt oder von Sprengstoff begraben wurde. Es könnte Ihre letzte Chance sein. Ich schlage vor, dass Sie versuchen, Hollis' *Two Nations* zu lesen und die Seiten 206 und 207 lesen, um zu erfahren, worum es im Bürgerkrieg ging, wer und was ihn ausgelöst hat.

Dann werden Sie vielleicht erkennen, wer und was versucht, Sie noch einmal in die Schützengräben zu bringen und die britischen Männer unter Feuer zu halten, obwohl sie NICHT für diesen Krieg gestimmt haben. Die Idee der Gombeen-Männer ist, dass je MEHR von England zerschlagen wird, desto höher der Zinssatz, und je MEHR davon, können sie die Überlebenden austauschen. Was [bekommt] der Bauer in Westafrika aus diesem Krieg? Wem gehört jetzt z.B. IHRE Regierung? Wenn Herr Hull damit sagen will: Ich hasse die Engländer, ich hoffe, dass in England kein Stein auf dem anderen bleibt. Ich hoffe, der Stone of Scone wird zu Pulver zertrümmert und zu Portlandzement verarbeitet. Ich will kein Leben mehr in Großbritannien.

Nun gut, lasst ihn sich ausdrücken. Wenn er meint: Lasst uns alles, wirklich alles britische Vermögen an sich reißen, dann soll er das sagen, aber warum sollte er sich dann als Freund Großbritanniens verkleiden? Und in der Zwischenzeit möchte ich die Herren Roosevelt und WALLACE daran erinnern.

Roosevelt und WALLACE an den Bericht des National Survey of Potential Product Capacity, der 1935 von Hodson, dem Vorsitzenden des Emergency Relief Bureau und Post, *idem*, New York Housing Authority, veröffentlicht wurde, einer der größten Erfolge der Regierung Roosevelt, der sowohl von der Regierung als auch von ihren Gegnern etwas vernachlässigt wurde. Was die Academy of Social and Political Science betrifft, so frage ich mich, wann sie eine ernsthafte Studie über irgendetwas beginnen wird, das für das amerikanische Wohlergehen wichtig ist. Ein Haufen von Playboys.

#112 U.S. (1941)
MÄRZANKÜNFTE

Die ganze Welt weiß, dass Mons. S.E. Matsuoka gestern Abend in Rom angekommen ist. Auch ich bin gestern Abend in Rom eingetroffen, allerdings an einem anderen Bahnhof, ohne dass ich dem ranghöchsten Diplomaten des Orients gegenüber absichtlich unhöflich gewesen wäre. Die Ereignisse haben natürlich unterschiedliche Aufmerksamkeit erregt; schließlich komme ich öfter hierher und bin nicht aus so großer Entfernung angereist. Im Augenblick sehe ich keinerlei Chance, in offizielle Kreise einzudringen und mit seiner Exzellenz meine Vorschläge für den FRIEDEN im Pazifik zu erörtern.

Ich weiß nicht, ob selbst die Basis unserer eigenen Führer den Plan annehmen und ihn mit dem gebührenden Ernst behandeln würde, ich weiß nicht, ob sie oder meine derzeitigen Zuhörer meinem Vorschlag folgen würden. Der Plan ist einfach, aber selbst das könnte ihn nicht empfehlen. Ich würde ganz einfach vorschlagen, Guam an die Japaner zu geben und im Gegenzug eine Reihe von Farb- und Tonfilmen der 300 besten Noh-Dramen zu liefern.

Die Filme könnten nicht alle auf einmal geliefert werden, also müssten wir Guam auch nicht auf einmal aufgeben.

Wir Amerikaner werden oder wurden, wie Sie wahrscheinlich wissen, von den meisten Menschen in der Welt als seelenlose Raufbolde betrachtet. Natürlich sind wir das nicht, aber in dieser unvollkommenen Welt gehen Fakten und Meinungen oft auseinander.

In letzter Zeit hat sich zu unserem Bild ein Hauch, ein, äh, TIEF der Hysterie gesellt. Alte Kerle wie ich beginnen sich zu fragen, wo all die Dan'l Boones und Davy Crocketts geblieben sind.

Amerikaner sollen bei Berichten über marsianische Invasoren in Panik ausbrechen. Nun ja, ich glaube nicht, dass mehr als zwei oder drei Jungs bei der Nachricht von den Fallschirmspringern vom Mars losgerannt sind und Harakiri begangen haben.

Sie denken vielleicht, ich mache Witze über diesen Guam-Vorschlag. Das tue ich nicht. Ich frage den unparteiischen Prüfer, ob ein einzelner amerikanischer Bürger von einer Reihe solcher Filme, wie ich sie vor zwei Jahren in Washington gesehen habe, nicht sehr viel mehr hätte als von ein paar Tonnen Wolfram, vielleicht mit ein paar Familiensärgen. Es würde bedeuten, und ich gebe zu, es würde bedeuten, sich so weit zu bilden, dass man weiß, was mit Kumasaka und Kagekiyo gemeint ist.

Der Film, den ich gesehen habe, war von Awoi no Uye. Die Japaner wären uns wirklich dankbar, nicht für Guam, sondern dafür, dass wir sie dazu anregen, eine vollständige und hochwertige Aufzeichnung dieser Stücke zu machen, bevor die Tradition Schaden nimmt.

Umewaka Minoru ist tot. Ich habe Platten mit Noh-Musik gehört, die mir NICHT hochwertig genug erschienen.

Es ist nie zu früh, mit solchen Aufnahmen zu beginnen. Und für den amerikanischen Zuhörer, der noch nicht weiß, wovon ich spreche, möchte ich sagen, dass vor einem halben Jahrhundert ein amerikanischer Professor mit spanischem Namen nach Japan reiste und Nachrichten und einige Notizen über eine Reihe bemerkenswerter Stücke mitbrachte, von denen es heißt, dass sie seit vier oder fünf Jahrhunderten in ihrer Bühnentradition unverändert geblieben sind. Jahrhunderte. Und nach einigen Jahren sagte W.B. Yeats, dass dies die Form sei, die er sein ganzes Leben lang gesucht habe, um ein Drama zu schreiben, das auch hohe Poesie sein sollte.

Und in dem Stück Kagekiyo haben wir, glaube ich, die Seele Japans. In seiner Feinheit in Nishikigi und seinem Epos in Kagekiyo, das, soweit meine sehr unvollkommene Kenntnis reicht, die einzige wirklich homerische Passage in ihrer Literatur enthält, die Fenollosa uns überliefert hat, oder die andere unserer Übersetzer gefunden haben.

Das ist das JAPAN, das wir WOLLEN. Das ist das Japan, das uns etwas bedeuten und uns im hohen Sinne von Nutzen sein könnte. Wir haben die meisten materiellen Dinge innerhalb unserer eigenen Grenzen, obwohl wir in einer Hausse bei den Mordmitteln vielleicht etwas mehr Wolfram usw. brauchen. Wir brauchen kein indisches Opium.

Ich weiß nicht, ob wir ein Plebiszit durchführen sollten. Wahrscheinlich würde der Großteil der Bevölkerung das nicht verstehen, aber wenn man mir Zeit gibt, um zu verstehen, worauf ich hinaus will, glaube ich, dass dieser Vorschlag dem normalen Wunsch der Amerikaner, nämlich dem Wunsch nach einem guten Leben, näher käme, als all diese Dinimiteros und Erdverschlinger es sich vorstellen können.

Muss denn die ganze Erde verrückt werden, weil zwei Fünftel durchgedreht sind?

Das amerikanische Volk WILL Zivilisation. Gehen Sie ihnen unter die Haut, und selbst der Witz über die 5-Cent-Zigarre bewegt die Amerikaner NICHT tief. Wir mögen Witze, einige von uns, einschließlich der Autoren der hohen Klassen, wollen TOT sein, ich sage TOT und WIE, wenn sie in der Öffentlichkeit auftreten. Aber im Privaten lassen sie es sein.

Die alte Phrase von der Klarstellung der eigenen Absichten funktioniert nicht annähernd genug. Bei dem Versuch, dem amerikanischen Volk das zu geben, was es WILL, ich meine WOLLEN, kann ihm niemand Blut und Zerstörung bieten. Das rührselige Zeug, das sie in die Schützengräben bringen soll, basiert darauf, dass sie NICHT in die Schützengräben kommen. Es basiert alles darauf, wie falsch es für jeden ist, in Schützengräben zu gehen. Warum sollte man dann nicht DIREKT auf das Ziel zusteuern?

Warum wurde so wenig in und VON Nordamerika aus unternommen, um den Krieg zu stoppen oder vorher zu verhindern, oder zumindest zu verhindern, dass er die ganze Erde überschwemmt?

Ich vermute, dass ich, wenn ich diese Gespräche fortsetzen soll, allmählich mehr über Briefe und weniger über die internationale Politik zu sagen haben werde. Ich könnte sogar ein oder zwei Worte über Joyce sagen, aber bevor ich zu diesem Thema komme, werde ich Ihnen eines Tages einen Brief von Mensdorff, Graf Mensdorff Dietrichstein-Pouilly, vorlesen, der einige Gedanken über den Frieden und wie man ihn erreichen kann enthält und 1928 in Wien geschrieben wurde. Nur um zu zeigen, wie lange es dauert, bis Ideen in die Tat umgesetzt werden. Andererseits hat man mich hier vor ein paar Wochen gefragt, was ich von einem oder zwei amerikanischen Schriftstellern halte, und mir Proben überreicht. Und ich habe ein paar Kommentare aufgeschrieben, die ich Ihnen auch eines Abends vorlesen werde, wenn der Frühling voranschreitet, der Regen nachlässt und der Geist des Menschen ein wenig Normalität annimmt.

Wahrscheinlich denken Sie immer noch, ich mache Witze über diese Kinoaufzeichnungen von japanischen Theaterstücken. Das tue ich nicht. Sie geben jedes Jahr Millionen für die Bildung aus. Junge Männer gehen auf Hochschulen, um sich zu bilden. Sie geben GELD und Zeit aus, um Bildung zu erhalten. Ich sage euch, wie ihr sie bekommen könnt. Ich bin 30 Jahre lang in Europa herumgekommen, ich habe ziemlich gute Tänze gesehen, ich habe Musik gehört, Mozart, Janequin. Ich wurde sogar dafür bezahlt, dass ich auf meine Meinung über Musik niederschreibe. Was das Tanzen angeht, ob russisch oder nicht, habe ich noch nie etwas gesehen, das an die Bewegung des Tennin im Hagormo-Tanz heranreicht, den Tami Koumé vor 25 Jahren in seinem Londoner Studio für mich vorführte. Und was die Musik betrifft, so haben mich ein paar Takte eines modernen japanischen Filmstücks nach 25 Jahren direkt in der Mitte getroffen. Man konnte sie mit keiner anderen Musik in der weiten und blinkenden Welt verwechseln. Und sie war es wert, gehört zu werden.

Du hast Land, wenn du es nicht der Erosion zum Opfer fallen lässt. Ihr habt Gott weiß was an materiellem Reichtum, wenn ihr nur lernen würdet, wie man ihn BENUTZT, wie man von einem Teil der USA in einen anderen kommt und die Landarbeiter nicht verhungern lässt. Vernunft in den Außenbeziehungen bedeutet, das, was man nicht hat, IN zu bekommen, man hat keine klassischen japanischen Theaterstücke oder etwas Ähnliches. Yeats hat lediglich einige Stücke geschrieben, die mehr oder weniger die Form der japanischen Non-Libretti haben. Das Noh besteht aus Worten, Tanzbewegungen und Musik sowie großartigem Schauspiel. Denken Sie an das Individuum. Was hat das amerikanische Individuum von diesen und jenen IMPORTS?

#113 (1941) U.S.(68)
AMERIKA WAR EIN VERSPRECHEN

Ich tue, was ich kann, um einen gleichmäßigen Tonfall beizubehalten; wenn ich jetzt meine Stimme senke, schalten sie mehr Strom ein. Was den Tonfall betrifft, so muss man manchmal milde und manchmal scharf sprechen, und was die amerikanischen Kriegsmacher betrifft, so ist der Gedanke, dass Amerika in den Krieg zieht, Quatsch, Quatsch, völliger Quatsch; und ich werde Ihnen sagen, WARUM es Quatsch ist und warum wir den Sticheleien der rosa Teefrauen und ihrer suppenköpfigen Konsorten nicht nachgeben sollten.

Es ist sogar der Begriff "UNamerikanisch" aufgetaucht, der von dummen Frauen und Angestellten von Jewsfelt benutzt wird, um JEDEN Mann, jede Frau oder jedes Kind zu bezeichnen, der/die nicht bereit ist, jedes letzte Überbleibsel des amerikanischen Erbes wegzuwerfen und zu zerstören.

Sie werden so, wenn sie 40 Jahre lang jüdische Zeitungen lesen. Sie werden so, wenn sie JUDE-Radio hören, und ich schlage vor, das Wort JUDE unabhängig von der Ethnie zu verwenden. Benutzen Sie es, um Ehrenjuden zu bezeichnen, und um ehrliche Juden auszuschließen, wenn wir sie finden.

Das Gerede vom Kriegseintritt Amerikas ist purer DIRT. Und es ist ignoranter Schmutz, weil es hundert Jahre amerikanischer Geschichte VERDECKT. Es verfälscht und verfälscht das GANZE Ziel und den Zweck der amerikanischen Staatsgründung. Die Kolonisten gingen zum Stamm und zum Felsen, um dem Schmutz zu entfliehen und neu anzufangen.

Die Union der 13 Kolonien nach der Revolution wurde gegründet, um bestimmte Unterschiede zu beseitigen, und was immer man jetzt von der Schmelztiegel-Theorie halten mag, sie hat diesen Effekt gehabt. Die USA wurden NICHT gegründet und organisiert, um sich an ausländischen Streitigkeiten zu beteiligen. Das geht nicht ohne eine Menge kleiner, schmutziger Gemeinheiten gegenüber Millionen amerikanischer Bürger, und das bedeutet einen Appell an die kleinsten und schmutzigsten menschlichen Instinkte. Es ist kindisch, es entspringt der natürlichen Neigung von zwei oder drei Kindern, auf einem anderen herumzuhacken. Eine Gemeinheit, die ihre Mütter und Väter zu unterbinden versuchen, wenn es in der Familie Anstand gibt. Jeder, der einen Moment inne hält und sich anschaut, wie Menschen auf Minderheiten herumhacken, kann sehen, was ich mit dieser Aussage meine.

Wenn die Dinge knapp sind oder die Menschen Angst haben, wenn sie Angst bekommen und eine Bank oder einen Lebensmittelladen stürmen, gibt es ein Gedränge, und wenn die Dinge langsamer gehen, gibt es eine Verschwörung, um jemanden auszuschließen.

Was als Scherz beginnt, endet als Monopol. Die einzige Beziehung der Auswanderer IN Amerika zu Ausländern im alten Stil waren ihre Indianerkriege. Die sind vorbei. Wie viel Dreck den Rothäuten angetan wurde, inwieweit die Rothäute widerspenstig waren, möchte ich nicht sagen.

Die Rothäute waren eine fremde Ethnie. Unsere anderen Probleme kamen ZUERST von den Geldverleihern und Stinkern in London, die versuchten, uns zu ruinieren, oder die versuchten, uns unter den Hintern zu kriegen. Schauen Sie sich die Geschichte unserer Beziehungen zu London während des Bürgerkriegs an. Ich blicke nicht zurück, um einen Groll zu schüren. Ich erzähle Ihnen etwas über die Art und Weise, wie die USA im Inneren für den FRIEDEN aufgebaut sind und NICHT dafür, in europäischen Kämpfen Partei zu ergreifen. Unser Bürgerkrieg wurde vereitelt. Lesen Sie Christopher Hollis über die SCHULDEN des Südens an die Stadt New York. Lesen Sie auch Overholser über die SCHULDEN, die durch diesen Krieg geschaffen wurden, damit die Londoner Juden und die amerikanischen Verräter die amerikanische Währung kontrollieren konnten.

Heute geht es nicht darum, dass man es gewagt hat, einen Teil Europas zu bekämpfen. Es geht darum, den ganzen Rotz und Mist der Wucherpropaganda loszuwerden, der zum Abschlachten beiträgt. Die Briten, die zum Teil eine weichherzige, zum Teil eine schmutzige und brutale Ethnie sind, wurden reingelegt. Sie haben sich gefügig gezeigt, indem sie für ihre Besitzer und Herren gekämpft haben. Und diese Besitzer und Herren sind allmählich jüdisch geworden, aber sie sind es noch nicht gänzlich. Wenn wir etwas Sauberes getan haben, hat Europa uns geehrt. Europa sehnte sich sogar nach einer U.S.A. von Europa. Auf die sich Europa jetzt zubewegt, die nur noch von den Wucherzentralbanken angeboten wird.

Es ist so ein VOLLER Schwachsinn, dieses Gerede, dass Amerika von FINNLAND bedroht wird. Und dieses Bündnis mit der bolschewistischen Regierung ist völliger Blödsinn. Die Frucht völliger Hysterie. Frucht auch der Lektüre von Zeitschriftenmist der letzten 50 oder 80 Jahre. Und diese Dummköpfe, diese Zuhälter und Gauner, die jetzt die Frechheit besitzen, die Worte "amerikanisch" und "unamerikanisch" zu benutzen, ohne sich auf die Fasern der amerikanischen Nation zu beziehen.

Die meisten von ihnen haben nie etwas anderes als Zeitschriften gelesen.

Das Ausmaß des Verrats, von dem Roosevelt ein Teil ist, von dem er ein Auswuchs ist: eine Knollennase, zeigt sich daran, dass es KEINE handlichen Bände mit den Schriften der Männer gibt, die die amerikanische Union von 1750 bis 1864 geschaffen und aufrechterhalten haben.

Was meint Frau Jonas Keikenbaum mit "amerikanisch"? Diese hühnerköpfigen fetten Mütter haben nie einen Blick auf unsere Geschichte geworfen. Sie sind sich des Zwecks, für den wir existieren, überhaupt nicht bewusst.

Clevere Juden leiten unser gesamtes Kommunikationssystem. Einfältige Wallaces und Wickards, die versuchen, den Landwirten Gutes zu tun, ohne den Boden unter den Füßen zu verlieren. Natürlich gibt es Skandale um Armee-Verträge und um die Verteidigung der Wolga und des Jangtsekiang-Flusses in China. Wo das GANZE System auf Betrug beruht, wird Betrug in den Details auftauchen. Denkt ein Mann meines Alters ( ) über die Theorie nach, die zu meiner Studienzeit vorherrschte, nämlich dass man unehrlich sein MUSS, um im Geschäft voranzukommen? Woher kam diese Theorie um die Jahrhundertwende?

1776 gab es sie noch nicht. Ich behaupte, das war sie nicht. Wenn man eine Minderheit von Amerikanern, d.h. eine ausreichend große Minderheit, dazu bringt, zu WISSEN, warum es töricht ist, die gesamte nationale Kaufkraft als zinsbringende Schulden auszugeben, wird die Nation damit aufhören, und danach können die Menschen leben und Geschäfte machen, ohne dass ihnen gesagt wird, sie sollen krumm laufen. Ohne dass jungen Männern geraten wird, kriminell zu sein. Man muss seine Begriffe definieren, seine Worte definieren, darüber nachdenken, was man mit Geld kaufen kann (denn das macht den Wert des Geldes aus). All das ist Teil der internen Struktur einer Nation.

Aber im unmittelbaren Vordergrund muss man sich klarmachen, dass die USA nicht seit tausend Jahren neben fremden Ethnien leben, die sich mit relativ klaren nationalen oder stammesmäßigen Grenzen gebildet und verdichtet haben. Wir sind alle durchmischt, miteinander verwoben, leben nebeneinander. Wir brauchen NICHT mehr Land, wir brauchen vielleicht Landverbesserung. Wenn Sie weiter zerstören und andere zur ZERSTÖRUNG auffordern, werden Sie mehr Produktion brauchen. Glauben Sie mir nicht, wenn Sie es nicht wollen, aber schauen Sie sich wenigstens die Fakten der amerikanischen Geschichte an.

Warum wurden die Vereinigten Staaten gegründet? Wie kommt es, dass wir eine koloniale Architektur, ein amerikanisches Kunsthandwerk hatten?

Welchen Anteil hatten die Gruppen der verschiedenen europäischen Ethnien in den Kolonien an der Entwicklung, an der Gründung dessen, was unser Leben lebenswert macht?

Kümmere dich darum, bevor du in Dakar Franzosen erschießt oder im Orient den Drogenhandel aufrechterhältst.

Man kann nicht in den Krieg ziehen, ohne einigen Nachbarn gegenüber ein wenig gemein zu sein. Man regt sich über die Sorgen von Frau Ikestein, der Frau des Schneiders, auf; man kann nichts dagegen tun, ohne Giovanni, dem Krämer, und dem Ungarn, der nebenan wohnt, oder dem Enkel von R. Schuz' altem Freund, der Feinkost verkauft, Dreck anzutun.

#114 (1941) U.S.(50)
ARISTOTELES UND ADAMS

Johnnie Adams, der erste, der wahre Vater seines Landes, der Mann, der General Washington, George, auswählte, um die Kolonialarmeen gegen eine verdammte, stinkende und betrügerische britische Regierung zu führen, die nicht besser war als Roosevelt und Morgenthau oder Churchill oder irgendeine andere Gruppe von Volksfeinden und Dieben der öffentlichen Gelder, war auf der Spur von Aristoteles' Studien über Verfassungen, Verfassungen vieler griechischer Staaten. Johnnie wollte nämlich wissen, was wirklich die beste Regierungsform ist. Und mehr als jeder andere Mann, Jim Madison und Thomas Jefferson nicht ausgenommen, kam er dieser Frage auf die Spur. Und es ist verdammt schade, dass das einzige bekannte Exemplar von Harry Stotls Broschüre über die athenische Verfassung damals auf einer ägyptischen Müllhalde lag. Die Rückseite wurde nämlich als Kontobuch eines Bauern verwendet, und wenn Herr Didymus, der Landvogt, seine Konten nicht auf der Rückseite der Blätter geführt hätte, wäre dieses bewundernswerte Werk in der Nähe der ägyptischen Stadt Hermopolis im Jahr 78/79 n. Chr. zur Zeit des Vespasian für die Menschheit verloren gegangen. Nun, Mr. Adams hätte es gerne gelesen; aber da er es nicht getan hat, können Sie es.

Auf jeden Fall könnte es den Geist erweitern, vor allem könnte es einige der 4.000 bezahlten Lügner stören, die der britischen Gesandtschaft oder Botschaft in Washington angehören und ihren Abschluss an der Londoner Pseudo-Schule für Pseudowissenschaften gemacht haben, einem Sumpf der Hölle und der Ungerechtigkeit.

Seit Jahren lügen die Wirtschaftsprofessoren und gehen sogar so weit, Kredite des Staates zu missbilligen, wo doch die Flotte, die die Schlacht von Salamis gewann, mit Geld gebaut wurde, das der athenische Staat den Schiffsbauern geliehen hatte, ANSTATT die ganze Nation an Juden, Biedermänner, Schweine und Volksfeinde zu verpfänden, wie es in fast jeder Nation seit der Gründung des Stank of England gemacht wurde.

Nun, die Staaten haben Geld geliehen, und die Kolonie Pennsylvania hat es geliehen. Und die Franzosen leihen es sich. Also schießen die Briten auf ihre späten Verbündeten. Und es wird alles Mögliche getan, um die Amerikaner in Utah oder Montana daran zu hindern, Wirtschaft oder Geschichte zu lernen.

Und unsere Verfassung gibt dem Kongreß das Recht, die Preise zu bestimmen, auch wenn es heißt "Recht, den Wert des Geldes zu bestimmen", was dasselbe ist. Wenn man bestimmen kann, WIE lang ein Meterstab ist, kann man auch bestimmen, wie viele Meter in einem Stück Leinen stecken. Nun, der alte Harry he hat einige Merkmale in dieser vorbildlichen demokratischen und republikanischen Verfassung notiert, zusammen mit Vorschriften, dass Balkone nicht über Straßen ragen und Leitungen nicht in die Straßen münden dürfen; er erwähnt die Marktkontrolleure. Schieben Sie es auf mich und Mussolini. Na los, schieben Sie es auf uns. Athen war eine Leuchte unter den antiken Zivilisationen. Es gab eine Warenaufsicht, um den Verkauf von gefälschten und gepanschten Waren zu verhindern. Und es gab auch die Korn- oder Weizenwächter, die dafür sorgten, dass ungemahlenes Getreide zu einem GÜNSTIGEN PREIS auf den Markt kam, und dass die Müller ihr Gerstenmehl zu einem Preis verkauften, der dem von Gerste entsprach, und die Bäckerinnen zu einem Preis, der dem von Weizen entsprach, wobei sie die von den Beamten festgelegte Menge abwogen.

Also die katholische Lehre vom gerechten Preis, die, grob gesagt, die Kathedralen gebaut und die europäische Zivilisation von der Zeit des Heiligen Ambrosius bis zur Zeit des Heiligen Antonius gesichert hat. Klar, schieben Sie es auf Hitler! schieben Sie es auf Mussolini. Und lernen Sie nichts darüber, WARUM es eine französische Revolution gab.

Welche Missstände sie beheben wollte, welche Missstände sie nicht behoben hat, und daher der ganze Firlefanz.

Selbst Marx WUSSTE, was die Missstände waren. In der Tat ist er ziemlich gut in der Diagnose des Bösen. Waaal, dann gibt es noch eine sehr hübsche kleine Passage in Harry Stotls kleinem Buch mit dem Titel Politik. Und wenn Sie es gelesen hätten, wäre Franklin Delano mit SEINER Politik vielleicht nicht so weit gekommen.

ληρος είυάι ςoχει τό υόμισμά
Zeiten, in denen Geld Humbug ist
μεταδεμέυωυ τε τωυ χρωμέυου

Die Leute ändern die Währung, und jemand wird für dumm verkauft.

In der Tat WÄRE eine klassische Bildung nützlich, wenn die Universitäten sie nicht in Watte packen und die Studenten davon abhalten würden, die wichtigeren Passagen zu lesen.

In der Tat wäre ein wenig Griechisch der richtigen Art oder sogar das Lesen mit einer Krippe nützlich, wenn man wirklich neugierig ist. Dann wüssten Sie, WARUM Keynes und Guggleheim alias Gregory und die wissenschaftlichen Abteilungen es geschafft haben, die so genannte Wirtschaftswissenschaft so vollständig von der allgemeinen Bildung, der klassischen Bildung und der allgemeinen Kultur zu trennen, damit sie lügen können, ohne erwischt zu werden, und die einfachen Fakten über Geld und was es ist, zu verdrehen. Ohne die Schüler unbequeme Fragen stellen zu lassen, die auf einer Kenntnis der GESCHICHTE beruhen, der wichtigsten Fakten unserer Geschichte oder der griechischen Geschichte oder der Rechtsfälle von Demosthenes oder Lincolns Kampf für eine nationale Währung oder der Darlehen der Kolonie Pennsylvania an die Kolonisten in Form von PAPIERgeld, das in zehn Teilen, einem Zehntel pro Jahr, zurückgezahlt werden sollte, was der Kolonie Wohlstand brachte und von Europa bewundert wurde, bis die Hurensöhne in London dagegen vorgingen und versuchten, die 13 Kolonien in die Sklaverei zu verkaufen, wie es denselben Bastarden nach dem großen Verrat von 1863 gelang, Ikieheims, Vandergould, Sherman, die mit Rothschild stinkend spielten und das amerikanische Volk verrieten.

So wie es Roosevelt mit Morgenthaus fähiger Hilfe tut, unten, unten bei BED Rock, und ganz abgesehen davon, dass er den Krieg als Deckmäntelchen benutzt, um die Köpfe von der amerikanischen Staatskasse fernzuhalten.

Wann werden amerikanische College-Studenten begreifen, dass fast JEDES bisschen echtes Wissen sie davor bewahren würde, tote Kaninchen zu sein? Aristoteles, Demosthenes, Mencius oder Konfuzius - alles Gegenmittel, um keine Trottel zu sein.

Und natürlich wäre es eine Revolution, eine INTERLEXshul-Revolution, wenn die Studenten sich fragen würden, was sie vier Jahre lang an der Uni NICHT gelernt haben!!! Das wäre sowohl eine Zierde im Gespräch als auch von Nutzen für ihr Geschäft. Das Geschäft des LEBENS, ich meine, hundertprozentig leben, etwas vom Leben haben, indem sie ihr Interesse, ihr geistiges Interesse, hineinstecken. Anstatt sich von einem ehemaligen Bankangestellten und internationalen Schwindler, einem Spezialisten für Inflation und Entwertung, zum Narren halten zu lassen.

Und natürlich ist es reine Ansichtssache, aber es war Aristoteles' Meinung, die er im 5. Buch seiner Politik zum Ausdruck brachte, dass die drei Eigenschaften, die oberste Richter besitzen sollten, erstens die Treue zu den bestehenden Verfassungen, zweitens eine große Fähigkeit für die Pflichten des Amtes und drittens Tugend und Gerechtigkeit sind.

In jedem Fall ist die Art der Gerechtigkeit angemessen. Es scheint ein wenig hart für Franklin Delano zu sein, aber so steht es im Griechischen, das von Mr. Rackham gekonnt übersetzt und vom heutigen Sprecher bestätigt wurde.

#115 (1942) U.S.(27)
ZU KONSOLIDIEREN.

Wenn sich jemand die Mühe macht, die Reihe von Vorträgen, die ich über dieses Radio gehalten habe, aufzuzeichnen und zu untersuchen, wird er feststellen, dass ich drei Arten von Material verwendet habe: Historische Fakten, Überzeugungen erfahrener Männer, die auf Fakten beruhen, und die Früchte meiner eigenen Erfahrung. Die Fakten reichen zurück bis zur Eröffnung einer Kupfermine durch Tching Tang im Jahre 1766 v. Chr., sie stammen größtenteils aus der Zeit vor der faschistischen Ära und können nicht als Improvisationen betrachtet werden, die aufgetischt wurden, um den heutigen Anforderungen zu genügen. Auch die Überzeugungen von Washington, John Adams, Jefferson, Jackson, Van Buren und Lincoln können nicht als bloße faschistische Propaganda abgetan werden. Und selbst meine eigenen Beobachtungen stammen weitgehend aus der Zeit vor dem Beginn der gegenwärtigen Feindseligkeiten, ebenso wie die meines Großvaters, die er 1878 im US-Kongress äußerte.

Ich verteidige das besonders amerikanische, nordamerikanische, US-amerikanische Erbe. Wenn jemand in diesen Reden etwas findet, das gegen die Verfassung der Vereinigten Staaten gerichtet ist, würde es mich sehr interessieren, was.

Es mag bizarr, exzentrisch, kurios und altmodisch sein, wenn ich mich auf dieses Dokument beziehe, aber ich wünschte, mehr Amerikaner würden es zumindest lesen. Es ist keine leichte und einfache Lektüre, aber es enthält mehrere interessante Punkte, von denen einige unserer derzeitigen Beamten sehr profitieren könnten, wenn sie nur wollten.

Oder, in Anbetracht des Buben im Amt, der weniger wichtig ist als das ganze Volk und die ganze Nation, würde ich sagen, die Nation würde sehr davon profitieren, wenn die gebildeten Bürger das Dokument beachten würden, sowohl in seinen wichtigeren Details als auch in seinem Geist. Auch wenn Charles Beard es für ein Hindernis für echte Demokratie hält. Ich möchte Prof. Beard daran erinnern, dass Adams Republiken studierte. Selbst Beard weiß heute weniger über die Verfassung als John Adams und Madison. Der Schatz eines Staates ist seine Gerechtigkeit. Das heißt, seine Fähigkeit, jedem Menschen ein faires Angebot zu machen. Teddy pflegte zu sagen: fairer Handel. Es gibt keine vernünftige Wirtschaft ohne eine vernünftige Ethik an ihrer Basis.

Und bestimmte Arten der Ehrlichkeit sind seit 5000 Jahren bekannt. Bestimmte Arten der Unehrlichkeit sind in der Geschichte ebenso gut dokumentiert; und die Fähigkeit, die Fähigkeit eines jeden, alle Menschen immer zu täuschen, ist, wie Lincoln bemerkte, begrenzt.

Eine beträchtliche Kraft, in einigen Fällen eine Kraft der Trägheit, hat sich gegen meine Ansichten, meine Wahrnehmungen und mein geduldiges Sammeln von Daten gestemmt, seit ich überhaupt Ansichten oder Wahrnehmungen habe oder mit dem Sammeln von Daten begonnen habe. Ich habe mich in der Hauptsache auf Zeitungen mit sehr geringer Auflage beschränkt, aber nicht ausnahmslos. Da ich mich nicht darauf verlassen kann, dass die jetzigen Zuhörer, falls es welche gibt, keine Zeile [meiner] Schriften gelesen haben, muss ich um der Klarheit willen Dinge wiederholen, die ich bereits gesagt habe.

Manchmal fügt das DATUM, zu dem ich meine Überzeugungen geäußert habe, dem dargestellten Sachverhalt oder der dargelegten Überzeugung etwas an Gewicht oder Interesse hinzu oder sollte dies tun. Dies geschieht nicht im Rückblick, sondern in der Vorausschau. Wenn ich immer FALSCH gewesen wäre, wie neun Zehntel der Leute, denen Sie zuhören, hätte ich weniger Grund, alte Artikel zu lesen, die gedruckt wurden, oder alte Aussagen, die gemacht wurden, als ich interviewt wurde, hin und wieder von Reportern, die nicht erwarteten, dass ihre Texte den Schreibtisch des Redakteurs passieren würden. New York Sun, 21. April 1939: "Wir glauben nicht, dass man viel davon hören wird, da viele der Kommentare des Autors ... wahrscheinlich nicht über die Redaktionsschreibtische hinauskommen werden."

Die meisten der Jungs haben ihre Notizen einfach als Kuriositäten aufbewahrt ... und so weiter, wobei sie sich auf die Bemerkungen des jetzigen Redners bezogen, wobei ich zu dem Schluss gekommen bin, dass eine amerikanische Zeitung gelegentlich etwas Nützliches drucken kann, aber nur sehr selten ZWEIMAL. Amerikanische Redakteure und Zeitungsleute haben eine durchaus begründete Furcht vor der Macht, die bei Nacht herrscht und gnadenlos in die Tasche greift. Ich habe jedoch angedeutet, und es ist in den Akten mehrerer New Yorker Zeitungen abgedruckt, dass es am 21. April 1939 *in Amerika* eine Gruppe von Leuten gab, die versuchten, einen Krieg anzuzetteln, dass es Leute gab, die das taten. Herr Wallace, jetzt Vizepräsident, begann in einer Definition des demokratischen Glaubenskörpers mit der Forderung nach Maßnahmen, die auf dem Willen der Mehrheit beruhen, NACHDEM das Volk die Gelegenheit hatte, sich über die wirklichen Fakten zu informieren. Vielleicht hat er seine Ansicht seit 1938, als sein Buch gedruckt wurde, geändert? Die wirklichen Tatsachen über die britischen Bankagenten in Amerika, Herrn Ikleheimer usw. während der letzten 80 Jahre wurden den Bürgern NICHT sehr ausführlich mitgeteilt. Die wirklichen Fakten über die Verbindung von mindestens EINEM der Direktoren von Kuhn Loeb mit dem britischen Geheimdienst haben, soweit ich weiß, nicht die Öffentlichkeit erhalten, die sie verdienen.

Ein Mitglied des Roosevelt-Kabinetts fragte mich 1939, wo ich die Verbindung sehe? Ich sagte es ihm. Mr. Dies war bei der Untersuchung der Aktivitäten britischer Finanzagenten in den USA nicht so sorgfältig gewesen, wie es sich einige seines eigenen Komitees damals wohl gewünscht hätten. Welche Möglichkeiten hatte das Volk, sich über den Goldankauf durch Morgenthaus Abteilung zu informieren? Welche Fakten der amerikanischen Geschichte sind allgemein zugänglich? Nicht nur über die Sünden der letzten acht Jahre gegen das ganze Volk, sondern über die Bilanz der letzten 80 oder 100 Jahre? Munitionseigner? Spekulationen mit Kriegsmaterial? Spekulationen mit anderen Materialien, die durch die Ablenkung der Arbeit von gesunden Tätigkeiten in der Produktion [...] von Lebensmitteln und Kleidung zu Kriegsmaterial verknappt wurden.

KRIEG IST DIE MAXIMALE SABOTAGE. Nichts hilft den Verursachern künstlicher Knappheit so sehr wie ein Zustand, in dem Güter schnell vernichtet werden, ohne dass dies irgendjemandem direkt zugute kommt. Es scheint heute zumindest eine hörbare Minderheit von Menschen zu geben, die JETZT denken, wie ich es 1939 tat, dass eine Gruppe oder Gruppen von interessierten Personen in den USA den Krieg wünschen und damals wünschten. Meine damaligen Äußerungen über Gold scheinen in den letzten Wochen eine beachtliche Bestätigung erfahren zu haben. In einem Interview, das am 15. Juni 1939 gedruckt wurde, erklärte ich, dass "ein Krieg gegen Deutschland in unserer Zeit ein Krieg gegen ein ehrliches Geldunternehmen wäre." Ich zitierte Schachts Bemerkung über Geld, das gegen Waren ausgegeben wird. Ich hätte Mr. Zubly in einer der ersten Sitzungen des amerikanischen Kongresses zitieren können. Ich wäre froh, ich wäre wirklich sehr froh, wenn Herr Wallace und seine Freunde sich anstrengen und dem Volk eine angemessene Gelegenheit geben würden, sich über die wahren Fakten zu informieren. "Paths to Plenty", ein hübscher Titel für eine Broschüre, aber wird Ihr Benzin rationiert werden? Ich kann Ihnen nicht den ganzen Text von Wallace' Broschüre vorlesen. Was ich nicht begreife, ist, wie Herr Wallace, nachdem er diese Broschüre geschrieben hatte, in der Zwischenzeit angegriffen wurde - und jetzt auf der Seite der Kredithaie, der Munitionäre, der Plünderer der Landwirtschaft und der Mörder des arbeitenden Menschen blutige Morde schreit. Und was, zum Teufel, glaubt er, würde ein zehnjähriger Krieg zur Verwirklichung genau der Ideale beitragen, die er vor drei Jahren in Kalifornien gepredigt hat? Er kann nicht an die dreckige Hölle von Genf glauben, er kann nicht an die Niedertracht des Völkerbundes glauben, der sich seit 20 Jahren weigert, irgendeinen Schritt in Richtung sozialer Gerechtigkeit zu tun, der ständig für die internationalen Schweine und Ausbeuter und

Knappheitsmacher und Monopolisten arbeitet. Churchill und Co. stehen für Wucher, sie stehen für Tyrannei, Unterdrückung, Gier und die uneingeschränkte Ausbeutung der Menschheit durch die verachtenswerteste Gruppe von Egoisten, die die Welt in unserer Zeit gesehen hat. Verräter an ihren Verbündeten, öffentliche Feinde ihres eigenen Volkes. Unterdrücker *in excelsis* jener FAKTEN, die Herr Wallace vor drei Jahren noch als notwendig für die Mehrheitsmeinung bezeichnete. Nicht einmal der wildeste Dschungel leugnet, dass Churchill ein phänomenaler Lügner ist. Nicht einmal dieser krumme Hund Halifax würde öffentlich behaupten, dass Churchill den armen verblendeten Briten die Fakten liefert oder jemals an IRGENDWELCHE der Hauptpunkte von Wallaces Doktrin geglaubt hat.

Die Männer, mit denen Wallace übereinstimmen könnte, sitzen in Rom und in Berlin. Sie stehen nicht alle im Rampenlicht. Sie TUN die Dinge, die Wallace fordert. Wie zum Teufel er auf die andere Seite des Zauns gelangt ist, bedarf einiger Erklärungen.

Eine neue Ordnung bedeutet eine Welt, in der jeder Mann die Chance hat, zu arbeiten und genug Geld zu bekommen, um mindestens vier Personen zu ernähren und zu kleiden, sich selbst, seine Frau und zwei Kinder. Roosevelts 10 Millionen Beschäftigte sind Männer, die NUR unter der Bedingung beschäftigt werden, dass Kanonen hergestellt und Waren versenkt werden. Sie sind KEIN Versprechen für eine Weltordnung. Sie sind der Beweis für die gegenwärtige Zerrüttung, basierend auf Keynes, Baldwin, Salter und all den anderen Blutsaugern und Lügnern, die sich weigern, Fakten zu veröffentlichen.

#116 (1941) U.K.(20)
AN ALBION

Ich habe mehrere Monate gezögert, bevor ich Rom Radio bat, mich nach England sprechen zu lassen. Ich habe mein angeborenes Recht als Amerikaner ausgeübt, zu meinen eigenen Landsleuten zu sprechen, aber ich habe es nicht für angemessen gehalten, mich in die inneren Angelegenheiten eines anderen Landes einzumischen.

Ich habe so viel getan, wie ein Ausländer guten Willens tun konnte, um Sie aus diesem Krieg herauszuhalten. Ich bin überzeugt, dass jeder ehrliche Engländer das Gleiche getan hat. Ich bin davon überzeugt, dass die Minderheit, die Sie in diesen Krieg hineingezogen hat, absolute Narren sind, aber sie sind auch die besonders unangenehme Sorte von Narren, nämlich die unehrlichen Narren, die glauben, dass andere Menschen auf ihre ungeschickten Tricks hereinfallen werden.

Seit mehr als einem Jahrzehnt bemerkt jeder, der nicht völlig verblendet und hinters Licht geführt wurde, den merkwürdigen Gestank Ihrer Presse, die Mischung aus Mist und Saccharin, die jeden Morgen in Ihren Zeitungen aufgetischt wird. Jeder, der nicht direkt von einem verfaulten und verkommenen System gefüttert wird, hat ein zunehmendes Mißtrauen gegenüber Ihren führenden Politikern, insbesondere gegenüber Baldwin und in geringerem Maße auch gegenüber seinen Epigonen, entwickelt. Die verschiedenen Tricks, mit denen das britische Empire die Welt geschröpft hat, waren bereits fadenscheinig. Die Rothschild-Handelsspionage, usw. Alles alt, alles stinkend, alles altersschwach, alles abgenutzt. Vor Monaten tippte ich den Entwurf einer Radioansprache ab und vernichtete ihn. Ich riet Ihnen, Churchill aus dem Weg zu räumen, bevor er den Rest von Ihnen aus dem Weg räumt.

Das schien mir nicht in Ordnung zu sein. Es stand mir nicht zu, in einem fremden Land zu bürgerlicher Gewalt zu raten, zumal dies einem sauberen und anständigen jungen Mann das Leben kosten könnte.

Trotzdem sollt ihr Winston loswerden. Schmeißen Sie ihn raus. Bringen Sie irgendwie ein paar vernünftige Männer in Ihre Regierung.

Ich spreche diese Worte aus Mitleid für die anständigen Männer, die in England übrig geblieben sind. Viele von ihnen haben Winston kommen sehen. Viele von ihnen beteten zu Gott oder was auch immer sie sonst anrufen, um England das endgültige Unglück zu ersparen.

Nur eine so gemäßigte Nation wie Italien würde mir erlauben, in dieser Weise und aus diesen Motiven über ihr Radio zu sprechen.

Was das Recht und die Gerechtigkeit betrifft. Eure unsägliche Regierung aus abgetragenen Pantalons und senilen Komödianten hat KEIN Recht, MEINEN verwandten, anständigen jungen Mann aus Montana zu bitten, für den Abschaum der Erde und den Schleim eures Millionärsghettos zu kämpfen. Sassoons, Beits, Sieffs und ihre Mitchristen, die Astors, die Besitzer eurer verlogenen und schleimigen Nachrichtenblätter. Darauf stehe ich und bin bereit zu kämpfen. Wenn die Profiteure in Amerika euch um eure Augenzähne betrügen und verraten, dann ist das nicht mehr, als ihr als Nation jedem eurer Dummköpfe und Verbündeten angetan habt.

Ihr könnt die Vergangenheit nicht auslöschen. Ihr könnt eure Lügen, eure Betrügereien und eure Täuschungen nicht ungeschehen machen, von der Danzig-Frage an. Aber Sie KÖNNEN STOPPEN. Ihr könnt euch von den Narren und Schurken distanzieren, die euch durch ihre ineffizienten Betrügereien, ihre Verlogenheit gegenüber den französischen Dummköpfen und so weiter lächerlich gemacht haben. Ihr habt, historisch gesehen, kein Bein und keinen Pflock, auf dem ihr stehen könnt. Ihr habt gelogen, was die Kriegsursachen angeht. Sie haben die Wahrheit unterdrückt. Aber das war schon zur Gewohnheit geworden, mit euren Mendes, Edens, Jecketts, euren affengesichtigen Beaverbrooks und euren Börsenjobbern. Es fällt alles auf eure eigenen Köpfe zurück. Eure Insel wird ausgemistet, ihr seid geschlachtetes Vieh. "So unfruchtbar wie ihr Deck. /Meine Söhne werden sehen, dass das Land, das ich verlasse, so unfruchtbar ist wie ihr Deck", schrieb der größte lebende Dichter, Basil Buntin'. Ihr habt eure ehrlichen Autoren zum Schweigen gebracht, oder ihr habt ihre Sprache mit den Abwasserkanälen der Fleet Street [überschwemmt? Eure Spinner haben sich die Ohren mit Watte gestopft, und jetzt ist es zu spät, um noch etwas dagegen zu tun. Ihr habt euch geweigert, eure Soldaten zu hören. Ihr habt jeden guten Rat beiseite geschoben. Ihr habt die Tatsachen vertuscht. Ein Jahr, neun Monate, zehn Monate, Sie können es nicht rückgängig machen.

Eure Tommies wurden zur Schlachtbank geführt. Eure Führer haben gelogen und geschwiegen. Die kleinen Betrüger sind keine Alternative für die großen. Ihr solltet besser alle ausmisten. Als ich 1939 in London war, hätte ich eine bessere Regierung für Sie finden können. Ich hatte schon damals die wilde Idee, dass ich versuchen sollte, Chamberlain zu sagen, worauf er zusteuerte. Ich habe einen Telefonanruf verpasst. Es ist wahrscheinlich BESSER für Europa, dass Sie von Idioten regiert wurden, es ist wahrscheinlich besser für Europa, dass Sie betrogen und gelogen haben und noch schlimmere Idioten aus Washington geholt haben, um den Balkan zu regeln. Aber Ihre Regierung der Idioten hat wahrscheinlich ihre Schuldigkeit getan, und sie hat wahrscheinlich alles Gute getan, was sie tun kann. Und ihr solltet euch lieber aus dem Staub machen, solange es noch ein paar Tonnen Rindfleisch in England gibt und ein paar Hühner, die Eier für eure Bevölkerung legen.

Ich habe die Absicht, dies ein paar Wochen vor meiner Rede zu schreiben. Ich möchte nichts in Eile oder in Aufregung niederschreiben. Leute, die Sie nicht mögen, sagten schon vor Monaten, dass es für England umso schlimmer wäre, wenn die USA in den Krieg einträten, da Japan amerikanische Produkte absorbieren würde, vor allem bei der Munition.

Nur wenige Nationen haben sich jemals so schlecht geschlagen wie Sie. Frankreich hat 1870 vor seinem Debakel NICHT ein halbes Dutzend unschuldiger Länder in den Abgrund gezogen. Zwanzig Jahre der Warnungen Ihrer Reformer haben nicht ausgereicht, um Sie von Ihrer Schande zu befreien. Viele von euch wissen noch nicht, welche Sünde ihr begangen habt oder welche Sünde ihr euren abscheulichen Oberherren erlaubt habt, euch zu verstricken. Das Einzige, was ihr tun könnt, ist, es zu UNTERLASSEN.

Hört auf, Franzosen zu erschießen und Hindus auszupeitschen. Hört auf zu versuchen, den Krieg auf noch mehr Regionen auszudehnen. Lasst die Finger davon, solange es in England noch ein paar Brote gibt.

1939 sagte ich: In Kriegszeiten ist ein Bauer mehr wert als vierzig Geldverleiher.

Soweit ich mich erinnern kann, würde das in England niemand drucken.

Eines Tages werden Sie es vielleicht kennen.

#117 (1941) U.K.(65)
ZWEI BILDER

Am 20. November, zwei Tage nach dem Jahrestag der SANKTIONEN (52 Nationen gegen Italien), sagte ich zu dem Paar am Nachbartisch: Würden Sie sagen, es gab einen Unterschied im GEFÜHL, ich meine GEFÜHL, nicht im Gedanken? Ich fragte: Würden Sie sagen, dass es in Ihrem Land einen Unterschied im GEFÜHL gibt, einen Unterschied in der Art und Weise, wie Sie über diesen und den letzten Krieg fühlen?

Ich war in meiner bescheidenen Karawanserei, dem Albergo Rapallo, und sie waren ein Paar von John Everyman. Ich sollte sagen, PLAIN-Leute aus Deutschland, etwas weniger als mein Alter, aber gut drauf, über die Mitte hinaus. Der Kellner hatte versucht, ihnen die Tintenfischsauce zu erklären, die DElicious ist. Ich hatte Reis mit Oktopussoße, kleine Oktopusse, jung und zart, und bevor die beiden hereinkamen, hatte ich alle sichtbaren Oktopusstücke aus meiner Soßenschale gefischt, um keine Leckerbissen zu verlieren. Meine Überredungskünste waren jedoch vergeblich, sobald sie wussten, dass es sich um Tintenfisch handelte. Sie hatten eine andere Art von Soße zu ihrem Risotto. Danach habe ich meine Frage gestellt und gesagt, dass ich wahrscheinlich zum Mikrofon gehen werde; können Sie mir das sagen?

Dann sagte die Dame: Sehr ... Erster Platz, *sicher*. Wir benutzten mein gebrochenes Deutsch als Kommunikationsmittel. Erstens, keine Sorge wegen des Ergebnisses. Und zweitens, d.h. 1914 hat unsere alte Regierung den Krieg MACHT, den Krieg begonnen. Dieses Mal hat unsere Regierung alles getan, um ihn zu vermeiden. Es ist vielleicht an der Zeit, sich daran zu erinnern, dass selbst in England von zuverlässiger Seite zugegeben wurde, dass Mussolini alles getan hatte, um einen bewaffneten Ausbruch zu vermeiden.

Was auch immer Sie noch von den Tatsachen halten, ich berichte über dieses Gespräch. Es beweist zumindest einen Gesichtspunkt.

Keiner eurer Kriegshetzer hat, soweit ich weiß, den Beweis für das Gegenteil erbracht. Es gab Zweifel, Ängste, Lügen, aber KEINE Beweise. Keiner eurer Kriegstreiber hat auch nur eine EINZIGE meiner Aussagen belegt. Seit sechs Jahren nicht mehr, soweit ich mich erinnern kann. Das geht zurück bis in die Zeit vor dem Krieg. Und ich habe Ihnen gesagt, welche Chance Chamberlain hatte, NACHDEM er einen Krieg abgewendet hatte, und WAS in Ihrer Schmutzpresse innerhalb von 48 Stunden geschah, nach meinen Angaben, wodurch Englands Chance, sein Prestige wiederzugewinnen, zunichte gemacht wurde.

Chamberlain hätte einen europäischen Triumph des Ansehens erringen können, und England hätte 40 Jahre lang weiterjoggen und seine eigene innere Struktur aufbauen können. Das ist genau das, was die Wucherzentralbank NICHT beabsichtigt hat, wie manche meinen.

Gott weiß, dass ich die ersten Risse in dieser Struktur bemerkte, als ich 1908 auf Ihre Insel kam. Und bisher hat mich noch niemand auch nur EINES subversiven Aktes in der Zwischenzeit beschuldigt. Ich halte immer noch mit Bruder Gibbs an diesen Monologen fest. Es kann einen Monat dauern, bis ich mit ihm durch bin. Und fast alles, was Gibbs offen liebt, wird von den meisten Menschen mehr oder weniger geliebt, sollte ich sagen. Ich sage DINGE, denn wenn es um PERSONEN geht, sehe ich das anders. Und ich habe noch keine rosa Tränen bei einer Krönung geweint. Ich habe bestimmte Daten beobachtet, wie z.B. das Datum, an dem W.S. Landor aus England abreiste. Ich habe beobachtet, dass Landor ein Gedicht an Andy Jackson geschrieben hat, das mich sehr verwundert hat, als ich es zum ersten Mal las. Ich habe festgestellt, dass Byron, Shelley und Keats zum Teil in Italien lebten, NICHT mit dem Gedanken, von ein paar Gegenspielern wie Percy Loraine und dem verstorbenen Lord Lloyd als nationale Werbeträger angeworben zu werden.

Ich habe gehört, dass ein Earl of Oxford, ich glaube, das war er, schon zur Zeit von Elizabeth seine Pacht verhökerte.

Die Subversion wurde nicht zu Zeiten Disraelis erfunden. Ich habe jungen Engländern geraten, Cobbett zu lesen. Ich habe von Tories und WHIGS gehört, und mir wurde gesagt, dass die Whigs die Väter der Liberalen waren. Ich bin aus den Londoner Slums herausgekommen, d.h. ich bin 1908 durch Islington gegangen; ich habe sieben Tage in Islington verbracht, und das war GENUG. Ich kam nach Kensington Church Yard, und 12 Jahre lang bin ich gelegentlich mit dem Bus gefahren, aber ich bin NICHT in die Slums gezogen. Und der Begriff "Notstandsgebiet" war noch nicht weit verbreitet, bis ich nach Paris umgezogen war.

Ich kann also niemandem das Herz aus der Brust reißen.

Sie haben Ihre eigenen geborenen Statistiker, die Ihnen sagen, wer nicht satt ist. Ihr habt eure eigenen Schriftsteller, die euch sagen, dass die Arbeitslosigkeit die Moral einer Nation verdirbt.

Mein zweites Bild ist eines, das Gibbs gefallen dürfte. Vor meinem britischen Ableben, oder wie auch immer es aufgelistet ist, war es mein Privileg, einen Turm zu besteigen. Das heißt, ich bin die Treppen in einem Herrenhaus hinaufgestiegen, in dem es, glaube ich, einen Kreuzgang aus dem 14. oder so ähnlich gibt. Und ich kroch über die Dachbalken eines Dachbodens und von dort in die Spitze eines Turms, wo eine Charta aufbewahrt wird, nicht die Magna Charta, aber ich glaube, es ist die Garantie oder Bestätigung von Heinrich II. für das, was John den Baronen versprochen hatte. Und ich glaube, dass ihre verstorbene Majestät, Königin Mary, oder der eine oder andere, etwa sechs Wochen später über die gleichen Dachsparren ging.

Es ist nicht meine Zeit, und ein Spezialist für englische Geschichte mag mich korrigieren, aber das ist es, woran ich mich bei der Charta erinnere. Für mich als Beobachter Englands war das STATE of the manor von Bedeutung. Einige der besten Bilder waren verkauft worden, die Bibliothek war nicht funktionstüchtig, es hatte eine gewisse Restaurierung gegeben, etwa zur Zeit von Walpole, aber das wirtschaftliche System jener Zeit hatte eine VOLLSTÄNDIGE Restaurierung nicht zugelassen. Was getan worden war, als England viel WENIGER Geld hatte, wurde nicht getan; und nun war der Ort, der ein Zentrum des Lebens hätte sein sollen, der 80 Gäste prächtig beherbergt hätte, so weit weg vom Geschehen, wie man Carcassonne oder St. Bertrand de Cominges sagen könnte. Dann fuhren wir ein paar Meilen über Land zum Tennis, und ein freundlicher Mann erklärte mir, wie Hundefüße geformt werden sollten.

Ich fragte etwas über einen Hund in einem Sportdruck oder vielleicht war es ein Aquarell aus der Zeit des Sportdrucks, und er sagte, der Hund sei, wenn ich mich recht erinnere, ein bisschen lang in den Fesseln, wenn das das richtige Wort ist. Und all dies, soweit es lebendig war, ist, so nehme ich an, was Sir P. Gibbs in seiner liberalen Art aufrechterhalten hat. Im Jahr 1938 und davor. Aber als Wirtschaftswissenschaftler sage ich, verdammt noch mal, hier haben Sie die Szene, Sie haben die HÜLLE der Pflanze (um einen kommerziellen Begriff zu verwenden), Sie haben die perfekte Umgebung. Sie haben das AUSSEN des Bildes, und Sie machen von Jahrzehnt zu Jahrzehnt weiter, hundert Jahre lang oder noch länger, und fressen die VITALITÄT aus ihm heraus. Und das ist das Werk des USURY-Systems, ihr habt das mit der Anbetung von PROFIT gemacht, ihr habt das mit SLOP in eurer Politik gemacht, und die JUDEN haben euch NICHT gerettet. Was auch immer sie getan haben, sie haben euch nicht gerettet und sie haben euch nicht geholfen, ES zu RETTEN. Und mit IT meine ich euren gesamten Wohlstand. Ich meine euer gesamtes Heer. Jude Rothschild und sein jüdischer Kollege Goldsmid und sein christlicher Kollege Baring haben euch NICHT geholfen, es zu retten.

Und jetzt frage ich Sie und Sir Philip, WAS IST DIE URSACHE dafür? Ich überlasse es einem der regelmäßigen Dozenten hier in Rom, mit Ihnen über Slums zu sprechen, die er besser kennt als ich. Ich werde lediglich nach einigen wenigen ländlichen Szenen in England fragen. Was hat sie verursacht? Oder ein paar Freunde vom englischen Land, oder ein

Vermieter meines Zimmers in Church Walk, oder einige der bescheideneren GUTEN Leute, die ich irgendwann einmal getroffen habe, die die richtige Art von Engländern sind, WAS haben DIE von Ihrem System gehabt? Oder noch ein oder zwei Stufen höher: Als ich das letzte Mal nach zehn Jahren in London war, etwa zu der Zeit, als Gibbs sein Buch schrieb, fuhr mich ein guter Dichter in einen Vorort, sah sich das Schuhsohlengebäude an und sagte: "Jerusalem in Englands angenehmem Land", mit VOLLEM Verständnis für Wucher und die Trocken- und Nassfäule. Und dann ging er in die Armee, sobald die Sache ins Rollen kam, wusste, wie es angefangen hatte, wollte aber seine eigenen Hände von Anfang an sauber halten. Was erwarten diese Leute, die die BESTEN Englands sind, von der Vereinigung von Mr. Churchill und Mr. Gollancz' Buchclub?

#118 (1941) U.S.[?] QUISLING

Mr. Roosevelt scheint entschlossen zu sein, dass England aus diesem Krieg nicht lebend herauskommt und dass es kein Ende des Krieges geben wird, bevor die Engländer nicht aus Kapstadt gedunkelt haben und die Amerikaner einen Versuch in Dakar und auf den Azoren hatten.

Es ist ein hartes Leben, aber wir haben ein italienisches Sprichwort: "chi la dura la vince" [wer am längsten durchhält, gewinnt].

Ähnliche Sprichwörter gibt es zweifellos auch in anderen Sprachen. Aber unter der Annahme, dass der Krieg irgendwann enden wird, entweder vor oder nach dem Zusammenbruch der westlichen Zivilisation, wird es in jedem Fall notwendig sein, entweder die Zivilisation fortzusetzen oder eine neue zu beginnen, und für beide Zwecke ist eine auf Unwissenheit basierende Politik nicht empfehlenswert.

Mehrere amerikanische Publikationen haben die UNWILLIGKEIT ihrer politischen Bonzen erwähnt, Fakten über Europa zu erfahren. Wenn ihre Redakteure diese Äußerungen aufrichtig meinen, wäre es gut, mit dem Fall Quisling zu beginnen. Keiner hat mehr Schlamm und Schleim aus den Abwasserkanälen des britischen Zeitungswesens abbekommen.

Herr Roosevelt verbrauchte etwa zehn Seiten seiner zwölfseitigen Rede vom 27. Mai mit Fragen, die aus dem besonders schlechten Londoner Daily Mirror stammen könnten, aus jeder Ausgabe, die in den letzten sechs oder acht Jahren gedruckt wurde. Doch an einer Stelle zeigte sich, dass er nicht nur aus einem (unbewussten oder anderen) Vorurteil heraus sprach, sondern aus schlichter Unwissenheit. Wir fragen ihn, was er über Quisling weiß.

In Norwegen gab es 1936, wie in anderen Ländern auch, zumindest verschiedene Arten von Einwohnern. Die niedrigste und übelste Sorte von Menschen wurde durch den internationalen und möglicherweise nichtarischen Finanzier Hambro repräsentiert, einen Ausbeuter des Volkes, einen Geldverleiher, der in Krisenzeiten ganz selbstverständlich aus dem Land floh und seine Wertpapiere mitnahm.

Das ist zu erwarten, egal ob diese Blutsauger Juden oder Nichtjuden sind, ob sie Millionärssozialisten wie Blum und Bullitt sind, oder Marionetten oder größere Finanziers.

Und Norwegen hatte auch Männer, die ein besseres Europa wollten. Nun hat Italien keine Schulden bei Herrn Quisling, aber im Interesse der Wahrheit und einer fairen Berichterstattung schlagen wir vor, dass Amerika, bevor es eine Einschätzung von Herrn Quisling akzeptiert, die allein auf der Grundlage von Quisling akzeptiert, die vollständig auf Berichten von Quellen beruht, die man als Harnbro-Quellen und mit Hambro verbündete Quellen bezeichnen könnte, nämlich jüdische und arische Zeitungen in London, die von Ellerman, Mend alias Melchett, Edens Freunden, den Astors usw. kontrolliert werden, sollte jemand zurückgehen und sich Quislings Plan für eine nordeuropäische Föderation ansehen und dann entscheiden, ob der wirkliche Quisling dem Londoner Zerrbild von Quisling entspricht oder nicht. Quisling begründete seine Position mit der Überzeugung, dass "eine alte Welt untergeht, eine neue entsteht". Dies ist der unheiligen Dreifaltigkeit Baruch-Roosevelt und Moses Sieff ein Gräuel. KEINE Schlussfolgerungen, die aus dem Glauben an oder dem Wunsch nach einer besseren Gesellschaftsordnung gezogen wurden, konnten die Gunst der Juden-Beaverbrook-Astor-Presse erlangen.

Da Quisling sich nicht in England aufhielt und nicht von britischen Redakteuren abhängig war, konnte er nicht direkt ausgehungert werden, denn Aushungern war die ERSTE und wichtigste Angriffsmethode der Finanziers. Es blieb nur die Verunglimpfung, , und Präsident Roosevelt ist lediglich der letzte Rekrut des Notstandskorps der Schmutzfinken.

ZWEITENS: Quisling bemerkte, dass die jüdische Internationale einen gewissen Einfluss auf die Angelegenheiten von Sowjetrussland gehabt habe. Wie unglücklich! Was für ein Irrtum wäre das gewesen, wenn Herr Quisling positive Publicity in den Sieff-Mond Guardian-Eflerman Zeitungen gewollt hätte!!

DRITTENS: Quisling betrachtete den Völkerbund mit Misstrauen und verwirkte damit die Unterstützung der Keyneses, Welleses, Streits und anderer Speichellecker der Bank für Internationalen Zahlungsausgleich und ihrer damaligen Pariser und heutigen Londoner Filialen; kurzum, durch all diese drei Positionen distanzierte er sich von den Mandels, Blums und Stavitskys.

Quislings Position gegen den Bolschewismus war für ihn eine Position gegen die "universelle materialistische Republik unter jüdischer Diktatur", eine Position, die derjenigen Finnlands entsprach. Aber Quisling besaß, soweit ersichtlich, keine Nickelminen, und daher würde ihm die von "Anglo-Canadian nickel" (alias Melchett usw.) kontrollierte Publicity kaum einen "Aufbau" in "Time" oder anderen amerikanischen Organen in jüdischem Besitz verschaffen. Zur Zeit der Sanktionen war Quislings Partei für die norwegische Neutralität. Das zeigte natürlich den Hufschlag aus der Sicht von Morgenthau. Quisling war und ist jedoch Norweger und beurteilte die Angelegenheit in Bezug auf die Interessen Norwegens. Seine Bewegung ergriff jedoch KEINE Partei. Er war beunruhigt über die sowjetische Beteiligung am Völkerbund und über den jüdischen Faktor in der russischen Politik. Es ärgert ihn, dass das Leben der Menschen IN NORWEGEN von der Außenpolitik und nicht von der Innenpolitik bestimmt wird.

Der Gedanke, dass die Bürger eines Landes sich um ihre INNEREN Angelegenheiten kümmern sollten, macht Quisling natürlich unvereinbar mit dem Roosevelt Way of Life; aber auch so war es kaum Hochverrat von Quislings Seite, die Situation 1936 IN Norwegen zu beobachten. Quisling war in der Lage, das großartige Axiom zu formulieren:

"Der außenpolitische Einfluss eines Staates entspricht immer dem Entwicklungsgrad seiner INNEREN Stärke."

Ganz im Gegensatz zu Roosevelts Technik, Hysterie zu schüren, sowohl zum persönlichen als auch zum nationalen Nutzen. In der Tat befürwortete Quisling die Autarkie und nicht die GRABarchie. Autarkie für Norwegen, und Zusammenarbeit zwischen Norwegen und anderen Staaten. Er sah, wie die Tschechoslowakei von den internationalen Juden unterdrückt wurde. Er sah, dass der britisch-jüdische Versuch, Deutschland einzukreisen, unangenehme Spannungen provozierte. UND er beobachtete die GE-O-GRAPHISCHE Position seines eigenen Landes im Falle von deutsch-russischen Unannehmlichkeiten. "Norwegen, der Kreuzungspunkt zwischen Russland, Deutschland und England."

ABER er wandte sich NICHT gegen England, wie die britischen Juden es sich gewünscht hätten. Er sah einen RUSSISCHEN Versuch, Norwegen für einen Flankenangriff auf Deutschland UND auf England zu nutzen, und befürwortete eine Vereinigung Norwegens mit ENGLAND und Deutschland. Eine nordische Weltföderation. Warum erwähnen WIR in Italien dies?

Quisling war nicht pro-Mussolini, die Achse war noch nicht im Entstehen. Im Gegensatz zu den Edens und Churchills glauben WIR in ITALIEN nicht, dass ständige Lügen über alle zu einer neuen und besseren Weltordnung beitragen werden.

QUISLING war der Ansicht, dass der Frieden zwischen England und Deutschland für Norwegen lebenswichtig sei. Deshalb haben die Beaverbrook- und Schweinepresse ihn in den letzten vier Jahren als Verräter an Norwegen denunziert. Das ist es, was wir von Lord Beaverbrook, Sieff und den Astors erwarten, und warum das Ansehen der britischen Presse in den letzten Jahren auf dem europäischen Kontinent, in Asien und in Südamerika merklich gesunken ist, aber offenbar NICHT im Morgenthau-Kreis.

Für Quisling war "Frieden und Versöhnung zwischen Deutschland und England" der einzige Weg, um Norwegen vor Krieg und Chaos zu bewahren. Ohne Zärtlichkeit für die Lateiner ging Quisling über diesen Ausgleich zwischen Deutschland und England hinaus und wollte eine nordische Föderation, die diese beiden Großmächte sowie die skandinavischen Länder und Holland und Flandern umfasste.

Es ist offensichtlich, dass eine solche Union für Italien nicht so vorteilhaft gewesen wäre wie für die Achsenmächte. Es ist jedoch nicht das römische Ende der Achse, das den Kopf von Quisling fordert. Es sind unsere Gegner, die alles getan haben, um seinen Namen in ein allgemeines Verb zu verwandeln und ihn zu einem Synonym für antinationale Aktivitäten zu machen, wann und wo auch immer.

Es ist offensichtlich, dass Quislings Plan für die Engländer von Vorteil gewesen wäre. Sie hätten nicht so viele amerikanische Stützpunkte verloren, und auch unsere Position im Mittelmeer hätte sich durch diesen Plan keineswegs verbessert. Wir wären vielleicht immer noch da, wo wir 1937 waren. Was absolut und unbestreitbar offensichtlich ist, ist, dass Herrn QUISLINGs EIGENES Land nicht unter der Invasion gelitten hätte, und dies ist aus der Sicht des Patrioten von größter Bedeutung. Der gegenwärtige Krieg wäre wahrscheinlich nicht zustande gekommen. Auf jeden Fall hätte er nicht als deutsch-englischer Flächenbrand begonnen werden können.

Was auf jeden Fall ABSOLUT unbestreitbar ist, ist, dass Norwegen nicht überfallen worden wäre, und das ist aus der Sicht von Herrn Quisling, d.h. aus der Sicht des Patrioten, als wichtig anzusehen.

Die Geschichte wird möglicherweise entscheiden, ob Quislings Versuche, den Krieg abzuwenden, oder die Bemühungen der Kuhn-Loeb und Co. und der Yitto-Brito-Finanzagenten IN den Vereinigten Staaten, den Krieg in Gang zu bringen, und ihrer amerikanischen Kollegen, der Halbblüter Bullitts usw., den Krieg in Gang zu bringen, dass die amerikanischen Bemühungen, den Krieg in Europa zu beginnen, um Europa in die Tasche zu greifen und letztlich das amerikanische Volk in den Ruin zu treiben, sich zum Vorteil Englands erwiesen haben.

Wie wir bereits in unserem kurzen Kommentar zum Quisling-Absatz in Roosevelts Rede vom 27. Mai angedeutet haben, glauben wir jedenfalls, dass Roosevelts Anspielung auf Quisling, wie so viele Ausbrüche des Präsidenten, darauf zurückzuführen ist, dass er die positivste, die SCHLECHTESTE Art von Zeitungspapier liest, bis es seine Weltanschauung verdunkelt.

Zusammenfassend lässt sich sagen, dass der Plan von Quisling den Krieg vielleicht verhindert hätte. Er hätte auf jeden Fall den Krieg von Norwegen ferngehalten. Daher die Verunglimpfung von Quisling in der usurpatorischen, monopolistischen, merkantilistischen Presse, sowohl der jüdischen als auch der nichtjüdischen. Aber die Staatsoberhäupter sollten sich nicht gänzlich den niedrigsten und gelbsten Zeitungen unterordnen.

#119 (1943) U.S.(14)
PHILOLOGIE

Ich habe Brooks Adams in diesen Gesprächen erwähnt? Ich hoffe, ich habe seinen Namen oft genug erwähnt, damit er sich eingeprägt hat. Ich kenne keine bessere Einführung in die amerikanische Geschichte oder in das Verständnis des historischen Prozesses als die beiden Bände von Brook Adams, *Law of Civilization and Decay* und *The New Empire*.

Natürlich braucht man Begleitlektüre, andere Geschichtsbücher, die allgemeine Geschichte der Vereinigten Staaten. Ich kann ihm nicht in allen Punkten trauen, aber es wird Ihnen einen Überblick geben. Ungerecht gegenüber Van Buren und den Adamses, aber eindeutig beabsichtigt, fair zu sein und keine bloße Nebelkerze.

D.R. Dewey's *Financial History*. Viele Fakten, aber ich bezweifle, dass der Student sich je an etwas davon erinnern wird. Kein Schlüssel, kein Anhaltspunkt, nichts im ganzen Buch, das dem Leser hilft zu verstehen, "worum es geht". Nacherly ist es DAS Standardwerk an den Universitäten. Die Universitäten haben in den letzten 80 Jahren, in zunehmendem Maße in den letzten 50 oder 40 Jahren, den Respekt vor dem Geld eingeschärft. Die Anbetung der Geldgier, der Geschmack am Luxus, der Lebensstandard, der über das hinausgeht, was der Student erreichen kann, und der ihm sagt, dass der große Mann derjenige ist, der GELD hat, ganz gleich wie. Religion, Kirchenbau, ein Zweig des Immobiliengeschäfts. Alle Kirchen mit Hypotheken belastet. Kirchenbau, ein Mittel, um Gemeindegruppen dazu zu bringen, Geld zu leihen.

Pete Larranaga, *Goldschwemme und Regierung*, sagt Ihnen etwas. Kitson ist in vielerlei Hinsicht ein schlechter Autor, der dem Leser viele Hindernisse in den Weg legt, aber möglicherweise mehr *weiß* als jeder andere von ihnen. Selbst Woodward gibt NICHT den entscheidenden Hinweis. Er gibt einige Hinweise, aber nicht den Hinweis auf die Schuld. Das ERSTE Buch, auf das ich nach langer planloser Lektüre gestoßen bin und das den Studenten zu einem Verständnis des gesamten historischen Prozesses in den USA führen würde, war Overholser, 64 Seiten lang, herausgegeben von Honest Money Founders of Chicago, wie ich jetzt höre; zumindest wüssten sie, wo sie es finden könnten.

Doc. Ames, H.V., an der Universität von Pennsylvania, interessierte sich bereits 1902 für den Wiederaufbau. Die "*Tragische Ära*", wie C. Bowers sie nennt, die Zeit nach dem Bürgerkrieg. Aber er war noch nicht bis zur Schuldenkomponente vorgedrungen. Und ohne das Studium von Schulden und Wucher kann KEINE Geschichte der USA geschrieben werden, außer als Nebelkerze, bewusst oder unbewusst. Ich meine nicht, dass Historiker nicht mit der Absicht geschrieben haben, die Geschichte zu erzählen, wahre Geschichte zu schreiben, aber diejenigen, die es taten, hatten hauptsächlich NICHT den Hinweis, das Muster in dem Teppich gefunden. Und kommen Sie nicht auf die Idee, ich hätte Ihnen gesagt, Brooks Adams sei der letzte Wille des Allmächtigen. Seine Bücher sind lediglich, soweit ich weiß, die beste Einführung. Es ist aus einer kaufmännischen Position heraus geschrieben, mit erstaunlicher Klarheit und Kraft der Synthese, wie Sie sehen können, wenn Sie es mit einigen seiner sehr seltenen Nachfolger vergleichen, die geschrieben haben, BEVOR sie ihre Daten so gründlich verdaut haben.

Ich bezweifle, dass Sie den ganzen Schwachsinn, den absoluten Elend der Knox-Roosevelt (F.D. Roosevelt) Baruch-Administration verstehen werden, bis Sie Brooks Adams gelesen haben. Er schreibt über Handelsrouten, die Unterbrechung von Handelsrouten, den Untergang von Imperien infolge der Unterbrechung oder des Verlusts von Handelsrouten. Was Frankie und Kikie Ihnen JETZT angetan haben. Kein Autor kann die gesamte Geschichte der Menschheit in einem oder zwei Büchern unterbringen. Das spektakuläre Drama der Geschichte ist, sagen wir, die Folge der Verlagerung der Handelsrouten, verursacht durch neue Entdeckungen von Mineralien, verursacht durch den magnetischen Kompass oder neue Transportmittel, manchmal ruiniert durch übermäßige Gebühren der Verwaltung, wie Wucher und falsche Buchführung, falsche Buchführung hat alle netten merkantilen Systeme von Herrn Adams korrumpiert, obwohl er sein Hauptaugenmerk nicht auf diese Komponente legt. Kriege entstehen aus dem kommerziellen Wettbewerb, ABER um diesen Wettbewerb zu haben, braucht man das Produktionssystem.

Das ist es, worüber Brooks Adams nicht geschrieben hat. Er hatte weiß Gott genug, worüber er schreiben konnte. Genug Geschichte, die in den Köpfen der Menschen, in den Köpfen JEDES Menschen, noch nicht geklärt war. Neben den Büchern, die ich unter zu Beginn dieses Vortrags erwähnt habe, gibt es noch die eigentlichen Papiere der Staatsmänner. John Adams und Van Buren und so weiter.

Woodward schlägt vor, dass die Erklärung für die Familie Adams in Drüsensekreten zu finden ist. Ich würde sagen, vielleicht liegt es daran, dass John Adams, der Begründer der Linie, mit Abigail Quincy gepaart wurde, das könnte einen Teil des Problems erklären. Ein Punkt, den Brooks Adams mehr oder weniger übergeht, wird jedoch von Woodward erwähnt und reicht aus, um die Lücke in der Geschichte zu füllen. Nur um zu verhindern, dass Sie Europa und fremde Systeme ins Spiel bringen,

Themen, bei denen Sie aus Vorurteilen in den Wahnsinn getrieben werden. Nehmen Sie zur Kenntnis, dass John Quincy Adams und Henry Clay in der Theorie das so genannte AMERIKANISCHE System ausgearbeitet haben. Das bedeutet, dass die USA sich selbst tragen sollten. Zu einer Zeit, als es nur eine Partei gab, wurde die Idee geäußert, dass alle Teile des Landes harmonisiert werden sollten, dass der Nordosten die Industrie entwickeln sollte, unterstützt durch Schutzzölle, um die europäische Konkurrenz fernzuhalten, und dass die Industriestädte einen Markt für die landwirtschaftlichen Produkte des Westens und des Südens bieten würden, und dass die ländlichen Teile Kunden für die von den Fabriken produzierten Waren liefern würden. Das ist nichts, was nicht dem gesunden Menschenverstand entspräche. Natürlich ist der meiste amerikanische Wohlstand aus der Anwendung dieser Ideen entstanden, wenn auch nur teilweise. Aber dennoch ist das gute Leben in Amerika ihnen zu verdanken.

Nun, jetzt hat Europa diese Idee GETAN. Es gibt nichts Ausgefallenes oder Neues an DIESER Idee. Es ist einfach Menschenverstand und Intelligenz. ABER sie führt nicht zum Krieg. Sie führt nicht zu galoppierendem Wucher. Sie ist nicht romantisch genug für die Schöngeister. Und Sie werden die amerikanische Geschichte oder die Geschichte des Abendlandes in den letzten 2000 Jahren nie verstehen, wenn Sie sich nicht mit einem oder zwei Problemen befassen, nämlich mit den Scheinheiligen und dem Wucher. Das eine oder das andere oder BEIDE, ich sollte sagen, beide.

Und der gute alte Bill Woodward gibt Ihnen NICHT die eindeutige Antwort. Er hält sich nicht zurück, zumindest glaube ich das nicht, aber einige Dinge entgehen ihm, oder bleiben im Halbschatten, wahrscheinlich seinem eigenen Halbschatten. So stellt er zum Beispiel fest, dass im Wahlkampf zwischen Quincy Adams und Jackson ein Wandel in der amerikanischen Politik stattfand. Zum ersten Mal gab es einen wilden Ausbruch von Schmähungen in der Presse: wilde Verleumdungen gegen beide Kandidaten -.

Sollen wir sagen, dass etwas kaputt gegangen war? ZWEI Kandidaten, Quincy Adams und Jackson, die nicht zu den Banken gehörten. Natürlich hätte John Quincy Adams sie vielleicht nicht gestört, aber er war so donnernd ehrlich, und sein Vater hatte den Bankenschwindel SO durchschaut.

Ich meine nicht, dass das alles ist, was die Geschichte ausmacht. Und verlieren wir uns nicht in Rückblicken. Ich sage euch. ERSTENS kann man die amerikanische Geschichte nicht verstehen, ohne sich mit dem Problem der Schulden und des Wuchers auseinanderzusetzen. Bis jetzt wurde noch keine amerikanische Geschichte geschrieben. Man muss das Personal und den Anteil des Judentums berücksichtigen. Brooks Adams sah, dass die

Juden in England nach Waterloo triumphierten, und Overholser gab Ihnen den Hinweis (zusammen mit Oberst Lindberghs Papa) - den Hinweis auf den Verrat der amerikanischen Nation, der amerikanischen Regierung, des amerikanischen Systems im Jahr 1863, den Ausverkauf an Rothschild.

Aber Brooks Adams hat seine Beschränkung, zumindest die Darstellung in den beiden erwähnten Bänden, die sich mit Kriegen und dem Niedergang von Imperien befasst - Kriege aufgrund wirtschaftlicher Konkurrenz. ABER darunter, wenn es darum geht, das Produktionssystem zu studieren, wenn man in die Zukunft blickt, ist das Produktionssystem. Möglicherweise wird es in den USA verstärkt werden, als Folge des Elends von Knox und der Ignoranz der regierenden Oligarchie. Man ist vielleicht zu dumm, es zu tun, bis man gezwungen wird. Das Embargo von Seiff war eine Schutzmaßnahme.

Auf einer Basis von Autarkie und Zusammenarbeit kann eine friedliche Welt entstehen. Und auf KEINER anderen Grundlage. Das merkantilistische System, merkantilistische Gesinnung, oder eine Anschauung, hat nie Frieden gebracht. Das Monopol, der Größenwahn, die Lektüre der jüdischen Texte hat dem Frieden weder Ehre noch Anstand noch das gute Leben gebracht, ebenso wenig wie die Vernachlässigung der lateinischen Klassiker.

Amerika ging unter. Der ganze Ton des amerikanischen Lebens sank, sank, wurde schrittweise faul, als die lateinischen Klassiker auf den Müll wanderten und die Lektüre des hebräischen Aberglaubens an den amerikanischen Colleges weiterhin geduldet wurde. Aus Sallust und Cicero konnte man etwas Nützliches lernen. Aus Demosthenes könnte er eine Reihe von gewohnheitsmäßigen menschlichen Betrügereien herauslesen, die ihm helfen würden, die zweite Bank der Vereinigten Staaten zu verstehen, oh, die von Woodward trefflich beschrieben wurde, was ihre persönlichen Gewohnheiten angeht, ABER nicht in der Perspektive, wie sie in der Autobiographie von Martin Van Buren dargelegt wird.

Lesen Sie den Brooks Adams und gehen Sie dann zum Studium des zeitgenössischen Europas über. Im Lichte des Projekts von Clay Quincy Adams. Stirb nicht wie ein Tier, ich meine, wenn du unbedingt im Mittelatlantik oder im Pazifik versenkt oder in der Wüste verbrannt werden willst, dann wisse wenigstens, warum man es dir antut.

Wenn du stirbst, ohne zu wissen, warum, dann stirbst du wie ein Tier. Wie die Juden dich nennen: Gojim oder Vieh. Um wie ein menschliches Wesen zu sterben, muss man zumindest wissen, warum es einem angetan wird.

#120 (1941) U.S.(142)
KIRCHENGEFÄHRDUNG

Ich spreche wie versprochen zu den Studenten von Fordham, den Professoren und anderen katholischen Universitäten.

Als ich ein junger Mann in Amerika war, hörte man viel über die Union der Kirchen reden. Oberflächlich betrachtet war das sehr schön und humanitär. Und man hörte weniger von einem bizarreren Vorschlag, nämlich dem von Anglo-Israel, der mit dem Stein von Scone geschmückt war, auf dem die schottischen Könige gekrönt wurden und der jetzt in der Westminster Abbey steht, und über den Propheten Jesaja und den Rest des Bühnenbildes, "du hast uns die Tore deiner Feinde gegeben" und so weiter. Nun, als ich nach Europa kam, dachte ich die nächsten 30 Jahre nicht an eine dieser Bewegungen oder Strömungen, und sehr wahrscheinlich haben Sie das auch nicht, diejenigen unter Ihnen, die alt genug sind, um von den Phantasien des Jahres 1900 gehört zu haben. Aber das ist noch nicht das Ende der Geschichte. Vor ein paar Wochen gab es in London ein Treffen zwischen dem Erzbischof von Canterbury und einem katholischen Erzbischof oder Kardinal und einem hohen Rabbiner. Wenn ich Katholikin wäre, würde ich mehr über den Inhalt dieses Treffens erfahren wollen. Ich würde mir ernsthaft wünschen, diese Zusammenkunft in einer historischen Perspektive zu sehen. Diese Perspektive ist in einem Buch mit dem Titel La Sibille von Zielinski, einem polnischen Schriftsteller, der mir von aufrichtiger Frömmigkeit durchdrungen zu sein scheint, sehr klar umrissen oder angedeutet. Aber er sieht das Judentum in direktem, spirituellem, theologischem Gegensatz zum christlichen Glauben.

Viele andere Autoren haben über das Geschenk der früheren mediterranen Philosophen an die Entwicklung des kirchlichen Dogmas geschrieben. Zielinski nennt dies den MATERIALEN Einfluss des Hellenismus auf das Christentum. Aber er wählt einen, zumindest für mich, neuen Blickwinkel der Analyse. Er spricht von der psychologischen Vorbereitung auf das Christentum, die in den griechischen und römischen Religionen vorhanden war, sowohl in der Religion von Delphi, d.h. im Apollon-Kult, als auch in der Ceres-Demeter-Religion, der Mater Dolorosa, und in geringerem Maße in einigen der anderen Kulte.

Nur wenige von uns wissen, dass die mithraische Religion ihren Erlöser mit der Liebe identifizierte. Wie wir in den Evangelien lesen: Gott ist

Liebe, so finden wir in der mithraischen Verehrung oder zumindest in einer Lobpreisung Mithras die gleichen Worte: ist Liebe; Mithra ist Liebe.

Zielinski bietet eine ziemlich vollständige Liste von Prototypen der im Wesentlichen katholischen Überzeugungen, ich sage im Wesentlichen katholisch, weil sie ganz offensichtlich NICHT-jüdisch und ANTI-jüdisch sind, und es sind genau die Merkmale des Katholizismus, die der Protestantismus ausgelöscht hat.

E="font-size: 11pt">Ich denke, Sie sollten diese Dinge bedenken. Die Juden verehren die Jungfrau nicht, sie verehren die Mutter Gottes nicht in irgendeiner Form. Auch die Protestanten tun das nicht. Mutter Maria wird an Weihnachten, also am Jahrestag der Geburt unseres Herrn, etwa gleichrangig mit den Hirten und den Heiligen Drei Königen gewürdigt, so wie die katholische Kirche einmal im Jahr im Gebet für die perfiden Juden am Jahrestag der Kreuzigung der semitischen Zeit gedenkt.

Und Zielinskis Bezeichnung für den Protestantismus ist "REJEWdiazed religion". Aber mir geht es nicht so sehr um die Theologie, sondern um die unmittelbare kirchliche Politik der Glaubensfeinde. Er weist darauf hin, dass die Menschen, die in den ersten Jahrhunderten zum Christentum bekehrt wurden, wie Zielinski betont, die Heiden waren, und die Menschen, die sich der neuen Religion des Christentums am hartnäckigsten widersetzten, waren die Juden. Der Bekehrung durch Konstantin gingen verschiedene Versuche des Synkretismus voraus, und die Formulierung der katholischen oder allgemeinen Kirche und die Kaiser anderer Reiche hatten das Bedürfnis nach einer einzigen Religion für alle ihre Völker. Die Tarquinier wurden zu Apollon bekehrt, es gab eine Fusion von Delphi mit den Persern, Ptolemaios I. wollte einen einheitlichen Kult für seine Untertanen, und Seleukos setzte sich gegen Ptolemaios und Lysimakos durch. Kurzum, der Wunsch eines Kaisers nach einer synthetischen und integrativen Religion zu politischen Zwecken ist im Grunde nichts Neues.

Und Reste dieser Synkretismen bestehen in großer Schönheit im christlichen Ritual und in der katholischen Gesinnung fort. Isis, Demter Maria, die Fächer in der Ostermesse von Siena. Die griechische Kirche widersetzte sich Rom, indem sie sich selbst als orthodoxe und nicht als allgemeine Kirche bezeichnete. Die Griechen waren zu dieser Zeit kein Volk, das ein Reich regierte. Angesichts des römischen Imperiums bestand ein politisches Bedürfnis nach einer allgemeinen oder universellen Religion für das ganze Reich, das mehr oder weniger den Anspruch erhob, der Kreis der Länder, die ganze Welt zu sein.

Was die Ernsthaftigkeit der anglikanischen Kirche betrifft, so fasst Brooks Adams dies ziemlich genau zusammen, wenn er bemerkt, dass die Beziehung zwischen dem Blut und dem Leib Christi und dem Brot des

Sakraments im Laufe eines Lebens fünfmal durch königliche Dekrete oder Parlamentsbeschlüsse geändert wurde.

Die Briten sind ein theatralisches und nicht ein religiöses Volk. Und die letzte Versammlung in London war nicht ausschließlich religiöser Natur. Die anglikanische Kirche ist eine nationale Kirche. Die Kirche von Rom war von Anfang an eine Reichskirche. Eine protestantische Sekte ist per Definition von der Universalität abgeschnitten. Aber heute stehen wir vor einem neuen INTERNATIONALEN Imperium, einer neuen Tyrannei, die die ganze Welt hasst und ausbluten lässt. Ich spreche von dem Reich des internationalen Wuchers, der keinen Glauben und keine Grenzen kennt. Es nennt sich internationales Finanzwesen, und der Jude und der Erzbischof in London arbeiten für diese Tyrannei, indem sie versuchen , eine universelle Religion zur Verteidigung der Schande der Wucherer zu entwerfen. Sie ist in ihren Grundsätzen DEMOKRATISCH, und ich denke, der katholische Vertreter ist schlecht beraten, seinen Kopf in die Schlinge zu stecken. Als demokratisches und wucherisches Kombinat befindet sich der Katholik in einer Minderheit von EINEM gegen ZWEI. Er wird immer überstimmt werden, und ich kann nicht erkennen, dass dies dem katholischen Wohl dient.

Eine universelle Kirche der Wucherer wäre ein sehr schlechter Ersatz für die Religion.

Bereits veröffentlicht

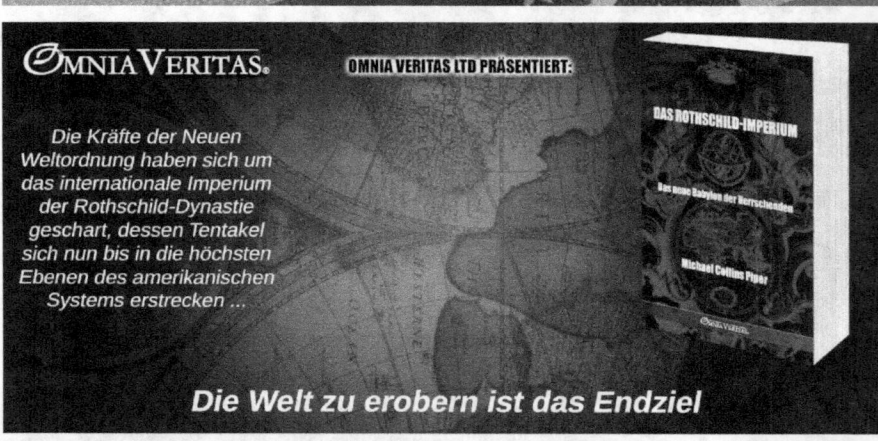

www.ingramcontent.com/pod-product-compliance
Lightning Source LLC
Chambersburg PA
CBHW060314230426
43663CB00009B/1692